函海

〔清〕李調元 輯

仿萬卷樓原本

人民出版社

第十冊目錄

全五代詩卷三十一

羅江李調元雨村　編

南唐

張義方

義方始名元達李昇受吳禪用爲侍御史上疏論風憲賜衣一襲以旌直言取前朝王義方名以易之故義方得盡忠極諫官至勤政殿學士病瘠卒南唐近事義方常令道士陳友合丹於牛頭山丹灶下有巨虺火吻錦鱗蜿蜒其間若爲神物護持義方取丹自餌瘠瘂而終識者以爲氣未盡服之陰者不壽也

奉和聖製元日大雪登樓

恰當歲日紛紛落天寶瑤花助物華自古最先標瑞牒有誰輕擬比楊花密飄粉署光同冷靜壓青松勢欲斜豈但小臣添興詠狂歌醉舞一家家

查文徽

文徽字光慎歙州休甯人南唐時李璟以取閩功拜撫州觀察使建州留後爲吳越所擒遣還中毒歸十年乃卒查文徽與馮延巳馮延魯陳覺魏岑等皆以邪佞用事吳人謂之五鬼

寄麻姑仙壇道士

別後相思鶴信稀郡樓南望遠峰迷人歸仙洞雲連地花落春秋水滿溪白髮只應悲鏡鑷丹砂猶待寄刀圭方平車駕今何在常苦塵中日易西

李徵古

徵古袁州宜春人南唐昇元末舉進士第官樞密副使坐宋齊邱黨賜死南唐近事徵古少時賤游常宿同郡潘長史家是夜潘妻夢門前有儀注鞍馬擁劍錯鏁衙隊約二百人或坐或立且云太守在此泊見寓宿秀才覺後言于潘曰此客非常人也妾來晨略見餞酒一鍾贈之金扼腕日郎君他日富貴愼勿相忘明年至京成名不二十年自樞密副使除本州刺史離闕右元宗賜伕庫酒二百瓶

登祝融峰

欲上祝融峰先登古石橋鑿開巇嶮處取路到丹霄

潘佑

佑幽州人南唐時累官虞部員外郎內史舍人著有滎陽集野客叢書前輩謂深院無人杏花雨之句極佳此非四雨之數當作去聲呼此句正祖南唐潘佑之意佑有詩曰誰家舊宅春無主深院簾垂杏花雨佑兩句意此作一句言耳然佑句作上聲非去聲也其下日香飛綠瑣人未歸巢燕承塵默無語豈語字亦當作去聲耶唐花間集亦日紅窗寂無人語黯淡梨花雨魯直詩趁此花開須一醉明朝化作玉塵飛出于潘佑勸君此醉直須歡明朝又是花狼籍之意法藏碎金子記太白有詩云野禽啼杜宇山蝶舞莊周後又見潘佑有感懷詩幽禽喚杜

宇宿蝴蝶夢莊周席地一尊酒思與元化浮但
莫孤明月何必秉燭游予謂才思暗合古今
無殊不可怪也太白夜懷有句云宴坐寂不
動大千入毫髮潘佑獨坐有句云凝神入混
芲萬象成空虛予愛二子吐詞精敏之力入
道深密之狀合而書之聊資巳用江南野錄
潘佑有文而容陋其妻右僕射嚴續之女有
絶態一日晨妝佑潛窺於鏡臺面落鏡中妻
怖遽倒佑怒其惡已因棄之馬令南唐書曰
佑母方娠夢古衣冠入告曰我顏延之也與
夫人為子及生七歲始能語曰兒悞傷白龍
為上帝所罰也回吟詩云朝遊滄海東暮歸
何太速祇因騎折白龍腰謫向人間三十六
後果上書極諫李煜下獄自縊死年三十六歲

送許處士堅往茅山

天壇雲似雪玉洞水如琴白雪與流水千載清人心
君攜布囊去路長風滿林一入華陽洞千秋那可尋

送人往宣城

江畔送行人千山生暮氛謝安團扇上為畫敬亭雲

失題

誰家舊宅春無主深院簾垂杏花雨香飛綠瑣人未
歸巢燕承塵默無語

馬致恭

致恭南唐時人

送孟賓于

曾聞洛陽綴神仙火樹南樓幾十年白首自忻丹桂
在詩名已得四方傳行隨秋渚將歸雁吟傍梅花欲

雪天今日還家莫惆悵不同初上渡頭船

包穎

穎南唐時人騎省集鉉有和表弟包穎見寄
序云此子侍親在饒州累年卧
疾詩云常思帝里奉交親别後光陰屈指頻
蘭佩卻歸綸閣下荆枝猶寄楚江濱十程山
水勞幽夢滿院烟花醉别人料得此生强健
在會須重賞昔年春穎得詩和之云云

和徐鼎臣見寄

平生中表最情親浮世那堪聚散頻謝朓卻吟歸省
閣劉楨猶自卧漳濱舊游半似前生事要路多逢後
進人且喜新吟報强健明年相望杏園春

鍾謨

謨字仲益其先會稽人徙閩之崇安已而僑
居金陵李璟時為翰林學士進禮部侍郎判
尚書省談苑鍾謨建安人為李景奉表于周
孫晟遇害獨赦謨為耀州司馬有詩
與州將云云後劃江為界世宗名為衛尉卿
放還因作詩以獻詞云三年耀武羣雄伏一
日回鑾萬國春南北通歡永無
事謝恩歸去老陪臣世宗悅

貽耀州將

翩翩歸盡塞垣鴻隱隱驚開蟄戶蟲渭北離愁春色
裏江南家事戰塵中還同逐客紉蘭佩誰聽縲囚奏
土風多謝賢侯振吾道免令搔首泣途窮

代京妓越賓答徐鉉

一幅輕綃寄海濱越姑長感惜時恩欲知別後情多少點點憑君看淚痕

何昌齡

昌齡南唐時廬陵宰總龜昌齡宰廬陵郡有衙將楊克儉能媚州牧而移其權昌齡以兄事之嘗遊其池館貽其詩曰云云未幾克儉連延範貸死而刑其家破焉議者以爲其詩之讖也

題楊克儉池館

經旬因雨不重來門有蛛絲經有苔再向白蓮臺上望不知花木爲誰開

李羽

羽廬州人登南唐進士第

獻江淮郡守盧公

褰詔東來泗水濱時情惟望秉陶鈞將軍一陣爲功業忍見沙場百戰人

梁藻

藻字仲華長汀人南唐總殿前步軍暉之子性樂蕭散應襲父任不就所著有處士集若干卷

南山池

翡翠戲翻荷葉雨鷺鷥飛破竹林煙時沽村酒臨軒

酌擬摘新茶靠石煎

韓垂

垂南唐時人詩話垂咏金山詩最得名李建勳有咏金山絶句云不坐白髮會遊此不歎征帆無了期盡日憑闌誰會我只悲不見韓垂詩

題金山

靈山一峰秀岌然殊衆山盤根大江底插影浮雲間雷霆常間作風雨時往還象外懸清影千載長躋攀

朱存

存金陵人十國春秋保大時存常取吳大帝及六國興亡成敗之迹作覽古詩二首章章四句地志家多援以爲證

後湖

雷轟疊鼓火翻旗三異翩翩試水師驚起黑龍眠不得狂風猛雨不多時

陳彥

彥南唐人官司門郎中騎省集徐鈫有九月十一日寄陳郎中詩云我多吏事君多病寂絶過從又幾旬前日龍山烟景如風前落帽是何人彥答之云云

和徐舍人九月十一日見寄

衡門寂寂逢迎少不見仙郎向五旬莫問龍山前日事菊花開卻爲閑人

伍喬

喬廬江人南唐李璟時至金陵舉進士第一仕至考功員外郎卒著有集陸書本傳喬性嗜學以淮人無
出巳右者遂渡江居廬山國學詩調寒苦每
有疲童羸馬之歎苦節自奮一夕見人掌自
牖隙入署讀易二字忽不見喬大歎異輒取
易讀之探索精微越數年山中浮屠夢仰視
見一大星芒色甚異旁有人指之曰此伍喬
星也入金陵舉進士試畫八卦賦霽後望鍾
山詩故事中選者主司必延之陛堂置酒時
有宋貞觀者首就坐張泊續主司覽其文揖
貞觀南坐引泊坐於西酒數行喬始上卷主
司歎其傑作乃從貞觀處席北泊處席南以
喬居賓席及覆試牓出喬果爲首泊貞觀次
時稱主司精於衡覽 全唐詩話喬有省試
霽後望鍾山句云積靄沉諸壑微雲在半峰
又雲傍水村凝片冷雪連山驛積寒光俱爲
人傳
誦

僻居謝何明府見訪

公退琴堂動逸懷閑披烟靄訪微才馬嘶窮巷蛙聲息轍到衡門草色開風引柳花當坐起日將林影入庭來滿齋塵土一牀蘚多謝從容水飯回

遊西山龍泉禪寺

疊巘層峰坐可觀枕門流水更潺湲曉鍾聲徹洞溪遠夏木影籠軒檻寒幽徑乍尋衣屨潤古堂頻宿夢魂安因嗟城郭營營事不得長遊空鬢殘

僻居秋思寄友人

門巷秋歸更寂寥雨餘閑砌委蘭苗夢迴月夜蟲吟壁病起茅齋藥滿瓢澤國舊遊關遠思竹林前會負佳招身名未立猶辛苦何許流年晚鬢凋

九江旅夜寄山中故人

弱柳風高遠漏沉坐來難便息愁吟江城雪盡寒猶在客舍燈孤夜正深塵土積年粘旅服關山無處寄歸心此時遙羨閑眠侶靜掩雲扉臥一林

廬山書堂送祝秀才還鄉

束書辭我下重巔相送同行楚岸邊歸思幾隨千里雁離情空寄一林蟬園林到日酒初熟庭戶開時月正圓莫使蹉跎戀疎野男兒酬志在當年

龍潭張道者

碧洞幽巖獨息心時人何處得相尋養生不說憑諸藥適意唯聞在一琴石徑掃稀山蘚合竹軒開晚野雲深他年功就期飛去應笑吾徒多苦吟

寄落星史虛白處士

白雲峰下古溪頭曾與提壺爛熳遊登閣共看彭蠡水圍爐相憶杜陵秋棊元不厭通霄算句妙多容隔歲酬別後相思時一望暮山空碧水空流

題西林寺水閣

竹翠苔花遶檻濃此亭幽致詎曾逢水分林下淸泠

泒山峙雲閒峭峻峰怪石夜光寒射燭老杉秋韻冷
和鐘不知來往留題客誰約重尋蓮社蹤

觀華夷圖

別手應難及此精須知攢簇自心靈始於毫末分諸
國漸見圖中列四溟關路欲伸通楚勢蜀山俄聳入
秦青筆端盡現寰區事堪把長懸在戶庭

晚秋同何秀才溪上

閒步秋光思杳然荷蓑因共過林煙期收野藥尋幽
路欲採溪菱上小船雲吐晚陰藏霽岫柳含餘靄咽
殘蟬倒尊盡日忘歸處山磬數聲敲暝天

寄張學士洎 詩史喬與洎友善洎爲學士喬爲通判作詩以寄戒僕日候遊宴時投之僕如言張得詩動容爲言于上召還爲員外

不知何處好消憂公退攜壺即上樓職事久參侯伯
幕夢魂長遶帝王州黄山向晚盈軒翠黟水含春繞
檻流遙想玉堂多暇日花時誰伴出城遊

冬日道中

去去天涯無定期瘦童羸馬共依依暮煙江口客來
絶寒葉嶺頭人住稀帶雪野風吹旅思入雲山火照
行衣釣臺吟閣滄洲在應爲初心未得歸

僻居酬友人

僻居雖愛近林泉幽徑閒居碧蘚連向竹掩扉隨鶴
息就溪安石學僧禪古琴帶月音聲亮山果經霜氣
味全多謝故交憐朴野隔雲時復寄佳篇

宿灊山

一入仙山萬慮寬夜深寗厭倚虛欄鶴和雲影宿高
木人帶月光登古壇芝朮露濃溪塢白薜蘿風起殿
廊寒更陪羽客論真理不覺初鐘叩曉殘

遊西禪

遠岫當軒列翠光高僧一衲萬緣忘碧松影裏地長
潤白藕花中水亦香雲自雨前生淨石鶴于鐘後宿
長廊遊人戀此吟終日盛暑樓臺早有涼

寄史處士

長羨閒居一水湄吟情高古有誰知石樓待月橫琴
久漁浦經風下釣遲僻塢落花多掩徑舊山殘燒幾
侵籬松門別後無消息早晚重應躡屐隨

送江少府授延陵後寄

五老雲中勤學者遇時能不困風塵東書西上謁明
主捧檄南歸慰老親別館友朋留醉久去程烟月入
吟新莫因官小慵之任自古鸞棲有異人

觀山水障子

功績精妍世少倫圖時應倍用心神不知草木承何
異但見江山長帶春雲勢似離巖底石浪花如動峭
邊蘋更疑獨泛漁舟者便是其中舊隱人

聞杜牧赴闕

舊隱匡廬一草堂今聞攜策謁吾皇峽雲難卷從龍
勢古劒終騰出土光開翅定期歸碧落濯纓甯肯問
滄浪他時得意交知仰莫忘裁詩寄釣鄉

林居喜崔三博遠至

幾日區區在遠程晚煙林徑喜相迎姿容雖有塵中
色巾屨猶多嶽上清野石靜排爲坐榻溪茶深煮當

飛觥留連話與方經宿又欲攜書別我行

暮冬送何秀才毘陵

疋馬嘶風去思長素琴孤劒稱戎裝路塗多是過殘
歲杯酒無辭到醉鄉雲傍水村凝冷片雪連山驛積
寒光毘陵城下饒嘉景回日新詩應滿堂

孫　咸

咸南唐人總龜咸長于預知災異因遊廬山留題九天使者廟不逾數年金陵板蕩並應此詩

題九天使者廟

獨入元宮禮至真焚香不爲賤貧人秦淮兩岸沙埋

骨湓浦千家血染塵廬岳烟霞誰是主虎溪風月屬
何人九江太守勤王事好放天兵渡要津

成彥雄

彥雄字文幹南唐進士梅嶺集五卷吟窗雜錄彥雄句云莎草放茵深護砌海榴噴火巧橫牆又紋鱗引子跳銀海紫燕呼雛語畫梁

杜鵑花

杜鵑花與鳥怨豔兩何賒疑是口中血滴成枝上花
一聲寒食夜數朵野僧家謝豹出不出日遲遲又斜

江上楓

江楓自蓊鬱不競松筠力一葉落漁家殘陽帶秋色

夜夜曲

自從君去夜錦幌孤蘭麝欹枕對銀釭秦箏綠窗下

村行

曖曖村煙暮牧童出深塢騎牛不顧人吹笛尋山去

會友不至

王孫還是負佳期玉馬追遊日漸西獨上郊原人不
見鷓鴣飛過落花溪

暮春日宴溪亭

寒食尋芳遊不足溪亭還醉綠楊煙誰家花落臨流
樹數片殘紅到檻前

曉

列宿回元朝北極爽神睎露滴樓臺佳人卷箔臨階
砌笑指庭花昨夜開

夕

臺謝沈沈禁漏初麝煙紅蠟透蝦鬚雕籠鸚鵡將棲
宿不許鴉鬟轉轆轤

露

銀河昨夜降醍醐灑遍坤維萬象蘇疑是鮫人曾泣
處滿池荷葉捧眞珠

遊紫陽宮

古殿煙霞簇畫屏直疑踪跡到蓬瀛碧桃滿地眠花
鹿深院松窗擣藥聲

元日詩話彥雄有除夜詩云銅龍看卻送春來莫惜顛狂酒百杯吟鬢就中專擬白那堪更被二更催又元日詩云云

戴星先捧祝堯觴鏡裏塡鸞兩鬢霜好是燈前偷失
笑屠蘇應不得先嘗

寒夜吟

洞房脉脉寒宵永燭影香消金鳳冷猧兒睡魘喚不
醒滿窗撲落銀蟾影

柳枝辭

輕籠小徑近誰家玉馬追風翠影斜愛把長條惱公
子惹他頭上海棠花

鵝黃翦出小花鈿綴上芳枝色轉鮮飲散無人收拾
得月明階下伴鞦韆

綠楊移傍小亭栽便擁穠煙撥不開誰把金刀爲刪
掠放教明月入窗來

遠接關河高接雲雨餘洗出半天津牡丹不用相輕
薄自有清陰覆得人

王孫宴罷曲江池折取春光伴醉歸怪得美人爭鬭
乞要他穠翠染羅衣

東君愛惜與先春草澤無人處也新委嚲露華並細
雨莫教遲日惹風塵

句踐初迎西子年琉璃爲篲掃溪烟至今不改當時
色留與王孫繫酒船

掩映鶯花媚有餘風流才調比應無朝朝奉御臨池
上不羨青松拜大夫

殘照林梢嫋數枝能招醉客上金堤馬嬌如練纓如
火瑟瑟陰中步步嘶

煎茶

岳寺春深睡起時虎跑泉畔思遲遲蜀茶倩箇雲僧

硍自拾枯松三四枝

松

大夫名價古今聞盤屈孤貞更出羣將謂嶺南閑得了夕陽猶挂數枝雲

新燕

纔離海島宿江濱應夢笙歌作近鄰減省雕梁並頭語畫堂中有未歸人

惜花

忘餐爲戀滿枝紅錦帳頻移護晚風客散酒酣歸未得欄邊獨立月明中

中秋月

王母妝成鏡未收倚闌人在水精樓笙歌莫占清光盡留與溪翁一釣舟

韓溉

溉南唐人 吟窗雜錄溉有句云門掩落花人別後窗含殘月酒醒時

潯陽觀水

明宗漢水接陽臺咯呀填坑吼作雷莫見九江平穩去還從三峽嶮巇來南經夢澤寬浮日西出岷山劣泛杯直至滄溟涵貯盡沉深不動漫昭回

水

方圓不定性空求東注滄溟早晚休高截碧塘長耿耿遠飛青嶂更悠悠瀟湘月浸千年色夢澤烟含萬古愁別有嶺頭嗚咽處爲君分作斷腸流

松

倚空高檻冷無塵往事閑徵夢欲分翠色本宜霜後見寒聲偏向月中聞啼猨想帶蒼山雨歸鶴應和紫府雲莫向東園競桃李春光還是不容君

柳

雪盡青門弄影微暖風遲日早鶯歸如憑細葉留春色須把長條繫落暉彭澤有情還鬱鬱隋堤無主自依依世間惹恨偏饒此可是行人折贈稀

竹

樹色連雲萬葉開王孫不厭滿庭栽凌霜盡節無人見終日虛心待鳳來誰許風流添興詠自憐瀟洒出塵埃朱門處處多閑地正好移陰覆翠苔

鵲

纔見離巢羽翼開盡能輕颺出塵埃人間樹好紛紛占天上橋成草草回幾度送風臨玉戶一時傳喜到妝臺若教顔色如霜雪應與清平作瑞來

燈

分影由來恨不同綠窗孤館兩何窮熒煌短焰長疑暗雰落殘花旋委空幾處隔簾愁夜雨誰家當戶怯秋風莫言明滅無多重曾比人生一世中

李翱

翱南唐時人 郎瑛七修類藁孫魴作金山詩自夸則不當也若以驚濤濺佛身言山不應如此之低此癡人前又不可說夢第同時李翱亦有詩而後四句全同孫句不知當時何意同之若是 金山志案此則南唐別有一李翱耳今並載以俟考

金山寺

萬古波心寺金山名目新天多剩得月地少不生塵石室堪容膝雲堂可憩身我來登眺處能有幾閒人

徐道暉

道暉南唐時人

金山寺

兩寺今為一僧多外國人流來天際水截斷世間塵鴉宿昏林徑龍歸遠塔輪卻宜成片石曾坐謝心身

卷三十一終

全五代詩卷三十二

羅江李調元雨村 編

南唐

李中

中字有中隴西人仕南唐為淦陽宰著有碧雲集 五代詩話孟賓于集序云有中緣情入妙麗則可知出示全編備多奇句如乾坤一夕雨草木萬方春懷古云歌舞一場夢烟波千古愁聽鄭道士琴云秋月空山寂滄風一夜生徐司徒池亭云扶疏皆竹樹冷淡似瀟湘落花云酷恨西園雨生憎南陌風寄左偃云烟火人家遠汀洲暮雨寒秋雨云聲在梧葉潤氣逼書幃廬山云谷春攢錦繡石潤疊瓊琳江行夜泊云半夜風雷過一天星斗寒寄劉鈞云閑花半落處幽客未來時得故人消息云夢歸殘月曉信到落花時訪龍光謙上人云相留看山雪盡日論風騷又七言如宿廬山白雲峰重過道者院云雲開碧落星河近月出滄溟世界秋又海上從事秋日書懷云千里夢隨殘月斷一聲蟬送早秋來又夜泊寄詩友云魚龍不動燈江遠烟霧皆收皎月高東林寺贈遠大師云杉檜巳依靈塩老烟霞空鎖影堂深登眺陵青山樓有感云千里吳山青不斷一邊遼海浸無窮訪洞仙宮不遇邵道者云羽客不知何處去洞前花落立多時憶溪居云杜若菰蒲烟雨歇一溪春色屬何人又六言如半落銅臺月曉亂飄金谷風多客中春思云又聽黃鳥綿巒月斷家鄉未還春水引將客夢悠悠繞遍闕山賦泉云誰當秋靄後獨聽月明中素月當流天燈江如練對滄洲而援筆之麗藻以當仁故以公五七言兼六言詩凡二百篇目日碧雲集癸酉天祐十年八月五日序

寒江暮泊寄左偃

維舟蘆荻岸離恨若爲寬烟火人家遠汀洲暮雨寒
天涯孤夢去蓬底一燈殘不是憑騷雅相思寫亦難

春日作

和氣來無象物情還暗新乾坤一夕雨草木萬方春
染水烟光媚催花鳥語頻高臺曠望處歌詠屬詩人

訪蔡文慶處士留題

幽人棲息處一到滌塵心蘚色花陰潤碁聲竹徑深
籬根眠野鹿池面戲江禽多謝相留宿開樽拂素琴

姑蘇懷古

闔閭興覇日繁盛復風流歌舞一場夢烟波千古愁

樵人歸野徑漁笛起扁舟觸目皆傷感將行又駐留

書王秀才壁

茅舍何寥落門庭長綠蕪貧來賣書劍病起憶江湖
對枕暮山碧伴吟涼月孤前賢多晚達莫嘆有霜鬚

春日野望懷胡人

野外登臨望蒼蒼烟景昏暖風醫病草甘雨洗荒村
雲散天邊野潮迴島上痕故人不可見倚杖役吟魂

宿山店書懷寄東林令圖上人

一宿山前店旅情安可窮猨聲鄉夢後月影竹窗中
南楚征途闊東吳舊業空虎溪蓮社客應笑此飄蓬

江行夜泊

扁舟倦行役寂寂宿江干半夜風雷過一天星斗寒
潮平沙觜沒霜苦鴈聲殘漁父何疎逸扣舷歌未闌

三四孟賓于評云恐怖一場虛明徹曉

寄劉鈞秀才

掩戶當春晝知君志在詩閑花半落處幽客未來時
野鳥穿莎徑江雲過竹籬會須明月夜與子水邊期

聽鄭羽人彈琴

仙鄉景已清仙子啟琴聲秋月空山寂涓風一夜生
莎閒蟲罷響松頂鶴初驚因感浮華世誰憐太古情

落花

年年三月夢無計惜殘紅酷恨西園雨生憎南陌風
片隨流水遠色逐斷霞空悵望叢林下悠悠飲興窮

得故人消息

多難分離久相思每淚垂夢歸殘月曉信到落花時
未必乖良會何當有後期那堪樓上望烟水接天涯

江村晚秋作

高秋水村路隔岸見人家好是經霜葉紅於帶露花
臨砌魚易得就店酒難賒吟興何能盡風清日又斜

芳草

二月正綿綿離情被爾牽四郊初過雨萬里正鋪烟
眷戀殘花惹留連醉客眠飄香是杜若最憶楚江邊

春晏寄從弟德潤

相思禁烟近樓上動吟魂水國春寒在人家暮雨昏
朱橋通竹樹香徑匝蘭蓀安得吾宗會高歌醉一尊

秋雨

竟日聲蕭颯兼風不暫闌竹窗秋睡美荻浦夜漁寒
地僻苔生易林疎鳥宿難誰知苦吟者坐聽一燈殘

烈祖孝高輓歌

誰解叩乾闕音容去不還位方尊北極壽忽殞南山

鳳輦應難問龍髯不可攀千秋遺恨處雲物鎖橋山

贈海上觀音院文依上人

煙霞海邊寺高卧出門慵白日少來客清風生古松
虛窗從燕入壞屐任苔封幾度陪師話相留到暮鐘

庭竹

偶自山僧院移歸傍砌栽好風終日起幽鳥有時來
篩月牽詩興籠煙伴酒杯南窗睡輕起蕭颯雨聲迴

江南重會友人

江南重會面聊話十年心共立黃花畔空驚素髮侵
斜陽浮遠水歸鳥下踈林牽動詩魔處涼風村落砧

送人南遊

浪跡天涯去南荒必動情草青虞帝廟雲暗夜郎城
越鳥驚鄉夢蠻風解宿酲早思歸故里華髮等閑生

吉水寄閻侍御時公謫官濛川

何處懷君切令人欲白頭偶尋花外寺獨立水邊樓
不得論休戚何因校獻酬吟餘興難盡風笛起漁舟

寄廬岳鑒上人

岳寺棲餅錫常人親亦難病披青衲重晚剃白髭寒
烘壁茶煙暗填溝木葉乾昔年皆禮謁頻到碧雲端

姑蘇

蘇臺蹤跡在曠望向江濱往事誰堪問連空草自春
花疑西子臉濤想伍胥神吟盡情難盡斜陽照路塵

依韻和蠡澤王去微秀才見寄

咫尺風騷客難諧面繼酬想思對煙雨一雁下汀洲
花影誰家塢笛聲何處樓樁筇朗吟罷搔首獨遲留

送孫孔二秀才遊廬山

廬山多勝景偏稱二君遊松徑蒼苔合花陰碧澗流
傾壺同坐石搜句共登樓莫學天台客逢山即駐留

途中聞子規

春殘杜宇愁越客思悠悠雨歇孤村裏花飛遠水頭

微風聲満咽高樹血應流因此頻迴首家山隔幾洲

訪龍光智謙上人

忽起尋師興穿雲不覺勞相留看山雪盡日論風騷
竹影搖禪榻茶烟上毳袍夢魂曾去否舊國阻波濤

賦得江邊草

岸春芳草合幾處思纏綿向暮江蘺雨初晴杜若煙
靜宜幽鷺立遠稱碧波連送別王孫處萋萋南浦邊

江行晚泊寄湓城知友

孤舟相憶久何處倍關情野渡帆初落秋風蟬一聲
江浮殘照闊雲散亂山横漸去湓城遠那堪新月生

思舊遊有感

長憶銜杯處酕醄尚未闌江南正夜雨樓上恰春寒
好樹藏鶯密平蕪徹野寬如今無處覓音信隔波瀾

秋日途中

竹林已蕭索客思正如讐舊業吳江外新蟬楚驛頭
遥天踈雨過列岫亂雲收今夕誰家宿孤吟月色秋

書蔡隱士壁

病後霜髭出衡門寂寞中蠧侵書帙損塵覆酒樽空
池暗菰蒲雨徑香蘭蕙風幽閑已得趣不見卜窮通

訪徐長史留題水閣

君家池閣靜一到且淹留坐聽蒹葭雨如看島嶼秋
杯盤深有興吟笑迥忘憂更愛幽奇處雙雙下野鷗

鸂鶒

流品是鴛鴦翩飛雲水鄉風高離極浦煙暝下方塘
比鷺行藏别穿荷羽翼香雙雙浴輕浪誰見在瀟湘

所思

離思春來切誰能慰寂寥花飛寒食過雲重楚山遥
耿耿夢徒往悠悠鬢易凋那堪對明月獨立水邊橋

春閨辭二首

卷簾遲日暖睡起思沈沈遼海音塵遠春風旅館深

踈篁留鳥語曲砌轉花陰寄語長征客流年不易禁

不得遼陽信春心何以安鳥啼窗樹曉夢斷碧煙殘
綠鑑開還懶紅顏駐且難相思誰可訴時取舊書看

臘中作

冬至雖云遠渾疑朔漠中勁風吹大野密雪翳高空
泉凍如頑石人藏類蟄蟲豪家應不覺獸炭滿爐紅

贈朐山楊宰

訟閑徵賦畢吏散捲簾時聽雨入秋竹留僧覆舊棋
得詩書落葉煮茗汲寒池化俗功成後煙霄會有期

悼亡

巷深芳草細門靜綠楊低室邇人何處花殘月又西
武陵期已負巫峽夢終迷獨立銷魂久雙雙好鳥啼

贈致仕沈彬郎中

自言婚嫁畢塵事不關心老去詩魔在春來酒病深
山翁期採藥海月伴鳴琴多謝維舟處相留接靜吟

寄王鶚秀才

長憶狂遊日惜春心恰同預愁花片落不遣酒壺空
草軟眠難捨鶯嬌聽莫窮如今千里隔搔首對秋風

宿山中寺

寄宿深山寺惟逢老病僧風吹幾世樹雲暗暮秋燈

瞑目忘塵慮談空入上乘明晨返名路何計戀南能

海上載筆依韻酬左偃見寄

都城分別後海嶠夢魂迷吟興疎煙月邊情起鼓鼙
成旗風颭小營栁霧籠低草檄無餘刃難將阮瑀齊

送黃一作王秀才

雨餘飛絮亂相別思難任酒罷河橋晚帆開煙水深
蟾宮須展志漁艇莫牽心岐路從茲遠雙魚信勿沈

哭舍弟

浮生多夭枉惟爾最堪悲同氣未歸日慈親臨老時
舊詩傳海嶠舍弟有詩云夢斷海山遠夜長風雨多傳至海上新塚枕江湄
遺稚鳴鳴處黃昏繞繐帷

書情寄詩友

默默誰知我裵回野水邊詩情長若舊吾事更無先
芳草人稀地殘陽鴈過天靜思吟友外此意復誰憐

喜春雨有寄

青春終日雨公子莫思晴任阻西園會且觀南畝耕
最憐滋壠麥不恨濕林鶯父老應相賀豐年兆已成

魏夫人壇

仙壇遺跡在苔合落花明絳節何年返白雲終日生
旋新芳草色依舊偃松聲欲問希夷事音塵隔上清

寄贈致仕沈彬郎中

鵷鷺換朝服逍遙雲水鄉有時乘一葉載酒入三湘
塵夢年來息詩魔老亦狂蓴羹與鱸膾秋興最宜長

書小齋壁

其誰肯見尋冷淡少知音塵土侵閑榻煙波隔故林
竹風醒晚醉窗月伴秋吟道在唯求己明時豈陸沈

懷王道者

閑思王道者逸格世難羣何處眠青嶂從來愛白雲
酒沽應獨醉藥熟許誰分正作超名計如何得見君

依韻和智謙上人送李相公赴昭武軍

暫別廟堂上雄藩去諮情秋風生鳫渚晚霧濕龍旌
吟裡過僕服夢中歸帝城下車軍庶樂千里月淸淸

春日途中作

干祿趨名者迢迢別故林春風短亭路芳草異鄉心
雨過江山出鶯啼村落深未知將雅道何處謝知音

遊元眞觀

閑吟遊古觀靜慮想神仙上景非難度陰功不易全
醮壇松作蓋丹井蘚成錢浩浩紅塵裏誰來叩自然

寄左偃

每病風騷路荒涼人莫遊惟君還似我成癖未能休

捨寐緣孤月忘形爲九秋垂名如不朽那恨雪生頭

獻中書韓舍人

丹墀朝退後靜院即冥搜盡日捲簾坐前峰當檻秋
烹茶留野客展畫看滄洲見說東林夜尋常秉燭遊

訪山叟留題

策杖尋幽客相攜入竹扃野雲生晚砌病鶴立秋庭
茶美睡心爽琴淸塵慮醒輪蹄應少到門巷草靑靑

漁父

煙冷暮江濱高歌散誕身移舟過蓼岸待月正絲綸
亦與樵翁約同遊酒市春白頭雲水上不識獨醒人

贈上都紫極宮劉日新先生

道德吾君重含眞本去華因知鍊神骨何必在煙霞
棊散庭花落詩成海月斜瀛洲舊仙侶應許寄丹砂

勉同志

讀書與磨劍旦夕但忘疲儻若功名立那愁變化遲
塵從侵硯席苔任滿庭墀明代搜揚切升沉莫問龜

離亭前思有寄

酒醒江亭客纏綿恨別離笙歌筵散後風月夜長時
耿耿看燈暗悠悠結夢遲若無騷雅分何計達相思

秋夕書事寄友人

信斷關河遠相思秋夜深砌蛩聲咽咽簷月影沈沈
未遂靑雲志那堪素髮侵吟餘成不寐徹曙四鄰砧

依韻酬智謙上人見寄

性拙才非逸同心友亦稀風昏秋病眼霜濕夜吟衣
鶯谷期猶負蘭陔養不違吾師惠佳句勝得楚金歸

題柳

折向離亭畔春光滿手生羣花豈無豔柔質自多情
夾岸籠溪月兼風撼野鶯隋隄三月暮飛絮想縱橫

江館秋思因成自勉

江邊候館幽汀鳥暝煙收客思雖悲月詩魔又愛秋

聲名都是幻窮達未能憂散逸憐漁父波中漾小舟

聽蟬寄朐山孫明府

忽聽新蟬發客情其奈何西風起槐柳故國阻煙波
隴笛悲猶少巴猨恨未多不知陶靖節還動此心麽

江南春

千家事勝遊景物可忘憂水國樓臺晚春郊煙雨收
鷓鴣啼竹樹杜若媚汀洲永巷歌聲遠王孫會莫愁

秋夕病中作

卧病當秋夕悠悠枕上情不堪抛月色無計避蟲聲
煎藥惟憂澁停燈又怕明曉臨清鑑裏應有白髭生

春日書懷寄朐山孫明府

一作邊城客閑門兩度春鶯花深院雨書劒滿牀塵
紫閣期終負靑雲道未伸猶憐陶靖節詩酒每相親

春晚招曾從事

袞袞利名役常嗟聚會稀有心遊好景無術駐殘暉
南陌草爭茂西園花亂飛期君舉杯酒不醉莫言歸

和易秀才春日見寄

每恨多流落吾徒不易親相逢千里客共醉百花春
小檻山當面閑階柳拂塵何時卜西上明月桂枝新

送戴秀才

巳是殊鄉客送君重慘然河橋乍分首槐柳正鳴蟬
短櫂離幽浦孤帆觸遠煙淸朝重文物變化莫遷延

病中作

閒齋病初起心緒復悠悠開篋羣書蠹聽蟬滿樹秋
詩魔還漸動藥債未能酬爲憶前山色扶持上小樓

江南重會友人感舊

長江落照天物景似當年憶昔攜村酒相將上釣船
狂歌紅蓼岸驚起白鷗眠今日趨名急臨風一黯然

卷三十二終

全五代詩卷三十三

羅江李調元雨村 編

南唐

李 中二

已未歲冬捧宣頭離下蔡

詔下如春煦巢南志不違空將感恩淚滴盡冒寒衣
覆載元容善形骸果得歸無心漸季路負米覲親闈

哭舍弟

鴻鴈離羣後成行憶日存誰知歸故里只得奠吟魂
蟲蠹書盈篋人稀草擁門從茲長慟後獨自奉晨昏

讀蜀志

鼎分天地日先主力元微魚水從相得山河遂有歸
任賢無閒忌報國盡神機草昧爭雄者君臣似此稀

都下再會友人

誰言多難後重會喜淹留欲話關河夢先驚鬢髮秋
浮雲空冉冉遠水自悠悠多謝開青眼攜壺共上樓

晉陵縣夏日作

事簡公庭靜開簾暑氣中依經煎綠茗入竹就清風
至論招禪客忘機憶釣翁晚涼安枕簟海月出牆東

郵亭蚤起

郵舍殘燈在村林雞唱頻星河吟裏曉川陸望中春
舊友青雲貴殊鄉素髮新悠悠念行計難更駐征輪

客中寒食

旅次經寒食思鄉淚濕巾音書天外斷桃李雨中春
欲飲都無緒唯吟似有因輸他郊郭外多少踏青人

旅館秋夕

寥寥山館裏獨坐酒初醒舊業多年別秋霖一夜聽
砌蛩聲漸息窗燭影猶停蚤晚無多事休如泛水萍

宿青溪米處士幽居

寄宿溪光裏夜涼高士家養風窗外竹叫月水中蛙

靜慮同搜句清神旋煮茶唯憂晚雞唱塵裏事如麻

送張惟貞少府之江陰

相送煙汀畔酒闌登小舟離京梅雨歇到邑早蟬秋
俗必期康濟詩誰互唱酬晚涼諸吏散海月入虛樓

送姚端先輩歸甯

知君歸覲省稱意涉通津解纜汀洲曉張帆煙水春
牽吟芳草遠莫酒亂花新拜慶庭闈處蟬枝香滿身

吉水作尉時酬閻侍御見寄

謬佐驅雞任常思賦鵩人未諧林下約空感舊來身
鑱徑青苔老鋪階紅葉新相思不可見猶喜得書頻

吉水作尉酬高援秀才見贈

佐邑慙無術敢言貧與清風騷誰是主煙月自關情
卷箔當山色開窗就竹聲憐君惠嘉句資我欲垂名

送智雄上人

忽起游方念飄然不可留未知攜一錫乘興向何州
古岍春雲散遙天晚雨收想應重會面風月又清秋

覽友人卷

新詩開卷處造化竭精英雪霽楚山碧月高湘水清
初吟塵慮息再挹古風生自此寰區內喧騰二雅名

廣陵寒食夜

廣陵寒食夜豪貴足佳期紫陌人歸後紅樓月上時
綺羅香未歇絲竹韵猶遲明日踏青興輸他輕薄兒

寄廬山莊隱士

煙蘿擁竹關物外自求安逼枕溪聲近當簷岳色寒
藥苗應自採琴調對誰彈待了浮名後依君共挂冠

王昭君

蛾眉翻自累萬里陷窮邊滴淚胡風起寬心漢月圓
飛塵長翳日白草自連天誰貢和親策千秋汚簡編

送汪濤

知君别家後不免淚霑襟芳草千里路夕陽孤客心
花飛當野渡猨叫在煙岑霄漢知音在何須恨陸沉

言志寄劉鈞秀才

童稺親儒墨時平喜道存酬身指書劍賦命委乾坤
秋爽鼓琴興月清搜句魂與君同此志終待至公論

經古寺

殿宇半隳摧門臨野水開雲凝何代樹草蔽此時臺
遶塔堆黄葉沿階積綠苔躑躅日將暮棲鳥入巢來

送王道士遊東海

巨浸常牽夢雲遊豈覺勞遙空收晚雨虚閣看秋濤
必若思三島應須釣六鼇如通十洲去誰信碧天高

閑居言懷

未達難隨衆從他俗所憎閑聽九秋雨遠憶四明僧
病後倦吟嘯貧來疎友朋寂寥元合道未必是無能

宿鍾山知覺院

宿投林下寺中夜覺神清磬罷僧初定山空月又生
籠燈吐冷豔岳樹起寒聲待曉紅塵裏依前冒遠程

旅夜聞笛

長笛起誰家秋涼夜漏賒一聲來枕上孤客在天涯
木末風微動窗前月漸斜暗牽詩思苦不獨落梅花

送紹明上人之毘陵

忽起毘陵念飄然不可留聽蟬離古寺攜錫上扁舟
月出沙汀冷風高葦岸秋回期端的否千里路悠悠

遙賦義興潛泉

見說靈泉好潺湲興莫窮誰當秋霽後獨聽月明中
濺石苔花潤隨流木葉紅何當化霖雨濟物顯殊功

舟次吉水逢蔡文慶秀才

別後音塵斷相逢又共吟雪霜今日鬢烟月舊時心
艤櫂夕陽在聽鴻秋色深一尊開口笑不必話升沉

清溪逢張惟貞秀才

洞隱紅霞外房開碧嶂根昔年同鍊句幾夜共聽猨

考古書千卷忘憂酒一樽如今歸建業雅道喜重論

送閻侍御歸闕

羨君乘紫詔歸路指通津鼓櫂煙波煖還京雨露新
趨朝丹禁曉聳轡九衢春自愧湮沉者隨軒未有因

舟次彭澤

飄泛經彭澤扁舟思莫窮無人秋浪晚一岸蓼花風
鄉里夢漸遠交親書未通今宵見圓月難坐冷光中

泉

潺潺青嶂底來處一何長漱石苔痕滑侵松鶴夢涼
泛花穿竹塢瀉月下蓮塘想得歸何處天涯助渺茫

和毘陵尉曹昭用見寄

決獄多餘暇冥搜萬象空卷簾疏雨後鏁印夕陽中
還往多名士編題尚古風宦途知此味能有幾人同

新喻縣偶寄彭仁正字

經年離象魏孤宦在南荒酒醒公齋冷雨多歸夢長
志難酬國澤術欠致民康吾子應相笑區區道未光

和彭正字喜雪見寄

千門忻應瑞偏稱上樓看密灑虛窗曉狂飄太野寒
園深宜竹樹簾捲洽杯盤已作豐年兆黎民意盡安

貽毘陵正勤禪院奉長老

隨緣住瓶錫心已悟無生默坐煙霞散閑觀水月明
竹深風倍冷堂迥磬偏清願作傳家者忘言學淨名

新秋有感

門巷涼秋至高梧一葉驚漸添衾簟爽頓覺夢魂清
暗促蓮開豔乍催蟬發聲雨降炎氣減竹引冷烟生
戍客添歸思行人怯遠程未逢征鴈下漸聽夜砧鳴
張翰思鱸興班姬詠扇情音塵兩難問蛩砌月空明

舟中望九華山

排空蒼翠異輟棹看崔嵬一面雨初歇九峯雲正開
當時思水石便欲上樓臺隱去心難遂吟餘首懶迴

僧休傳紫閣屏歇寫天台中有忘機者逍遥不可陪

盧山

控壓潯陽景崔嵬古及今勢雄超地表翠盛接天心
溢浦春煙列星灣晚景沉圖經宜細覽題詠卒難任
靖節門遥對庾公樓俯臨參差含積雪隱映見歸禽
峭拔推雙劍清虛數二林白蓮池宛在翠葦事難尋
天近星河冷龍歸洞穴深谷春攢錦繡石潤疊瓊琳
元鶴傳仙拜青猨伴客吟泉通九江遠雲出幾州陰
冬有靈湯溢夏無炎暑侵他年如遂隱五老是知音

徐司徒池亭

亭榭跨池塘泓澄入座涼扶疎皆竹柏冷淡似瀟湘
萍嫩鋪波面苔深鎖岸傍朝迴遊不厭僧到賞難忘
最稱收殘雨偏宜帶夕陽吟堪期謝眺醉好命嵇康
奢侈心難及清虛趣最長月明垂釣興何必憶滄浪

題徐五教池亭

多士池塘好塵中景恐無年來養鷗鷺夢不去江湖
泉脉通深澗風聲起短蘆驚魚跳藻荇戲蝶上菰蒲
泛泛容魚艇閒閒載酒壺漲痕山雨過翠積岸苔鋪
花影沉波底煙光入座隅燒香憐杜若夜浸愛蟾蜍
步逸心難厭看吟興不辜馮君命奇筆爲我寫成圖

獻喬侍郎

位望誰能並當年志已伸人閒傳鳳藻天上演龍綸
賈馬才無敵褒雄譽益臻除姦深繫念致主迴忘身
諫疏縱橫上危言果敢陳忠貞雖貫世消長豈由人
慷慨辭朝闕迢遥涉路塵千山明夕照孤棹渡長津
杜宇聲方切江蘺色正新卷舒唯合道喜慍不勞神
禪客陪清論漁翁作近鄰靜吟窮野景狂醉養天真
格論思名士輿情渴直臣九霄恩復降比戶意皆忻
卻入鴛鸞序終身顧問頻漏殘丹禁曉日暖玉墀春
鑒物心如水憂時鬢若銀惟期康庶事永要叙彝倫

貴賤知無閒孤寒必許親幾多沉滯者拭目望陶鈞

獻中書潘舍人

運叶半千數天鍾許國臣鵬霄開羽翼鳳闕演絲綸
顧問當清夜從容向紫宸立言成雅誥正意叙彝倫
樸素偕前哲馨香越搢紳褒辭光萬代優旨重千鈞
公退誰堪接清閒道是鄰世閒身屬幻物外意通津
弔往兼春夢文高賦復新琴彈三峽水屏畫十洲春
庭冷鋪苔色池寒浸月輪竹風來枕簟藥氣上衣巾
茶譜傳溪叟棋經受羽人清虛雖得趣獻替不妨陳
杞梓呈才後神仙入侍頻孤寒皆有賴中外亦同忻

有士曾多難無門得望塵忙忙罹險阻往往耗精神
尋果巢枝願終全負米身遭逢敦孝治蹇塞偭通津
最慶清朝祿還霑白髮親甘柔心既遂虛薄報何因
遠宦聯綿歷卑棲夙夜勤艮時空愛惜末路每悲辛
骨立駒猶病顏彫女尚貧而今偕顧遇尺蠖願求伸

獻中書張舍人

仙桂從攀後人閒播大名飛騰諧素志霄漢是前程
持憲威聲振司言品秩清簾開春酒醒月上草麻成
丹陛凌晨對青雲逐步生照人裴玉瑩鑒物憲陂明
下直無他事閒遊恣逸情林僧開戸接溪叟掃苔迎

煮茗山房合垂綸野艇輕神清宜放曠詩苦益縱橫
餘刃時皆仰嘉謀衆佇行四方觀啓沃畢竟念孤平

獻徐舍人

清名喧四海何止並南金奧學羣英伏多才萬乘欽
秩參金殿峻步歷紫微深顧問承中旨綸綸演帝心
褒雄饒義路賈馬避詞林下直無他事開門對遠岑
軒窗來晚吹池沼歇秋霖蘚點生碁石茶煙過竹陰
希夷元已達躁競豈能侵羽客閒陪飲詩人伴靜吟
自慚爲殢物多幸辱虛襟此日重遭遇心期出陸沉

寄廬山白大師

長憶尋師處東林寓泊時一秋同看月無夜不論詩
泉美茶香異堂深磬韻遲鹿馴眠蘚逕猿苦叫霜枝
別後音塵隔年來鬢髮衰趨名方汲汲未果再遊期

冬日書懷寄惟真大師

自別吾師後風騷道甚孤雪霜侵鬢髮音信隔江湖
擾擾悲時世悠悠役夢途向公期盡節多病怕傾壺
賤跡雖慚滯幽情忍使辜詩成天外句碁覆夜中圖
落壁燈花碎飄窗雪片麤煮茶燒栗興早晚復圍爐

送孫霽書記赴壽陽辟命

辟命羨君赴其如愴別情酒闌汀樹晚帆展野風生

淮靜寒煙斂村遙夜火明醉沉胸嶺夢吟遶壽春城
舊友搖鞭接元戎掃榻迎雪晴蓮幕啓雲散桂山橫
王粲從軍畫陳琳草檄名知君提健筆重振此嘉聲

雲

悠悠離洞壑冉冉上天津捧日終爲異從龍自有因
高行四海雨暖拂萬山春靜與霞相近閒將鶴最親
帝鄉歸莫問楚殿夢曾頻自向封中起碧從詩裏新
冷容橫釣浦經縷絆蟾輪不滯濃還淡無心卷復伸
非煙聊擬議千里在逡巡會作五般色爲祥覆紫宸

秋雨

竟日散如絲吟看半掩扉秋聲在梧葉潤氣逼書幃
曲澗泉承去危簷燕帶歸寒螢悲旅壁亂蘚滑漁磯
爽欲除幽簟涼須換熱衣疏蓬誰夢斷荒徑獨遊稀
偏稱江湖景不妨鷗鷺飛最憐爲瑞處南畝稻苗肥

和友人喜雪

臈雪頻頻降成堆不可除伴吟花莫並銷瘴藥何如
謝女詩成處袁安睡起初深迷樵子徑冷遍旅人居
惹砌催鐏俎飄窗入簿書最宜樓上望散亂滿空虛

庭葦

品格清於竹詩家景最幽從栽向池沼長似在汀洲
玩好招溪叟棲堪待野鷗影疏當夕照花亂正深秋
韵細堪清耳根牢好繫舟故溪高岸上冷淡有誰遊

對酒招陳昭用

花開葉落堪悲似水年光暗移身世都如夢役是非
空使神疲良圖有分縱在所欲無勞妄思幸有一壺
清酒且來閒話希夷

贈東林白大師

虎溪久駐靈蹤禪外詩魔尚濃卷箔吟銷永日移牀
坐對千峯蒼苔冷鏁幽徑微風閒生古松自說年來
老病出門漸覺疏慵

寄楊先生

仙翁别後無信應共烟霞卜鄰莫把壺中祕訣輕傳
塵裏遊人浮生日月自急上境鶯花正春安得一招
琴酒與君共泛天津

落花

殘紅引動詩魔懷古牽情奈何半落銅臺月曉亂飄
金谷風多悠悠旋逐流水片片輕粘短莎誰見長門
深鎖黄昏細雨相和

卷三十三終

全五代詩卷三十四

羅江李調元雨村 編

南唐

李 中 三

和夏侯秀才春日見寄

綿蠻黃鳥不堪聽觸目離愁怕酒醒雲散碧山當晚檻雨催青蘚匝春庭尋芳懶向桃花塢垂釣空思杜若汀晝夢不成吟有興揮毫書在枕邊屏

宿廬山白雲峰重道者院

絕頂松堂喜暫遊一宵元論接浮丘雲開碧落星河近月出滄溟世界秋塵裏年光何急急夢中强弱自悠悠他時書劍酬恩了願逐鸞車看十洲

海上從事秋日書懷

悠悠旅宦役塵埃舊業那堪信未迴千里夢隨殘月斷一聲蟬送早秋來壺傾濁酒終難醉匣鎖青萍久不開唯有摟吟遣懷抱涼風時復上高臺

春晚過明氏閑居

寥寥陋巷獨扃門自樂清虛不厭貧數局棊中消永日一罇酒裏送殘春雨催綠蘚鋪三徑風送飛花入四鄰羨爾朗吟無外事滄洲何必去垂綸

題柴司徒亭假山

疊石峩峩象翠微遠山魂夢便應稀從教蘚長添峯色好引泉來作瀑飛螢影夜攢疑燒起茶煙朝出認雲歸知君創得茲幽致公退吟看到落暉

秋江夜泊寄劉鈞正字

閑憶詩人思倍勞維舟清夜泥風騷魚龍不動澄江遠雲霧皆收皎月高潮滿釣舟迷浦嶼霜繁野樹叫猨猱此時吟苦君知否雙鬢從他有二毛

柴司徒宅牡丹

暮春欄檻有佳期公子開顏乍折時翠幄密籠鶯未識好香難掩蝶先知願陪妓女爭調樂欲賞賓朋預課時只恐卻隨雲雨去隔年還是動相思

贈王道者

混俗從教鬢似銀世人無分得相親槎流海上波濤闊酒滿壺中天地春功就不看丹竈火性閑時拂玉琴塵仙家變化誰能測只恐洪崖是此身

登毗陵青山樓

高樓閑上對晴空豁目開襟半日中千里吳山青不斷一邊遼海浸無窮人生歌笑開花霧世界興亡落葉風吟罷倚欄何限意回頭城郭暮煙籠

桃花

祇應紅杏是知音灼灼偏宜間竹陰幾樹半開金谷曉一溪齊綻武陵深豔舒百葉時皆重子熟千年事莫尋誰步宋牆明月下好香如影上衣襟

贈史虛白

致主嘉謀尚未伸慨然深志與誰論喚迴古意琴開匣陶出直情酒滿樽明月過溪吟釣艇落花堆席睡僧軒九重夢卜時終在莫向深雲獨閉門

送致仕沈彬郎中遊茅山

掛御朝冠披鶴氅羽人相伴恣遨遊忽因風雅思茅

嶺便挈琴樽上葉舟野寺宿時山月上海門吟處水雲秋華陽洞府年光永莫向仙鄉擬駐留

獻張義方常侍

雄飛看是逼嵓廊逸思常聞不暫忘公署靜眠思水石古屏閑展看瀟湘老來酒病雖然減秋杪詩魔更是狂乘興有時招羽客橫琴移月啟茅堂

贈丞眞一作貞杜翺少府

藍袍竹簡佐琴堂縣僻人稀覺日長愛靜不嫌宮況冷苦吟從聽鬢毛蒼閑尋野寺聽秋水寄睡僧窗到夕陽養蒙會應霄漢去漁竿休更戀滄浪

送廬阜僧歸山陽

山陽舊社終經夢容易言歸不可留瓶貯瀑泉離五老錫摇江雨上孤舟魚行細浪分沙觜鴈逆高風下葦洲遙想枚皋宅邊寺不知凉月共誰遊

投所知

孤琴塵翳劍慵磨自顧泥蟠欲柰何千里交親消息斷一庭風雨夢魂多題橋未展相如志叩角誰憐甯戚歌唯賴明公憐道在敢攜蓑笠釣煙波

贈上都先業大師

懶向人前著紫衣虛堂閑倚一條藜雖承雨露居龍

闕終憶煙霞夢虎溪睡起曉窗風淅淅病來深院草萋萋有時乘興尋師去煮茗同吟到日西

海城秋日書懷寄朐山孫明府

槐柳蟬聲起渡頭海城孤客思悠悠青雲展志知何日皓月牽吟又入秋鑑裏漸生潘岳鬢風前猶著卜商裘鳴琴良宰揮毫士應笑蹉跎身未酬

贈朐山孫明府

縣庭無事似山齋滿砌青青旋長苔閑撫素琴曹吏散自烹新茗海僧來買將病鶴勞心養移得閑花用意栽幾度訪君留我醉甕香皆值酒新開

贈海上書記張濟員外

鵬霄休歎志難伸貧病雖縈道且存阮瑀不能專筆硯嵇康唯要樂琴尊春風滿院空欹枕芳草侵堦獨閉門劔有塵埃書有蠹昔年心事共誰論

經古觀有感

古觀寥寥枕碧溪偶思前事立殘暉漆園化蝶名空在柱史猶龍去不歸丹井泉枯苔鎖合醮壇松折鶴來稀回頭因嘆浮生事夢裏光陰疾若飛

秋日登潤州城樓

虛樓一望極封疆積雨晴來野景長水接海門鋪遠

色稻連京口發秋香鳴蟬歷歷空相續歸鳥翩翩自著行吟罷倚欄深有思清風留我到斜陽

晚春客次偶吟

暫駐征輪野店間悠悠時節又春殘落花風急宿酲解芳草雨昏春夢寒慙逐利名頭易白欲眠雲水志猶難郤憐村寺僧相引閑上虛樓共倚欄

書郭判官幽齋壁

不妨公退尚清虛覓得幽齋與有餘要引好風清戶牖旋栽新竹滿庭除傾壺待客花開後煮茗留僧月上初更有野情堪愛處石牀苔蘚似匡廬

石棊局獻時宰

得從岳叟誠堪重郤獻皐夔事更宜公退啟枰書院靜日斜收子竹陰移適情豈待樵柯爛罷局還應屐齒隳預想幽窗風雨夜一燈閑照覆圖時

海城秋夕寄懷舍弟

鳥棲庭樹夜悠悠枕上誰知淚暗流千里夢魂迷舊業一城砧杵擣殘秋窗間寂寂燈猶在簾外蕭蕭雨未休早晚萊衣同著去免悲流落在邊州

獻張拾遺

官資清貴近丹墀性格孤高世所稀金殿日開親鳳

扆古屏時展看漁磯酒醒虛閣秋簾捲吟對疎篁夕鳥歸獻替頻陳忠讜播鵬霄萬里展雄飛

贈夏秀才

軒車紫陌競尋春獨掩衡門病起身步月怕傷三徑蘚取琴因拂一牀塵明時儻有丹枝分青鑑從他素髮新况是青雲知己在原思生計莫憂貧

海上春夕旅懷寄左偃

柳過清明絮亂飛感時懷舊思棲棲月生樓閣雲初散家在汀洲夢去迷鬢白每慙清鑑啟酒醒長怯子規啼北山高卧風騷客安得同吟復杖藜

安福縣秋吟寄陳鋭祕書

縣庭事簡得餘功詩興秋來不可窮卧聽寒蛩莎砌月行衝落葉水村風愁鬚漸去人前自醉面猶憐鑑裏紅苦恨交親多契闊未知良會幾時同

暮春有感寄宋維員外

杜宇聲中老病心此心無計駐光陰西園雨過好花盡南陌人稀芳草深喧夢卻嫌鶯語老伴吟惟怕月輪沈明年才候東風至結駟期君預去尋

題吉水縣廳前新栽小松

斸開幽澗蘚苔斑移得孤根植砌前影小未遮官舍月翠濃猶帶舊山煙羣花解笑香甯久衆木雖高節不堅輸我婆娑欄檻内晚風蕭颯學幽泉

代别

明日鳴鞭天一涯悠悠此夕怯分離紅樓有恨金波轉翠黛無言玉筯垂浮蟻不能迷遠意迴紋從此寄相思花時定是慵開鑑獨向春風忍掃眉

宿臨江驛

候館寥寥輟櫂過酒醒無柰旅愁何雨昏郊郭行人少葦暗汀洲宿鴈多干祿已悲凋髮鬢結茅終愧負煙蘿篇章早晚逢知己苦志忘形自有魔

吉水縣依韻酬華松秀才見寄

官況蕭條在水村吏歸無事好論文枕欹獨聽殘春雨夢去空尋五老雲竹徑每憐和蘚步禽聲偏愛隔花聞詩情冷淡知音少獨喜江皋得見君

貽廬山清溪觀王尊師

霞帔星冠復杖藜積年修鍊住靈溪松軒聽覺冷雲起石磴坐來春日西採藥每尋巖徑遠彈琴常到月輪低鼎中龍虎功成後海上三山去不迷

江次維舟登古寺

輟櫂因過古梵宫荒涼門徑鎖苔茸緑陰滿地前朝樹清韻含風後殿鐘童子縱慵眠壞榻老僧耽話指諸峰吟餘卻返來時路迴首盤桓尚駐筇

秋江夜泊寄劉鈞

萬里江山斂暮煙旅情當此獨悠然沙汀月冷帆初卸葦岸風多人未眠已聽漁翁歌别浦更堪邊鴈過遥天與君共俟酬身了結侶波中寄釣船

鶴

九皋羽翼下晴空萬里心難駐玉籠清露滴時翹蘚徑白雲開處唳松風歸當華表千年後怨在瑤琴别操中好共靈龜作儔侶十洲三島逐仙翁

暮春吟懷寄姚端先輩

無奈詩魔旦夕生更堪芳草滿長汀故人還爽花前約新月又生江上亭莊夢斷時燈欲燼蜀魂啼處酒初醒何時得見登龍客隔卻千山萬仞青

送圓一作圖上人歸廬山

蓮宮舊隱塵埃外策杖臨風拂袖還踏雪獨尋青嶂下聽猨重入白雲間蕭騷紅樹當門老斑駁蒼苔鎖徑閑預想松軒夜禪處虎溪圓月照空山

思湓渚舊居

昔歲曾居湓水頭草堂吟嘯興何幽迎僧常踏竹間

蘚愛日獨登溪上樓寒翠入簷嵐岫曉冷聲縈枕野泉秋從拘宦路無由到昨夜分明夢去遊

留題胡參卿秀才幽居

竹蔭庭除蘚色濃道心安逸寂寥中扣門時有棲禪客遶酒多招採藥翁江近好聽菱芡雨徑香偏愛蕙蘭風我慚名宦猶拘束脫屣心情未得同

送姚端秀才遊毘陵

毘陵嘉景太湖邊才子經遊稱少年風弄青帘沽酒市月明紅袖採蓮船若耶罨畫應相似越岫吳峰盡接連此去高吟須早返廣寒丹桂莫遷延

悼懷王喪妃

花綻花開事可驚暫來浮世返蓬瀛楚宮夢斷雲空在洛浦神歸月自明香解返魂成浪語膠能續斷是虛名音容寂寞春牢落誰會樓中獨立情

贈蒯亮處士

著得新書義更幽負琴何處不遨遊元宮寄宿月華冷羽客伴吟松韵秋滿戶煙霞思紫閣一帆風雨憶滄洲吾君側席求賢切未可懸瓢枕碧流

題廬山東寺遠大師影堂

遠公遺跡在山林往事名存動苦吟杉檜已依靈塔

老煙霞空鎖影堂深入簾輕吹催香印落石幽泉雜磬音十八賢人消息斷蓮池千載月沈沈

贈重安寂道者

寒松肌骨鶴心情混俗陶陶隱姓名白髮只聞悲短景紅塵誰解信長生壺中日月存心近島外煙霞入夢清每許相親應計分琴餘常見話蓬瀛

江邊吟

風暖汀洲吟興生遠山如畫雨新晴殘陽影裏水東注芳草煙中人獨行閃閃酒帘招醉客深深綠樹隱啼鶯盤桓漁舍忘歸去雲靜高空月又明

寄左偃

蕭條陋巷綠苔侵何事君心似我心貧戶懶開元愛靜病身纔起便思吟閑留好鳥庭柯密暗養鳴蛩砌草深況是清朝重文物無愁當路少知音

遊北山洞神宮

悶見塵中光景促仙鄉來禮紫陽君人居淡寂應難老道在虛無不可聞松檜稔棲三島鶴樓臺閑鎖九霄雲羨師向此朝星斗一炷清香午夜焚

思簡寂觀舊遊寄重道者

閑憶當年遊物外羽人曾許駐仙鄉溪頭烘藥煙霞

暖花下圍碁日月長偷摘蟠桃思曼倩化成蝴蝶學蒙莊俗緣未斷歸浮世空望林泉意欲狂

思九江舊居三首

結茅曾在碧江隈多病貧身養拙來雨歇汀洲垂釣去月當門巷訪僧迴靜臨窗下開琴匣悶向牀頭潑酒醅遊宦等閑千里隔空餘魂夢到漁臺

門前煙水似瀟湘放曠優遊興味長虛閣靜眠聽遠浪扁舟閑上泛殘陽鶴翹碧蘚庭除冷竹引清風枕簟涼犬吠疏籬明月上鄰翁攜酒到茅堂

無機終日狎沙鷗得意高吟景且幽檻底江流偏稱月簷前山朶最宜秋遙村處處吹橫笛曲岸家家繫小舟別後再遊心未遂設屏惟畫白蘋洲

秋夜吟寄左偃

與君詩興素來狂況入清秋夜景長溪閣共誰看好月莎堦應獨聽寒螿卷中新句誠堪喜身外浮名不足忙會約垂名繼前哲任他元髮盡如霜

竹

森森移得自山莊植向空庭野興長便有好風來枕簟更無閑夢到瀟湘塵來砌蘚經蹤雨引下溪禽帶夕陽閑約羽人同賞處安排碁局就清涼

懷廬岳舊遊寄劉鈞因感鑒上人

昔年廬岳閒遊日乘興因尋物外僧寄宿愛聽松葉雨論詩惟對竹窗燈各拘片祿尋分別高謝浮名竟未能一念支公安可見影堂何處暮雲凝

贈謙明上人

雖寄上都眠竹寺逸情終憶白雲端閑登鍾阜林泉晚夢去沃洲風雨寒新試茶經煎有與舊嬰詩病捨終難常聞秋夕多無寐月在高臺獨凭欄

贈鍾尊師遊茅山

筇杖擔琴背俗塵路尋茅嶺有誰鄰仙翁物外應相

遇靈藥壺中必許分香入肌膚花洞酒冷侵魂夢石
牀雲伊予亦有朝修志異日遨遊願見君

送朐山孫明府赴壽陽幕府辟命

堪羨元戎虛右席便承綸綍起金臺菊叢憔悴陶潛
去蓮幕光輝阮瑀來好向尊罍陳妙畫定應書檄播
雄才預愁別後相思處月入閑窗遠夢迴

下蔡春偶作

旅館飄飄類斷蓬悠悠心緒有誰同一宵風雨花飛
後萬里鄉關夢自通多難不堪容鬢改沃愁惟怕酒
杯空採蘭扇枕何時遂洗慮焚香叩上穹

再遊洞神宮懷邵羽人有感

重向煙蘿省舊遊因尋遺跡想浮邱峰頭鶴去三清
遠壇畔月明千古秋泉落小池清復咽雲從高嶠起
還收自慙未得沖虛術白髮無情漸滿頭

吉水春暮訪蔡文慶處士留題

無事無憂鬢任蒼濁醪閑酌送韶光溟濛雨過池塘
暖狼藉花飛硯席香好古未嘗疎典册懸圖時要看
瀟湘戀君清話難留處歸路迢迢又夕陽

暮春懷故人

池館寂寥三月盡落花重疊蓋莓苔惜春眷戀不忍
掃感物心情無計開夢斷美人沈信息目穿長路倚
樓臺琅玕繡段安可得流水浮雲共不迴

對雨寄朐山林番明府

竟日如絲不暫停莎堦閑聽滴秋聲斜飄虛閣琴書
潤冷逼幽窗夢寐清開戶只添搜句味看山還阻上
樓情遙知公退琴堂靜坐對蕭騷飲興生

海上和郎戩員外赴倅職

宋玉逢秋何起悲新恩委寄好開眉班升鴛鷺頻經
歲任佐龔黃必暫時乍對煙霞吟海嶠應思蘋蓼夢
江湄一朝鳳詔重徵入鵬化那教尺鷃知

又送赴闕

心似白雲歸帝鄉暫停良晝別龔黃煙波乍曉浮蘭
櫂魂夢先飛近御香一路伴吟汀草綠幾程清思水
風涼想應敷對忠言後不放鄉雲離太陽

送夏侯秀才

江村搖落暮蟬鳴執手臨岐動別情古岸相看殘照
在片帆難駐好風生牽吟一路逢山色醒睡長汀對
月明況是清朝至公在預知喬木定遷鶯

獻中書湯舍人

慶雲呈瑞爲明時演暢絲綸在紫微鑾殿對時親舜

日鯉庭過處著萊衣閑尋竹寺聽啼鳥吟倚江樓戀
落暉隔座銀屏看是設一門清貴古今稀

晉陵罷任寓居依韵和陳鋭秀才見寄

掩門三徑苺苔綠車馬誰來陋巷間卧棄琴書公幹
疾笑迎風月步兵閑當秋每謝蛬清耳漸老多慙酒
借顔濟物未能伸一術敢於明代愛青山

新喻縣酬王仲華少府見貽

事簡開樽有逸情共忻官舍月華清每慙花欠河陽
景長愧琴無單父聲未奏黎元慚曠職縱行謙直是
虛名與君盡力行公道致伺昌朝俟陛明

維舟秋浦逢故人張知同泊

卸帆清夜碧江濱冉冉凉風動白蘋波上正吟新霽
月岸頭恰見故鄉人共驚别後霜侵鬢互說年來疾
逼身且飲一壺銷百恨會須遭遇識通津

懷舊夜吟寄趙杞

長笛聲中海月飛桃花零落滿庭墀魂銷事去無尋
處酒醒孤吟不寐時萱草豈能忘積恨尺書誰與達
相思悠悠方寸何因辨明日江樓望渺瀰

甲子歲罷吉水縣過鍾陵時暮春維舟江渚謁
柴太尉席上作

公侯延駐暫踟躕況值風光三月初亂落杯盤花片
小靜籠池閣柳陰疎舟維南浦程雖阻飲預西園興
有餘卻笑田家門下客當時容易歎車魚

哭故主人陳太師

十年孤跡寄侯門入室升堂忝厚恩遊遍春郊隨茜
旆飲殘秋月待金尊車魚鄭重知難報吐握周旋不
可論長慟喪回逝川上白楊蕭颯又黃昏

哭柴郎中

昔歲遭逢在海城曾容孤跡奉雙旌酒邊不厭笙歌
盛花下只愁風雨生碁接山亭松影晚吟陪月檻露

華清音塵自此無因問淚灑川波夕照明

送相里秀才之匡山國子監

氣秀情閑杳莫羣廬山遊去志求文已能探虎窮騷
雅又欲囊螢就典墳目斷乍窺千里浪夢寒初宿五
峰雲業成早赴春闈約要使嘉名海內聞

寄廬山簡寂觀重道者

憶昔採芝廬岳頂清宮常接絳霄人玉書閑展石樓
曉瑤琴醉彈琪樹春惟恨仙桃遲結實不憂滄海易
成塵似醒一夢歸凡世空向彤霞寄夢頻

海上和柴軍使清明書事

清明時節好煙光英傑高吟興味長捧日創應還禁
衛當春何惜醉朐陽千山過雨難藏翠百卉臨風不
藉香卻是旅人悽肩甚夜來魂夢到家鄉

卷三十四終

全五代詩卷三十五

羅江李調元雨村　編

南唐

李中四

壬申歲承命之任淦陽再過廬山國學感舊寄
劉鈞

三十年前共苦辛囊螢曾寄此煙岑讀書燈暗嫌雲
重搜句石平憐蘚深各歷宦途悲聚散幾看時輩或
浮沉再來物景還依舊風冷松高猨狖吟

和朐陽載筆魯裕見寄

燕臺多事每開顏相許論交淡薄間飲興共憐芳草
岸吟情同愛夕陽山露濃小徑蛩聲咽月冷空庭竹
影閑何事此時攀憶甚與君俱是別鄉關

海上太守新搆東亭

使君心智杳難同選勝開亭景莫窮高敞軒窗迎海
月預栽花木待春風靜披典籍堪師古醉擁笙歌不
礙公滿徑苔紋踈雨後入簷山色夕陽中偏宜下榻
延徐孺最稱登門禮孔融事簡豈妨頻賞翫況當為
政有餘功

敘客

恩酬期必報豈是輒輕生神劍冲霄去誰爲平不平

鶴

驚露精神異冲天羽翼新千年一歸日誰識令威身

途中柳

翠色晴來近長亭路去遥無人折煙縷落日拂溪橋

隔牆花

顏色尤難近馨香不易通朱門金鎖隔空使怨春風

感事呈所知

競愛松筠翠皆憐桃李芳如求濟世廣桑柘願商量

貽青陽宰

徵賦常登限名山管最多吏閑民訟少時得訪煙蘿

梅花

羣木方憎雪開花長在先流鶯與舞蝶不見許因緣

柳絮

年年二月暮散亂雜飛花雨過微風起狂飄千萬家

早春

一種和風至千花未放妍草心并柳眼長是被恩先

春雲

陰去爲膏澤晴來媚曉空無心亦無滯舒卷在東風

客中春思

又聽黃鳥綿蠻目斷家鄉未還春水引將客夢悠悠遶遍關山

所思

門掩殘花寂寂簾垂斜月悠悠縱有一庭萱草何曾與我忘憂

燕

豪家五色泥香銜得營巢太忙喧覺佳人晝夢雙雙猶在雕梁

鶯

羽毛特異諸禽出谷堪聽好音薄暮欲棲何處雨昏楊柳深深

訪洞神宮邵道者不遇

閑來仙觀問希夷雲滿星壇水滿池羽客不知何處去洞前花落立多時

贈別

行杯酌罷歌聲歇不覺前汀月又生自是離人魂易斷落花芳草本無情

送劉恭遊廬山兼寄令上人

松桂煙霞薜茘宫詩流閑去訪文公石堂磬斷相逢夜五老月生谿影空

春夕偶作

早是春愁觸目生那堪春夕酒初醒貫珠聲罷人歸去半落桃花月在庭

子規

暮春滴血一聲聲花落年年不忍聽帶月莫啼江畔樹酒醒遊子在離亭

春日書懷

千峯雪盡鳥聲春日永孤吟野水濱霄漢路岐昇未得花時空拂滿衣塵

所思代人

巫峽雲深湘水遥更無消息夢空勞夢迴深夜不成寐起立閑庭花月高

送仙客

危言危行是男兒倚伏相牽豈足悲莫向汀洲時獨立悠悠斜日照江蘺

柳二首

春來無樹不青青似共東風别有情閑憶舊岩湓水畔數枝煙雨屬啼鶯

最愛青青水國中莫愁門外間花紅纎纎無力勝春色撼起啼鶯恨晚風

秋夕書懷

功名未立誠非晚骨肉分飛又入秋枕上不堪殘夢斷壁蛩窗月夜悠悠

感興

漁休渭水興周日龍起南陽相蜀時不遇文王與先主經天才業擬何爲

春曉

殘燭猶存月尚明幾家幃幌夢魂驚星河漸沒行人動歷歷林稍百舌聲

都下寒食夜作

香塵未歇暝煙收城滿笙歌事勝遊自是離人睡長早千家簾卷月當樓

對竹

懶穿幽徑衛鵷鳥忍踏清陰損翠苔不似閉門欹枕聽秋聲如雨入軒來

經廢宅

一夢耆華去不還斷墻花發豈堪看玉纖素綆知何處金井梧桔碧甃寒

溪邊吟

鸂鶒雙飛下碧流蓼花蘋穗正含秋茜裙二八採蓮

去笑銜微雨上蘭舟

憶溪居

竹軒臨水靜無塵别後鳧鷖入夢頻杜若菰蒲煙雨歇一溪春色屬何人

登下蔡縣樓

長涯煙水又含秋吏散時時獨上樓信斷蘭臺鄉國遠依稀王粲在荆州

春閨辭

塵昏菱鑑懶修容雙臉桃花落盡紅玉塞夢歸殘燭在曉鶯窗外囀梧桐

邊無音信暗消魂茜袖香裙積淚痕海燕歸來門半掩悠悠花落又黄昏

離家

送别人歸春日斜獨鞭羸馬指天涯月生江上鄉心動投宿物忙近酒家

村行

極目靑靑隴麥齊野塘波濶下鳧鷖陽烏景暖林桑密獨立閑聽戴勝啼

宮詞二首

門鏁簾垂月影斜翠華咫尺隔天涯香鋪羅幌不成夢背壁銀釭落盡花

金波寒透水精簾燒盡沈檀手自添風遞笙歌門已掩翠華何處夜厭厭

採蓮女

晚涼含笑上蘭舟波底紅妝影欲浮陌上少年休植足荷香深處不迴頭

鍾陵春思

沈沈樓影月當午冉冉風香花正開芳草迢迢滿南陌王孫何處不歸來

夏日書依上人壁

門外塵飛暑氣濃院中蕭索似山中最憐賷茗相留處疏竹當軒一榻風

捧宣頭許歸侍養

泥書捧處聖恩新許覲庭闈養二親螻蟻至微甯足數未知何處答穹旻

途中作 逢舊識問老親所患不至加甚

煙波涉歷指家林欲到家林懼卻深得信慈親痾瘵減當時寛勉採蘭心

春苔

春霖催得鎖煙濃竹院莎齋徑小通誰愛落花風味

處莫愁門巷襯殘紅

夏雲

如峯形狀在西郊未見從龍上泬寥多謝好風吹起
後化爲甘雨濟田苗

書夏秀才幽居壁

永巷苔深戸半開牀頭書劍積塵埃最憐小檻疏篁
晚幽鳥雙雙何處來

紅花

紅花顏色掩千花任是猩猩血未加染出輕羅莫相
貴古人崇儉誡奢華

贈念法華經綬上人

五更初起掃松堂瞑目先焚一炷香念徹蓮經誰得
見千峯巖外曉蒼蒼

秋日途中

信步騰騰野岸邊離家都爲利名牽疎林一路斜陽
裡颯颯西風滿耳蟬

宿韋校書幽居

溪上高眠與鶴閑開樽留我待柴關園林月白秋霖
歇一夜泉聲似故山

酒醒

睡覺花陰芳草軟不知明月出牆東杯盤狼籍人何
處聚散空驚似夢中

送虞道士

煙霞聚散通三島星斗分明在一壺笑說餘杭沽酒
去蔡家重要會麻姑

鍾陵禁煙寄從弟

落絮飛花日又西踏青無侶草萋萋交親書斷竟不
到忍聽黃昏杜宇啼

夜泊江渚

水鄉明月上晴空汀島香生杜若風不是當年獨醒
客且沽村酒待漁翁

蛩

月冷莎庭夜已深百蟲聲外有淸音詩情正苦無眠
處愧爾階前相伴吟

感秋書事

宦途憔悴雪生頭家計相牽未得休紅蓼白蘋消息
斷舊溪煙月負漁舟

訪廬山歸禪伯

沉沉石室疎鐘後寂寂莎池片月明多少學徒求妙
法要於言下悟無生

廬山棲隱洞譚先生院留題

壇畔歸雲冷濕襟拂苔移石坐花陰偶然醒得莊周夢始覺元門興味深

江行値暴風雨

風狂雨暗舟人懼自委神明志不邪投得葦灣波浪息岸頭煙火近人家

杪秋夕吟懷寄宋維先輩

江臯窮秋木葉稀月高何處擣寒衣苦嗟不見登龍客此夜悠悠一夢飛

七夕

星河耿耿正新秋絲竹千家列綵樓可惜穿針方有興纖纖初月苦難留

春日招宋維先輩

甕中竹葉今朝熟檻裏桃花昨日開爲報廣寒攀桂客莫辭相訪共銜杯

吹笛兒

隴頭休聽月明中妙竹嘉音際會逢見爾樽前吹一曲令人重憶許雲封

所思

解珮當時在洛濱悠悠疑是夢中身自從物外無消息花謝鶯啼近十春

吉水縣酬夏侯秀才見寄

啟鑑悠悠兩鬢蒼病來心緒易淒涼知音不到吟還懶鏁印閑簾又夕陽

和潯陽宰感舊絕句五首

追感古今情不已竹軒閑取史書看欲親往哲無因見空樹臨風襟袖寒

潯陽物景眞難及練瀉澄江最好看曾上虛樓吟倚檻五峯攀雪照人寒

園林春媚千花發爛熳如將畫障看惟愛松筠多冷

淡青青偏稱雪霜寒

知君百里鳴琴處公退千山盡日看政化有同風偃草更將餘力拯孤寒

昔歲尋芳忻得侶江隄物景盡情看就中吟戀垂楊下撼起啼鶯曉吹寒

泊秋浦

葦岸風高宿雁驚維舟特地起鄉情漁兒隔水吹橫笛半夜空江月正明

漁父二首

偶向蘆花深處行溪光山色晚來晴漁家開戶相迎

接稚子爭窺犬吠聲
雪鬢衰髯白布袍笑攜頳鯉換村醪殷勤留我宿溪上釣艇歸來明月高

旅次聞砧

砧杵誰家夜擣衣金風淅淅露微微月中獨坐不成寐舊業經年未得歸

思朐陽春遊感舊寄柴司徒五首

王孫昔日甚相親共賞西園正媚春醉臥如茵芳草上覺來花月影籠身
煙鋪芳草正綿綿藉草傳杯似列仙暫輟笙歌且聯句含毫花下破香牋

南陌風和舞蝶狂惜春公子戀斜陽高歌飲罷將迴轡衣上花兼百草香
春郊飲散暮煙收御引絲簧上翠樓紅袖歌長金斝亂銀蟾飛出海東頭
昔年常接五陵狂洪飲花間數十場別後或驚如夢覺音塵難問水茫茫

放鷺鷥

池塘多謝久淹留長得霜翎放自由好去蒹葭深處宿月明應認舊江秋

敘吟二首

往哲搜羅妙入神隋珠和璧未爲珍而今所得慙難繼謬向平生著苦辛
成僻成魔二雅中每逢知己是亨通言之無罪終難厭欲把風騷繼古風

卷三十五終

全五代詩卷三十六

羅江李調元雨村　編

南唐

張佖

佖字子澄常州人仕南唐爲考功員外郎累官至內史舍人歸宋官虞部郎中卒

娜環記佖初與鄰女浣衣相善經年不復覩精神凝一夜佖夢之嘗寄詩云酷憐風月爲多情還到春時別恨生倚柱尋思倍惆悵一場春夢不分明又有句云多情只有春庭月猶爲離人照落花浣衣詩無所出流淚而已又有經舊遊詩云暫到高堂曉又還丁香結夢水潺潺不知雲雨歸何處歷歷空流十二山又詩云獨立寒階望月華露濃香泛小庭花繡屏愁背一

燈斜雲雨自從分散後人間無路到仙家但憑魂夢訪天涯想皆爲浣衣作○全唐詩錄後主壬申歲佖知貢舉試天雞弄和風佖但以文選中詩句爲題未嘗詳究有進士白云爾雅翰天雞鶾天雞未知孰是佖大驚不能對亟取爾雅檢一在釋蟲一在釋鳥果有二因自失放進士三人學士張洎言佖多遺復命洎試放五人金陵破後主以藏金私遣近臣辦裝佖得金二百詣曹彬陳首請奏其事彬薄之以金輸官而不以聞○十國春秋太宗朝佖在史館一日問曰卿家每食多客敘談何事佖曰臣之親舊客都下乏食故嘗過臣飯然止菜羹而已明日太宗遣快行者伺之果然嘉其不隱遷官郎中人稱菜羹張家佖爲人長者後官河南每寒食必親拜後主墓哭之甚哀李氏子孫陵替常分俸賑給焉○按同時有張泌淮南人爲句容縣尉憤國事日非上書數千言極諫後主不納非此佖也他書誤作一人者非

春晚謠

雨微微烟霏霏小庭半折紅薔薇鈿箏斜倚畫屏曲零落幾行金鴈飛蕭關夢斷無尋處萬疊春波起南浦淩亂楊花撲繡簾晚窗時有流鶯語

所思

空塘水碧春雨微東風散漫楊柳飛依依南浦夢猶在脈脈高唐雲不歸江頭日莫多芳草極目傷心煙悄悄隔江紅杏一枝明似玉佳人俯清沼休向春臺更迴望銷魂自古因惆悵銀河碧海共無情兩處悠悠起風浪

春江南

雨溟溟風泠泠老松瘦竹臨煙汀空江冷落野雲重村中鬼火微如星夜驚溪上漁人起滴瀝篷聲滿愁耳子規叫斷獨未眠罨岸春濤打船尾

送容州中丞赴鎮

交趾同星坐龍泉佩斗文燒香翠羽帳看舞謁金裙鷁首衝瀧浪犀渠拂嶺雲莫教銅柱北祇說馬將軍

碧戶

碧戶高魚鑰蘭窗掩鏡臺落花疑悵望歸燕自裴迴詠絮知難敵傷春不易裁恨從芳草起愁爲晚風來

衣惹湘雲薄眉分楚岫開香濃眠舊枕夢好醉春杯
小障明金鳳幽屏點翠苔寶箏橫塞鴈怨笛落江梅
卓氏仍多酒相如正富才莫教琴上意翻作鶴聲哀

洞庭阻風

空江浩蕩景蕭然盡日菰蒲泊釣船青草浪高三月渡綠楊花撲一溪烟情多莫舉傷春目愁極兼無買酒錢猶有漁人數家住不成村落夕陽邊

春日旅泊桂州

暖風芳草竟芊綿多病多愁負少年弱柳未勝寒食雨好花爭奈夕陽天溪邊物色堪圖畫林畔鶯聲似管弦猶有離人開淚眼强憑杯酒亦潸然

晚次湘源縣

煙郭遙聞向晚鷄水平舟靜浪聲齊高林帶雨楊梅熟曲岸籠雲謝豹啼二女廟荒汀樹老九疑山碧楚天低湘南自古多離怨莫動哀吟易慘悽

惆悵吟

秋風丹葉動荒城慘澹雲遮日半明晝夢卻因惆悵得晚愁多爲別離生江淹彩筆空留恨莊叟元譚未及情千古怨魂銷不得一江寒浪若爲平

秋晚過洞庭

征帆初挂酒初酣暮景離情兩不堪千里晚霞雲夢北一洲霜橘洞庭南溪風送雨過秋寺磵石驚龍落夜潭莫把羈魂弔湘魄九疑愁絕鎖煙嵐

題華嚴寺木塔

六街晴色動秋光雨霽憑高只易傷一曲晚煙浮渭水半篙斜日照咸陽休將世路悲塵事莫指雲山認故鄉回首漢宮樓閣暮數聲鐘鼓自微茫

春夕言懷

風透疎簾月滿庭倚欄無事倍傷情煙垂柳帶纖腰軟露滴花房怨臉明愁逐野雲銷不盡情隨春浪去難平幽窗謾結相思夢欲化西園蝶未成

芍藥

香清粉澹怨殘春蝶翅蜂鬚戀蘂塵閒倚晚風生悵望靜留遲日學因循休將薜荔爲青瑣好與玫瑰作近鄰零落若教隨暮雨又應愁殺別離人

邊上

戍樓吹角起征鴻獵獵寒旌背晚風千里暮煙愁不盡一川秋草恨無窮山河慘澹關城閉人物蕭條市井空只此旅魂招未得更堪回首夕陽中

長安道中蚤行

客離孤館一燈殘牢落星河欲曙天雞唱未沈函谷月鴈聲新度灞陵煙浮生已悟莊周蝶壯志仍輸祖逖鞭何事悠悠策羸馬此中辛苦過流年

惜花

蝶散鶯啼尚數枝日斜風定更離披看多記得傷心事金谷樓前委地時

寄人

別夢依依到謝家小廊迴合曲闌斜多情只有春庭月猶爲離人照落花

鄭文寶

文寶字仲賢寗化人彥華之子仕南唐校書郎歷官宋兵部員外郎所著有南唐近事江表志談苑寒夜錄律詩多佳句惜其全集不傳郊居云百草千花路斜風細雨天送枝江秦長官云官嫌容易達家愛等閒貧送曹緯云小舟聞笛夜微雨養花天長安別友云杜曲花香濃似酒灞陵春色老于人不減王維杜甫○東都事畧文寶以詩名家多警句善篆工琴○十國春秋歸宋後詔故臣皆許錄用獨文寶不肯言仕後主奉朝請禁絕賓謁文寶乃披蓑荷笠作賣魚者以見寬譬久之後主爲之感歎後主卒乃仕工詩其過緱山及題綠野堂爲晏殊歐陽修所膾炙○西清詩話緱氏王子晉昇仙之地有祠在焉鄭工部文寶題一絕云云後晏元獻守洛過見之取白樂天語書其後云此詩在處有神物護持○皇朝類苑文寶有經販所云過關已躍樗蒱馬誤喘猶驚顧兔屏送人歸湖中云滿帆西日催行客一夜東風落楚梅俱爲人傳誦○蔡寬夫詩話歐陽文忠公稱仲賢張僕射園中綠野堂一聯以爲集中少比其詩云沙暖鳧鷖行哺子蹊深桃李卧開花

送曹緯劉鼎二秀才

旦夕春風老離心共黯然小舟聞笛夜微雨養花天手筆人皆有曹劉世所賢郴侯重才子從此看鶯遷

送枝江秦長官罷秩

衆論才名外親人似故人官嫌容易達家愛等閒貧解印詩權在移風澤國春政聲誣不得慙見數鄉民

寒食訪僧

客舍愁經百五春雨餘溪寺綠無塵金花開處鞦韆鼓粉頰誰家鬭草人水上碧桃流片段梁間新燕語逡巡高僧不飲客攜酒來勸先朝放逐臣

郢城新亭

每到新亭卽厭歸野香經雨長松圍四簷山色消繁暑一局棊聲下翠微冰片角巾簪潤月錦文卷石砌苔磯近來學得籠中鶴迴避流鶯笑不飛

温泉

潺湲如燎嶺雲陰玉石魚龍換古今只見開元無事久不知貞觀用功深籠無解語衣無雪推有黃沙粟

有金惆悵狐雛負恩澤始尤李甫未經心

讀江總傳

行人慵過景陽宮宮畔離離禾黍風庭玉有花空怨白井蓮無步莫愁紅吟詩功業才雄大亡國君臣道最同爭忍暮年歸故里綸竿迴避釣魚翁

闕題

亭亭畫舸繫寒潭直到行人酒半酣不管煙波與風雨載將離恨過江南

一夜西風旅雁秋背身調鏃索征裘關山落盡黃榆葉駐馬誰家唱石州

江雲薄薄日斜暉江館蕭條獨掩扉梁燕不知人事改雨中猶作一雙飛

赴闕日過石子鎮

得罪先朝出粉闈五原功業更誰知年深放逐無人識白雪關頭一望時

過緱山題王子晉祠

秋陰漠漠秋雲輕緱氏山頭月正明帝子西飛仙馭遠不知何處夜吹笙

張泊

泊字師黯改字偕仁滁州全椒人仕南唐知制誥中書舍人歸宋爲史館修撰翰林學士湻化中參知政事卒所著有賈氏談錄十國春秋 初泊將後主命入貢作十詩以諷眥汴京風物至有一堆灰之句蘇易簡得其親書及是與易簡同事不相能語人曰清河更作異日以一堆灰之句進呈矣泊爲少屈

暮春月內署閣前海棠花盛開率爾七言八韻寄長春諫議

去歲海棠花發日曾將詩句詠芳妍今來花發春依舊君已雄飛玉案前驟隔清塵樞要地獨攀紅藥豔陽天踈枝高暎銀臺月嫩葉低含綺閣烟花落花開留勝賞春來春去感流年清辭早綴巴人唱妙翰猶

緘蜀國牋共仰壯圖方赫耳自嗟衰鬢轉皤然因馮鶯蝶傳消息莫忘蓬萊有病仙

秦南運

南運南唐人官尚書郎 清異錄舒雅作青紗連二枕滿貯酴醾木犀瑞香散蘂甚益鼻根南運留詩云云

題青紗連二枕

陰香裝豔入青紗還與欹眠好事家夢裏卻成三色雨沉山不敢鬭青華

舒雅

雅字子正歙人南唐時隨計金陵韓熙載知

貢舉擢爲第一歸宋累遷職方員外郎出守舒州直昭文館卒馬令南唐書雅以所學謁韓熙載熙載一見如疇昔館之雅性巧黠應答如流待之爲忘年之交出入卧內曾無間然熙載性懶不拘禮法常與雅易服燕戲猱雜侍婢入末念酸以爲笑樂或云熙載所著格言半雅之辭緗素雜記韓熙載弊衣履作瞽者持獨弦琴俾舒雅執板挽之隨房歌鼓求丐以足日膳旦暮亦不禁其出入

荅劉學士

往歲別京畿棲山與衆違君心似松柏雁足寄珠璣
學道情難篤燒丹力尚微雲中雞犬在祗候主人歸

答錢少卿

蓬萊閣下舊鄰居偶別俄驚四載餘每見寒葭思倚玉忽臨秋水得雙魚人間貴賤誰能及物外優閑我自如聞說歸艎向春渚深知不與道情疏

答內翰學士

淸貴無過近侍臣多情猶憶舊交親金蓮燭下裁詩句麟角峯前寄隱淪和氣忽飄燕谷暖好風徐起謝庭春緘藏便是山家寶留與兒孫世不貧

王操

操字正美南唐處士入宋上南郊頌授太子洗馬仕至殿中丞歷代吟譜王操謁宋國老獻詩送數百緡于鍾陵飲

酒數日而盡醉中挂帆數百里至落星灣半醉醒烟雨中登水心寺題詩於壁又咏黄葵詩云云雅言系述奉使隴右至石濠驛作

村家

野景村家好柴籬夾樹身牧童眠向日山犬吠隨人
地僻鄉音別年豐酒味醇風光吟有興桑麥暖逢春

送人南歸

相送當搖落孤舟泛渺瀰去帆看已遠臨水立多時
別浦寒鴻下空山夜鶴移他年重會面吟鬢共成絲

喜故人至

地僻無賓侶柴門晝始開谿山寒葉落江國故人來

舊話驚霜鬢論詩滯酒杯相留喜同宿不寐曙光回

塞上

無定河邊路風高雪灑春沙平寬似海鵰遠立如人
絕域居中土多年息虜塵邊城吹暮角久客自悲辛

上李相公

弱冠登龍入粉闈少年清貴古來稀袖中詔草朝天去頭上宮花侍燕歸卓筆玉堂寒漏迥卷簾池館水禽飛三臺位近猶多遜閑聽秋霖憶翠微

題水心寺壁

分飛南渡春風曉卻返家林舊業空無限離情似楊

柳萬條垂向楚江東

黃葵

昔年南國看黃葵雲鬢金釵向後垂今日衰容籬落下秋風寂寞兩三枝

殷崇義

崇義文圭之子陳州西華人仕南唐官學士爲司空知左右史事歷樞密使右僕射元宗時淮上用兵書檄教誥皆出其手入宋避宣廟諱改名湯悅入史館預修太平御覽等書

十國春秋崇義常撰揚州孝先寺碑周世宗征淮南駐蹕于寺讀其文嗟歎久之○一統

志崇義自少穎悟嘗見飛星墮水盤中掬而吞之文思日麗

早春寄華下同志

正是花時節思君寢復興市沽終不醉春夢亦無憑嶽面懸清雨河心走獨氷東門一條路離恨正相仍

鼎臣學士侍郎以東館庭梅昔翰院之毫末今復半枯向時同僚零落都盡素髮垂領茲唯二人感舊傷懷發於吟咏悪然好我不能無言輒次來韻

憶見萌芽日還憐合抱時舊歡如夢想物態暗還移素艷今無幾朱顏亦自衰樹將人共老何暇更悲絲

鼎臣學士侍郎楚金舍人學士以再傷庭梅詩同垂寵和淸絕感歎情致俱深因成四十字陳謝

人物同遷謝重成念舊悲連華得瓊玖合奏發塤篪餘枿雖無取殘芳尚獲知問君何所似珍重杜林詩

奉和聖制送鄧王牧宣城

千里陵陽同峽服鑿門胙土寄親賢曙烟已别黃金殿晚照重登白玉筵江上浮光宜雨後郡中遠岫列窗前天心待報期年政留與工師播管弦

樂史

史字子正撫州宜黃人仕南唐祕書郎入宋

太平興國五年復登進士歷水部員外郎使兩浙廵撫判西京留司御史臺卒有仙洞集

漫叟詩話世俗人多以樂史慈竹詩諭蒙謂其有補於教化有云又聞倮然死終不相棄離事見十四道蕃志愛州有此獸似猴而大有仁義行則大者前小者後有爲射所中則傷者拔死者箭自刺而死可以人而不如獸乎

鍾山寺

千峯夾一徑一徑花枕泉聽泉復看花行到鍾山前古寺雲生屋高僧月伴禪自慙留一宿匹馬又朝天

龔穎

頴字同秀，邵武人。初仕南唐，爲內史，歸宋，爲殿中侍御史。青箱雜記：頴自負文學，少許人，談論多所折難。太宗朝知郎州，士罕造其門，獨丁謂贄文求見，頴倒屣延迓，酬對終日，以至忘食，日：自唐韓柳後，今得子矣。異日，丁獻詩於頴，頴次韻和酬。

次韻贈丁謂

膽怯何由戴鐵冠，祇緣昭代奬孤寒。曲肱未遂違前志，直指無聞是曠官。三署每傳朝客說，五溪閑凭郡樓看。祝君早得文場儁，況値天階正舞干。

潘慎修

慎修字德成，莆田人。仕南唐，爲祕書省正字，歸宋，爲太常博士。眞宗朝累擢翰林侍讀學士。有集。楊文公談苑：太宗朝棊品第一待詔有賈元者，臻于絕格，時人以爲王積新之比。元嗜酒病死，楊希粲、蔣元吉、李應爲、朱懷辟皆國手，然非元之敵。暖有李仲元棊絕勝，可併于元，歲餘亦卒。朝士有蔣居中、潘慎修亦善棊，至三品。內士陳好元四品。多得待基自元而下皆受三道，慎修受四道，好元受五道。慎修獻詩云：如今縱得仙翁術，也怯君王四路饒。

禁林讌會

紅藥深嚴肅廣筵，嘉招仍許厠羣仙。忽窺宸翰雲龍動，乍揭天辭日月懸。散作楷模珍寶惜，永刊金石共流傳。況當牧馬從容地，仍集班揚侍從賢。敢竊休明

爲盛觀，願陳風詠播薰弦。不辭勝引承歡醉，長洽昇平億萬年。

陳彭年

彭年字永年，撫州南城人。仕南唐，進士。入宋，登爲祕書丞、直史館、翰林學士，拜參知政事，進兵部侍郎。卒贈右僕射，謚文僖。著唐紀四十卷、江南別錄若干卷。十國春秋：彭年年十三著皇綱經萬餘言，爲名輩所賞，後主聞之，召入宮，令幼子仲宣與之遊。○國老談苑：彭年在翰林，所兼一十職，皆文翰淸祕之目，時人謂其署銜爲一條冰。○湘山野錄：章聖朝中國長公主爲尼，詔兩禁送於寺，各賦詩。彭年詩云云，都下好事者以鷓鴣天曲聲歌之。

送申國長公主爲尼

盡出花鈿散寶津，雲鬟初剪向殘春。因驚風燭難留世，遂作池蓮不染身。貝葉乍翻疑軸錦，梵聲纔學誤梁塵。從茲豔質歸空後，湘浦應無解佩人。

刁衎

衎字元賓，昇州人。仕南唐，爲集賢校理。歸宋，授太常寺太祝。眞宗朝累遷直祕閣、兵部郎中。有集。

代意

蕙時芳夕九迴腸，斂袂東窗待曉光。秦嶺樹高迷隴

塞楚天雲淡隔瀟湘病餘公幹情多詠秋晚安仁鬢
足霜休道鮫人落珠淚微波還擬託陳王

漢武

高宴柏粱詞可仰橫汾簫鼓樂難窮已教丞相開東
閣猶使將軍誤奔戎洒淚甘泉還有恨祈年仙館惜
成空誰知辛苦回中道共盡千齡五柞宮

孫元宴

元宴不知何許人詩話元宴嘗著咏史詩專言江左偏安事自吳大帝起至陳後主止附於南唐末

濡須塢

風渦洪濤響若雷枕波爲壘險相隈莫言有箇濡須
塢幾度曹公失志迴

新亭

容易乘虛逼帝畿滿江艛艦與旌旗廬循若解新亭
上勝負還應未可知

烏衣巷

古迹荒基好歎嗟滿川吟景只烟霞烏衣巷在何人
住回首令人憶謝家

黃羅襦

戚屬羣臣盡見猜預憂身後又堪哀到頭委付何曾

是虛把羅襦與彥回

鬱林王

強哀強慘亦從伊歸到私庭喜可知喜字漫書三十
六到頭能得幾多時

李家明

家明廬州西昌人李璟時爲樂部頭苕溪漁隱叢話家明詼諧敏給善爲諷辭元宗賞花後苑臨池垂釣臣下皆得魚唯元宗獨無所獲家明進詩云云元宗大喜賜宴極歡嘗見牛晚臨美蔭元宗曰牛具熱矣家明詼諧曰曾遭甯戚鞭敲角又被田單火燎身閑向斜陽嚼枯草近來問喘更無人輔相皆慚宋齊邱無子晚年一子輙死逾月猶哭齊王景達勸之不止家明曰臣能止之乃作大紙爲署其上云欲與唐祚革強吳盡是先生起廟謨一箇孩兒拚不得讓皇百口合何如尹延範族吳氏齊邱爲謀因以請焉乘風放之故墜齊邱中庭齊邱見之哭乃止後元宗遷南都已失江北十四郡舟楫多行南岸至趙屯因輟停觴北望皖公山謂家明好靑峭數峯不知何名也家明應聲對云云

釣魚應制

玉甃垂鉤興正濃碧池春暖水溶溶凡鮮不敢吞香
餌知是君王合釣龍

詠皖公山

龍舟輕颭錦帆風正值宸游望遠空回首皖公山色
翠影斜不到壽杯中

王感化

感化建州人李氏樂人談苑感化少聰敏未執卷而多識善爲詞口譜捷急滑稽無窮時本鄉節帥更代儀別感化獻詩曰旌旆赴天臺溪山曉色開萬家悲更喜迎佛送如來至金陵宴苑中有白野鵲李璟令賦詩應聲云云又題怪石八句皆用故事但記其一聯云草中悞認將軍虎山上曾爲道士羊

詠白野鵲

碧岩深洞恣遊遨天與蘆花作羽毛要識此來棲宿處上林瓊樹一枝高

李廷珪

廷珪本姓奚從易水遷居南唐賜國姓十國春秋廷珪工造墨與父超自易水來江南定居歙州初姓奚後賜姓李氏其弟廷璋子文用皆襲其業然多不及廷珪江南以澄心堂紙龍尾硯及廷珪墨爲文房三寶當其時有貴族嘗誤遺廷珪墨一丸於池中疑爲水所壞因不復取旣逾月臨池飲偶墜金器乃令善泅者下取之併所得遺墨光色不變表裏若新緣是世多知寶藏云○南唐拾遺記載韓熙載延歙工朱逢燒墨命其所曰化松堂墨曰元中子又目名麝香月儀而寶之又輟耕錄紀南唐墨工李氏外有耿文政耿文壽盛通盛眞諸人附記於此○墨譜廷珪有墨訣云云

墨訣

贈爾烏玉訣泉清研須潔避暑懸葛囊臨風度梅月

唐希雅

希雅嘉興人善丹青與徐熙同時齊名檇李詩繫希雅工金錯書善丹青李璟聞其名欲召之人謂其嗜酒無人臣禮乃止

題畫

誰潑烟雲六尺綃寒山秋樹晚蕭蕭十年來往吳淞口錯認溪南舊板橋

卷三十六終

全五代詩卷三十七

羅江李調元雨村 編

南唐

陳陶

陶字嵩伯嶺南人大中時遊學長安南唐昇元中隱洪州西山後不知所終詩十卷馬世本傳

陳陶氏居嶺表聲詩歷象無不精究昇元中至南昌築室西山日以詩酒爲事會宋齊邱出鎭南昌陶志不屈齊邱亦不爲之薦辟陶作詩自詠有中原莫道無麟鳳自是皇家結網疏之句陶少與水部員外郎任畹相善嘗以詩貽之云好向明朝薦遺逸莫教千古弔靈均後以修煉爲事有詩云乾坤見了文章嬾龍虎成來印綬疎又云任他浮世悲生死

獨駕蒼麟入九霄又題徐彈亭詩云伏龍山橫渚洲地人如白蘋自生死洪崖道成二千年唯有徐君播青史○嚴情集嚴尙書宇鎭豫章以陶操行清潔欲撓之遣小妓號蓮花者往侍焉陶殊不采妓爲詩求去有處士不生巫峽夢虛勞神女下陽臺之句陶答之云近來詩思淸于水老大心情薄似雲已向昇天得門戶錦衾深愧卓文君後人移其事爲陳圖南非也○十國春秋陳陶二子小字祖黎陶有詩云磻溪老叟無人問閒列祖黎教六韜蓋指二子也○本傳西山先產藥物數十種陶采而餌之開寶中嘗見一叟角髮被褐與老嫗貨藥于市獲錢則市鮓對飲旁若無人旣醉行舞而歌曰藍采禾藍采禾塵世紛紛事更多爭如賣藥沽酒飲歸去深崖拍手歌或疑爲陶夫婦云○張爲主客圖蟬聲將月短草色與秋長又比屋歌黃竹何人撼白榆陳陶句也○吟窗雜錄陶新月句云好看如鏡夜莫笑似弓時又近來世上無徐庶誰向桑麻識臥龍皆可想見其爲人○北夢瑣言洪州處士陳陶有逸才其詩句云江湖水深淺不足掉鯨尾又云飲冰狠子瘦思日鸕鵠寒又云一鼎雌雄金液火十年寒暑鹿麑衣寄與東流任斑鬢向隅終守鐵梭飛如此例不可殫述

唐

懷仙吟二首

洞春詩話南唐人多工律句惟嵩伯古詩如懷仙吟等篇皆不減盛

丹陵五牙客昨日羅浮歸赤斧尋不得烟霞空滿衣
試於華陽問果遇三茅知採藥向十洲同行牧羊兒
十洲隔八海浩渺不可期空留雙白鶴巢在長松枝
雲溪古流水春晩桃花香憶與我師別片帆歸滄浪
滄浪在何許相思淚如雨黃鶴不復來雲深別離處

石渠泉泠泠三見菖蒲生日夜勞夢魂隨波注東溟
空懷別時惠長讀消魔經

遊子吟

棲烏喜林曙驚蓬傷歲闌關河三尺雪何處是天山
朔風無重衣僕馬飢且寒慘慽別妻子遲迴出門難
男兒値休明豈是長泥蟠何者爲木偶何人侍金鑾
鬱悒守貧賤悠悠亦無端進不圖功名退不處巖巒
窮通在何日光景如跳丸富貴若不早令人摧心肝
誓期春之陽一振摩霄翰

悲哉行

中嶽仇先生遺余餌松方服之一千日肢體生異香
步履如風旋天涯不齎糧仍云爲地仙不得朝虛皇
狡兔有三穴人生又何常悲哉二廉士餓死於首陽

避世翁

海上一蓑笠終年垂釣絲滄洲有深意冠蓋何由知
直鈎不營魚蝸室無妻兒渴飲寒泉水飢飧紫靈芝
鶴髮披兩肩高懷如澄陂嘗聞仙老言云是古鴟夷
石竇閟雷雨金潭養蛟螭乘槎上玉津騎鹿遊峩嵋
以人爲語默與世爲雄雌茲焉乃磻溪豹變應須時
自古隱淪客無非王者師

草木言

何生我蒼蒼何育我黃黃草木無知識幸君同三光
始自受姓名葳蕤立表裳山河旣分麗齊首乳靑陽
甘辛各有榮好醜不相防常憂刀斧刼竊慕仁壽鄉
願天雨無暴願地風無狂雨足因衰儧風多因夭傷
在山不爲桂徒辱君高岡在水不爲蓮徒占君深塘
勿輕培塿阜或有奇棟梁勿輕蒙朧澤或有奇馨香
涓毫可麤羞朝菌壽爲長擁腫若無取大椿命爲傷
婆娑不材生苒苒向秋荒幸遭薰風日有得皆皲揚
所愧雨露恩願效幽微芳希君頻採擇勿使枯雪霜

塗山懷古

落拓書劍晚清秋鷹正籠塗山間來上愛敬如登龍
覽古覺神王翛然天地空東南更何有一醉先王風
惟昔放勳世陰晦徹成洪皇圖化魚鼈天道漂無蹤
帝乃命舟檝掇方儒素中高陳九州力百道驅歸東
舊物復光明洪爐再埏鎔經門不私子足知天下公
亮曰那並生唐虞禪華蟲華山朝萬國一賦寰海同
十載有區寓秋毫亦帝功垂衣不驕德子桀如何聾
握髮聞禮賢葺苑見卑宮凡夫色難事神聖安能恭
道隱三千年遺芳播笙鏞當時執圭處佳氣仍童童

海嶼巖清廟天人盛祇供元恩及花木丹識名崕峒
異代草澤臣何由樹勳庸堯階未曾識誰信平生忠
恨不當際會預爲執鞭僮勞歌山下去懷德心無窮

早發始興

雲裏山已曙舟中火初爇綠浦待行橈元猨催落月
沿流信多美况復秋風發挂席借前期晨鷄莫嘲哳

番禺道中作

博羅程遠近海塞愁先入瘴雨出虹蝀蠻江渡山急
常聞島夷俗犀象滿城邑鴈至草猶春潮迴檣半濕
丹邱鳳凰隱水廟蛟龍集何處樹能言幾鄉珠是泣

千年趙佗國霸氣委原隰齷齪笑終軍長纓禍先及

宿島徑夷山舍

百里遵島徑逢征信邅迴瞑依漁樵宿似過黃金臺
鈌齾心未理寥寥夜狖哀山深石牀冷海近腥氣來
主人意不淺屢獻流霞杯對月撫長劍愁襟紛莫開
九衢平如水胡為涉崔嵬一飯未遑飽鵬圖信悠哉
山濤詎細君吾豈厭蓬萊明發又驅馬客思一徘徊

蒲門戍觀海作

廓落溟漲曉蒲門鬱蒼蒼登樓禮東君旭日生扶桑
毫釐見蓬瀛含吐金銀光草木露未晞蜃樓氣若藏

欲遊蟠桃國慮涉魑魅鄉徐市惑秦朝何人在巖廊
惜哉千童子葬骨於渺茫蒸聞槎客言東池接天潢
即此聘牛女曰祈長壽方靈津水清淺余亦慕修航

海昌望月

何處無今夕豈期在海頭賈客不愛月嬋娟入滄洲
浩然傷歲華獨望湖邊樓煙島青歷歷藍田白悠悠
誰無破鏡期繫我信虛舟誰無桂枝念繫我方摧輈
始見彎環春又逢團圓秋莫厭綾扇夕百年多銀鈎
金盤誰雕鐫玉窟難寫搜重輪運時節三五不自由
疑拋雲上鍋欲摟天邊毬嫦居應寒冷擣藥青冥愁

兔子樹下蹲蝦蟆池上游如何名金波不共水東流
天花辟膻腥野雲無邊陬蚌蛤乘大運含珠相對酬
夜鵲思南鄉露華清東甌百寶安可覷老龍鏁深湫
究究如情人盜者即仇讎海涯上皎潔九門更清幽
亭亭勸金樽夜久喘吳牛夷俗皆輕擲北山思今遊
鴈聲故鄉來客淚墮南州平生煙霞志讀書覓封侯
四海尚白身豈無故鄉羞壈坎何足歎壯如水中虬
獵獵谷底蘭搖搖波上鷗中途喪資斧兩地生繫憂
一杯太陰君鵁鶄豈無求明日將片葉三山東南浮

和西江李助副使早登開元寺閣

虛豁登寶閣三休極層構獨立天地間煙雲滿襟袖
蠶荒初落日劍野呈綺繡秋檻祝融微陰軒九江湊
拂簷黃姑舍錯落白榆秀倚砌天竺祠蚑龍蟠古甃
翛然觀六合一指齊宇宙書劍忽若　青雲日方晝
南朝空蒼莽楚澤稀耕耨萬事溺頹波一航安可受
徒云寄麟泣六五終難就資斧念徐生湖光隱圭竇
早聞鞏黃鶴飄舉此江岫陵谷空藹然人樵已雛鷟
燕宮豸冠客憑覽發清奏珠玉難嗣音攀轅愧孤陋

贈江西周大夫

否極生大賢九元降靈氣獨立正始風蔚然中興瑞

淵淪照三古磊落涵涇渭鎮貌月懸秋雄詞雷出地
具瞻先皇寵欲踐東華貴咫尺時不來千秋鼎湖淚
因分三輔職進領南平位報政黃霸懃提兵呂蒙醉
歲星臨斗牛水國嘉祥至不獨蒼生蘇仍兼六騶喜
恭聞廟堂畧欲斷匈奴臂刬釋自宸衷平戎在連帥
時廢簪笏冗世梗忠良議邛壑非無人松香有私志
三朝倚天劍十萬浮雲騎可使河曲清羣公信兒戲
滄溟用謙德百谷走童稚禦眾付深人衮舊須偉器
他年蓬華賤願附鴛鷺翅

將歸鍾陵留贈南海李尚書

楚國有田舍炎州長夢歸懷恩似秋燕屢遶玉堂飛
越酒豈不甘海魚甯無肥野裘醉歌舞事與初心違
晏晏文昌公英靈世間稀長江浩無際龍蜃皆歸依
賤子感一言草茅發光輝從來雞鳧質得假鳳凰威
常欲討元珠青雲報巍巍龍門竟多故雙淚別旍旂

旅次銅山途中先寄溫州韓使君

亂山滄海曲中有橫陽道束馬過銅梁苕華坐堪老
鳩鳴高巘裂熊鬭深樹倒絕壑無坤維重林失滄昊
躋攀寡儔侶扶接念輿皁俛仰慄嵌空無因掇靈草
梯窮聞戍鼓魂續賴邛禱僦豁天地歸縈紆村落好

悠悠思蔣徑擾擾愧商皓驅想永嘉侯應傷此懷抱

寄元孚道人

梵宇章句客佩蘭三十年長乘碧雲馬時策翰林鞭
曩事五岳遊金衣曳祥煙高攀桐君手左倚鸞鶴肩
哭玉秋雨中摘星春風前橫輈截洪偃憑几見廣宣
邇來窮華胥石壁孤雲眠龍降始得偈龜老方巢蓮
內殿無文僧騶虞誰能牽因之問楚水弔屈幾潺湲

種蘭

種蘭幽谷底四遠聞馨香春風長養深枝葉趁人長
智水潤其根仁鋤護其芳蒿藜不生地惡鳥弓已藏

椒桂夾四隅茅茨居中央左鄰桃花塢右接蓮子塘
一月薰手足兩月薰衣裳三月薰肌骨四月薰心腸
幽人飢如何採蘭充餱糧幽人渴如何醞蘭爲酒漿
地無青苗租白日如羲皇不嘗仙人藥端坐紅霞房
日夕望美人佩花正煌煌美人久不來佩花徒生光
刈穫及蕨薙無令見雪霜清芬信神鬼一葉豈可忘
舉頭愧青天鼓腹詠時康下有賢公卿上有聖明王
無階答風雨願獻蘭一筐

題僧院紫竹

喜遊蛟井寺復見炎州竹杳靄萬丈間嘯風清獨速

江南正霜霰吐秀弄顚頭似瑞鷩堅貞如魔試金粟
笋井孝子泣文異湘靈哭金碧誰與鄰蕭森自成族
新聞赤帝種子落毛人谷遠祖賜鵾鵬遺芳遍南陸
對煙蘇麻醜夾澗篔簹伏美譽動丹青瓌姿豔秦蜀
因緣鹿識苑想像蚍邛斸幾葉別黃茅何年依白足
龍樹螢一花砌瑶掃雲屋色靜曼仙花名高給孤燭
青蔥太子樹灑落觀音目法雨每沾濡玉毫時照燭
離居鸞節變樹冷金顏縮豈念葛陂榮幸無祖父辱
光搖水精串影送蓮花軸江鷺日想尋野鵠時寄宿
幽香入茶竈靜翠入碁局肯羨垣上蒿自多籬下菊

從來道生一況件龜藏六棲託巨星迴檀欒已雲矗
霞杯傳縹葉羽管吹紫玉久絕釣竿歌聊栽竹枝曲
愧生黃金地千秋爲師綠

飛龍引

長洲茂苑朝夕池映日含風結細漪坐堂伏檻紅蓮
披離軒洞戶青蘋吹輕幌芳烟鬱金馥綺簷花簟桃
李枝蘭苕翡翠但相逐桂樹鴛鴦恒並宿

將進酒

金樽莫倚青春健齷齪浮生如走電琴瑟盤傾從世
珠黃泥局瀉流年箭麻姑爪頹瞳子昏東皇肉角生

魚鱗靈鼉柱骨半枯朽驪龍德悔愁耕人周孔耆黿
久淪没黃蒿誰認賢愚骨兔苑詞才去不還蘭亭水
石空明月巫娥弄簫香雨收江濱逆瑟魚龍愁靈芝
九折楚蓮醉翾風一歎梁庭秋酥凸鑾艈奉君壽玉
山三獻春紅透銀鴨金鸞言待誰隋家獄瀆皇家有
珊瑚座上凌香雲鳳臘龍炙猩猩脣芝蘭此日不傾
倒南山白日皆賢人文康調笑麒麟起一曲飛龍壽
天地

巫山高

玉峰青靈十二枝金母和雲賜瑶姬花宮磊砢楚宮

外列仙八面星斗垂秀色無雙怨三峽春風幾夢襄
王獵青鸞不在嬾吹簫斑竹題詩寄江妾飄颻散絲
巴子天苦裳玉轡紅霞幡歸時白帝掩青瑣瓊枝草
草迷湘烟

雞鳴曲

雞聲春曉上林中一聲驚落蝦蟇宮二聲喚破枕邊
夢三聲行人煙海紅平旦慵將百雛語蓬鬆錦繡當
陽處愧君飲食長相呼爲君晝鳴下高樹

關山月

昔年嫖姚護羌月今見嫖姚雙鬢雪青塚曾無尺寸

歸錦書多寄窮荒骨百戰金瘡體沙磧鄉心一片懸
秋碧漢帝應題破鏡時胡塵萬里嬋娟隔度磧銜雲
朔風起邊笳欲曉生青珥隴上橫吹雪色刀何年斷
得匈奴臂

空城雀

古城濛濛花覆水昔日住人今住鬼野雀荒臺遺子
孫十年飲啄枯桑根不隨海燕柏梁去應無玉環銜
報恩近村紅粟香壓枝嗷嗷黃口訴朝飢生來未見
鳳凰語欲飛常怕蜘蛛絲斷腸四隅天四絕清泉綠
蒿無恐疑

獨搖手

漢宮新鸞矜蛾眉春臺豔妝蓮一枝迎春侍宴瑤華
池游龍千盤嬌欲飛冶袖鶯鸞拂朝曦摩煙裊雪金
碧遺愁鴻連翩蠶曳絲颯遝明珠掌上移仙人龍鳳
雲雨吹朝哀暮愁引咿呀鴛鴦翡翠承宴私南山一
笑君無辭仙蛾泣月清露垂六宮燒燭愁風欷

小笛弄

一尺玲瓏握中翠仙娥月浦呼龍子五夜流珠粲夢
卿九清鑾倚洪崖醉丹穴饑兒笑風雨媧皇碧玉星
星語虵蝎愁鬧骨髓寒江山恨老眠秋霧綺席鴛鷺

泠珠翠星流露泫詛驅使江南一曲罷伶倫芙蓉水
殿春風起

謫仙詞

牧龍丈人病高秋羣童擊節星漢愁瑤堂鳳輦不勝
恨太古一聲龍白頭玉氣蘭光久摧折上清雞犬音
書絕蜺旌失手遠於天三島空雲對秋月人間磊磊
浮漚客鸞鶩蜻蜓飛自隔不應冠蓋逐黃埃長夢眞
君舊恩澤

古鏡篇

紫皇玉鏡蟾蜍字墮地千年光不死發匣深沉古井
寒懸臺日照愁成水海戶山窗幾梳絹菱花開落何
人見野老曾耕太白星神狐夜哭秋天片下國青銅
旋磨滅迴變萬影成枯骨會待搏風雨洗寥長恐莓
苔蝕明月

冬夜吟

黑帝天寒愁散玉東皇海上張仙燭侯家歌舞桼梨
園石氏賓寮醉金谷曾家襦袴闇披水雪花燈下甘
乖翅散蛺高編折桂枝拔沙密甃青雲地霜白溪松
轉斜蓋銅龍嗅瞻咽聲細入蜓蛦蟻厭寒棲早晚青
旂引春帝展轉城烏啼紫天曈曨千騎衙樓前

錢塘對酒曲

風天鴈悲西陵愁使君紅旗弄濤頭東海神魚騎未得江天大笑閒悠悠嵯峨吳山莫誇碧河陽經年一宵白南州彩鳳爲君生古獄愁蛇待恩澤三清羽童來何遲十二玉樓蝴蝶飛炎荒翡翠九門去遼東白鶴無歸期鴟夷公子休悲悄六鰲如鏡天始老樽前事去月團圓琥珀無情憶蘇小

殿前生桂樹

仙娥玉宮秋夜明桂枝拂檻參差瓊香風下天漏丁丁牛渚翠梁橫淺清羽帳不眠恨吹笙棲烏暗驚仙子落步月鬟雲墮金雀蕙樓涼簟翠波空銀縷香寒鳳凰薄東海卽爲郎斟酌綺疏長懸七星杓

西川座上聽金五雲唱歌

蜀王殿上華筵開五雲歌從天上來滿堂羅綺悄無語喉音止駐雲徘徊管絃金石還依轉不隨歌出靈和殿白雲飄颻席上來貫珠歷歷聲中見舊樣釵篦淺澹衣元和梳洗青黛眉低叢小鬌膩鬟着碧牙鏤掌山參差曲終暫起更衣過還向南行座頭坐低眉欲語謝貴侯檀臉雙雙淚穿破自言本是宮中嬪武皇改號承新恩中丞御史不足比水殿一聲愁殺人武皇鑄鼎登眞籙嬪御蒙恩免幽辱茂陵弓劍不得親嫁與卑官到西蜀卑官到官年未周堂衡祿罷東西遊蜀江水急駐不得復此萍蓬二十秋今朝得侍王侯宴不覺途中妾身賤願持卮酒更唱歌歌是伊州第三遍唱着右丞征戍詞更聞閨月添相思如今聲韵尙如此何況宮中年少時五雲處處可憐許明朝道向褒中去須臾宴罷各東西雨散雲飛莫知處

贈別離

碧玉飛天星墜地玉劍分風交合水楊柳聽歌莫向隅雞鳴一石留髡醉蹄輪送客溝水東月娥揮手晻

嵫峰巒天列嶂儼相待風官掃道迎游龍天姥剪霞鋪曉空濛濛大帝開明宮文鯨掉尾四海通分明瀑布收靈桐山妖水魅騎旋風魘夢齧魂黃瘴中借君朗鑒入崆峒靈光草詔開花紅

塞下曲二首

邊頭能走馬猿臂李將軍射虎羣胡伏開弓絕塞聞海山諳向背攻守別風雲只爲坑降罪輕車未轉勲

望湖關下戰雜虜喪全師烏啄豺狼將沙埋日月旗牛羊奔赤狄部落散燕耆都護凌晨出銘功瘞死屍

池塘生春草

謝公遺詠處池水夾通津古往人何在年來草自春
色宜波際緑香異雨中新今日青青意空悲行路人

自歸山

海嶽南歸遠天門北望深暫爲青瑣客難換白雲心
富貴老閒事猿猱思舊林清平無樂志樽酒有瑤琴

濟浙江

適越一輕艭凌競截鷩濤曙光金海近晴雪玉峰高
靜慾思投筆傷時欲釣鼇壯心殊未展登涉謾勞勞

清源途中旅思

古來閩州道驅羸落照閒投村碾野水問店隔荒山
身事幾時了蓬飄何日閒看花滯南國鄉月十灣環

南海石門戍懷古

漢家征百越落地喪貔貅大野朱旗没長江赤血流
鬼神尋覆族宫廟變印荒唯有朝臺月千年照戍樓

題上人法華新院

浮名深般若方等設蓮華鐘唄成僧國湖山稱法家
一塵多寶塔千佛大牛車能誘泥犁客超然識聚沙

南海送韋七使君赴象州任

一鶚韋公子新恩領郡符島夷通荔浦龍節過蒼梧
地理金城近天涯玉樹孤聖朝朱紱貴從此展雄圖

送沈次魯南遊

高臺贈君別滿握軒轅風落日一揮手金鵶雲雨空
蘆洲石梁外劍浦羅浮東茲興不可接翛翛煙際鴻

送秦鍊師

紫府靜沉沉松軒思別吟水流寧有意雲泛本無心
錦洞桃花遠青山竹葉深不因時賣藥何路更相尋

湓城贈別

楚岸青楓樹長隨送遠心九江春水濶三峽暮雲深
氣調桓伊笛才華蔡琰琴迢迢嫁湘漢誰不重黄金

贈別

海國一尺綺冰壺萬縷絲以君西攀桂贈此金蓮枝
高鳥思茂樹窮魚樂洿池平生握中寶無使歲寒移

哭寶月三藏大禪師

五峰習聖罷乾竹化身歸帝子傳眞印門人哭寶衣
一囊窮海没三藏故園稀無復天花落悲風滿鐵圍

聖帝擊壤歌四十聲

百六承堯緒艱難土運昌大虛横彗孛中野鬭豺狼
帝曰更吾嗣時哉憶聖唐英皇乖將校神嶽誕忠良
鍊石醫元氣屠鼇正昊蒼掃原鋪一德驅祲立三光
大道重蘇恩貞風再發揚芟夷踰舊跡神聖掩前王

郊酒酣宴廓鴻恩受渺茫地圖龜負出天誥鳳銜將
雜貢來山峙羣夷入雁行紫泥搜海岱鴻筆富巖廊
鷹象敷宸極寰瀛作瑞坊泥丸封入表金鏡照中央
構殿祈麟趾開藩表鳳翔鑾輿親稼穡朱幌務蠶桑
戎翔輸天馬靈仙侍玉房宮儀水蒐甲門衛綠沉槍
陶鑄超三古車書混萬方時巡望虞舜蒐獸法殷湯
化合謳謠滿年豐鬼蜮藏政源歸牧馬公法付神羊
寶鼎無靈應金甌肯破傷封山昭茂績祠執答嘉祥
在昔宮闈僭仍羅羿浞殃牝雞何讖講猘犬漫劻勷
苗薅三靈怒桓偷九族亡鯨鯢尋掛網魑魅旋投荒

松柏霜逾翠芝蘭露更香聖謨流作遠仙系發源長
島嶼征徭傳漪瀾洸稻粱鳧魚饜飡咲荷薜足衣裳
寤寐華胥國嬉遊太素鄉鷹鸇飛拔翼忠孝住連墻
有叟能調鼎無媒隱釣璜乾坤資識量江海入文章
野鶴思蓬闕山麋憶廟堂泥沙空淬礪星斗屢低昂
歷草何因見衢尊豈暫忘終隨嘉橘賦霄漢謁羲皇

卷三十七終

全五代詩卷三十八

羅江李調元雨村 編

南唐

陳陶二

和容南韋中丞題瑞亭白燕白鼠六眸龜嘉蓮四韻

伏波恩信動南夷交趾喧傳四瑞詩鷰鼠孕靈褒上
德龜蓮增耀答無私迴翔雪侶窺簷處照映紅巢出
水時盡寫風流在軒檻嘉祥從此百年知

鍾陵道中作

原隰經霜蕙草黄塞鴻消息怨流芳秋山落照見麋

鹿南國異花開雪霜煙火近通槃瓠俗水雲深入武
陵鄉曾逢蠶鋏話東海長憶蕭家青玉床

旅泊淦江

煙雨南江一葉微松潭漁火夜相依斷沙雁起金精
出孤嶺猿愁木客歸楚國柑橙勞夢想丹陵霞鶴間
音徽無因得似滄溟叟始憶離巢已倦飛

劍池

秦帝南巡厭火精蒼黄埋劍故豐城霸圖纔戾金龍
蟄坤道扶搖紫氣生星斗卧來開窟穴雌雄飛去變

澄泓永懷惆悵中宵作不見春雷發匣聲

登寶歷寺閣

金碧高層世界空凭蜆長嘯八鑾風橫軒水壯蛟龍府倚棟星開牛斗宮三楚故墟殘燒北六朝荒苑斷山東不堪懷古勞悲笑安得鵬搏顥氣中

題豫章西山香城寺

十地巖宮禮竺皇栴檀樓閣半天香祇園樹老梵聲小雪嶺花香燈影長霄漢落泉供月界蓬壺靈鳥侍雲房何年七七空人降金錫珠壇滿上方

賀容府常中丞天府賢凡新除黔南經畧

蓬瀛簪笏舊聯行紫極差池降龍章列國山河分雁字一門金玉盡龍驤耿家符節朝中美袁氏芝蘭闔外香烽戍悠悠限巴越佇聽歌詠兩甘棠

贈容南韋中丞

普甯都護單威重九譯梯航壓要津十二銅魚尊晝戟三千犀甲擁朱輪風雲已靜西山寇閭井全移上國春不獨來蘇發歌詠天涯半是泣珠人

投贈福建路羅中丞

越艷新謡不厭聽樓船高卧靜南溟未聞建水窺龍劍應喜家山接女星三提楷模光曲策一生封爵笑丹青皇恩幾日西歸去玉樹扶踈正滿庭

贈江南李偕副使

世祿三朝壓鳳池社陵公子漢庭知雷封始賀棠溪劍花府尋遨玉樹枝幾日坐談誅叛逆列城歸美見歌詩從來莫厭千場醉自是金鑾寵命時

贈溫州韓使君

康樂風流五百年永嘉鈴閣又登賢嚴城鼓動魚驚海華屋樽開月下天內史筆鋒光案牘鄢陵詩句滿山川今來誰似韓家貴越絶麾幢鴈影連

贈漳州張怡使

舊德徐方天下聞當年熊軾繼清芬井田異政光蠻竹符節深恩隔瘴雲已見嘉祥生北戶曾嫌夷貊蠹南薰幾時徵拜征西越學着縵胡從使君

贈江南從事張侍御

平南門館鳳凰毛二十華軒立最高幾處談天致雲雨早時文海得鯨鰲姻聯紫府蕭騘貴職稱青錢繡服豪江徼無虞才不展銜杯終日詠離騷

謫仙吟贈趙道士

汗漫東遊黃鶴雛縉雲仙子住清都三元麟鳳推高座六甲風雷閟小壺日月暗資靈壽藥山河擬作化

生符若爲失意居蓬島鼇足塵飛桑樹枯

賀自眞登仙

雲笈七籤云自眞爲道士居嵩山焚修精勤人不知其甲子一日雲鶴滿空聲樂清亮飛昇而去闕在東都見人贍禮作詩曰

子晉鸞飛古洛川金桃再熟賀郎仙三清樂奏嵩邱下五色雲屯御苑前朱頂舞翻迎絳節青鬟歌對駐香軿誰能白晝招悲泣太極光陰幾萬年

寄兵部任畹郎中

當思劍浦別清塵荳蔻花紅十二春崑玉已成廊廟器澗松猶是薜蘿身雖同橘柚依南土終仰魁罡近北辰好向昌時薦遺逸莫教千古弔靈均

閒居寄太學盧璟博士

無路青冥奪錦袍恥隨黃雀住蓬蒿碧雲夢後山風起珠樹詩成海月高久滯鼎書求羽翼未忘龍闕致波濤閒來長得留侯癖羅列楂梨校六韜

送江西周尚書赴滑臺

楚謠襦袴整三千喉舌新恩下九天天角雄都分節越蛟龍舊國罷樓船崑河已在兵鈴內棠樹空留鶴嶺前多病無因酬一顧鄠陵千騎去翩翩

閩中送任畹端公還京

燕臺下榻玉爲人月桂曾輸次第春幾日酬恩坐炙

轂九秋高架拂星辰漢庭鳳進鵷行喜隋國珠還水府貧多少嘉謀奏風俗斗牛孤劍在平津

經徐稚墓

郝鄗妖興炎漢衰先生南國卧明夷鳳凰屢降元纁禮瓆石終藏烈火時禁掖衣冠加宋鵲湖山耕釣没堯師千年龍樹何人哭寂寞蒼苔内史碑

上建溪

崆峒一泒瀉蒼煙長揖丹邱逐水仙雲樹杳冥通上界峰巒迴合下閩川侵星愁過蛟龍國採碧時逢嫠女船已判猿催鬢先白幾重灘瀨在秋天

冬暮旅泊廬陵

螺亭倚棹哭飄蓬白浪欺船自向東楚國蕙蘭增悵望番禺筐篚屢虛空江城雪落千家夢汀渚氷生一夕風棄置侯鯖任羈束不勞龜瓦問窮通

豫章江樓望西山有懷

水護星壇刻太虛煙霓十八上仙居時人未識遼東鶴吾祖曾傳寶鼎書終日章江催白鬢何年丹竈見紅蕖桃花谷口春深淺欲訪先生赤鯉魚

續古二十八首

吳洲采芳客桂棹木蘭船日晚欲有待徘徊春風前

仙家風景晏浮世年華速邂逅漢武時蟠桃東海熟
南國珊瑚樹好裁天馬鞭魚龍不解語海曲空嬋娟
周穆恣遊幸横天驅八龍甯知泰山下日日望登封
秦國饒羅網中原絶麟鳳萬乘巡海回鮑魚空相送
秦家無廟略遼虜續長城萬姓隴頭死中原荆棘生
秦作東海橋中州鬼辛苦縱得跨蓬萊羣仙亦飛去
隋煬棄中國龍舟巡海涯春風廣陵死不見秦宫花
范子相勾踐滅吳成大勳雖然五湖去終愧磻谿雲
麟鳳識翔蟄聖賢明卷舒哀哉嵇叔夜智不及鷦鷯
戰地三尺骨將軍一身貴自古若弔冤落花少于淚

楚國千里旱土龍日已多九穀竟枯死好雲閒嵯峨
漢家三殿色恩澤若飄風今日黄金屋明朝長信宫
南園杏花發北渚梅花落美女妬西施容華日銷鑠
秦王卷衣貴本自倡家子金殿一承恩貂蟬滿鄉里
山雞理毛羽自古勝烏鳶一朝逢鸑鷟羞死南海邊
魏宫薛家女秀色傾三殿武帝鼎湖歸一身似秋扇
嬋娟越機裏織得雙棲鳳慰此殊世花金梭忽停弄
學古三十載猶依白雲居每覽班超傳令人慵讀書
雄劍久濩落夜吟秋風起不是嬾爲龍此非延平水
朝爲楊柳色暮作芙蓉好春風若有情江山相逐老
大堯登寶位麟鳳煥宸居海曲沾恩澤還生比目魚
生値揖遜歷長歌東南春釣鰲年三十未見天子巡
軒轅承化日羣鳳戲池臺大樸衰喪後仲尼生不來
大道歸孟門蕭蘭日争長想得巢居時碧江應無浪
矻矻蓬舍下慕君麒麟閣笑殺王子喬寥天乘白鶴
杳杳巫峽雲悠悠漢江水愁殺幾少年春風相憶地
景龍臨太極五鳳當庭舞誰信壁間梭升天作雲雨

閩南唐雅又載一首云曾夢諸侯笑康囚議脱枷千根池底藕一朵火中花似僞作附記

永嘉贈別

芳草温陽客歸心浙水西臨風青桂檝幾日白蘋溪

長相思

欲唱元雲曲知音復誰是採掇情未來臨池畫春水

水調詞十首

黠虜迢迢未肯和五陵年少重横戈誰家不結空閨恨玉筯闌干妾最多

羽管慵調怨別離西園新月伴愁眉容華不分隨君去獨有粧樓明鏡知

憶餞良人玉塞行梨花三見換啼鶯邊場豈得勝閨閣莫逞琱弓過一生

惆悵江南旱雁飛年年辛苦寄寒衣征人豈不思鄉

國只是皇恩未放歸
水閣蓮開燕引雛朝朝攀折望金吾聞道磧西春不到花時還憶故園無
自從清野戍遼東舞袖香銷羅幌空幾度長安發梅柳節旄零落不成功
長夜孤眠倦錦衾秦樓霜月若邊心征人一倍裝綿厚猶慮交河雪凍深
瀚海長征古別離華山歸馬是何時仍聞萬乘尊猶屈裝束千嬌嫁郅支

沙塞依稀落日邊寒宵魂夢怯山川離居漸覺笙歌懶君逐嫖姚已十年
萬里輪臺音信稀傳聞移帳護金微會須麟閣留蹤跡不斬天驕莫議歸

隴西行四首

漢主東封報太平無人金闕議邊兵縱饒奪得林胡塞磧地桑麻種不生
誓掃匈奴不顧身五千貂錦喪胡塵可憐無定河邊骨猶是春閨夢裏人
隴戍三看塞草青樓煩新替護羌兵同來死者傷離別一夜孤魂哭舊營

黠虜生擒未有涯黑山營陣識龍蛇自從貴主和親後一半胡風似漢家

子規思

春山杜鵑來幾日夜啼南家復北家野人聽此生惆悵恐畏踏落東園花

古意

麻姑井邊一株杏花開不如古時紅西鄰蔡家十歲女年年二月嗔東風

閒居雜興五首

虞韶九奏音猶在只是巴童自棄遺閒卧清秋憶師

曠好風搖動古松枝
一顧成周力有餘白雲閒釣五谿魚中原莫道無麟鳳自是皇家結網疎
長愛眞人王子喬五松山月伴吹簫從他浮世悲生死獨駕蒼鱗入九霄
越里娃童錦作襦艷歌聲壓郢中姝無人說向張京兆一曲江南十斛珠
雲堆西望賊連營分閫何當舉義兵莫道羔裘無壯節古來成事盡書生

夏日懷天台

竹齋睡餘柘漿清麟鳳誇我勞此生忽憶天台掩青
坐澗雲起盡紅峥嶸

鍾陵秋夜

洪崖嶺上秋月明野客枕底章江清蓬壺宮闕不可
夢一一八樓歸雁聲

吳興秋思二首

不是苕溪厭看月天涯有程雲樹涼何意汀洲剩風
雨白蘋今日似瀟湘
日夕鯤魚夢南國苕陽水高迷渡頭故山秋風憶歸
去白雲又被王孫留

古蓮塘

閶闔宮娃能采蓮明珠作佩龍爲船三千巧笑不復
見江頭廢苑花年年

投贈福建桂常侍二首

後來臺席更何人都護朝天拜近臣長笑當時漢卿
士等閑恩澤畫麒麟
匝地歌鐘鎮海隅城池鞅掌舊名都不知珠履三千
外更許侯嬴寄食無

酬元孚上人

一衲淨居雲夢合秋來詩思祝融高何因知我津涯
澗遠寄東溟六巨鰲

答蓮花妓

近來詩思清於水老大心情薄似雲已向昇天得門
戶錦衾深愧卓文君

鏡道人吹簫

金欄白的苦參差雙鳳夜伴江南棲十洲人聽玉樓
曉空向千山桃杏枝

竹十一首

不厭東谿綠玉君天壇雙鳳有時聞一峰曉似朝仙
處青節森森倚絳雲

萬枝朝露學瀟湘杳靄孤亭白石涼誰道乘龍不行
雨春雷入地馬鞭狂
須題內史琅玕塢幾醉山陽琴瑟村剩養萬莖將掃
俗莫教凡鳥鬧雲門
一谿雲母間靈花似到封侯逸士家誰識雌雄九成
律子喬丹井在深涯
嘯入新篁一里行萬竿如維鎖龍泓驚巢翡翠無尋
處閒倚雲根刻姓名
燕燕雛時紫米香野溪羞色過東墻諸兒莫拗成蹊
筍從結高籠養鳳凰

青嵐帶亞思吾祖綠潤偏多憶蔡邕長聽南園風雨
夜恐生鱗甲盡爲龍
迸玉閒抽上釣磯翠苗番次脫霞衣山童泥乞青驄
馬騎過春泉掣手飛
一節呼龍萬里秋數莖垂海六鰲愁更須瀑布峯前
種雲裡闌干過子猷
郎壓誰堪話碧鮮靜尋春譜認嬋娟會當小殺青瑤
簡圖寫龜魚把上天
元圃千春閉玉叢淇陽一祖碧雲空不須騷屑愁江
島今日南枝在國風

蜀葵詠

綠衣宛地紅倡倡薰風似舞諸女郎南鄰蕩子婦無
賴錦機春夜成文章

泉州刺桐花詠六首兼呈趙使君

海曲春深滿郡霞越人多種刺桐花可憐虎竹西樓
色錦帳三千阿母家
石氏金園無此豔南都舊賦乏靈材只因赤帝宮中
樹丹鳳新銜出世來
猗猗小豔夾通衢晴日薰風笑越姝只是紅芳移不
得刺桐屛障滿中都
不勝攀折悵年華紅樹南看見海涯故國春風歸去
盡何人堪寄一枝花
赤帝當年海上遊三千幢蓋擁炎州今來樹似離宮
色紅翠欹斜十二樓
髣髴三株植世間風光滿地赤城閑無因秉燭看奇
樹長伴劉公醉玉山

儒人詞二首

小隱山人十洲客莓苔爲衣雙耳白青編遺我忽隱
身暮雨虹蜺一千尺
赤城門開六丁値曉日已燒東海色朝天半夜聞玉

雞星斗離離礙龍翼

春日行

鶗鴂初鳴洲渚滿龍蛇洗鱗春水煖病多欲問山寺
僧湖上人傳石橋斷

春歸去

九十春光在何處古人今人留不住年年白眼向黔
婁惟放蠐螬飛上樹

臨風歎

芙蓉樓中飮君酒驪駒結言春楊柳豫章花落不見
歸一望東風堪白首

吳苑思

今人地藏古人骨古人花爲今人發江南何處埜西施謝豹空聞采香月

南昌途中

古道貫緣蔓黃葛桓伊冢西春水濶村翁莫倚橫浦督一半魚鰕屬鵜獺

閶川夢歸

千里潺湲建谿路夢魂一夕西歸去龍艘欲上巴獸灘越王金雞報天曙

題徐穉湖亭

伏龍山橫洲渚地人如白蘋自生死洪崖成道二千年唯有徐君播青史

宿天竺寺

一宿何期此靈境五粒松香金地冷西僧示我高隱心月在中峰葛洪井

贈野老

何年穮芝白雲裏人傳先生老萊子消磨世上名利心澹若嚴閒一流水

送謝山人歸江夏

黃鶴春風二千里山人佳期碧江水携琴一醉楊柳堤日暮龍沙白雲起

江上逢故人

十年蓬轉金陵道長哭青雲身不早故里相逢盡白頭清江顏色何曾老

雙桂詠

青冥結根易傾倒沃州山中雙樹好瑠璃宮殿無斧聲石上蕭蕭伴僧老

朝元引四首

帝燭熒煌下九天蓬萊宮曉玉爐烟無央鸞鳳隨金母來賀薰風一萬年

玉殿雲開露冕旒下方珠翠壓鰲頭天鷄唱罷南山曙春色先歸十二樓

萬寓靈祥擁帝居東華元老薦屠蘇龍池遙望非烟拜五色曈曨在玉壺

寶祚河宮一向清龜魚天篆益分明近臣誰獻登封草五岳齊呼萬歲聲

卷三十八終

全五代詩卷三十九

羅江李調元雨村 編

南唐

陳貺

貺閩人隱廬山三十年李璟聘至授以江州曹椽固辭賜粟帛遣還山年七十五卒 十國春秋 貺苦思於詩得句未成章已播遠近學者多師事之元宗召見獻景陽宮懷古詩元宗稱善 吟窗雜錄貺咏蟬云年年聞爾者未有不傷情書虎云入夜雖無傷物意向明還有動人心又有句云出得風塵者合知嶮路人又云拂榻燈未來開門月先入忽生雲是匣高以月爲臺

景陽臺懷古

景陽六朝地運極自依依一會皆同是到頭誰論非
酒濃深遠慮花好失前機見此尤宜戒正當家國肥

江爲

爲宋州人避亂家建陽遊廬山師陳貺爲詩有集 緗素雜記爲工詩如天形圍澤國秋色露人家之句極膾炙人口少遊江南題白鹿寺詩云吟登蕭寺栴檀閣醉倚王家玳瑁筵後主見之曰此人大是富貴家而劉夜坐夏江城等並就傳句法後以讒死今建陽縣之西七里有靖安寺即爲故居留題者最衆 南唐書爲題白鹿寺詩元宗稱善由是放肆自謂俯拾青紫乃詣金陵求舉屢黜于有司爲怏怏不能自已欲東亡遂會同謀者上變伏罪楊徽之哭江爲詩云廢宅寒塘水荒墳宿草煙 五代史補爲在福州有故人欲投吳越爲輿草表事發并誅臨刑詞色不撓賦詩云街鼓侵人急西傾日欲斜黃泉無旅店今夜宿誰家 紫桃軒雜綴江爲詩竹影橫斜水清淺桂香浮動月黃昏林君復改二字爲疎影暗香以咏梅遂成千古絕調詩字點化之妙譬如仙者丹頭在手瓦礫俱金矣

觀山水障歌

適來一觀山水障萬里江山在其上遠近猶如二月
春咫尺分成百般象一岩嵯峨入雲際七賢鎮在青
松裏潭水澄泓不見波孤帆滉漾張風勢釣魚老翁
無伴侶孑然此地輕寒暑灘頭坐久鬢絲垂手把魚
竿不曾舉樹婀娜山崔嵬片雲似去又不去雙鶴如
飛又不飛良工巧匠多分布筆頭寫出江山頭垂柳
風吹不動條樵人負重難移步

旅懷

迢迢江漢路秋色又堪驚半夜聞鴻雁多年別弟兄
高風雲影斷微雨菊花明欲寄東歸信裵回無限情

江行

越信隔年稀孤舟幾夢歸月寒花露重江晚水煙微
峰直帆相望沙空鳥自飛何時洞庭上春雨滿蓑衣

登潤州城

天末江城晚登臨客望迷春潮平島嶼殘雨隔虹霓

鳥與孤帆遠煙和獨樹低鄉山何處是目斷廣陵西

岳陽樓

倚樓高望極展轉念前途晚葉紅殘處秋江碧入吳雲中來雁急天末去帆孤明月誰同我悠悠上帝都

送客

明月孤舟遠吟髭鑷更華天形圍澤國秋色露人家水館螢交影霜洲橘委花何當尋舊隱泉石好生涯

塞下曲

萬里黃雲凍不飛磧煙烽火夜深明胡兒移帳寒笳絕雪露時聞探馬歸

隋堤柳

錦纜龍舟萬里來醉鄉繁盛忽塵埃空餘兩岸千株柳雨葉風花作恨媒

劉洞

洞廬陵人學詩於陳貺隱居廬山後主召見獻詩百篇有集

馬書本傳洞詩長于五言自號五言金城後主即位詣金陵獻詩百篇首篇石城懷古云云後主掩卷改容不復讀其餘者與同門夏寶松善既嘗謂已詩均賈島洞亦自言有浪仙之體恨不得與之同時言詩也金陵受圍為詩署于路旁曰千里長江皆渡馬十年養士得何人又云翻憶潘郎章奏內陰陰日暮好沾巾初潘佑表曰家國陰陰如日將暮洞以識之南唐書云夏寶松與詩人劉洞俱顯名節度使陳德誠以詩美之曰建水舊傳劉夜坐螺川新有夏江城蓋劉洞常有夜坐詩云百骸同草木萬象入心靈又云孤猿叫落中巖月夜客吟殘半夜燈最為警策而寶松有宿江城詩云雁飛南浦砧初斷月滿西樓酒半醒又云曉來羸馬依前去自斷遙山數點青皆佳句 調元按五代詩多散逸不見全首者甚多如劉夜坐夏江城以詩得名而皆不得窺其全豹殊為可惜其他散見諸書者片鱗隻羽殊不忍棄附見于此其他各國俱以此例鈔附以備博覽 江表志晉王景遂先主第三子赴潤州鎮謝 餞詩云路指丹陽分虎節心存雙闕戀龍顏 又李宏茂字子松元宗第二子早卒追封慶王有咏雪句云甜于泉水茶須信狂似楊花蝶未知病中云半牕月在猶煎藥幾夜燈閑不照書 雅言系述李平闕右人讀武帝內傳云龍髯已斷嬪嬙老豹尾不來岐路長閑書云王人無夢夢不到天道畏盈盈有餘 道山新聞唐鎬李後主宮嬪窅娘纖麗善舞後主作金蓮高六尺飾以寶物細帶瓔珞令窅娘以帛繞足令纖小屈上作新月狀素襪舞蓮中回旋有淩雲之態唐鎬詩曰蓮中花更好雲裏月長新因窅娘作也 鑑戒野錄庸仁傑全州人好苦吟陳德誠出守池陽仁傑貽詩云紅旆渡江霞蘸水青萍出匣雪侵衣德誠善之勉之入金陵會休沐朝上集昇元寺酒行請仁傑賦登閣詩有句云雲散便宜千里望日長斜占半城陰常贈嘉禾寺僧云只住此山能有意向來求佛本無心時論與之 又高仁短宣城人贈宣城宰云硯貯寒泉碧庭堆敗葉紅贈徐學士云燕掠琴絃穿靜院吏收詩草下閒庭 叢苑劉吉江左人事李主為傳詔承旨以忠 于所事歸朝供奉嘗有刺自稱南人不忘本也有詩三百首目為釣鰲集徐鉉為序其首篇隱者詩云一箭不中鵠五湖歸釣魚人多誦之以塞河有方人目為劉跋河 雅言系述蔣釣字不器營道人與劉洞陳甫為詩友寄柳宣云因借夢詩過竹寺學耕秋粟遶茆原戎昱詩有一夜不眠孤客耳主人門

外有芭蕉釣代答曰芭蕉葉上無愁雨自是多情聽斷腸　又陳甫字維岳吉水人贈黃岩云清時不作登龍客綠髩閑梳傍草堂漳江感懷云一雨洗殘暑萬家生早涼村居云暮鳥歸巢急寒牛下隴遲　詩史朱紱仕江南縣令甚疏逸有詩云好是晚來香雨裏擔簦親送綺羅人李璟聞之處以一閒曹又有庭實獻詩云吟中雙髩白笑裏一生貧璟曰詩以言志終是寒薄束帛遣之　摭言任濤豫章人詩名早著有露團沙鶴起人臥釣船流他皆仿此李騭廉問江西與放鄉里之役民俗互有論列騭判曰江西界內凡有詩得似濤者即與免役馬書本傳毛炳豐城人入廬山每與諸生曲講獲貲鏹即市酒盡醉時彭會好茶而炳好酒或嘲之曰彭生說賦茶三片毛氏傳經酒半斤炳聞之小哂而已後數年自署于齋壁云先生不在此千載只空山一夕大醉卒　十國春秋胡元龜廬陵人常謁邑令幢閭繪戲珠龍屬元龜詠之時令多所愛賂元龜題句云翻身騰白浪探爪攫元珠盍諷之也　馬書本傳邵拙宣城人孤峭不撓博通經史飲酒常至百盞有詩三百篇尚書郎孫遜為之序命曰廬嶽集水曹郎趙慶以詩貽之曰遜古文章金鸑鷟出羣行止玉麒麟時悼其苦學能文而不得達于名位或議其詩有萬國未得雨孤雲猶在山之句斯為應矣　南唐近事黃可南唐進士字不可詩句中多用驢宇嘗有獻高侍郎詩云天下傳將舞馬賦門前迎得跨驢賓　江南野錄陳穎南昌縣人業進士題漢祖廟云項羽英雄猶不懼可憐容得辟陽侯得狂病而卒　詩話總龜吳淑字正儀潤州丹陽人仕南唐為內史歸宋薦試學士院授大理評事預修太平御覽文苑英華累遷起居舍人職方員外郎卒有文集事類賦江淮異人錄祕閣閑談荊南朱昂晚以工侍乞骸骨眞宗賜坐寵詔留侯秋涼還故吳淑贈詩云漢殿夜涼初閣筆洛宮秋晚得懸車　吟窗雜錄趙休幸貧遜同時人有侍宴句云金莖來白露玉宇起清風　郡閣雅談潘天錫南唐時為

省郎有游古觀句云風便磬聲遠日斜樓影長　紀事王璘與李羣玉相遇嶽麓寺羣玉待之甚淺日請與公聯句破題而授之璘略不佇思繼之云云羣玉遂屈芍藥花開菩薩面樓閣葉散野人頭羣玉遂屈服

石城懷古

石城古岸頭一望思悠悠幾許六朝事不禁江水流

許堅

堅字介石廬江人有異術嘗往來廬阜茅山間李璟時以異人召不至後不知所終　郡閣雅談

堅遇酒筵不問尊卑遠近必到乘興只三五杯便去性嗜魚將魚火上旋炙熟處即喫生處復炙殊不去其鱗腸每和巾帶入溪澗內浴度日浸身出水即于風日中坐候乾其衣服多有腥氣人惡之或有人與物忻然而受將散與貧者多于夢中吟詩宿漂陽縣靈泉精舍僧出白字韻請留詩對榻見其睡熟至曉起出七言詩近枕吳溪與越峯云云太平興國九年自茅山再遊廬山于方先生房內安下至夜深常與數人談笑人疑聽堅已知之高聲云不得來今在洪州西山或吉州玉笥山　雅言雜載堅性藪野似非今之人年高絕不知曉人事少言人不問終日不啟口多居三茅山不知年歲形容不變好殘魚能為詩多談神仙事有題扇詩云吟哦但寫胸中妙飲酒能忘身後名但願長閑有詩思小溪風月共清明早年堅以時事干江南李氏人許其狂簡以為風恙莫與之禮一絕上舍人徐鉉云云因拂衣歸隱至今尚在隱迹江淮閒　吟窗雜錄堅有句云道既學不得仙從何處來又病鶴云臥久似慵伸雪項立遲猶未整霜衣　十國春秋保大時以異人召堅堅恥其名不起題幽棲觀云云與樊若水善勉以仕不應後不知其所在

題幽棲觀

仙翁上昇去丹井寄晴壑山色接天台湖光照寥廓
玉洞絕無人老檜猶棲鶴我欲掣青蛇他時冲碧落

遊溧陽霞泉寺限白字

地枕吳溪與越峯前朝恩錫靈泉額竹林晴見雁塔
高石室幽棲幾禪伯荒碑字沒秋苔深古池香泛荷
花白客有經年說別林落日啼猨情脈脈

題茅山觀

常恨清風千載鬱洞天令得恣遊遨松楸古色玉壇
靜鸞鶴不來青漢高茅氏井寒丹已化元宗碑斷要

仍勞分明有個長生路休向紅塵嘆二毛

登遊齊山

星使南馳入楚重此山偏得駐行蹤落花滿地月華
冷寂寞舊山三四峯

上舍人徐鉉

幾宵煙月鎖樓臺欲寄侯門薦下才滿面塵埃人不
識謾隨流水出山來

譚　峭一作譚紫霄

峭字景升國子司業洙之子博涉經史屬文
清麗洙訓以進士業而峭酷好黃老書辭父
遠遊師嵩山道士得辟穀養氣之術後入青
城山仙去十國春秋峭過金陵見齊邱有仙骨出化書以授齊邱齊邱利其書虐峭以酒醉裹以革囊投之淵有漁人剖之峭睡正濃曰吾睡囊中得大休歇

大言詩

線作長江扇作天靸鞵拋向海東邊蓬萊信道無多
路只在譚生柱杖前

藍采和

采和不知何時人常衣破藍衫六銙黑木腰
帶一腳著鞾一腳跣行夏則衫內加絮冬則
臥於雪中氣出如蒸每行歌城市乞索拍大

拍板踏歌似狂非狂歌詞極多率皆仙意以
錢與之或散失亦不顧見貧人即與之多與
酒家後踏歌於濠梁間酒樓乘醉輕舉雲中
擲鞾衫腰帶拍板冉冉而去

踏歌

踏歌踏歌藍采和世界能幾何紅顏三春樹流年一
擲梭古人混混去不返今人紛紛來更多朝騎鸞鳳
到碧落暮見桑田生白波長景明暉在空際金銀宮
闕高嵯峨

元　寂

寂號酒秃高駢族子馬令書寂博極羣書後主召講華嚴梵行一品賚金帛甚厚即日送酒家月夜劇飲醉則從小兒數十浩歌道中云云一日醉死石子岡

醉歌

酒秃酒秃何榮何辱但見衣冠成古邱不見江河變陵谷

若虛

若虛南唐僧隱廬山石室李主累徵不就

懷廬山舊隱

九疊嵯峨倚著天悔隨寒瀑下巖煙秋深猿鳥來心上夜靜松杉到眼前書架想遭苔蘚裹石窻應被薜

蘿纏一枝筇竹游江北不見爐峯三十年

樂仙觀

樂氏騎龍上碧天東吳遺宅尚依然悟來大道無多事眞後丹元不值錢老樹夜風蟲咬葉古垣春雨蘚生瓶松傾鶴死桑田變華表歸鄉未有年

古鏡

軒后紅爐獨鑄成蘚痕磨落月輪沉萬般物象皆能鑒一個人心不可明匣內乍開鸞鳳活臺前高挂鬼神驚百年肝膽堪將比祗怕看頻素髮生

文益

文益餘杭魯氏子七歲依陸州僧全偉落髮窮儒典李璟延住報恩寺賜號淨慧禪師交泰元年坐化起塔號法眼禪師塔名無相後主命其弟子行言爲導師開法謚大智藏大導師十國春秋木平和尚知人禍福生死拄木瓶於杖頭能引瓶自蔽元宗不能見慶王尚幼元宗問壽命幾何木平書九十一字與之後慶王得年十九乃知一其九十而爲十九也文益有詩云云

覩木平和尚

木平山裏人貌古年復少相看陌路同論心秋月皎懷衲線非蠶助歌聲有鳥城闕今日來一謳曾已曉

无則

无則五代時人爲法眼文益禪師弟子

鷺鷥

白蘋紅蓼碧江涯日暖雙雙立睡時願揭金籠放歸去却隨沙鶴鬭輕絲

百舌鳥二首

千愁萬恨過花時似向春風怨別離若使衆禽俱解語一生懷抱有誰知

長截鄰鷄叫五更數般名字百般聲饒伊搖舌先知曉也待青天明即鳴

行因

行因居廬山佛手巖後主召居棲賢寺 辟寒錄李氏詔行因居棲賢寺一夕大雪逃歸舊隱之廬山嘗煮茶延僧托巖扉立化作偈云云

偈

前朝詔住棲賢寺雪夜逃居巖石間想見煮茶延客
處直緣生死不相關

謙光

謙光金陵人一號法眼 五代史補謙光素有才辯李後主禮之宋太祖將問罪江南後主用謀臣計欲抗王師法眼禪師謙光覩牡丹於大內因作偈諷之云云又見冷齋夜話

擁衲對芳叢由來事不同鬢從今日白花似去年紅
豔異隨朝露馨香逐曉風何須對零落然後始知空

南唐寺僧 江南野錄李昪受禪之初忽半夜寺僧撞鐘一城皆驚召將斬之云夜來偶得月詩乃云云李昪喜而釋之

月

徐徐東海出漸漸上天衢此夕一輪滿清光何處無

西山僧 中山詩話洪州西山與滕王閣相對過客多留詩有僧覽之告郡守曰詩無佳者何不去之守愕然曰能作佳句乎僧即隨口吟云云

西山

洪州太白方積翠倚穹蒼萬古遮新月半江無夕陽

陳玉蘭

寄夫王駕

夫戍邊關妾在吳西風吹妾妾憂夫一行書信千行
淚寒到君邊衣到無

薛媛

薛媛濠梁人南楚材妻

寫眞寄夫 雲溪友議南楚材旅遊陳受穎牧之眷欲以女妻之楚材許諾因託言訪道不復返舊薛媛善畫妙屬文微知其意對鏡圖形為詩寄之楚材大慙遂歸偕老里人為語嘲之云當時婦棄夫今日夫棄婦若不逞丹青空房應獨守

欲下丹青筆先拈寶鏡寒已經顏索寞漸覺鬢凋殘
淚眼描將易愁腸寫出難恐君渾忘却時展畫圖看

韓續姬

姬失其名氏 全唐詩話南唐僕射韓續請韓熙載撰父神道碑奉一歌妓潤筆文成但敍譜系品秩續乞改竄熙載還其所贈姬因題詩泥金帶而去南唐近事嚴續相公歌妓唐鎬結事通犀帶皆一代尤物雨夜相府有呼盧之會唐適與焉嚴命出妓解帶較勝於一擲六骰數巡唐采大勝唐乃酌酒命所出美人歌一曲以別相君宴罷拉而偕去嚴悵然遣之與此互異

贈別

風柳搖搖無定枝陽臺雲雨夢中歸他年蓬島音塵
絕留取樽前舊舞衣

蓮花妓

妓豫章人五代詩話陳陶隱南昌西山鎮帥嚴宇嘗遣妓侍陶陶不顧因求去獻詩云云

獻陳陶處士

蓮花爲號玉爲腮珍重尙書遣妾來處士不生巫峽夢虛勞神女下陽臺

徐月英

月英江淮間妓有集行世全唐詩話月英有句云燈前淚與階前雨隔箇窗兒滴到明

敍懷

爲失三從泣淚頻此身何用處人倫雖然日逐笙歌樂長羨荆釵與布裙

送人

惆悵人間萬事違兩人同去一人歸生憎平望亭前水忍照鴛鴦相背飛

江南文士

題童氏畫宣和畫譜童氏江南人莫詳其世系以婦人而能丹青故當時搢紳家婦女往往求寫照焉有文士題童氏畫詩云云

林下才華雖可尙筆端人物更淸妍如何不出深閨裏能以丹靑寫外邊

南唐樂人

詩紫桃軒雜記史稱曹彬下江南不妄殺一人然金陵有樂官山相傳城下之日軍營開宴南唐樂人數輩大慟奏不成曲怒而殺之聚埋此山有南唐樂人詩云云觀此何得稱不妄殺耶

城破轅門宴賞頻伶倫執樂淚沾巾騈頭就死緣家國愧殺南歸結綬人

南唐漁者

歌玉壺淸話南唐元宗時一漁者持蓑笠綸竿擊短板唱漁家傲其舌爲鳴榔之聲以參之自號回同客人疑爲呂洞賓音淸悲如煙波間聽者無厭云云唱於金陵凡半年了無悟者里巷村落皆歌焉元宗果以甲戌二月殂於正寢魚兒乃向所謂鯉魚也歌中之語皆驗焉

二月江南山水路李花零落春無主一箇鯉魚無着處風兼雨玉龍生甲歸天去

木客

詩學圃萱蘇徐鉉帖鄱陽山中有木客秦時造阿房宮者食木實得不死時下山就民間取酒爲詩云云

酒盡君莫沽壺傾我當發城市多囂塵還山弄明月

無名氏

詩

江上檣竿一百尺山中樓臺十二重山僧樓上望江上指點檣竿笑殺儂

仙人未必便仙去還在人間人不知手把白鬚從兩鹿相逢却問姓名誰

後主煜鬼

亡後見形詩 詩話總龜賈魏公京尹日忽有人來展刺謁曰前江南國主李煜相見則一清瘦道士耳公曰太師已物故何得及此曰某幼探釋氏未達訣有所見今爲獅子國王偶思鍾山而來懷中取一詩投公云云公讀之隨手灰滅

異國非所志煩勞殊清閑驚濤千萬里無乃見鍾山

鍾輻妻

怨詩 江南野錄鍾輻金陵才生氣豪體傲一老僧相之曰先輩壽則有矣若及第則家亡記之輻大詩曰吾方掇高第以起家何亡之有時樊若水女才質雙盛愛輻之才妻之始燕爾

科詔遂下時後周都洛輻入洛應書果中選甲科第二得意不還携一女僕曰青箱過華州之蒲城其宰故人亦醞藉士淹留久之一夕追涼縣樓痛飲而臥青箱侍之是夕夢其妻出一詩爲示云云怨頗深輻夢中懷愧亦荅一詩曰還吳東下過蒲城樓上清風酒半醒想得到家春欲暮海棠千樹欲凋零既寤頗厭之因理歸裝將至采石青箱暴卒輻悼歎無奈匆匆藁葬於一新墳之側急圖到家則門巷空闃妻已亡數月其亡日乃夢於縣樓之夕也後數日親友具舟携輻致奠於葬所即青箱藁葬之側新墳乃是惟海棠數樹方葉凋萼謝正合詩中之句因掖膺長慟曰信乎浮屠師及第家亡之告因不仕隱鍾山著書守道壽八十餘潘佑集有樊氏墓誌與此稍同

楚水平如練雙雙白鳥飛金陵幾多地一去不言歸

耿玉眞

詩 南唐書盧絳病痁夢白衣麗人贈詩一首云云又歌菩薩蠻詞以勸酒曰玉京人去秋蕭索畫簷鵲起梧桐落敧枕悄無言月和清夢圓背燈唯暗泣甚處砧聲急眉黛小山攢芭蕉生暮寒歌罷教以食蔗郎愈果差又夢曰妾乃玉眞也他日富貴相見於孟家坡後入宋臨刑有白衣婦人同斬宛如所夢問其姓名曰耿玉眞其地則孟家坡也 古今詩話眉黛遠山攢芭蕉生暮寒此詞人能道之而楊文公云獨自凭闌干衣襟生暮寒未知孰是

清風明月夜深時箕帚盧郎恨已遲他日孟家坡上約再來相見是佳期

田達誠借宅鬼

詩 稽神錄廬陵有賈人田達誠富于財物頗以周給爲務治第新城有夜叩門者就視無人如是再三因呵問之爲人耶鬼耶良久荅曰實非人也比居龍泉舍爲暴水所漂求寄君家治

舍畢乃去耳達誠不許曰人豈可與鬼同居耶對曰暫寄居耳無害于君且以君義氣聞於鄉里故告耳達誠許之因曰當止我何所達誠曰惟有廳事耳辭謝而去數日復來曰吾家已至廳中亦無妨君賓客然亦嚴整家中人愼火萬一不虞或當云吾等所爲也達誠亦虛其廳以付之達誠嘗爲詩鬼忽空中言曰君乃能詩耶吾亦嘗好之可唱和耳達誠即具酒置紙筆於前談論無所不至衆目視之酒與紙筆儼然不動誠暫迴顧則酒已盡字已著紙矣前後數十篇皆有意趣筆迹勁健作柳體或問其姓字曰吾倘言之將不益於主人可以詩寄言也乃賦詩云云衆皆不喻一日復告曰吾有少子婚樟樹神女以某日成禮復欲借君後堂三日以終君大惠可乎達誠亦虛其堂以幕帷之三日復謝曰吾事訖矣還君此堂主人之恩可謂至矣然君家老婢某可笞一百也達誠辭謝即召婢笞數下鬼曰使之知過可止矣達誠辭徐問其婢云曾穴幕竊視見賓客男女團膳花燭與人間不殊後歲餘乃辭謝而去達誠以事至廣陵久

之不歸其家憂之鬼復至日君家憂主人耶吾
將省之翌日乃還日主正在揚州甚無恙行當
歸矣新納一妾與同寢吾燒其帳後幅以戲之
耳大笑而去達誠歸問其事皆同後至龍泉訪
其居亦
竟不獲

天然與我亦靈通還與人間事不同要識吾家眞姓
氏大字南頭一段紅

天祐中江南童謠五代史補李昇本爲徐溫所養爲左僕射知政事代徐知
以徐溫卒江南遂爲昇有先是童謠云東海鯉
魚飛上天東海即徐之望也李者鯉也蓋言昇
自溫家起而爲君耳又十國春秋武義元
年又有童謠云云知誥本姓李後應此謠

江北楊花作雪飛江南李樹玉團枝李花結子可憐
在不似楊花無了期

眞人謠全唐詩唐末民間有此謠元宗因名其子爲宏冀以應之

有一眞人在冀川開口持弓向外邊子子孫孫萬萬
年

後主時童謠南唐近事解此謠云娘謂後主再聚周后豬狗死謂薜盡戌亥年赤
瘕目病貓有目病則不能
捕鼠謂不見丙子之年也

索得娘來忘却家後園桃李不生花豬兒狗兒都死
盡養得貓兒患赤瘕

昇元殿基下石記全唐詩話其後李煜降於宋好事者云煜以丁酉年生辛
酉年襲位即鷄也開寶八年甲戌江南國滅是
跨犬也時曹彬爲大將列柵城南潘美爲副將
城陷恐有伏兵命卒縱火子建彬也安仁美也
東鄰謂錢俶俶以戊寅年入朝盡獻浙西土地
人民故末二句云云末二句一作東鄰家
道闕隨虎過明與識者云家道閞無錢

莫問江南事江南事可憑抱雞升寶位跨犬出金陵
子建司南位安仁秉夜燈東鄰嬌小女騎虎渡河冰

江州風墜詩全唐詩話南唐胡則守江州宋師攻之堅壁不下忽有旋風吹片紙
墜城中云云後城陷果屠戮殆盡先是有錢處
士不知何許人天祐末嘗遊江淮言李氏之祚
云髟髯之間一佈楊楊氏自稱尊至
禪代二十年李氏三十九年果應

由來秉節世無雙獨守孤城死不降何似知機早回
首免教流血滿長江

廣陵古冢石刻全唐詩南唐保大中廣陵理城隍因及古冢得此

日爲箭兮月爲弓四時射人兮無窮但得天將明月

死不覺人隨流水空山川秀兮碧穹窿崇夫人墓兮
直其中猨啼鳥嘯煙濛濛千年萬年松梢風

硯滴銘研北雜志李仲芳家有南唐金蝌蟾蜍硯滴車厚奇古腹下有篆銘云云

搶月窟左足心伏棐几右足心爲我用左足後貯淸泚右足後
端溪石澄心紙頷下左右各三字陳元氏毛錐子腹兩旁各三字同
列無譁聽驅使微吾潤澤烏用汝腹下兩旁各七字

夢中話南唐曾崇範其妻先許聘數人皆死後夢人得語云此是汝夫果嫁於曾也

田頭有鹿跡田尾著日炙

證空徒贊證空臨川郭氏五代時人俗名居遁年十四入嵩嶽削髮爲僧謁洞山价
遂悟道嘗自寫牛身
影其徒贊之云云

日出連山月圓當戶不是無身不欲全露江南通志

卷三十九終

全五代詩卷四十

羅江李調元雨村 編

前蜀

前主王建

建字光圖許州舞陽人少爲忠武軍卒稍遷隊將楊復光討黃巢建爲都頭僖宗使將神策軍宿衛文德元年爲招討牙內都指揮使大順二年檢校司徒成都尹節度劍南西川招撫雲南八國等使天復三年封蜀王梁既篡唐僭即帝位卒號高祖歐陽史建少無賴以屠牛盜驢販私鹽爲事里人謂之賊王八全唐詩話建妻弟眉州刺史周德權從梁祖篡唐引讖文上表勸進云李祐西祐西王逢吉昌德允興丹莫當解曰李祐西王言唐後王氏興西方也西方爲允丹朱也言朱梁不敢抗也建大悅遂即位擢德權中書令

贈別唐太師道襲

丱歲便將爲肘腋二紀何曾離一日更深猶向立案前敷奏柔和不傷物今朝榮貴慰我心雙旌引向重城出褒斜舊地委勳賢從此生靈永泰息

後主衍

衍字化源建之子爲後唐所滅有烟花集十國春秋咸康元年九月奉太后太妃禱青城山宮人皆衣雲霞之衣自製甘州曲令宮人唱

之其詞哀怨聞者慘悽詞曰晝羅裙能結束
稱腰身柳眉桃臉不勝春薄媚足情神可惜
許淪落在風塵意本謂神仙在凡塵耳及降
中原宮妓多淪落人間　蜀檮杌云嘉王宗
壽每誅評衍不樂燕會衍命工人李玉簫歌
其所撰宮詞送宗壽酒宗壽懼禍乃飲後臣
潘在迎日嘉王聞玉簫郎飲請以玉簫賜之
行曰王必不納其詞云云　北夢瑣言嬖倖
韓昭顧珣潘迎等爲狎客議又手搖頭唐郎
入境過其報而遊幸師王利州方知將士紛
然曰且打叉手搖頭念宣歌曰不知身命促
把燭夜行遊令宮女連臂　又蜀王衍俘繫
入秦至劍閣見山川之美賦詩云不緣朝夜
闕去來此結茆廬時人笑之至咸陽又作曲
子云盡是一場麻得與夫無愁入井者所較
無多也　五代史蜀人富而喜遨當王氏晚
年競爲小帽僅覆其頂謂之危腦帽又好裹
尖巾其狀如錐而後宮皆戴金蓮花冠衣道
士服酒酣免冠其髻髽
然更施朱粉號醉粧

醉粧詞

者邊走那邊走只是尋花柳那邊走者邊走莫厭金
杯酒

幸秦川上梓潼山

喬巘簇冷煙幽徑上寒天下瞰峨嵋嶺上窺華岳巔
驅馳非取樂按幸爲憂邊此去如登陟歌樓路幾千

題劍門

緩轡踰雙劍行行躡石稜作千尋壁壘爲萬祀依憑
道德雖無取江山粗可矜回看城闕路雲疊樹層層

過白衛嶺和韓昭儉

先期神武力開邊晝斷封疆四五千前望隴山屯劍
戟後憑巫峽鎖烽煙軒皇尚自親平寇嬴政徒勞愛
學仙想到隗宮尋勝處正應鶯語暮春天

宮詞

輝輝赫赫浮玉雲宣華池上月華新月華如水浸宮
殿有酒不醉眞癡人

張格

格字義師河間人唐宰相濬之子仕蜀爲翰
林學士拜中書侍郎同平章事累加右僕射
太傅　十國春秋梁王全忠將謀篡代密諷張
全義圖濬乃令楊麟率健卒圖其墅杖

之永寧縣葉彥者張氏待之素厚當麟來彥
偵知之奔告格曰相公之禍不可免郎君宜
自爲計格與濬父子持泣濬謂之曰留則併
命去則遺種汝勿以吾爲累格拜辭以行彥
乃統義士三十人送渡漢江而旋格由荊州
上峽入成都是時唐亂人士多依兩川以避
難高祖雖起戎伍爲人饒智略善待士
故所用皆唐名臣族而待格恩禮尤異

寄禪月大師

龍華咫尺斷來音日夕空馳詠德心禪月字清師號
別壽春詩古帝恩深畫成羅漢驚三界書似張顛直
萬金莫倚名高忘故舊曉晴閑步一相尋

周庠

庠唐龍州司倉後事王建累官御史中丞中

書侍郎同平章事王衍嗣位進司徒十國春秋庠子仁矩官駙馬都尉粗有才藻而庸劣特甚國亡後與貧丐者伍令一人先道爵里於市肆間有哀之者日獲錢數百相與飲噉爲樂成都人皆嗟歎之

寄禪月大師

昨日塵遊到幾家就中偏省近宣麻水田鋪座時移
畫金地譚空說盡沙傍竹欲添犀浦石栽松更碾味
江茶有時捻得休公卷倚柱閑吟見落霞

王鍇

鍇字鱣祥仕蜀爲翰林學士遷御史中丞歷
中書侍郎同平章事十國春秋唐師入成都李昊草降表上軍門而

降書則鍇實爲之鍇至洛陽唐授以刺史鍇上表乞後主骸骨歸葬蜀山有云生爲萬乘之君死在匹夫之手不允人頗稱之鍇家藏異書數千本多手自丹黃又親寫釋藏經若干卷每趨朝於白藤擔子內鈔書書法絕工其好學亦有足取者

贈禪月大師

長愛吾師性自然天心白月水中蓮神通力遍恆沙
外詩句名高八米前尋訪不聞朝振錫修行性說夜
安禪太平時節俱無事莫惜時來話草元

庾傳素

傳素事王建爲蜀州刺史累官至左僕射同
平章事罷爲工部尚書衍嗣立加太子太保
兼中書侍郎後降唐爲刺史卒十國春秋傳素領蜀州時有唐興縣郎吏楊會者事傳素甚謹及傳素爲相除長馬以酬之會堅辭曰會之吏役遠近皆知忝冒爲官寧淹人口且捨數千家供待而博一虛名長馬無益也時人稱其有識

木蘭花

木蘭紅豔多情態不似凡花人不愛移來孔雀檻邊
栽折向鳳凰釵上戴是何芍藥爭風彩自共牡丹長
作對若教爲女嫁東風除却黃鶯難匹配

馮涓

涓字信之東陽人舉進士登大中四年宏詞
科爲京兆府參軍尋隱商山昭宗起爲祠部

郎中擢眉州刺史田陳拒命不令之任涓於
成都墾池灌園自給王建據蜀以爲翰林學
士終御史大夫所著有南冠龍吟長樂等集
十三卷北夢瑣言馮涓分符眉州不得之任蹭蹬陳田之間羈慭六年著懷秦賦有南冠梁川歌詩皆自傷蹭蹬也有蜀馱引云云又題支機石云不隨俗物皆成土只待良時却補天苦雨行云釜魚化作池中物禾履鉄爲天際船蜀城析骸之際幾至殍殕因投簪米家活有詩云取水郎中何日了破柴員外幾時休早知蜀地區嬾與悔不長安大比卯通鑑綱目涓爲建草殺陳敬瑄田令孜表云開神出虎孔宣父不責他人當路斬蛇孫叔敖蓋非利已云云天下快之十國春秋涓撰檄龍文大蟲牓嶮竿歌皆有文采涓性滑稽語多譏諸高祖常問擊輪之戲期自何人涓對曰卯八所製高祖爲大笑又與

司空王鍇等小酌鍇舉令一字三呼兩物相似曰樂樂樂冷淘似餺飥涓曰巳巳巳驢糞似馬矢坐中大噱涓但長嘯而已又云大中四年進士馬涓登第榜中文譽最高是歲暹羅國起樓厚賷金帛奏請撰記時人榮之

蜀馱引

昂藏大步蠶叢國曲頸微伸高九尺卓女窺窗莫我知嚴仙據案何曾識自古皆傳蜀道難爾何能過拔蛇山忽驚登得雞翁磧又恐碰著鹿頭關

楊玢

玢字靖夫虞卿之曾孫也蜀王建時累官禮部尚書衍嗣位謫榮經尉乾德中復爲太常少卿後歸後唐授工部尚書談苑玢自蜀歸唐長安舊居多爲鄰里侵占子弟欲詣府訴其事以狀白玢玢批紙尾云四鄰侵我我從伊畢竟須思未有時試上含元殿基望秋風秋草正離離子弟不敢復言又登慈恩寺塔云紫雲樓下曲江平鴉噪殘陽麥隴青莫上慈恩最高望不堪看又不堪聽

遺歌伎

垂老無端用意乖誰知道侶厭清齋如今又采蘼蕪去辜負張君繡靸鞋

韓昭

昭字德華長安人爲蜀後主王衍狎客累官

禮部尚書文思殿大學士唐兵入蜀王宗弼梟斬送唐十國春秋昭性便佞善窺迎人意與潘炕子在迎顯彥朗子在珣同爲後主狎客後主起宣華苑昭與諸近臣日夜侍後主酣飲其中男女雜坐褻慢無所不至或爲豔歌唱和沈湎無虛日又昭粗有文章至於琴棋書算射法悉皆涉獵有朝士李台瑕譏之曰韓八座事藝如折襪線無有不長時人驩之海錄碎事載李台瑕云韓昭凡事如僧剃髮無有寸長

和題劍門

閉關防老寇孰敢振威稜險固疑天設山河自古憑三川奚所賴雙劍最堪矜鳥道微通處煙霞鎖百層

從幸秦川過白衛獻詩

吾王巡狩爲安邊此去秦亭尚數千夜照路岐山店火曉通消息戍瓶煙爲雲巫峽雖神女跨鳳秦樓是謫仙八駿似龍人似虎何愁飛過大漫天

李浩弼

浩弼蜀翰林學士

從幸秦川賦鷙獸歌

巖下年年自寢訛生靈餐盡意如何爪牙衆後民隨減谿壑深來骨已多天子紀綱猶被弄客人窮獨固難過長途莫怪無人跡盡被山王稜郄他

盧延讓

延讓字子善范陽人唐光化九年進士第朗陵雷滿辟從事滿敗歸王建開國授水部員外郎累遷給事中終刑部侍郎卒 摭言先是延讓師薛許下能爲詩詞意入僻時人多笑之吳翰林融爲侍御史出官峽中延讓時薄遊荆渚貧無卷軸未遑贄謁會融表弟滕籍者偶得延讓百篇融覽大奇之曰此無他貴不尋常耳于是稱之于府主成汭時故相張公職大租於是邦常以延讓爲笑端及融言之成所改觀延讓深所感激然猶因循竟未相面後值融赴急徵入內庭救于公卿間稱譽不已延光化戊午歲來自湘南融一見如舊相識延讓嗚咽流涕于是攘臂成之矣又盧延讓業僻澁詩吳翰林雖以賦卷擢第然八面受敵深知延讓之能延讓始投贄卷中有說詩一篇斷句云因知文賦易爲下得之乎子華笑曰上門惡罵來 詩史蜀盧延讓獻王建詩

卷中有栗爆燒氊破猫跳觸鼎翻之句後建與潘峭在內殿平章邊事令宮人于爐中爆栗栗爆出燒損繡褥子建多疑每燒金鼎子唯徐妃二妹侍茶湯而已是夜猶誤觸鼎翻建曰憶延讓詩有一聯云云先輩裁詩信無虛境遂有六行之拜 詩話總龜作盧延遜上太宗詩潘峭作潘美延遜當即延讓宋諱讓字故也盧延讓詩目爲容易如每過私第邀看鶴長著公裳送上驢高僧解語牙無水老鶴能飛骨有風其殆庶幾又如栗爆猫跳云云而楊文公愛之不知何謂 談苑延遜詩淺近人皆笑之惟吳融獨重之且云後必垂名延遜詩亦有佳處宿東林云兩三條電欲爲雨七八個星猶在天旅舍言懷云名紙毛生五門下家童骨立六街中蜀路云雲間聞鐸騾馱去雪裡殘骸虎拽來寄人云吟安一個字撚斷數莖鬚又樹上諮諏批頰鳥窗間腷膊叩頭虫余在翰林常召對上舉延遜詩云臂鷹健卒懸氊帽騎馬佳人卷畫衫雖淺近亦自成一體 全唐詩話延讓有哭亡將詩云自是硇砂發非干駮石傷牒高身上職盌大背邊瘡亦善謔也 北夢瑣言延讓有詩云不同文賦易爲是者之乎復入翰林闒筆而已同列戲之曰不同文賦易爲是者之乎竟以不稱職數日而罷 十國春秋延讓所業詩有狗觸店門開餓猫臨鼠穴饞犬舐魚砧諸句甚爲張濬成汭所賞及高祖時復以詩語巧合擢用延讓謂人曰平生投謁公卿不意得力于猫兒狗子聞者大噱 紀事延讓入蜀頗爲蜀人所易有句云莫欺零落殘牙齒曾喫紅綾餅餤來延讓放進士第二人會燕於曲江勅大官十八人賜餅餤蓋唐御食以紅綾餅餤爲上品也 郭熙畫意延讓雪詩云渡水蹇驢雙耳直避風羸僕一肩高 海錄碎事延讓有弔孟浩然句云高據襄陽播盛名問人人道是詩星 錦繡萬花谷延讓有句云涼雨打低殘菡萏急風吹散小蜻蜓

苦吟

莫話詩中事詩中難更無吟安一箇字撚斷數莖鬚
險覓天應悶狂搜海亦枯不同文賦易爲著者之乎

雪

瑞雪落紛華隨風一向斜地平鋪作月天迴撒成花
客滿燒煙舍牛牽賣炭車吾皇憂挾纊猶自問君家

冬除夜書情

兀兀坐無味思量誰與隣數星深夜火一箇遠鄉人
雁翥天微雪風號樹欲春愁章自難過不覺苦吟頻

觀新歲朝賀

龍墀初立仗鵷鷺列班行元日燕脂色朝天樺燭香

表章堆玉案繒帛滿牙牀三百年如此無因及我唐

八月十六日夜月

十六勝三五中天照大荒祇訛斐子缺應耗沒多光
桂老猶全在蟾深未煞忙難期一年事到曉泥詩章

松寺

山寺取涼當夏夜共僧蹲坐石堦前兩三條電欲為
雨七八箇星猶在天衣汗稍停床上扇茶香時撥澗
中泉通宵聽論蓮華義不藉松窗一覺眠

贈僧

浮世浮華一斷空偶拋煩惱到蓮宮高僧解語牙無

水老鶴能飛骨有風野色吟餘生竹外山陰坐久入
池中禪師莫問求名苦滋味過於食蓼蟲

逢友人赴闕

正當天下待雍熙丹詔徵來早為遲倚馬才高猶愛
藝問牛心在肯容私吏開黃閣排班處民擁青門看
入時却笑郡人留不得感恩唯擬立生祠

哭李郢端公

軍門半掩槐花宅每過猶聞哭臨聲北固暴亡兼在
路東都權葬未歸塋漸窮老僕慵看馬著慘佳人暗
理箏詩侶酒徒消散盡一場春夢越王城

謝楊尚書惠櫻桃

滿合虛紅怕動搖尚書知重賜櫻桃揉藍尚帶新鮮
葉潑血猶殘舊折條萬顆真珠輕觸破一團甘露軟
含消春來老病尤珍荷併食中腸似火燒

寒食日戲贈李侍御

十二街如市紅塵咽不開灑蹄驄馬汗沒處看花來

樊川寒食二首

寒食權豪盡出行一川如畫雨初晴誰家絡絡游春
盛擔入花間軋軋聲
鞍馬和花總是塵歌聲處處有佳人五陵年少麤於

事栲栳量金買斷春

張道古

道古一名覘字子美臨淄人景福中擢進士
第官右拾遺以直諫謫施州司戶後入蜀王
建召為武司郎中尋復貶死十國春秋道古
之後上疏言五危二亂七事謫官去後賣卜
青城市中韋莊薦為節度使官又上高祖詩
序五危二亂事為同僚所疾安置茂州鄭雲
叟在華州聞其卒作詩弔之詩話貫休悼
張道古詩云清河逝水大息息東關無人失
至公天上君恩三載隔鑑中鸞影一時空墳
生苦霧蒼茫外門掩寒雲寂寞中惆
悵斯人又如此一聲蠻笛滿江風

上蜀王

封章才達冕旒前黜詔俄離玉座端二亂豈由明主用五危終被佞臣彈西巡鳳府非爲固東播鑾輿卒未安諫疏至今如可在誰能更與讀來看

牛　嶠

嶠字松卿隴西人乾符五年進士官尚書郎王建僭位爲給事中有集三十卷十國春秋嶠自言禱慕李賀長歌舉筆輒效之尤善製小詞女冠子云繡帶芙蓉帳金釵芍藥花又山月照山花夢回燈影斜皆嶠佳句也陸游云嶠定西番爲塞下曲望江怨爲閨中曲是盛唐遺音及讀翠蛾愁不抬頭則又刻細似晚唐姜白石云嶠有楊柳枝詞見稱於時

春曉曲

春入横塘搖淺浪花落小園空惆悵此情誰信爲狂夫恨翠愁紅流枕上小玉窗前嗔燕語血淚滴穿金線縷雁歸不見報郎歸織成錦字封過與

紅薔薇

曉啼珠露渾無力繡簇羅襦不着行若綴壽陽公主額六宮爭肯學梅粧

楊柳枝

解凍風來末上青解垂羅袖拜卿卿無端裊娜臨官路舞送行人過一生

吳王宮裏色偏深一簇纖條萬縷金不憤錢塘蘇小小引郎松下結同心丹鉛總錄云因詠柳而貶松所謂尊題格也有改松下作枝下者誤

橋北橋南千萬條恨伊張緒不相饒金羈白馬臨風望認得羊家靜婉腰

狂雪隨風撲馬飛惹煙無力被春欺莫交移入靈和殿宮女三千又妬伊

裊翠籠煙拂暖波舞裙新染麴塵羅章華臺畔隋堤上傍得春風爾許多

牛希濟

希濟嶠之兄子隴西人仕蜀王衍時爲起居郎累官翰林學士御史中丞後入後唐爲雍州節度副使碧溪詩話鑒戒錄天成初明宗召亡蜀舊臣賦詩惟中丞牛希濟最佳明宗日希濟不忘君親忠孝也賜物百段十國春秋希濟素以詩辭擅名所撰臨江仙二十闋有云月斜江上征棹動晨鐘又云皆道勝人間須知狂客拚死爲紅顏特爲詞家之雋又次牛嶠女冠子四闋時輩嘖嘖稱道女冠子故唐駱賓王靈妃贈李榮長篇因取以爲名

閨怨

春山煙欲收天澹星稀小殘月臉邊明別淚臨清曉語多情未了回首猶重道記得綠羅裙處處憐芳草

奉詔賦蜀主降唐得川字

滿城文武欲朝天不覺鄰師犯塞煙唐主再懸新日月蜀王難保舊山川非干將相扶持拙自是君臣數盡年古往今來亦如此幾曾歡笑幾潸然

全五代詩卷四十終

全五代詩卷四十一

羅江李調元雨村　編

前蜀

韋莊

莊字端已杜陵人見素之後乾甯元年第進士授校書郎轉補闕與李洵為兩川宣諭和協使莊以中原多故潛欲依蜀前主建辟為掌書記尋擢起居舍人累官至門下侍郎吏部尚書同平章事卒謚文靖所著有浣花集又元集五代史端已以豔語見長應舉時遇黃巢犯闕著秦婦吟云內庫燒為錦繡灰天街踏盡公卿骨人稱為秦婦吟秀才　鑑誡錄詩之作也窮達之分可見莊感懷七律詩末句云大道不將爐冶去有心重立太平基其詩甚壯故至台輔　北夢鎖言杜荀鶴嘗吟一聯云舊衣灰絮絮新酒竹篘篘或話於莊莊擬之曰印將金鎖鎖簾用玉鉤鉤鈞郎大拜之祥也　胡孝轅癸籤韋莊詩靜極却嫌流水鬧閒多翻笑野雲忙本於老杜之水流心不競雲在意俱遲但多着一嫌字笑字覺非真閒真靜耳　又莊卒之歲日誦杜甫白沙翠竹江村暮相送柴門月色新之句吟諷不置及卒葬白沙之陽　十國春秋莊有美姬善文翰高祖託以教宮人為辭强奪去莊作謁金門詞憶之云空相憶無計得傳消息天上嫦娥人不識寄書何處覓新睡覺來無力不忍把君書迹滿院落花春寂寂斷腸芳草碧姬聞之不食而死　又莊常取唐人麗句勒成又元集其自序云謝元暉文集盈編止誦澄江之句曹子建詩名冠古惟吟清夜之篇是知美稼千箱兩岐奚少繁莖

九變大濩此稀入華林而珠樹非多閬眾籟而紫簫惟一所以擷芳林下拾翠巖邊沙之汰之始辨寔之寶載雕載琢方成瑚璉之珍故知領下採珠難求十斛管中窺豹但取一斑思食馬留肝徒云染指豈烹魚去乙或至傷鱗自懟乎罷鼠易盈非嗜其熊蹯獨美然則律者既採繁者是除何知黑白之鵝殆識淄澠之水莊文詞甚多不具錄　戊籤莊浣花集弟藹編錄序略云家兄自庚子亂離前凡著歌詩文章數十通屬兵火迭興簡編俱墜惟餘口誦者所存者幾耳後流離漂泛寓目緣情迄於癸亥歲又綴僅千餘首辛酉春應聘為蜀奏記明年浣花溪尋得杜工部舊址結茅為室思其人欲成其處藹因錄兄稿或默誦者次為十卷目之曰浣花集亦杜陵所居之義也後所製用繼于右時癸亥六月九日○按偽史莊全集二十卷晁公武讀書志稱僅存五卷今行世十卷入蜀後詩槩無之亦非全本也集以年為次今編分體仍注其年于下集所不載者搜得七十首注補遺二字附各體末

平陵老將

白羽金僕姑腰懸雙轆轤前年葱嶺北獨戰雲中胡
疋馬塞垣老一身如鳥孤歸來辭第宅却占平陵居

少年行

五陵豪客多買酒黃金盞醉下酒家樓美人雙翠幰
揮劍邯鄲市走馬梁王苑樂事殊未央年華已云晚

閨月

明月照前除煙華蕙蘭濕清風行處來白露寒蟬急
美人情易傷暗上紅樓立欲言無處言但向姮娥泣

閨怨

戚戚彼何人明眸利於月啼妝曉不乾素面凝香雪
良人去淄右鏡破金簪折空藏蘭蕙心不忍琴中說

上春詞

曈曨赫日東方來禁城煙煖蒸青苔金樓美人花屏開晨妝未罷車聲催幽蘭報暖紫芽折夭花愁豔蝶飛迴五陵年少惜花落酒濃歌極翻如哀四時輪環終又始百年不見南山摧遊人陌上騎生塵顏子門前吹死灰

擣練篇

月華吐豔明燭燭青樓婦唱擣衣曲白袷絲光織魚目菱花綬帶鴛鴦簇臨風縹緲疊秋雪月下丁冬擣寒玉樓蘭欲寄在何鄉憑人與繫征鴻足

雜體聯錦

攜手重攜手夾江金線柳江上柳能長行人戀尊酒
尊酒意何深為郎歌玉簪玉簪聲斷續鈿軸鳴雙轂
雙轂去何方隔江春樹綠樹綠酒旗高淚痕沾繡袍
袍縫紫鵝濕重持金錯刀錯刀何燦爛使我腸千斷
腸斷欲何言簾動眞珠繁眞珠綴秋露秋露沾金盤
金盤湛瓊液仙子無歸跡無跡又無言海煙空寂寂

寂寂古城道馬嘶芳岸草岸草接長堤長堤人解攜
解攜忽已久緬邈空回首回首隔天河恨唱蓮塘歌蓮塘
在何許日暮西山雨

長安春

長安二月多香塵六街車馬聲轔轔家家樓上如花
人千枝萬枝紅豔新簾間笑語自相問何人占得長
安春長安春色本無主古來盡屬紅樓女如今無奈
杏園人駿馬輕車擁將去

撫盈歌

鳳縠兮鴛綃霞疏兮綺寮玉庭兮春晝金屋兮秋宵
愁瞳兮月皎笑頰兮花嬌羅輕兮濃麝室煖兮香椒
鑾輿去兮蕭屑七絲斷兮泬寥主父臥兮漳水君王
幸兮雲軿鉛華宵窕兮穠姿棠公肸蠁兮靡依翠華
長逝兮莫追晏相望門兮空悲

信州西三十里山名僊人城下有月巖山其狀
秀拔中有山門如滿月之狀余因行役過其下
聊賦是詩

驅車過閩越路出饒陽西僊山翠如畫簇簇生虹蜺
羣峰若侍從眾阜如嬰提巖巒互吞吐嶺岫相追攜
中有月輪滿皎潔如圓珪玉皇忿遊覽到此神應迷

嫦娥曳霞帔引我同攀躋騰騰上天半玉鏡懸飛梯
瑤池何悄悄鸞鶴煙中棲回頭望塵世露下寒淒淒

乞彩牋歌

浣花溪上如花客綠闇紅藏人不識留得溪頭瑟瑟
波潑成紙上猩猩色手把金刀擘綵雲有時翦破秋
天碧不使紅霓段段飛一時驅上丹霞壁蜀客才多
染不供卓文醉後開無力孔雀銜來向日飛翩翩壓
折黃金翼我有歌詩一千首磨礱山岳羅星斗開卷
長疑雷電驚揮毫只怕龍蛇走班班布在時人口滿
袖松花都未有人間無處買煙霞須知得自神仙手
也知價重連城璧一紙萬金猶不惜薛濤昨夜夢中
來殷勤勸向君邊覓

贈峨嵋山彈琴李處士

峨嵋山下能琴客似醉似狂人不測何須見我眼偏
青未見我身頭已白茫茫四海本無家一片愁雲颺
秋碧壺中醉臥日月明世上長遊天地窄晉朝叔夜
舊相知蜀郡文君小來識後生常建彼何人贈我篇
章苦雕刻名卿名相盡知音遇酒遇琴無間隔如今
世亂獨翛然天外鴻飛招不得余今正泣楊朱淚八
月邊城風刮地霓旌絳旆忽相尋爲我尊前橫綠綺

一彈猛雨隨手來，再彈白雪連天起。淒淒清清松上風，咽咽幽幽隴頭水。吟蜂遶樹去不來，別鶴引雛飛又止。錦鱗不動惟側頭，白馬仰聽空豎耳。廣陵故事無人知，古人不說今人疑。子期子野俱不見，烏啼鬼哭空傷悲。坐中詞客悄無語，簾外月華庭欲午。爲君吟作聽琴歌，爲我留名係仙譜。

南陽小將張彥硤口鎮稅人場射虎歌

海內昔年狎太平，橫目穰穰何崢嶸。天生天殺豈天怒，忍使朝朝餵猛虎。關東驛路多邱荒，行人最忌稅人場。張彥雄特制殘暴，見之叱起如叱羊。鳴弦霹靂越幽阻，往往依林猶抵拒。草際旋看垂節菌，腰間不便抽白刃。老饕已斃眾雛恐，童稚揶揄皆自勇。忠良效順勢亦然，一劍猜狂敢輕動。有文有武方爲國，不是英雄伏不得。試徵張彥作將軍，幾箇將軍願策勳。

章臺夜思

清瑟怨遙夜，遶弦風雨哀。孤燈聞楚角，殘月下章臺。芳草已云暮，故人殊未來。鄉書不可寄，秋雁又南迴。

延興門外作

芳草五陵道，美人金犢車。綠奔穿內水，紅落過牆花。馬足倦遊客，鳥聲歡酒家。王孫歸去晚，宮樹欲棲鴉。

劉得仁墓

至公遺至藝，終抱至冤沈。名有詩家業，身無戚里心。桂和秋露滴，松帶夜風吟。冥寞知春否，墳高日已深。

梁氏水齋

獨醉任騰騰，琴棋亦自能。捲簾山對客，開戶犬迎僧。看蟻移苔穴，聞蛙落石層。夜窗風雨急，竹外一菴燈。

曲池作

細雨曲池濱，青袍草色新。詠詩行信馬，載酒喜逢人。性爲無機率，家因守道貧。若無詩自遣，誰奈寂寥春。

嘉會里閑居

豈知城闕內，有地出紅塵。草占一方綠，樹藏千古春。馬嘶遊寺客，犬吠探花人。寂寂無鐘鼓，槐行接紫宸。

夏夜

傍水遷書榻，開襟納夜涼。星繁愁晝熱，露重覺荷香。蛙吹鳴還息，蛛羅滅又光。正吟秋興賦，桐影下西牆。

早發

早霧濃於雨，田深黍稻低。出門雞未唱，過客馬頻嘶。樹色遙藏店，泉聲暗傍畦。獨吟三十里，城月尙如珪。

愁

避愁愁又至，愁至事難忘。夜坐心中火，朝爲鬢上霜

不經公子夢徧入旅人腸借問高軒客何鄉是醉鄉

村居書事

年年耕與釣鷗鳥已相依砌長蒼苔厚藤抽紫蔓肥
風驚移樹囀雨燕入樓飛不覺春光暮遶籬紅杏稀

雨霽晚眺 庚子年冬大駕幸蜀後作

入谷路縈紆巖巔日欲晡嶺雲寒掃蓋溪雪凍黏鬚
臥草跧如兔聽冰怯似狐仍聞關外火昨夜徹皇都

賊中與蕭韋二秀才同臥重疾二君尋愈余獨加焉恍忽之中因有題

與君同臥疾獨我漸彌留弟妹不知處兵戈殊未休
胸中疑晉豎耳下鬭殷牛縱有秦醫在懷鄉亦淚流

重圍中逢蕭校書

相逢俱此地此地是何鄉側目不成語撫心空自傷
劍高無鳥度樹暗有兵藏底事征西將年年戍洛陽

宿山家

山行侵夜到雲竇一星燈草動蛇尋穴枝搖鼠上藤
背風開藥竈向月展漁罾明日前溪路煙蘿更幾層

和人歲宴旅舍見寄

積雪滿前除寒光夜皎如老憂新歲近貧覺故交疏
意合論文後心降得句初莫言常鬱鬱天道有盈虛

對酒賦友人

多病仍多感君心自我心浮生都是夢浩歎不如吟
白雪篇篇麗清醅盞盞深亂離俱老大強醉莫霑襟

穎陽縣

琴堂連少室故事即仙蹤樹老風聲壯山高臘候濃
雪多庭有鹿縣僻寺無鐘何處留詩客茆簷倚後峰

寄園林主人

主人常不在春物為誰開桃豔紅將落梨花雪又摧
曉鶯閑自囀遊客暮空回尚有餘芳在猶堪載酒來

贈薛秀才

相辭因避世相見尚兵戈亂後故人少別來新話多
但聞哀痛詔未覩凱旋歌欲結巖棲伴何山好薜蘿

和元秀才別業書事

僻居春事好水曲亂花陰浪過河移岸雛成鳥別林
綠錢榆貫重紅障杏籬深莫飲宜城酒愁多醉易沉

紀村事

綠蔓映雙扉循牆一徑微雨多庭果爛稻熟渚禽肥
釀酒迎新社遙砧送暮暉數聲牛上笛何處餉田歸

題許僊師院

地古多喬木遊人到且吟院開金鑠澀門映綠篁深

山色不離眼鶴聲長在琴往來誰與熟乳鹿住前林

不寐

不寐天將曉心勞轉似灰蚊吟頻到耳鼠鬬競緣臺
戶闔知蟾落林喧覺雨來馬嘶朝客過知是禁門開

贈武處士

一身唯一室高靜若僧家掃地留疎影穿池浸落霞
綠蘿臨水合白道向村斜賣藥歸來醉吟詩倚釣查

春暮

一春春事好病酒起常遲流水繚縈砌落花紅墮枝
樓高喧乳燕樹密鬬雛鸝不學山公醉將何自解頤

哭麻處士

却到歌吟地閑門草色中百年流水盡萬事落花空
穗帳扃秋月詩樓鎖夜蟲少微何處墮留恨白楊風

和友人

閑門同隱士不出動經時靜閱王維畫閑翻褚允棋
落泉當戶急殘月下窗遲却想從來意譙周亦自嗤

春愁

宮思本多傷逢春恨更長露霑湘竹淚花墮越梅妝
睡却交加夢閑傾瀲灩觴後庭人不到斜月上松篁

晚春

花開疑乍富花落似初貧萬物不如酒四時唯愛春
峨峨秦氏髻皎皎洛川神風月應相笑年年醉病身

送崔郎中往使西川行在

拜書辭玉帳萬里劍關長新馬杏花色綠袍春草香
一身朝玉陛幾日過銅梁莫戀爐邊醉僊官待侍郎

潤州顯濟閣曉望

清曉水如鏡隔江人似鷗遠煙藏海島初日照揚州
地壯孫權氣雲凝庾信愁一篷何處客吟凭釣魚舟

過當塗縣

客過當塗縣停車訪舊遊謝公山有墅李白酒無樓

采石花空發烏江水自流夕陽誰共感寒鷺立汀洲

鑷白

白髮太無情朝朝鑷又生始因絲一縷漸至雪千莖
不避佳人笑唯慙稚子驚新年過半百猶歎未休兵

遣興

如幻如泡世多愁多病身亂來知酒聖貧去覺錢神
異國清明節空江寂寞春聲聲林上鳥喚我北歸秦

建昌渡暝吟

月照臨官渡鄉情獨浩然鳥棲彭蠡樹月上建昌船
市散漁翁醉樓深賈客眠隔江何處笛吹斷綠楊煙

歲除對王秀才作

我惜今宵促君愁玉漏頻豈知新歲酒猶作異鄉身
雪向寅前凍花從子後春到明追此會俱是隔年人

酒渴愛江清

酒渴何方療江波一掬清瀉甌如練色漱齒作泉聲
味帶他山雪光含白露精只應千古後長稱伯倫情

南遊富陽江中作

南去又南去此行非自期一驅雲作伴千里月相隨
浪跡花應笑衰容鏡每知鄉園不可問禾黍正離離

夔州水館重陽日作

異國逢佳節憑高獨苦吟一杯今日酒萬里故鄉心
水館紅蘭合山城紫菊深白衣雖不至鷗鳥自相尋

避地越中作

避世移家遠天涯歲已周豈知今夜月還是去年愁
露果珠成水風螢燭上樓傷心潘騎省華髮不禁秋

信州溪岸夜吟作

夜倚臨溪店懷鄉獨苦吟月當山頂出星倚水湄沈
霧氣漁燈冷鐘聲谷寺深一城人悄悄琪樹宿幽禽

齊安郡

彌棹齊安郡孤城百戰殘傍村林有虎帶郭縣無官
暮角梅花怨清江桂影寒黍離緣底事撩我起長歎

寄江南諸弟

萬里逢歸雁鄉書忍淚封吾身不自保爾道各何從
性拙唯多蹇家貧半爲慵祇思溪影上臥看玉華峰

雞公幘 去襄城縣二十里

石狀雖如幘山形可類雞向風疑欲鬬帶雨似聞啼
蔓織青籠合松長翠羽低不鳴非有意爲怕客奔齊

靈席

一閉香閨後羅衣盡施僧鼠偷筵上果蛾撲帳前燈
土蝕釵無鳳塵生鏡少菱有時還影響花葉曳香繒

舊居

芳草又芳草故人楊子家青雲容易散白日等閑斜
皓質留殘雪香魂逐斷霞不知何處笛一夜叫梅花

歲晏同左生作

歲暮鄉關遠天涯手重攜雪埋江樹短雲壓夜城低
寶瑟湘靈怨清砧杜魄啼不須臨皎鏡年長易淒淒

秋霽晚景

秋霽禁城晚六街煙雨殘牆頭山色健林外鳥聲歡
翹日樓臺麗清風劍佩寒玉人襟袖薄斜凭翠闌干

覽蕭必先卷

滿軸編新句翛然大雅風名因五字得命合一言通
景盡才難盡吟終意未終似逢曹與謝煙雨思何窮

寓言

爲儒逢世亂吾道欲何之學劍已應晚歸山今又遲

哭同舍崔員外

故人三載別明月兩鄉悲惆悵滄江上星星鬢有絲
却到同遊地三年一電光池塘春草在風燭故人亡
祭罷泉聲急齋餘磬韻長碧天應有恨斜日弔松篁

婺州和陸諫議將赴闕懷陽羨山居

望闕路仍遠子牟魂欲飛道開燒藥鼎僧寄臥雲衣

故國饒芳草他山挂夕暉東陽雖勝地王粲奈思歸

不出院楚公 自三衢至江西作

一自禪關閉心猿日漸馴不知城郭路稀識市朝人
履帶堦前雪衣無寺外塵却嫌山翠好詩客往來頻

漁塘十六韵 在朱陽縣石巖下古老云洛山一派流出此山

洛水分餘脉穿巖出石棱碧經嵐氣重清帶露華澄
瑩澈通三島巖梧積萬層巢由應共到劉阮想同登
壁峻苔如畫山昏霧似蒸撼松衣有雪題石硯生冰
路熟雲中客名留域外僧飢猿尋落橡鬭鼠墮高藤
嶮樹臨溪亞殘莎帶岸崩持竿聊藉草待月好垂罾
劉景思任父閒圖想不與晚風輕浪疊暮雨濕煙凝
似泛靈槎出如迎羽客昇仙源終不測勝概自相仍
欲別誠堪戀長歸又未能他時操史筆爲爾著良稱

和薛先輩見寄初秋寓懷即事之作二十韻

玉律初移候清風乍遠襟一聲蟬到耳千炬火然心
嶽靜雲堆翠樓高日半沉引愁憎暮角驚夢怯殘砧
露白凝霜簟風篁韻蜀琴鳥喧從果爛堦淨任苔侵
柿葉添紅景槐柯減綠陰採珠逢寶窟閱石見瑤林
肴殿鏗寒玉茗山激碎金郊堂流桂景陳巷集車音
名自張華顯詞因葛亮吟水深龍易失天遠鶴難尋
鑒貌甯慙樂論才豈謝任義心孤劍直學海怒濤深

旣覩文兼質翻疑古在今慙聞紆綠綬即候挂朝簪
晚樹連秋塢斜陽映暮岑夜蟲方唧唧疲馬正駸駸
託跡同吳燕依仁似越禽會隨仙羽化香蟻且同斟

初秋寓懷即事同舊韻

大火收殘暑清光漸惹襟謝莊千里思張翰五湖心
暮角迎風急孤鐘向暝沉露滋三徑草日動四鄰砧
簟委班姬扇蟬悲蔡琰琴方愁丹桂遠已怯二毛侵
甃石迴泉脉移棊就竹陰觸絲蛛墮網避隼鳥投林
貌愧潘郎璧文慙呂相金但埋酆獄氣未發爨桐音

靜笑劉琨舞閑思阮籍吟野花和露劚怪石入雲尋
跡竟終非幻幽閑且自任趨時慙藝薄託質仰恩深
美價方稀古清名已絕今飢聞留縞帶詎肯擲朁簪
遲客虛高閣迎僧出亂岑壯心徒戚戚逸足自駸駸
安羨倉中鼠危同幕上禽期君調鼎鼐他日俟羊斟

三用韻

素律初迴馭商飇暗觸襟乍傷詩客思還動旅人心
蟬噪因風斷鱗遊見鷺沈笛聲隨晩吹松韻激遙砧
地覆青袍草窗橫綠綺琴煙霄難自致歲月易相侵
澗柳橫孤彴巖藤架密陰瀟湘期釣侶鄠杜別家林

遺愧虞卿璧言依季布金錚鏦聞郢唱次第發巴音
螢影銜簾落蟲聲擁砌吟樓高思共釣寺遠想同尋
入夜愁難遣逢秋恨莫任蝸遊苔徑滑鶴步翠塘深
莫問榮兼辱甯論古與今固窮憐瓮牖感舊惜蒿簪
曉日舒霞綺遙天倚黛岑鴛鸞方翙翙驊騄整駸駸
未化投陂竹空思出谷禽感多聊自遣桑落且閑斟

李氏小池亭十二韻時在婺州寄居作

積石亂巉巉庭莎綠不芟小橋低跨水危檻半依巖
花落魚爭唼櫻紅鳥競鵮引泉疏地脈掃絮積山嵌
古柳紅綃織新篁紫綺緘養猿秋嘯月放鶴夜棲杉
枕簟谿雲膩池塘海雨鹹語窗鷄逞辨砥鼎犬偏饞
踏蘚青粘屐攀蘿綠映衫訪僧舟北渡貰酒日西銜
遲客登高閣題詩遶翠嵒家藏何所寶清韻滿琅函

和李秀才郊墅早春吟興十韻

暖律變寒光東君景漸長我悲遊海嶠君說住柴桑
雪色隨高嶽冰聲陷古塘草根微吐翠梅朵半含霜
酒市多逋客漁家足夜航匡廬雲傍屋彭蠡浪銜牀
綠擺楊枝嫩紅挑菜甲香鳳凰城已盡鸚鵡賦應狂
伫見龍辭沼寧憂雁失行不應雙劍氣長在斗牛傍

和鄭拾遺秋日感事一百韻

禍亂天心厭流離客思傷有家抛上國無罪謫遐方
負笈將辭越揚颿欲泛湘避時難駐足感事易回腸
雅道何銷德妖星忽耀芒中原初縱燎下國竟探湯
盜據三秦地兵纏八水鄉戰塵輕犯闕羽旆遠巡梁
自此修文代俄成講武場熊羆驅涿鹿犀象走昆陽
御馬迷新棧宮娥改舊粧五丁功再覩八難事難忘
鳳引金根疾兵環玉弩彊建牙雖可恃摩壘詎能防
霍廟神遐遠圯橋路杳茫出師威似虎禦敵狠如羊
眉畫猶思赤巾裁未厭黃晨趨鳴鐵騎夜舞挹瓊觴
僭侈彤襜亂諠呼繡髮攘但鬧爭曳組詎見學垂韁

鵲印提新篆龍泉奪曉霜軍威徒逗撓我武自維揚
負扆勞天眷凝旒念國章繡旗張畫獸寶馬躍紅鶩
但欲除妖氣甯思蔽耿光曉煙生帝里夜火入春坊
鳥怪巢宮樹狐驕上苑牆設危終在德禔履豈無祥
氣激雷霆怒神驅岳瀆忙功高分虎節位下恥龍驤
遍命登壇將巡封異姓王志求扶墜典力未振頽綱
漢路閑鵷鷺雲衢駐驌驦寶裝軍器麗麝裛戰袍香
日覩兵書捷時聞虜騎亡人心驚獬豸雀意伺螳螂
上略咸推妙前鋒詎可當紆金光照耀執玉意藏昂
覆餗非無謂奢華事每詳四民皆組綬九土墮耕桑

飛騎黃金勒香車翠鈿裝八珍羅膳府五采鬬匡牀
宴集喧華第歌鐘簇畫梁永期傳子姓甯誤犯天狼
未覩君除側徒思玉在傍竄身奚可保易地喜相將
國運方夷險天心詎測量九流雖暫蔽三柄豈相妨
小孽乖躔次中興繫昊蒼法堯功已普罪己德非涼
帝念惟思理臣心豈自遑詔催靑瑣客時待紫微郎
定難輸宸算勝災減御粱皇恩思蕩蕩睿澤轉洋洋
偃臥雖非晚艱難亦備嘗舜庭招諫鼓漢殿上書囊
儉德遵三尺淸朝俟一匡世隨漁父醉身效接輿狂
竄逐同天寶遭羅異建康道孤悲海澨家遠隔天潢

卒歲貧無褐經秋病泛漳似魚甘去乙比蟹未成筐
守道慙無補趨時愧不臧殷牛常在耳晉豎欲潛肓
愮怪山思板懷歸海欲航角吹魂悄悄笛引淚浪浪
亂覺乾坤窄貧知日月長勢將隨鶴列忽喜遇鴛行
已報新回駕仍聞近納隍文風銷劍楯禮物換旂裳
紫闥重開序靑衿再設庠黑頭期命爵頳尾尙憂魴
昊坂嘶騏驥岐山集鳳皇詞源波浩浩諫署玉鏘鏘
飼雀曾傳慶烹蛇詎有殃彀弓揮勁鏃匣劍淬神鋩
諤諤甯慚直堂堂不謝張曉風趨建禮夜月直文昌
去國時雖久安邦志不常良金鑪自躍美玉櫝難藏

北望心如旆西歸律變商跡隨江燕去心逐塞鴻翔
曉翠籠桑塢斜暉挂竹堂路愁千里月田愛萬斯箱
伴釣歌前浦隨樵上遠岡鷺眠依曉嶼鳥浴上枯楊
驚夢緣欹枕多吟爲倚廊訪僧紅葉寺題句白雲房
颯外靑楓老尊前紫菊芳夜燈銀耿耿曉露玉瀼瀼
異國慙傾蓋歸塗俟并糧身雖留震澤心已過雷塘
執友知誰在家山各已荒海邊登桂檝煙外泛雲檣
巢樹禽思越嘶風馬戀羌寒聲秋聽杵空館夙聞螿
望闕飛華蓋趨朝振玉璫米慙無薏苡麵喜有桄榔
話別心重結傷時淚一滂佇歸蓬島後論詔潤靑緗

卷四十一終

全五代詩卷四十二

羅江李調元雨村　編

前蜀

韋莊

咸陽懷古

城邊人倚夕陽樓城上雲凝萬古愁山色不知秦苑廢水聲空傍漢宮流李斯不向倉中悟徐福應無物外遊莫怪楚吟偏斷骨野烟蹤跡似東周

夏初與侯補闕江南有約同泛淮汴西赴行朝莊自九驛路先至甬橋補闕由淮楚續至泗上寢病旬日遽聞捐館回首悲慟因成長句四韻弔之

本約同來謁帝閽忽隨川浪去東奔九重聖主方虛席千里高堂尚倚門世德只應榮伯仲詩名終自付兒孫遙憐月落淸淮上寂寞何人弔旅魂

酬吳秀才霅川相送

一葉南浮去似飛楚鄉雲水本無依離心不忍聞春鳥病眼何堪送落暉摻袂客從花下散棹舟人向鏡中歸夫君別我應惆悵十五年來識素衣

雜感

莫悲建業荆榛滿昔日繁華是帝京莫愛廣陵臺榭好也曾蕪没作荒城魚龍爵馬皆如夢風月烟花豈有情行客不勞頻悵望古來朝市歎衰榮

夔州屏居蒙右省王拾遺車枉降訪病中延候不得因成寄謝

三年流落卧漳濱王粲思家拭淚頻畫角莫吹殘月夜病心方憶故園春自爲江上樵蘇客不識天邊侍從臣怪得白鷗驚去盡綠蘿門外有朱輪

送范評事入關

寂寥門戸寡相親日日頻來只有君正喜琴尊長作

伴忽携書劍遠辭羣傷心柳色離亭見聒耳蟬聲故國聞爲報明年杏園客與留絶艷待終軍

咸通

咸通時代物情奢歡殺金張許史家破産競留天上樂鑄山爭買洞中花諸郎宴罷銀燈合僊子遊迴壁月斜人意似知今日事急催弦管送年華

寄湖州舍弟

半年江上愴離襟好把新詩寄又吟多病似逢秦氏藥久貧如得顧家金雲煙但有穿楊志塵土多無作吏心何况别來辭轉麗不愁明代少知音

絳州過夏留獻鄭尚書

朝朝沉醉引金船不覺西風滿樹蟬光景暗消銀燭下夢魂長寄玉輪邊因循每被時流誚奮發須由國士憐明月客腸何處斷綠槐風裏獨揚鞭

江樂贈别

金管多情恨解携一聲歌罷客如泥江亭繫馬綠楊短野岸維舟春草齊帝子夢魂烟水濶謝公詩思碧雲低風前不用頻揮手我有家山白日西

和同年韋學士華下途中見寄

綠楊城郭雨淒淒過盡千輪與萬蹄送我獨游三蜀

路羨君新上九霄梯馬驚門外山如活花笑尊前客似泥正是清和好時節不堪離恨劍門西

傷灼灼 灼灼蜀之麗人也近聞貧且老殂落于成都酒市中因以四韻弔之

嘗聞灼灼麗於花雲髻盤時未破瓜桃臉曼長橫綠水玉肌香膩透紅紗多情不住神仙界薄命曾嫌富貴家流落錦江無處問斷魂飛作碧天霞

漢州

比儂初到漢州城郭邑樓臺觸目驚松桂影中旗旆色芰荷風裏管絃聲人心不似經離亂時運還應却太平十日醉眠金鴈驛臨岐無限臉波橫

獨吟二首 一作悼亡姬作

默默無言惻惻悲閑吟獨傍菊花籬只今已作經年別此後誰爲幾歲期開篋每尋遺念物倚樓空綴悼亡詩夜來孤枕空腸斷窗月斜輝夢覺時

六七年來春又秋也同歡笑也同愁纔聞及第心先喜試說求婚淚便流幾爲妒來頻斂黛每思閑事不梳頭如今悔恨將何益腸斷千休與萬休

下第題青龍寺僧房

千蹄萬轂一枝芳要路無媒果自傷題柱未期歸蜀國曳裾何處謁吳王馬嘶春陌金羈鬧鳥睡花林繡

羽香酒薄恨濃消不得却將惆悵問支郎

虢州澗東村居作

東南騎馬出郊坰迴首寒烟隔郡城清澗漲時翹鷺喜緣桑疎處哺牛鳴兒童見少生於客奴僕驕多倨似兄試望家田還自適滿畦秋水稻苗平

尹喜宅

荒原秋殿柏蕭蕭何代風煙占寂寥紫氣已隨僊仗去白雲空向帝鄉消濛濛暮雨春雞唱漠漠寒蕪雪兔跳欲問靈蹤無處所十洲空濶閬山遙

途中望雨懷歸

滿空寒雨漫霏霏去路雲深鎖翠微牧豎遠當煙草立飢禽閑傍渚田飛誰家樹壓紅榴折幾處籬懸白菌肥對此不堪鄉外思荷蓑遙羨釣人歸

灞陵道中作

春橋南望水溶溶一桁晴山倒碧峰秦苑落花零露濕灞陵新酒撥醅濃青龍夭矯盤雙闕丹鳳襹褷隔九重萬古行人離別地不堪吟罷夕陽鐘

秋日早行

上馬蕭蕭襟袖涼路穿禾黍繞宮牆半山殘月露華冷一岸野風蓮萼香煙外驛樓紅隱隱渚邊雲樹暗

蒼蒼行人自是心如火兔走烏飛不覺長

歎落花

一夜霏微露濕烟曉來和淚喪嬋娟不隨殘雪埋芳草盡逐香風上舞筵西子去時遺笑靨謝娥行處落金鈿飄紅墮白堪惆悵少別穠華又隔年

宮怨

一辭同輦閉昭陽耿耿寒宵禁漏長釵上翠禽應不返鏡中紅艷豈重芳螢低夜色棲瑤草水咽秋聲傍粉牆展轉令人思蜀賦解將惆悵感君王

關河道中

槐柏蟬聲柳市風驛樓高倚夕陽東往來千里路長在聚散十年人不同但見時光流似箭豈知天道曲如弓平生志業匡堯舜又擬滄浪學釣翁

題盤豆驛水館後軒

極目晴川展畫屏地從桃塞接蒲城灘頭鷺占清波立原上人侵落照耕去雁數行天際沒孤雲一點淨中生憑軒盡日不迴首楚水吳山無限情

對雪獻薛常侍

璚林瑤樹忽珊珊急帶西風下晚天皓鶴褵褷飛不辨玉山重疊凍相連松裝粉穗臨窗亞水結氷鋒簇溜懸門外寒光利如劍莫推紅袖訴金船

題裴端公郊居

暫隨紅旆佐藩方高跡終期臥故鄉已近水聲開澗戶更侵山色架書堂蒲生蜥腳青刀利柳拂波心綠帶長莫奪野人樵牧興白雲不識繡衣郎

貴公子

大道青樓御苑東玉欄仙杏壓枝紅金鈴犬吠梧桐月朱鬛馬嘶楊柳風流水帶花穿巷陌夕陽和樹入簾櫳瑤池宴罷歸來醉笑說君王在月宮

聽趙秀才彈琴

滿匣氷泉咽又鳴玉音閑澹入神清巫山夜雨弦中起湘水清波指下生蜂簇野花吟細韻蟬移高柳迸殘聲不須更奏幽蘭曲卓氏門前月正明

觀獵

苑牆東畔欲斜暉傍苑穿花兎正肥公子喜逢朝罷日將軍誇換戰時衣鶻翻錦翅雲中落犬帶金鈴草上飛直待四郊高鳥盡掉鞍齊向國門歸

三堂東湖作

滿塘秋水碧泓澄十畝菱花晚鏡清影動新橋橫蝃蝀岸鋪芳草睡鵁鶄蟾投夜魄當湖落嶽倒秋蓮入浪生何處最添詩客興黃昏煙雨亂蛙聲

放榜日作

一聲天鼓闢金扉三十仙才上翠微葛水霧中龍乍變緱山煙外鶴初飛鄒陽暖艷催花發太皞春光簇馬歸回首便辭塵土世彩雲新換六銖衣

寄薛先輩

懸知回日綵衣榮仙籍高標第一名瑤樹帶風侵物冷玉山和雨射人清龍翻瀚海波濤壯鶴出金籠燕雀驚不說文章與門地自然毛骨是公卿

寄從兄遵

江上秋風正釣鱸九重天子夢翹車不將高臥邀劉
主自吐清談護漢儲滄海十年龍景斷碧雲千里雁
行疎相逢莫話歸山計明日東封待直廬

登漢高廟閑眺

獨尋仙境上高原雲雨深藏古帝壇天畔晚風青簇
簇檻前春樹碧團團參差郭外樓臺小斷續風中鼓
角殘一帶遠光何處水釣舟閑繫夕陽灘

耒陽縣浮山神廟

一郡皆傳此廟靈廟前松桂古今青山曾堯代浮洪
水地有唐臣奠綠醽遶座香風吹寶蓋傍簷煙雨濕

巖扃爲霖自可成農歲何用興師遠伐邢

三堂早春

獨倚危樓四望遥杳花春陌馬聲驕池邊氷刃暖初
落山上雪稜寒未銷溪送綠波穿郡宅日移紅影度
村橋主人年少多情味笑換金龜解珥貂

贈雲陽裴明府

南北三年一解攜海爲深谷岍爲蹊已聞陳勝心降
漢誰爲田橫國號齊暴客至今猶戰鶻故人何處尚
驅雞歸來能作煙波伴我有漁舟在五溪

長年 一作感懷

長年方悟少年非人道新詩勝舊詩十畝野塘留客
釣一軒春雨對僧棊花間醉任黄鶯語亭上吟從白
鷺窺大道不將爐冶去有心重築太平基

辛丑年

九衢漂杵已成川塞上黄雲戰馬閑但有羸兵塡渭
水更無奇士出商山田園已沒紅塵裏弟妹相逢白
刃間西望翠華殊未返淚痕空濕劍文斑

思歸

暖絲無力自悠揚牽引東風斷客腸外地見花終寂
寞異鄉聞樂更淒凉紅垂野岸櫻還熟綠染迴汀草

又芳舊里若爲歸去好子期凋謝呂安亡

憶昔

昔年曾向五陵遊子夜歌清月滿樓銀燭樹前長似
晝露桃華下不知秋西園公子名無忌南國佳人號
莫愁今日亂離俱是夢夕陽唯見水東流

宿泊孟津寄三堂友人

解纜西征未有期槐花又逼桂花時鴻臚陌上歸耕
晚金馬門前獻賦遲只恐愁苗生兩鬢不堪離恨入
雙眉分明昨夜南池夢還抱漁竿詠楚詞

天井關

太行山上雲深處誰向雲中築女牆短綆詎能垂玉甃纖垣何用學金湯斸開嵐翠爲高壘截斷雲霞作巨防守吏不教飛鳥過赤眉何路到吾鄉

夜景

滿庭松桂雨餘天宋玉秋聲韻蜀弦烏兔不知多事世星辰長似太平年誰家一笛吹殘暑何處雙砧擣暮煙欲把傷心問明月素娥無語淚娟娟

對梨花贈皇甫秀才

林上梨花雪壓枝獨攀瓊艷不勝悲依前此地逢君處還是去年今日時且戀殘陽留綺席莫推紅袖訴

金巵騰騰戰鼓正多事須信明朝難重持

題穎源廟

曾是巢由棲隱地百川唯說隱源清微波乍向雲根吐去浪遙衝雪嶂橫萬木倚簷疎幹直羣峰當戶曉嵐晴臨川試問堯年事猶被封人勸濯纓

新正日商南道中作寄李明府

相看又見歲華忻依舊楊朱拭淚巾踏雪偶因尋戴客論文還比聚星人嵩山不改千年色洛邑長生一路塵今日與君同避世却憐無事是家貧

饒州餘干縣琵琶洲有故韓賓客宣城裴侍書脩行李侍郎舊居遺址猶存客有過之感舊因以和吟

琵琶洲近斗牛星鸞鳳曾於此放情已覺地靈因昴降更聞川媚有珠生一灘紅樹留佳氣萬古清弦續政聲戟戶盡移天上去里人空說舊簪纓

鄜州留別張員外

江南相送君山下塞北相逢朔漠中三楚故人皆是夢十年陳事只如風莫言身世他時異且喜琴尊數日同惆悵却愁明日別馬嘶山店雨濛濛

過渼陂懷舊

辛勤曾寄玉峰前一別雲溪二十年三徑荒涼迷竹樹四鄰凋謝變桑田渼陂可是當時事紫閣空餘舊日煙多少亂離無處問夕陽吟罷涕潸然

和人春暮書事寄崔秀才

半掩朱門白日長晚風輕墮落梅妝不知芳草情何限只怪遊人思易傷纔見早春鶯出谷已驚新夏燕巢梁相逢只賴如澠酒一曲狂歌入醉鄉

邊上逢薛秀才話舊

前年同醉武陵亭絕倒閑談坐到明也有絳脣歌白雪更憐紅袖奪金觥秦雲一片如春夢楚市千燒作

故城今日皤然對芳草不勝東望涕交横

送福州王先輩南歸

豫章城下偶相逢自說今方遇至公八韻賦吟梁苑雪六銖衣惹杏園風名標玉籍仙壇上家寄閩山畫障中明日一杯何處别綠楊煙畔雨濛濛

夜雪泛舟遊南溪

大江西面小溪斜入竹穿松似若耶兩岸嚴風吹玉樹一灘明月曬銀砂因尋野渡逢漁舍更泊前灣上酒家去去不知歸路遠棹聲煙裏獨嘔啞

銅儀

銅儀一夜變葭灰暖律還吹嶺上梅已喜漢官今再覩更驚堯歷又重開窗中遠岫青如黛門外長江綠似苔誰念閉關張仲蔚滿庭風雨長蒿萊

含香

含香高步已難陪鶴到清霄勢未回遇物旋添芳草句逢春寧滯碧雲才微紅幾處花心吐嫩綠誰家柳眼開却去金鑾爲近侍便辭鷗鳥不歸來

春雲

春雲春水兩溶溶倚郭樓臺晚翠濃山好只因人化石地靈曾有劍爲龍官辭鳳闕頻經歲家住峨嵋第幾峰王粲不知多少恨夕陽吟斷一聲鐘

雲散

雲散天邊落照和關關春樹鳥聲多劉伶避世唯沉醉甯戚傷時亦浩歌已恨歲華添皎鏡更悲人事逐頹波青雲自有鴛鴻待莫說他山好薜蘿

袁州作

家家生計只琴書一郡清風似魯儒山色東南連紫府水聲西北屬洪都煙霞盡入新詩卷郭邑閑開古畫圖正是江村春酒熟更聞春鳥勸提壺

題袁州謝秀才所居

主人年少已能詩更有松軒挂夕暉芳草似袍連徑合白雲如鳥傍簷飛但將竹葉消天限莫遣楊花上客衣若有前山好煙雨與君吟到暝鐘歸

謁巫山廟

亂猿啼處訪高唐路入煙霞草木香山色未能忘宋玉水聲猶似哭襄王朝朝暮暮陽臺下爲雨爲雲楚國亡惆悵廟前無限柳春來空鬭畫眉長

鷓鴣

南禽無侶似相依錦翅雙雙傍馬飛孤竹廟前啼暮雨汨羅祠畔弔殘暉秦人只解歌爲曲越女空能畫

作衣懊惱澤家非有恨年年長憶鳳城歸

送李秀才歸荆溪

八月中秋月正圓送君吟上木蘭船人言格調勝元度我愛篇章敵浪僊晚渡去時衝細雨夜灘何處宿寒烟楚王宮去陽臺近莫倚風流滯少年

洪州送西明寺省上人遊福建

記得初騎竹馬年送師來往御溝邊荆榛已失當時路槐柳全無舊日煙遠自稽山遊楚澤又從廬岳去閩川新春闕下應相見紅杏花中覓酒僊

泛鄱陽湖

四顧無邊鳥不飛大波驚隔楚山微紛紛雨外靈均過瑟瑟雲中帝子歸迸鯉似梭投遠浪小舟如葉傍斜暉鴟夷去後何人到愛者雖多見者稀

黃藤山下聞猿

黃藤山下駐歸程一夜號猿弔旅情入耳便能生百恨斷腸何必待三聲穿雲宿處人難見望月啼時兔正明好笑五陵年少客壯心無事也沾纓

章江作

杜陵歸客正徘徊玉笛誰家叫落梅之子棹從天外去故人書自日邊來楊花慢惹霏霏雨竹葉閑傾滿

滿杯欲問維揚舊風月一江紅樹亂猿哀

九江逢盧員外

前年風月宿琴堂大媚僊山近帝鄉別後幾沾新雨露亂來猶記舊篇章陶潛豈是銅符吏田鳳終為錦帳郎莫怪相逢倍惆悵九江煙月似瀟湘

南昌晚眺

南昌城郭枕江煙章水悠悠浪拍天芳草綠遮僊尉宅落霞紅襯賈人船霏霏閣上千山雨嘒嘒雲中萬樹蟬怪得地多章句客庾家樓在斗牛邊

湘中作

千重煙樹萬重波因便何妨弔汨羅楚地不知秦地亂南人空怪北人多臣心未肯教遷鼎天道還應欲止戈否去泰來終可待夜寒休唱飯牛歌

桐廬縣作

錢塘江盡到桐廬水碧山青畫不如白羽鳥飛嚴子瀨綠蓑人釣季鷹魚潭心倒影時開合谷口閑雲自卷舒此境只應詞客愛投文空弔木元虛

東陽贈別

繡袍公子出旌旗送我搖鞭入翠微大抵行人難訴酒就中辭客易沾衣去時此地題橋去歸日何年佩

印歸無限別情言不得回看溪柳恨依依

長安清明

早是傷春夢雨天可堪芳草更芊芊內官初賜清明火上相閑分白打錢紫陌亂嘶紅叱撥綠楊高映畫鞦韆遊人記得承平事暗喜風光似昔年

使院黃葵花

薄妝新著淡黃衣對捧金爐侍醮遲向日似矜傾國貌倚風如唱步虛詞乍開檀炷疑聞語試與雲和必解吹爲報同人看來好不禁秋露卽離披

奉和觀察郎中春暮憶花言懷見寄四韻之什

天畔峨嵋簇簇青楚雲何處隔重扃落花帶雪埋芳草春雨和風濕畫屏對酒莫辭衝暮角望鄉誰解倚南亭惟君信我多惆悵只願陶陶不願醒

奉和左司郎中春物暗度感而成章

纔喜新春已暮春夕陽吟殺倚樓人錦江風散霏霏雨花市香飄漠漠塵今日尙追巫峽夢少年應遇洛川神有時自患多情病莫是生前宋玉身

卷四十二終

全五代詩卷四十三

羅江李調元雨村　編

前蜀

韋莊

贈邊將

昔因征遠向金微馬出榆關一鳥飛萬里只攜孤劒去十年空逐塞鴻歸手招都護新降虜身著文皇舊賜衣只待煙塵報天子滿頭霜雪爲兵機

春日

忽覺東風景漸遲野梅山杏暗芳菲落星樓上吹殘

角偃月營中挂夕暉旅夢亂隨蝴蝶散離魂漸逐杜鵑飛紅塵遮斷長安陌芳草王孫暮不歸

早秋夜作

翠簟初清暑半銷撤簾松韻送輕飈莎庭露永琴書潤山郭月明砧杵遙傍砌綠苔鳴蟋蟀遶簷紅樹織蠨蛸不須更作悲秋賦王粲辭家鬢已凋

又聞湖南荆渚相次陷沒

幾時聞唱凱旋歌處處屯兵未倒戈天子只憑紅旆壯將軍空恃紫髯多屍塡漢水連荆阜血染湘雲接楚波莫問流離南越事戰餘空有舊山河

家叔南遊却歸因獻賀

繚繞江南一歲歸歸來行色滿戎衣長聞鳳詔徵兵急何事龍韜獻捷稀旅夢遠依湘水闊離魂空伴越禽飛遥知倚棹思家處澤國煙深暮雨微

洛陽吟 時大駕在蜀巢寇未平洛中寓居作七言

萬戶千門夕照邊開元時節舊風煙宮官試馬遊三市舞女乘舟上九天胡騎北來空進主漢皇西去竟昇仙如今父老偏垂淚不見承平四十年

過舊宅

華軒不見馬蕭蕭廷尉門人久寂寥朱檻翠樓爲卜

肆玉欄儒杏作春樵堦前雨落鴛鴦瓦竹裏苔封螮蝀橋莫問此中銷歇寺娟娟紅淚滴芭蕉

喻東軍

四年龍馭守峨嵋鐵馬西來步步遲五運未教移漢鼎六韜何必待秦師幾時鸞鳳歸丹闕到處烏鳶從白旗獨把一樽和淚酒隔雲遥奠武侯祠

清河縣樓作

有客微吟獨凭樓碧雲紅樹不勝愁盤鵰迴印天心沒遠水斜牽日脚流千里戰塵連上苑九江歸路隔東周故人此地揚帆去何處相思雪滿頭

北原閑眺

春城迴首樹重重立馬平原夕照中五鳳灰殘金翠滅六龍遊去市朝空千年王氣浮清洛萬古坤靈鎮碧嵩欲問向來陵谷事野桃無語淚花紅

贈戍兵

漢皇無事暫遊汾底事狐狸嘯作羣夜指碧天占晉分曉磨孤劍望秦雲紅旌不卷風長急畫角閑吹日又曛止竟有征須有戰洛陽何用久屯軍

覩軍迴戈

關中羣盜已心離關外猶聞羽檄飛御苑綠莎嘶戰

馬禁城寒月搗征衣漫教漢信兵塗地不及劉琨嘯解圍昨日屯軍還夜遁滿車空載洛神歸

中渡晚眺

魏王堤畔草如煙有客傷時獨扣舷妖氣欲昏唐社稷夕陽空照漢山川千重碧樹籠春苑萬縷紅霞襯碧天家寄杜陵歸不得一迴回首一潸然

河内别村業閑題

阮氏清風竹巷深滿溪松竹似山陰門當谷路多樵客地帶河聲足水禽閑伴爾曹雖適意靜思吾道好沾襟鄰翁莫問傷時事一曲高歌夕照沉

聞官軍繼至未覩凱旋

嫖姚何日破重圍秋草深來戰馬肥已有孔明傳將略更聞王導得神機陣前鼙鼓晴應響城上烏鳶飽不飛何事小臣偏注目帝鄉遙羨白雲歸

和集賢侯學士分司丁侍御秋日雨霽之作

洛晰秋晴夕照長鳳樓龍闕倚清光玉泉山淨雲初散金谷樹多風正凉席上客知蓬島路坐中寒有柏臺霜多慙十載遊梁士却伴賓鴻入帝鄉

題安定張使君

器度風標合出塵桂宮何負一枝新成丹始見金無

滓衝斗方知劍有神憤氣不銷頭上雪政聲空布海邊春中興若繼開元事堪向龍池作近臣

洛北村居

十畝松篁百畝田歸來方屬大兵年岩邊石室低臨水雲外嵐峰半入天鳥勢去投金谷樹鐘聲遙出上陽煙無人說得中興事獨倚斜暉憶仲宣

立春

青帝東來日馭遲煖烟輕逐曉風吹罽袍公子樽前覺錦帳佳人夢裏知雪圃乍開紅菜甲綵幡新剪綠楊絲殷勤爲作宜春曲題向花牋帖繡楣

東遊遠歸

扣角干名計已疏劍歌休恨食無魚辭家柳絮三春半臨路槐花七月初江上欲尋漁父醉日邊時得故人書青雲不識楊生面天子何由問子虛

上元縣淛西作

南朝三十六英雄角逐興亡盡此中有國有家皆是夢爲龍爲虎亦成空殘花舊宅悲江令落日青山弔謝公止竟霸圖何物在石麟無主卧秋風

江上逢史館李學士

前年分袂陝城西醉凭征軒日欲低去浪指期魚必

變出門回首馬空嘶關河自此爲征壘城闕於今陷戰鼙時巢寇未平誰爲世途陵是谷燕來還識舊巢泥

謁蔣帝廟

建業城邊蔣帝祠素髯清骨舊風姿江聲似激秦軍破山勢如匡晉祚危殘雪嶺頭明組練晚霞簷外簇旌旗金陵客路方流落空覩回鑾奠酒巵

聞再幸梁洋

纔喜中原息戰鼙又聞天子幸巴西延燒魏闕非關燕太狩陳倉不爲雞興慶玉龍寒自躍昭陵石馬夜空嘶遙思萬里行宮夢太白山前月欲低

王道者

五雲遙指海中央金鼎曾傳肘後方三島路岐空有月十洲花木不知霜因攜竹杖聞龍氣爲使僊童帶橘香應笑我曹身是夢白頭猶自學詩狂

陪金陵府相中堂夜宴

滿耳笙歌滿眼花滿樓珠翠勝吳娃因知海上神仙窟只似人間富貴家繡戶夜攢紅燭市舞衣晴曳碧天霞却愁宴罷青蛾散楊子江頭月半斜

和侯秀才同友生泛舟溪中相招之作

嵇阮相將棹酒船晚風侵浪水侵舷輕如控鯉初離岸遠似乘槎欲上天雨外鳥歸吳苑樹鏡中人入洞庭煙憑君不用回舟疾今夜西江月正圓

代書寄馬

驅馳曾在五侯家見說初生自渥洼鬃白似披梁苑雪頭肥如撲杏園花休嫌綠綬嘶貧舍好著紅纓入使衙穩上雲衢千萬里年年長踏魏堤沙

題淮陰侯廟

滿把椒漿奠楚祠碧幢黃鉞舊英威能扶漢代成王業忍見唐民陷戰機雲夢去時高鳥盡淮陰歸日故人稀如何不借平齊策空看長星落賊圍

觀浰西府相畋遊

十里旌旗十萬兵等閑遊獵出軍城紫袍日照金鵝鬬紅旆風吹畫虎獰帶箭彩禽雲外落避鷹寒兔月中驚歸來一路笙歌滿更有僊娥載酒迎

題姑蘇凌處士莊

一簇林亭返照間門當官道不曾關花深遠岸黃鶯鬧雨急春塘白鷺閑載酒客尋吳苑寺倚樓僧看洞庭山怪來話得僊中事新有人從物外還

贈漁翁

草衣荷笠鬢如霜自說家編楚水陽滿岸秋風吹枳橘遶陂煙雨種菰蔣蘆刀夜鱠紅鱗膩水甑朝蒸紫芋香曾向五湖期范蠡爾來空闊久相忘

過揚州

當年人未識兵戈處處青樓夜夜歌花發洞中春日永月明衣上好風多淮王去後無雞犬煬帝歸來葬綺羅二十四橋空寂寂綠楊摧折舊官河

寄右省李起居

既向鴛行接雁行便應雙拜紫薇郎纔聞闕下徵書急已覺回朝草詔忙白馬似憐朱紱貴綵衣遙惹御爐香多慚十載浮梁客未換青襟侍素王

對雨獨酌

榴花新釀綠於苔對雨閑傾滿滿杯荷鍤醉翁眞達者卧雲逋客竟悠哉能詩豈是經時策愛酒原非命世才門外綠蘿連洞口馬嘶應是步兵來

汴堤行

欲上隋堤舉步遲隔雲烽燧叫非時纔聞破虜將休馬又道征遼再出師朝見西來爲過客暮看東去作浮屍綠楊千里無飛鳥日落空投舊店基

自孟津舟西上雨中作

秋煙漠漠雨濛濛不卷征颿任晚風百口寄安滄海

上一身逃難綠林中來時楚岸楊花白去日隋堤蓼穗紅却到故園翻似客歸心迢遞秣陵東

過內黃縣

相州吹角欲斜陽匹馬搖鞭宿內黃僻縣不容投刺客野陂時遇射鵰郎雲中粉蝶新城壘店後荒郊舊戰場猶指去程千萬里秣陵煙樹在何鄉

江上題所居

故人相别盡朝天苦竹江頭盡閉關落日亂蟬蕭帝寺碧雲歸鳥謝家山青州從事來偏熟泉布先生老漸慳不是對花常酩酊永嘉時代不如閑

將卜蘭芷村居留别郡中在仕

蘭芷江頭寄斷蓬移家空載一颿風伯倫嗜酒還因亂平子歸田不爲窮避世漂零人境外結茅依約畫屏中從今隱去應難覓深入蘆花作釣翁

和陸諫議避地寄東陽進退未決見寄

未歸天路紫雲深暫駐東陽歲月侵入洛聲華當世重閔周章句滿朝吟開爐夜看黃芽鼎卧甕閑欹白玉簪讀易草元人不會憂君心是致君心

山墅閑題

邐迤前岡壓後岡一村桑柘好斜陽主人饋餉炊紅

黍鄰父攜竿釣紫魴靜極却嫌流水鬧閑多翻笑野雲忙有名不那無名客獨閉衡門避建康

江上逢故人

前年送我曲江西紅杏園中醉似泥今日逢君越溪上杜鵑花發鷓鴣啼來時舊里人誰在别後滄波路幾迷江畔玉樓多美酒仲宣懷土莫淒淒

旅中感遇寄呈李秘書昆仲

南望愁雲鎖翠微謝家樓閣雨霏霏劉楨病後新詩少阮籍貧來好客稀猶喜故人天外至許將孤劍日邊歸懷鄉不怕嚴陵笑只待秋風别釣磯

江上村居

本無蹤跡戀柴扃，世亂須教識道情。顛倒夢魂愁裏得，撅奇詩句望中生。花緣艷絕栽難好，山爲看多詠不成。聞道漢軍新破虜，使來仍說近離京。

江邊吟

江邊烽燧幾時休，江上行人雪滿頭。誰信亂離花不見，只應惆悵水東流。陶潛政事千杯酒，張翰生涯一葉舟。若有片帆歸去好，可堪重倚仲宣樓。

江南送李明府入關

雨花煙柳傍江邨，流落天涯酒一罇。分首不辭多下淚，回頭唯恐更消魂。我爲孟館三千客，君繼膺王五代孫。正是中興磐石重，莫將顦顇入都門。

柳谷道中作却寄

馬前紅葉正紛紛，馬上離情斷殺魂。曉發獨辭殘月店，暮程遥宿隔雲村。心知岳色留秦地，夢逐河聲出禹門。莫怪苦吟鞭拂地，有誰傾蓋待王孫。

訪含宏山僧不遇留題精舍

滿院桐花鳥雀喧，寂寥芳草茂芊芊。吾師正遇歸山日，閑客空題到寺年。池竹閉門教鶴守，琴書開篋任僧傳。人間不自尋行跡，一片孤雲在碧天。

東林寺再遇僧益大德

見師初事懿皇朝，三殿歸來白馬驕。上講每教傾國聽，承恩偏得內官饒。當時可愛人如畫，今日相逢鬢已凋。若向君門逢舊友，爲傳音信到雲霄。

西塞山下作

西塞山前水似藍，亂雲如絮滿澄潭。孤峰漸映湓城北，片月斜生夢澤南。爨動曉煙烹紫蕨，雲和香蒂摘黃柑。他年却棹扁舟去，終傍蘆花結一菴。

夏口行寄婺州諸弟

回頭煙樹各天涯，婺女星邊遠寄家。盡眼楚波連夢澤，滿衣春雪落江花。雙雙得伴爭如雁，一一歸巢却羡鴉。誰道我隨張博望，悠悠空外泛僊槎。

南省伴直 甲寅年自江南到京後作

文昌二十四僊曹，盡倚紅簷種露桃。一洞煙霞人跡少，六行槐柳鳥聲高。星分夜彩寒侵帳，蘭惹春香綠映袍。何事愛留詩客宿，滿庭風雨竹蕭騷。

鄠杜舊居二首

却到山陽事事非，谷雲谿鳥尚相依。阮咸貧去田園盡，向秀歸來父老稀。秋雨幾家紅豆熟，野塘何處錦鱗肥。年年爲獻東堂策，長是蘆花別釣磯。

一徑尋村渡碧溪稻花香澤水千畦雲中寺遠磬難識竹裏巢深鳥易迷紫菊亂開連井合紅榴初綻拂簷低歸來滿把如澠酒何用傷時歎鳳兮

投寄舊知

却將顛顇入都門自喜青雲足故人萬里有家留百越十年無路到三秦摧殘不是當時貌流落空餘舊日貧多謝青雲好知已莫教歸去重沾巾

題汧陽縣馬跑泉李學士别業

水滿寒塘菊滿籬籬邊無限彩禽飛西園夜雨紅櫻熟南畝清風白稻肥草色自留閑客住泉聲如待主

人歸九霄岐路忙於火肯戀斜陽守釣磯

綏州作

雕陰無樹水難流雉堞連雲古帝州帶雨晚駝鳴遠戍望鄉孤客倚高樓明妃去日花應笑蔡琰歸時鬢已秋一曲單于暮烽起扶蘇城上月如鉤

與東吳生相遇 及第後出關作

十年身事各如萍白首相逢淚滿纓老去不知花有態亂來唯覺酒多情貧疑陋巷春偏少貴想豪家月最明且對一尊開口笑未衰應見泰階平

庭前桃

曾向桃源爛漫遊也同漁父泛僊舟皆言洞裏千株好未勝庭前一樹幽帶雨似垂湘女淚無言如伴息嬀愁五陵公子饒春恨莫引香風上酒樓

病中聞相府夜宴戲贈集賢盧學士

滿筵紅蠟照香鈿一夜歌鐘欲沸天花裏亂飛金錯落月中爭認繡連乾尊前莫話詩三百醉後寧辭酒十千無那兩三新進士風流長得飲徒憐

出關

馬嘶煙岸柳陰斜東去關山路轉賒到處因循緣嗜酒一生惆悵爲判花危時祇合身無著白日那堪事

有涯正是灞陵春醖綠仲宣何事獨辭家

過樊川舊居 時在華州駕前奉使入蜀作

却到樊川訪舊遊夕陽衰草杜陵秋應劉去後苔生閣稽阮歸來雪滿頭能說亂離唯有燕解偷閑暇不如鷗千桑萬海無人見橫笛一聲空淚流

汧陽間 一作汧陽縣閣

汧水悠悠去似絣遠山如畫翠眉橫僧尋野渡歸吳嶽雁帶斜陽入渭城邊靜不收蕃帳馬地貧惟賣隴山鸚牧童何處吹羌笛一曲梅花出塞聲

悼亡姬

鳳去鸞歸不可尋十洲仙路彩雲深若無少女花應老爲有姮娥月易沉竹葉豈能消積恨丁香空解結同心湘江水濶蒼梧遠何處相思弄舜琴

龍潭

激石懸流雪滿灣九龍潛處野雲閑欲行甘雨四天下且隱澄潭一頃間浪引浮槎依北岸波分曉日見東山垂髯倘遇穆王駕閬苑周流應未還

下邽感舊 太平廣記莊幼時常在華山下邽縣僑居多與鄰巷諸兒會戲及廣明亂後再經舊里追思往事但有遺蹤因賦詩以記之云

昔爲童稚不知愁竹馬閑乘繞縣遊會爲看花偷出郭也因逃學暫登樓招他邑客來還醉儳得先生去始休今日故人何處問夕陽衰草盡荒邱

途次逢李氏兄弟感舊

御溝西面朱門宅記得當時好弟兄曉傍柳陰騎竹馬夜隈燈影弄先生巡街趁蝶衣裳破上屋探雛手脚輕今日相逢俱老大憂家憂國盡公卿

冬日長安感志寄獻虢州崔郎中二十韻

帝里無成久滯淹別家三度見新蟾郄詵丹桂無人指阮籍青襟有淚霑溪上郄思雲滿屋鏡中惟怕雪生髯病如原憲誰能療蹇似劉楨豈用占霧雨十年同隱遁風雷何日振沉潛吁嗟每被更聲引歌詠還因酒思添客舍正甘愁寂寂郡樓遙想醉懨懨已聞鈴閣懸新詔卽向綸闈副具瞻濟物便同川上檝慰心還似邑中黔觀星始覺中郎貴問俗方知太守廉宅後綠波棲畫鷁馬前紅袖簇丹襜閑招好客斟香蟻悶對瓊花詠散鹽積凍慢封寒雷細暮雲高拔遠峰尖訟堂無事氷生印水榭高唫月透簾松下圍棋期楮允筆頭飛箭薦陶謙未知匣劍何時躍但恐鉛刀不再銛雖有遠心長擁篲恥將新劍學編苫幾驚素節移銅律又見元冥變玉籤百口似萍依廣岸一

身如燕戀高簷如今正困風波力更向人中問宋纖

癸丑年下第獻新先輩

五更殘月省墻邊絳旆蜺旌卓曉烟千炬火中鶯出谷一聲鐘後鶴冲天皆乘駿馬先歸去獨被羸童笑晚眠對酒暫時情豁爾見花依舊淚潸然未酬闞澤傭書債猶欠君平賣卜錢何事欲休休不得來年公道似今年

卷四十三終

全五代詩卷四十四

羅江李調元雨村 編

前蜀

韋莊 四

春早

聞鶯纔覺曉閉戸巳知晴一帶窗門月斜穿枕上生

飲散呈主人

夢覺笙歌散空堂寂寞秋更聞城角弄煙雨不勝愁

即事

亂世時偏促陰天日易昏無言搔白首憔悴倚東門

勉兒子

養爾逢多難常憂學巳遲辟疆爲上相何必待從師

贈姬人

莫恨紅裙破休嫌白屋低請看京與洛誰在舊香閨

對酒

何用巖棲隱姓名一壺春酎可忘形伯倫若有長生術直到如今醉未醒

驚秋

不向煙波狎釣舟强親文墨事儒邱長安十二槐花陌曾負秋風多少秋

送日本國僧敬龍歸

扶桑巳在渺茫中家在扶桑東更東此去與師誰共到一船明月一帆風

古離別

晴煙漠漠柳毿毿不那離情酒半酣更把玉鞭雲外指斷腸春色在江南

寓言

黄金日日銷還鑄僊桂年年折又生兔走烏飛如未息路塵終見泰山平

登咸陽縣樓望雨

亂雲如獸出山前細雨和風滿渭川盡日空濛無所

見雁行斜去字聯聯

立春日作

九重天子去蒙塵御柳無情依舊春今日不關妃妾事始知辜負馬嵬人

寄江南逐客

二年音信阻湘潭花下相思酒半酣記得竹齋風雨夜對床孤枕話江南

冬夜

睡覺寒爐酒半消客情鄉夢兩遙遙無人爲我磨心

劍割斷愁腸一寸苗

楚行吟

章華臺下草如烟故郢城頭月似弦惆悵楚宮雲雨後露啼花笑一年年

村笛

簫韶九奏韻淒鏘曲度雖高調不傷却見孤村明月夜一聲牛笛斷人腸

題吉澗盧拾遺莊

主人西遊去不歸滿溪春雨長春薇怪來馬上詩情好印破青山白鷺飛

題許渾詩卷

江南才子許渾詩字字清新句句奇十斛明珠量不盡惠休虛作碧雲詞

殘花

和烟和露雪離披金蘂紅鬚尚滿枝十日笙歌一宵夢苧蘿因一作烟雨失一作哭西施

金陵圖

誰謂傷心畫不成畫人心逐世人情君看六幅南朝事老木寒雲滿故城

贈野童

羨爾無知野性眞亂搔蓬髮笑看人閑衝暮雨騎牛去肯問中興社稷臣

官莊江南富民悉以犯酒沒家産因此以詩諷之制帥遂改酒法不入財産

誰氏園林一簇煙路人遙指盡長歎桑田稻澤今無主新犯香醪沒入官

解維

又解征帆落照中暮程還過秣陵東二一作三年辛苦烟波裏贏得風姿似釣翁

雨霽池上作呈侯學士

鹿巾藜杖葛衣輕雨歇池邊晚吹清正是如今江上

侯白鱗紅稻紫蓴羹

江亭酒醒却寄維揚餞客

別筵人散酒初醒江步黃昏雨雪零滿坐綺羅皆不見覺來紅樹背銀屏

臺城

江雨霏霏江草齊六朝如夢鳥空啼無情最是臺城柳依舊烟籠十里堤

旅次甬西見兒童以竹槍紙旗戲爲陣列主人叟曰斯子也三代沒于陣思所襲祖父讐予因感之

已聞三世没軍營又見兒孫學戰爭見爾此言堪慟哭遣予何日望時平

東陽酒家贈別

天涯方歎異鄉身又向天涯別故人明日五更孤店月醉醒何處各霑巾

聞春鳥

雲晴春鳥滿江村還似長安舊日聞紅杏花前應笑我我今憔悴亦羞君

櫻桃樹

記得花開雪滿枝和蜂和蝶帶花移如今花落游蜂

去空作主人惆悵詩

倚柴關

策杖無言獨倚關如癡如醉又如閒孤吟盡日何人會依約前山似後山

題七步廊

席門無計那殘陽更接簷前七步廊不羨東都丞相宅每行吟得好篇章

語松竹

庭前芳草綠於袍堂上詩人欲二毛多病不禁秋寂寞雨松風竹莫騷騷

含山店夢覺作

曾爲流離慣別家等閒揮袂客天涯燈前一覺江南夢惆悵起來山月斜

題貂黃嶺官軍

散騎蕭蕭下太行遠從吳會去陳倉斜風西雨江亭上盡日凭欄憶楚鄉

垣縣山中尋李書記山居不遇留題河次店

白雲紅樹航峎一作繞垠東名鳥孳飛古畫中僊吏不知何處隱山南山北雨濛濛

送人遊并汾

風雨蕭蕭欲暮秋獨擕孤劍塞垣游如今虜騎方南

牧莫過陰關第一州

東陽酒家贈別

送君同上酒家樓酩酊翻成一笑休正是落花饒悵望醉鄉前路莫回頭

江外思鄉

年年春日異鄉悲杜曲黃鶯可得知更被夕陽江岸上斷腸烟柳一絲絲

夢入關

夢中乘傳過關亭南望蓮峰簇簇青馬上正吟歸去

好覺來江月滿前庭

送人歸上國

送君江上日西斜泣向江邊滿樹花若見青雲舊相識爲言流落在天涯

獨鶴

夕陽灘上立裴回紅蓼風前雪翅開應爲不知棲宿處幾回飛去又飛來

新栽竹

寂寞階前見此君遶欄吟罷却沾巾異鄉流落誰相識唯有叢篁似一作主人

稻田

綠波春浪滿前陂極目連雲䆉稏肥更被鷺鷥千點雪破烟來入畫屏飛

庭前菊

爲憶長安爛熳開我今移爾滿庭栽紅蘭莫笑青青色曾向龍山泛酒來

燕來

去歲辭巢別近鄰今來空訝草堂新花間對語應相問不是村中舊主人

江行西望

西望長安白日遥半年無事駐蘭橈欲將張翰秋江雨畫作屏風寄鮑昭

衢州江上別李秀才

千山紅樹萬山雲把酒相看日又曛一曲離歌兩行淚更知何地再逢君

訪濤陽友人不遇

不見安期悔上樓寂寥人對鷺鷥愁蘆花雨急江烟暝何處潺湲獨棹舟

丙辰年鄜州遇寒食城外醉吟五首

滿街楊柳綠絲煙畫出清明二月天好是隔簾花樹動女郎撩亂送鞦韆

淮陰寒食足遊人金鳳羅衣濕麝薰腸斷入城芳草路淡紅香白一羣羣

開元坡下日初斜拜掃歸來走鈿車可惜數株紅艷好不知今夜落誰家

馬驕風疾玉鞭長過去唯留一陣香閑客不須燒破眼好花皆屬富家郎

雨絲烟柳欲清明金屋人閑煖鳳笙永日迢迢無一事隔街聞築蹴一作氣毬聲

長干塘別徐茂才

亂離時節別離輕別酒應須滿滿傾纔喜相逢又相送有情爭得似無情

白牡丹

閨中莫妒新妝婦陌上須慚傅粉郎昨夜月明渾似水入門唯覺一庭香

憫耕者

何代何王不戰爭盡從離亂見清平如今暴骨多於土猶點鄉兵作戍兵

壺關道中作

處處兵戈路不通却從山北去江東黃昏欲到壺關

寨疋馬寒嘶野草中

僕者楊金

半年辛苦葺荒居不獨單寒腹亦虛努力且爲田舍客他年爲爾覓金魚

春陌

滿街芳草卓香車僊子門前白日斜腸斷東風各回首一枝春雪凍梅花

晏起

爾來中酒起常遲卧看南山改舊詩閑戶日高春寂寂數聲啼鳥上花枝

幽居春思

綠映紅藏江上村一聲雞犬似山源閉門盡日無人到翠羽春禽滿樹喧

與小女

見人初解語嘔啞不肯歸眠戀小車一夜嬌啼緣底事爲嫌衣少縷金花

虎跡

白額頻頻夜到門水邊蹤跡漸成羣我今避世棲岩穴岩穴如何又見君

聞回戈軍

上將麾兵又欲旋翠華巡幸已三年營中不用栽楊

柳頭戴儒冠爲控弦

南鄰公子

南鄰公子夜歸聲數炬銀燈隔竹明醉凭馬鬃扶不起更邀紅袖出門迎

憶小女銀娘

睦州江上水門西蕩槳揚帆各解攜今日天涯夜深坐斷腸偏憶阿銀犂

女僕阿汪

念爾辛勤歲已深亂離相失又相尋他年待我門如

市報爾千金與萬金

河清縣河亭

出來多感莫憑高竟日衷腸似有刀人事任成陵與谷大河東去自滔滔

鍾陵夜闌作

鍾陵風雪夜將深坐對寒江獨苦吟流落天涯誰見問少卿應識子卿心

殘花

江頭沈醉泥斜暉却向花前慟哭歸惆悵一年春又去碧雲芳草雨依依

搖落

搖落秋天酒易醒淒淒長似別離情黄昏倚柱不歸去腸斷綠荷風雨聲

令狐亭

若非天上神仙宅須是人間將相家想得當時好煙月管弦吹殺後庭花

江上别李秀才

前年相送灞陵春今日天涯各避秦莫向尊前惜沈醉與君俱是異鄉人

白櫻桃

王母堦前種幾株水精簾外看如無只應漢武金盤上瀉得珊瑚白露珠

合歡蓮花

虞舜南巡去不歸二妃相誓死江湄空留萬古香魂在結作雙葩合一枝

題李斯傳

蜀魄湘魂萬古悲未悲秦相死秦時臨刑莫恨倉中鼠上蔡東門去自遲

離筵訴酒

感君情重惜分離送我殷勤酒滿卮不是不能判酩酊却憂前路醉醒時

贈禮佛名者

何用辛勤禮佛名我從無得到眞庭尋師六祖傳心印可是從來讀藏經

樟亭驛小櫻桃

當年此樹正花開五馬仙郎載酒來李白已亡工部死何人堪伴玉山頹

宿蓬船

夜來江雨宿蓬船卧聽淋鈴不忍眠却憶紫微情調逸阻風中酒過年年

撫州江口雨中作

江上閒衝細雨行滿衣風灑綠荷聲金驪掉尾橫鞭望猶指廬陵半日程

宜君縣北卜居不遂留題王秀才别墅二首

本期同此臥林邱榾柮爐前擁布裘何事却乘羸馬去白雲紅樹不相留

明月嚴霜撲皁貂羨君高臥正逍遥門前積雪深三尺火滿紅爐酒滿瓢

長安舊里 時在華州駕前奉使入蜀作

滿目牆匡春草深傷時傷事更傷心車輪馬跡今何在十二玉樓無處尋

焦崖閣

李白曾歌蜀道難長聞白日上青天今朝夜過焦崖閣始信星河在馬前

姬人養蠶

昔年愛笑蠶家婦今日辛勤自養蠶仍道不愁羅與綺女郎初解織桑籃

多情

一生風月供惆悵到處煙花恨别離止竟多情何處好少年長抱長年悲

題酒家

酒綠花紅客愛詩落花春岸酒家旗尋思避世爲逋客不醉長醒也是癡

寄舍弟

毎吟富貴他人合不覺汍瀾又濕衣萬里日邊鄉樹遠何年何月得同歸

春陌

嫩煙輕染柳絲黄勾引花枝笑凭墻馬上王孫莫回首好風偏逐羽林郎

中酒

南鄰酒熟愛相招蘸甲傾來綠滿瓢一醉不知三日事任他童穉作漁樵

暴雨

江村入夏多雷雨曉作狂霖晚又晴波浪不知深幾許南湖今與北湖平

思歸引

越鳥南翔雁北飛雨鄉雲路各言歸如何我是飄飄者獨向江頭戀釣磯

買酒不得

停樽待爾怪來遲手挈空缾毷氉歸滿面春愁消不

得更看溪鷺寂寥飛

得故人書

正向溪頭自采蘇青雲忽得故人書殷勤問我歸來否雙闕而今畫不如

洪州送僧遊福建

八月風波似鼓鼙可堪波上各東西殷勤早作歸來計莫戀猿聲住建溪

春愁

自有春愁正斷魂不堪芳草思王孫落花寂寂黃昏雨深院無人獨倚門

卷四十四終

全五代詩卷四十五

羅江李調元雨村 編

前蜀

張蠙

蠙字象文清河人登乾寧二年進士第爲校書郎櫟陽尉犀浦令王建開國拜膳部員外郎終金堂令十國春秋後主衍奉太后遊大慈寺見壁間題句云墻頭細雨垂纖草水面迴風聚落花太后深加欣賞顧問寺僧以蠙對乃賜霞光牋五百幅令寫所業詩以進蠙以二百首獻衍之頗重之將召爲知制誥宋光嗣以其輕傲止之僅賜白金而罷蠙生而穎秀幼能爲詩咸通時與張喬許棠喻坦之劇燕任濤吳宰周繇鄭谷李棲遠溫憲李昌符謂之十哲作登單于臺有白日地中出黃河天外來之句爲世所稱後村詩話張蠙共看今夜月獨作異鄉人善狀離別者塞深行客少家遠識人稀善狀邊情者又宮詞日透珠簾云云最爲人所傳誦徐獻忠曰蠙詩稍通格調力去補衲之弊遂不復用事然天才本少英旨未奇至於寫物象情乃多肖似

華陽道者

華陽洞裏持真經心嫌來客風塵腥惟餐白石過白日擬騎青竹上青冥翔螭豈作漢武駕神娥徒降燕昭庭長生不必論貴賤却是幽人骨土靈

送成州牧

清時爲塞郡自古有儒流素望知難愜新恩且用酬

犬牙連蜀國兵額貫秦州秖作三年別誰能聽邑留

送徐州薛尙書

上將出儒中論詩擬立功州從禹後別軍自漢來雄

遠驛銷寒日巖城肅暮空龍顏有遺廟猶得奠英風

送緡雲尉

釋褐從仙尉之官興若何去程唯水石公署在雲蘿

野飯樓中迥晴峯案上多三年罷趨府應更戰高科

送友人赴涇州幕

杏林沈飲散榮別就佳招日月相期盡山川獨去遙

府樓明蜀雪關磧轉胡鵬縱有煙塵動應隨上策銷

逢漳州崔使君北歸

在郡多殊稱無人不望回離城攜客去度嶺擔猿來

障寫經冬藥瓶緘落暑梅長安有歸宅歸見鎖青苔

亂中寄友人

別來難覓信何處避艱危鬢黑無多日塵清是幾時

人情將厭武王澤卽興詩若便懷深隱還應聖主知

哭建州李員外

詩名不易出名出又何爲捷到重科早官終一郡卑

素風無後嗣遺跡有生祠自罷羊公市溪猿哭舊時

題紫閣院

上方人海外苔徑上千層洞壑有靈藥房廊無老僧

古巖雕素像喬木挂寒燈每到思修隱將回苦不能

白菊

秋天木葉乾猶有白花殘舉世稀栽得豪家却畫看

片苔相應綠諸卉獨宜寒幾度攜佳客登高欲折難

新竹

新鞭暗入庭初長兩三莖不是他山少無如此地生

垂梢叢上出柔葉箨間成何用高唐峽風枝埽月明

和友人送趙能卿東歸

一第時難得歸期日已過相看元鬢少共憶白雲多

楚濶天垂草吳空月上波無人不有遇之子獨狂歌

寄法乾寺令諲太師

師居中禁寺外請已無緣望幸唯修偈承恩不亂禪

院多喧種藥池有化生蓮何日龍宮裏相尋借法船

贈道者

得道疑人識都城獨閉關頭從白後黑心向鬧中閑

飢渴唯調氣兒孫亦駐顏始知仙者隱殊不在深山

雨

半夜西亭雨離人獨啟關桑麻荒舊國雷電照前山

細滴高槐底繁聲疊漏間唯應孤鏡裏明月長愁顏

盆池

圓內陶化功外絕眾流通還處離松影穿時滅藥叢
別疑天在地長對月當空每使登門客煙波入夢中

和崔監丞春遊鄭僕射東園

春興隨花盡東園自養閒不離三畝地似入萬重山
白鳥穿蘿去清泉抵石還豈同秦代客無位隱商顏

送友人及第歸

家林滄海東未曉日先紅作貢諸蕃別登科幾國同
遠聲魚呷浪層氣蜃迎風鄉俗稀攀桂爭來問月宮

一本題下有新羅二字

登單于臺

邊兵春盡迴獨上單于臺白日地中出黃河天外來
沙翻痕似浪風急響疑雷欲向陰關度陰關曉不開

寄友人

戀道復何如東西遠索居長疑即見面翻致久無書
甸麥深藏雉淮苔淺露魚相思不我會明月幾盈虛

過蕭關

出得蕭關北儒衣不稱身隴狐來試客沙鶻下欺人
曉戍殘烽火晴原起獵塵邊戎莫相忌非是霍家親

韋

叢叢寒水邊曾折釣魚船忽與亭臺近翻嫌島嶼偏
花明無月夜聲急正秋天遙憶巴陵渡殘陽一望煙

送董卿赴台州

九陌除書出尋僧問海城家從中路挈吏隔數州迎
夜蚌侵燈影春禽雜櫓聲開圖見異跡思上石橋行

將之京師留別親友

達命何勞問西遊且自期至公如有日知我豈無時
野迥蟬相答堤長柳對垂酣歌一舉袂明發不堪思

贈別山友

從容無限意不獨為離羣年長驚黃葉時清厭白雲

舊山迴馬見寒瀑別家聞相與存吾道窮通各自分

宿山驛

驛在千峯裏寒宵獨此身古墳時見火荒壁悄無鄰
月白翻驚鳥雲閒欲就人祇應明月鬢更與老相親

宿開照寺光澤上人院

靜室譚元旨清宵獨細聽真身非有像至理本無經
鐘定遙聞水樓高別見星不教人觸穢偏說此山靈

塞下曲

邊事多更變天心亦為憂胡兵來作寇漢將也封侯
夜燒衝星赤寒塵翳日愁無門展微略空上望西樓

邊將二首

按劍立城樓西看極海頭承家爲上將開地得邊州
磧迥兵難伏天寒馬易收朔風一度獵吹裂錦貂裘
歷戰燕然北功高劍有威聞名外國懼輕命故人稀
角怨星芒動塵愁日色微從爲漢都尉未得脫征衣

朔方書事

秋盡角聲苦逢人唯荷戈城池向隴少岐路出關多
雁遠行垂地烽高影入河仍聞黑山寇又覓漢家和

經荒驛

古驛成幽境雲蘿隔四鄰夜燈移宿鳥秋雨禁行人

廢巷荆叢合荒庭虎跡新昔年經此地終日是紅塵

遇道者

數里白雲裏身輕無履踪故尋多不見偶到却相逢
古井生雲水高壇出異松聊看杏花酌便似換顏容

送人歸南中

有家誰不別經亂獨難尋遠路波濤惡窮荒雨露深
燒驚山象出雷觸海鼇沉爲問南遷客何人在瘴林

途次績溪先寄陳明府

入境風烟好幽人不易傳新居多是客舊隱半成仙
山斷雲衝騎溪長柳拂船何當許過縣聞有篋中篇

雲朔逢山友

會面却生疑居然似夢歸塞深行客少家遠識人稀
戰馬分旗牧驚禽曳箭飛將軍雖異禮難便脫麻衣

野泉

遠出白雲中長年聽不同清聲縈亂石寒色入長空
挂壁聊成雨穿林別起風溫泉非爾數源發在深空

薊北書事

度磧如經海茫然但見空戍樓承落日沙塞礙驚蓬
暑過燕僧出時平虜客通逢人皆上將誰有定邊功

貽曹郎中

所作高前古封章自曲臺細看明主意終用出人才

省印尋僧鎖書樓領鶴開南山有舊友時向白雲來

別後寄友生

上馬如飛鳥飄然隔去塵共看今夜月獨作異鄉人
就養江南熟移居井賦新襄陽曾卜隱應與孟家鄰

邊遊別友人

欲別不止淚當杯難强歌家貧隨日長身病涉寒多
雨雪迷燕路田園隔楚波良時未自致歸去欲如何

邊庭送別

一生雖達理遠別亦相悲白髮無修處青松有老時

暮烟傳戍起寒日隔沙垂若是長安去何難定後期

送友人歸武陵

聞近桃源住無村不是花戍旗招海客廟鼓集江鴉
别島垂橙實閑田長荻花遊秦未得意看郎更離家

弔孟浩然

每每樵家說孤墳亦夜吟若重生此世應更苦前心
名與襄陽遠詩同漢水深親栽鹿門樹猶蓋石牀陰

次韻和友人冬月書齋

四季多花木窮冬亦不凋薄氷行處斷殘火睡來消
象版簽書帙蠻藤絡酒瓢公卿有知己時得一相招

過山家

避暑得探幽忘言遂久留雲深窗失曙松合徑先秋
響谷傳人語鳴泉洗客愁家山不在此至此可歸休

宿山寺

中峰半夜起忽覺有青冥此界自生雨上方猶有星
樓高鐘尚遠殿古像多靈好是潺湲水房房半誦經

鄭轂補闕山松

心將積雪欺根與白雲離遠寄僧猶憶高看鶴未知
影交新長葉皴匝舊生枝多少同時種深山不得移

贈棲白太師

剃髮得時名僧應別應星偶題皆有詔閑論便成經
埽葉寒燒鼎融氷曉注瓶長因内齋出多客叩禪扃

贈閒一上人

見面雖年少聞名似白頭元談窮釋旨清思遠詩流
果落痕生砌松高影上樓壇場在三殿應召入焚修

贈可倫上人

師教本於空流來不自東修從多劫後行出衆人中
衲冷湖山雨幡輕海甸風游吳累夏講還與虎溪同

寄太白禪師

何年萬仞頂獨有坐禪僧客上應無路人傳或見燈

齋廚唯有橡講石任生藤遙想東林社如師誰復能

費徵君舊居

浮世拋身外棲蹤入九華遺篇補樂府舊籍隸仙家
池靜龜昇樹庭荒鶴隱花古來天子命還少到煙霞

送友尉蜀中

故友漢中尉請爲西蜀吟人家多種橘風土愛彈琴
水向昆明闊山通大夏深理閑無別事時寄一登臨

送南海僧遊蜀

眞修絕故鄉一衲度暄涼此世能先覺他生豈再忘
定中船過海臘後路沿湘野迴鴉隨笠山深虎背囊

瀑流垂石室蘿蔓蓋銅梁却後何年會西方有上房

和友人許裳題宣平里古藤

欲結千年茂生來便近松迸根通井潤交葉覆庭穠歷代頻更主盤空漸變龍晝風圓影亂宵雨細聲重蓋密勝丹桂層危類遠峯嫩條懸野鼠枯節叫秋蛩翠老霜難蝕皴多蘚乍封幾家遙共翫何寺不堪容客對忘離榻僧看誤過鐘頃因陪預作終夕遶枝筇

送薛郎中赴江州

幾州聞出刺謠美有江民正面傳天旨懸心禱岳神尺書先假路紅旆旋遶塵郡顯山川别衙開將吏新

散招僧坐暑閑載客行春聽事碁忘着探題酒亂巡好編高隱傳多貌上昇眞近日居清近求人在此人

送翰林張侍郎

舉家貧拾海邊樵來認仙宗在碧霄丹穴雖無凡羽翼靈椿還向細枝條九衢馬識他門少十載身辭故國遙願與吾君作霖雨且應平地活枯苗

投翰林蕭侍郎

九仞墻邊絕路岐野才非合自求知靈湫豈要魚棲浪仙桂那容鳥寄枝纖草不銷春氣力微塵還助岳形儀從來爲學投文鏡文鏡如今更有誰

贈信安太守

三衢正對福星時喜得君侯妙撫綏甲士散教耕壠畝書生閑許從旌旗條章最是貧家喜禾黍仍防别郡饑昨日中官說天意卽飛丹詔立新碑

贈南昌守

假邑邀眞邑命分明庭元有至公存每鋤奸弊同荊棘唯撫孤惸似子孫折獄不曾偏下筆靈襟長是大開門新衙便合兼朱紱應待蒼生更舉論

贈邱衙推

仙都高處掩柴扉人世聞名見者稀詩逸不拘凡對

屬易窮皆達聖元微偶攜童稚離青嶂便被君侯擬白衣任醉賓筵莫深隱綺羅絲竹勝漁磯

獻所知二首

十五年看帝里春一枝頭白未酬身自聞離亂開公道漸歎孤平少屈人劣馬再尋商嶺路扁舟重寄越溪濱省郎門似龍門峻應借風雷變涸鱗

跡熟荀家見弟兄九霄同與指前程吹噓漸覺馨香出夢寐長疑羽翼生住僻驊騮皆識路來頻鸚鵡亦知名登龍不敢懷他願祇望爲霖致太平

下第述懷

十載長安跡未安杏花還是看人看名從近事方知險詩到窮元更覺難世薄不慚雲路晚家貧唯怯草堂寒如何直道爲身累坐月眠霜思枉乾

喜友人日南迴

南遊曾去海南涯此去遊人不易歸白日霧昏張夜燭窮冬氣暖著春衣溪荒毒鳥隨船嗁洞黑冤蛇出樹飛重入帝城何寞寞共迴遷客半輕肥

長安春望

明時不敢卧煙霞又見秦城換物華殘雪未銷雙鳳闕新春已發五侯家甘貧祇擬長緘酒忍病猶期强

採花故國别來桑柘盡十年兵踐海西艖

過黃牛峽

黃牛來勢瀉巴川疊日孤舟逐峽前雷電夜驚猿落樹波濤愁恐客離船盤渦逆入嵌空地斷壁高分繚繞天多少人經過此去一生魂夢怕潺湲

逢道者

縱意出山無遠近還如孤鶴在空虛昔年親種樹皆老此世相逢人自疎野葉細苞深洞藥崖蘿閒束古仙書祇尋隱跡歸何處方說烟霞不定居

邊情

窮荒始得靜天驕又說天兵擬渡遼聖主尙嫌蕃界近將軍莫恨漢庭遙草枯朔野春難發冰結河源夏半銷惆悵臨戎皆効國豈無人似霍嫖姚

贈李司徒

承家拓定隴關西勳貴名應上將齊金庫夜開龍甲冷玉堂秋閉鳳笙低歡筵每怨嬌娥醉閑櫪猶驚戰馬嘶長怪魯儒頭枉白不親弓劒覓丹梯

送盧尙書赴靈武

西北正傳烽候急靈州共喜信臣居從軍盡是清才去屬郡無非大將除新地進圖移漢界古城遺碣見

蕃書山川不異江湖景賓館常聞食有魚

宴駙馬宅

牙香禁樂鎭相攜日日君恩降紫泥紅藥院深人半醉綠楊門掩馬頻嘶座中古物多仙意壁上新詩有御題别向庭蕪寘吟石不教宮妓踏成蹊

邊將

上馬乘秋欲建勳飛弧夜闕出師頻若無紫塞煙塵事誰識青樓歌舞人戰骨沙中金鏃在賀筵花畔玉蟬新由來邊卒皆如此只是君門合殺身

贈水軍都將

平生爲有安邦術，便別秋曹最上階。戰艦却容儒客卧，公廳唯伴野僧齋。裁書榭迴氷膠筆，養藥堂深蘚惹鞋。直待門前見幢節，始應高愜聖君懷。

贈九江太守

江頭暫駐木蘭船，漁父來誇太守賢。二邑旋添新戶口，四營漸廢舊戈鋋。笙歌不似經荒後，禮樂猶如未戰前。昨日西亭從游騎，信旗風裏説詩篇。

贈江都鄭明府

他人豈是稱才術，才術須觀力有餘。兵亂幾年臨劇邑，公清終日似閑居。牀頭怪石神仙畫，篋裏華牋將相書。更欲棲蹤近彭澤，香爐峯下結茅廬。

夏日題老將林亭

百戰功成翻愛靜，侯門漸欲似仙家。墻頭細雨垂纖草，水面風回聚落花。井放轆轤閑浸酒，籠開鸚鵡報煎茶。幾人圖在淩煙閣，曾不交鋒向塞沙。

南康夜宴東溪留別郡守陸郎中

飄然野客才無取，多謝君侯獨見知。竹葉樽前教駐樂，桃花紙上待君詩。香迷蛺蝶投紅燭，舞拂蒹葭倚翠帷。明發別愁何處去，片帆天際酒醒時。

言懷

十載聲沈覺自非，賤身元合衣荷衣。豈能得路陪先達，却擬還家望少微。戰馬到秋長淚落，傷禽無夜不魂飛。平生祇學穿楊箭，更向何門是見機。

錢塘夜宴留別郡守

四方騷動一州安，夜列罇罍伴客懽。觱栗調高山閣迥，蝦蟆更促海城寒。（鄭天挺云：江南以木柝警夜，曰蝦蟆更。）屏間佩響藏歌妓，幕外刀光立從官。沈醉不愁歸棹遠，曉帆吹上子陵灘。（不幸見此世界，猶以爲歡樂耶。）

觀江南牡丹

北地花開南地風，寄根還與客心同。群芳盡怯千般態，幾醉能消一番紅。舉世祇將華勝實，眞禪元喻色爲空。近年明主思王道，不許新栽滿六宮。

十五夜與友人對月

每到月圓思共醉，不宜同醉不成歡。一千二百如輪夜，浮世誰能得盡看。

青塚

傾國可能勝效國，無勞冥寞更思回。太眞雖是承恩死，祇作飛塵向馬嵬。

古戰場

荒骨潛銷壘已平，漢家曾説此交兵。如何萬古寃魂

在風雨時聞有戰聲

贈鄭司業

晚學更求來世達正懷非與百邪侵古人多在今人口不合于名不苦心

上所知

初向衆中留姓氏敢期言下致時名而今馬亦知人意每到門前不肯行

別鄭仁表

春雷醉別鏡湖邊官顯才狂正少年紅燭滿汀歌舞散美人迎上木蘭船

自諷

鹿鳴筵上强稱賢一送離家十四年同隱海山燒藥伴不求丹桂却登仙

傷賈島

生爲明代苦吟身死作長江一逐臣可是當時少知己不知知己是何人

再遊西山贈許眞師

別後已聞師得道不期猶在此山頭昔時霜鬢今如漆疑是年光却倒流

經范蠡舊居

一變姓名離百越越城猶在范家無他人不見扁舟意却笑輕生泛五湖

龜山寺晚望

四面湖光絕路岐鵁鶄飛起暮鐘時漁舟不用懸帆席歸去乘風插柳枝

華山孤松

石罅引根非土力冒寒猶助岳蓮光綠槐生在膏腴地何得無心拒雪霜

長安寓懷

九衢秋雨掩閑扉不似干名似息機貧病却慙牆上

土年來猶自換新衣

贈段逸人

長笻自擔藥兼琴話著名山即擬尋從聽世人權似火不能燒得卧雲心

言懷

不將高蓋竟煙塵自向蓬茅認此身唐祖本來成大業豈非姚宋是平人

敘懷

月裏路從何處上江邊身合幾時歸十年九陌寒風夜夢掃蘆花絮客衣

抒懷

幾出東堂謝不才便甘閒望故山迴翻思未是離家久更有人從外國來

宮詞

日透珠簾見冕旒六宮爭逐百花毬迴看不覺君王去已聽笙歌在遠樓

題嘉陵驛

嘉陵路惡石和泥行到長亭日已西獨倚欄干正惆悵海棠花裏鷓鴣啼

弔萬人冢

兵罷淮邊客路通亂鴉來去噪寒空可憐白骨攢孤冢盡爲將軍覓戰功

卷四十五終

全五代詩卷四十六

羅江李調元雨村 編

前蜀

李搏

搏前蜀王建時人漁洋五代詩話蜀藝文志裴廷裕蜀中登第搏以詩賀之云云又戲贈云云廷裕荅詩有何勞問我成都事一報君知便納降之句見廷裕詩中

賀裴廷裕登第

銅梁千里曙雲開仙籍新從紫府來天上已張新羽翼世間無復舊塵埃嘉祥果叶君平卜賀喜須斟卓氏杯應笑戎藩刀筆吏至今泥滓曝魚腮

又戲贈

曾隨流水化凡鱗安上門前一字新聞道蜀江風景好不知何似故園春

李珣

珣字德潤梓州人王衍昭儀舜弦夫人之兄爲蜀秀才嘗與賓客有瓊瑶集十國春秋珣以小詞爲後主所賞有浣溪沙詞云早爲不逢巫峽夜那堪虛度錦江春詞家互相傳誦碧雞漫志喝䭾子調微老云屯田員外郎馮敢景德三年爲開封府界宿吏日落忽見三婦人過店前入西畔古佛堂敢料其鬼也携童王保就之延坐飲酒二十六舅母者請王保歌送酒

二女倒聽十四姨者曰何名也佩對曰喝駄子十四姨曰非也此曲單州營妓教頭葛大娘所撰新聲梁祖作四鎮時駐兵魚臺值十月二十一日生日大娘獻之梁祖令李塡詞付後騎唱之以押馬隊因謂葛大娘及戰得勝日始流傳河北軍中競唱以押馬隊故訛曰喝駄子莊皇入洛有歌此曲者謂左右曰此亦古曲葛氏但更五七聲耳李珣瓊瑤集有鳳臺曲注云俗謂之喝駄子不載何宮調今世羽調宮有慢句讀與古不類耳 周密云李珣歐陽炯俱蜀人各製南鄉子數首以誌風土亦竹枝體也珣詞云一歸路近扣舷歌采真珠處水風和曲岸小橋山月過烟深鎖豆蔻花垂千萬朵二乘綵舫過蓮塘櫂歌驚起睡鴛鴦帶香遊女偎伴笑爭窈窕競折團荷遮晚照三沙月靜水烟輕芰荷香裏夜船行綠鬟紅臉誰家女遙相顧緩唱櫂歌極浦去四漁市散渡船稀越南雲樹望中微行客待潮天欲暮送春浦愁聽猩猩啼瘴雨五相見處晚晴天刺桐花下越臺前暗裏回眸深屬意遺雙翠騎象背人先過水六攜籠去采菱歸碧波風起雨霏霏趁岸小船齊棹急羅衣溼出向桃根樹下立七登畫舸泛清波采蓮時唱采蓮歌欄棹聲齊羅袖斂池光颭驚起沙鷗八九點八山果熟水花香家家風景有池塘木蘭舟上珠簾卷歌聲遠椰子酒傾鸚鵡盞

漁父歌

水接衡門十里餘信船歸去臥看書輕爵祿慕元虛
莫道漁人只為魚
避世垂綸不記年官高爭得似君閑傾白酒對青山
笑指柴門待月還
棹警鷗飛水濺袍影侵潭面柳垂條終日醉絕塵勞
曾見錢塘八月濤

薛昭蘊

昭蘊王衍時官至侍郎

浣溪沙曲

紅蓼渡頭秋正雨印沙鷗跡自成行整鬟飄袖野風
香不語含嚬深浦裏幾回愁煞櫂船郎燕歸帆盡水
茫茫

魏承班

承班宏夫之子宏夫為王建養子賜姓名王
宗弼封齊王承班為駙馬都尉官至太尉

春曉曲

寂寂畫堂梁上燕高卷翠簾橫數扇一庭春色惱人
來滿地落花紅幾片愁倚錦屏低雪面淚滴繡羅金
縷線好天涼月盡傷心為是玉郎長不見
輕斂翠蛾呈皓齒鶯囀一枝花影裏聲聲清迴遏行
雲寂寂畫深塵暗起玉斝滿斟情未已促坐王孫公
子醉春風筵上貫珠勻豔色韶顏嬌旖旎

尹鶚

鶚成都人事王衍為翰林校書累官至參卿
全唐詩鶚工小詞有滿宮花云月沉沉人悄悄一炷後庭香嫋嫋風流帝子不歸來滿地禁

花慵掃離恨多相見少何處醉迷三島漏清宮樹子規啼愁鎖碧窗春曉益傷蜀之亡也十國春秋鶉與李珣友善珣本波斯種鶉性最狡黠珣也滑稽常作詩嘲之珣名爲頓捐鶉

春閨怨

暮烟籠蘚砌戟門猶未閉盡日醉尋春歸來月滿身離鞍偎繡袂墜巾花亂綴何處惱佳人檀痕衣上新

樂府

雲雨常陪勝會笙歌慣逐閒遊錦里風光應占玉鞭金勒驊騮戴月潛穿深曲和香醉脫輕裘方喜正同鴛帳又言將往皇州每憶良宵公子伴夢魂長掛紅樓欲表傷離情味丁香結在心頭

劉隱辭

隱辭仕蜀爲王宗憲掌書記十國春秋王宗憲鎮寧江日辟劉隱辭爲節度掌書記宗憲武人多爲恣橫隱辭諫不聽遂詠白鹽山灧澦堆詩刺之云云宗憲聞而發怒將殺之已而舍之遂遁去

白鹽山

占斷瞿塘一峽烟色峯迴出衆峯前都緣頑梗揎浮世遮莫崢嶸倚半天有樹只知引鳥雀無雲不易駐神仙假饒突兀高千丈爭及平平數畝田

灧澦堆

灧澦雀寃百萬秋年年出沒幾時休未容寸土生纖草能向當江覆巨舟無事便騰千丈浪與人長作一堆愁都緣不似蟠溪石難使漁翁下釣鉤

楊義方

義方蜀山人異聞錄蜀王建時楊義方能詞爲春日詩云海邊紅日半離水天外暖風輕到花贈王樞密云兩聲鞭自禁門出一簇人從天上來十國春秋義方長于吟咏自謂才過羅隱常爲春日詩云爲人所稱許後主時九頭鳥見義方作詩云好惜羽毛還鬼窟莫留災害與蒼生以此爲宋光嗣所害

偶題一作韋莊詩

亂世時偏促陰天日易昏無言搔白首憔悴倚東門

蒲禹卿

禹卿成都人自右補闕出爲秦州節度判官十國春秋禹卿會後主東遊上表極諫及後主被誅禹卿痛哭題詩于驛門而遁

題驛門

我王銜璧遂稱臣何事全家并殺身漢捨子嬰名尚在魏封劉禪事猶新非干大國渾無識都是中原未有人獨向長安盡惆悵力微何路報君親

鄭藝

藝仕後主爲翰林學士十國春秋藝文辭敏贍筆不加點其最著有武德軍節度使趙國公徐延瓊碑銘蜀人往往傳誦焉其銘云云

趙國公徐延瓊碑銘

金行啓運鼎業蟠乾麟御瑞紀鳳舞昌年曆潤浩注國祚遐延光凝寶匣福靄祥緗上喆繼文皇圖增煥得一踐義登三轢漢懿綱牢籠大鑪眞觀宗社還資徵明接旦太虛寥寥中有元精麗物爲瑞麗人爲英英芙徐公爲毗而生脂膏不染獄市無驚智勝兵强化行民附屢立奇功繼膺寵數帝念徐公聿齊其務乃騰梓橦并有饒賦公至若何時雨霶霈枯苗耀穎涸轍騰波摧奸禁暴剔弊止訛襁負而至動植興歌八政何先以食爲天臥鼓勸農免冑服田耒耜接肘

簦笠摩肩閭閻風靡稼穡雲連衆害旣去纖惡皆除頌宣化育愼恤刑書徽纆自朽囹圄常虛輕徭薄歛政協蒲蘆老安少懷遠至邇肅風雨時若家給人足戶溢版籍賦登公牘儲峙孔多貢輸相屬神明之正誰爲之師公之俱美福祿攸宜位隆鳳沼恩注龍墀梓人訟德天子嘉之爰命荒墟奉揚馨烈揚子神疲江生思絕浩水東注銅山西揭帶礪無期永旌賢哲

唐求

求王建時人茅亭客話求居味江山王建召爲參謀不就人謂之唐隱居每入市騎一青牛至暮醺酣而歸非其類不與之交或吟或咏有所得則將稿撚爲丸內于大瓢中二十餘年莫知其數其贈送寄別之詩布于人口暮年因臥病索瓢致于江中曰斯文苟不沉沒于水後之人得者方知我苦心耳漂至新渠江口有識之者云唐山人詩也探得之已遭漂潤損壞十得其二三凡三十餘篇行于世題鄭處士隱居云數點石泉雨一溪霜葉風贈行如上人云衲補雲千片香焚篆一窠題青城山范賢觀云苔鋪翠點仙橋滑松織香梢古道寒贈僧云雲間曉月應難染海上孤舟自任風夫草澤間有隱逸不得志者以經籍自娛詩酒怡情不耀文彩不揚姓名其趨附苟且得無愧赧唐山人乎全唐詩話求有詩名如臨池洗研恰似有龍深處臥被人驚起黑雲生又有漸寒沙上路欲暝水邊村亦佳句也　北夢瑣言球詩思遊歷不出二百里　按求一作球

曉發

旅館候天曙整車趨遠程幾處曉鐘斷半橋殘月明

沙上鳥猶睡渡頭人已行去去古時道馬嘶三兩聲

客行

上山下山去千里萬里愁樹色野橋暝雨聲孤館秋南北眼前道東西江畔舟世人重金玉無金徒遠游

題鄭處士隱居

不信最清曠及來愁已空數點石泉雨一溪霜葉風業在有山處道成無事中酌盡一尊酒病夫顏亦紅

贈著上人

掩門江上住盡日更無爲古木坐禪處殘星鳴磬時水澆冰滴滴珠數落纍纍自有閑行伴青藤杖一枝

贈行如上人

不知名利苦念佛老岷峨衲補雲千片香燒印一窠
戀山人事少憐客道心多日日齋鐘後高懸濾水羅

送友人歸邛州

鶴鳴山下去滿篋荷瑤琨放馬荒田草看碑古寺門
漸寒沙上雨欲暝水邊村莫忘分襟處梅花撲酒尊

和舒上人山居即事

敗葉填溪路殘陽過野亭仍彈一滴水更讀兩張經
暝鳥烟中見寒鐘竹裏聽不多山下去人世盡羶腥

發邛州寄友人

茫茫驅一馬自嘆又何之出郭見山處待船逢雨時
曉鷄鳴野店寒葉墮秋枝寂寞前程去閑吟欲共誰

舟行夜泊夔州

維舟鏡面中迴對白鹽峰夜靜沙堤月天寒水寺鐘
故園何日到舊友幾時逢欲作還家夢青山一萬重

山東蘭若遇靜公夜歸

松門一徑微苔滑往來稀半夜聞鐘後渾身帶雪歸
問寒僧接杖辨語犬銜衣又是安禪去呼童閉竹扉

秋寄舒公

故人何處望秋色滿江濆入水溪蟲亂過橋山路分
鶴歸松上月僧入竹間雲莫惜中宵磬從教夢裏聞

題楊山人隱居

深山道者家門戶帶烟霞綠綴沿巖草紅飄落水花
半庭栽小樹一徑掃平沙往往溪邊坐持竿到日斜

友人見訪不値因寄

門戶寒江近籬墻野樹深晚風搖竹影斜日轉山陰
砌覺披秋草牀驚倒古琴更聞鄰舍說一隻鶴來尋

途次偶作

歲月客中銷崎嶇力自招問人尋野寺牽馬渡危橋
爲雨疑天晚因山覺路遥前程何處是一望又迢迢

送友人江行之廬山肄業

蜀國初開棹廬峰擬拾螢獸皮裁褥暖蓮葉製衣馨
楚水秋來碧巫山雨後青莫教銜鳳詔三度到中庭

贈道者

披霞戴鹿胎歲月不能催飯把琪花煑衣將藕葉裁
鶴從歸日養松是小時栽往往樵人見溪邊洗藥來

酬友生早秋

彤雲將欲罷蟬柳響如秋露散九霄近日程三伏愁
殘陽宿雨霽高浪碎沙漚祛足餘旬後分襟任自由

古寺

路傍古時寺，寥落藏金容。破塔有寒草，壞樓無曉鐘。亂紙失經偈，斷碑分篆蹤。日暮月光吐，繞門千樹松。

馬嵬感事

冷氣生深殿，狼星渡遠關。九城鼙鼓內，千騎道途間。鳳髻隨秋草，鑾輿入暮山。恨多留不得，悲淚滿龍顏。

邊將

三千護塞兒，獨自滯邊陲。老向二毛見，秋從一葉知。地寒鄉思苦，天暮角聲悲。卻被交親笑，封侯未有期。

夜上隱居寺

尋師擬學空，空住虎溪東。千里照山月，一枝驚鶴風。

年如流去水，山似轉來蓬。盡日都無事，安禪石窟中。

山居偶作

趨名逐利身，終日走風塵。還到水邊宅，卻爲山下人。僧教開竹戶，客許戴紗巾。且喜琴書在，蘇生未厭貧。

邛州水亭夜讌送顧非熊之官

寂寞邛城夜，寒塘對庾樓。蜀關蟬已噪，秦樹葉應秋。道路連天遠，笙歌到曉愁。不堪分袂後，殘月正如鉤。

題青城山范賢觀

數里緣山不厭難，爲尋眞訣問黃冠。苔鋪翠點仙橋滑，松織香梢古道寒。晝傍綠畦薅嫩玉，夜開紅竈撚新丹。鐘聲已斷泉聲在，風動茅花月滿壇。

送僧講罷歸山

休將如意辯眞空，吹盡天花任曉風。共看玉蟾三皎潔，獨懸金錫一玲瓏。巖間松桂秋烟白，江上樓臺晚日紅。依舊曹溪念經處，野泉聲在草堂東。

題友人寓居

寓居無不在天涯，莫恨秦關道路賒。繚繞城邊山是蜀，彎環門外水名巴。黃頭卷席賓初散，白鼻嘶風日欲斜。何處一聲金磬發，古松南畔有僧家。

傷張玖秀才

銅梁劍閣幾區區，十上探珠不見珠。下玉影沈沙草闇，驊騮聲斷隴城孤。入關詞客秋懷友，出戶孀妻曉望夫。吳水楚山千萬里，旅魂歸到故鄉無。

題李少府別業

尋得仙家不姓梅，馬嘶人語出塵埃。竹和庭上春烟動，花帶溪頭曉露開。繞岸白雲終日在，傍松黃鶴有時來。何年亦作圍棊伴，一到松間醉一回。

贈楚公

曾聞半偈雪山中，貝葉翻時理盡通。般若恒添持戒力，落叉誰算念經功。雲間曉月應難染，海上虛舟自

信風長説滿庭花色好一枝紅是一枝空

贈王山人

紅藤一柱脚常輕日日緣溪入谷行山下有家身未老竈前無火藥初成經秋少見閑人説帶雨多聞野鶴鳴知到蓬萊難再訪問何方法得長生

庭竹

月籠翠葉秋承露風亞繁枝瞑掃烟知道雪霜終不變永留寒色在庭前

題常樂寺

桂冷香聞十里間殿臺渾不似人寰日斜回首江頭望一片晴雲落後山

送劉鍊師歸山

風急雲輕鶴背寒洞天誰道郤歸難千山萬水瀛洲路何處烟飛是醮壇

酬舒公見寄

無客不言雲外見爲文長遣世間知一聲松徑寒吟後正是前山雪下時

巫山下作

細腰宫盡舊城摧神女歸山更不來唯有楚江斜日裏至今猶自繞陽臺

杜光庭

光庭字聖賓括蒼人應舉不中入天台山爲道士僖宗召見賜以紫服充麟德殿文章應制後隱青城山白雲溪自稱東瀛子事蜀先主王建爲金紫光祿大夫封蔡國公爲太子元膺師遷戸部侍郎後主立加傳真天師崇真館大學士年八十五卒葬於清都觀賜號廣成先生所著有壺中集三十卷廣成集八十卷及洞天福地武擔山記錄異記陰符經注東瀛子墉城集仙錄青城山記崇道記混元圖傳受年載記元門樞要等書共三十六卷

十國春秋光庭文集皆本無爲之旨有毛仙翁序作于通正元年三月辛酉又瀘州劉真人碑記青城縣重修冲廟觀碑記雲昇宮廣雲外尊師碑記三學山功德碑文皆光庭所撰又光庭居恒持驕龍杖一條紅如猩肉重如玉石絕非藤竹所爲相傳過仙人留賜云又僧貫休好併詭一日與光庭並轡道中貫休馬忽奔躓光庭連呼大師數珠落地貫休日非數珠乃大還丹耳光庭有慙色錦繡萬花谷光庭詠月句云銅壺滴滴禁漏起三十六宮爭捲簾又斜陽古岸歸鵜晩秋水天低宿雁愁又霜凋菊徑秋蕪白雁下遙村落照黃又恩威欲寄黃丞相仁信先聞郭細侯又兵氣此時來世上文星今日到人間降因天下思姚宋出爲儒門繼孔顏鑒誠錄山居百韻如丹竈河車休砣砣蚌胎軀息且綿綿馭景何時趨日域騎箕終擬矖星矖皆可備採 全唐詩話光庭有贈將軍

詩云八表順風驚雨露四溟隨劍息波濤手扶北極鴻圖遠雲捲長天聖日高未會漢家青史上韓彭何處有功勞缺首二句又中條靜觀侯道上昇處光庭題詩云松嶺留衣上玉霄永傳異迹在中條不知揖徧諸仙否欲請還丹問昨宵蓋觀中舊有道華詩有帖裏大還丹昨宵護契郯之句故云

紀道德以下二首俱一言至十五言

道德清虛元默生帝先爲聖則聽之不聞搏之不得至德本無爲人中多自感在洗心而息慮亦知白而守黑百姓日用而不知上士勤行而必克既鼓鑄於乾坤品物信充仞乎東西南北三皇高拱兮任以自然五帝垂衣兮修之不忒以心體之者爲四海之主

以身彎之者爲萬夫之特有皓齒青娥者爲伐命之斧蘊奇謀廣智者爲盜國之賊曾未若軒后順風兮清靜自化曾未若皐陶邁種兮溫恭允塞故可以越圓清方濁兮不始不終何止乎居九流五常兮理家理國豈不聞乎天地於道德也無以清寧豈不聞乎道德於天地也有踰繩墨語不云乎仲尼有言朝聞道夕死可也所以垂萬古歷百王不敢離之於頃刻

懷古今

古今感事傷心驚得喪歎浮沈風駈寒暑川注光陰始銜朱顏麗俄悲白髮侵嗟四豪之不反痛七貴以難尋夸父興懷於落照田文起怨於鳴琴雁足淒涼兮傳恨緒鳳臺寂寞兮有遺音朔漠幽囚兮天長地久瀟湘隔別兮水濶烟深誰能絕聖韜賢餐芝餌朮誰能含光遁世鍊石燒金君不見屈大夫紉蘭而發諫君不見賈太傅忌鵩而愁吟君不見四皓避秦峩峩戀商嶺君不見二䟽辭漢飄飄歸故林胡爲乎冒進貪名踐危途與傾轍胡爲乎怙權恃寵顧華飾與雕簪吾所以思抗跡忘機用虛無爲模範吾所以思去奢滅欲保道德爲規箴不能勞神效蘇子張生兮於時而縱辯不能勞神效楊朱墨翟兮揮涕以沾襟

福唐觀

曾隨雲水此山遊行盡層峯更上樓九月登臨須有意七年岐路亦堪愁樹紅樹碧高低影烟淡烟濃遠近秋暫爇爐香不須去佇陪天仗入神州

平蓋治

勢壓長江空八陣吳都仙客此修眞寒江向晚波濤急深洞無風草木春江上玉人應可見洞中仙鹿已來馴龍車鳳輦非難遇只要塵心早出塵

仙居觀

往歲眞人朝玉皇四眞三代住繁陽初開九鼎丹華

熟繼躡五雲天路長烟鎖翠嵐迷舊隱池凝寒鏡貯秋光時從白鹿巖前往應許潛通不死鄉

初月

始看東上又西浮圓缺何曾得自由照物不能長似鏡當天多是曲如鈎定無列宿敢爭耀好伴晴河相映流直使奔波急於箭祇應白盡世間頭

題鴻都觀

亡吳覇越已功全深隱雲林始學仙鸞鶴自飄三蜀駕波濤猶憶五湖船雙溪夜月明寒玉衆嶺秋空斂翠烟也有扁舟歸去興故鄉東望思悠然

題都慶觀

三仙一一駕紅鸞仙去雲閑遶古壇煉葯舊臺空處所掛衣喬木兩摧殘清風嶺接猿聲近白石溪涵水影寒二十四峰皆古隱振纓長往亦何難

題鶴鳴山

五氣雲龍下泰清三天眞客已功成人間回首山川小天上凌雲劒佩輕花擁石壇何寂寞草平轍跡自分明鹿裘高士如相遇不待岩前鶴有聲

題空明洞

窅然靈岫五雲深落翮標名振古今芝术迎風香馥馥松檉蔽日影森森從師祇擬尋司馬訪道終期謁奉林欲問空明奇勝處地藏方石恰如金

題北平沼

桐柏眞人曾此居焚香厓下誦靈書朝回時宴三山客潤盡閑飛五色魚天柱一峰凝碧玉神燈千點散紅蕖寶芝常在知誰得好駕金蟾入太虛

題木竹觀

樓閣層層冠此山雕軒朱檻一躋攀碑刊古篆龍蛇動洞接諸天日月閑帝子影堂香漠漠眞人丹澗水潺潺掃空雙竹今何在只恐投波去不還

題福唐觀

盤空躡翠到山巔竹殿雲樓勢逼天古洞草深微有路舊碑文滅不知年八州物象通簷外萬里烟霞在目前自是人間輕舉地何須蓬島訪眞仙

題莫公臺

奇絶巍臺峙濁流古來人號小瀛洲路通霄漢雲迷晚洞隱魚龍月浸秋舉首摘星河有浪自天圖畫筆無鈎將軍悟却希夷訣嬴得清名萬古流

題龍鵠山

抽得閑身伴瘦筇亂敲青碧喚蛟龍道人掃徑收松

子鈌月初圓天柱峰

讀書臺

山中猶有讀書臺風掃晴嵐畫障開華月冰壺依舊在青蓮居士幾時來

贈人

靜神凝思仰青冥此夕長天降瑞星海上昨聞鵬羽翼人間初見鶴儀形

贈蜀州刺史

再扶日月歸行殿邦領山河鎮夢刀從此雄名壓寰海八溟爭敢起波濤

題劍門

誰運乾坤陶冶功鑄爲㚒劍倚蒼穹題詩曾駐三天駕礙日長含八海風

張令問

令問隱居天國山自號天國山人

寄杜光庭

試問朝中爲宰相何如林下作神仙一壺美酒一爐藥飽聽松風清晝眠

黄萬祜

萬祜蜀人全唐詩話萬祜修道黔南無人之境累世常在每三二十年一出成都賣藥言人災禍無不神驗蜀王建迎入宮盡禮事之後堅辭歸山初萬祜辭建歸於所居壁間題此後至乙亥年建師東取秦鳳諸州報捷之際宮內延火乃知乙亥是青豬爲焚爇之期也後三年歲在戊寅寅爲鷙獸干與納音俱爲土土黄色故云鷙獸兩頭黄是年建殂故天下哭不差毫髮

題蜀宮壁

莫教牽動青豬足動卽炎炎不可撲鷙獸不欲兩頭黄黄卽其年天下哭

楊勛

勛自號僕射不知何許人十國春秋勛能於空中請自然還丹其丹立降又能召九天元女后土夫人經宿而去後主以其妖妄折其一足戮之西市畢

命時咏詩言失國事不數歲國果亡唐明宗朝有衛士楊遷卽善使鬼神觸物變化已而被誅蓋勛從子也

畢命詩

聖主何曾識仲都可憐社稷在須臾市西便是神仙窟何必乘槎泛五湖

爾朱先生

先生字通微號歸元子成都人十國春秋先生唐末隱錬於金鷄關下石室居久之有異人與棗一丸且戒曰子見浮石而服之仙道成矣自是遇石必投之水間視其浮沉人皆笑以爲狂一日遊峽上有叟艤舟相待叩其姓氏對曰涪州石姓也遂豁然悟曰異人浮石之言斯其應乎因服藥輕舉而去先生有還丹歌傳于

蜀中全唐詩話有胡二郎者嘗見一道士於成都醉臥通衢二郎憐之每值其醉輒取石支其首道士一日醒見二郎在傍感之因勸修道且歌以諷之二郎問爲何人曰吾即爾朱先生也去不見二郎後亦得仙

示胡二郎歌

欲究丹砂理幽元無處尋不離鉛與汞無出水中金欲鍊時須得水水遇土兮終不起但知火候不參差自得還丹微妙旨人世分明知有死剛只留心戀朱紫豈知光景片時間將謂人生長似此何不迴心師至道免逐年光虛自老臨樽只解醉醺酣對鏡方知漸枯槁二郎切切聽我語仙鄉咫尺無寒暑與君說盡只如斯莫戀嬌奢不肯去感君恩義言方苦火急迴心求出路吟成數句贈君辭不覺便成今與古

卷四十六終

全五代詩卷四十七

羅江李調元雨村　編

前蜀

貫休

貫休字德隱俗姓姜氏蘭谿人七歲出家天復中入益州王建禮遇之署號禪月大師或呼爲得得來和尚終於蜀年八十一初有西嶽集吳融爲序後弟子曇域更名寶月集

古今詩話貫休唐昭宗以錢武肅平董昌功拜鎮東軍節度使自稱吳越國王貫休投詩曰貴逼身心不自由幾年勤苦蹈林邱滿堂花醉三千客一劍霜寒十四州萊子衣裳宮錦窄謝公篇詠綺霞羞他年名上凌烟閣豈羨當時萬戶侯武肅愛其詩遣諭令改爲四十州乃可相見答曰州亦難添詩亦難改閑雲孤鶴何天不可飛遂入蜀休卒于永平二年云孟謏也　五代史補僧貫休婺州蘭溪人有逸才長於歌詩嘗遊荊南時成汭爲荊南節度使生日有獻歌詩頌德者僅百餘人而貫休在焉汭不能親覽詩命幕吏鄭準定其高下準害其能輒以貫休爲第三貫休怒曰藻鑑如此其能久乎遂入蜀及至値王建稱藩因獻之詩云一瓶一鉢垂垂老千水千山得得來建大悅遠加禮待泊僭大號以爲國師賜號曰禪月又大蜀高祖僭龍曰獻詩陳情偈頌云有叟有叟居岳之室一詩曰見本集內　郡閣雅談貫休鍾陵人精於筆札荆州成汭問其筆札法休曰此事須登壇可援安可草草而言成令鄭之乃遁於黜中因爲病鶴詩以見意曰見說氣清邪不入不知爾病自何來　十國春秋貫休復遊江陵王優禮之會有謁宿者言時政不治乃作酷吏詞以刺之

云霰雨滑滑滑云云王雖竦之而不甚罪焉夢溪筆談溫州鴈蕩山自古圖史不載按西域書云阿羅漢諾矩羅居震旦東南大海際鴈蕩山芙蓉龍湫唐貫休作諾矩羅贊云雁蕩經行雲漠漠龍湫宴坐雨濛濛此山南有芙蓉峰峰下有芙蓉驛前瞰大海山頂有大池相傳以爲雁蕩二潭以爲龍湫又有經行峡宴坐峰皆以貫休詩得名也又十國春秋前蜀高祖王建命貫休誦近詩時貴戚座貫休欲諷之乃與公子行曰錦衣鮮華手擎鶻閑行氣貌多輕忽稼穡艱難總不知五帝三王爲何物高祖稱善貴倖多怨之　山谷遠法師居廬山下持律精苦過中不受蜜湯而作詩換酒飲陶彭澤送客無貴賤不過虎溪而與陸道士行過虎溪數百步大笑而別故禪月作詩云愛陶長官醉兀兀送陸道士行遲遲買酒過溪皆破戒斯何人斯師如斯故效之云留陶淵明把酒碗送陸修靜過虎溪胸次九流清似鏡人間萬事醉如泥　野客叢書魯直詩曰管城子無食肉相孔方兄有絕交書謂此體魯直創見僕謂不然唐詩此體甚多張祜口買知章口徒勞說孟浩然身更不顛李益曰柳吳興近無消息張長公貧苦寂寞貫休曰郭尚父休誇塞北裴中令莫說淮西杜荀鶴曰卷一箔絲供釣線種千林竹作魚竿皆此句法也　法藏碎金李白廬山東林寺夜懷詩云天香生虛空天樂鳴不歇又貫休山居詩自古浮華能幾幾逝波終日去滔滔漢王廢苑生秋草吳主荒宮入夜濤藉屋黃金機不息一頭白髮氣猶高豈如知足金仙子霞外天香蒲毳袍予因思勝境中當有自然清氣名曰天香自然清意名曰天樂予故以所聞罋響曰爲天籟亦取天籟之義此予蓋惟變所適不可致詰也　茗溪漁隱叢話東坡云唐末五代文章衰陋詩有貫休書有亞栖村俗之氣大率相似如蘇子美家收藏張長史書云隔簾歌已俊對面貌彌精語既凡惡而字畫真亞栖之流近見曾子固編李白詩有懷素草書歌及笑矣乎數篇皆貫休以下詞格　元溫日觀畫蒲萄跋

舉世只知嗟逝水何人微解悟空花此貫休禪師佳句元溫日觀書之爲策勵之端仍爲寫龍鬚于後　夢溪筆談貫休富貴曲云刻成筝柱鴈相挨此下里鬻彈者皆有之何足道哉韋楚老云十幅紅綃　夜玉十幅綃爲帳方不及四五尺不知如何伸脚此所謂不曾近富家兒　西溪叢語貫休云栗不和皺落又新蟬避栗皺皺郎栗蓬也　全唐詩話周寶莅丹陽州人有事輒云待錢來後累以錢鏐代之故貫休有上錢鏐句云今日再三難更識識辭惟道待錢來又咏俠客云黃昏風雨黑如緊別我不知何處去皆未見全什　錦繡萬花谷一生不蓄買田錢華屋何心亦偶然容至多逢僧在坐釣歸惟許鶴隨船又云家爲買琴添舊價厨因養鶴減晨炊又云粘粉爲題栖鳳竹帶香因洗落花泉皆貫休句

大蜀高祖潛龍日獻陳情偈頌

有叟有叟居岳之室忽振金湯下彼巉崒闢蜀風景地寧得一富人侯王旦奭摩詰龍角日角紫氣盤屈揭日月行符湯禹出天步艱難橫流犯蹕穆穆蜀俗整整師律髯髮垂雪忠貞貫日四人蘇活萬里豐謐無雨不膏有露皆滴有叟有叟無寔行實一瓶一衲既樸且質幸蒙顧盼詞煖恩鬱軒鏡光中願如善吉

大蜀皇帝壽春節進堯銘舜頌二首

堯銘

金册昭昭列聖孤標仲尼有言巍巍帝堯承天眷命罔厥矜驕四德炎炎堦蓂不凋永孚於休垂衣飄飄

吾皇則之小心翼翼秉陽亭毒不遑暇食土堦苔綠
茅茨雨滴君旣天賦相亦天錫德輣金鏡以聖繼聖
漢高將將太宗兵柄吾皇則之日新德盛朽索六馬
罔墜厥命熙熙蓼蕭塊潤風調舞擊干羽囿入蒭蕘
旣玉其葉亦金其枝葉葉枝枝百工允釐享國如堯
不疑不疑

舜頌

高高歷山有黍有粟皇皇大舜合堯元德五典克從
四門伊穆大道將行天下爲公臨下有赫選賢用能
吾皇則之無斁無逸綏厥品彙三光得一千輻臨頂

十在隨蹕大哉大同爲光爲龍吾皇則之聖謨隆隆
納隍孜孜孜孜切切六宗是禋五瑞斯列排麟環鳳
披香立雪四夷納賮九圍有截昔救世師降生竺乾
壽春亦然萬年萬年

公子行

錦衣鮮華手擎鶻閑行氣貌多輕忽稼穡艱難總不
知五帝三皇是何物

善哉行

有美一人兮婉如青揚識曲別音兮令姿煌煌繡袂
捧琴兮登君子堂如彼萱草兮使我憂忘欲贈之以
紫玉兮白銀鐺久不見之兮湘水茫茫

陽春曲

爲口莫學阮嗣宗不言是非非至公爲手須似朱雲
輩折檻英風至今在男兒結髮事君親須斆前賢多
慷慨歷數雍熙房與杜魏公姚公宋開府盡向天上
仙宮閑處坐何不却辭上帝下下土忍見蒼生苦苦
苦

上留田

父不父兄不兄上留田蟊賊生徒陟岡淚崢嶸我欲
使諸凡鳥雀盡變爲鶺鴒我欲使諸凡草木盡變爲

田荆鄰人歌鄰人歌古風清清風生

萬里曲

兔不遲烏更急但恐穆王八駿著鞭不及所以蒿里
墳出莪莪氣凌雲天龍騰鳳集盡爲風消土喫狐掇
蟻拾黃金不啼玉不泣白楊騷屑亂風愁月折碑石
人莽穢榛沒牛羊窸窣時見牧童兒弄枯骨

臨高臺

涼風吹遠念使我升高臺寧知數片雲不是舊山來
故人天一涯久客殊未迴鴈來不得書空寄聲哀哀

古離別

離恨如旨酒古今飲皆醉只恐長江水盡是兒女淚伊余非此輩送人空把臂他日再相逢清風動天地

富貴曲

如神若仙似蘭同雪樂戒於極胡不知輟只欲更綴上落花恨不能把住明月太山肉盡東海酒竭佳人醉唱敲玉釵折寧知耘田車水翁日日炙背欲裂

野田黃雀行

高樹風多吹爾巢落深蒿葉暖宜爾依泊莫近鷄頻蛛網亦惡飲野田之清水食野田之黃粟深花中睡埒土裏浴如此即全勝啄太倉之穀而更穿人之屋

陳宮詞

緬想當時宮闕盛荒晏椒房恣堯舜玉樹花歌百花裏珊瑚窗中海日迸大臣來朝酒未醒酒醒忠諫多不聽陳宮因此成野田耕人犁破宮人鏡

了仙謠

海中紫霧蓬萊島安期子喬去何早遊戲多騎白騏驎鬚髮如銀未曾老亦留仙訣在人間齧鐵終言藥非道始皇不得此深旨遠遣徐福生憂惱紫术黃精心上苗大還小還行中寶若師方術棄心師淚似雪山何處討

循吏曲上王使君

霈宿霈宿炳爛光合蒸蒸庶民鍾此多福自東自西自南自北伊飛伊走乳乳㞤收和氣無形春光自成大信不信貽厥無朕霈女霈女爾亦須語使君爲理元風震古霈女霈女爾亦須語我願喙長三十里枕著玉階奏明主

塞上曲

去年轉鬬陰山脚生得單于却放却今年深入于不毛胡兵拔帳遺弓刀男兒須貴一作展平生志爲國輸忠合天地甲穿雖郎失黃金劍缺猶能生紫氣寒草萋萋兵士苦胡虜如今勿胡虜封侯十萬始無心玉

關凱生一作入君看取

擬君子有所思二首

我愛正考甫思賢作商頌我愛揚子雲理亂皆如鳳振衣中夜起露花香綺旋撲碎驪龍明月珠敲出鳳凰五色髓陋巷蕭蕭風析析一作淅淅緬想斯人勝圭璧寂寥千載不相逢無限區區盡虛擲君不見沈約道佳人不在茲春光爲誰惜

安得龍猛筆點石爲黃金西嶽龍猛大士於硯中磨藥點石成金西天有龍猛金其色紫散爲酷吏家使無貪殘心甘棠密葉成翠幄欸

鳳不來天地塞所以傾城人如今不可得

塞下曲

日向平沙出還向平沙沒飛蓬落軍營驚鵰去天末帝鄉青樓倚霄漢歌吹掀天對花月豈知塞上望鄉人日日雙眸滴清血

鼓腹曲

我昔不幸兮遭百罹蒼蒼留我兮到好時耳聞鐘鼓兮生豐肌白髮却黑兮自不知東鄰老人好吹笛倉囷峩峩穀多赤餅紅鮿兮析麋腊有酒如濁醨兮呼我喫往往醉倒潢汙之水邊兮人不識孰云六五帝

兮四三皇如夔如龍兮如龔黃吾不知此之言兮是何之言兮

邊上行

山無綠兮水無清風既毒兮沙亦腥胡兒走馬疾飛鳥聯翩射落雲中聲

陣雲忽向沙中起探得胡兵過遼水堪嗟護塞征戍兒未戰已疑身是鬼

義士行

先生先生不可遇愛平不平眉斗豎黃昏雨雹空似驚別我不知何處去

戰城南

萬里桑乾傍茫茫古蕃壞將軍貌憔悴撫劍悲年長胡兵尚陵逼久住亦非强邯鄲少年輩箇箇有伎倆拖抴半夜去雪片太如掌

少年行

自拳五色裘迸入他人宅却捉蒼頭奴玉鞭打一百面白如削玉猖狂曲江曲馬上黃金鞍適來新賭得

夢遊仙

三四仙女兒身著琴瑟衣手把明月珠打落金色梨車渠地無塵行至瑤池濱森森椿樹下白龍來嗅人

輕薄篇

繡林錦野春態相壓誰家少年馬蹄蹋蹋鬬雞走狗夜不歸一擲賭却如花妾誰云不顛不狂其名不彰悲夫

酷吏詞

霰雨瀞瀞風吼如斲有叟有叟暮投我宿吁歎自語云太守酷如何如何掠脂斡肉吳姬唱一曲等閑破紅束韓娥唱一曲錦段鮮照屋寧知一曲兩曲謌貧使千人萬人哭不惟哭亦白其頭飢其族所以祥風不來和氣不復蝗乎蟊乎東西南北

杞梁妻

秦之無道兮四海枯築長城兮遮北胡築人築土一萬里杞梁貞婦啼嗚嗚上無父兮中無夫下無子兮孤復孤一號城崩塞色苦再號杞梁骨出土疲魂飢魄相逐歸陌上少年莫相非

長安道

憧憧合合八表一轍黃塵霧合車馬火熱名湯風雨利輾霜雪千車萬馱半宿關月上有堯禹下有夔卨紫氣銀輪兮常覆金闕仙掌捧日兮濁河澄澈愚將草木兮有言與華封人兮不別

洛陽塵

昔時昔時洛城人今作茫茫洛城塵我聞富有石季倫樓臺五色干星辰樂如天樂日夜聞錦姝繡妾何紛紛眞珠簾中姑射神人文金線玉香成暮雲孫秀若不殺晉室應更貧伊水削行路塚石花磷磷蒼茫金谷園牛羊齕荊榛飛鳥好羽毛疑是綠珠身

茫茫曲

茫茫復茫茫滿眼皆埃塵莫言白髮多莖莖是愁筋未達苦雕僞及達多不仁淺深與高低盡能生棘榛茫茫四大愁殺人

白雪曲

列鼎佩金章淚眼看風枝却思食藜藿身作屠沽兒負米無遠近所希升斗歸爲人無貴賤莫學雞狗肥斯言如不忘別更無光輝斯言如或忘卽安用人爲

古鏡詞

我有一面鏡新磨似秋月上唯金膏香下狀驪龍窟等閑不欲開醜者多不悅或問幾千年軒轅手中物

塞上曲

錦袷胡兒黑如漆騎羊上冰如箭疾蒲萄酒白雕腊紅苜蓿根甜沙鼠出單于右臂何須斷天子昭昭本如日一握鬣鬚一握絲須知只爲平戎術

行路難

君不見道傍廢井生古木本是驕奢貴人屋幾度美人照影來素綆銀缾濯纖玉雲飛雨散今如此繡闥雕甍作荒谷沸渭笙歌君莫誇不應常是西家哭休說遺編行者幾至竟終須合天理敗他成此亦何功蘇張終作多言鬼行路難行路難不在羊腸裏

君不見道傍樹有寄生枝青青鬱鬱同榮衰無情之物尚如此爲人不及還堪悲父歸墳兮未朝夕已分黃金爭田宅高堂老母頭似霜心作數支淚常滴我

聞忽如負芒刺不獨爲君空歎息古人尺布猶可縫
潯陽義犬令人憶寄言世上爲人子孝義團圓莫如
此若如此不遄死兮更何俟
君不見山高海深人不測古往今來轉青碧淺近輕
浮莫與交地卑只解生荆棘誰道黃金如糞土張耳
陳餘斷消息行路難行路難君自看
不會當時作天地剛有多般愚與知到頭還用真宰
心何如上下皆清氣大道冥冥不知處那堪頓得義
和轡義不義兮仁不仁擬學長生更容易負心爲鑪
復爲火緣木求魚應且止君不見燒金煉石古帝王

鬼火熒熒白楊裏
尤有茫茫共堯日浪死虛生亦非一清淨元音竟不
聞花眼酒腸暗如漆或偶因片言隻字登第光二親
又不能獻可替否航要津口譚義軒與周孔履行不
及屠沽人行路難行路難日暮途遠空悲歎

胡無人

霍嫖姚趙充國天子將之平朔漠肉胡之肉燼胡帳
幄千里萬里唯留胡之空殼邊風蕭蕭榆葉初落殺
氣晝赤枯骨夜哭將軍既立殊勳遂有胡無人曲我
聞之天子富有四海德被無垠但令一物得所八表
來賓亦何必令彼胡無人

古塞下曲

古塞腥膻地胡兵聚如蠅寒鵰中髇矢落在黃河冰
蒼茫邏逤城枏枏賊氣興鑄金禱秋穹還擬相憑陵
白骨殘成塵飛入征人目黃雲忽變黑戰鬼作陣哭
陰風吼大漠火號出不得誰爲天子前唱此邊城曲

古意

一雨火雲盡閉門心冥冥蘭花與芙蓉滿院同芳馨
佳人天一涯好鳥何嚶嚶我有雙白璧不羡于虞卿
我有徑寸珠別是天地精玩之室生白瀟灑身安輕

只應天上人見我雙眼明
陽烏爍萬物草木懷春恩茫茫塵土飛培塿名利根
我本是蓑笠幼知天子尊學爲毛氏詩亦多直致言
不察需臑類附勢同崩奔唯尋桃李蹊去去長者門
美人如遊龍被服金鴛鴦手把古刀尺在彼白玉堂
文章深掣曳珂珮鳴丁當好風吹桃花片片落銀床
何妨學羽翰遠逐朱鳥翔
乾坤有清氣散入詩人脾聖賢遺清風不在惡木枝
千人萬人中一人兩人知憶在東溪日花開葉落時
幾擬以黃金鑄作鍾子期

莫輕白雲白不與風雨會莫見守羊兒或是初平輩
人生非日月光輝豈常在一榮與一辱古今常相對
不見于公門子孫好冠蓋
古交如真金百煉色不回今交如暴流倏忽生塵埃
我願君子氣散爲青松栽我恐荆棘花只爲小人開
傷心復傷心吟上高高臺
常思謝康樂文章有神力是何清風清凜然似相識
一種爲頑嚚得作翻經石一種爲枯槁得作登山屐
永嘉爲郡後山水添鮮碧何當學羽翰一去觀遺跡
憶在山中時丹桂花葳蕤紅泉浸瑤草白日生華滋

箬屋開地罏翠壇挂藤衣看經竹窗邊白猨三兩枝
東峰有老人眼碧頭骨奇種薤煮白石旨趣如嬰兒
月上來打門月落方始歸授我微妙訣恬澹無所爲
別來六七年只恐白日飛

擬齊梁酬所知見贈

美如仙鼎金清如纖手琴孫登嘯一聲縹緲不可尋
但覺神洋洋如入三昧林釋手復在手古意深復深
慚無英瓊瑤何以酬知音
清氣生滄洲殘雲落林藪放鶴久不歸不知更歸否
支策到江湄江皐木葉飛自憐爲客遠還如鶴遶枝
南枝復北枝玉露沾毛衣
靜只焚香坐詠懷悲歲闌佳人忽有贈滿手紅瑯玕
不獨耀肌魄將行爲羽翰酬如上青天風雪空漫漫
果熟無低枝芳香入屏幄故人久不來萱草何離離
苦吟齋貌減更被杉風吹獨賴湖上翁時爲烹露葵

擬齊梁體寄馮使君三首

庭鳥多好音相呼灌木中竹房更何有便如鳥巢空
賴逢故人侯真東晉謝公煌煌發令姿珂珮鳴丁冬
故山有深霞未如旌旗紅慚非衛霍松何以當清風
露益蟬聲長蕙蘭垂紫帶清吟待明月孤雲忽爲蓋

伊余石林人本是燒畬輩頻接謝公棊輸多未曾賽
大道貴無心聖賢爲始基秋空共澄潔美玉同貞素
偉哉桐江守雌黄出金口爲文能廢興談道彌空有
雪林槁枯者坐石聽亦久還疑紫磨身成居靈運後

偶作

誰信心火多多能焚大國誰信鬢上絲莖莖出蠶腹
嘗聞養蠶婦未曉上桑樹下樹畏蠶飢兒啼亦不顧
一春膏血盡豈止應王賦如何酷吏酷盡爲搜將去
蠶蛾爲蝶飛僞葉空滿枝冤梭與恨機一見一霑衣
君子稱一善馨香遍九垓小人妬一善處處生嫌猜

口如暴死人鐵尺拗不開稂莠蝕田髓積陰成冬雷
用知咋舌人千古空悠哉
新詩一千首古錦初下機除月與鬼神別未有人知
子期去不返浩浩良不悲不知天地間知者復是誰
門前數枝路路路車馬鳴名埃與利塵千里萬里行
只見青山高豈知青山平朱門勢峨峨冠蓋何光明
黃鳥在花裏青蟬奪其聲爾生非金玉豈常貴復貞
寄言之子心可以歸無形

遇葉進士

文章擬真宰儀冠冷如壁山寺偶相逢眼青勝山色

氣隆多慷慨語澹無他力金繩殘果落竹閣涼雨滴
自媿龍鍾人見此沖天翼

寄杜使君

清晨捲珠簾盥漱香滿室杉松經雪後別有精彩出
琅函芙蓉書開之向增日好鳥常解來孤雲偶相失
有時作章句氣概還鮮逸茫茫世情事誰人愛真實
清高慕元度宴默攀道一殘磬隔風林微陽解冰筆
亦知休明代諒無經濟術門前九箇峰終擬爲文乞

書陳處士陶屋壁二首

有叟傲堯日髮白肌膚紅妻子亦讀書種蘭清溪東

白雲有奇色紫桂含天風卽應迎鶴書昔羨於洞洪
高步前山前高歌北山北數載賣柑橙山貲近云足
新詩不將出往往僧乞得唯云李太白亦是偷桃賊
吟狂鬼神走酒釀天地昃青芻生階除擷之東成束

寄王溧

梅月多開戶衣裳潤欲滴寂寥雖無形不是小讐敵
地膚草木壯雨白桃李赤永日無人來庭花苦狼籍
吟高好鳥覷風靜茶烟直唯思萊子來衣拖五般色

上杜使君

爲魚須處海爲木須在岳一登君子堂頓覺心寥廓

右聽青女鏡左聽宣尼鐸政術似蒲盧詩情出沖漠
從來苦清苦近更加澹薄訟庭何所有一隻兩隻鶴
煙霞色擁墻禾黍香侵郭嚴霜與美雨皆從二天落
蒼生苦瘡痍如何盡消削聖君新雨露更作誰恩渥
卽捉五色筆密勿金鑾角卽同房杜手把乾坤橐籥
休說卜圭峰開門對林壑

上裴大夫

我有白雲琴樸斵天地精俚耳不使聞慮同衆樂聽
指指法仙法聲聲聖人聲一彈四時和再彈中古清
庭前梧桐枝颯颯南風生還希師曠懷見我心不輕

上盧少卿覓千文

荆山有美玉含華倚炳爛堪爲聖君璽堪爲聖君案草木潤不彫烟霞覆不散野人到山下仰視星辰畔倘或如栗黄保之上霄漢

謝盧少卿惠千文

廬山有石鏡高倚無塵垢晝景分烟蘿夜魄侵星斗苞含物象列搜照魚龍吼寄謝天地間毫端皆我有

讀唐史

我愛李景伯内宴執良規君臣道昭彰天顔終熙怡大簸怕清風糠粃繚亂飛洪鑪烹五金黄金終自奇

大哉爲忠臣捨此何所之

上顧大夫

碧海漾仙洲驪珠外無寶一岳倚青冥羣山盡如草君侯聖朝瑞動只闕元造誰云倚天劍含霜在懷抱誰云青雲劍門前是平道洪民亦何幸里巷清如掃至化無經綸至神無祝禱即應炳文柄孤平去浩浩即應調鼎味比屋堪封保野人慕正化來自海邊島經傳髻裏珠詩學池中藻閉門十餘載庭杉共枯槁今朝投至鑒得不傾肝腦斯文如未精歸山更探討

寄令狐郎中

雨打繁暑盡放懷步微凉綠苔狂似人入我白玉堂塹鳥眠堪畫庭樫夜益香惟應蘂宮子時到虎溪傍

聞無相道人順世四首

自昔詩師曰顛峰絶頂頭雖聞不相似特地使人愁庭樹雪催殘上有白獮猴大哉法中龍去去不可留

常思將道者高論地鑪傍迂談無世味夜深山木僵下山遭離亂多病惟深藏一别三十年烟水空茫茫

石霜既順世吾師亦不住杉桂有猩猩糠粃無句句土肥多孟蕨道老如嬰孺莫比優曇花斯人更難遇

百千萬億偈共他勿交涉所以那老人密傳與迦葉

吾師得此法不論切不切去矣不可留無蹤若爲躡

贈許徵君

晝公友秦奚來往躡溪雲如今又到我還愛許徵君落花鳥銜來承日香氤氳終期將爾曹歸去麋鹿羣

卷四十七終

全五代詩卷四十八

羅江李調元雨村 編

前蜀

貫 休二

古意

常思李太白仙筆驅造化元宗致之七寶床虎殿龍樓無不可一朝力士脫靴後玉上青蠅生一箇紫皇殿前五色麟忽然掣斷黃金鎖五湖大浪如銀山滿船載酒撾鼓過賀老成異物顛狂誰敢和甯知江邊墳不是猶醉臥

古意代友人投所知

青松雖有花有花不如無貧井泉雖清且無金轆轤客從遠方來遺我古銅鏡挂之玉堂上如對軒轅聖天龍睡坤腹土蝕金鼇綠因知燕趙隹人顏似玉不得此鏡終不出

偶作

機生機巧生巧心鑊烘烘日煎炒鬬蜀眉嚬遊海島扶桑椹熟金烏飽金烏飽飛復飛四天下人眼眙眙孰云我輕薄石頑如何喚作玉孰云我是非隨邪逐惡又爭得古人終不事悠悠一言道合死卽休豈不見大鵬點翼蓋十洲是何之物鳴啾啾

君子食卽食何必在珍華小人食不食縱食如泥沙清歌且莫唱妙舞亦休誇爾非鳳炙麒麟肉焉能一挂於齒牙去來去來歸去來紅泉正洒芙蓉霞

君不見金陵風臺月榭烟霞光如今五里十里野火燒茫茫君不見西施綠珠顏色何傾國樂極悲來留不得君不見漢王力盡得乾坤如何秋雨灑廟門銅臺老樹作精魅金谷野狐多子孫幾許繁華幾更改唯有堯舜周召邱軻似長在坐看樓閣成邱墟莫話桑田變成海吾有清涼雪山雪天上人間常皎潔茫

茫慾火欲燒人惆悵無因爲君說

漁家

赤蘆蓋屋低壓恰沙漲柴門水浪疊黃鷄青犬花蒙籠漁女漁兒掃風葉有叟相逢帶秋醉自拔船椿色無愧前山脚下得魚多惡浪堆中盡頭睡但得忘筌心自樂肯羨前賢釣清渭終須畫取挂秋堂與爾爲鄰有深意

田家作

田家老翁無可作晝甑蒸梨香漠漠只向堦前曝背眠赤桑大葉時時落古塹侵門桃竹密倉囤峨峨欲

遮日自云孫子解耕耘四五年來腹多實我聞此語心自悲世上悠悠豈得知稼而不穡徒爾爲

甘雨應祈

春雨偶愆期草木亦未覺君侯不遑處退食或閉閤東海浪滔滔西江波漠漠得不願身爲大虬金其角玉其甲一吸再呷雲平霧匝華暘九有清傾六合使不蘇者蘇不足者足情通上元如膏緜緜有叟有叟鼓腹歌於道邊歌曰黍苗芃芃兮鶺鴒飛日出而作兮日入歸如彼草木兮雨露肥古人三樂兮我樂多之天之成兮地之平兮柘系黄兮瓠葉青兮乳女啼兮蒸黍馨兮炙背捫虱兮復何經營兮

對月作

今人看此月古人看此月如何古人心難向今人說古人求祿以及親及親如之何忠孝爲朱輪今人求祿惟庇身庇身如之何惡木多斜文斜文復斜文顛躓何紛紛

江邊祠

松森森江渾渾江邊古祠空閉門精靈應醉社日酒白龜咬斷菖蒲根花殘冷紅宿雨滴土龍甲溼鬼眼赤天符早晚下空碧昨夜前村行霹靂

觀懷素草書歌

張顛顛後顛非顛直至懷素之顛始是顛師不譚經不說禪筋力唯於草書朽顛狂卻恐是神仙有神助兮人莫及鐵石畫兮墨須入金尊竹葉數斗餘半斜半傾山衲溼醉來把筆獰如虎粉壁素屏不問主亂拏亂抹無規矩羅刹石上坐伍子胥蒯通八字立對漢高祖勢崩騰兮不可止天機暗轉鋒鋩裏閃電光邊霹靂飛古柏身中焊龍死駭人心兮目眓瞁頓人足兮神辟易乍如沙場大戰後斷槍橛箭皆狼籍又似深山怪石上古病松枝掛鐵錫月兔筆天竈墨斜鑿黄金側剉玉珊瑚枝長大如束天馬驕獰不可勒

東却西南又北倒又起斷復續忽如鄂公喝住單雄信秦王肩上剔著棗木槊懷素師懷素師若不是星辰降瑞即必是河岳孕靈固宜須冷笑逸少爭得不心醉伯英天台古杉一千八巖崩劁折何崢嶸或細微仙衣半拆金線垂或妍媚桃花半紅公子醉我恐山爲墨兮磨海水天與筆兮書大地乃能略展狂僧意常恨與師不相識一見此書空歎息伊昔張渭任華葉季良數子贈歌詩豈虗飾所不足者渾未曾道著其神力石橋被燒卻良玉不土蝕錐畫沙兮印印

泥世人世人爭得測知師雄名在世間明月清風有何極

杜侯行 并序

愚自江東兵荒之後受杜氏兄弟深知往曾見陳陶與撫州蔡京使君雜言曰蔡氏行今亦擬之曰杜侯行云耳

天目連天搏秀氣崢嶸作起新城地德門鍾秀光盛時三虎八龍皆世瑞頃者天厖亂下鯨翻海烽火崩騰照行在江表惟傳君子鶯劍衝牛斗疏眞宰金昆玉季輕三鼓煮海懸魚臣節苦鴈影參差入瑞烟荆花燦爛開仙圃我聞大中咸通眞令主相惟大杜兼小杜但能致君活國濟生人亦何必須踏金梯折桂樹宣宗懿宗調舜琴大杜小杜爲殷霖出將入相兮功德深生人受賜兮直至今杜侯兄弟繼之後璞玉渾金美騰口常言一呼百萬何足云終取封侯之印大如斗恭聞吾皇似堯禹搜索賢良皆面覩杜侯杜侯君倘修令德克有終卽必還爲大杜兼小杜八之戴兮天筆註國之福兮天固祚四海無波八表臣如今而後君看取

山中作

山爲水精宮藉花無塵埃狂吟岳似動筆落天瓊瑰伊余自樂道不論才不才有時鬼笑兩三聲疑是大謝小謝李白來

晉光大師草書歌

雪壓千峯橫枕上窮困雖多還激壯看師逸蹟兩相宜高適歌行李白詩海上驚驅山猛燒吹斷狂烟著沙草江樓曾見落星石幾回試發將軍砲別有寒鵰掠絕壁提上元猨更生力又見吳中磨角來舞槊盤刀初觸擊好文天子揮宸翰御製本多推玉案晨開水殿教題壁題罷紫衣親寵錫僧家愛詩自拘束僧家愛畫亦局促唯師草聖藝偏高一掬山泉心便足

書匡山老僧菴

貧簷紅實好鳥語銀髯瘦僧貌如祖香烟濛濛衣上聚冥心縹緲入鐵圍白鸎作夢枕藤屨東峯山媪貢瓜乳

讀顧況歌行

雪泥露金氷滴瓦楓檉火著僧留坐忽覩逋翁一軸歌始覺詩魔辜負我花飛飛雪霏霏三珠樹曉珠纍纍妖狐爬出西子骨雷車拶破織女機憶昔鄱陽寺中見一碣逋翁詞兮逋翁札庾翼未伏王右軍李白

不知誰擬殺別別若非仙眼應難別不可說不可說離亂亂離應打折

讀離騷經

湘江濱湘江濱蘭紅芷白波如銀終須一去呼湘君問湘君雲中君不知何以交靈均我恐湘江之魚兮死後盡爲人曾食靈均之肉兮箇箇爲忠臣又想靈均之骨兮終不曲千年波底色如玉誰能入水少取得香沐函題貢上國貢上國卽全勝和璞懸璨垂棘結綠

還舉人歌行卷

厚於鐵圍山上鐵薄似雙成仙體綳蜀機鳳雛動甇甍珊瑚枝枝撐著月王愷家中藏難掘顏回飢孱愁天雪古松直筆雷不折雪衣女啄蟠桃缺珮入龍宮步遲遲繡簾銀殿何參差卽不知驪龍失珠知不知

春晚書山家屋壁二首

柴門寂寂黍飯馨山家烟火春雨晴庭花濛濛水泠泠小兒啼索樹上鶯

水香塘黑蒲森森鴛鴦鸂鶒如家禽前村後壟桑柘深東鄰西舍無相侵蠶娘洗繭前溪淥牧童吹笛和衣浴山翁留我宿又宿笑指西坡瓜豆熟

懷張爲周朴

張周二夫子詩好人太癖更不過嶺來如今頭盡白人傳禹力不到處河聲流向西周又到處卽閉戶逢君方展眉張不知是不是若是卽大奇我又聞二公心與人不同一生常在寂寞中有時狂吟入僧宅錦囊鳥啼荔枝紅有時冥搜海山腦珊瑚枝動日杲杲聖君在上知不知赤面濁醪許多好

寒日送元道士入天台

之子逍遙塵世薄格淡於雲語如鶴相見惟談海上山碧側青斜泠相沓芒鞋竹杖寒凍時玉霄忽去非

有期僮擔赤籠密雲裏世上無人留得之想入紅霞路深邃孤峰縱嘯仙飈起星精聚觀泣海鬼月湧薄烟花點水送君丁甯有深旨好尋佛窟遊銀地佛窟銀地皆天台雲境也雪眉衲僧皆正氣伊昔貞白先生同此意若得神聖之藥卽莫忘遠相寄

送顥雅禪師

霜鋒擗石烏雀聚帆凍陰飇吹不舉芬陀利香釋驎虎幡幢冒雪爭迎取春光主芙蓉堂窄堆花乳手提金桴打金鼓天花娉婷下如雨狻猊座上獅子語苦郤樂樂郤苦壚至黃金忽如土

送楊秀才

北山峨峨香拂拂翠漲青奔勢巉崒赤松君宅在其中紫金爲墻珠作室玻璃門外仙獓缺幢節森森絳烟密水精簾捲桃花開文錦娉婷衆非一撫長離坎答鼓花姑吹簫弄玉起舞三萬八千爲半日海涸鼇枯等閒覩愛共安期棊苦識彭祖丹有時朝玉京紅雲擁金虎石橋亦是神仙柱白鳳飛來又飛去五雲縹緲羽翼高世人仰望心空勞

別杜將軍

伊余本是胡爲者採蕈鋤茶在窮野偶披蓑笠事空

王餘力爲文擬何謝少年心在青雲端知音滿地皆龍鸞遽逢天步艱難日深藏溪谷空長歎偶出重闕遇英哲留我江樓經歲月身偎玉帳香滿衣夢歷金盆金華山最高處雨和雪東風來兮歌式微深雲道人召來歸燕辭大厦兮將何爲濛濛花雨兮鶯飛飛一汀楊柳同依依

春野作

牛兒小牛女少抛牛沙上鬬百草鉏隴老人又太老薄烟漠漠覆桑棗

泊秋江

岸如洞庭山似剡船漾清溪涼勝簟月白風高不得眠枯葦叢邊釣師覺

嘲商客

葦蕭蕭風摵摵落日江頭何處客斜倚帆檣不喚人五湖浪向心中白

深山逢老僧二首

衲衣線麄心似月自把短鋤鋤榾柮青石溪邊踏葉行數片雲隨兩眉雪

山童貌頑名乞乞放火燒畬采厓蜜擔頭何須帶山香一籮白蕈一籮栗

懷二三朝友

傷心復傷心流光似飛電有惠驪龍十斛珠不如一見君子面愁人復愁人滿眼皆埃塵有惠黃金一萬斤不如一見仁人身我昔讀詩書如今盡抛也只記得田叔孟溫舒帝王滿口稱長者

宿深村

行行一宿深村裏鷄犬豐年鬧如市黃昏見客合家喜月下取魚戽塘水

送越將歸會稽

面如玉盤身八尺燕語清獨戰袍窄古嶽龍腥一匣

霜江上相逢雙眼碧冉冉春光方婉娩纍然別我歸
稽巘他年必帥邯鄲兒與我殺輕班定遠

樵叟

樵父貌飢帶塵土自言一生苦寒暑擔頭擔箇赤瓷
甖斜陽獨入濛籠塢

寄高員外

冷冽蒼黃風似劈雪骨冰筋滿瑤席庭松流汗相抵
喫霜絮重裘火無力孤峰地鑪燒白櫪龐眉道者應
相憶倏忽維陽歲云暮寂寥不覺成章句惟應將寄
蘂珠宮禪刹雲深一來否

苦熱寄赤松道者

天雲如燒人如炙天地鑪中更何適蟬喘雷乾冰井
融些子清風有何益守羊眞人聃之役高吟招隱倚
碧壁紫氣紅烟鮮的的澗茗園瓜麴塵邑驕冷耆涼
合相憶

村行遇獵

獵師紛紛走榛莽女亦相隨把弓矢南北東西盡殺
心斷燒殘雲在圍裏鶻拂荒田兔成血竿打黃茅雉
驚起傷嗟箇輩亦是人一生將此關身已我聞天地
之大德曰生又聞萬事皆天意何遣此人又如此猶
更願天公一丈雪深山麋鹿盡凍死

經曠禪師院

吾師楞伽山中人氣岸古淡僧麒麟曹溪老兄一與
語金玉聲利泥棄唾委兀兀如頑雲驪珠兮固難價
其價靈芝兮何以根其根眞貌枯槁言樸略衲衣爛
黑燒嶽痕憶十四五年前苦寒節禮師問師楞伽月
此時師
握玉麈尾報我郤云非日月一敲粉碎狂性歇庭松
無韻冷撼骨搔窗擦簷數枝雪迴來流淚于吳越一
片閑雲空皎潔再來尋師已蟬蛻簷蔔枝枯醴泉竭

水檀香火遺影在甘露松枝月中折寶師往日眞隱
心今日不能墮雙血

送僧入馬頭山

馬頭寶峰秀塞寒空有叟有叟眞隱其中無味醍醐
亦非般若白趾碧目數百瀟瀟苦竹大於杉白熊臥
如馬金鐘撼巹布水噴瓦芙蓉堂開峰月入岳精蹋
雪立屋下伊余解攀緣已是非常者更有叟獨往來
與我語情無剛彊氣透今古竹笠援補芒鞋藤乳北
風倒人乾雪不聚滿頭霜雪湯雪去湯雪去無人及
空望眞氣江上立

和楊使君遊赤松山

爲郡三星無一事龔黃意外扳喬松日邊楊歷不爭
路雲外苔蘚須留蹤溪月未落漏滴滴隼旟已入山
重重捫蘿蓋輸山屐伴駐旆不見朝霞濃乳猨劇黠
挂險樹露木翠脆生諸峰初平謝公道非遠黯然物
外心相逢石羊依稀齕瑶草桃花彷彿開仙宮終當
歸補吾君袞好山好水那相容

秋夜曲

蟪蛄切切風騷騷芙蓉噴香蟾蜍高孤燈耿耿征婦
勞更深撲落金錯刀

送盧舍人

勸君不用登峴首山讀羊祜碑男兒事業須自奇此
碑山頭如日月日月照人人不知人不知靑山白雲
徒爾爲
勸君登商山不用覓商山皓雲深雪深騾馬倒我願
終南太華變爲金吾后見之不爲寶我願九州四海
紙幅幅與君爲諫草使躡高踐夔逢軒見皞日環五
色是物得老如此卽商山皓商山皓君不用討他他
必來相討

卷四十八終

全五代詩卷四十九

羅江李調元雨村 編

前蜀

貫 休三

壽春進祝聖七首

九天宮上聖降世共昭回萬彙須亭毓羣仙送下來
承乾當否極庶事盡康哉祇有義軒比其餘不可陪
千載罕儕
武宿與文星常如掌上擎孫吳機不動周召事多行
旰食爐烟細宵衣隙月明還聞夔進曲吹出泰階平

文有武備
及霤龍鱗動君臣道義深萬年軒后鏡一片漢高心
從諫如流
北狄皆輸欵南夷盡貢琛從茲千萬歲枝葉玉森森
侯時兼待價垂棘出塵埃仄席三旌切移山萬里來
擭揚草澤
烟霞衣上落閶闔雪中開壽酒今朝進無非出世才
天將與大蜀有道遂君臨四塞同諸子三邊共一心
守在四夷
闍婆香似雪迴鶻馬如林曾讀前皇傳巍巍冠古今

曈曈懸佛日天偃動雲韶縱掖諸生集麟洲羽客朝非烟生玉砌御柳吐金條擊壤翁知否吾皇即帝堯大興三教

聲教無爲日山呼萬歲聲隆隆如谷響合合似雷鳴翠拔爲天柱根盤倚鳳城恭惟千萬歲歲歲致昇平山呼萬歲

送諫官南遷

危行危言者從天落海涯如斯爲遠客始是好男兒瘴雜交州雨犀揩馬援碑不知千萬里誰復識辛毗

觀李翰林眞

誰氏子丹青毫端曲有靈屹如山忽墮爽似酒初醒天馬難攏勒仙房久閉扃若非如此輩何以倣形庭

晚泊湘江作

烟浪濛秋色高吟似有鄰一輪湘渚月萬里獨醒人岸濕穿花遠風香禱廟頻祇應訣佞者到此不傷神

淮山逢故人

故園離亂後十載始逢君長恨南熏奏尋常只自聞荒窗秋見岳赤地夜生雲莫歎謀身晚中興正用文

讀杜工部集

造化拾無遺惟應杜甫詩豈非元域橐奪得古人旗日月精華薄山川氣槩卑古今吟不盡惆悵不同時

題簡禪師院

機忘室亦空靜與沃洲同惟有半庭竹能生竟日風思山海月上出定印香終繼後傳衣者還須立雪中

讀劉得仁賈島集

二公俱作者其奈亦迂儒且有諸峰在何將一第吁句還如茵苕誰復贈襜褕想得重泉下依前與衆殊

天台老僧

獨住無人處松龕岳色侵僧中九十臘雲外一生心白髮垂不剃青眸笑轉深猶能指孤月爲我暫開襟

經費隱君舊宅

巉巖玉九株秀濕掩蒼梧祥瑞久不出義軒消得無雨和高瀑濁燒膂大樹枯到此思歸去迢迢隔五湖

秋末懷舊山

昔住匡廬北無人知姓名侵雲收穀粟引蟻上柑橙寒雨雪兼落柘林虎獨行誰能將白髮共向此中生

寄僧野和尚

島外更誰親諸峰即四鄰白頭寒枕石青衲爛無塵像栗堆行徑猿猴遶定身倘然重結社願作掃壇人

寄馮使君

菴居碧雲暮好鳥啼紅芳滿郭桃李熟捲簾風雨香
清吟繡段句默念芙蓉章未得歸山去頻升謝守堂

寄紫閣隱者

積翠藏一叟常思未得遊不知在巖下爲復在峰頭
苔上枯藤笎泉林破石樓伊余更何事不學此翁休

春山行

重疊太古色濛濛花雨時好峯行恐盡流水語相隨
黑壤生紅黍黃猨領白兒因思石橋月曾與故人期

春過鄱陽湖

百慮片帆下風波極目看吳山兼鳥沒楚色入衣寒

過此愁人處始知行路難夕陽沙島上回首一長歎

秋末江行

四顧木落盡扁舟增所思雲銜蘧燒出帆轉大荒遲
天際霜雪作水邊蒿艾衰斷猨不堪聽一聽亦同悲

題友人山居

卜居鄰塢寺魂夢又相關鶴本如雲白君初似我閑
月明僧渡水木落火連山從此天台約來茲未得還

秋居寄王相公

松聲高似瀑藥熟色如花誰道全無病時猶不在家
山童舂菽粉園叟送銀瓜那訪孫宏閣談元到日斜

送友人下第遊邊

失意窮邊去孤城値晚春黑山霞不赤白日鬼隨人
角咽胡風緊沙昏磧月新明時王公在迴首莫因循

懷武昌棲一

風清江上寺霜灑月中礎得句先呈佛無人知此心
寂寥從鬼出蒼翠到門深惟有雙風下時時獨去尋

寒食郊外

寒食將吾族相隨過石溪塚花沾酒落林鳥學人啼
白水穿蕪疾新霞出霧低不堪迴首望家在赤松西

懷錢唐羅隱章魯封

二子依公子雞鳴狗盜徒青雲十上苦白髮一莖無
風澁潮聲惡天寒角韻孤別離千萬里何以慰榮枯

桐江閑居作

不問賡桑子唯師妙吉祥等閑眠片石不覺到斜陽
獨自收櫧葉教童採柏瓤王孫莫指笑淡泊味還長

寄棲一上人

花塹接滄洲陰雲閉楚邱雨聲雖到夜吟味不如秋
古屋藏花鴿荒園聚亂流無機心便是何用話歸休

古塞下曲

下營依循甲分帥把河隍地使人心惡風吹旗幟荒

摟山得探卒放火臘黃羊唯有南飛雁聲聲斷客腸
歸去是何年山連邐迤川蒼黃爭戰地空濶養鵰天
旗插蒸沙堡槍擔卓槊泉蕭條寒日落號令徹窮邊
虜寇日相持如龍馬不肥突圍金甲破趁賊鐵槍飛
漢月堂堂上胡雲慘慘微黃河氷已合猶未送征衣
榆葉飄蕭盡關防烽寨重寒來知馬疾戰後覺人兇
燒逐飛蓬死沙生毒霧濃誰能奏明主功業已堪封

古塞上曲

幽并兒百萬百戰未曾輸蕃界已深入將軍仍遠圖
月明風拔帳磧暗鬼騎狐但有東歸日甘從筋力枯

中軍殺白馬白日祭蒼蒼號變旗幡亂沙乾草木黃
朔雲含凍雨枯骨放妖光故國今何處參差近鬼方
久雨始無塵邊聲四散聞浸河荒寨柱吹角白頭軍
戰馬齕腥草烏鳶識陣雲征人心力盡枯骨更遭焚
地角天涯外人號鬼哭邊大河流敗卒寒日下蒼烟
殺氣諸蕃動軍書一箭傳將軍莫惆悵高處是燕然

送僧之靈夏

舊識爲邊帥師遊勝事兼連天唯白草野餅有紅鹽
蕃近風多鼓河渾磧半淹因知心似月處處有人瞻

江陵寄翰林韓偓學士

久住荆溪北禪關挂綠蘿風清閑客去睡美落花多
萬事皆妨道孤峰謾憶他新詩舊知已始爲味如何

懷匡山山長

白石峰之半先生好在麽捲簾當大瀑常恨不如他
杉罅龍涎溢潭坳石髮多吾皇搜草澤爭柰謝安何

晚春寄張侍郎

遐想涪陵岸山花半已殘人心何以遣天步正艱難
鳥聽黃袍小城臨白帝寒應知窗下夢日日到江干
黃袍鳥名

過五天僧入五臺

雪嶺頂危坐乾坤四顧低河横于闐北日落月支西
水石香多白猨猱老不啼空餘忍辱草相對色萋萋

秋寄李頻使君

務簡趣難陪清吟共緣苔葉和秋蟻落僧帶野香來
留客朝嘗酒憂民夜晝灰終期冒風雪江上見宗雷

送廬山衲僧

飛錫下崆峒清高世少雙凍天方餘雪別我去何邪
燒繞赤烏亥雲漫白蚌江路人爭得識空仰鬢眉厖

送人之嶺外

見說還南去迢迢有侶無時危須早轉親老莫他圖

小店蜘羮黑空山象糞枯三閭遺廟在爲我一嗚呼

湖頭別墅

梨栗鳥啾啾高歌若自由人誰知此意舊業在湖頭
飢鼠掀菱殼新蟬避栗皺不知江海上戈甲幾時休

秋末長興寺作

荒寺古江濱莓苔地絶塵長廊飛亂葉寒雨更無人
栗不和皺落僧多到骨貧行行未得孤坐更誰親

避寇入銀山

草草穿銀峽崎嶇路未諳傍山爲店戍永日繞溪潭
燒地生芚蕨人家養僞蠶翻如歸舊隱步步入烟嵐

秋夜作因懷天台道者

萬事何須問良時即此時高秋半夜雨落葉滿前池
靜怕龍神識貧從草木欺平生無限事祇有道人知

邊上行

黑松林外路風角遠嚂嚂朔氣生荒堡秋塵滿病容
豺掊沙底骨人上月邊烽休作西行計西行地漸兇

登翻陽寺閣

寺樓閑縱望不覺到斜暉故國在何處多年未得歸
寒江平楚外細雨一鴻飛終斅於陵子吳山有綠薇

送僧之安南

安南千萬里師去趣何長鬢有炎州雪心爲異國香
退牙山象惡過海布帆荒早作歸吳計無忘父母鄉

送僧歸剡山

遠逃爲亂處寺與石城連木落歸山路人初刈剡田
荒林猴咬栗戰地鬼多年好去楞伽子精修莫偶然

送僧入五洩

五洩江山寺禪林境最奇九年喫菜粥此事少人知
山響僧擔穀林香豹乳兒伊余頭已白不去更何之

旅中懷孫路

暮塵微雨收蟬急楚鄉秋一片月出海幾家人上樓

砌香殘果落汀草宿烟浮唯有知音者相思歌白頭

貽世

至理不誤物悠悠自不明黃金燒欲盡白髮火邊生
苦惑神仙讖難收日月精捕風兼繫影信矣不須爭

覽李秀才卷

香沭整山衣開君一軸詩吟當秋景苦味出雪林遲
經濟幾人到工夫兩鬢知因嗟和氏淚不是等閒垂

懷方干張爲

冥搜入仙窟半夜水堂前吾道祇如此古人多亦然
螢沉荒塢霧月苦綠梧蟬因憶垂綸者滄浪何處邊

四皓圖

何人圖四皓如語話嘮嘮雙鬢雪相似是誰年最高
溪苔連豹褥仙酒汙雲袍想得忘秦日伊余亦合逃

懷白閣道侶

寒思白閣層石屋兩三僧斜雪掃不盡飢猿喚得應
香然一字火磬過數潭氷終必相尋去孤懷久不勝

讀孟郊集

東野子何之詩人始見詩清刳霜雪髓吟動鬼神司
舉世言多媚無人師此師因知吾道後冷淡亦如斯

懷四明亮公

孤峰含紫烟師住此安禪不下便不下如斯太可憐
坐侵天井黑吟久海霞蔫豈覺塵埃裏干戈已十年

秋過錢塘江

巨浸東隅極山吞大野平因知吳相恨不盡海濤聲
黑氣騰蛟窟秋雲入戰城遊人千萬里過此白髭生

上俞許二判官

近拋蓑笠者急善遇休明未省親宗伯焉能識正聲
病容經夏在岳夢入秋并無限林中意今逢許郭傾

懷劉得仁

詩名動帝畿身謝亦因詩白日只如哭皇天得不知
旅墳孤躅岳巖僕泣如兒多少求名者聞之淚盡垂

歸故林後寄二三知己

昨別楚江邊迢迢早數年詩雖清到底人更瘦於前
岸聳連喬嶽汀沙入壞田何時重一見談笑有茶烟

春寄西山陳陶

搔首復搔首孤懷草萋萋春光已滿目君在西山西
壍水成文去庭柯擎聳低所思不可見黃鳥花中啼

送人歸新羅

昨夜西風起送君歸故鄉積愁窮地角見日出扶桑
蜃氣生初霽潮痕匝亂荒從茲頭各白魂夢一相望

思匡山賈匡

山兄詩癖甚寒夜更何爲覓句爲頑坐嚴霜打不知
石膏黏木屐崖蜜落氷池近見禪僧說生涯勝往時

偶作

十載獨扃扉誰爲二雅詩道孤終不雜頭白更何疑

贈方干

句冷杉松與嚴霜鼓角知修心對閑鏡明月印秋池
盛名與高隱合近謝敷村弟子已得桂先生猶灌園
垂綸侵海介拾句歷雲根白日昇天路如君別有門

漁父

一葉一竿竹眉鬚雪欲零陸應無祖業香必是伊腥
兒亦名魚鷗歌稱我洞庭回頭深自媿舊業近滄溟

寄宋使君

寺倚烏龍腹窗中見碧稜空廊人画祖古殿鶴窺燈
風吼深松雪爐寒一鼎氷唯應謝內史知此道心澄

懷武夷紅石子

常思紅石子獨自住山椒窗外猩猩語爐中姹姹嬌
乳香諸洞滴地秀衆峰朝曾見奇人說烟霞恨太遙

送人征蠻

七縱七擒處君行事可攀亦知磨一劍不獨定諸蠻

樹盡低銅柱潮常沸火山名須麟閣上好去及瓜還

懷周朴張為

二子無消息多應各自耕巴江思杜甫漳水憶劉楨
白髮應全白生涯作麽生寄書長不達空念重行行

鄱陽道中作

鄱陽古岸邊無一樹無蟬路轉他山大砧驅鄉思偏
湖平帆盡落天淡月初圓何事堯雲下干戈滿許田

歸故林別知已

別離無今古柳色向人深萬里長江水平生不印心
遣書容北雁贈別謝南金媿勉青雲志余懷非陸沈

硯瓦

淺薄雖頑朴其如近筆端低心蒙潤久入匣更身安
應念研磨苦無為瓦礫看倘然仁不棄還可比璵玕

水壺子

良匠曾陶瑩多居筆硯中一從親几案常恐近兒童
卓立澄心久提攜注意通不應嫌器小還有濟人功

筆

莫訝書紳苦功成在一毫自從蒙管錄便覺用心勞
手點時難棄身閑架亦高何妨成五色永遠助風騷

棊

棊信無聲樂偏宜境寂寥著高圖暗合勢王氣彌驕
人事掀天盡光陰動地銷因知韋氏論不獨為吳朝

夜對雪作寄友生

皓彩中宵合開門失所蹤何年今夜意共子在孤峰
氣射燈花落光侵壁罅濃唯君心似我吟到五更鐘

題惠琮律師院

苦節兼青目公卿話有餘唯傳黃葉喻還似白泉居
猨撥孤雲破鐘撞衆木踈社壇蹤跡在重結復何如

寄清冷山道人

常憶清冷子深雲種早禾萬緣雖不涉一句子如何

蹤跡諸峰匝衣裳老氣多江頭無事也終必到烟蘿

秋盡途中作

行行芳草歇潭島葉紛紛山色路無盡碪聲客頻聞
殘陽躍極野黑水浸空墳那得無鄉思前程入楚雲

聞徵四處士

一詔羣公起移山四海聞因知丈夫事須佐聖明君
白酒全傾甕蒲輪半載雲從茲居諫署筆硯幾人焚

寄匡山紀公

錦繡谷中人相思入夢頻寄言無別事琢句似終身
書卷須求旨鬚根易得銀斯言如不惑千里亦相親

聞無相道人順世

一事不經營孤峰長老情惟餐橡子餅愛說道君兄
池藕香貍掘山神白日行又聞行脚也何處化羣生

苦熱

松桂枝不動陽烏飛半天稻麻須結寔沙石欲生烟
毒氣仍干扇高枝不立蟬舊山多積雪歸去是何年

鄂渚贈祥公

寂寥堆積者自爲是高僧客遶何人識吟多冷病增
松烟青透壁雪氣細吹燈猶賴師於我依依非面朋

懷武昌棲一

常憶能吟一房迷古帝墟無端多忤物惟我獨知渠
病愈囊空後神清木落初祇因烽火起書札自茲疎

送道士歸天台

道高留不住道去更何云舉世皆趨世如君始愛君
徑侵銀地滑瀑到石城聞他日如相憶金桃一爲分

經孟浩然鹿門舊居二首

孟子終焉處遊人得得過櫟深黃狖小地煖白雲多
孔聖嗟大謬元宗爭奈何空餘峴山色千古共嵯峨

花落谷鶯啼精靈安在哉青山不可問永日獨裴回
塚穴應藏虎荒碑祇見苔伊余亦惆悵昨日郢城迴

春送禪師歸閩中

春色滿三湘送師還故鄉穿霞逢黑鴆乞食得紅薑
大化宗門闕孤禪海樹涼倘爲新句偶寄我亦何妨

途中逢周朴

東西南北路相遇共興哀世濁無知已子從何處來
菊衰芳草在程遠宿烟開倘遇中興主還應不用媒

避寇上唐臺山

蒼黃緣鳥道峰脅見樓臺櫪桂香皆滴煙霞濕不開
僧高眉半白山老石多摧莫同塵中事如今正可哀

題嶧桐律師院

律中麟角者高談出塵埃芳草不曾觸幾生如此來
壑風吹磬斷杉露滴花開如結林中社伊余亦願陪

懷諸葛珏

諸葛子作者詩曾我細看出山因覓孟踏雪去尋韓（遇孟郊韓愈于洛下）謬獨哭不錯（諸葛云思牽吳岫起吟索剡雲開）常流飲實難（諸葛曾爲僧名然有詩云到處自鑿井不能飲常流）知音知便了歸去舊江干

送沈侍郎

從知無遠近木落去閩城地入無諸俗冠䄡甲乙借
山多高興亂江直好風生倚府清無事唯應薦禰衡

題宿禪師院

身閑心亦然如此已多年語淡不著物茶香别有泉
古衣和蘚衲新偈幾人傳時說秋歸夢孤峰在海邊

秋晚泊石頭驛有寄

蕭索漳江北何人慰寂寥北風人獨立南國信空遥
燒坞新雲白漁家衆木凋所思不可見行雁在青霄

卷四十九終

全五代詩卷五十

羅江李調元雨村　編

前蜀

貫休四

秋夜吟

如愚復愛詩木落即眠遲思苦香消盡更深筆尚隨
飢童舂赤黍繁露灑烏椑看卻龍鍾也歸山是底時

桐江閑居作

木落雨脩脩桐江古岸頭擬歸仙掌去剛被謝公留
猛燒侵茶坞殘霞照角樓坐來還有意流水面前流

香刹通真觀樓臺倚郡城陰森古樹氣粗淡老僧情
壁畫連山潤仙鐘扣月清何須結西社大道本無生
靜室焚檀印深爐燒鐵瓶茶和阿魏煖火種柏根馨
數隻飛來鶴成堆讀了經何妨似支遁騎馬入青冥
詩琢冰成句多將大道論人誰知此意日日祗關門
乳鼠穿荒壁溪黿上淨盆因知無事貴言外更無言
紅黍飯溪苔清吟茗數杯祗應唯道在無意俟時來
樹疊藏仙洞山蒸足爆雷從他嫌復笑門更不曾開
塹鳥毛衣別頻來似愛吟蕭條秋病後斑駁緑苔深
珠翠籠金像風泉灑玉琴孰知吾所適終不是心心

憶在山中日爲僧鬢欲衰一燈常到曉十載不離師
水汲氷溪滑鐘撞雪閣危從來多自省不學擬何爲
囊非撲滿器門更絕人過土井連岡冷風簾迸葉多
村童頑似鐵山菜硬如莎唯有前山色窗中無奈何

寄馮使君

山風與霜氣浩浩滿松枝永日燒杉子無人共此時
爲文攀諷諫得道在毫氂唯有桐江守常憐志不卑

經棲白舊院

空卿何處去觸目盡淒涼不見中秋月空餘一炷香
殘花飄暮雨枯葉蓋啼螿誰禮新墳塔蕭條渭水旁

贈李祐道人

闒茸復埃塵難親復易親皆疑有仙術問著卻愁人
祇是耽浮蟻曾云見泣麟相逢先合手渾似有前因

贈景和尚院

藏經看幾徧眉有數條霜萬境心都泯深冬日亦長
窗虛花木氣衲挂水雲鄉時說秋歸夢峰頭雪滿牀

上宋使君

折桂文如錦分憂力若春位高空倚命詩妙古無人
有感禾爭熟無私吏盡貧野人如有幸應得見陶鈞

離亂後寄九峰和尚二首

亂後知深隱菴應近石樓異香因雪歇仙果落池浮
詩老全拋格心空未到頭還應嫌笑我世路獨悠悠
蕭灑復蕭灑松根獨據梧瀑氷吟次折遠燒坐來無
老爨寒披衲孤雲靜入廚不知知我否已到不區區

送王貞白重試東歸

心苦酬心了東歸謝所知可憐重試者如折兩三枝
雨毒逢花少山多愛馬遲此行三可羡正值倒戈時

寄西山胡汾

待價欲要君山前獨灌園雖然不識面要且已消魂
鹿睡紅霞影泉淋白石門伊余心更苦何日共深論

寄赤松舒道士

余亦如君也詩魔不敢魔一餐兼午睡萬事不如他
雨陣衝溪月蛛絲罥砌莎近知山果熟還擬寄來麼

鄂渚逢楊贊禹

流浪兵荒苦相思歲月闌理唯通至道人或謂無端
燒猛湖煙赤窗空雪月寒知音不可見始爲一吟看

别姓空禪師

積翠迸一瀑紅霞碧霧開方尋此境去莫問幾時迴
盪槳入檣石思詩聞早雷唯師心似火欲近不然灰

送胡處士

不名兼不利相遇海西濱白字未干髮清時錯愛雲
頭巾多酒氣竹杖有苦文久積希顏意林中又送君

寄瀾公二首

小一頭應白孤高住歙城不知安樂否何以近無生
燒逼鴻行側風乾雪朕清途中逢此信珍重未精誠
荒亂拋深隱飄零遠寓居片雲無定所得力是逢渠
（光洞山道人云吾今獨自往處處得逢渠）瀑濟羣公社江崩古帝墟終期
再相見招手復何如

送僧之湖南

湘水萬餘里師遊芳草生登山乞食後無伴入雲行

宿雨和花落春牛擁霧耕不知今夜月何處聽猨聲

秋末寄張侍郎

靜坐黔城北離人半歲彊霧中紅黍熟燒後白雲香
多病如何好無心去始長寂寥還得句溪上寄三張

古塞曲

單于烽火動都護去天涯別賜黃金甲親臨白玉除
塞垣須靜謐師旅審安危定遠條支寵如今勝古時
方見將軍貴分明帶晃旒聖恩如遠被狂虜不難收
臣節唯期死功勳敢望侯終辭脩里第從此上皇州
百萬精兵動參差便渡遼如何好白日亦照此天驕
遠樹深疑賊驚蓬迴似鵰凱歌何日唱磧路共天遙
南北惟堪恨東西實可嗟常飛侵夏雪何處有人家
風刮陰山薄河推大岸斜祗應寒夜夢時見故園花
不是將軍勇胡兵豈易當雨曾淋火陣箭又中金瘡
鐵嶺全無土豺羣亦有狼因思無戰日天子是陶唐
萬戰千征地蒼茫古塞門陰兵爲客祟惡酒發刀痕
風落昆侖石河崩苜蓿根將軍更移帳日日近西蕃
白雁兼羌笛幾年垂淚聽陰風吹殺氣永日在青冥
遠戍秋添將邊烽夜雜星嫖姚頭半白猶自看兵經
帳幕侵奚界憑陵未可涯擒生行別路尋箭向平沙

赤落蒲桃葉香微甘草花不堪登隴望白日又西斜
山接胡奴水河連勃勃城數州今已伏此命豈堪輕
磧吼旄頭落風乾刁斗清因嗟李陵苦祇得沒蕃名
掃盡狂胡迹迴頭望故關相逢唯死鬬豈易得生還
縱宴參胡樂收兵過雪山不封十萬戶此事亦應閑
玉帳將軍意殷勤把酒論功高甯在我陣沒與招魂
塞色干戈束軍容喜氣屯男兒今始是識出玉門關
囘首隴山頭連天草木秋聖君應入夢半路遣封侯
水不擔陰雪柴令倒戍樓歸來麟閣上春色滿皇州

夜寒寄盧給事

刻羽流商否霜風動地吹邐來唯自惜知合是誰知
塹雪消難盡鄰僧睡太奇知音不可得始爲一吟之

送葉棠赴舉

年年屈復屈惆悵曲江湄自古身榮者多非年少時
空囊投刺遠大雪入關遲來歲還公道平人不用疑

聞王慥常侍卒

世亂君巡狩清賢又告亡星辰皆有角日月略無光
金柱連天折瑤階被賊荒令人轉惆悵無路問蒼蒼
宗社運微衰山摧甘井枯不知千載後更有此人無
政入龔黃甲詩輕沈宋徒受恩酬未得不覺祇長吁

秋晚野步

藤履兼闊竹吟行一水傍樹涼蟬不少溪斷路多荒
燒岳陰風起田家濁酒香登高吟更苦微月出蒼茫

聞大願和尚順世

王室今如燬仍聞喪我師古容圖得否內院去無疑
岳鬼月中哭松龕雪次隳直須文五色始可立高碑
師稟盡名卿孤峰老稱情若遊三點外爭把七賢平
苦霧埋空室啼猨有咽聲今朝益惆悵曾沐下牀迎愚常念法華經師見即下牀迎云吾不敢以衆人相待也

明進士北齋避暑

相訪多衝雨由來德有隣卷簾繁暑退濕樹一蟬新
道在誰爲主吾衰自有因祇應江海上還作狎鷗人

晚春寄吳融于競二侍郎

白頭爲遠客常憶白雲間祇覺老轉老不知閑是閑
花含宜細雨室冷是深山唯有霜臺客依依是往還

喜不思上人來

沃州那不住一別許多時幾度懷君夜相逢出夢遲
瓶擔千丈瀑偈是七言詩若向羅浮去伊余亦願隨

秋懷赤松道士

仙觀在雲端相思星斗寒常憐呼鶴易卻恨見君難

石鑄青虵濕風梩白菌乾終期花月下壇上聽君彈

送劉遜赴閩辟

離亂生涯盡依劉是見機從來吟太苦不得力還稀
路入閩山熟江浮瘴雨肥何須折楊柳相送已依依

苦雨中作

通宵復達夕其狀祇如傾卻遣思山者忽然嫌水聲
好花飄草盡古壁欲雲生不奈天難問迢迢遠客情

送僧歸日本

焚香祝海靈開眼夢中行得達即便是無生可作輕
流黃山火著碇石索雷鳴想到夷王禮還爲上寺迎

有僧遊日本云彼祇有三寺上寺名兜率國王供養
中寺名浮上極品官人供養下寺名祇上寺風俗供
養有德行即
漸遷上也

贈信安鄭道人

貌古似蒼鶴心清如鼎湖仍聞得新義便欲註陰符
點化金常有閑行影漸無杳兮中便是應不食菖蒲

送智光禪伯

萬事歸一衲曹溪初去尋從來相狎輩盡不是知音
乞食林花落穿雲翠巘深終希重一見示我祖師心

送王轂及第後歸江西

太宗羅俊彥桂玉比光輝難得終須得言歸始是歸

風帆天際吼金鶚月中飛五府如交辟魚書莫便稀

送盧瞻罷廬陵幕歸閩鄉

文行成身事從知貴得仁歸來還寂寞何以慰交親
芳草色似動胡桃花又新昌朝有知已好作諫垣臣

聞李頻員外卒

蒼蒼難可問問答亦難聞落葉平津岸愁人李使君
文章應力竭茅土始天分又逐東風去迢迢隔嶺雲

閑居作

閉門微雪下慵惰計全成默坐便終日孤峰祗此清
身心閑少夢杉竹冷多聲唯有西峰叟相逢眼最明

寄山中伉禪師

舉世遭心使吾師獨使心萬緣冥目盡一句不言深
野火燒禪石殘霞照栗林秋風溪上路終願一相尋

懷匡山山長

見說面前峰尋常醉亦登雨餘多菌出燒甚古崖崩
覓句曾衝虎耕田半爲僧聞名多歲也常恨不飛騰

懷高眞動

知爾今何處孤高獨不羣論詩唯許我窮易到無文
貰酒見穿雪尋僧月照雲何時再相見兵寇尚紛紛

秋末入匡山船行八首

楚國茱萸月吳吟梨栗船遠遊無定所高臥是何年

浪卷紛紛葉墻衝澹澹煙去心還自喜廬岳倚青天
蘆葦深花裏漁歌一曲長人心雖憶越帆態似浮湘
石獺銜魚白汀茅浸浪黃等閑千萬里道在亦無妨
島上離家化茅茨竹戶開黃桑雙鵲喜白日有誰來
撐浪澆秋芋緣灘取淨苔回頭深自媿舊業本蒿萊
匡阜層層翠修江疊疊波從來未曾到此去復如何
水廟寒鴉集沙村夕照多誰知垂釣者孤坐鬢皤皤
晚泊蒼茫浦風微浪亦粗估喧如亥合檣密似林枯
地峻湖無缺潮寒蚌有珠東西無定所何用問前途

鳥香思賈島江碧憶清江囊橐誰相似饑慵世少雙
鸕鷀入窗月燒到繫船樁謾有歸鄉夢前頭是楚邦
南北雖無適東西亦似萍霞根生石片象跡壞沙汀
莽莽蒹葭赤微微蜃蛤腥因思范蠡輩未免亦飄零
曉色干檣去長江入月時雨淙山骨出棹擉岸形卑
野水畬田黑荒汀獨鳥癡如今是清世誰道出山遲

送僧歸華山

心枯衲亦枯歸岳揭空盂七貴留不住孤雲出更孤
燒灰獨湯足雪片似黏鬚他日如相覓還應道到吳

送令狐煥赴闕

渚宮遙落日相送碧江湄陟也須爲相天乎更贊誰
風高檣力出霞熱鳥行遲此去多來客無忘慰所思

送陳秀才赴舉兼寄韓舍人

主聖臣賢日求名莫等閑直須詩似玉不用力如山
草白兵初息年豐駕已還憑將安養意一說向曾顏
昔西社羣公盡生安養安養西方也

送友人及第後歸台州

得桂爲邊辟翩翩頗合宜嫖姚留不住晝錦已歸遲
鳥側花藏虎湖心浪撼棊終期華頂下共禮滌身師
天台石橋有白道猷坐化身滌也

寄景判官兼思州葉使君

獨住西峰半尋常欲下難石多桐屐齧香甚藥花乾
荏苒新鶯老窮通亦自寬鬢參與短簿始爲一吟看

送盧秀才應舉

幾載阻兵荒一名終不忘還衝猛風雪如畫冷朝陽
時名画李白王昌齡常建冷朝陽冒風雪入京
句好慵將出囊空卻不忙明年公道日去去必穿楊

聞新蟬寄桂雍

新蟬終夜叫噎噎隔溪濆杜宇仍相雜故人聞不聞
捲簾花動月冥目砌生雲終共謝時去西山鸞鶴羣

寄懷楚和尚二首

吾師師子兒而復貌瓌奇何得文明代不爲王者師
鐵盂湯雪早石炭煮茶遲謾有參尋意因循到亂時
跳躑諸峯險回翔萬里空爭將金鎖鎖那把玉籠籠
印缺香崩火窗疎蝎喫風永懷今已矣吟坐雪濛濛

和韋相公話婺州陳事

昔事堪惆悵談元愛白牛法華經以白牛喻大乘千場花下醉
一片夢中遊耕避初平石燒殘沈約樓無因更重到
且副濟川舟

遇五天僧入五臺

十萬里到此辛勤詎可論唯云吾上祖見買給孤園
一月行沙磧三更到鐵門白頭鄉思在迴首一銷魂
送迎經幾國多化帝王心電激青蓮目環垂紫磨金
眉根霜入細梵夾蠹難侵必似陀波利他年不可尋

秋寄李頻使君

爲郎須塞詔當路亦馳驅貴不因人得清還似句無
燒煙連野白山藥掇階枯想得徵黃詔如今已在途

上東林和尚

讓紫歸青壁高名四海聞雖然無一事得不是要君
道祇傳伊字詩多笑碧雲應憐門下客餘力亦爲文

江邊道上

獨住大江濱不知何代人藥鑪生紫氣肌肉似紅銀
酒釃竹屋爛符收山鬼仁何妨將我去一看武陵春

送僧之湖外

去旨趣非常春風爾莫狂惟擎一鐵鉢舊亦講金剛
午飯孤煙裏背禪大石旁羨師終不及湘浪淼茫茫

懷謬獨

常憶蘭陵子瓌奇皺渴才思還如我苦時不爲伊來
岳霞傑擲雪湖月浪翻杯未聞霑寸祿此事亦堪哀

休糧僧

不食更何憂自由中自由身輕嫌衲重天旱爲民愁
應器誰將去生臺蟻不遊會須傳此術相共老山邱

題宏式和尚院兼呈杜使君

二雅兼二密愔愔祇自怡臘高雲屐朽貌古畫師疑
塹蟻緣金錫鑪烟惹雪眉仍聞有新作祇是寄相思

卷五十終

全五代詩卷五十一

羅江李調元村 編

前蜀

貫 休五

題令宣和尚院

軒窗領嵐翠師得世情忘惟愛談諸祖曾經宿大荒泉聲淹臥榻雲片犯鑪香寄語題門者看經在上方

寄四明閭邱道士二首

淮海兵荒日分飛直至今知擔諸子出卻入四明深衣必編仙草僧應共栗林秋風溪上路應得一相尋

三千功未了大道本無程好共禪師好常將藥犬行石門紅蘇剝柘塢白雲生莫認無名是無名已是名

經士馬中作

偷兒成大寇處處起烟塵黃葉滿空宅青山見俗人妖星芒刺越鬼哭勢連秦惆悵還惆悵茫茫江海濱

士馬後見赤松舒道士

滿眼盡瘡痍相逢相對悲亂階猶未已一柱若為支堰苔蒸紅棗看花似好時不知今日後吾道竟何之

與劉象正字

獨居三島上在觀中住花竹映柴關道廣羣仙惜名成萬事閑病多惟縱酒靜極不思山唯有逍遥子時時自往還

懷智體道人

栖碧思吾友庭鶯百囀時唯應一處住方得不相思雲水淹門閫春雷在樹枝平生無限事不獨白雲知

贈晦公禪人

流陽為役者相訪葉紛紛有句雖如我無心未似君搆林青及竹茆屋暖於雲何日相將去千山麋鹿羣

寄靜林別墅胡進士兄弟

見說山居好書樓被翠侵燒標汀島境月色弟兄吟

犬吠黃梩落牛歸紅樹深仍聞多白菌應許一相尋

懷赤松故舒道士

可惜復可惜如今何所之信來堪大慟余復用生為亂世今交闘元宮玉柱隳春風五陵道廻首不勝悲

偶作

無端為五字字字鬢星星祇覺人情薄空餘鶴眼青砌莎藏墜果窗雪浸殘經祇有歸山計茫茫何所營

春日許徵君見訪

龍鍾多病後日望遇昇平遠念穿嵩雪前林囀早鶯厨香烹瓠葉道友叩門聲還似青溪上微吟踏葉行

經先主廟作

古廟積烟蘿威靈及物多因知曹孟德爭奈此公何

樹古靄痕剝碑荒篆畫訛今朝冥禱祝祗望息干戈

寄中條道者

柏梯杉影裏頭白藥山孫今古管不得是非爭肯論

虎鬚懸瀑滴禪衲帶苔痕常恨龍鍾也無因接話言

夏日晚望

登臨聊一望不覺意悽然陶侃寒溪寺如今何處邊

汀沙生旱霧山火照平川終事東歸去干戈滿許田

大駕西幸秋日聞雷

軍書日日催處處起塵埃黎庶何由泰鑾輿早晚回

夏租方減食秋日更聞雷莫道蒼蒼意蒼蒼眼甚開

言詩

經天緯地物動必計仙才幾處覓不得有時還自來

眞風含素髮秋色入靈臺吟向霜蟾下終須神鬼哀

秋末江上望

莽莽古江濱紛紛墜葉頻煙霞誰是主邱隴自傷神

吞併寧惟漢淒涼莫問陳盡隨流水去寂寞野花春

乞食僧

擎鉢貌清羸天寒出寺遲朱門當大路風雪立多時

似月心常淨如麻事不知行人莫輕誚古佛盡如斯

寒望九峰作

九朵碧芙蕖王維圖未圖層層皆有瀑一一合吾居

雨歇如爭出霜嚴不例枯世猶多事在爲爾久躊躇

薊門寒月作

薊門寒到骨戰磧鴈相悲古屋不勝雪嚴風欲斷髭

清吟得冷句遠念失佳期寂寞誰相問迢迢天一涯

新蟬

尋常看不見花落樹多苔忽向高枝發又從何處來

風清聲更揭月苦意彌哀多少求名者年年破爾催

寄廬山大願和尚

石上桂成叢師菴在桂中皆云習鑿齒未可扣眞風

雪洗香爐碧霞藏瀑布紅何時甘露偈一寄剡山東

追憶馮少常

盛德方清貴旋聞逐逝波令人翻不會積善合如何

直道登朝晚分憂及物多至今新定郡猶咏袴襦歌

聞閔廷言周璉下第

前牓年年見高名日日聞常因不平事便欲見吾君

兄弟居清島園林生白雲相思空悵望庭葉赤紛紛

讀賈區賈島集

區終不下島島亦不多區冷格俱無敵貧根亦似愚
青雲終歎命白閣久圍鑪今日成名者還堪爲爾吁

送衲僧之江西

索索復索索無憑卻有憑過溪遭惡雨乞食得乾菱
祇有山相伴更無事可仍如逢梅嶺早向道祇寧馨

湖頭別墅

桑柘參桐竹陰陰一徑苔更無他事出祇有衲僧來
壍蟻爭生食窗經卷燒灰可憐門外路日日起塵埃
南北如仙境東西似畫圖圍飛青啄木簷挂白蜘蛛
鄰叟教脩廢牛童與納租寄言來往客不用問榮枯

三峽聞猿

歷歷數聲猿寥寥渡白煙應棲多月樹況是下霜天
萬里客危坐千山境悄然更深仍不住使我欲移船

聞知聞赴成都辟詩

文翁還化蜀帟幕列鴛鸞飲水臨人易燒山覓士難
錦機花正合機蕈火初乾知己相思否如何借羽翰

題淮南惠照寺律師院

儀冠凝寒玉端梧似沃州學徒標有鳳律藏目無牛
茗滑香黏齒鐘清雲滴樓還須結西社來往悉諸侯

寄杭州靈隱寺宋震使君

罷郡歸侵夏仍聞靈隱居僧房謝眺語寺額葛洪書晉道士葛洪與靈隱寺書額了去至今在月樹獼猴在山池菡萏疎吾皇
愛清靜莫便結吾廬

送人歸夏口

鴈鴈葉紛紛行人豈易聞千山與萬水河處更逢君
貌不長如玉人生祇似雲倘經三祖寺一爲禮龕墳

送新羅僧歸本國

忘身求至教求得卻東歸離岸乘空去終年無所依
月衝陰火出帆拶大鵬飛想得還鄉後多應著紫衣

聞友人鴐前及第

見心知命好一別隔烟波世亂無全士君方掇大科
早隨鑾輅轉莫戀蜀山多必貢安時策忠言奈爾何

寒夜有懷同志

永夜殊不寐懷君正寂寥踈鐘寒徧郭微雪靜鳴條
南省鴈孤下西林鶴屢招終得謝時去與子住山椒

寄新定桂雍

獨自住烏龍應憐是衲僧句須人未道君此事偏能
塢濕雲埋觀溪寒月照層相思不可見江上立騰騰

贈靈鷲山道潤禪師院

常恨烟波隔聞名二十年結爲清氣引來到法堂前

薪拾紛紛葉茶烹滴滴泉莫嫌來又去天道本泠然

海邊見羅鄴

清世詩聲出誰人得似君命通須有日天未喪斯文
楚木寒連寺修江碧入雲相思喜相見庭葉正紛紛

送僧之東都

之子之東洛囊中有偈新紅塵誰不入獨鶴自難親
定鼎門連嶽黃河凍過春憑師將遠意說似社中人

送于兢補闕赴京

亂離吾道在不覺到清時得句下雪岳送君登玉墀
冷驚蟬韻斷涼觸火雲隳倘遇南來使無忘問所之

兩河兵火後西笑見吾曹海靜三山出天空一鶚高

送鄭準赴舉

賃居槐撥屋行卷雪埋袍他日如相見栽桃近海濤

秋望寄王使君

靜躡紅蘭徑憑高曠望時無端求句苦永日墜風吹
大月生峰角殘霞在樹枝祇應劉越石清嘯正相宜

送緣有禪師與雷處士入武夷山

師與雷居士尋山道入閩應將熊耳印別授武夷君
崖鏁仙棺出江根毒草分他年相覓在莫苦入深雲

送友生入越投知己

才大終難住東浮景漸暄知將刖足恨去擊李膺門
宿霧開花塢春潮入苧村預思秋薦後一鶚出乾坤

寄烏龍山賈泰處士

庭果色如丹相思夕照殘雲邊踏燒去月下把書看
澗水仙居共窗風漆樹寒吾君方側席未可便懷安

題大安寺通禪師院

應行諸岳徧象扆半無綱一法尋常說此機仍未忘
窗閑藤影老衲厚瀑痕荒寄語迷津者來茲問不妨

春晚寄盧使君

滿郭春如畫空堂心自澄禪拋金鼎藥詩和玉壺冰

白雨飄花盡晴霞向閣凝寂寥還得句因寄柳吳興

武昌縣與晝公兼寄邑宰

小一何人識騰騰天地間尋常如一鶴亦不愛青山
鐵鉢年多赤麻衣帶毳斑祇聞尋五柳時到月中還

避地寄高蟾

荒寺雨微微空堂獨掩扉高吟多忤俗此貌若為飢
旅夢遭鴻喚家山被賊圍空餘老萊子相見獨依依

懷武夷山禪師

萬疊仙山裏無緣見有緣紅心蕉繞屋白額虎同禪
古木苔封菌深崖乳雜泉終期還此去世事祇如然

秋末閑居作

幽居山不別落葉與階平盡日吟詩坐無端箇病成
徑苔因旱赤池水入冬清唯有東峰叟相尋月下行

偶作因懷大同道友

蠻木葉不落微吟漳水濱二毛空有雪萬事不如人
壍水平芳草山花落浄巾天童好眞伴何日更相親

江西再逢周璉

六七年不見相逢鬢已蒼交情終淡薄詩語更清狂
未得丹霄便依前四壁荒但令吾道在晩達亦何妨

秋晩野居

僻居人不到吾道本來孤山色園中有詩魔象外無
霜禾連島赤烟草倚橋枯何必求深隱門前似畫圖

湖上作

我竟胡爲者嘮嘮但愛吟身中多病在湖上住年深
山霤穿苔壁風鐘度雪林近來心更苦誰復是知音

送僧歸天台寺

天台四絶寺歸去見師眞莫折枸杞葉令他拾得嗔
天空聞聖磬瀑細落花巾必若雲中老他時得有鄰

天台國清寺有拾得 花巾卽波羅巾也

送僧入幽州

高士高無敵騰騰話入燕無人知爾意向我道非禪
栗逕穿蕃塚狼聲隔遠烟盤山多道侶應未有歸年

送僧遊五臺

羨師遊五頂乞食値年豐去去誰爲侶栖栖力已充
濁河高岸折衰草古城空必到華嚴寺憑師問辨公

送吳融員外赴闕

漢文思賈傳賈傳遂生還今日又如此送君非等閑
雲寒猶惜雪燒猛似烹山應笑無機者騰騰天地間

卷五十一終

全五代詩卷五十二

羅江李調元雨村 編

前蜀

貫休六

故林偶作

朗吟無一事孤坐溆江濆媚世非吾道艮圖有白雲蠹魚開卷落啄木隔花聞唯寄壺中客金丹許共分

寄栖白大師

流浪江湖久攀緣歲月闌高名當世重好句逼人寒月苦蟬聲嗄鐘清柹葉乾龍鍾千萬里擬欲訪師難

送人之渤海

國之東北角有國每朝天海力浸不盡夷風常宛然山藏羅剎宅水雜巨鼇涎好去吳鄉子歸來莫隔年

寄李道士

常見高人說猶來不偶然致身同槁木話道出忘詮長嘯仙鐘外眠槎海月邊倘修陰妊妊一望寄余焉

秋送夏郢歸錢塘

歸客指吳國風帆幾日程新詩陶雪字元髮有霜莖微月生滄海殘濤傍石城從茲江島意應續子陵名

送僧歸翠微

祗衲一箇衲翠微歸舊岑不知何歲月卽得到師心逕遶千峰細菴開亂木深倘然雲外老他日亦相尋

懷洛下盧縉雲

一滅三張價幽居少室前豈應貧似我不得信經年木落多詩稿山枯見墨烟何時深夜坐共話草堂禪

送李鍘赴舉

詩業務經綸新皆意外新因知登第牓不著不平人句得孤舟月心飛九陌塵明年相賀日應到曲江濱

寶禪師見訪

山兄心似我岸谷亦難交不見還相憶來唯漆寂寥

茶烟粘衲葉雲水透衡茆因話流年事斯須不可拋

觀碁

逸格格難及半先相遇稀落花方滿地一局到斜暉觜危死不死將軍飛巳飛今朝憩一行無以造元微

題一上人經閣

鳥外何須去衣如薜亦從但能無一事卽是住孤峰雨歇雲埋閣月明霜灑松師心多似我所以訪師重

早秋夜坐

微涼砧滿城林下石床平髮豈無端白詩須出世清鄰僧同樹影砌月浸蛩聲獨自更深坐無人知此情

早起

夜坐還早起寂寥多病身神清尋夢在香極覺花新
樹露繁於雨溪雲動似人又知何處客軋軋轉征輪

秋晚野步

閑步不覺遠蕭蕭木落初詩情抛闔闔江影動襟裾
闊北鴈行出霞西雨腳踈金峰秋更好乞取又何如

晚望

曠望危橋上微吟落照前烟霞濃浸海川岳闊連天
白鳥格不俗孤雲態可憐終期將爾輩歸去舊江邊

贈浩微禪師院

薝蔔氣雍雍門深聖澤重七絲弃小蟹五字遍雕龍
藥轉紅金鼎茶開紫閣封圭峰爭去得卿相日憧憧

南海晚望

海上聊一望舶帆天際飛狂蠻莫挂甲聖主正垂衣
風惡巨魚出山昏羣獠歸無人知此意吟到月騰輝

懷南岳隱士二首

千峰映碧湘真隱此中藏餠不煮石喫眉應似髮長
風梩支酒甕鶴虱落琴床雖學忘機者斯人尚未忘

見說祝融峰擎天勢似騰藏千尋瀑布出十八高僧
古路無人跡新霞出石稜終期將爾叟一一月中登

懷薛尚書兼呈東陽王使君

得力未得力高吟夏又殘二毛非自出萬事到詩難
蟬見木葉落雷將雨氣寒何妨槌琢後更獻至公看

送明覺大師兼寄鄭山人

去去楞伽子春深道路長鳥啼青嶂險花落紫衣香
此去非餘事還歸內道場憑師將老倒一向說榮陽

廬山尋靈紀不遇

久別稀相見深山道益孤葉全離大朴君尚在新吳
鐘磬飄驛山頭氣噴湖留詩如和得一望寄前途

懷盧延讓 時延讓新及第

冥搜忍飢凍嗟爾不能休幾歎不得力到頭還白頭
姓名歸紫府妻子在滄洲又是蟬聲也如今何處遊

春晚訪鏡湖方干

幽居湖北濱相訪值殘春路遠諸峰雨時多擲鼈人
蒸花初釀酒漁艇劣容身莫訝頻來此伊余亦隱淪

秋過相思寺

見說相思寺今來似有期瘴鄉終有出天意固難欺
晝雨先花鳥秋雲挂戍旗故人多在蜀不去更何之

和韋相公見示閑卧

刻形求得相事事未嘗眠霖雨方爲雨非煙豈是烟

童收庭樹果風曳案頭牋仲虺專爲誥何充雅愛禪
靜嫌山色遠病是酒杯偏蜩響初穿壁蘭芽半出甎
堂懸金粟像相公常供養維摩居士門枕御溝泉旦沐雖頻握
融帷孰敢褰德高羣彥表善植幾生前修補烏皮几
深藏子敬氈扶持千載聖瀟灑一聲蟬棊陣連發月
僧交似大顛韓吏部重大顛禪師常知生似幻惟重直如弦餅
憶蕁羹美荼思岳瀑煎祇聞溫樹響堪鄙竹林賢脫
穎三千士馨香四十年寬平開義路淡泞潤情田哲
后知如子空王夙有緣對歸香滿袖吟次月當川休
說慙如捷堯夫郎梵天

壽春節進

聖運關天紀龍飛古帝基振搖三蜀地聳發萬年枝
出震同中古承乾動四夷恩頒新命廣涙向舊朝垂
大寶歸元讖殊祥出遠池法天深罔測體聖妙難知
儉德爲全德無思契十思丕圖非力致英武悉天資
正直方親切回邪豈敢窺將排頗與牧相得稷兼夔
鹽出符眞主麟來合大規賡歌隨羽籥蓂葉數依祁
寡欲情雖泰憂民色未怡盛如唐創業宛勝晉朝儀
旰食宮鶯囀宵衣禁漏遲多於湯土地還有禹胼胝
視物如傷日勝殘去殺時守文情的的無逸戒孜孜
軒頊風重振皇唐鼎創移始聞呈瑞石又報產靈芝
覆幬高緣大包容妙在卑兄呼春赫日師指佛牟尼
佳氣宸居合淳風樂府吹急賢彰帝業解網見天慈
粟赤千千窖軍雄萬萬兒入蠻須稽顙四海仰昌期
玉輦嬪嬙擁宮花錦繡攲堯雲同靉靆漢祖太驅馳
氛祲根株盡蕘訛朕兆隳山河方有截野逸詔無遺
境靜消鋒鏑田香熟稻穈夢中逢傳說殿上見辛毗
金鏡懸千古彤雲起四維盛行唐典法再覩舜雍熙
祝壽乾文動郊天太一隨煌煌還宿衞亹亹叶聲詩
飲醴和甘雨非烟遶御帷銀輪隨寶馬玉沼見金龜

杳杳聞韶頀重重降撫綏魏徵須御出葛亮更何之
簡約逾前古昇平美不疑觸邪羊哈哈鼓腹叟嘻嘻
邁五方云大超三始見奇錦霞連紫極仙鳥下蛾眉
謝傅還爲傅周師又作師納隍爲永任從諫契無爲
子子寰瀛主孫孫日月旗三春嗟壽域萬國盡虔祈
捧日三車子恭思八彩眉願將七萬歲匍匐進瑤墀

寄天台道友

大是清虛地高吟到日晡水聲金磬亂雲片玉盤粗
仙有遺蹤在人還得意無石碑文不直壁畫色多枯
冷立千年鶴閑燒六一爐松枝垂似物山勢秀難圖

紫府程非遠清溪徑不迂馨香柏上露皎潔水中珠
賢聖無他術圓融只在吾寄言桐柏子珍重保之乎

讀元宗幸蜀記

宋璟姚崇死中庸遂變移如何遊萬里祇爲一缺兒
泣濕乾坤色飄零日月旗火從龍闕起淚向馬嵬垂
始憶張丞相全歸郭子儀百官皆剽劫九廟盡崩隳
塵撲銀輪暗雷奔棧閣危倖臣方賜死野老不勝悲
（時有羣叟遮道泣見於上）及霤飄淪日行宮寂寞時人心雖未厭
天意亦難知聖兩歸丹禁承乾動四夷因知納諫諍
始是太平基

别盧使君

杜宇聲聲急行行楚水濆道無禪政化行處傲孤雲
幸到膺門下頻蒙俸粟分詩雖曾引玉碁數中埋軍
山好還尋去恩深豈易云扇風千里泰車兩九重聞
晴霧和花氣危檣鼓浪文終期陶鑄日再見信陵君

送高九經赴舉

回也曾言志明君則事之中興今若此須去更何疑
志列秋霜好忠言劇諫蒼（志列忠言皆舊人也）陸機遊洛日文
舉薦衡時虎跡商山雪雲痕岳廟碑夫君將潦倒一
說向深知

東西二林寺流水

水爾何如此區區砣砣流墻邊常（一作墻邊）瀝瀝砌下
暗（一作砌下）啾啾味不卑於乳聲常占得秋崩騰成大
瀑落托出深溝遠歷神仙窟高淋竹樹頭數家春碓
磑幾處浴猨猴共月穿峰鎼喧僧睡石樓泒通天宇
潤霤入楚江浮爲潤知何極無邊始自由好歸江海
裏長負濟川舟

劉相公見訪

千騎擁朱輪香塵豈是塵如何補衮客來看衲衣人
莊叟因先覺空王有宿因對花無俗態愛竹見天眞

欹枕松窗迥題墻道意新戒師慙匪什都講更勝詢
桃熟多紅璺茶香有碧筋高宗多不寐終是夢中人

聞赤松舒道士下世（東陽未亂前相别）

地變賢人喪瘡痍不可觀一聞消息苦千種破除難
陰隲那虚擲深山近始安元關評兔角玉器琢鷄冠
傲野高難狎融怡美不殫冀迎新渥澤（時太平方錄道業奏聞徵）
出遠逐逝波瀾蛻殼埋金隧飛精駕錦鸞傾摧千仞
壁枯欹一株蘭仙廟詩雖繼苔墻篆必觀（師善大小篆嘗有詩）

題赤松子廟

烟霞成片黯松桂著行乾影注溪流咽堂扃
隙月寒寂寥遺藥犬縹緲想瓊竿伊昔相尋違留連

幾盡歡論詩花作席炙菌葉爲盤彭伉心相似承禎
趣一般琴彈溪月側棊次砌雲殘儵忽成千古飄零
見百端荆襄春浩浩吳越浪漫漫已矣紅霞子空留
白石壇無弦亦須絕回首一長歎

送吏部劉相公除東川

帝念梓州民年年戰伐頻山川無草木烽火沒烟塵
政亂皆因亂安人必藉仁皇天開白日殷鼎輟誠臣
一日離君側千官送渭濱酒傾紅琥珀馬控白騏驎
渥澤番番降壺漿處處陳旌幢山色濕邛僰鳥啼新
帝幕還名儉良醫始姓秦軍雄城似岳地變物含春
白必侵雙鬢清應誡四鄰吾皇重命相更合是何人

夜對雪寄杜使君

片片舍天意紛紛勢莫拘灑於諸瑞後時有柏樹再生甘露頻降
憂恐一冬無鶴禁聲偏密風焦片益粗冷牽人夢轉
清逼瘴根徂掃徑僧傾笠爲詩士棄爐橋高銀螮蝀
峰峻玉浮圖盈尺何須問豐年已可缺遙思郢中曲
句句出冰壺

送盧舍人朝覲

躔行無爲日垂衣帝道亨聖眞千載聖明必萬年明
重德須朝覲流年不可輕洪才傳出世清甲得高名

罕玉藏無映稽松畫不成起衙軒后勑醉別亞夫營
燒潤荆州熟霞新峴首晴重重堯雨露去去漢公卿
白髮應從白清貧但更清夢緣丹陛險春傍彩衣生
既握鍾繇筆須調傅說羹倘因星使出一望問支鏗

上馮使君山水障子

憶山歸未得畫出亦堪憐崩岸全隳路荒村半有烟
筆勾岡勢轉墨搶燒痕顚遠浦深通海孤峰冷倚天
柴棚坐逸士露茗煮紅泉繡與蓮峰競威如劍閣牽
石門關壓鹿氣候有神仙茅屋書窗小苔階滴瀑圓
松根擊石朽桂葉蝕霜鮮畫出欺王墨擎將獻惠連

新詩寧妄說舊隱寔如然願似窗中列時聞大雅篇

避地毘陵上王慥使君時黃賊陷東陽公避地於浙右

至理至昭昭心通卽不遙聖威無遠近吾道太孤標
辛苦蘇氓俗端貞荅盛朝氣高吞海岳貧甚似漁樵
庾亮風流濟劉寬政事超清須遭貴遇隱已被誰招
粟塢修禪寺仙香寄石橋風雷廵稼穡魚鳥合歌謠
視事私終殺憂民態亦彫道高無不及恩甚固難消
大冠山難隔孤城數合燒烽烟終日起湯沐用心燋
勇義排千陣誅鋤擬一朝誓盟違日月時賊僞降盟書終背旌
旆過寒潮古驛江雲入荒宮海雨飄仙松添瘦碧天

驥減豐臕似在陳兼衞終爲宋與姚已觀雲似鹿卽報首皆梟盡願廻清鏡重希在此條應憐千萬戶禱祝向唐堯

送崔尚書朝覲

至理契穹旻方生甫與申一麾歌政正三相賀仁人叵似盧懷愼全如邵信臣澄渟消宿蠹煦愛劇陽春對客烟花折焚香渥澤新徵黃還有自（令弟相公號當公遂避賢也）路挽鄧任無因峽水全輸潔巫娥郤謌神宋均顏未老劉寵骨應貧大醉辭王翦含香望紫宸三峰初有雪萬里正無塵伊昔林中社多招席上珍終期仙掌下香火一相親

和毛學士文錫舍人早春

陋巷冬將盡東風細雜籃解牽窗夢遠先是潤梅諳茶癖金鐺快（舍人有茶譜）松香玉露含書齋山帚擬盤饌藥花甘雅得琴中妙（舍人妙於七弦）常按臉似酣雪消闘苦蟄氣候似宜蠶窓勿須清甲朝歸遶碧潭丹心空拱北新作繼周南竹杖無斑點紗巾不著簪大朝名益重後進力皆覃至理雖亡一臣時亦說三不知門下客誰上宴嬰騰

送姚洎拾遺自江陵幕赴京

捧詔動征輪分飛楚水濱由來眞廟器多作仗蒲人拾穭知非願朝天不話貧沙頭千騎送島上一蟬新莫使身侵貴無矜貴逼身玉階凝正色蘭苑漲芳塵鑾輅方離華東書漸似秦流年飄儵忽書札莫因循涼雨鳴紅葉非烟閉紫宸憑將西社意一說向荀陳

贈抱麻劉舍人

郡政今良吏門風古搢紳萬年唐社稷一箇哭麻人憤烈身先死歔欷氣益貞天乎資大寶泰矣見忠臣得罪鍾多故投荒豈是迍玉寒方重澀松古更清皴鵬鶚寧唯白龍多豈止苟道孤梳有雪恩重淚盈巾

喻蜀須憑草成周必仗仁三峰宵旰切萬里渥恩新賦鵬言無累依劉德有鄰風期仁祖帽鼠謌史雲塵禪叟知何幸元談有宿因雙溪逢陸海（東陽見故浙西侍郎）荆渚遇平津（江陵見吏部相公）落日愁聞笛何人爲吐茵生徒希匠化寰海仰經綸疾愈蟬聲老（時公在荆州閑居夏疾方可）年豐雨滴頻劉虬師弟子時喜一相親

送僧入石霜

舉世祇堪吁空知與道俱論心齊至聖對鏡破凡夫業王如雲合頭低似箭駈（牛頭大師云猶妄心起業業如雲俱合論云入地獄人頭向下也）三清徒妄想千載亦須臾唯我流陽叟深雲

領毳徒盡騎香白象皆握月明珠寂寞排松榻斕斑
半雪鬚苔侵長者論嵐蝕祖師圖翠巘金鐘曉香林
寶月孤牨牨齊白趾赫赫共洪爐山色鋤難盡松根
蹋欲無難評傳的的須到不區區撩舍新羅瘦爐烟
榾柮粗燒畬平虎窟分瀑入香厨師去情何切人間
事莫拘穿林宿古冢蹋葉揭空盂無事終無事令枯
便令枯他年相覓在亦不是生蘇

送杜使君朝覲

借冠借不得清聲徹帝聰坐來千里泰歸去一囊空
遺愛封彊熟扳轅草木同路遙山不少江靜思無窮

花舸衝烟濕朱衣照浪紅援毫兩岸曉倚枕滿旗風

卷五十二終

全五代詩卷五十三

羅江李調元雨村　編

前蜀

貫休七

獻錢尙父

貴逼人來不自由龍驤鳳翥勢難收滿堂花醉三千
客一劍霜寒十四州鼓角揭天嘉氣冷風濤動地海
山秋東南永作金天柱誰羨當時萬戶侯

陳情獻蜀皇帝

河北江東處處災唯聞全蜀勿塵埃一甁一鉢垂垂

老千水千山得得來秦苑幽棲多勝景巴歈陳貢媿
非才自慙林藪龍鍾者亦得親登郭隗臺

大蜀皇帝潛龍日述聖德詩五首

嶽瀆殊祥日月精入堯金鏡佐休明衣巖黼黻皇恩
重劍折芙蓉紫氣橫玉甃金湯山岳峻花藏臺榭管
弦清已聞圖上淩煙閣寵渥穹窿玉不名
珠履三千侍玉除宮花飄錦早鶯初雖然周孔心相
似其奈龔黃政不如浩浩歌謠聞禁掖重重襦袴滿
樵漁若論朝野難難日第一之功美有餘
紫髯青眼代天才韓白孫吳稍可陪祇見赤心堯日

下豈知眞氣梵天來聽經瑞雪時時落登塔天花步步開盡祝莊椿同壽考人間歲月豈能催
丈夫勛業正乾坤麟鳳龜龍盡在門西伯最憐耕讓畔曹參空愛酒盈樽心慈爲受金仙囑髮白緣酬玉砌恩從此于門轉高大可憐子子與孫孫

壽春節進大蜀皇帝五首

上元大帝降坤維箕尾爲臣副聖期豈比赤光盈室日全同白象下天時文經武緯包三古日角龍顔邁四夷今日降神天上會願將天福比須彌
異香滴露降紛紛紫電環樞照禁門先冠百王臨億兆後稱十號震乾坤羲軒之道方爲道草木沾恩始是恩今以諛才歌睿德猶如飲海妙難論
茂祉遐宜勝事并薰風徹入舜茲淸四洲不必歸王化一統那能計聖情合合鼓鐘膏雨滴峩峩宮闕瑞煙橫西逾昆岳東連海誰不梯山賀聖明
積劫修來似煉金爲皇爲帝萬靈欽能當濁世爲淸世始見君心是佛心九野黎民耕浩浩百蠻朝騎日駸駸今朝獻壽將何比願似莊椿一萬尋

蜀王登福感寺塔三首

天資忠孝佐金輪香火空王有宿因此世喜登金骨塔前生應是育王身封疆歲暮笙歌合禱袴正初錦繡新釋子沾恩無以報祇擎章句貢平津
似聖悲增道不窮憂民憂國契堯聰雨髯有雪丹霄外萬里無塵一望中南照微明連莽蒼峩嵋攤秀接崆峒林僧歲月知何幸還似支公見謝公
步步層層孰可陪相輪邊日照三台喜歡烝庶皆相逐惆悵鑾輿尙未迴金鐸撼風天樂近仙花含露瑞煙開一年一度常如此願見文翁百度來

少監三首

器琢仙珪美有餘席珍國寶比難如銜花乳燕看調瑟衣錦佳人侍讀書荀氏門風龍變化謝家庭樹玉扶疎郎期寰海隆平日歸佐吾皇侍玉除
益友相隨益自强趨庭問禮日昭彰袍新宮錦千人目馬駿桃花一巷香偏愛曾顔終必及或如韓白亦無妨八龍三虎森如也萬古千秋瑞聖唐
具體而微太少年鳳毛五色帶非煙倚天長劍看無敵遶樹號猨已應弦接士開襟淸聖熟分題得句落花前郎應出將傳家法聖澤恩波浩浩然

到蜀與鄭中丞相遇

深隱猶爲未死灰遠尋知己遇三台如何麋鹿郡中

出又見鵷鸞天上來劍閣霞粘殘雪在錦江香甚百
花開謾期王謝來相訪不是支公出世才

東陽羅亂後懷王慥使君五首

昨來祇對漢諸侯勝事消磨不自由裂地鼓鼙軍火
急連天烽火陣雲秋吹毛淬劍雖無數歃血爲盟不
到頭誰爲今朝奉明主使君司戶在隨州時黃巢奔許公點土
勇救萬緤押于歃血連西面秦魁詐降都將連城
爲盟違約遂於戍地當不與僃賊抗守同敗中也
只報精兵過大河東西南北殺人多可憐白日渾如
此來似蝗蟲爭奈何天意豈應容叛亂人心都改太
凋詑不勝惆悵還惆悵一曲東風月勝歌

魄慴魂飛骨亦銷此魂此魄亦難招黃金白玉家家
盡繡闥雕甍處處燒驚動乾坤常黯慘深藏山岳亦
傾搖恭聞國有英雄將擬把何心荅聖朝
不是龔黃覆育才卽須淸苦遠塵埃無人與奏吾皇
去致亂唯因酷吏來剝剝生靈爲事業巧通豪讚作
梯媒令人轉憶王夫子一片眞風去不迴

灞陵戰叟

劍刓秋水鬢梳霜迴首胡天與恨長官竟不封右校
尉鬭曾生挾左賢王尋班超傳空垂淚讀李陵書更
斷腸今日灞陵陵畔見春風花霧共茫茫

再到鍾陵作

六七年來到豫章舊遊知已半凋傷春風還有花千
樹往事都如夢一場無限邱墟侵郭路幾多臺榭浸
湖光祇應唯有西山色依舊崔巍上寺牆

經弟妹墳

淚下曾垂此日垂山前弟妹冢離離年長於吾未得
力家貧拋爾去多時鴻銜紫塞霜中斷蕙雜黃蒿塚
上衰恩愛苦情拋未得不堪回首步遲遲

別馮使君

瓦礫文章豈有媒兩三年祇在金臺本師頭白須歸

去太守門淸願再來皓皓玉霜孤鴈遠蕭蕭松島片
帆開從茲林下終無事唯祇焚香祝上台

上新定宋使君

禪坐吟行誰與同杉松共在寂寥中碧雲詩裏終難
到白藕花經講始終水疊山層孳草疏砧淸月苦立
霜風十年勤苦今酬了得句桐江識謝公

和李判官見新榜爲兄下第

失意荆枝滴淚頻陟岡何翅不知春心中岐路平如
砥天上文章妙入神休說宋風迴鷁首卽看雷火燒
龍鱗從茲相次紅霞裏留取方書與世人

送羅鄴赴許昌辟

方得論心又別離黯然江上步遲遲不堪迴首崎嶇路正是寒風皺錯時美似郗超終有日去依劉表更何疑前程不少南飛鴈聊寄新詩慰所思

酬張相公見寄

周郎懷抱好知音常愛山僧物外心閉戶不知芳草歇無能唯擬住山深感通未合三生石騷雅歡摯九轉金但似前朝蕭與蔣老僧風雪亦相尋

酬周相公見贈

三界無家是出家豈宜袝鳳覩新麻幸生白髮逢今聖曾夢青蓮映玉沙境陟名山烹錦水睡忘東白洞平茶舊擘繡段擘金鼎謝眺餘霞始是霞

對雪寄新定馮使君二首

仙掌空思歸未能焚香冥日對殘燈豈知瑞雪千山合空覺春寒半夜增翳月素雲埋粉堞堆巢孤鶴下金繩因思太守憂民切吟對瓊枝喜不勝

政化由來通上靈豐年祥瑞滿窗明氣嚴坐久燈凝燄片大更深屋作聲飄掩煙霞何處去欹斜杉竹向簾傾雪林中客雖無事還有新詩半夜成

送劉相公朝覲二首

九苞仙瑞曜垂衣一品高標百辟師魏相十思常自切曹溪一句幾生知久交玉帳雖難別須佐金輪去巳遲唯杜荆州最惆悵柳門迴首落花時

急徵祇是再登庸生意人心萬國同燮理久徵殷傅說譚眞欲過李元通程穿峴首春光老馬速商於曙色紅從此龍顏又應瘦寰瀛俱荷代天功

避寇遊成福山院

成福僧留不擬歸獮猴菌嫩豆苗肥那堪蠶月偏多雨況復備城未解圍（時孫端國逼鄮城數月）翠擁樓蘿泉亂入雲開花鳥雉雙飛堪嗟大似悠悠者祇向詩中話息機

別李常侍

楚水和煙海浪通又攀杯錫去山東道情雖擬攀孤鶴詩業那堪至遠公夢入深雲香雨滴吟搜殘雪石林空朱門再到知何日一片征帆萬里風

送鄭閣赴閣辟

便便書腹德無鄰健筆從知又入閩鸚鵡才須歸紫禁貞珠履不稱清貧武夷山夾仙霞薄螺女潭通海樹春從此應多好消息莫忘江上一閑人

寄信州張使君

水壇欅殿地含煙領鶴行吟積翠間數閣涼颸終日去滿懷明月上方還時來自有鵷鸞識道在從如草木閑唯羨靈溪賢太守一麾淸坐似深山

春末寄周璉

暮角含風雨氣曛寂寥莓翠上衣巾道情不向鶯花薄詩意自如天地春夢入亂峰仍履雪吟看芳草秖思人手中孤桂月中在來聽泉聲莫厭頻

讀吳越春秋

猶來吳越盡須慙背德違盟又信讒宰嚭一言終殺伍大夫七事祇須三功成獻壽歌飄雪誰愛扁舟水似藍今日雄圖又何在野花香徑鳥喃喃

春遊靈泉寺

水蹴危梁翠擁沙鐘聲微徑入深花嘴紅澗鳥啼芳草頭白山僧自折茶松色摧殘遭賊火水聲幽咽落人家因尋古跡空惆悵滿袖香風白日斜

春

自來自去動洪鑪無象無私無處無迴鴈不多消氣力染花應最費工夫溟濛便恨豪家惜濃暖深為政筆駈莫訝相逢只添睡伊余心不在榮枯

遇道者

鶴骨松筋風貌殊不言名姓絕榮枯尋常藜杖九衢裏莫是商山一皓無身帶煙霞游汗漫藥兼神鬼在葫蘆只應張果支公輩時復相逢醉海隅

贈鍾陵陳處士

否極方生社稷才唯譚帝道鄙梯媒高吟千首精怪動長嘯一聲天地開湖上獨居多草木山前頻醉過風雷吾皇仄席求賢久莫侍徵書兩度來

懷鄰叟

常思東溪厖眉翁是非不解兩頰紅桔槹打水聲嘎嘎紫芋白蕹肥濛濛鷗鴨靜遊深竹裏兒孫多在好花中千門萬戶皆車馬誰愛如斯太古風

贈軒轅先生

曾親文景上金鑾語共蓉城語一般久向紅霞居不出若非淸世見應難滿鑪藥熟分仙盡幾局碁終看海乾略問先生眞甲子只言弟子是劉安

偶作因懷帆道侶

是是非非竟不眞桃花流水送青春姓劉姓項今何在爭利爭名愁殺人必竟輸他常寂默只應贏得苦沈淪深雲道者相思否歸去來兮湘水濱

送新羅人及第歸

捧桂香和紫禁煙遠鄉程徹巨鼇邊莫言桂席飛連
夜見說無風即數年衣上日光眞是火島旁魚骨大
於船到鄉必遇來王使與作唐書寄一篇

送新羅衲僧

扶桑枝西眞氣奇古人呼爲師子兒六環金錫輕擺
撼萬仞雪嶠空參差枕上已無鄉國夢囊中猶挈石
頭碑（南岳石頭大師劉珂郎中作碑文也）多慙不便隨高步正是風濤
無事時

春晚桐江上閑望作

江上車聲落日催紛紛擾擾起紅埃更無人望靑山

立空有帆銜直色來沙鳥似雲鐘外去汀花如火雨
中開可憐瀟灑鴟夷子散髮扁舟去不迴

商山道者

五千言外得元音石屋寒棲隔雪林多傍松風梳綠
髮只燒崖藥點黃金潭澄龍氣來縈砌月冷星精下
聽琴曾夢先生非此處碧桃溪上紫煙深

聞許棠及第因寄桂雍

時淸道合出塵埃淸苦爲詩不仗媒今日桂枝平折
得幾年春色併將來勢扶九萬風初極名到三山花
正開更有平人居蟄屋還應爲作一聲雷

澂江秋居作

無事相關性自攄庭前拾葉等閑書靑山萬里意不
足好竹數竿凉有餘近看老經加澹泊欲歸少室復
何如面前小沼淸如鏡終養琴高赤鯉魚

上緡雲段使君

淸畏人知人盡知緡雲三載得宣尼活民刀尺雖無
象出世文章豈有師木氣芝香粘甕榼雲痕翠點滿
旌旗今朝暫到金臺上頗覺心如太古時

春末蘭溪道中作

山花零落紅與緋汀煙濛茸江水肥人擔犂鋤細雨

歇路入桑柘斜陽微深喜東州云冠去不知西狩幾
時歸淸平時節何時是轉覺人心與道違

野居偶作

高淡淸虛即是家何須須占好煙霞無心於道道自
得有意向人人轉賒風觸好花文錦落砌橫流水玉
琴斜但令如此還如此誰羨前程未可涯

鷺鷥有懷（前東陽王睦使君賚一鷺鷥名瑤花）

粉鶂霜華爲爾枯鴛鴦相伴更堪圖愛來沙鳥遺銀
屋終作金籠養雪鶵棲宿必多淸瀨夢品流還次白
猨徒今朝不覺頻回首曾伴瑤花近玉壺

秋夜懷嵩少因寄落中舊知

鑪爇栴檀不稱貧霏霏玉露濕禪巾紫金地上三更月紅藕香中一病身少室少年偏入夢多時多事去無因如今憔悴頭成雪空想嵯峨羨故人

避地毘陵寒月上孫嶽使君兼寄東陵王使君三首

一到毘陵心更勞冷吟閑步擁雲袍豈緣思妙塵埃少自是風清物態高野色疎黃連楚甸故山奇碧隔河橋終須愚谷中安寘不是人間好羽毛

常憶雙溪八詠前講詩論道按清賢文欺白鳳眞難及藥撚紅蘂豈偶然花濕瑞煙粘玉磬簾垂幽鳥啄苔錢自憐不是悠悠者吟嚼眞風二十年

轟霳陣雨滴階聲寂寞焚香獨閉扃錦繡文章無路達袴襦歌詠隔牆聽松聲冷浸茶軒碧苔點狂吞衲線青唯有孤高江太守不忘病客在禪靈

秋末寄上桐江馮使君

山東山色勝諸山謝守清高不可攀薄俗盡于言下泰苦心唯到醉中閑香凝錦帳抄書後月轉棠陰送客還野客霑恩歸未得蕭蕭霜葉滿柴關

上盧使君二首

一領彤弓下赤墀准將清淨作藩籬馬卿山岳金相仭張緒風情栁不如當作怨畢心染煙霞新句出筆驅奸蠹宿根瀆鄱陽黎庶還堪羨頭有重天足有髭

司馬遷文亞聖人三頭九陌碾香塵盡傳棣萼麟兼鳳終不昌朝甫與申樓聳嬌歌疎雨過風含和氣滿城春因知寰海昇平去又見高宗夢裏人

卷五十三終

全五代詩目錄

卷五十四

前蜀

貫休

全五代詩卷五十四

羅江李調元雨村　編

前蜀

貫休八

陪馮使君遊六首

千霄亭

擁翠捫蘿山屐輕飄飆紅旆在青冥仙科朱紱言非貴溪鳥林泉癖愛聽古桂林邊棊局濕白雲堆裏茗煙青因思廬岳彌天客手把金書倚石屏

靈泉院

珂珮喧喧滿路岐亂泉聲裏扣禪扉對花語合希夷境坐石苔黏鶴氅衣鳥啄古杉雲冉冉風吹清磬露霏霏惠巖亦有孤峯在只戀繙經未得歸

相思嶺

譽自馨香道自怡相思嶺上卻無機荒渠葉覆深霞在片石人吟一鳥飛何處風砧傳古曲誰家塚樹桂斜暉因思往事眞堪笑鶴背漁竿未是歸

錦沙墩

臨水登山興自奇錦沙墩上最多時躡云髮白孤峯好其柰名清聖主知草媚蓮塘資逸步雲生松壑有

新詩脩然別是神仙趣豈羨東山伎樂隨

釣留潭

境靜江清無事時紅旌畫鷁動漁磯心期只是行春
去日暮還應待鶴歸風破綺霞山寺出人歌白雪島
花飛自憐亦在偃舟上玉浪翻翻濺草衣

迎仙閣

潤香霞影遶樓臺捲箔凭闌耳目開況從旌旗近鸞
鳳可憐談笑出塵埃火雲不入長松徑露茗何須白
玉杯誰道迎仙仙不至今朝還有謝公來

感懷寄盧給事二首

緜緜遠念近來多喜鵲隨函到綠蘿雖匪二賢曾入
洛忽驚六義減沈痾童扳鄰杏穿牆朵燕啄花泥落
砌莎好更因人寄消息沃州歸去已蹉跎
當憶園圃繡像前東歸經亂獨生全孤峯已住六七
處萬事無成三十年每想苑牆危遏路更思鉢塔曉
凌煙如今憔悴荊枝盡一諷來書一愴然

遊金華山禪院

玆地曾棲菩薩僧栴檀樓殿溧崩騰因知境勝終難
到門若人來悉不曾斜谷暗藏千載雪薄嵐常翳一
龕燈多慙不及當時海又下嵯峨一萬層

宿赤松山觀題道人水閣兼寄郡守

珠殿香軿倚翠稜寒棲吾道寄孫登豈應肘後終無
分見說仙中亦有僧雲斂石泉飛險竇月明山鼠下
枯藤還如華頂清談夜因有新詩寄鄭宏

春遊涼泉寺

一到涼泉未擬歸迸珠噴玉落階墀幾多僧祇因泉
在無限松如潑墨爲雲壑含香啼鳥細苔賒擎乳落
花遲青山看著不可上多病多慵爭柰伊

經吳宮

夫差昏暗霸圖傾千古淒涼地不靈妖豔恩餘宮露

濁忠臣心苦海山青蕭條陵隴侵寒水彷彿樓臺出
杳冥此是前車況非遠六朝何更不惺惺

送薛侍郎貶峽州司馬

得罪唯驚恩未酬夷陵山水稱閑遊人如入凱須當
國猿到三聲不用愁花落扁舟香冉冉草侵公署雨
脩脩因人好寄新詩好不獨江東有沃州

將入匡山宿韓判官宅

一宿蘭堂接上才白雲歸去幾裵回黛青峯朶孤吟
後雪 白猿兒必寄來簾卷茶煙縈墮葉月明棊子落
深苔 明朝江上空迴首始覺清風不可陪

聞迎眞身

四海無波八表臣恭聞今歲禮眞身七重鏁未開金鑰五色光先入紫宸丹鳳樓臺飄瑞雪岐陽草木亞香塵可憐優鉢羅花樹三十年來一度春

送鄭侍郎赴闕

文章國器盡琅玕朝騎駸駸歲欲殘彩筆祗宜天上用繡衣偏稱雪中看休驚斷鴈離三楚漸入祥煙下七盤翰苑舊知憑與說紫金輪畔寄書難

上盧使君

一別旌旗已一年二林眞子勸安禪常思雙戟華堂

裏還似孤峯峭壁前步出林泉多吉夢帆侵分野入祥煙自憐酷似隨陽鴈霜打風飄到日邊

寄匡山大願和尚

一聽元音下竹亭卻思窗雪與囊螢祗將清淨酬恩德敢信文章有性靈夢歷山牀聞鶴語吟思海月上沙汀不堪迴首滄江上萬仞盧峯在杳冥

別盧使君歸東陽二首

雨氣濛濛草滿庭式微吟劇更誰聽詩逢匠化唯貪住日覺恩深不易銘心苦祗應消熱黑夢遊頻入倚天青從茲還似歸回首唯祝台星與福星

家在巖陵釣渚旁細漣嘉樹拂窗涼難醫林藪煙霞癖又出芝蘭父母鄉孤帆好風千里暖深花黃鳥一聲長終期金鼎調羹日再近尼邱日月光

溪寺水閣閑眺因寄宋使君

溪水蕭條一凭闌玉霜飛後浪花寒釣魚船上風煙暝古木林中砧杵乾至竟道心方始是空眈山色亦無端誰如太守分憂外時把西經盡日看

春送趙文觀送故合州座主神櫬歸洛

喜繼于悲錦水東還鄉仙騎卻尋嵩再燒艮玉堯雲動方報深恩絳帳空遠道靈輀春欲盡亂山羸馬恨

無窮他年必立吾君側好把書紳答至公

題某公宅

宅成天下借圖看始笑平生眼力慳地占百灣多是水樓無一面不當山荷深似入苕溪路石怪疑行鴈蕩間只恐中原方鼎沸天心未遣主人閑

海覺禪師山院

人言海覺老宗師隱絕層巔世莫知青草不生行道跡白雲常護坐禪扉六環金錫飛來後一派銀河瀉落時借問大心能濟物龍門風雹捲天池

悼張道古 昭宗時道古官拾遺以直諫貶蜀中死

清河逝水大悤悤東觀無人失至公天上君恩三載
隔鑑中鸞影一時空壙生苦霧蒼茫外門掩寒雲寂
寞中惆悵斯人又如此一聲蠻笛滿江風

寄題詮律師院 以下見統籤

錦溪光裏聳樓臺師院高淩積翠開深竹杪聞殘磬
盡一茶中見數帆來焚香只是看新律幽步猶疑損
綠苔莫訝題詩又東去石房清冷在天台

寄天台葉道士

負局高風不可陪玉霄峯北置樓臺注參同契未將
出尋柳聚僧多宿來颷撼松風山東落開關溪鳥亢
花開終須肘後相傳好莫便乘鸞去不迴

送道友歸天台

蘚濃苔濕冷層層珍重先生獨去登氣養三田傳未
得藥非八石許還曾雲根應狎玉斧子月逕多尋銀
地僧太守苦留終不住可憐江上去騰騰

山居詩二十四首 并序

愚咸通四五年中於鍾陵作山居詩二十四
章放筆藁被人將去厥後或有散書于屋壁
或吟咏於人口一首兩首時時聞之皆多字
句舛錯洎乾符辛丑歲避寇於山寺偶全獲
其本風調野俗格力低濁豈可聞於大雅君
子一日抽毫改之或留之除之修之補之卻
成二十四首亦斐然也蝕木也槩山謳之列
也或作者氣合始爲一朗吟之可也

休話喧譁事事難山翁只合住深山數聲清磬是非
外一個閑人天地間綠圃空階雲冉冉異禽靈草水
潺潺無人與向羣儒說岩桂枝高亦好扳

難是言休即便休清吟孤坐碧溪頭三間茆屋無人
到十里松陰獨自遊明月清風宗炳社夕陽秋色庾
公樓修心未到無心地萬種千般逐水流

萬境忘機是道華碧芙蓉裏日空斜幽深有徑通仙

窟寂寞無人落異花掣電浮雲眞好喻如龍似鳳不
須誇君看江上英雄塚只有松根與栢槎

鞭後從他素髮兼溥清奔碧冷侵簾高奇章句無人
愛澹泊身心舉世嫌白石橋高吟不足紅霞影暖臥
無厭居山別有非山意莫錯將予比宋纖

慵甚嵇康竟不迴何妨方寸似寒灰山精日作兒童
出仙老時將玉器來篘帚掃花驚睡鹿地壚燒樹帶
枯苔不行朝市多時也許史金張安在哉

心心心不住希夷石屋巉巖白髮垂餐竹不除當路

筍愛松留得礙人枝焚香開卷霞生砌捲箔冥心月在池多少故人頭盡白不知今日又何之

五嶽煙霞連不斷三山洞穴去應通石窗欹枕疎疎雨水碓無人浩浩風童子念經深竹裏獮猴拾蝨夕陽中因思往事拋心力六七年來楚水東

塵埃中更有埃塵時復雙眉十爲顰頼有年光飛似箭是何心地亦稱人回賢參孝時時說蜂蠆狠貪日日新天意剛容此徒在不堪惆悵不堪陳

翠竇煙巖畫不成桂華瀑沫雜芳馨撥霞掃雪和雲母掘石移松得茯苓好鳥傍花窺玉磬嫩苔和水沒

金餅從他人說從他笑地覆天翻也只甯

嵐嫩風輕似碧紗雪樓金像隔煙霞葛苞玉粉生香壠菌簇銀釘滿淨楂舉世只知嗟逝水無人微解悟空花可憐擾擾塵埃裏雙鬢如銀事似麻

千巖萬壑路傾欹杉檜濛濛獨掩扉斸藥童穿溪罅去採花蜂冒曉煙歸閑行放意尋流水靜坐支頤到落暉長憶南泉好言語如斯癡鈍者還稀南泉大師云學道之人癡鈍者難得

一菴冥目在穹冥菌枕松牀蘚障青乳鹿暗行檉徑雪瀑泉微濺石樓經閑行不覺過天井長嘯深能動岳靈應恐無人知此意非凡非聖獨醒醒

鏞刻芙蓉傳永漏休誇麗藻鄙湯休且爲小圃盛紅粟別有珍禽勝白鷴拾栗遠尋深澗底弄猨多在小峯頭不能更出塵中也百煉剛爲繞指柔

業薪心火日燒煎浪死虛生自古然陸氏稱龍終妄矣漢家得鹿更空焉白衣居士深深說青眼胡僧遠遠傳剛地無人知此意不堪惆悵落花前

露滴紅蘭玉滿畦閑拖象屣到峯西但令心似蓮花潔何必身將槁木齊古塹細煙紅樹老半岩殘雪白猨啼雖然不是桃源洞春至桃花亦滿蹊

自休自已自安排常願居山事偶諧僧採樹衣臨絕壑金華山出樹衣僧多採爲蔬菜味極美也狖爭山果落空階閑擔茶器緣青嶂靜納禪袍坐綠崖虛作新詩反招隱出來多與此心乖

石鑪金鼎紅蕖嫩香閣茶棚綠巘齊塢燒崩騰奔澗鼠岩花狠籍鬬山雞蒙莊環外知音少阮籍途窮旨趣低應有世人來覓我水重山疊幾層迷

自古浮華能幾朝逝波終日去滔滔漢王廢苑生秋草吳主荒宮入夜濤滿屋黃金機不息一頭白髮氣猶高豈知知足金仙子霞外天香滿毳袍

如愍何止直如弦只合深藏碧嶂前但見山中常有
雪不知世上定何年野人愛向菴前笑赤獿頻來袖
畔眠只有逍遥好知已何須更問洞中天
支公放鶴情相似范泰論交趣不同有念盡爲煩惱
相無私方稱水晶宫香焚薝蔔諸峯曉珠掐金剛萬
境空若買山資言不及恒河沙劫用無窮
好鳥聲長睡眼開好茶擎乳坐莓苔不聞榮辱成番
盡只見熊羆作隊來詩裏從前欺白雪道情終遣似
嬰孩由來此事知音少不是眞風去不迴
鳥外塵中四十秋亦曾高挹漢諸侯如斯標致雖清

拙大丈夫兒合自由紫术黄菁苗蕺蕺錦囊香麝語
啾啾終須心到曹溪叟千歲檞根雪滿頭
龍藏瓊函遍九垓霜鐘金鼓振瓊臺堪嗟一句無人
得遂使吾師特地來無角鐵牛眠少室生兒石女老
黄梅令人轉憶龐居士天上人間不可陪
騰騰兀兀步遲遲兆朕消磨只自知龍猛金膏雖未
作孫登土窟且相宜薜蘿山帔偏能綃橡栗年糧亦
且支已得眞人好消息人間天上更無疑

卷五十四終

全五代詩卷五十五

羅江李調元雨村

前蜀

貫　休九

蜀王入大慈寺聽講（天復年作）

玉節金珂響似雷水晶宫殿步裹回祇緣支遁談經
妙所以許詢都講來帝釋鏡中遙仰止（善法堂前有七寶鏡照四天下）魔軍殿上動崔巍千重香擁龍鱗立五種風生錦
繡開（上界天王欲下遊行時先有三種風生一開其樓臺殿閣二香氣芬馥三吹去萎花更雨新者）寬似大溟生日月秀如四岳出塵埃一條紫氣隨高

步九色仙花落古臺謝太傅須同入凱姚梁公可並
三台登樓喜色禾將熟望國誠明首不迴駕馭英雄
如赤子雌黄賢哲貢瓊瑰現六條消息心常苦一劍晶
熒敵盡摧木鐸聲中天降福景星光裹地無災百千
民擁聽經座始見重天社稷才

賀鄭使君

三衢蜂黨陷城池入詠龍韜整武貔纔諭危亡書半
幅便思父母淚雙垂（時公檄書纔去即便歸降來款云思父母則血淚雙垂憶兄弟乃江山隔越）戈收甲束投仁境汗浹魂飄拜虎旗死地再
生知德重精兵連識覺山移人和美叶禎祥出陣善

深爲典教推仗信輸誠方始是執俘折馘欲何爲淸
威嚴令無纖塕長路深山不拾遺七邑恩波歌浩渺
一方雲物自鮮奇天文仰覩同諸掌劍術無前更數
誰戰馬閑眠汀草遠秋聲乾揭岳霞禀義爲土地精
靈伏仁作金湯鐵石卑龔遂劉寛同聦嫗張飛關羽
太驅馳筵歌席上偏憐客刀劍林中亦念詩穀渚羨
爲長飲水金山高作受降碑時猶草草秋方盡陣是
堂堂孰敢窺寵渥豈唯分節鉞勲庸須勒上鐘彝神
資天贊誰堪比名遂功成白不知捲箔倚闌雲欲霽
擁鑪傾榼酒如餳扶堯社稷常憂老到郭汾陽亦未
遲釋子沾恩無以報只將葑菲賀階墀

送鄭使君

刺婺廉問動帝臺唯將清淨作梯媒綠沈槍卓妖星
落白玉壺澄苦霧開仁愛久懸溪上月恩光又發嶺
頭梅天資劉邵龔黄筆神助韓彭衛霍才古驛劍江
分擁旆畫旗花舫下喧闐鳳麟齊慕芙蓉拆洞壑淸
威霹靂來禮樂封疆添禮樂塵埃時節勿塵埃荔支
花下驪千騎薔蘅林中禮萬迴時人安大師在回說也視事變
奴磨玉硯邀賓海月射金杯謳歌合合子門樂聲角
雄雄一陣雷君父恩深頭早白子孫榮韙曰難陪東
陽緇素如何好空向生祠祝上台

贈楊公杜之舅

分盡君憂一不遺鳳書徵入萬民悲風雲終日如相
逐雨露前程卽可知畫舸還盛江革石秋山又看謝
安棊談諧盡是經邦術頭角由來出世姿天地事須
歸橐籥文章誰得到罘罳扣舷傍島淸吟健問俗看
漁晚泊遲霞影滿江搖枕簟鳥行和月下漣漪周秦
漢魏書書在麟鳳龜龍步步隨金殿恩波將浩浩圭
風意緒護孜孜郡中條令春常在境外謳謡羨更奇
道者藥鑪留要妙林僧禪偈寄相思王楊盧駱眞何
者房杜蕭張更是誰應念衢民千萬戶家家皆置一

生祠

月夕

霜月夜裴回樓中羌笛催曉風吹不盡江上落殘梅

夜雨

夜雨山草濕爽籟雜枯木閑吟竺仙偈淸絶過于玉

晚望

落日碧江靜蓮唱淸且閑更尋花發處借月過前灣

早霜寄蔡大

昨夜楚鐘鳴飛霜下楚城定知遷客鬢先向鑑中生

道情偈三首

崆峒老人專一一黃梅眞叟卻無無獨坐松根石頭上四溟無限月輪孤

非色非空非不空空中眞色不玲瓏可憐盧大擔柴者拾得驪珠槖籥中

優鉢羅花萬劫春頻犂田地絕纖塵道吾道者相招好不是香林採葉人

馬上作

柳岸花堤夕照紅風淸襟袖轡璁瓏行人莫訝頻迴首家在凝嵐一點中

道中逢乞食者僧

赤櫻欄笠眉毫垂拄櫛栗杖行遲遲時人祇施盂中飯心似白蓮那得知

秋末寄武昌一公

見說武昌江上住柏枯槐朽戰時風知師詩癖難醫也霜灑蘆花明月中

陋巷

墜葉如花欲滿溝破籬荒井一蟬幽亦知希驥無希者作麽令人强轉頭

終南僧

聲利掀天竟不聞草衣木食度朝昏遙思山雪深一丈時有仙人來打門

聽僧彈琴

家近吳王古戰城海風終日打牆聲今朝鄉思渾堆積琴上聞師大蟹行

漁者

風惡波狂身似閑滿頭霜雪背青山相逢略問家何在回指蘆花蒼莽間

歸東陽臨岐上杜使君七首

小謝淸高大謝才聖君令忝此方來一從到後常無

事鈴閣公庭滿綠苔

紅錦帳中歌白雪烏皮几畔撫靑英不知何物爲心地賽卻澄江徹底淸

誰報田中有黑蟲一家齋戒滅仙容分憂苦也皆如此天下家家有剩春

憂民心切出衝炎禾稼如雲喜氣兼林下閑人亦何幸也隨旌旆到銀尖（銀尖去郭二十里）

方恐獄中桃樹出忽聞枯木卻生煙（時有枯木再生）禱祥爲郡曾如此卻恐當時是偶然

枯骨縱橫遍水湄盡收爲塚碧參差分明爲報精靈

輩好送旌旗到鳳池
拾得依劉一片雲好風吹去遠纖塵猶期明月清風
夜來作西園第八人

再遊東林寺作五首

臺殿參差聳瑞煙桂花飄雪水潺潺莫疑遠去無消
息七萬餘年始半年傳記盡云安遠持裝三車盡生兜率天人間四千年彼天一晝夜亦三十日爲一月十二月爲一年壽四千歲

桓元舊輦殘雲濕耶舍孤墳落照遲有箇山僧倚松
睡恐人來取白猨兒

玉像珠龕香陣橫錦霞多傍石牆生辟蛇行者今何
在花裏唯聞鵓鳥聲

愛陶長官醉兀兀送陸道士行遲遲買酒過溪皆破
戒斯何人斯師如斯遠公高節食後不飲蜜水而將詩博綠醑與陶潛別人不得又送客不以貴賤不過虎溪而送陸靜修道士過虎溪數百步今寺門前有道士岡送道士至此止也

白薝蔔花露滴滴紅蕊叢草香濛濛田地更無塵一
點是何人合住其中

題蘭江言上人院二首時王藹先輩有詩二首題其院因和題之

一生只著一麻衣道業還欺習彥威手把新詩說山
夢石橋天柱雪霏霏

只是危吟坐翠層門前岐路自崩騰青雲名士時相

訪茶賁西峯瀑布冰

禪師

擊鼓求亡益是非木中生火更何爲吾師別是醍醐
味不是知心人不知

道士

花鳥相逢滿袖雲藉花論道過金巾騰騰又入仙山
去只恐是青城丈人

風琴

至境心爲造化功一枝青竹四弦風寥寥雙耳更深
後如此谿山明月中

庭橘

蟻踏金苞四五株洞庭山上味何殊不緣松樹稱君
子肯便甘人喚木奴

落花

蝶醉蜂癡一簇香繡葩紅蔕墮殘芳因嗟好德人難
得公子王孫盡斷腸

孤雲

將比鷺鷥還恐屈始思殘雪不如多清風相引去更
遠皎潔孤高奈爾何

苦吟

河薄星疎雪月孤松枝清氣入肌膚因知好句勝金
玉心極神勞特地無

古戰處

鬼氣蒼黃棘葉紅昔時人血此時風相憐極目無疆
地曾落將軍一陣中

偶然作

蟬聲引出石中蛩寂寞門扃葉數重誰道思山心不
切等閑盡出兩三峯

招友人宿

銀地無塵金菊開紫梨紅棗墮莓苔一泓秋水一輪

月今夜故人來不來

再逢盧中道士三首

天目西峯古壞壇壇邊相別雪漫漫如今四十餘年
也還共當時恰一般

囊裏靈龜小似錢道伊年與我同年壺中長挈天相
逐何處昇天更有天

吾道將君道且殊君鬚全似老君鬚尋常有語爭堪
信愛說蟠桃似甕麤

寄鄭道士二首

常憶蘇耽好羽儀信安山觀住多時不知玉質雙棲
處兩箇仙人是阿誰

誰帶金輪髻裏珠何妨相逐去清都舊山大有閑田
地五色香茆有子無

送少年禪師二首

秀眉清目樹花衣一鉢隨緣智不知佛與輪王嫌不
作世間剛有箇癡兒

萬水千山一鶴飛豈愁遊子嘆何之古今此著無人
會王積新輸更不疑

古劔池

秋水蓮花三四枝我來慷慨步遲遲不決浮雲斬邪

佞真成龍去擬何爲

曹娥碑

高碑說爾孝應難彈指端思白浪間堪歎行人不迴
首前山應是苧蘿山

比干傳

昏王亡國豈堪陳只見明誠不見身想得先生也夘
自欲將留與後來人

送人遊茆山

鳥啼花笑煖紛紛路入青雲白石門君到前頭好看
好老僧或恐是茆君

聞杜宇

咽雨哀風更不停春光於爾豈無情宜須喚得謝豹出方始年年無此聲

聽曉角

三會單于滿閤風五行無忒月朦朧如何十萬家休戚只在嗚嗚咽咽中

贈寫經僧楚雲

剔皮刺血誠何苦爲寫靈山九會文十指瀝乾終七軸後來求法更無名

律師

薝蔔花紅徑草青霜膚冰骨步輕輕今朝暫到焚香處只恐牀前有蝨聲

書石壁禪居屋壁

赤栴檀塔六七級白菡萏花三四枝禪客相逢只彈指此心能有幾人知

卷五十五終

全五代詩卷五十六

羅江李調元雨村　編

前蜀

曇域

曇域禪月大師貫休弟子著有重集許氏說文十國春秋曇域戒學精嚴能詩書篆貫休詩集皆出所校輯

宿鄭諫議山居

堂開星斗邊大諫采薇還禽隱石中樹月生池上山涼風吹詠思幽語隔禪關莫擬歸城計終妨此地閑

贈烏雲禪師

遠庵枯葉滿羣鹿亦相隨頂骨生新髮庭松長舊枝禪高太白月行出祖師碑亂後潛來此南人總不知

懷齊巳

鬢髯秋景兩蒼蒼靜對茅齋一炷香病後身心俱澹泊老來朋友半凋傷峨眉山色侵雲直巫峽灘聲入夜長猶喜深交有支遁時時音信到松房

掃地和尚

和尚不知何許人十國春秋王建據蜀之後有千僧常持大帚每過必洒掃人以掃地和尚目之掃畢輒寫二語其後王衍果有秦川之禍水行仙衍字也

水行仙怕秦川

太后徐氏

太后徐氏驃騎大將軍眀之女建郎位冊爲淑妃衍立尊爲順聖太后詩歸詩話成都徐眀有二女皆國色敎爲詩有藻思眀家甚貧相者曰公不久當共宮貴眀使相其二女相者曰青城山王氣徹天一紀矣不十年有眞人承運此女當作后妃君之貴由二女致也及王建入城聞其發納于後房姊生彭王妹生衍建郎位姊爲淑妃妹爲貴妃眀爲驃騎大將軍及衍郎位冊貴妃爲順聖太后淑妃爲翊聖太妃衍常與母同禱于青城山宮人畢從皆服雲霞之衣衍自製甘州詞令宮人歌之其詞哀憐聞者悽惋又至漢州看聖燈又游元都觀至德寺各有唱和詩刻于石及回至天回驛又賦詩衍旣荒于酒色太后與妃各有幸臣不能

相規正以至失國唐郭崇韜破蜀衍降行至秦川莊宗用伶人景進計遣宦者向延嗣誅其族衍母徐氏臨刑呼曰吾兒以一國迎降反以爲戮信義俱棄吾知其禍不旋踵矣遂遇害蜀志云衍至青城住旬日設醮祈福太妃太后謁建鑄像及丈人觀元都觀金華宮崇山至德寺各有唱和詩刻于石次至彭州陽平化漢州三學山夜看聖燈回至天回驛又各賦詩議者以爲翰林之事非婦人女子之能所以謝女無長城之志空振才名班姬有團扇之詞亦彰淫恶今徐氏逞乎妖志飾自倖臣假以風騷庇其游佚取亥史一時之美爲游人贈代之唾及唐朝興弔伐之師遇蜀國有荒淫之主三軍不戰束手而降於誠蔑彖流移百郡其次六宮嬪御坐紅絲于征途十宅公主碎金珠于逆旅良由子母盤遊君臣陵替之所致也

題謁丈人觀先帝聖容

聖帝歸梧埜躬來謁聖顏旋登三徑路似涉九嶷山
日照惟嵐迫雲横積𡺸間斯修封禪禮方俟再躋攀

題金華宮

再到金華頂元都訪道回雲披分景象煙鎖顯樓臺
雨滌前山淨風吹去路開𡺸屏夾流水何必羨蓬萊

題彭州平陽宮

尋眞游勝境巡禮到陽平水遶波流潤山高氣象清
殿嚴孫氏貌碑暗係師名夜月登壇醮松風森碧聲

題漢州三學山至夜看聖燈

虔禱遊靈境元妃夙志同玉香焚靜夜銀燭炫遥空

泉漱雲根月鐘敲松杪風印金標聖迹飛石顯神功
滿望天涯極臨西日脚紅猨來齋室上僧集講筵中
頓覺超三界渾疑證六通顯成修偃事社稷保延洪

題青城面山丈人觀

早與元妃慕至元同躋靈嶽訪眞仙當時信有壺中
景今日親來洞裏天儀仗影交寥廓外金絲聲揭翠
巖巔惟嶄未致華胥理徒卜昇平萬萬年

題丹景山至德寺

周迴雲水游丹景因輦眞成眺上方晴日曉昇金晃
耀寒泉夜落玉丁當松梢月轉禽栖影柳徑風牽麝

食香虔爍六銖宜禱祝惟期聖祚保遐昌

謁丈人觀先帝御容

千尋緑嶂夾溪流登眺應知海岳低瀑布迸舂青石碎輪囷橫剪翠峰齊步粘苔蘚龍橋滑日閑烟蘿鳥徑迷莫道穹天無路到此山便是碧雲梯

禱青城山回

周遊靈境散幽情千里江山暫得行所恨風光看未足卻驅金翠入龜城

太妃徐氏

太妃徐氏順聖太后之妹建册爲貴妃生後主衍及衍立尊爲翊聖太妃十國春秋太妃徐氏晰次女也高祖時進位淑妃宮中稱爲花蕊夫人亦曰小徐妃光天元年夏六月尊爲皇太妃咸康元年隨後主降唐明年李繼曮等部送入洛行至天回驛太妃與太后賦詩悽惋不可聽聞已而秦川之禍與太后同畢命焉

謁丈人觀先帝御容

共謁御容儀還同在禁闈笙歌喧寶殿彩仗耀金徽清淚沾羅袂紅霞拂繡衣九疑山水遠無路斷湘妃

題漢州三學山至夜看聖燈

聖燈千萬炬旋向碧雲生細雨濕不暗好風吹更明磬敲金地響僧唱梵天聲若説無心法此光如有情

題金華館

碧雲紅霧撲人衣宿路沾苔石徑危風巧解吹松上曲蝶嬌頻采臉邊脂同尋僻徑思携手暗指遥山學畫眉好把身心清淨出角冠霞帔事希夷

題彭州陽平化

雲浮翠輦屆陽平真似驂鸞到上清風起半崖聞虎嘯雨來當面見龍行晚尋水澗聽松韻夜上星壇看月明長恐全身居此境玉堂教向錦城生

題丹景山至德寺

丹景山頭宿梵宮玉軒金輅駐虚空軍持無水注寒碧蘭若有花開晚紅武士盡班青障下内人皆在講筵中我家帝子專王業積善終期四海同

題青城山丈人觀

獲陪翠輦喜殊常同陟仙壇豈厭長不羨乘鸞入烟霧此中便是五雲鄉

題謁丈人觀

登尋丹壑到玄都接日紅霞照座隅卽向周迴岩上看似看曾進畫圖無

禱青城山回

翠驛江亭近玉京夢魂猶是在青城比來出看江山

景卻被江山吞出行

昭儀李舜弦

舜弦梓州人珣之妹蜀王衍納爲昭儀十國春秋舜弦酷有詞藻所著蜀宮應制詩隨駕詩釣魚不得詩諸篇多爲文人賞鑒

蜀宮應制

濃樹禁花開後庭飲筵中散酒微醒濛濛雨草瑤階濕鐘曉愁吟獨倚屏

釣魚不得

盡日池邊釣錦鱗芰荷香裏暗消魂依稀縱有尋香餌知是金鉤不肯吞

隨駕遊青城

因隨八馬上仙山頓隔塵埃物象閑只恐西池王母宴卻憂難得到人間

李玉簫

玉簫蜀王衍宮人十國春秋玉簫寵亞舜弦後主宴近臣命玉簫歌己所撰月華如水宮詞侑宗壽酒一座傾倒

宮詞

鴛鴦瓦上瞥然聲晝寢宮娥夢裏驚元是我王金彈子海棠花下打流鶯

嚴氏

嚴氏天雄軍節度使王承休妻十國春秋承休以宦者得幸爲宣徽使先是唐昭宗世宦官雖盛未有建節一方者得爲節度自承休始妻嚴氏有絕色後主衍通之咸康七年以嚴故爲秦川之行絕加寵愛至則賜以妝鏡有詞云云其褻昵如此

妝鏡銘詞

鍊形神冶瑩質良工當眉寫翠對臉傳紅如珠出匣似月停空綺窗繡幌俱涵影中

黃崇嘏

崇嘏臨邛人黃使君女十國春秋周庠權知邛州臨邛縣送失火人黃崇嘏上詩云云庠召見之稱鄉貢進士祗對詳敏隨命釋放後數日復獻長歌益奇

之薦攝司戶參軍胥吏畏服案牘一淸庠欲以女妻之崇嘏乃爲謝狀仍貢詩見意詩云云庠覽詩驚問故黃使君女也幼失父母與老嫗同居元未字人已乞罷歸臨邛不知所終

辭蜀相妻女詩

一辭拾翠碧江湄貧守蓬茅但賦詩自服藍衫居郡掾永拋鸞鏡畫蛾眉立身卓爾青松操挺志鏗然白璧姿幕府若容爲坦腹願天速變作男兒

下獄貢詩

偶辭幽隱在深邛行止堅貞比澗松何事政清如水鏡絆他野鶴在深籠

任氏

任氏尙書侯繼圖妻王漁陽五代詩話繼圖讀書大慈寺忽桐葉飄墜上有詩句後數年卜婚任氏方知桐葉句乃任氏在左綿書也

書桐葉

拭翠斂蛾眉鬱鬱心中事搦管下庭除書成相思字此字不書石此字不書紙書在桐葉上願逐秋風起天下有心人盡解相思死天下負心人不識相思字有心與負心不知落何地

張窈窕

窈窕寓居於蜀當時詩人雅相推重吟窗雜錄窈窕有春情句云滿院花飛入不到含情欲語燕雙雙

成都即事

昨日賣衣裳今日賣衣裳衣裳渾賣盡羞見嫁時箱有賣愁仍緩無時心轉傷故園有虜隔何處事蠶桑

西江行

日下西塞山南來洞庭客晴空白鳥度萬里秋光碧

寄故人

淡淡春風花落時不堪愁望更相思無金可買長門賦有恨空吟團扇詩

春思二首

門前病柳爛春輝閉妾深閨繡舞衣雙燕不知腸欲斷銜泥故故傍人飛

井上梧桐是妾移夜來花發最高枝若教不向深閨種春過門前爭得知

贈所思

與君咫尺長離別遣妾容華爲誰說夕望層城眼欲穿曉臨明鏡腸堪絕

灼灼

灼灼成都人韋莊浣花集灼灼蜀之麗人也近聞貧且老殂落于成都酒市中因以四韻吊之其詩有桃臉曼長橫綠水玉肌香膩透紅紗之句見本集中

春愁

自有春愁正斷魂不堪芳草思王孫落花寂寂黃昏雨深院無人獨倚門

尼海印

海印慈光寺尼唐末蜀人

舟夜

水色連天色風聲益浪聲旅人歸思苦漁叟夢魂驚舉棹雲先到移舟月逐行旋吟詩句罷猶見遠山橫

觀梅女仙

題壁蜀州郡閣有紅梅數株方盛開有二婦人高髻大袖倚闌而觀題詩於壁

南枝向暖北枝寒一種春花有兩般憑仗高樓莫吹笛大家留取倚闌看

崇聖寺鬼 漢州崇聖寺寒食日忽有朱衣一人紫衣一人驅殿僕馬極盛各題一絕句于壁而去失其所在

題壁

禁烟佳節同遊此正值酴醾夾岸香回首十年前往事强吟風景亂愁腸 朱衣人

策馬暫尋原上路落花芳草尚依然家亡國破一場夢惆悵又逢寒食天 紫衣人

張仁寶

題芭蕉葉上 校書郎張仁寶素有才學年少而逝自城都歸葬閬中權殯東津寺其家寒食日聞扣門甚急出視無人唯見門上有芭蕉葉題詩端午日又聞扣門聲其父于門竊何之見其子身長三丈許足不踐地門上題五月五日天中節題未畢其父開門卽失所在

寒食家家盡禁煙野棠風墜小花鈿如今空有孤魂夢半在嘉陵半錦川

蜀選人

嘲韓昭 全唐詩話蜀王衍時韓昭爲吏部侍郎受賂徇私選人詣鼓院訴之并嘲云云 衍召問昭昭曰此皆太后太妃國舅之親非臣之親帝黙然

嘉眉邛蜀侍郎骨肉導江青城侍郎情親果閬二州侍郎自留巴蓬集壁侍郎不識

秦人竹貓謠

貓貓引黑牛天差不自由但看戊寅歲揚在蜀江頭 王氏見聞云竹貓食竹之鼠肉肥脆生深山竹林無人境岐梁睢吡之年此物徧入人家房內秦人口腹飫焉忽有童謠云云智者不能議之庚午歲梁劉知俊叛梁入秦岐王以爲涇州節度知俊爲人色黑而其生歲在丑貓者劉也始知貓貓引黑牛之應後奔蜀王建用之今反攻岐有功竟忌而殺之歲戊寅建不豫見劉爲祟因粉劉骨投之江其言揚在曲江頭亦驗云又建陰忌劉知俊才蜀人亦共嫉之建諸子皆以宗承爲名乃於里巷搆爲謠言云黑牛無繫絆椶繩一時斷建慮爲子孫害益惡之故殺知俊

秦城芭蕉謠

花開來裏花謝也裏 天水地寒不產芭蕉戎帥亭臺有二本入冬卽埋藏於地候春再植之庚午辛未間有童謠云云時節氣變而不寒芭蕉花開蜀人犯封疆年年一來不失芭蕉開謝

之候自隴之西竟爲蜀有劍外節氣先布于秦城也

蜀童謠

我有一帖藥其名曰阿魏賣與十八子 蜀王衍時有此謠乾德末衍兄宗弼果賣國歸唐而宗弼乃王建養子本姓魏氏皆驗

眉州歌 十國春秋張琳許州人爲眉州刺史修堰溉田民被其惠歌云云

前有章仇後張公疏決水利秔稻豐南陽杜詩不可同何不用之代天工

瓦棺銘 學圃藼藾王蜀秦州節度使王承檢築防番城至上邽山下得一瓦棺有片石刻篆字曰大隋開皇二年渭州刺史張崇妻夫人王氏年二十五卒銘云云是歲爲乾德六年丙子歲也合郎卽王承檢小字

東道之北邽山之陽深深葬玉鬱鬱埋香刻斯貞石
煥乎遺芳地變陵谷險列城隍乾德丙年壞者合郎

成都羅城北門石記上有乾符三年高駢名銜餘字斷缺莫知其爲何詩也

五五復五五五五逾重數浮世若浮雲金石一如故
與君相見時杳杳非今土

卷五十六終

全五代詩卷五十七

羅江李調元雨村　編

後蜀

後主孟昶

昶字保元初名仁贊邢州人蜀主知祥第三子明德元年立爲太子在位二十八年國亡降宋封秦國公卒贈楚王諡恭惠嘗集古今韵會五百卷十國春秋廣政四年帝下詔郡縣曰朕念赤子旰食宵衣托之令長撫養安綏政在三異道在七絲驛雖爲理留犢爲規寬猛得所風俗可移無令侵削無使瘡痍下民易虐上天難欺賦輿是切國是資朕之爵賞固不踰時爾俸爾祿民膏民脂爲人父母罔不仁慈勉爾爲戒體朕深照帝好學爲文皆本於理居恒謂李昊徐光溥曰王衍浮薄好輕艷之辭朕不爲也今州縣戒碑爾奉爾祿民膏民脂下民易虐上天難欺即節箴中語五年三月帝宴牡丹苑牡丹凡雙開者十黃者白者三紅白相間者四又有深紅淺紅深紫淺紫淡黃鉅黃潔白正暈倒暈金含稜銀含稜旁枝副搏合歡重臺每朵至五十葉面徑七八寸復有檀心如墨者香聞至五十步從官皆賦詩賞之十二年八月帝遊浣花溪御龍舟觀水嬉時百姓饒富夾江皆創亭榭都人士女傾城遊玩珠翠羅綺名花與丹殺郁十里望者有若神仙之境帝謂左右曰曲江金殿鎖千門殆未及此兵部尚書王廷珪賦詩曰十字水中分島嶼數重花外見樓臺帝稱善久之十月賞紅梔子三粒種之成樹其花爛紅六出清香如梅當時最重之十四年詔勒諸經于石秘書郎張紹文寫毛詩儀禮禮記祕書省校書郎孫朋古寫周禮國子博士孫逢吉寫周易校書

郎周德政寫尙書簡州平泉令張德昭寫爾
雅字皆精謹乾德四年重陽節曲宴羣臣于
宣華苑後主唱韓琮柳枝詞宋光溥欲以諷
爲諫遂咏胡曾詩曰吳王恃霸棄雄才貪向
姑蘇醉綠醅不覺錢塘江上月一宵西送越
兵來聲節悽惋後主不樂而罷初高祖據有
一方晚年崇務奢侈尙食掌食典五百卷中
有賜緋羊酒骨糟等名寢室常設畫屏七十
帳闌百紐而合之號曰帳宮又有皇明帳色
淺紅類皺綃於綃文中具十洲三島之象夜
則燦爛如金落施之大小牀皆稱後主初襲
位頗勤政事寢處惟紫羅帳碧綾帷褥無錦
繡諸飾至于盥漱之具但用白金雜以黑漆
木器姓復仁慈柔懦每決死刑多所矜減月
旦必焚殘酷盡著藥因呼書藥爲月一盤初
喜走馬後漸以體重不耐乘馬內廄推飼打
毬馬一匹出則乘步輦蔽以重簾環結珠香
囊垂于四角香聞數里人罕覩其面居恒廵
行宮內惟銅裝朱漆小輦而已且數年間一
南郊不放燈火中歲稍稍以侈靡爲樂常命
一榜織成錦被凡三幅帛上鍍二穴名曰鴛
衾又以芙蓉花徧染繒爲帳幔名曰芙蓉帳
至溺器皆以七寶裝之宋太祖見寶裝溺器
撞碎之曰汝以七寶飾此當以何器貯食所
爲如此不亡何待每臘日內官各獻羅體圖
金花樹所費不貲又廣政中民貧錢取息者
將徙居必榜其門曰召主收贖識者以爲召
者趙也贖者蜀也未年成都文武官競執長
鞭自馬至地號曰朝天婦女爭治髮爲高髻
呼爲朝天髻又製新曲曰萬里朝入未幾後
主朝宋崎嶇川陸斯其驗矣高祖自同光三
年乙酉入蜀至廣政二十八年乙丑國滅父
子二世凡四十一年 五代詩話昶令以羅城
上盡種芙蓉盛開四十里語左右曰古以蜀
爲錦城今觀之真錦城也當夜同花蕊夫人
避暑摩訶池上作玉樓春即春曉曲也 漫
叟詩話楊元素作本事曲記洞仙歌氷肌玉
骨自清涼無汗水殿風來暗香滿繡簾開一
點明月窺人人來寢欹枕橫釵鬢雲亂起來
攜素手庭戶無聲時見疏星渡河漢試問夜

如何夜已三更金波淡玉繩低轉細屈指西
風幾時來又不道流年暗中偷換錢唐有一
老尼能誦後主詩首章兩句後人爲足其意
以塡此詞 苕溪漁隱叢話東坡洞仙歌序
僕七歲時見眉州老尼姓朱忘其名年九十
餘自言嘗隨其師入蜀主孟昶宮中一日大
熱蜀主與花蕊夫人夜起避暑摩訶池上作
一詞朱具能記之今四十年朱已死矣人無
知此詞者獨記其首兩句云冰肌玉骨自清
涼無汗暇日尋味豈洞仙歌令乎乃爲足之
云苕溪漁隱曰漫叟詩話所載本事曲云錢
唐一老尼能誦後主詩首章兩句與東坡洞
仙歌序全然不同當以序爲正也 野人間
話後主時城內人生三十載有不識米麥之
苗每春三月夏四月多有遊花院及錦浦者
歌樂撒天珠翠塡咽貴門公子華軒彩舫共
賞百花潭上諸王功臣已下皆各道林亭異
果名花充溢其中 元費著器物譜廣政十
四年冬十月十五日彭山縣副將領楊富獲
銅印于江岸印有六面方各寸許皆有篆文
兩面共通一竅竅中三虛一實其直可貫其
圓可規六面篆文共八十二十分夾其竅六
十均在四旁各成文章一面天國老君生萬
民治中國外國人合璽凡十五字其相對一
面云老君授生輪天下國安平受道人長生
凡十五字又一面虛無自然明日月星辰光
凡十字其相對一面云元女致和氣玉女致
天醫凡十字又一面上國僊師天師老君道
成明天地政璽凡十五字其相對一面云上
召吾拜無爲大昊通天下氣同璽凡十五字
容齋三筆成都石本諸經題云廣政十四年
蓋孟昶時所鑄 邵氏聞見錄昶舟過省州
湖澴渡一官嬪有孕昶出之祝曰若生子孟
氏向存也後果生子今爲孟氏不絕昶治蜀
有恩國人哭送之至犍
爲別去因號曰蜀王山

避暑摩訶池上作

冰肌玉骨清無汗水殿風來暗香暖簾開明月獨窺

人欹枕釵橫雲鬓亂起來瓊戶寂無聲時見疎星渡河漢屈指西風幾時來只恐流年暗中換

何瓚

瓚閬人唐末舉進士及第後唐莊宗為太原節度使辟為判官代知留守事建號拜諫議大夫明宗即位以瓚為西川節度副使後蜀孟知祥僭位改瓚行軍司馬卒五代史初知祥在北京為馬步軍都虞候而瓚留守太原知祥以軍禮事瓚瓚常繩以法知祥初不樂及瓚為司馬置之私第猶勉待之甚厚知祥反罷瓚司馬瓚歎恨而卒先瓚常有蜀城書事詩末句云到頭須卜林泉隱自愧無能繼臥龍後十年遂得篤疾

書事

果決生涯向路中西投知己話從容雲遮劍閣三千里水隔瞿塘十二峯闊步文翁坊裏月閑尋杜老宅邊松到頭須卜林泉隱自愧無能繼臥龍

徐光溥

光溥蜀人事孟知祥為觀察判官知祥稱尊號進翰林學士後主昶時拜中書侍郎同平章事十國春秋廣政十四年三月帝宴于後苑放士庶人入觀俳優有唱康老子者帝顧李昊等問曲所由名昊不能對徐光溥曰康老老而無子故製此曲張唐英曰老子即長安富家子開元中拓落不事生業好與梨園樂工游一旦窮悴而卒樂工歎之因為此曲又名曰得至寶光溥蓋不知而妄對也任臣按樂府雜錄載康老子與國樂狎蕩偶有一老嫗持舊錦褥貨鬻乃以半千獲之尋有波斯見之驚曰何處得此至寶是冰蚕絲所織夏月置座間一室清涼郎以千金酬之還與國樂追歡不經年蕩盡康卒樂工製此亦曰得寶子張氏似亦未詳　又本傳光溥有辨才遇事輒發會李昊等疾之後有議論光溥熟睡而已時號睡相居無何坐以艷詞挑前蜀安樂長公主罷相卒

題黃居寀秋山圖

居寀字伯鸞筌季子也工畫花竹翎毛事後主為翰林待詔與筌同被恩寵圖畫殿庭墻壁宮闈屏障不可勝紀廣政十五年後主命往葛仙山回至彭州棲眞南軒繪水石一堵自未越酉而畢觀者歎其敏妙又常奉後主命與筌同畫秋山圖以荅江南信幣學士徐光溥作秋山圖歌以美之

天與黃筌藝奇絕筆精廻感重瞳悅運思潛通造化工揮毫定得神仙訣秋來奉詔寫秋山寫在輕綃數幅間高低向背無遺勢重巒疊嶂何孱顏目想心存妙尤極研巧纔能㝡不得珍禽異獸皆自馴奇花怪木非因植崎嶇石磴絕遊蹤薄霧冥冥藏半峰娑蘿掩映迷仙洞薜荔纍垂纓古松屈原江上嬋娟竹陶潛籬下芳菲菊良宵祇恐鶗鴂啼晴波但見鴛鴦浴暮煙羃羃鎖村塢一葉扁舟橫野渡颯颯白蘋欲起風黯黯紅蕉猶帶雨曲沼芙蓉香馥郁長汀蘆荻花蔌蔌雁過孤峰帖遠青鹿傍小溪飲殘綠秋山秀兮秋江靜江光山色相輝映雲迸飛泉濺釣磯雲分落

葉擁樵徑張璪松石徒稱奇邊鸞花鳥何足窺白旻鷹逞凌風勢薛稷鶴誇警露姿方原畫山空巉岩峭壁枯槎人見嫌孫位畫水多洶湧驚湍怒濤人見恐若教對此定妍媸必自伏膺懷愧恐再三展向冕旒側便是移山回㵎力大李小李滅聲華獻之愷之無顏色髣髴囀綸渭水濱吾皇覩之思良臣依稀荷鍤傅巖野吾皇覩之求賢者從茲凡展復懸旌宵衣旰食安天下才當老人星應候願與南山俱獻壽微臣稽首貢長歌丹青景化同天和

同劉侍郎詠筍

迸出班犀數十株更添幽景向蓬壺出來似有凌雲勢用作丹梯得也無

劉羲叟

羲叟後蜀翰林學士十國春秋徐光溥官學士時常與侍郎劉羲叟分直賦庭中笋詩羲叟以光溥本蜀士語涉刺譏光溥遂切齒由是終不相協世或病其監云

同徐學士詠筍

徐徐出土非人種枝葉難投日月壺爲是因緣生此地從他長養譬如無

劉義度

義度後蜀工部侍郎

應懷詩

昨日方髫髻如今滿頷鬚紫閣無心戀青山有意潛

李如實

如實初事梁末帝以直諫謫鄭州再貶汝州副使梁亡入成都後蜀孟知祥知其賢拜戶部侍郎卒十國春秋末帝嗣位一日顧如實日卿知天子出雖輔乎如實對日人臣所輔未帝日朕地據三河位尊尚有天資輔之豈人臣可得主邪如[illegible]日陛下身在深宮居安思危臨泉履冰得失頃刻豈是天補者哉末帝怒日憨老漢不足與語貶汝州實至汝州自製一臥車常于車中置酒一瓢琴一具書數卷命小僮十餘輩載入衛衢四顧朗吟觀者多竊笑焉久之梁無內召意如實心頗不平裁落韻詩以譏之

落韻詩

炎蒸不可度賴爾生涼風在物成非器於人還有功殷勤九夏內寂寞三秋中想君應有語弃我如秋扇

顧夐

夐前蜀時給事內庭擢茂州刺史後事孟知祥累遷至太尉十國春秋前蜀通正時夐以小臣給事內廷會禿鷲鳥翔摩訶池上夐作詩刺之禍幾不測詩云昔日曾看瑞應圖百般祥瑞不如無摩訶池上分明見子細看來是那鶻又云夐善小辭有醉公子曲爲一時豔稱尤善恢諧常於前蜀時見肆武秩者多拳勇之夫戲造武舉諜以譏之人以爲滑稽云諫日大順年侍郎李吒叱

下進士及第三十餘人姜蘋子　張打胸李
嗑咀李破肋李吉了樊忽雷王號　驢都牛矢
陳波斯羅鑾子等誠亡命山澤賊到處不生
草詩　花間集顧夐醉公子詞云衰柳數聲
蟬魂消似去年陳聲伯愛之擬作一絕句云
擁波忽聽門外雨山中又作去年秋甚脫化

醉公子曲

漠漠秋雲澹紅藕香侵檻枕倚小山屏金鋪向晚扃
睡起橫波慢獨望情何限衰柳數聲蟬魂銷似去年
岸柳垂金線雨晴鶯百囀家住綠楊邊往來多少年
馬嘶芳草遠高樓簾半卷斂袖翠蛾攢相逢爾許難

浣溪沙曲

春色迷人恨正賒可堪蕩子不還家細風輕露著梨

花簾外有情雙燕颺檻前無力綠楊斜小屏狂夢極
天涯露白蟾明又到秋佳期幽會兩悠悠夢牽情役
幾時休記得泥人微斂黛無言斜倚小書樓暗思前
事不勝愁

春曉曲

月照玉樓春漏促颯颯風搖庭砌竹夢驚鴛被覺來
時何處管弦聲斷續惆悵　少年游冶去枕上兩蛾攢
細綠曉鶯簾外語花枝背帳猶殘紅蠟燭
柳映玉樓春日晚雨細風輕煙草軟畫堂鸚鵡語雕
籠金粉小屏猶半掩香滅繡帳人寂寂倚檻無言愁

思遠恨郎何處縱跡狂長使含嚬眉不展
月皎露華窗影細風送菊香黏繡袂博山爐冷水沈
微惆悵金閨終日閑嬾展羅衾垂玉箸羞對菱花簪
寶髻良宵好事枉教休無計那他狂耍壻
拂水雙飛來去燕曲檻小屏山六扇春愁凝思結眉
心綠綺嬾調紅錦薦話別情多聲欲戰玉箸痕留紅
粉面鎮長獨立到黃昏卻怕良宵頻夢見

蔣詒恭

詒恭一作貽恭一作詔恭江淮人唐末入蜀孟知祥時
官大井縣令野人閑話巴蜀三紀以來藝能之士書畫老宿矣沙門曇域學

李陽冰篆道士張昭嗣敎柳公權書工部元
員外昭摭仿韓擇木八分皆杜光庭門人也
僧覽鑾攻張芝草書黃少監筌學邊鸞花竹
處士滕昌祐擬梁廣花草野人張道隱學張
琛松石相國李昇為若名李司儀文才繼閣
立本寫真書隸常代野人平生讀老莊書好
圖龍之真形飄飄然雲雨氣有蜿蜒之勢撰
龍證筆訣三卷彭州僚鄭昭請畫龍於州西
門太山府君祠其夕三更風形大作蔣詁恭
留題詩云云　全唐詩話詁恭善詠階有僑
蜀給事王允光短小詁恭嘲之云廠交元非
道郡奴允光何事太佚儒可中與箇皮褆若
擊得天王左鄉無有刑院杖直官張進背誦
之允允以事癸真極法後見進索命死又詠
金剛云楊眉斗目惡精神捏合將來恰似真
剛破時流借拳勢不知身自是泥人又詠偃
昔子云出得門來背挂天同行難可與姜肩
若教倚向開窗下恰似箜篌不著弦又詠安
仁搴擣蒜云安仁縣令好誅求百姓脂膏蒲
面流半破磁缸咸醋酒死牛腸肚作饅頭帳

生歲取餐三頓鄉老盤庚犯五既半酔半醒齊出縣共傷塗炭不勝愁又五門街望有題云我皇開國十餘年一輩趂升灸手歡閑向五門樓下望衙官騎馬使衙官又謝郎中恵茶云三斤綠茗賜詒恭一種須雪事不同想料賜樓無苔處披毛戴角謝郎中又詠蝦墓云坐卧兼行總一般向人努眼太無端欲知自巳形骸小試就蹄涔照影看人鑑戒錄蔣詒恭本江淮人無媚世之詒有詠人之才孟祖霸蜀搜訪遺材蔣亦遇時數蒙見用 唐詩紀事蔣詒恭江淮人唐末入蜀巧於議刺蜀人畏之孟氏時卒官止令佐北夢瑣言蔣詒恭好嘲詠頻以此痛遭夏楚近閒官至令佐而卒 十國春秋蔣詒恭蘇州人性耿直有逆才永平間流落入西川每有吟咏輒步譏刺高祖末年臣傒多尚權勢多放無節詔恭再作詩諷之高祖見詩大喜曰敢言之士也特授名山令又善蒞事賜錄排豈詔恭郎貽恭字畫相謁邪抑別有一貽恭也文或云王或云孟存以闕疑

題張道隱太山祠畫龍

世人空解競丹青惟子通元得墨靈應有鬼神看下筆豈無風雨助成形威疑噴浪歸滄海勢欲拏雲上杳冥靜閉綠堂深夜後曉來簾幕似聞腥

詠蠶

辛勤得繭不盈筐燈下繅絲恨更長著處不知來處苦但貪衣上繡鴛鴦

令狐嶠

嶠仕孟知祥父子官至祕書監十國春秋嶠敏才工吟咏兼擅口占詩句多所嘲諷好事者時傳其詩一日遇明慶節散後贈左右兩街命服僧元詩云云

明慶節散後贈左右兩街命服僧元

卻羨僧門與道門無年今日紫衣新可憐州縣祁許事盡向荷衣老卻身

向瓚

瓚初事孟知祥為行軍司馬後累加僕射十國春秋瓚亦以謔詞著名常有詠乘煙觀蔣鍊師蔣狀貌甚偉不類婦人瓚詩頗嘲之一時絕倒詩云云

乘煙觀蔣鍊師

怪得蟠蹢不上昇白雲蹋綻紫雲崩龍腰鳳背猶嫌軟須問麻姑借大鵬

楊鼎夫

鼎夫成都人舉進士孟知祥時為匡聖指揮使安思謙幕吏五代詩話鼎夫嘗遊青城山過皂江中流遇暴風船抵巨石覆洪濤間同儕盡沒鼎夫似有物扶助達岸有老人以杖接引鼎夫未及致謝旋失所之因作詩以記之云

記事

青城山峭皂江寒欲渡當時作等閒棹逆狂風趨近岸舟逢怪石碎前灣手攜弱杖倉皇處命出洪濤頃刻間今日深恩無以報令人羞說雀銜環

安守範

守範後蜀彭州刺史思謙之子

天台禪院聯句　守範　定遠推官楊𡨥夫　懷遠軍巡官周逢　眉州判官李仁肇

偶到天台院因逢物外僧守範　亡機同一祖出語離三乘𡨥夫　樹老中庭寂窗虛外境澄逢　片時松影下聯續百千燈仁肇

句龍逢

逢蜀人十國春秋孟知祥入梓州舉子句龍逢獻詩云云孟知祥嘉納之

獻賀捷詩

脣齒論交歲月長豈其率意忽顛狂元戎統領三軍戰巨孽奔衝一陣亡莫訝潼江剛入寇都緣錦浦合興王武功蓋世光前後堪向青編萬古揚

全五代詩卷五十七

全五代詩卷五十八

羅江李調元雨村　編

後蜀

毛文錫

文錫字平珪南陽人唐太僕卿龜範子年十四登進士第後事王蜀爲翰林學士承旨遷禮部尚書內樞密使歷文思殿大學士拜司徒貶茂州司馬王衍降唐後復事孟蜀爲後主狎客所著有前蜀紀事二卷茶譜一卷弇山堂外紀毛文錫韓琮鹿虔扆閻選歐陽炯五人以工小辭供奉後主時號五鬼　十國春

秋文錫尤工艷語所撰巫山一斷雲詞當世傳咏之詞曰雨霽巫山上雲輕映碧天遠風吹散又相連十二晚峯前暗濕啼猿樹高籠過客船朝朝暮暮楚江邊幾度降神仙又毛文晏文錫同母弟有文才善制誥天漢間歷官翰林學士坐兄文錫黨貶榮經尉久之復晉秩至兵部侍郎著有西園集十卷昌城後寓集十五卷復纂咸通後麻制一十卷東壁出言三卷　苕溪漁隱叢話復齋漫錄云余讀楊巨源詩江邊楊柳麴塵絲之句不知所本後讀劉夢得楊柳枝詞云鳳闕輕遮翡翠幃龍池遙望麴塵絲云云乃知巨源取此今集作綠烟絲非也苕溪漁隱曰汪彥章詩云垂垂梅子雨細細麴塵波毛文錫詞云鴛央對浴銀塘暖水面蒲梢知垂楊低拂麴塵波則麴塵又可於水言之也

閨怨

休相問怕相問相問還添恨春水滿塘生鸂鶒還相

慗昨夜雨霏霏臨朝寒一陣偏憶戍樓人久絕邊庭信

七夕曲

七夕年年信不違銀河清淺白雲微蟾光鵲影伯勞飛每恨蟪蛄憐婺女幾回嬌妬下鸞機今宵嘉會兩依依

韓 琮

琮字成封孟蜀時人事後主爲狎客調元按唐音戊籤紀事云琮大中中嘗爲中書舍人又爲觀察待將士不以禮爲都將石載順所逐楊用修以爲孟蜀時人誤考十國春秋王衍常以重陽日晏羣臣于宣華苑夜半酒酣唱韓琮柳枝詞宋光溥欲以諷爲諫遂咏胡曾不覺錢塘江上月一宵西送越兵來之詩以誚之則韓琮應爲前蜀之前人然楊用修斷爲孟蜀時人必有所本胡震亨著戊籤引以爲誤不知何據并識於此以俟攷

公子行

紫袖長衫色銀蟬半臂花帶裝盤水玉鞍繡坐雲霞別殿承恩澤飛龍賜渥洼控羅青褭轡鏤象碧熏葩意氣傾歌舞闌珊走鈿車袖郭雲縹緲釵轉鳳欹斜珠卷迎歸箔紅籠晃醉紗唯無難夜日不得似仙家

春愁

金烏長飛玉兔走青鬢長青古無有秦娥十六語如弦未解貪花惜楊柳吳魚嶺鴈無消息水誓蘭情別來久覲君年少莫遊春煖風遲日濃於酒

興平縣野中得落星石移置縣齋

的的隕芊芊蒼茫不記年幾逢疑虎將應逐犯牛仙擇地依蘭畹題詩間錦牋何時成五色却上女媧天

詠牡丹未開者

殘花何處藏盡在牡丹房嫩蘂包金粉重葩結繡囊雲凝巫峽夢簾閉景陽粧應恨年華促遲遲待日長

秋晚信州推院親友或責無書卽事寄答

官信安仁拙書非叔夜慵謬馳驄馬傳難附鯉魚封

萬里勞何補千年運忝逢不量横草力虛慕入雲蹤潔水空澄鑑持鉛亦礪鋒月寒深夜桂霜凜近秋松憲摘無逃魏冤申得夢馮問貍將挾虎殲蠹敢虞蜂商吹移砧調春華改鏡容歸期芳畹積愁思暮山重仙鼠猶驚燕莎鷄欲變蛩唯應碧湘浦雲落及芙蓉

涼西卽事

秋草河蘭起陣雲涼州唯向管絃聞豺狼毳幕三千帳貔虎金戈十萬軍候騎北來驚有說戍樓西望悔爲文昭陽亦待平安火誰握旌旗不見勳

顥亭

頳上新亭瞰一川幾重舊址敞幽關寒聲北下當軒
水翠影西來撲檻山遠目靜隨孤鶴去高情常共白
雲閑知君久負巢由志早晚相忘寂寞間

題商山店

商山驛路幾經過未到仙娥見謝娥紅錦機頭抛皓
腕綠雲鬟下送橫波佯嗔阿母留賓客暗爲王孫換
綺羅碧澗門前一條水豈知平地有天河

題圭峰下長孫家林亭

趙國林亭二百年綠苔如毯葛如煙閑期竹色搖霜
看醉惜松聲枕月眠出樹圭峰寒壓坐入籬沙瀨碧
流天明知富貴非身物莫爲金章墮地仙

風

競持飄忽意何窮爲盛爲衰半不同偃草喜逢新雨
後鳴條愁聽曉霜中涼飛玉管來秦甸暗裊花枝入
楚宮莫見東西便無定滿帆還有濟川功

雨

陰雲拂地散絲輕長得爲霖濟物名夜浦漲歸天塹
潤春風灑入御溝平軒車幾處歸頻濕羅綺何人去
欲驚不及流他荷葉上似珠無數轉分明

雲

輕惹離愁露落暉如車如蓋早依依山頭觸石應常
在天際從龍自不歸莫向隙窗籠夜月好來仙洞濕
行衣春風淡蕩無心後見說襄王夢亦稀

霞

應是行雲未擬歸變成春態媚晴暉深如綺色斜分
閣碎似花光散滿衣天際欲銷重慘淡鏡中閑照正
依稀曉來何處低臨水無限鴛鴦妒不飛

露

長隨聖澤墮堯天濯遍幽蘭葉葉鮮纔喜輕塵銷陌
上已愁新月到堦前文騰要地成非久珠綴秋荷偶
得圓幾處花枝抱離恨曉風殘月正潸然

牡丹

桃時杏日不爭濃葉帳陰成始放紅曉艷遠分金掌
露暮香深惹玉堂風名移蘭杜千年後貴擅笙歌百
醉中如夢如仙忽零落暮霞何處綠屏空

詠馬

曾經伯樂識長鳴不似龍行不敢行金埒未登嘶若
是鹽車猶駕瘦何驚難逢王濟知音癖欲就燕昭買
駿名早晚飛黃引同輩碧雲天上作鸞鳴

涼州詞

樹發花如錦鶯啼柳若絲更遊歡宴地悲見別離時

晚春江晴寄友人

晚日低霞綺晴山遠畫眉春青河畔草不是望鄉時

暮春滻水送別

綠暗紅稀出鳳城暮雲宮闕古今情行人莫聽宮前水流盡年光是此聲謝云人物有盡流水無窮自唐有宮闕以來不知經幾年過幾人而宮前流水只此如故

駱谷晚望

秦川如畫柳如絲去國還鄉一望時公子王孫莫來好嶺花多是斷腸枝

二月二日遊洛源

舊苑新晴草似茵人還香在踏青迴今朝此地成惆悵已後逢春更莫來

楊柳枝詞二首

梁苑隋隄事已空萬條猶舞舊春風那堪更想千年後誰見楊花入漢宮

枝鬬纖腰葉鬬眉春來無處不如絲灞陵原上多離別少有長條拂地垂

鹿虔扆

虔扆一作虔扆事孟蜀歷官至檢校太尉十國春秋虔扆思越人辭有雙帶繡窠盤錦荐淚侵花暗香消之句辭家推爲絕唱詩史虔扆工小詞傷蜀亡詞云金鎖重門荒苑靜綺窗愁對秋空翠華一去寂無蹤玉樓歌吹聲斷已隨風烟月不知人事改夜闌還照深宮藕花相向野塘中暗傷亡國清露泣香紅

送女道士

洞裏愁空結人間信莫尋竹疎齋殿迥松密醮壇陰

閻選

選孟蜀時布衣人稱爲閻處士十國春秋選善小詞有臨江仙詞云畫簾深殿香霧冷風殘又云猿啼明月照空灘爲人傳誦

浣溪沙曲

寂寞流蘇冷繡茵倚屏山枕惹香塵小庭花露泣濃春劉阮信非仙洞客嫦娥終是月中人此生無路訪東鄰

雜詞

雲鎖嫩黃煙柳細風吹紅蔕雪梅殘光影不勝閨閣恨行行坐坐黛眉攢

愁鎖黛眉煙易慘淚飄紅臉粉難勻憔悴不知緣底事遇人推道不宜春

歐陽烱

烱一作迥一作炳益州華陽人少事王衍爲中書舍人孟蜀廣政中拜翰林學士歷門下侍郎平

章事後從昶歸宋唐音戊籤烱性坦率守儉素好爲歌詩嘗擬白氏諷諫五十篇獻昶昶嘉納之　十國春秋烱善文章尤工詩辭唐張素卿常繪十二眞人像世稱其妙安思謙得素卿本乃于明慶節上獻後主命烱爲之贊裴蒲成帙其見重多此類也烱著有武信軍衙記花間集序傳世序日鏤玉雕瓊擬化工而迴巧裁花剪葉奪春艷以爭鮮是以唱雲謠則金母詞清挹霞醴則穆王心醉名高白雪聲聲而自合鸞歌響過青雲字字而偏諧鳳律楊柳大堤之句樂府相傳芙蓉曲渚之篇豪家自製莫不爭高門下三千玳瑁之簪競富樽前數十珊瑚之樹則有綺筵公子繡幌佳人遞葉葉之花箋文抽麗錦舉纖纖之玉指拍案香檀不無清絕之辭用助嬌嬈之態自南朝之宮體扇北里之倡風何止言之不文所謂秀而不實有唐已降率土之濱家家之香徑春風寧尋越艷處處之紅樓夜月自鎖姮娥在明皇朝則有李太白應制清平樂詞四首近代溫飛卿

復有金筌集邇來作者無愧前人今衛尉少卿趙崇祚以拾翠洲邊自得羽毛之異織綃泉底獨殊機杼之功廣會眾賓時延佳論因集近來詩客曲子詞五百首分爲十卷以烱粗預知音辱請命題仍爲序引乃命日花間集將使西園英哲用資羽蓋之歡南國嬋娟休唱蓮舟之引文故廣政三年作也又小辭十七章人亦時時稱道之漁父歌尤爲辭家所唱和　全唐詩說烱有南鄉子詞最工詞云嫩草如煙石榴花發海南天日暮江亭春影淥鴛鴦浴水遠山長看不足畫舸停橈槿花籬外竹橫橋水上遊人沙上女回顧笑指芭蕉林裏住岸遠沙平日斜歸路晚霞明孔雀自憐金翠尾臨水認得行人驚不起洞口誰家木蘭船繫木蘭花紅袖女郎相引去遊南浦笑倚春風相對語二八花鈿胷前如雪臉如蓮耳墜金鬟穿瑟瑟霞衣窄笑倚江頭招遠客路入南中桄榔葉暗蓼花紅兩岸人家微雨後收紅豆樹底纖纖抬素手袖斂裓綃采香深洞笑相邀藤杖枝頭蘆酒滴鋪葵席豆蔻花間趖晚日翡翠鵁鶄白蘋香裏小沙汀島上陰陰秋雨色蘆花撲數隻漁船何處宿　韵語陽秋烱有賦棋句云古人重到今人愛萬局都無一局同　堯山堂外紀烱事昶時號五鬼之一嘗約同僚納涼於寺寺僧可明作耘田鼓歌以刺之遂撤飲

春曉曲

兒家夫壻心容易身又不來書不寄閑庭獨立鳥關關爭忍抛奴深院裏悶向綠紗窗下睡睡又不成愁已至今年卻憶去年春同在木蘭花下醉

日照玉樓花似錦樓上醉和春色寢綠楊風送小鶯聲殘夢不成離玉枕堪憂晚來韶景甚寶柱秦箏方再品青蛾紅臉笑來迎又向海棠花下飲

春早玉樓煙雨夜簾外櫻桃花半謝錦屏香冷繡衾寒惆悵憶君無計舍得曉鵲聲來砌下鸞鏡殘妝紅粉罷黛眉雙點不成描留待玉郎歸日畫

赤棗曲

夜悄悄燭熒熒金爐香盡酒初醒春睡起來回雪面含羞不語倚雲屏

蓮臉薄柳眉長等閑無事莫思量每一見時明月夜損人情思斷人腸

漁父詞

擺脫塵機上釣船免教榮辱有流年無繫絆沒愁煎

須信船中有散仙
風皓寒溪照膽明小君山上玉蟾生荷露墜翠煙輕
撥剌游魚幾箇驚

浣溪沙曲

落絮殘鶯半日天玉柔花醉只思眠惹窗映竹滿爐
煙獨掩畫屏愁不語斜欹瑶枕髻鬟偏此時心在阿
誰邊相見休言有淚珠酒闌重得叙歡娛鳳屏鴛枕
宿金鋪蘭麝細香聞喘息綺羅纖縷見肌膚此時還
恨薄情無

貫休應夢羅漢畫歌（黄休復益州名畫錄云貫休能詩善書畫王氏建國時居蜀中龍華寺縱筆畫水墨羅漢一十六身并一佛二大士巨石縈雲枯松帶蔓諸古貌與他人畫不同或云夢中所覩覺後圖之謂之應夢羅漢蜀主宣入內歎其筆跡狂逸供養經月却令付院中烱時在翰林曾觀之贈以歌）

西嶽高僧名貫休孤情峭拔凌清秋天教水墨畫羅
漢魁岸古容生筆頭時捎大絹泥高壁閉目焚香坐
禪室忽然夢裡見真儀脫下袈裟點神筆高握節腕
當空擲悉窣毫端任狂逸逡巡便是兩三軀不似畫
工虛費日怪石安拂嵌復枯真僧列坐連跏趺形如
瘦鶴精神健頂似伏犀頭骨麤倚松根傍巖縫曲録
腰身長欲動看經弟子擬聞聲瞌睡山童疑有夢不

知夏臘幾多年一手搘頤偏袒肩口開或若共人語
身定復疑初坐禪案前卧象低垂鼻崖畔戲猿斜展
臂芭蕉花裏刷輕紅苔蘚文中暈深翠硬節杖矮松
床雪色眉毛一寸長繩開梵夾兩三片線補衲衣千
萬行林間亂葉紛紛墮一印殘香斷煙火皮穿木屐
不曾拖筍織蒲團鎮長坐休公休公逸藝無人加聲
譽喧喧遍海涯五七字句一千首大小篆書三十家
唐朝歷歷多名士蕭子雲兼吳道子若將書畫比休
公只恐當時浪生死休公休公始自江南來入秦于
今到蜀無交親詩名畫手皆奇絕覷你凡人爭是人
尨棺寺裏維摩詰舍衛城中辟支佛若將此畫比量
看總在人間為第一

題景煥畫應天寺壁天王歌（僖宗時會稽處士孫位隨駕至蜀於應天寺門左壁上畫天王一座筆勢狂縱三十餘年無有敵者景煥善書畫與烱為忘形交一日同遊茲寺畫右壁天王以對之烱為歌行一篇以紀有草書僧夢龜書之廊壁上成都人號為應天三絕）

錦城東北黃金地故跡何人興此寺白眉長老重名
公曾識會稽山處士寺門左壁圖天王威儀部從來
何方鬼神恠異滿壁走當簷颯颯生秋光我聞天王
分理四天下水晶宮殿琉璃瓦綵仗時驅狒狖裝金

鞭頻策騏驎馬毗沙大像何光輝手擎巨塔淩雲飛
地神對出寶缾子天女倒披金縷衣唐朝說著名公
畫周昉毫端善圖寫張僧繇是有神人無道子稱無
敵者奇哉妙手傳孫公能於此地留神蹤斜窺小鬼
怒雙目直倚越狼高半胷寶冠動總生威容趨蹌左
右來傾恭臂橫鷹爪尖纖利腰纏虎皮斑剝紅飄飄
但恐入雲中步驟還疑歸海東蟒蛇拖得渾身墮精
魅搦來雙眼空當時此藝實難有鎭在寶坊稱不朽
東邊畫了空西邊留與後人教敵手後人見者皆心
驚盡爲名公不敢爭誰知未滿三十載或有異人來

間生匡山處士名稱樸頭骨高奇連五嶽曾持象簡
累爲官入有蛇珠常在握昔年長老遇奇蹤今日門
師識景公興來便請泥高壁亂搶筆頭如疾風逡巡
隊仗何顛逸散漫奇形皆湧出交加器械滿虛空兩
面或然如鬭敵聖王怒色覽東西劍刃一揮皆整齊
腕頭獅子咬金甲脚底夜义擎絡鞮馬頭壯健多筋
節烏觜彎環如屈鐵遍身蚍蜫亂縱橫遶頷髑髏乾
子裂眉麤眼豎髮如錐恠異令人不可知科頭巨卒
欲生鬼半面女郎安小兒況聞此寺初興置地脉沈
沈當正氣如何請得二山人下筆咸成千古事君不

見明皇天寶年畫龍致雨非偶然包含萬象藏心裡
變現百般生眼前後來畫品列名賢唯此二人堪比
肩人間是物皆求得此樣欲於何處傳嘗憂壁底生
雲霧揭起寺門天上去

大遊仙詩

赤城霞起武陵春桐柏先生解守眞白石橋高曾縱
步朱陽館靜每存神囊中隱訣多仙術肘後方書濟
俗人自領蓬萊都水監只憂滄海變成塵

楊柳枝

軟碧搖煙似送人映花時把翠蛾嚬青青自是風流

主漫颭金絲待洛神

歐陽彬

彬字齊美衡州人炯之弟前蜀時官翰林學
士充唐國通好使後歸孟知祥累官尚書左
丞出爲寧江軍節度使廣政十三年卒（十國春秋彬家世爲縣吏至彬特好學工于辭賦楚武穆王之有湖南也彬以所著詣府求見掌客吏索賄始爲通彬恥以私進竟不予掌客擲名紙于地曰安有吏人子欲干謁王侯邪彬深恨之因落魄湖南市中歌姬酒徒無所不狎有歌伎瑞卿者慕其才延致于家瑞卿故歲時供奉武穆王彬乃作九州歌授之俾當筵而奏王竟不之問彬嘆曰天下分裂之際卒徒厮養咸能自奮我何負而至此乎居頃之西川圖綱將發得歌伎所分貲求爲綱吏）

僕夫綱吏許之遂入成都獻萬里朝天賦蒞
蜀後主大悅擢爲學士乾德初答聘唐使頗
能得二國歡心王氏亡復歸高祖廣政初後
主以爲嘉州刺史彬喜曰青山綠水中爲二
千石作詩飲酒稱風月主人豈不佳哉旣至
夔州寓書楚文昭王叙疇昔入蜀之由且以
宗族爲托文昭王得書大慙悉除彬親友賦
役凡士無賢不肖進謁盡加賓禮彬之力也
彬雅有風儀爲文詞切而理直竟以是遇
南部新書彬初投謁馬殷知客樊姓者索賄
不得不與通後爲九州歌于之又不問有句
云無錢將乞樊知客名係生毛不爲通遂入
蜀郡閣雅談范攄與人撰雲溪友議嘗有
子七歲作隱者詩云掃葉隨風便澆花趁日
陰方干聞之曰此可入室又作夏景詩云聞
雲生不雨病葉落非秋干曰必不壽果卒後
彬有子稚齒作田父詩云桑柘殘陽裏兒孫
落葉中廖凝見之曰可惜天才與范氏之子
同亦俱不
壽尋亦卒

生查曲

竟日畫堂歡入夜重開宴蒻燭蠟煙香促席花光顫
待月得華來滿院如鋪練門外簇驊騮直待更深散

卷五十八終

全五代詩卷五十九

羅江李調元雨村 編

後蜀

幸寅遜

寅遜夔州雲安監人仕後主起家茂州錄事
參軍遷新都令已又拜司門郎中知制誥中
書舍人出知武信軍府加史館修撰改給事
中與修前蜀書未幾遷翰林學士加工部侍
郎判吏部三銓事領簡州刺史國亡隨後主
降宋授右庶子罷職年九十餘尚有仕進意

治裝赴闕未登路而卒 楊伯嵒六帖補孟蜀幸寅遜夢掌中生草
不絕掌制草數年 吟窗雜錄峨山云苦教
作鎮居中國爭得泥金在泰山吟柳云纔聞
暖律先偷眼旣待和風始展眉又事文類聚
咏梨云嚼處春冰敲齒冷嚥時雪液沃心寒
咏雪云深妝玉瓦平無隴亂拂蘆花細有聲
又日回禽影穿疏木風遞猨聲入小樓皆佳
全唐詩話遜奉昶旨書桃符詩云新年納
餘慶嘉節號長春及蜀亡宋以參知政事呂
餘慶知益州長春乃太
祖誕聖節名俱成讖語

雲

因登巨石知來處勃勃元生綠蘚痕靜即等閑藏草
木動時頃刻遍乾坤橫天未必朋元惡捧日還曾瑞
至尊不獨朝朝在巫峽楚王何事謾勞魂

毛熙震

熙震蜀人孟昶時官至祕書監全唐詩話熙震有清平樂詞爲人傳誦詞云含愁獨倚閨幃玉爐煙斷香微正是銷魂時節東風滿院花飛

浣溪沙曲

春暮黃鶯下砌前水精簾影露珠懸綺霞低映晚晴天弱柳萬條垂翠帶殘紅滿地碎香鈿蕙風飄蕩散輕烟花樹香紅烟景迷滿庭芳草綠萋萋金鋪閑掩繡簾低紫燕一雙嬌語碎翠屏十二晚峯齊夢魂消散醉空閨雲薄羅裙綬帶長滿身新裛瑞龍香翠鈿斜映艷梅妝伴不覷人空婉約笑和嬌語太猖狂忍

教牽恨暗形相半醉凝情臥繡茵睡容無力卸羅裙玉籠鸚鵡厭聽聞慵整落釵金翡翠象梳欹鬢欲生雲錦屏綃幌麝烟薰

張立

立孟蜀時人十國春秋立雅善吟咏性樸直無忌諱後主常於羅城上徧植芙蓉每至秋間四十里盡鋪錦繡高下相照立作詩以豳風七月爲刺詩云云及廣政末朝政已亂立又作詩規諷云云國人稱爲詩讖

詠芙蓉

四十里城花發時錦囊高下照坤維雖妝蜀國三秋色難入豳風七月詩

再詠芙蓉

去年今日到成都城上芙蓉錦繡舒今日重來舊遊處此花憔悴不如初

何光遠

光遠字輝夫東海人好學嗜古廣政初官普州軍事判官撰聶公眞龜記嘗著鑑誡錄十卷廣政雜錄三卷全唐詩話光遠與明月潭龍女冥會贈荅有詩數首云云

傷春吟

簷上簷前燕語新花開柳發自傷神誰能將我相思

意說與江隈解佩人

荅龍女詩

澹蕩春光物象饒一枝瓊艷不勝嬌若能許解相思佩何羨星天渡鵲橋

催妝詩二首

玉漏涓涓銀漢淸鵲橋新架路初成催妝既要裁篇詠鳳吹鸞歌早會迎

寶車輾駐彩雲開誤到蓬萊頂上來瓊室既登花得折永將凡骨逐風雷

李堯夫

堯夫蜀梓潼山人遺珠歐陽公愛王君玉燕詞烟徑掠花飛遠遠曉窗驚夢語匆匆梅聖俞以爲不若李堯夫花前語謚春猶吟江上飛高雨作晴　岷山異事堯夫吟咏尚譏刺謁蜀相李昊昊戲曰何名之背時也堯夫厲色對曰甘作堯時夫不樂蜀中相因是爲昊所擯知蜀主國柄瑧桼吟苦熱詩云炎暑欝蒸無處避涼風消息幾時來　古今詩語太祖采聽明遠邊事纖悉必知有使者自蜀還上問劍外有何事對曰但聞成都滿城誦李山長苦熱詩云云上曰蜀民望王師也又堯夫贈滕郎中云方外共推爲道友關中獨自占詩家　調元按堯夫盆池詩又見張蠙集相傳堯夫詩係向外疑一地其中別有天未見全什不知孰是

盆池

圓內陶化功外絕衆流通選處離松影穿時滅葯叢

別疑天在地長對月當空每使登門客烟波入夢中

卞震

震成都人蜀進士景時爲渝州判蜀平入宋雅言雜系震嘗吟即事句云雨壁長秋菌風枝落病蟬又老節揹瘦影寒木凭吟身春日偶題云詩債到春無處避離愁當醉暫時無即事云茶香解睡磨鐺煮山色牽懷著屐登歷代譜震句云空囊萬里客斜月一牀寒

岑公巖一作馬冉詩

南溪有仙澗咫尺非人間泠泠松風下日暮空蒼山

劉保乂

保乂青州人廣政初官戶部郎中充諸王宮侍讀九國志作劉保義又云轉給事中人以其課諸王端方不撓稱爲劉侍讀

閨夜曲

深秋更漏長滴盡銀臺燭獨步出幽閨月晄波澄綠萶荷風乍觸一對鴛鴦宿虛擢玉釵驚驚起還相續

韋縠

縠仕知祥父子累遷監察御史陸尙書十國春秋縠少有文藻夢中得軟羅綢巾由是才思益進常輯唐人詩千首爲才調集十卷其書盛行當世序曰余少博羣言常取得志雖秋螢之照不遠而雕蟲之見自佳古人云自臨之謂聰內視之謂明也又安可受誚於愚鹵取譏於書廚者哉暇日因閱李杜集元白詩其間大海混茫風流挺特遂採摭奧妙并諸賢達章句不可備錄各有編次或閑窗展卷或

月榭行吟韵高而桂魄爭光詞麗而春色鬬美但貴自樂所好豈敢垂諸後昆今纂諸家歌詩共一千首每一百首成卷分之爲十目曰才調集庶幾來者不謂多言他代有人無嗤薄鑒云爾　調元按縠選才調集末卷附以無名氏而筆有鬼工自成一家故之他本皆無應是已作而附入者如明楊升菴武侯祠詩自云正德戊寅予訪余方池編修見侯祠壁間有詩惜不知其名氏而　本朝沈確士朱琰皆以爲非升菴不能作附入本人詩集今亦按此例姑附錄之且其詩實出于縠之選而縠反無傳歸之本人亦以不沒其善云

傷哉行

兔走烏飛不相見人事依稀速如電王母夭桃一度開玉樓紅粉千回變車馳馬走咸陽道石家舊宅空

荒草秋雨無情不惜花芙蓉一一驚香倒勸君莫謾
栽荊棘秦皇虚費驅山力英風一去更無言白骨沈
埋暮山碧

白雪歌

皇穹何處飛瓊屑散下人間作春雪五花馬踏白雲
衢十香車碾瑶墀月蘇㠊乳洞擁山家淵藤古粟盤
銀蛇寒郊複疊鋪柳絮古磧爛漫吹蘆花流泉不下
孤汀咽斷臂老猨聲欲絶烏啄冰潭玉鏡開風敲簷
溜水精折拂戸初疑粉蝶飛看山又訝白鷗歸孫康
凍死讀書帷火井不煖温泉微

四時詞

烏足遲遲日宮裏天門擊鼓龍蛇起風師翦翠換枯
條青帝挼藍染江水蜂蝶繽紛抱香蘂錦鱗跳擲紅
雲尾繡衣白馬不歸來雙成倚檻春心醉春
赤帝旗迎火雲起南山石裂吳牛死繡楹夜夜箔鰕
鬚象榻重重簟湘水彤彤日脚燒冰井古陌塵飛野
煙靜漢帝高堂汗若珠班姬明月無停影夏
月色驅秋下穹昊梁間燕語辭巢蚤古苔凝紫貼瑶
階露槿啼紅墮江草越客羈魂挂長道西風欲揭南
山倒粉娥恨骨不勝衣映門楚碧蟬聲老秋

蒼茫枯磧陰雲滿古木號空晝光短雲擁三峯嶽色
低冰堅九曲河聲斷浩汗霜風刮天地温泉火井無
生意澤國龍蛇凍不伸南山瘦柏銷殘翠冬

秦家行

彗孛飛光照天地九天瓦裂屯冤氣鬼哭聲聲怨趙
高宮花滴盡扶蘇淚禍起蕭牆不知戢羽書催築長
城急劍上忠臣血未乾沛公已向函關入

小蘇家

雙月謳謌轆秋碧細風斜掩神仙宅麥門冬長馬鬛
青茱萸蘂綻蠅頭赤流蘇斗帳懸高壁綵絲鳳盤龍徽
香額堂內月娥橫翦波倚門腸斷鰕鬚隔

春

褭褭東風吹水國金鴉影煖南山北蒲抽小劒割湘
波柳拂長眉舞春色白銅堤下煙蒼蒼林端細蘂參
差香緑桑枝下見桃葉回看青雲空斷腸

雞頭

湖浪參差疊寒玉水仙曉展鉢盤緑淡黄根老粟皺
圓染青刺短金罌熟紫羅小囊光緊蹙一掬真珠藏
蝟腹叢叢引觜傍蓮洲滿川恐作天雞哭

紅薔薇

九天碎霞明澤國造化功夫潛翦刻淺碧眉長約細枝深紅刺短鈎春色晴日當樓曉香歇錦帶盤空欲成結謝豹聲催麥隴秋春風吹落猩猩血

斑竹簟

龍鱗滿牀波浪溼血光點點湘娥泣一片晴霞凍不飛深沈盡訝蛟人立百朶排花蜀纈明珊瑚枕滑葛衣輕閑窗獨卧曉不起冷浸羈魂錦江裏

聽琴

六律鏗鏘間宮徵伶倫寫入梧桐尾七條瘦玉叩寒星萬派流泉哭纖指空山雨脚隨雲起古木燈青嘯

山鬼田文墮淚曲未終子規啼血哀猨死

石榴

蟬嘯秋雲槐葉齊石榴香老庭枝低流霞色染紫罌粟黄蠟紙苞紅瓠犀玉刻冰壺含露溼斒斑似帶湘娥泣蕭娘初嫁嗜甘酸嚼破水精千萬粒

斑竹

濃綠疎莖遶湘水春風抽出蛟龍尾色抱霜花粉黛光枝撑蜀錦紅霞起交戛敲欹無俗聲滿林風曳刀槍横般痕苦雨洗不落猶帶湘娥淚血腥𡟎娜梢頭掃秋月影穿林下凝殘雪我今慚愧子猷心解愛此君名不滅

三五七言

秋風清秋月明落葉聚還散寒鴉棲復驚相思相見知何日此時此夜難爲情

琵琶行

粉胷繡臆誰家女香撥星星共春語七盤嶺上走鑾鈴十二峯頭弄雲雨千悲萬恨四五弦絃中甲馬聲駢闐山僧撲破瑠璃鉢壯士擊折珊瑚鞭珊瑚鞭折聲交戛玉盤傾瀉眞珠滑海神驅趁夜濤回江娥壓踏春冰裂滿坐紅妝盡淚垂望鄉之客不勝悲曲終

調絶忽飛去洞庭月落孤雲歸

天竺國胡僧水精念珠

天竺胡僧踏雲立紅精素貫鮫人泣細影疑隨燭火銷圓光恐滴袈裟溼夜梵西天千佛聲指輪次第驪寒星若非葉下滴秋露則是井底圓春冰淒清妙麗應難並眼界眞如意珠靜碧蓮花下獨提攜堅潔何如幻泡影

留贈偃師主人

孤城漏未殘徒侶拂征鞍洛北去愁遠淮南歸夢闌曉燈迴壁暗晴雪卷簾寒更盡主人酒出門行路難

長門

帳望黃金屋恩衰似越逃花生針眼刺月送簕腸刀地近歡娛遠天低雨露高時看迴輦處淚臉溼天桃

雜詩

鸞飛遠樹遊何處鳳得新巢有去心紅粉尚留香幕幕碧雲初斷信沈沈那堪點污沈泥玉猶自經營買笑金從此山頭似人石丈夫形狀淚痕深

折釵破鏡兩無緣魚在深潭月在天得意紫鸞辭舞鏡墮松青鳥斷銜牋金瓶永覆難收水玉軫長拋不續弦若到蘼蕪山下過空將狂淚滴黃泉

經漢武泉

芙蓉池苑起清秋漢武泉聲落御溝他日江山映蓮鬢二年楊柳別漁舟竹開駐馬題詩去物外何人識醉遊盡把歸心付紅葉晚來隨水向東流

客有新豐館題怨別之詞因詰傳吏盡得其實偶作四韻嘲之

春風白馬紫絲韁正值蠶眠未採桑五夜有心隨暮雨百年無節待秋霜重尋繡帶朱藤合更認羅裙碧草長爲報西遊減離恨阮郎纔去嫁劉郎

遊朱坡故少保杜公林亭

杜陵池館洛城東孤島迴汀路不窮高岫乍疑三峽近遠波初似五湖通梧桐葉暗蕭蕭雨菱荇花香澹澹風還有昔時巢燕在飛來飛去畫堂空

驪山感懷

武帝尋仙駕海遊禁門高閉水空流深宮帶日年年色翠柏凝煙夜夜愁鸞鳳影沈歸萬古歌鐘聲斷夢千秋晚來惆悵無人會雲雨能飛傍玉樓

長信宮

細草侵堦亂碧鮮宮門深鎖綠楊天珠簾欲捲擡秋水羅幌微開動冷煙風引漏聲過枕上月遷花影到窗前獨挑殘燭魂堪斷却恨青蛾誤少年

宴李家宅

畫屏深掩瑞雲光羅綺花飛白玉堂銀榼酒傾魚尾倒金爐灰滿鴨心香輕搖綠水青蛾斂亂觸紅絲皓腕狂今日恩榮許同聽不辭沈醉一千觴

聽唱鷓鴣

金谷歌傳第一流鷓鴣清怨碧雲愁夜來省得曾聞處萬里月明湘水流

雜詩

近寒食雨草萋萋著麥苗風柳映堤早是有家歸未

得杜鵑休向耳邊啼

春光冉冉歸何處更向罇前把一杯盡是問花花不語爲誰零落爲誰開

氷紋珍簟思悠悠千里佳期一夕休從此無心愛良夜任他明月下西樓

數日相隨兩不忘郎心如妾妾如郎出門便是東西路把取紅牋各斷腸

無定河邊暮角聲赫連臺畔旅人情函關歸路千餘里一夕秋風白髮生

花落長川草色青暮山重疊雨冥冥逢春漸覺飄蓬苦今日分飛一涕零

洛陽才子都簫恨湘水佳人錦瑟愁今昔兩成惆悵事臨邛春盡暮江流

浙江輕浪沄悠悠望海樓吹望海愁莫怪鄉心隨魄斷十年爲客在他州

薛映

映字景陽父允中仕孟蜀爲都官郎中映自蜀亡後隨父歸宋舉進士歷制誥拜禮部尚書

皇朝類苑映有送人之鄂州云黃鵠晨霞傍樓起頭陀秋草繞碑荒

曲水亭

臺盤疏石渠激流環四面夏屋有餘清羽觴隨意轉賓告醉言歸主稱情未倦雖非禊飲辰豈謝蘭亭讌

清風

爽氣乘秋至涼飈蕩暑初泠泠含遠韻摵摵動輕裾翠幙波無際修篁韵有餘潛驚塞草綠乍拂井桐疎素髮悲郎將霜紈感婕妤窗光流熠燿簾影動蟏蛸塵襲青絲騎香飄紺幰車故宮經駁犖別館度儲胥薄暮來金埒凌晨上玉除甯同起窮巷膽欲賦愁予

七夕

月放冷輪傍絳河相期寶婺夜經過姮娥不惜宮中桂乞與天香分外多

碧天如水月如鉤金露盤高玉殿秋青鳥潛來報消息一時西望九天虬

漢殿初呈楚舞時月臺風榭鎮相隨如何牛女佳期夕又待鑾輿百子池

月露庭中錦繡筵神光五色一何鮮世間工巧如求得四至鄉曹亦偶然

銀河耿耿露漙漙綵縷金釵玉佩環天媛貪忙爲靈匹幾時留巧與人間

羅處約

處約字思纒華陽人父濟仕蜀後隨父歸宋登第仕終荆南路巡撫

題太湖

三萬六千頃湖侵海內田逢山方得地見月始知天南國吞將盡東溟勢欲連何嘗洒為雨無處不豐年

暢甫

甫後蜀時人

偶宴西蜀摩訶池

珍木欝清池風荷左右披淺觴當及醉慢舸不知移蔭林簟光冷照流簪影欹胡為獨羈者雪涕向漣漪

許岷

岷蜀人

春曉曲

小庭日晚花零落倚戶無聊妝臉薄寶筝金鴨任生塵繡畫工夫全放卻有時覷著同心結萬恨千愁無處說當初不合儘饒伊贏得如今長恨別

江南日暖芭蕉展美人折得親裁翦書成小簡寄情人臨行更把輕輕撚其中撚破相思字卻恐郎疑蹤不似若還猜妾倩人書誤了平生多少事

卷五十九終

全五代詩卷六十

羅江李調元雨村 編

後蜀

張嶠

嶠字平雲蜀人學釋氏法人謂之居士著有元珠集茅亭客話嶠嘗撰參元錄歌行句偈百餘篇有勾居士問不拘生死者願師直指嶠答云非干日月照晝夜自分明又問百億往來非指的光明終不礙山河時如何嶠答云紅尾漫搖三尺浪眞龍透石本無蹤

偈詩

蠢流來問我家風我道玲瓏處處通頃刻萬邦皆徧到途中曾未一人逢

勾令元

令元亦居士蜀人茅亭客話勾居士宗嗣張嶠著火蓮集無相寶山論法雜言百餘篇

敬禮瓦屋和尚偈

大空無盡刼成塵元步孤高物外人日本國來尋彼岸洞山林下過迷津流流法乳誰無分了了教知我最親一百六十三歲後方于此塔葬全身

杜仁傑

仁傑孟蜀時人十國春秋仁傑善導氣烹鍊之術孟知祥鎮西川仁傑來

蜀留題云云

至眞觀

坤所載乾所幬象與形孰朕兆緯五行環二曜流而川何浩浩四溟宴九河導神有嶽山有嶠粤天壇極道妙巉孤撐未易到日出沒見遺照偃東西絕海徼條光怪來熠燿大龍燭細螢爝不恒出赴感召笙嘹喨鶴窈窕羽人路屯其要青螺堆玉髻峭左參井右丹竈揭淸虛不二竅昔王人往昭告始軒轅末徽廟接柴望咸親燎莽刼灰起天燒摧棟宇失朱縹羣鹿豕雜蓬藋予何爲一來弔必甚廢乃大造聖之作賢

者紹矧元元語必與探愈遠理益耀微是理萬有耗文雖徑實非剽庶今來永爲詔

宋自然

自然不知何許人茅亭客話丁元和者自幼好道不慕聲利疏傲無羈束或晴霽負琴出郭飲酒杖策逍遙于田畝間常言祖父長興元年于遂州値孟先主與東川董太尉會兵攻圍州城先是城中有一貧士曰宋自然常于街市乞丐里人不能辯之至重圍中人皆餓殍宋亦餓殍于州市相識者以簟裹埋城下俟時平焚之至明年有遂州驛使吏李彥者先往潞州勾當至城破方歸說見宋自然在潞州告云君若歸州時須與我傳語相識五七家那時甚勞煩人答以自然于重圍中已死因與發埋處只存空紙文字云云

遺詩

心是靈臺神是宅口爲玉池生玉液常將玉液漑靈臺流利關元滋百脉百脉潤柯葉青葉青柯潤便長生世人不會長生藥煉石燒丹勞爾形

李浩

浩字太素不知何許人隱青城山牡丹坪與仙人爾朱先生遊作大丹詩百首行世或傳舉家仙去

大丹詩

混沌未分我獨存包含四象立乾坤還丹須向此中

覓得此方爲至妙門

煮石烹金煉太元神仙不肯等閑傳人能認得其中理奪盡乾坤造化權

取將白金爲鼎器鼎成潛伏汞來侵汞入金鼎終年盡產出靈砂似太陰

百首荒辭義亦深因傳同道決疑心華池本是眞神水神水元來是白金

彭曉

曉字秀川永康人廣政初授朝散郎守尚書祠部員外郎賜紫金魚袋善修煉養生之道

別號眞一子十國春秋曉常分魏伯陽參同契爲九十章而註之以應火候九轉餘鼎器歌一篇以應眞鉛得一且爲圖八環謂之明鏡一圖今有參同契分章通眞義三卷明鏡圖訣一卷行世參同契通眞義後序云參同契者參雜也同通也契合也謂與諸丹經理通而契合也凡修金液還丹先尋天地混元之根次究陰陽分擘之象則水火相克復爲夫妻認金水相生反爲父子故有男兼女體則鉛内產砂女混男形則砂中生汞日者陽也日中有烏陽含陰也月者陰也月中有兔陰含陽也此天地顯垂眞象令達者則之可謂眞陰陽也復有陰陽反復之道水火相須之理造化生成之徑既知其徑須原其根根者則天地混元之根也既得其根須取其象象者則陰陽分擘之象也既得其象須循動靜既循動靜須知其數既知其數須依刻漏既依刻漏須明進退既明進退須分龍虎既分龍虎則南北之界定矣金木之形全矣大道之丹成矣復有内外法象内外

水火有壇竈焉有鼎室胞胎焉有爻象焉有水火之候焉有抽添之則焉有擒駕之模範有離合之形體此皆頭頭俱備闕一不可志士又須徹聲色去嗜慾弃名利投靈山絕常交結仙友隱密潛溪晝夜無怠方可期望或不如是則虛勞勤爾故陰眞君曰莫諦得失一志而修還丹可冀也時孟蜀廣政十年歲次丁未九月初八日昌利化飛鶴山眞一子彭曉敘

參同契明鏡圖訣詩

造化潛施跡莫窮簇成眞訣指蒙童三篇祕列八環内萬象門開一鏡中離女駕龍爲木婿坎男乘虎作金翁同人好道宜精究究得長生路便通

至道希夷妙且深燒丹先認大還心日爻陰耦生眞汞月卦陽奇產正金女妊朱砂男孕雪北藏熒惑丙含壬兩端指的鉛金祖莫向諸般取次尋

丁元和

元和自號淘沙子不知何許人廣政時以詩上後主不知所終茅亭客話僞蜀辛酉歲有淘沙子常藏故幘攜鐵把竹春多于寺觀安靜處坐卧進士文谷因下第往聖興寺訪相識僧見淘沙子披褐於佛殿上坐谷見其狀貌古峭辭韻清越以禮接之因諷其自作問谷出來答以求贊別謀遂于懷探布囊中有麻繩貫數小鋌銀解一鋌遺谷將所攜器長揖出寺而去谷後得遇僞通奏使王昭遠于賓席因話及感遇淘沙子事

上後主詩

九重城裏人中貴五等諸侯閫外尊爭似布衣雲水客不將名姓挂乾坤

可朋

可朋丹稜人好酒自號醉髡著有玉壘集全唐詩話可朋少與盧延讓爲風雅之交有詩千餘篇號玉壘集嘗題洞庭詩曰水涵天影闊山拔地形高贈友人曰來多不似客坐久卻垂簾歐陽炯以比孟郊賈島言其好飲酒貧無以償酒債故時輩之可朋自號醉髡贈方干詩云月裏豈無攀桂分壺中空貪釣魚休杜甫舊居云傷心盡日鬧啼鳥獨步殘春空落花詠蝶云作當暖景飛仍慢欲就芳叢舞更高寄齊已云雖陪北楚三千客多話東鄰十八賢予嘗見可朋詩云虹收青嶂雨潮落半江天又云詩因試客分題僻碁爲饒人下子低不減古人十國春秋炯與同僚納涼

淨衆寺依林亭列樽俎衆方歡飲寺外有耕者曝背烈日中耘田擊鼓罷歡不休可朋作耕田鼓詩獻炯言雖淺近而極于理炯遂命撤飲

耕田鼓詩

農舍田頭鼓王孫筵上鼓擊鼓兮皆爲鼓一何樂兮一何苦上有烈日下有焦土願我天翁降之以雨令桑麻熟倉箱富不饑不寒上下一般

賦洞庭

周極八百里凝眸望則勞水涵天影闊山拔地形高賈客停非久漁翁轉幾遭颯然風起處又是鼓波濤

贈方干

盛名傳出自皇州一舉參差便鮎頭月裏豈無攀桂分湖中剛愛釣魚休童偷詩藁呈鄰叟客乞書題謁郡侯獨泛短舟何限景波濤西接洞庭秋

桐花鳥

五色毛衣比鳳雛深花叢裏祗如無美人買得偏憐惜移向金釵重幾銖

遠　國

國蜀僧十國春秋唐莊宗用伶人景進計恐軍駕東征衍爲變欲除之乃使向延嗣至長安殺衍及宗族于秦川驛時有遠公傷蜀國詩云云

傷蜀

樂極悲來數有涯歌聲纔歇便興嗟牽羊廢主尋傾國指鹿奸臣盡喪家丹禁夜涼空鎖月後庭春老漫開花兩朝基業都成夢林木蒼蒼噪暮鴉

慈覺

覺後蜀時僧茅亭客話僞蜀大東門外有妙圓塔院僧名行勤俗姓張氏八以其精于修行因謂之道者早歲南行中年駐錫龐眉皓髮貌古形羸住草屋數間唯繩牀一張及木榻一所不從齋請晝則昇牀而坐夜則入榻而臥衣服未嘗更換人問之拱默不對人皆仰其高節遺之衣服則轉施貧人與米麪鹽酪則受以一大瓶貯之常滿每齋則取一抄合而食三紀儼息自若不誑流俗其清尙如此時齒八十臨終自拾薪草積于院後告諸門徒曰吾即日行化希以木榻置于薪草之上以火爇之老僧幸矣至期依其教諭于煨燼中得舍利數十粒葬于塔中時有慈覺長老禪門宗匠也有書妙圓塔院張道者屋壁云云

書妙圓塔院張道者屋壁

成都有一張道者五十年來住村野祗將淡薄作家風未省承迎相苟且南地禪宗盡偏參西蜀叢林遊已罷深知大藏是解粘不把三乘定眞假張道者傍沙溪居蘭若草作衣裳茅作舍活計生涯一物無免被外人來借借寅齋午睡樂哈哈檀越供須都不謝鉛身不立五分銅一句元元豈論價張道者貌古神淸不可畫鶴性雲情本自然生死無心全不怕縱逢

劫火未爲災暗裏龍蛇應歎訝張道者不說禪不荅話蘊爲人心難誘化盡奔名利謾馳驅個個何幾有般若分明說與速休心供家郤道也爛也張道者不聚徒甚脫灑不結遠公白蓮社心似秋潭月一輪何用聲名播天下

爾鳥

鳥蜀沙門　總龜鳥慕李白鄭賈島蹇蹤乃自謳其詞云鯨目光燒半海紅鼇頭浪颭揻天白而云我不能措思於藩籬蹄涔之閒仍精周易佛經爲歌行所掩

春雨送僧　一作貫休詩

蜀魄鬭鬭花雨深送師衝雨到江潯不能更折江頭柳自有青青松柏心

村寺僧

蒸豚

嘴長毛短淺含膔久向山中食藥苗蒸處已將蕉葉裹熟時兼用杏漿澆紅鮮雅稱金盤飣軟熟眞堪玉筋挑若把羶根來比並羶根只合喫藤條　東坡志林王中令既平蜀捕逐餘寇與步隊相遠飢甚入一村寺中主僧醉甚箕踞公怒欲斬之僧應對不懼公奇而赦之問求蔬食僧云有肉無蔬公益奇之饋以蒸豚頭食之甚美公喜問僧止能飲酒食肉耶抑有他伎也僧自言能詩公令賦蒸豚援筆立成詩云云公大喜與紫衣賜號

花蕊夫人徐氏

夫人徐氏一作費氏青城人幼能文尤長於宮詞得幸蜀主孟昶賜號花蕊夫人入宋備後宮

續湘山野錄王平甫安國奉詔定蜀楚氏秦氏三家所獻書可入三館者令令史李希顏料理之其書多剝脫得一敝紙所書花蕊夫人詩乃花蕊手寫而其詞甚奇與王建宮詞無異建之詞自唐至今誦者不絕口而此獨遺棄不見取受詔定三家書者又斥去之甚爲可惜也遂令令史郭祥繕寫入三館既歸口誦數篇與荆公荆公明日在中書語及之而禹玉相公宮時參政願傳其本於是盛行于時　苕溪漁隱叢話花蕊又別有逸詩六十六篇近有好事者旋加搜索綴之篇次無倫語意與前詩相類者極少誠僞眞異矣聯鑣其一二云羅彩玉纓揚風流斜挿寶釵慢罩頭開向殿前騎御馬掉鞭橫過小紅樓春日讌池小宴開岸邊亭子號流杯沉檀刻作神仙女對捧金杯水上來　輟耕錄今世女子之笄曰上頭花蕊夫人宮詞年初十五最風流新賜雲鬟始上頭世之曰乞求蓋謂正欲如是也然唐時已有此語花蕊夫人宮詞種得海榴纔結子乞求自送與君王娘子俗書也當作孃今通爲婦女之稱花蕊夫人宮詞諸院各分孃子位　老學菴筆記蜀人調糊窗爲泥窗花蕊宮詞云紅錦泥窗遶四廊非曾遊蜀者不解　十國春秋花蕊夫人宮詞云法雲寺裏中元節又是官家降誕辰是七月十五爲後主生辰矣　五國故事言十一月誕辰號明慶節非七月也　詞品花蕊夫人題葭萌驛詞曰初離蜀道心將碎離恨綿綿春日如年馬上時時聞杜鵑書未畢爲軍士促行後有人續之云三千宮女皆花貌妾最嬋娟此去朝天只恐君王寵愛偏夫人見宋祖猶作十四萬人齊解甲更無一箇是男兒之句豈有隨昶行而書此敗節之語乎不惟虛空架橋而詞之鄙俚亦狗尾續貂矣　鐵圍山叢談國朝降下西蜀而花蕊夫人又隨昶歸中國昶至且十日則召花蕊夫

人入宮中而祀遂死昌陵後亦惑之常造毒藥爲患不能禁太宗在晉邸時數數諫昌陵而不克去一日兄弟相與獵苑中花蕊夫人在側晉邸方調弓矢引滿政擬走獸忽回射花蕊夫人一箭而死焉　能改齋漫錄徐匡璋納女于孟昶拜貴妃別號花蕊夫人意花不足擬其色似花蕊翾輕也又升號慧妃號如其性也王師下蜀太祖聞其名命別護送陳無己云姓費誤矣

宮詞百首

五雲樓閣鳳城開花木長新日月閑三十六宮連內苑太平天子住昆山

會眞廣殿約宮牆樓閣相扶倚太陽淨甃玉階橫水岸御爐香氣撲龍牀

龍池九曲遠相通楊柳絲牽兩岸風長似江南好風

景畫船來去碧波中

東內斜將紫禁通龍沙鳳苑夾城中曉鐘聲斷嚴妝罷院院紗窗海日紅

殿名新立號重光島上亭臺盡改張但是一人行幸處黃金閣子鎖牙牀

夾城門與內門通朝罷巡遊到苑中每日日高祗候處滿堤紅豔立春風

廚船進食簇時新侍宴無非列近臣日午殿頭宣索鱠隔花催喚打魚人

立春日進內園花紅蕊輕輕嫩淺霞跪到玉階猶帶露一時宣賜與宮娃

三面宮城盡夾牆苑中池水白茫茫直從獅子門前入旋見亭臺遶岸傍

離宮別院遶宮城金版輕敲合鳳笙夜夜月明花樹底傍池長有按歌聲

御製新翻曲子成六宮纔唱未知名盡將觱篥來抄譜先按君王玉笛聲

旋移紅樹斲新苔宣使龍池更鑿開展得綠波寬似海水心樓殿勝蓬萊

太虛高閣凌虛殿背倚城牆面枕池諸院各分娘子位羊車到處不教知

修儀承寵住龍池掃地焚香日午時等候大家來院裏看教鸚鵡念新詩

才人出入每參隨筆硯將行遶曲池能向彩箋書大字忽防御製寫新詩

六宮官職總新除宮女安排入畫圖二十四司分六局御前頻見錯相呼

春風一面曉妝成偷折花枝傍水行卻被內監遙覷見故將紅豆打黃鶯

殿前排宴賞花開宮女侵晨探幾回斜望花開遥舉袖傳聲宣喚近臣來

小毬場近曲池頭宣喚勲臣試打毬先向畫樓排御幄管弦聲動立浮油

供奉頭籌不敢爭上棚等喚近臣名內人酌酒纔宣賜馬上齊呼萬歲聲

殿前宮女總纖腰初學乘騎怯又嬌上得馬來纔欲走幾回拋鞚抱鞍橋

自教宮娥學打毬玉鞍初跨柳腰柔上棚知是官家認遍遍長贏第一籌

翔鸞閣外夕陽天樹影花光遠接連望見內家來往處水門斜過畫樓船

內家追逐採蓮時驚起沙鷗兩岸飛蘭棹把來齊拍水並船相鬭溼羅衣

新秋女伴各相逢畫船飛別浦中旋折荷花伴歌舞夕陽斜照滿衣紅

少年相逐採蓮回羅帽羅衫巧製裁每到岸頭長拍水競提纖手出船來

早春楊柳引長條倚岸沿堤一面高稱與畫船牽錦纜暖風搓出綵絲絲

酒庫新修近水傍潑醅初熟五雲漿殿前供御頻宣索追入花間一陣香

白藤花限白銀花閣子門當寢殿斜近被宮中知了事每來隨駕使煎茶

西毬場裏打毬回御宴先於苑內開宣索教坊諸伎樂傍池催喚入船來

昭儀侍宴足精神玉燭抽看記飲巡倚賴識書爲錄事燈前時復錯瞞人

後宮阿監裏羅巾出入經過苑囿頻承奉聖顏憂悦失就中長怕內夫人

管弦聲急滿龍池宮女藏鉤夜宴時好是聖人親捉得便將濃墨掃雙眉

密室紅泥地火爐內人冬日晚傳呼今宵駕幸池頭宿排比椒房得煖無

畫船花舫總新妝進入池心近島傍松柏樓窗楠木板暖風吹過一團香

三清臺近苑牆東樓檻層層映水紅盡日綺羅人度曲管絃聲在半天中

按排諸院接行廊外檻周迴十里強青錦地衣紅繡毯盡鋪龍腦鬱金香

安排竹柵與笆籬養得新生鵓鴿兒宣受內家專餵
餇花毛閒看總皆知
年初十五最風流新賜雲鬟便上頭按罷霓裳歸院
裏畫樓雲閣總重修
金畫香臺出露盤黃龍雕刻遶朱闌焚修每遇三元
節天子親簪白玉冠
六宮一例雞冠子新樣交鐫白玉花欲試澹妝兼道
服面前宣與唾盂家
三月櫻桃乍熟時內人相引看紅枝回來索取黃金
彈遶樹藏身打雀兒

小小宮娥到內園未梳雲鬢臉如蓮自從配與夫人
後不使尋花亂入船
錦城上起凝煙閣擁殿遮樓一向高認得聖顏遙望
見碧闌干映赭黃袍
水車踏水上宮城寢殿簷頭滴滴鳴助得聖人高枕
興夜涼長作遠灘聲
平頭船子小龍牀多少神仙立御傍旋刺篙竿令過
岸滿池春水蘸紅妝
苑東天子愛巡游御岸花堤枕碧流新教內人供射
鴨長將弓箭遶池頭

羅衫玉帶最風流斜插銀篦慢裹頭閒向殿前騎御
馬揮鞭橫過小紅樓
沈香亭子傍池斜夏日巡遊歇翠華簾畔玉盆盛淨
水內人手裏剖銀瓜
薄羅衫子透肌膚夏日初長板閣虛獨自凭闌無一
事水風涼處讀文書
婕妤生長帝王家常近龍顏逐翠華楊柳岸長春日
暮傍池行困倚桃花
月頭支給買花錢滿殿宮人近數千遇著唱名多不
語含羞走過御牀前

錦鱗躍水出浮萍荇草牽風翠帶橫恰似金梭攛碧
沼好題幽恨寫閨情
春天睡起曉妝成隨侍君王觸處行畫得自家梳洗
樣相憑女伴把來呈
舞頭皆著畫羅衣唱得新翻御製詞每日內庭聞教
隊樂聲飛上到龍墀
春早尋花入內園競傳宣旨欲黃昏明朝駕幸遊蠶
市暗使氈車就苑門
半夜搖船載內家水門紅蠟一行斜聖人正在宮中
飲宣使池頭旋折花

春日龍池小宴開岸邊亭子號流杯沈檀刻作神仙
女對捧金尊水上來
梨園子弟簇池頭小樂攜來候宴遊旋炙銀笙先按
拍海棠花下合梁州
慢梳鬟髻著輕紅春早爭求芍藥叢近日承恩移住
處夾城裏面占新宮
別色官司御輦家黃衫束帶臉如花深宮內院參承
慣常從金輿到日斜
日高房裡學圍棊等候官家未出時爲賭金錢爭路
數專憂女伴怪來遲

攜蒱冷灩學投壺箭倚腰身約畫圖盡對君王稱妙
手一人來射一人輸
漫揎紅袖指纖纖學釣池魚傍水邊忍冷不禁還自
去釣竿常被別人牽
宣城院約池南岸粉壁紅窗畫不成總是一人行幸
處徹宵聞奏管絃聲
丹霞亭浸池心冷曲沼門含水腳清傍岸鴛鴦皆著
對時時出向淺沙行
楊柳陰中引御溝碧梧桐樹擁朱樓金陵城共滕王
閣畫向丹青也合羞

晚來隨駕上城游行到東西百子樓回望苑中花柳
色綠陰紅豔滿池頭
牡丹移向苑中栽盡是藩方進入來未到末春緣地
暖數般顏色一時開
明朝臘日官家出隨駕先須點內人回鶻衣裝回鶻
馬就中偏稱小腰身
盤鳳鞍韉閤色妝黃金壓胯紫游韁自從揀得眞龍
種別置東頭小馬坊
翠輦每從城畔出內人相次簇池隈嫩荷花裏搖船
去一陣香風逐水來

高燒紅燭點銀燈秋晚花池景色澄今夜聖人新殿
宿後宮相競覓祗承
苑中排比宴秋宵絃管掙摐各自調日晚閤門傳聖
旨明朝盡放紫宸朝
夜深飲散月初斜無限宮嬪亂插花近侍婕妤先過
水遥聞隔岸喚船家
宮娥小小艷紅妝唱得歌聲遶畫梁緣是太妃新進
入座前頒賜小羅箱
池心小樣釣魚船入玩偏宜向晚天挂得綵帆教便
放急風吹過水門前

傍池居住有漁家收網摇船到淺沙預進活魚供日料滿筐跳躍白銀花

秋晚紅妝傍水行競將衣袖撲蜻蜓回頭瞥見宮中喚幾度藏身入畫屏

御溝春水碧于天宮女尋花入內園汗溼紅妝行漸困岸頭相喚洗花鈿

亭高百尺立春風引得君王到此中牀上翠屏開六扇折枝花綻牡丹紅

內人承寵賜新房紅紙泥窻遶畫廊種得海柑纔結子乞求自送與君王

翡翠簾前日影斜御溝春水浸成霞侍臣向晚隨天步共看池頭滿樹花

金碧闌干倚岸邊捲簾初聽一聲蟬殿頭日午摇紈扇宮女爭來玉座前

嫩荷香撲釣魚亭水面文魚作隊行宮女齊來池畔看傍簾呼喚勿高聲

新翻酒令著詞章侍宴初聞憶卻忙宣使近臣傳賜本書家院裏徧抄將

寒食清明小殿旁綵樓雙夾鬭雞場內人對御分明看先賭紅羅被十牀

寢殿門前曉色開紅泥藥樹間花栽君王未起翠簾捲又發宮人上直來

海棠花發盛春天游賞無時引御筵遶岸結成紅錦帳暖枝猶拂畫樓船

日晚宮人外按回自牽驄馬出林隈御前接得高叉手射得山雞喜進來

朱雀門高花外開毬場空闊淨塵埃預排白兔兼蒼狗等候君王按鶻來

會仙觀內玉清壇新點宮人作女冠每度駕來羞不出羽衣初著怕人看

法雲寺裏中元節又是官家誕降辰滿殿香花爭供養內園先占得鋪陳

金章紫綬選高班每每東頭近聖顔才藝足當恩寵別只堪供奉一場閑

內人深夜學迷藏徧遶花叢水岸傍乘興忽來仙洞裏大家尋覓一時忙

小院珠簾著地垂院中排比不相知羡他鸚鵡能言語窻裏偷教鸜鵒兒

鳥樹高低約浪痕苑中斜日欲黄昏樹頭木刻雙飛鶴蕩起晴空映水門

大臣承寵賜新莊梔子園東柳岸傍今日聖恩親幸
到板橋頭是讀書堂
樹葉初成鳥護窠石榴花裏笑聲多衆中遺卻金釵
子拾得從他要贖麽
老大初教學道人鹿皮冠子澹黃裙後宮歌舞今抛
擲每日焚香事老君十國春秋徐氏歸宋心未忘蜀每懸祀像以祀詭言宜子之神張仙挾彈圖卽祀也童子乃太子元喆武士爲趙廷隱

奉召作一作蜀臣王承旨詩前二句云蜀朝昏主出降時銜璧牽羊倒繫旗
君王城上豎降旗妾在深宮那得知十四萬人齊解
甲更無一箇是男兒後山詩話僞蜀降太祖召花蕊夫人使陳詩誦其國亡詩云云

太祖悅蓋蜀兵十四萬而王師數萬耳

明月潭龍女全唐詩話明月潭龍女與何光遠宴會贈荅有詩數首云云

贈光遠
坐久風吹綠綺寒九天月照水精盤不思卻返沈潛
去爲惜春光一夜歡

留別光遠
負妾當時寤寐求從茲粉面阻綢繆宮室月苦瑤雲
斷寂寞巴江水自流

張太華
太華蜀王妃全蜀藝文志廣政初蜀後主與妃張太華同輦遊青城山九天丈人觀月餘不返王廷珪諫不聽又數日雷雨大作太華震殞以紅錦龍褥裹瘞觀前白楊樹下翌日趣回鑾悲痛無已既數年練師李若冲晚霽閒步見樹下一美人吟云云翠眉雪肌若冲前問之斂衽荅曰我蜀王妃張太華也幽魂尚滯乞賜超拔若冲爲奠長生金簡生神玉章度生人世夢太華來謝壁間至書一絕云符吏匆匆叩夜扃便隨金簡出幽冥蒙師薦拔恩非淺傾得生神九卷經蜀主聞之厚賜若冲是後惟花蕊夫人寵冠後宮矣

詩
一別鑾輿今幾年白楊風起不成眠常思往日椒房
寵淚滴衣襟損翠鈿

蜀宮人聞見後錄李西美帥成都士人陳甲館於便齋月夜有危髻古衣裳婦人數輩笑語

全五代詩　卷六十　後蜀　三　三十八函

花圖中有甚麗者誦詩云云忽不見今府第故蜀宮豈當時宮女猶有鬼耶按蜀檮杌宣華故苑名

月夜吟
舊時衣服盡雲霞不到迎仙不是家今日樓臺渾不
識只餘古木記宣華
小雨廉纖梅子黃晚雲收盡月侵廊樹陰把酒不成
醉何處無情枉斷腸

薛濤全唐詩話進士楊蘊中得罪下成都府獄夜夢一婦人曰吾卽薛濤也幽死于此因贈詩云云

贈楊蘊中

玉漏聲長燈耿耿，東墻西墻時見影。月明窗外子規啼，忍使孤魂愁夜永。

石恪

恪，西蜀人。紀事：恪善畫，尤長于山水禽魚，亦工歌詩。開寶中，王師下西蜀，遣名畫入京，恪在其中。宣于相國寺畫壁，工畢，上狀乞歸，奉勑任便出京，卒于道中。雍熙元年，殿直雷承昊奉命來衡陽，恪爲七言詩送之。迨暮與恪宿于公舍，達曉分攜。承昊行經數里，思恪已卒數年，遽出所贈詩，多言衡陽風土人物，及到任公宇，一如恪言。

送承昊

衡陽去此正三千，一路程途甚坦然。深邃門墻三楚外，清風池館五峯前。西邊市井來商客，東畔汀洲簇釣船。公退只應無別事，朱陵後洞看神仙。

高侍郎詩

草堂官張立有女，爲物所魅，自稱高侍郎，吟詩一首。宅後有高侍郎墓，野狐窟穴其中，蓋狐妖也。

危冠高袖楚宮妝，獨步閑庭逐夜涼。自把玉簪敲砌竹，清歌一曲月如霜。

卷六十終

全五代詩卷六十一

羅江李調元雨村　編

南漢

黃損

損字益之，連州人。梁龍德二年登進士第，仕南漢前主劉龑幕府，授永州團練判官，累進尚書左僕射。著有桂香集。十國春秋：損少負大志，棲隱靜福山，罕與俗接。爲學以該通擅長，尤工詩賦。遇佳山水，留題殆遍。自謂所學未乃，擔囊遊洞庭諸名勝，結交天下士，意豁如也。常著道書，類陰符、鬼谷之言。於梁龍德二年應進士舉，徧投三書公卿間，識者交薦之，遂授永州團練判官。會天下亂，嶺南與中朝隔絶，遂家居連

州。既而高祖既嗣立，頗加親任，高祖所有器地封建，其策皆自損出。其後每遇高祖建南薰殿，雕沉香爲龍柱，務極工巧，少不如意，輒誅工匠，前後十餘人，損極諫致忤高祖意。會宰相缺，羣臣多推損，高祖謂左右曰：「我殊不喜此老狂。」無何，嬰足疾，退居永州北滄塘湖上，詩酒自娛，竟病卒。先是，損學于廬山，與桑維翰、宋齊邱友善，每論天下事，二人自以爲不及。常同遊五老峰，暫憩盤石上，遇老叟長嘯而至，指維翰曰：「公當位宰相，然而發，發則不得其死。」謂齊邱曰：「亦至宰相，然而忍，忍則不得其死。」獨異損曰：「子有道氣，可隱居；若求富貴，不過偏方一名宦爾。」後卒如叟言。損常與都官員外郎鄭一谷、僧齊已定近體詩諸格，爲湖海騷人所宗。有射法一卷。零陵總記：淡塘在永州北三十里，其水有九十九源。長興初，黃損爲永州團練副使，求爲別業，有詩云：「傍水野禽通體白，飣盤山果半初紅。」湖湘故事：黃損鷓鴣詩云：「而今世上多離別，莫向相思樹下啼。」吟窗雜錄：損有句云：「機關

纔運動勝敗便相隨又句云忽遇南遷客若爲西人心又句云徃來三島近活計一囊空又句云三通明主詔一片白雲心又句云掃地待明月踏花迎野僧又句云水諳彭澤闊山憶武陵深又句云金鐙冷光風宛轉錦袍紅潤雨霏微又句云高齊日月方爲道動合乾坤始是心 百斛明珠虔州布衣賴仙芝言連州有黃損 僕射五代時人僕射盖仕南漢也未老退歸一旦忽遁去莫知所在子孫畫像事之凡三十三年乃歸坐阼堦上呼家人其子不在孫出見之索筆書壁上云云投筆而去不可留子歸問其狀貌云甚似影堂中人也

公子行

春草綠綿綿驕驂驟煖烟微風飄樂韻半日醉花邊打鵲抛金盞招人舉玉鞭田翁與蠶婦平地看神仙

讀史

逐鹿走紅塵炎炎火德新家肥生孝子國霸有餘臣帝道雲龍合民心草木春須知烟閣上一半老儒眞

出山吟

來書初出白雲扃乍躡秋風馬走輕遠近留連分岳色別離嗚咽亂泉聲休將巢許爭喧雜自共伊臯論太平昨夜細看雲色裏進賢星座甚分明

書壁

一別人間歲月多歸來人事已銷磨惟有門前鑑池水春風不改舊時波

張瀛 雅言雜系瀛嘗爲歌

瀛碧之子事南漢劉氏官至曹郎

贈琴棋僧歌 贈琴棋僧同列見之日非其父不生其子

我嘗聽師說一法波上蓮花水中月不垢不淨是空色無法無空亦無滅吾嘗聽師禪一觀浿溢鼇頭蟾魄滿河沙世界盡空空一寸寒灰冷燈畔吾又聽師琴一撫長松喚住秋山雨絃中雅弄若鏗金指下寒泉流太古我又聽師棋一著山頂坐沉紅日腳阿誰稱是國手人羅浮道士賭卻鶴輸卻藥法懷樹下紅霞丹束手不敢爭頭角

趙損

損一作摶誤光裔長子仕南漢劉氏爲翰林學士承旨尚書左丞及光裔沒後襲復以損爲門下侍郎同平章事大有十三年卒十國春秋光裔爲相二十餘年號稱賢相又兄光逢相梁光胤相後唐及子損相繼爲相五季之時一家四相當時莫不歆羨

琴歌

綠琴製自桐孫枝十年窗下無人知清聲不與衆樂雜所以屈受塵埃欺七弦脆斷蟲絲朽辨別不曾逢

好手琴聲若似琵琶聲賣與時人應已久玉徽冷落無光彩堪恨鍾期不相待鳳囀吟幽鶴舞時撚弄錚摐聲亦在向曾守貧貧不徹賤價與人人不別前迴忍淚卻收來泣向秋風兩條血乃知凡俗難可名輕者卻重重者輕眞龍不聖土龍聖鳳皇啞舌鴟梟鳴何殊此瑟哀怨苦寂寞沈埋在幽戶萬重山水不肯聽俗耳樂聞人打鼓知君立身待分義驅喝風雷在平地一生從事不因人健步穿雲皆自致不辭重拂弦上塵市塵不買多讒人莫辭憔悴與買取爲君一曲號青春

廢長行

辨其惑於無益之戲而不務恤民也

棊牙鏤合方如斗二十四星銜月口貴人迷此華筵中運木手交如陣鬬不算勞神運枯木且廢爲官恤惸獨門前有吏嚇孤窮欲訴門深抱冤哭耳厭人催坐衙早纔聞此戲身先到理人似愛長行心天下安平多草草何當化局爲明鏡挂在高堂辨邪正何當化予作筆鋒常在手中行法令莫令終日迷如此不治生民負天子

林楚材

楚材賀州富川人十國春秋大寶末有稻田自海中浮來上魚藻門外民聚觀之楚材見而嘆曰水魚湫湫分南時好事或有記其語者及宋師至潘美爲都部署方悟爲潘字雅言雜系楚材贈黃損云身閑不恨辭官早詩好常甘得句遲

怨詩

何處期郎遊小苑花臺閒相憶不可見且復乘月還

鍾允章

允章番禺人南漢劉龑時以進士及第累遷至中書舍人禮部員外郎後王嗣立擢尚書左丞參知政事爲內侍監許彥眞誣害族誅十國春秋允章尤爲中宗所知凡詔勅碑記多命允章屬草允章文思敏捷操筆立就由是聲名藉甚常從遊羅浮山應制爲詩動見褒賞乾和七年撰碧落洞天雲華御室記甚爲文士所稱 吟窗雜錄允章有詠射句云金笴離弦三尺電星鵠破的一聲雷

絕句

舊業分明桂水頭人歸業盡水東流春風日暮江頭立不及漁人有釣舟

文丙

丙曾官嶺南

羅浮山

羅浮多勝境夢到固無因知有長生藥誰爲不死人根雖盤地脈勢自倚天津未便甘休去須棲老此身

蘚花

寂寞人偏重無心媿牡丹秋風凋不得流水泛應難
怪石從教徧幽庭一任盤若逢公子顧重疊是朱欄

柳

何事動吟哦長堤翠色和垂陰千樹少送別一枝多
帶霧籠彭澤搖風舞汴河只因隋帝植民力幾銷磨

牡丹

萬物承春各鬬奇百花分貴近亭池開時若也姮娥
見落日那堪公子知詩客筵中金琖滿美人頭上玉
釵垂不同寒菊舒重九只擬清香泛酒巵

蔣吉

吉嶺南人

石城

繫纜石城下恣吟懷暫開江入撓艇子將謂莫愁來

漢東道中

九十九岡遥天寒雪未消羸童牽瘦馬不敢過危橋

大庾驛有懷

一囊書重百餘斤郵吏寧知去計貧莫訝偏吟望鄉
句明朝便是嶺南人

旅泊

霜月正高鸚鵡洲美人清唱發紅樓鄉心暗逐秋江
水直到吳山腳下流

樵翁

獨入深山信腳行慣當貙虎不曾驚路傍花發無心
看惟見枯枝刮眼明

昭君冢

曾爲漢帝眼中人今作狂胡陌上塵身死不知多少
載冢花猶帶洛陽春

聞歌竹枝

巡隄聽唱竹枝詞正是月高風靜時獨向東南人不

會弟兄俱在楚江湄

王定保

定保南昌人舉唐光化三年進士第南遊湖
湘不爲馬氏所禮已而爲唐容管巡官遭亂
不得還至南漢劉隱招禮之辟爲幕屬劉龔
僭位拜寧遠軍節度使大有十三年冬代趙
損爲中書侍郎同平章事不踰年卒所著摭
言十五卷 十國春秋高祖欲稱帝懼定保不從先遣定保出使荊南及郎位而定保回知其心未善也預使倪曙迎勞之且告以建國事定保曰建國當有制度吾入南門清海軍額猶在其不見笑于四方乎高祖笑曰朕備定保久矣而不思此宜其譏也定

保善文辭高祖常作南宮極土木之盛定保獻南宮七奇賦以美之一時稱爲絕倫定保妻吳氏唐侍郎子華女也定保既無北歸意吳遂緇服終身誓不改適

下第題長樂驛壁

三十驊騮一烘塵來時不鎖杏園春楊花滿地如飛雪應有偷遊曲水人

王詡

詡一作栩南海人乾亨初舉進士拜中書舍人十國春秋白龍見南宮詡進白龍頌文采裴然大有七年昭陽殿成詡又著昭陽殿賦上之其序曰皇帝基構乾坤十有八歲甲午春始作茲殿云云嗣多散失不錄是時獻賦者數十百人稱詡爲第一每賜予稍緩詡必揚言曰吾賦字字作金聲何受賜之晚也其自負如此

獨不見

日晚宜春暮風軟上林朝對酒近初節開樓蕩夜謠石橋通小澗竹路上清霄持底誰見許長愁成細腰

謝 孚

蒼梧郎事

近岸江聲急孤舟下杳冥峽泉飛暴雨灘石走羣星水有瀟湘色猨同巴蜀聽令人思舜德一望九疑青

古成之

成之字亞奭惠州河源人五代末避地家增城入宋中端拱進士召試除祕書省校書郎張詠帥蜀辟知綿竹縣卒于官廣東通志宋初干戈甫息嶺嶠文風未振每取士合一路以一人薦衆推成之雍熙改元克秋賦督府勸駕詩云寰中有道逢千載嶺外親光只一人蓋紀實也

憶羅浮

憶昔羅浮最上峯當年曾得寄仙蹤凭闌月色出滄海敧枕秋聲入古松採藥靜尋幽澗洗寄書閒仗白雲封紅塵一下拘名利不聽山間午夜鐘

王言史

言史南漢時人

廣州王園寺休日郎事寄北中親友

南越逢初伏東林度一朝曲池煎畏景高閣絕微飇竹簟移先灑蒲葵破復搖地偏毛瘴近山毒火威饒裛汗絺如濯親牀枕並燒墮枝傷翠羽萎葉惜紅蕉且因流金熾難成獨酌謠望霖窺潤礎思吹候纖條旅恨生烏滸鄉心繫浴橋誰憐在炎客一夕壯容銷

徐 區

綠珠渡

早出綠羅村晚過綠珠渡日落白州城草芳梁女墓江水流古今滔滔不相顧今人不見古時人依舊青

山路如故

周 渭

渭字得臣恭城人大寶時苦于緐賦因率鄉人踰嶺將避地零陵中道爲賊所掠竄身走汴京上書宋太祖陳時務太祖奇之擢贊善大夫嶺南平渭始還鄉里奏去後主無藝之征鄉人德之爲立祠歷官宋兩浙轉運使加職方員外郎

郡閣雅談吳崇岳泉州龍興觀道士辟穀多年嘗登松梢禮拜處松枝可六七十尺福建漕使周渭贈以詩太平興國中詔入京

贈道士吳崇岳

楮爲冠子布爲裳呑得丹霞壽最長混俗性靈常樂道出塵風格早休糧枕中經妙誰傳與肘後方新自寫將百尺松梢幾飛步鶴棲枝上禮虛皇

周 濆

濆渭之昆弟

重門曲

憔悴容華怯對春寂寥宮殿鎖閑門此身卻羨宮中樹不失芳時雨露恩

逢鄰女

日高鄰女笑相逢慢束羅裙半露胸莫向秋池照綠水參差羞殺白芙蓉

廢宅

牢落畫堂空鎖塵荒涼庭樹暗消春豪家莫笑此中事曾見此中人笑人

林 衢

衢長樂人

題廣州光孝寺

開池曾記虞翻苑列樹今存建德門無客不觀丞相硯有人曾悟祖師幡舊煎訶子泉猶冽新種菩提葉又緐無柰益州經卷好千絲絲縷未消痕

石仲元

仲元字慶宗五代末桂林七星山道士以能詩名有桂華集

紀事楊徽之守湘源大加稱賞目爲玉方響 桂林府志 仲元有句云石壓筍斜出岸懸花倒生

陽朔道中

平原峯削萬瓊瑰頓豁塵沙眼暫開文網牽人甯底急未妨得意看山來

卿 雲

卿雲唐末嶺南僧

舊國里

舊居梨嶺下風景近炎方地暖生春早家貧覺歲長石房雲過濕杉徑雨餘香日夕竟無事詩書聊自强

秋日江居閑詠

寄居江島邊閑詠見秋殘草白牛羊瘦風高獲鳥寒檢方醫故疾挑薺備中餐時復停書卷鋤莎種木蘭

長安言懷寄沈彬侍郎

故園梨嶺下歸路接天涯生作長安草勝爲邊地花雁南飛不到書北寄來賒堪羨神仙客青雲早致家

送人遊塞

去去玉關路省君曾未行塞深多伏寇時靜亦屯兵

雲每先秋降花嘗近夏生閑陪射鵰將應到受降城

趙氏

趙氏南海人全唐詩話房千里初第遊嶺徼擧子韋滂自南海攜趙來擬爲房妾房不欲韋遂自納爲妾

寄情

春風白馬紫絲韁正値桑娘未採桑五夜有心隨暮雨百年無節抱秋霜重尋繡帶朱藤合卻忍羅裳碧草長爲報西遊減離恨阮郎纔去嫁劉郎

無名氏

羅浮山太平廣記此山本只名羅山忽海上有山浮來相合是謂羅浮山有十五嶺二十一峯九百八十瀑泉洞穴他山無出其右也舊有詩曰

四百餘峯海上排根連蓬島蔭天台百靈若爲移中土嵩華都爲一小堆

劉龔石讖龔初開國營構宮室得石讖有古篆十六字其文云云

人人有一山山値牛兔絲吞骨蓋海承劉人人有一大人也山山出也値牛者龔建漢國歲在丑也兔絲者晟龔位在卯也吞骨者滅諸弟也越人以天水爲蓋海指宋國姓也承劉者言受劉氏降也

南漢羅浮古劍篆文南漢主劉龔時羅浮山掘得古劍有篆文云云

丁與水同宮王將耳口同尹來居口上山岫獲重重解者云宋太祖以丁亥年降誕是丁水同宮也於文耳口王爲聖尹口爲君重山爲出蓋丁亥年而聖君出也

廣州童謠

羊頭二四百天雨至後宋師以辛未年二月四日平南漢羊未之神天雨者王師如時雨之義

邵謁鬼

降巫詩謁讀書堂距翁源縣十餘里沒後縣民祀神巫持幘自舞忽自稱邵先輩降縣民師曰邵先輩與時號工歌詠者能强爲我賦詩乎以爲巫妄言欲苦之耳巫詈不經思卽成二十八字詞韻凄苦雖老筆不逮鄉老中曉聲病者至爲感泣咨歎

青山山下少年郎失意當時別故鄉惆悵不堪回首望隔谿遙見舊書堂

卷六十一終

全五代詩卷六十二

羅江李調元雨村

楚

廖圖

圖一名匡圖字贊禹虔州人湖南馬氏辟幕下爲天策府學士雅言雜錄圖文學博贍爲時輩所服湖南與劉昭禹李宏皋徐仲雅蔡昆韋鼎釋虛中齊已俱以文藻知名更唱迭和今有集行世贈上人云云贈沈彬云眞鴿迹在烟霞上熱名休詮大厦巢名利最爲浮世動古今能有幾人抛逼眞但使心無著混俗何妨手强抄深壽卜居連宿色水邊松下得論交齊已寓渚宮與圖相去千里而每有書臨終寄圖兄弟云僧外閒吟樂最淸年登八十喪南荆風騷作者爲商確道去碧雲爭幾程　總龜圖在永州有江干懷詩云正悲世上事無限細看水中塵更多

九日陪董内召登高

祝融峰下逢佳節相對那能不愴神煙裏共尋幽磵菊樽前俱是異鄉人遥山帶日應連越孤雁來時想別秦自古登高盡惆悵茱萸休笑淚盈巾

贈泉陵上人

暫把枯藤倚碧根禪堂初創楚江濆直疑松小難留鶴未信山低住得雲草接寺橋牛笛近日銜村樹鳥行分每來共憶曾遊處萬壑泉聲絶頂聞

松

曾於西晉封中散又向東吳作大夫濃翠自知千古在淸聲誰道四時無枝柯偃後龍蛇老根腳盤來爪距粗直待素秋摇落日始將凡木鬬榮枯

廖凝

凝字熙績圖之弟初歸湖南隱衡岳後與馬希號同遷金陵授水部員外郎出爲連昌令終江州團練副使善吟諷與李建勳爲詩友相善江左學詩者多造其門集七卷郡閣雅談凝與李建勳爲詩友相善集中中秋月聞蟬爲絶唱凝初宰彭澤有句云風淸竹閣留僧宿雨濕沙庭放吏衙解印有句云五斗徒勞漫折腰三千兩鬢爲誰焦今朝官滿重歸去還挈來時舊酒瓢江左學詩者競造其門　五代詩話廖凝十歲詠棋云滿汀鷗不散一局黑全輸作者見之曰必垂名於後案邇齋閑覽作白鷗詩皆非也古人有詠五色詩當是咏白詩耳　吟窗雜錄獵回千帳雪探窟人河冰又落葉云落盡最高樹始知松柏靑又贈史虛白云飯僧春嶺蕨醒酒雪潭魚

中秋月

九十日秋色今宵已半分孤光含列宿四面絶纖雲衆木排疏影寒流疊細紋遥遥望丹桂心緒正紛紛

聞蟬

一聲初應候萬木已西風偏感異鄉客先於離塞鴻

日斜金谷靜雨過石城空此處不堪聽蕭條千古同

李宏臯

宏臯一名臯善夷之子仕湖南爲天策學士官至刑部侍郎集二卷湖湘故事楚武穆王旣威服諸蠻于溪州界立銅柱爲表命宏臯爲文其頌云云文內稱馬援爲烈祖昭靈王載其銅柱銘曰金人汗出鐵馬蹄堅子孫相連凡九百年雅言雜記宏臯昭王時授學士每歲奏至京詞臣降歎李崧相國深器之後馬氏兄弟結隙與弟宏節俱遇害少攻詩題桃源云云甚佳十國春秋宏節宏臯弟宏臯嘗草謝賜馬表顧宏節曰馬有旋風之隊那得一事作對宏節曰獨不聞軍有偃月營耶宏臯欣然援筆云詩當偃月之營罷作旋風之隊武穆王稱賞之

銅柱辭

招靈鑄柱垂英烈手執干戈征百越誕今鑄柱庇黔黎指畫風雷開五溪五溪之險不足恃我旅爭登若平地五溪之眾不足平我師輕躡如春冰溪人畏威思納質秉汗歸明求立誓誓山川兮告鬼神保子孫兮千萬春

題桃源

山翠參差水渺茫秦人昔在楚封疆當時避世乾坤窄此地安家日月長草色幾經壇杏老巖花猶帶澗桃香他年倘遂平生志來著霞衣侍玉皇

劉昭禹

昭禹字休明桂陽人在湖南累爲縣令後署天策府學士終嚴州刺史郡閣雅談昭禹少師林寬爲詩刻苦不憚風雪有詩云句向夜深得心從天外歸言不虛耳懷華山隱者云云又昭禹嘗與人論詩云五言如四十個賢人著一字屠沽輩不得覓句若掘得玉匣有底蓋但精求必得其寶海錄碎事蘚色圖波井花陰上竹樓又憂雨云對面雷嗔樹當街雨趁人又舟行云江上呼風去天邊捉鳥飛又送人遊九疑云漆燈尋黑洞之字上危巒俱工妙

括蒼山

盡日行方半諸山直下看白雲隨步起危徑極天盤瀑頂橋形小溪邊店影寒往來空太息元鬢改非難

憶天台山

常記遊靈境道人情不低巖房容偃息天路許相攜霞散曙風外虹生涼瀑西何當塵役了重去聽猨啼

冬日暮國清寺留題

天台山下寺冬暮景如屏樹密風長在年深像有靈高鐘疑到月遠燒欲連星因共眞僧話心中萬慮寧

靈溪觀

龍海西邊地宵吟景象寬雲開孤月上瀑噴一山寒人與髮常綠草靈秋不乾無由此棲息魂夢在長安

懷華山隱者

先生入太華杳杳絶良音秋夢有時見孤雲無處尋
神清峰頂立衣冷瀑邊吟應笑干名者六街塵土深

贈惠律大師

秋是憶山日禪窗露灑餘幾懸華頂夢應寄沃洲書
風月資吟筆杉篁籠靜居滿城誰不重見著紫衣初

聞蟬

一雨一番晴山林冷落青莫侵殘日噪正在異鄉聽
孤館宿漳浦扁舟離洞庭年年當此節那免鬢凋零

僊都山留題

林下事無非塵中竟不知白雲深擁我青石合眠誰

山靜擣靈藥夜閑論古詩此來親羽客何日變枯髭

晚霽望嶽麓

湘西斜日邊峭入幾尋天翠落重城内屏開萬戸前
崖巉危濺瀑林罅靜通仙誰肯功成後相攜掃石眠

石筍

千古海門石移歸吟叟居竅腥蛟出後形瘦浪衝餘
工語寧無玉僧知忽有書好期仙者叱變化向庭隅

傷雨後牡丹

廢功看不已醉起又持杯數日簾常卷中宵雨忽來
淒涼無戲蝶零落在蒼苔造化根難問令人首可迴

送休公歸衡

草履初登南嶽船銅瓶猶貯北山泉衡陽舊寺春歸
晚門鎖寒潭幾樹蟬

何仲舉

仲舉營道人後唐天成中登進士第仕楚爲天策府學士全衡二州刺史十國春秋仲舉少時母夢挾仲舉入月年十三以輸稅不及限爲李宏皐所繫或言其能文召試之仲舉援筆立就詩云云宏皐大驚與講鈞禮天成中入洛與張抗江文蔚同游秦王從榮門遂登第獻王詩曰碧雲章句纔離手紫府神仙盡點頭王大悅賜所居鄉曰進賢里曰化龍　又仲舉事文昭王爲推官會王建天策府李宏皐薦之與十八人之數先是楚地多詩人最著沈彬廖

凝劉昭禹尚顏齊已虛中之徒而仲舉實伯仲諸子間宏皐常對眾吟其秋日晚望詩云樹迎高鳥歸深野雲傍斜陽過遠山以足頓地歎曰何仲舉故詩家之高逸者也

李宏皐試詩

似玉來投獄拋家去就枷可憐兩片木夾卻一枝花

徐仲雅

仲雅字東野其先秦中人徙居長沙事馬氏爲觀察判官天冊府學士所業百餘卷十國春秋東野有雋才長于詩文後屢忤周行逢放之邵州仲雅結廬山寺暇日觀羣僧剝櫻樹皮以見志云云其負氣不屈皆此類也零陵總記東華觀在邵州城下江岸俗謂之水北觀有松偃亞數枝凡八面上有十枝中折搭在半樹間復生垂下游人以手撼之則千萬

故皆動覇國助天策府學士徐東野謫居于郡賞玩無已題詩并爲序云摇一枝則萬枝動看一面則八面同白大如其根青芊入其腹漢高帝琥珀枕盧眞人茯苓枕疑其春園有詩云云　湖湘故事湖南馬氏作會孕也開宴徐東野作詩有數聯爲時所稱云珠璣影冷偏粘草蘭麝香濃卻損花山色曉推蝶蕪雨草梢春憂麝香風衰蘭寂寞含愁綠小杏妖嬈弄色紅旁搜水脉湘心濕征謁泉根楚底通深浦迸迴芳草日急灘牽斷綠楊風藕梢遮入銀塘裏蘋迹潛來玉井中敗菊籬疎臨野渡落梅村冷對江楓翦開靜潤分苗稼割破漣漪下釣筒　王壺清話文瑩王長沙育訪故國馬氏天策府諸學士所著文章擡其名者惟徐東野李宏一皋爾遂得東野詩浮肥輕艷皆鉛華歌舞媚時尊俎爾其句不過牡丹宿醉蘭薰春悲霞宮日城剪紅鋪翠而已獨貽汪處士一篇庶乎可採又得宏皐雜文十卷皆駢枝章句雖齷齪者亦不能道信乎文之難也　湖湘故事仲雅題合歡

牡丹詩平分造化雙苞去折破春風兩面開　五代詩話仲雅因馬希範夜宴迎四儀大人賦云雲路半開千里月洞庭斜掩一天春又宮詞云云會獻家宴詞十首時稱絕句野客叢談仲雅閒居詩屋面盡生人耳朵言頭多是老翁鬚又云鑿開青帝春風國移下姮娥夜月樓皆佳

畊夫謠

張緒逞風流王衍事輕薄出門逢畊夫顏色必不樂肥膚如玉潔力拘絲不折半日無耕夫此輩總餓殺

贈齊已

我唐有僧號齊已未出家時宰相器爰見夢中逢五丁毀形自學無生理骨瘦神清風一襟松老霜天鶴病深一言悟得生死海芙蓉吐出琉璃心閒見有唐風雅缺敲破冰天飛白雪清塞清江卻有靈遺魂泣對荒郊月格何古天工未生誰知主混沌鑿開雞子黃散作純風如膽苦意何新織女星機挑白雲眞宰夜來調暖律聲聲吹出嫩青春調何雅澗底孤松秋雨洒嫦娥月裏學步盧桂風吹落玉山下語何奇血潑乾坤龍戰時祖龍跨海日方出一鞭風雨萬山飛已公已公道如此浩浩寰中如獨自一簟松風冷如冰長伴巢由伸脚睡

贈江處士

門在松陰裏山僧幾度過藥靈丸不大棋妙子無多薄霧籠寒徑殘風戀綠蘿金烏兼玉兔年幾奈公何

東華觀偃松

半已化爲石有靈通碧湘生逢堯雨露老直漢風霜

詠櫻樹

月滴蟾心水龍遺腦骨香始於毫末後曾見幾興亡葉似新蒲綠身如亂錦纏任君千度剝意氣自衝天

宮詞

內人曉起怯春寒輕揭珠簾看牡丹一把柳絲收不得和風搭在玉欄杆

韋鼎

鼎湖南人與廖匡圖俱知名

贈廖凝

君與白雲鄰生涯久忍貧姓名高雅道寰海許何人岳氣秋來早亭寒果落新幾回吟石畔孤鶴自相親

伍彬

彬邵陽人初仕楚後入宋爲安邑簿秩滿歸隱雅言雜載彬初事馬氏云分水嶺云云夏日喜雨云穉子出長沙徑汊漁翁來報竹橋流辭官云踪跡未辭鴛鷺客夢魂先到鷓鴣村皆爲人傳誦

分水嶺

前賢功及物禹後杳難傳不改古今色平分南北流寒衡山影岸淸繞荻花洲盡是朝宗去潺潺早晚休

王元

元字文元桂林人隱居不仕郡閣雅談元貧病苦吟妻黃氏共持雅操每遇得句中夜必先起燃燭供具紙筆元甚重之廖融贈之云件行惟瘦鶴尋寺入深雲終于長沙唐宋遺史元有弔賈島句云江城賣藥常將鶴古寺看碑不下驢

登祝融峯

草蟲到孤頂身齊高鳥翔勢疑撞翼軫翠欲滴瀟湘雲濕幽崖滑風梳古木香晴空聊縱目杳杳極窮荒

懷翁宏

獨夜思君切無人知此情滄州歸未得華髮別來生孤館木初落高空月正明遠書多隔歲獨念没前程

聽琴

拂塵開素匣有客獨傷時古調俗不樂正聲君自知寒泉出澗澀老檜倚風悲縱有來聽者誰堪繼子期

題鄧眞人遺址

三千功滿仙昇去留得山前舊隱基但見白雲長掩映不知浮世幾興衰松梢風觸霓旌動欓葉霜霑鶴翅垂近代無人尋異事野泉噴月瀉秋池

廖融

融字元素隱居衡山融與逸人任鵠王正已淩蟾王元皆一時名士爲詩相善融贈天台逸人云云又題寺中古檜云云夢仙謡云云退宮妓云云融卒刺史何承矩葬之進士鄭鉉表其墓總龜融有詩云雲穿擣藥屋雪壓釣魚船因自解曰屋破而雲穿其中無人也船爲雪壓無用也後六十日果卒全唐詩話圭竈先知曉盆池別見天古寺尋僧飯寒巖衣鹿裘融句也

贈天台逸人

移檜托禪子攜家上赤城拂琴天籟寂欹枕海濤生雲白寒峰晚鳥歌春谷晴又聞求桂楫載月十洲行

古檜

何人見植初老樹梵王居山鬼暗棲托樵夫難破除

聲高秋漢迴影倒月潭虛盡日無僧問清風長有餘

題伍彬屋壁

圓塘綠水平魚躍紫蓴生要路貧無力深村老退耕
犢隨原草遠蛙傍塹籬鳴撥擢茶川去初逢㲉雨晴

夢仙謡

琪木扶踈繫辟邪麻姑夜宴紫皇家銀河旌節摇波
影珠閣笙簫吸月華翠鳳引遊三島路赤龍齊駕五
雲車星稀猶倚虹橋立擬就張騫搭漢槎

退宮妓

神仙風格本難儔曾從前皇翠輦遊紅躑躅繁金殿

暖碧芙蓉笑水宫秋寶箏鈿剝陰塵覆錦帳香消畫
燭幽一旦色衰歸故里月明猶夢按梁州

王正已

正已楚逸人零陵總龜正已與任鵠凌蟾廖融王元友善五代詩話櫟樹多生岡阜之上大則偃亞小則聳岐伐爲新鍛爲炭力倍常木正已詩云未可輕樗櫟尤能濟雪霜紀事正已有贈隱者句云洗盂秋澗日華動搗藥夜坐秋氣深

贈廖融

病起正當秋閣迴酒醒迎對夜濤寒爐中藥熟分僧
飯枕上琴閑借客彈

翁　宏

宏字大舉桂州人雅言系述宏寓居郁賀閬不仕能詩春殘云云秋風云云塞上曲云風高弓力大霜重角聲乾海山云客帆來異域別島落蟠桃中秋月云寒清萬國上冷闕四維根曉月云漏光殘井甃缺影背山椒送人下峽云萬木殘秋裏孤舟牛夜猿南越行云因尋賣珠客誤入射猿家細雨云何處殘春夜和花落故宮途中逢故人云孤舟半夜雨上國十年心　山處士廖融南遊宏有詩云病卧瘴雲間莓苔漬竹闗孤吟牛渚月老憶洞庭山壯志潛消盡滔風竟未還今朝忽相遇執手一開顔宏以百篇云融融謝云高奇一百篇造化見工全積思游滄海冥搜入洞天神珠迷罔象端玉匪雕鎸休歎不得力離騷千古傳王元亦有懷宏之作

春殘

又是春殘也如何出翠幃落花人獨立微雨燕雙飛

寓目魂將斷經年夢亦非那堪向愁夕蕭颯暮蟬輝

秋殘

又是秋殘也無聊意若何客程江外遠歸思夜深多
峴首飛黃葉湘湄走白波仍聞漢都護今歲合休戈

張　觀

觀楚馬殷時人桂苑雜錄觀性沉靜未嘗草書自詠云保心如止水爲行見眞書以爲著題

過衡山贈廖處士

未向漆園爲傲吏定應明代作徵君傳家奕世無金
玉樂道經年有典墳帶雨小舟横別澗隔花幽犬吠

深雲到頭終爲蒼生起休戀耕煙楚水濆

顔蕘

蕘登進士第昭宗時爲中書舍人後依湖南馬氏卒（十國春秋朱氏纂唐蕘與李濤朱葆光攜家來湖南僑居潭州每遇元會長至節必整衣立南岳祠前北望號慟殆二十年後濤歸中原葆光卜築衡山以卒蕘亦沒於湖南常自草墓誌以序交遊之得失 方輿勝覽蕘有句云爽籟盡成鳴鳳曲遊人多是弄珠仙人傳誦焉）

戲張道人不飲酒

言自雲山訪我來每聞奇秘覺叨陪吾師不飲人間酒應待流霞即舉杯

顔萱

萱字宏至江陰進士中書舍人蕘之弟

送羊振文歸覲桂陽

高挂吳帆喜動容問安歸去指湘峰懸魚庭內芝蘭秀馭鶴門前薜荔封（蘇耽舊宅在桂州）紅旆正憐棠影茂綵衣偏帶桂香濃臨岐獨有霑襟戀南巷當年共化龍（先輩與拾遺叔父同年）

送圓載上人

師來一世恣經行郤泛滄波問去程心靜已能防渴鹿鼙喧時爲駭長鯨（師云舟人遇鯨則鳴鼓以恐之）禪林幾結金桃重（日本金桃一寔重一斤）梵室重修鐵瓦輕（以鐵爲瓦輕于陶者）料得還鄉無別利只應先見日華生

劉章

章字克明事湖南馬氏

詠蒲鞋

吳江浪浸白蒲春越女初挑一樣新纔自繡窗離玉指便隨羅襪上香塵石榴裙下從容久玳瑁筵前整頓頻今日高樓鴛瓦上不知抛擲是何人

路洵美

洵美永州祁陽人唐相巖之孫避地湘潭事

馬氏署連州從事

夜坐

簾捲竹軒清四鄰無語聲漏從吟裏轉月自坐來明草木露華濕衣裳寒氣生難逢知鑒者空悅此時情

張迥

迥唐末湖南人（吟窗雜錄迥有句云夜長燈影滅天遠鶴聲孤 郡閣雅談迥少年苦吟夢五色雲自天而下取吞之遂精雅道有寄遠詩云云第六句本虬鬚白也無迥嘗攜此詩謁齊己黙頭吟諷爲改虬鬚黑在無迥遂拜作一字師）

寄遠

錦字憑誰達閑庭草又枯夜長燈影滅天遠雁聲孤

蟫鬢凋將盡虬髯黑在無幾回愁不語因看朔方圖

唐温如

温如楚人

題龍陽縣青草湖

西風吹老洞庭波一夜湘君白髮多醉後不知天在上滿船清夢壓星河

劉魯風

魯風楚人 摭言魯風江西投所知爲典謁所阻因賦一絶云云

絶句

萬卷書生劉魯風烟波千里謁文翁無錢乞與韓知客名紙生毛不爲通

王鼎

鼎字則之湖湘人 總龜嘗遊江左有洪州西山詩云林泉空有東西路風月難尋十二家議者謂必無名第後果然嘗作鸂鶒詩云云

鸂鶒

棲息應難近小池性靈閒雅衆禽希蒲洲日暖依花立魚浦烟深貼浪飛遺羽參差沾水沫餘蹤稠疊印苔衣晚來林徑微風起何處相呼著對歸

丁咸序

咸序楚人 詩話總龜咸序未第時嘗夢乘龍而起回顧又有一駱駝在其後後二十年方捷科舉作詩云云殿試榜出亞咸序之名者乃龍起又亞之者乃駱起方悟其夢

登第後作

嘗憶金陵應舉時壯心頻望折丹枝蹉跎二十年中夢一度思量一淚垂

曹崧

崧衡陽人 雅言系述崧題衡山尋仙觀云千年松引東陵鶴三級芝田草木香贈陳先先云讀太元經秋蘚罷注參同契夜燈微羅大夫故居云鹿眠荒圃寒蕪白雅噪殘陽敗葉飛

寄方干

桐廬江水閑終日對柴關因想別離處不知多少山釣舟春岸濶庭樹晚烟還莫便求棲隱桂枝堪恨顔

客中立春

玉燭傳佳節陽和應此辰土牛呈歲稔綵燕表年春臘盡星廻次寒餘月建寅梅花將柳色偏思越鄉人

南塘暝興

水色昏猶白霞光暗漸無荷風摇破扇波月動連珠蟋蟀啼相應鴛鴦宿不孤小僮頻報夜歸步尙踟躕

送曾德邁歸寧宜春

湘東山川有清輝袁水詞人得意歸幾府爭馳毛義

檄一鄉看侍老萊衣筵開灞岸臨清淺路去藍關入翠微想到宜陽更無事併將歡慶奉庭闈

卷六十二終

全五代詩卷六十三

羅江李調元雨村　編

楚

江遵

遵一作王遵 一作汪遵 宣城人登咸通七年進士第流寓楚卒 摭言云遵與許棠同鄉幼爲小吏棠應二十餘舉遵猶在胥徒善爲絶句詩然深自晦密一日辭役就貢會棠送客至灞滻間遇遵於途訊曰何事至京遵曰就貢棠怒曰小吏無禮後遵成名五年棠始登第 王漁洋五代詩話詩史江遵楚人有咏史句云雖然萬里連雲際不及堯階三尺高蓋爲長城作也何光遠稱此詩卓絶集中無以加

戰城南

風沙刮地塞雲愁平旦交鋒晚未休白骨又霑新戰血青天猶列舊旌頭

短歌吟

箭飛烏兔競東西貴賤賢愚不夢齊匣裏有琴樽有酒人間便是武陵溪

雞鳴曲

金距花冠傍舍棲清晨相叫一聲齊開關自有馮生計不必天明待汝啼

楊柳

亞夫營畔柳濛濛隋主堤邊四路通攀折贈君還有

意翠眉輕嫩怕春風

招隱

罷聽泉聲看鹿羣丈夫才策合匡君早攜書劍離巖谷莫待蒲輪展白雲

詠酒二首

九醞松醪一曲歌本圖閒放養天和後人不識前賢意破國亡家事甚多

萬事銷沈向一杯竹門啞軋為風開秋宵睡足芭蕉雨又是江湖入夢來

題李太尉平泉莊

平泉風景好高眠嵩少縱橫滿目前惆悵人間不平事今朝身在海南邊

蒼頡臺 以下詠史

觀跡成文代結繩皇風儒教浩然興幾人從此休耕釣吟對長安雪夜燈

斑竹祠

九處煙霞九處昏一回延首一銷魂因憑直節流紅淚圖得千秋見血痕

賁山

薄世臨流洒耳塵便歸雲洞任天真一瓢風入猶嫌鬧何況人間萬種人

比干墓

國亂時危道不行忠賢諫死勝謀生一沈冤骨千年後隴水雖平恨未平

息國

家國興亡身獨存玉容還受楚王恩銜冤只合甘先死何待花間不肯言

杞梁墓

叫長城萬仞摧杞梁遺骨逐妻回南鄰北里皆孀婦誰解堅心繼此來

采桑婦

為報踟躕陌上郎蠶飢日晚妾心忙本來若愛黃金好不肯攜籠更采桑

吳坂

跪蹋鹽車萬里蹄忽逢良鑒始能嘶不緣伯樂稱奇骨幾與駑駘價一齊

干將墓

囊籥冰霜萬古閒拍灰松地見餘墳應緣袖劍飛揚久水水山山盡是雲

越女

王須何曾爲浣沙只圖句踐獻夫差蘇臺日夜惟歌
舞不覺干戈犯翠華

五湖

曾立平吳霸越功片帆高颺五湖風不知戰國縱橫
者誰似陶朱得始終

晉河

風引征帆管吹高晉君張宴俟雄豪舟人笑指千餘
容誰是烟霄六翮毛

西河

花貌年年溺水濱俗傳河伯娶生人自從明宰投巫

後直至如今鬼不神

細腰宮

鼓聲連日燼連宵貪向春風舞細腰爭奈君王正沈
醉秦兵江上促征橈

屈祠

不肯迂回入醉鄉乍吞忠鯁沒滄浪至今祠畔猿啼
月了了猶疑恨楚王

三閭廟

爲嫌朝野盡陶陶不覺官高怨亦高憔悴莫愁漁父
笑浪交千載詠離騷

招屈亭

三閭溺處殺懷王感得荆人盡縞裳招屈亭邊兩重
恨遠天秋色暮蒼蒼

漁父

棹月眠流處處通綠蓑葦帶混元風靈均說盡孤高
事全與逍遥意不同

郢中

莫言白雪少人聽高調都難稱俗情不是楚詞詢宋
玉巴歌猶掩繞梁聲

瑶臺

儂夢香魂不久留滿川雲雨滿宮愁直須待得荆王
死始向瑶臺一處遊

澠池

西秦北趙各稱高池上張筵列我曹何事君王親擊
缶相如有劍可吹毛

燕臺

禮士招賢萬古名高臺依舊對燕城如今寂寞無人
上春去秋來草自生

聊城

刃血攻聊已越年竟憑儒術罷戈鋋田單漫逞燒牛

許一箭終輸魯仲連

夷門

晉鄙兵回爲重難秦師收旆亦西還今來不是無朱亥誰降軒車問抱關

杜郵館

殺盡降兵熱血流一心猶自逞戈矛功成若解求身退豈得將軍死杜郵

函谷關

脫禍東奔壯氣摧馬如飛電轂如雷當時若不聽彈鋏那得關門半夜開

易水

七首空磨事不成誤留龍袂待琴聲斯須却作秦中鬼青史徒標烈士名

東海

漾舟雪浪映花顏徐福攜將竟不還同作危時避秦客此行何似武陵灘

長城（遵以此詩得名於時）

秦築長城比鐵牢蕃戎不敢過臨洮雖然萬里連雲際爭及堯階三尺高

項亭

不修仁德合文明天道如何擬力爭隔岸故鄉歸不得千年空負拔山名

烏江

兵散弓殘挫虎威單鎗匹馬突重圍英雄去盡羞容在看郤江東不得歸

淮陰

秦季賢愚混不分只應漂母識王孫歸榮便累千金贈爲報當時一飯恩

樊將軍廟

玉輦曾經陷楚榮漢皇心怯擬休兵當時不得將軍

力日月須分一半明

昇仙橋

漢朝卿相盡風雲司馬題橋衆又聞何事不如楊得意解搜賢哲薦明君

昇仙橋

題橋貴欲露先誠此日人皆笑率情應訝臨邛沽酒客逢時還作漢公卿

白頭吟

失却青絲素髮生合歡羅帶意全輕古今人事皆如此不獨文君與馬卿

望思臺
不憂家國任姦臣骨肉翻爲驀路人巫蠱事行冤莫
雪九層徒築見無因
北海
漢臣曾此作縲囚茹血衣毛十九秋鶴髪半垂龍節
在不聞青史說封侯
昭君
漢家天子鎮寰瀛塞北羌胡未罷兵猛將謀臣徒自
貴蛾眉一笑塞塵淸
密縣

百里能將濟猛寬飛蝗不到邑人安至今閭里逢災
沴猶祝當時卓長官
嚴陵臺
一釣淒涼在杳冥故人飛詔入山扃終將寵辱輕軒
冕高卧五雲爲客星
桐江
光武重興四海寧漢臣無不受浮榮嚴陵何事輕軒
冕獨向桐江釣月明
銅雀臺
銅雀臺成玉座空短歌長袖盡悲風不知仙駕歸何
處徒遣蛾眉望漢宮
南陽
陸困泥蟠未適從豈妨耕稼穩高蹤若非先主垂三
顧誰識茅廬一卧龍
延平津
三尺晶熒射斗牛豈隨凡手報冤讐延平一旦爲龍
處看取風雲布九州
金谷
晉臣榮盛更誰過常向堦前舞翠蛾香散艷消如一
夢但留風月伴煙蘿

綠珠
大抵花顏最怕秋南家歌歇北家愁從來幾許如春
貌不肯如君墜玉樓
彭澤
鶴愛孤松雲愛山宦情微祿免相關栽成五柳吟歸
去漉酒巾邊伴菊閒
梁寺
立國從來爲戰功一朝何事卻談空臺城兵匝無人
敵閒卧高僧滿楚宮
陳宮

椒房荒宴竟無疑倏忽山河盡入隋留得後庭亡國
曲至今猶與酒家吹

破陳

獵獵朱旗映彩霞紛紛白刃入陳家看看打破東平
苑猶舞庭前玉樹花

汴河

隋皇意欲泛龍舟千里昆崙水別流還待春風錦颿
煖柳陰相送到迷樓

隋柳

夾浪分堤萬樹餘爲迎龍舸到江都君看靖節高眠

處只向衡門種五株

卷六十三終

全五代詩卷六十四

羅江李調元雨村 編

楚

裴說

說桂州人唐天祐三年登進士第官終禮部員外郎亂後歸南湖卒茗溪漁隱說有句云讀書貧裏樂搜句靜中忙全唐詩話說有句云苦吟僧入定得句將成功又贈貫休是事精皆易惟詩會却難石首縣因携一家住贏得半年吟湘江吟餘滿入浦坐久燒移山贈縣令三年清似水六月冷如冰 繡石書堂說有句云一通紅錦重三事紫羅輕 錦繡萬花谷說有句云雪留寒竹寺含冷風撼早梅城郭香清明云靑毬輕蹴壺中地絲雪高飛掌上身

寄邊衣曲

深閨乍冷鑑開篋玉筯微微濕紅頰一陣霜風殺柳
條濃烟半夜成黃葉垂垂白練明如雪獨下閑階轉
淒切祇知抱杵擣秋砧不覺高樓已無月時聞寒雁
聲相喚紗窗只有燈相伴幾展齊紈又懶裁離腸恐
逐金刀斷細想儀形執牙尺回刀剪落澄江色愁撚
銀鍼信手縫惆悵無人試寬窄時時舉袖勻紅淚紅
牋謾有千行字書中不盡心中事一片殷懃寄邊使

懷素臺歌

我呼古人名鬼神側耳聽杜甫李白與懷素文星酒

星卓書星永州東郭有奇怪筆塚墨池遺跡在筆塚低低高如山墨池淺淺深如海我來恨不已爭得青天化爲一張綵高聲喚起懷素書搦管研朱點湘水欲歸家重歎嗟眼前有三箇字枯樹槎烏栖蛇罍老鴉

遊洞庭湖

楚雲圍翠八百里澧蘭吹香墮春水白頭漁子搖蒼烟鸂鷀眠沙曉驚起沙頭龍叟夜歎憂鐵笛未響春風羞露寒紫藟結新愁城角泣斷關河秋謫仙欲識雷斧手劉郤古今愁共醜鯨遊碧落杳無跡作詩三歎君知否瀛洲一櫂何時還滿江宮錦看湖山

南中縣令

寂寥雖下邑良宰有清威苦節長如病爲官豈肯肥山多村地狹水淺客舟稀上國搜賢急陶公早晚歸

漢南郵亭

高閣水風清開門日送迎帆張獨鳥起樂奏大魚驚驟雨拖山過微風拂面生閑吟雖得句留此謝多情

棋

十九條平路言平又嶮巇人心無筭處國手有輸時勢迴流星遠聲乾下雹遲臨軒才一局寒日又西垂

春暖送人下第

相送短亭前知君愚復賢事多憑夜夢老爲待明年春樹添山脊晴雲學曉烟雄文有公道此別莫潸然

贈衡山令

君吟十二載辛苦必能官造化猶難隱生靈豈易謾猿跳高岳靜魚擺大江寬與我爲同道相留夜話闌

首句一作君吟三十載

寄曹松

莫怪苦吟遲詩成鬢亦絲鬢絲猶可染詩病却難醫山暝雲橫處星沈月側時冥搜不可得一句至公知

夏日即事

僻居門巷靜竟日坐階墀鵲喜雖傳信蛩吟不見詩笋抽通舊竹梅落立閑枝此際無塵撓僧來稱所宜

送人宰邑

官小任還重命官難偶然皇恩輕一邑赤子病三年瘦馬稀飡粟羸童不識錢如君清苦節到處有人傳

送進士蘇瞻亂後出家

因亂事空王孤心亦不傷梵僧爲骨肉柏寺作家鄉眼閉千行淚頭梳一把霜詩書不得力誰與問蒼蒼

秋日送河北從事

北風沙漠地吾子遠從軍官路雖非遠詩名要且聞蟬悲欲落日鵰下擬陰雲此去難相戀前山摻袂分

冬日後作

寂寞掩柴扉昏昏坐欲癡事無前定處愁有併來時日影纔添線鬢根已半絲明庭正公道應許苦心詩

終南山

九衢南面色蒼翠絶纖塵寸步有閑處百年無到人禁林寒對望太華淨相鄰誰與㘯峰並祥雲瑞露頻

訪道士

高岡微雨後木脫草堂新惟有疎慵者來看淡薄人

竹牙生磴路松子落敲巾粗得元中趣當期宿話頻

兜率寺

一片無塵地高連夢澤南僧居跨鳥道佛影照魚潭朽栟雲斜映平蕪日半涵行行不得住迴首望烟嵐

鹿門寺

鹿門山上寺突兀盡無塵到此修行者應非取次人鳥過鷰石磬日出磴金身何計生煩惱虛空是四鄰

牡丹

數朵欲傾城安同桃李榮未嘗貧處見不似地中生此物疑無價當春獨有名遊蜂與蝴蝶來往自多情

見王貞白

共賀登科後明宣入紫宸又看重試榜還見苦吟人此得名渾別歸來話亦新分明一枝桂堪動楚江濱

喜友人再面

一別幾寒暄迢迢隔塞垣相思長有事及見卻無言靜坐將茶試閑書把葉翻依依又留宿圓月上東軒

冬日作

糲食擁敗絮苦吟吟過冬稍寒人卻健太飽事多慵樹老生烟薄牆陰貯雪重安能只如此公道會相容

中秋月

一歲幾盈虧當盈重此期幸無偏照處剛有不明時色靜雲歸早光寒鶴睡時相看吟未足皎皎下疎籬

塞上曲

極目望空闊馬羸程又賒月生方見樹風定始無沙楚水辭魚窟燕山到雁家如斯名利役爭不老天涯

道林寺

獨立凭危闌高低落照間寺分一派水僧鎖半房山對面浮世隔垂簾到老閑烟雲與塵土寸步不相關

般若寺

南岳古般若自來天下知翠籠無價寺光射有名詩

一水湧獸跡，五峰排鳳儀。高僧引閑步，晝出夕陽歸。

題岳州僧舍

喜到重湖北，孤舟橫晚烟。鷺銜魚入寺，鴉接飯隨船。松檜君山迥，菰蒲夢澤連。與師吟論處，秋水浸遥天。

過洞庭湖

浪高風力大，挂席亦言遲。及到堪憂處，爭如未濟時。魚龍侵莫測，雷雨動須疑。此際情無賴，何門寄所思。

旅行聞寇

動步憂多事，將行問四鄰。深山不畏虎，當路却防人。豪富田園廢，疲羸屋舍新。自慙爲旅客，無計避烟塵。

旅中作

洞春詩話：詩入俗語，如王維「萬事不關心」，武元衡「日出事還生」，裴説「開口説貧難」，皆有理致。

妄動遠抛山，其如餒與寒。投人言去易，開口説貧難。澤國雲千片，湘江竹一竿。時明未忍別，猶待計窮看。

旅次衡陽

欲往幾經年，今來意豁然。江風長借客，岳雨不因天。戲鷺飛輕雪，驚鴻叫亂烟。晚秋紅藕裏，十宿寄漁船。

寄貫休

憶昔與吾師，山中静論時。總無方是法，難得始爲詩。凍犬眠乾葉，飢禽啄病梨。他年白蓮社，猶許重相期。

哭處默上人

凄凉繐幕下，香吐一燈分。門老輪寒檜，留閑與白雲。孝孟曾幾度，傳衲不教焚。泣罷重迴首，暮山鐘半聞。

廬山瀑布

靜景憑高望，光分翠嶂開。崄飛千尺雪，寒撲一聲雷。過去雲衝斷，旁來燒隔迴。何當住峰下，終歲絶塵埃。

華山上方

獨上上方上，立高聊稱心。氣衝雲易黑，影落縣多陰。有雪草不死，無風松自吟。會當求大藥，他日復追尋。

鷺鷥

秋江清淺時，魚過亦頻窺。卻爲分明極，翻成所得遲。浴偎紅日色，棲壓碧蘆枝。會共鵷同侶，翱翔應可期。

經杜工部墳

廖凝善詠諧，見説此詩，戲曰：得非掘墳賊耶？聞者大笑。

騷人久不出，安得國風清。擬掘部墳破，重教大雅生。皇天高莫問，白酒恨難平。悒怏寒江上，誰人知此情。

柳

高拂危樓低拂塵，灞橋攀折一何頻。思量却是無情樹，不解迎人只送人。

岳陽兵火後題僧舍

十年兵火眞多事，再到禪扉卻破顔。唯有兩般燒不

得洞庭湖水老僧閑

亂後偷路入故鄉

愁看賊火起諸烽偷得餘程悵望中一國半爲亡國燼數城俱作古城空

裘　諧

諧說之弟桂州人天祐三年同登第終桂嶺攝令十國春秋諧依馬氏與翁宏爲詩友有湘江吟句云風廻山火斷湖落岸冰高佳句也詩話總龜諧有經杜甫墳句云名終埋不得骨任朽何妨爲人傳誦

觀修處士桃花圖歌

一從天寶王維死於今始見修夫子能向鮫綃四幅中丹青暗與春爭工勾芒若見應羞殺暈綠勻紅漸分別堪憐彩筆似東風一朶一枝隨手發燕支乍濕如含露引得嬌鶯痴不去多少遊蜂盡日飛看遍花心求入處工夫妙麗寔奇絶似對韶光好時節偏宜留著待深冬鋪向樓前殛霜雪

張子明

子明衡州攸縣人雅言系述子明居鳳巢山有詩名孤雁一篇最佳其詩云云

孤鴈

隻影翩翩下碧湘傍他鴛鷺下銀塘雖逢夜雨迷深

浦終向晴天著舊行憶伴幾回思片月蛻翎多爲繫繁霜江南塞北俱關念兩地歸飛似故鄉

李　韶

韶彬州人五代詩話韶苦吟固窮有題司空山觀云云識者謂韶必無名果如其言王元悼之有雅句僧抄徧孤墳客吊稀之句

題司空山觀

梁代眞人上紫微水盤山脚五雲飛杉松老盡無消息猶得千年一度歸

陸　蟾

蟾衡州攸縣人雅言雜載蟾寓居司空山好神仙辟穀累月有詩云云

司空山聞子規

後夜入清明遊人何處聽花殘斑竹廟雨歇峴山亭樹鎖月欲落窗開酒正醒衆禽方在夢誰念爾勞形

廬山瀑布

眞源人莫測千尺挂雲端嶽色染不得神功裁亦難夏噴猨鳥浴秋射斗牛寒流到滄溟日翻身更好看

春暮經石頭城

六朝多少事惆悵思悠悠落日空江上子規啼渡頭蒹葭侵廢壘烟霧接滄洲今古分明在那堪向九秋

狄　煥

煥字子炎梁公仁傑之後隱於南岳雅言系述煥南岳曉望云數點當秋霽不知何處峯又嶽路松云客吟晚景停孤櫂僧蹋清陰徹上方總龜煥孤雁詩云更無聲接續空有影相隨聞此句者皆云必無後果如其言

送人遊邵州

春江正渺渺送別兩依依烟裏櫂將遠渡頭人未歸
漁家侵疊浪島樹挂殘暉況入湖湘路那堪花亂飛

題柳

天南與天北此處影婆娑翠色折不盡離情生更多
雨餘籠灞岸煙暝夾隋河自有佳名在秦松繼得麽

詠南嶽徑松

一陣雨聲歸嶽嶠兩條寒色下瀟湘客吟晚景停孤
櫂僧踏清陰徹上方

潘若冲

若冲楚人事馬殷入宋官桂林守雅言雜載若冲罷桂林經南嶽留鶴一隻與廖融贈詩一章云云又有詩寄融云云後至維揚聞融與鶴相繼而亡感賦絕句云南嶽僧來共歎吁風流臺榭已荒蕪先生去世未十日留伴高吟鶴亦徂

留鶴贈廖融

峭格數年同野興一官才罷共船歸稻粱少飼教長
瘦羽翼無傷任遠飛側耳聽吟侵靜燭啣花作舞帶
斜暉朝天萬里不將去留伴高人向釣磯

寄南嶽廖融

曾經別墅住行蹤春浪和烟撼釣筒共步幽亭連石
蘚寄眠靜榻帶松風秋來頻夢岳雲白別後應添鶴
頂紅又泛扁舟隨沐水不堪南望思忡忡

路振

振字子發永州祁陽人唐相巖四世孫初事
馬殷入宋舉進士歷官左司諫知制誥充同
修起居注有集補續高僧傳孫何遊南臺聞惠泉高槃叩其門一見如舊識饋勞加厚後二年何爲進士舉首同年路振官彭門何盛稱泉好義甚篤振下車詣焉

師已去澌矣振歎慕留詩壁門云云　吟窗雜錄振潮州徵還云君恩來萬里客路出千山

伐棘篇

伐棘何所山之巔秋風颼颼棘子丹折根破柢堅且
頑劚夫趦趄汗污顏攢鋒束芒趨道還蒔之森森繚
長藩暮冬號風雪暗天漏寒不鳴守犬眠主人堂上
多金錢東鄰暴客來窺垣舉手觸鋒身隕顛千矛萬
戟爭後先襟袖結裂不可揞蹠破指傷流血殷神離
氣沮走蹁躚數尺之牆弗復攀索頭醜奴騷河壖朔
方屯師連七年木波馬領沙塡塡氣脉不絕如喉咽

官軍虎怒思吼軒強弩一發山河穿將不叶謀空卽
安𧦬養小醜成兇顛推芻挽粟徒喧喧邊臣無心靖
國艱爲余諷此代棘篇

贈安邑簿伍彬歸隱

老終秋鬢白歸隱舊峰前庭樹鳥頻啄山房人倚眠
寒巖落桂子野水過茱烟巳結勞生念虔心向竺乾

題惠泉師壁

漢公嘗說惠泉師解講楞嚴解賦詩今日我來師巳
去草堂風雨立多時

任鵠

鵠字射巳湘陰人

題君山

不礙揚帆路盤根壓洞庭波濤四面白雲外一峰青
魚躍晴波動龍歸石洞腥終期託名畫爲我簇爲屏

送正巳歸山

五峰青拄天直下挂飛泉琴鶴同歸去烟霞到處眠
聽跳霜葉徑虎嘯夕陽川獨酌應懷我排空樹影連

李歸唐

歸唐楚人

失鷺鷥

惜養年來歲月深籠開不見意況吟也知祇在秋江
上明月蘆花何處尋

成幹

幹楚人

映山紅 高不過五七尺花繁而紅開時杜鵑始啼又名杜鵑花

杜鵑花與鳥怨豔兩相賒疑是口中血滴成枝上花
一聲寒食夜數朶野僧家謝豹出不出日遲遲又斜

畢田

田長沙人初事馬殷入宋以吏部郞兼王府
侍講奏蠲臨湘七郡科調里人德之因祀焉

曾撰湘中故事

大哀洲 在湘陰縣西四十里博物志云舜崩蒼梧二女以淚揮竹竹盡成斑

玉輦南巡去不還翠蛾望斷楚雲閒波寒剩寫湘絃
怨露冷偏滋淚篠斑一水盈盈傷遠目九峯嶁嶁慘
愁顏荒洲千古淒涼地半掩空祠向暮山

鵞羊山 在長沙北二十里上有仙壇丹竈

羽客何年此煉丹倚留空竈鎖孱顏雲中雞犬仙應
遠山下鵞羊石轉頑湘渚幾因滄海變遼城無復令
威還何年仙馭重來此盡遣飛騰上九關

醉鄉 湘中別記云後漢有鄉人忽醉經三晝夜言與天神共飲後任陽羨令仙去

三宿酬神酎鄕名因此呼山中千日者自合是仙都

香水 湘中記在縣郭內其水甚香湘鄕本名湘香以此水而名

坎上浮圖已拂天椒蘭餘馥尙依然九重無復修嘗貢空有香名與邑傳

神鼎山 在湘陰東北絶頂有丹井上有巨人跡

玉跡分明印絶巔藥成仙去幾千年深藏寶鼎今方出合得丹經與世傳

石霜山 在瀏陽南有崇勝禪寺昔普會禪師居衆千餘名其堂曰枯木廉使丞相裴公常留玉環象笏于此

石上泉華噴猛霜境奇因此闢禪房使君環笏留何用枯木千餘滿一堂

擲鉢峰 湘中山水記云昔惠思禪師居般若臺常擲鉢乘之赴陳帝君

應將鉢渡闢神通擲去乘將赴帝宮爭似嶺頭提不起於今相續闡宗風

凝碧亭 在南嶽石橋

四面山屏疊萬重古嵐濃翠鑽寒空清秋獨倚危闌立身在琉璃世界中

朱陵洞 洞口有泉飛下千仞名水簾

洞門千尺挂飛流玉碎珠聯冷噴秋今古不知誰捲得綠蘿爲帶月爲鈎

羅漢條 長丈餘附木而生

五百移栖絶洞深空留蹤迹杳難尋綠縧條帶何人施長到春來挂滿林

鄧洵美

洵美連山人雅言系述洵美晉乾祐二年中第與司空昉少保溥同年謁劉氏不禮歸武陵時周氏有其地辟之幕府未幾司空自禁林出使武陵與洵美相遇贈詩曰憶昔詞場共著鞭當時鶯谷喜同遷闊河契闊三千里音信稀疏二十年君遇已知依玉帳我無才藻步花磚時情人事堪惆悵天外相逢一泫然洵美和云云相國歸邀偕載辭以疾不行相國語同年少保公公又爲詩寄云衡陽歸雁別重湖嘲到同人一紙書忽見姓名雙淚落不知消息十年餘緇衣我已登黃閣白社君猶葺舊居南望荊門千里外

暮雲重疊滿晴虛周氏疑洵美洩其密謀急追補易俗場官而遇害建隆初王師下湖湘相國復經衡陽弔之日侯門寂寞非知己澤國栖惶似旅人今日向君墳畔過不勝懷抱暗酸辛

和司空李公昉

詞場幾度讓先鞭又向淸朝賀九遷品秩雖然殊此日歲寒終不改當年馳名早已超三院侍直仍忻步八磚今日相逢番自愧閒吟對酒倍潸然

曹衍

衍衡陽人周行逢據湖南衍教授鄕里後張文表辟爲幕職入宋授匠作監丞所著有湖

湘馬氏故事二十卷十國春秋衍少以文辭知名偃蹇不遇行遂專尙門靡衍以布衣屢獻文章不見用及文表敘辟衍幕職事敗逃去會赦乃敢出能政齋漫錄太平興國初石熙載尙書出守長沙以衍所著野史繳荐之因得召對袖詩二十章上進首篇乃鷺鷥貧女兩絕句蓋託意也太宗大喜召試學士院除東宮洗馬監泌陽酒稅

貧女

自恨無媒出嫁遲老來方始遇佳期滿頭白髮爲新婦笑殺豪家年少兒

蕭結

結盧陵人五代時爲祁陽縣令全唐詩話結性不畏強禦云

方暮春時有州符下取競渡船刺史將臨觀結怒批其符云云守爲止 調元按楚多詩人不見全什者附錄於此 續歸田錄馬希振爲鼎州節度使馬氏諸子白眉也與門下客何致雍僧貫微聯句希振日青蛇每用腰爲力貫微日紅莧時將葉作花希振又日蟻子子卿蛇子子致雍日貓兒兒捉雀兒兒 十國春秋石文德連州人素不善草隸詩律一日得晉帖數紙及殷璠詩選極力摹倣久之遍出儕輩遨遊湘漢無所知名値端午宴集文德賦艾虎長篇劉昭禹大爲稱許秦國夫人薨文德進挽詞十餘首其一云月沈湘浦冷花謝漢宮秋王大驚以爲第一他日宴長春堂王出玉杯賞賦詩者李宏臯先得之文德繼進加美焉王復賚以玉蟾滴 零陵總適蔣維東字孟陽零陵人旅中云未有一夜夢不歸千里家落花云流水從將去春風解送來 又栢樹多叢生春蠶食之其絲以冷水繰之謂之冷水絲可爲琴弦蔣密詩云綺羅因此本桃李漫同時 宣和書譜胡擢不知何許人博學能詩氣韻超邁飄飄然有凌方外之致擢常謂其弟曰吾詩思若在三峽聞猿聲時其高逸如此又圖畫見聞志擢常吟曰甕中每醞逍遙藥筆下閒偷造化功 雅言系述曾游長沙人與逸人王元爲詩友宿玉泉寺云山偷牛庭日池印一天星君山云翠壓魚龍窟寒堆波浪心 江南野錄劉素字仲華好學不事科舉頗通遷固壽畔之書嘗有人貽之詩曰不甘五等諸侯荐直肯九重天子知然卒不及仕 五代史補戴偃金陵人避地湘中值希範大興土木自稱元黃子獻漁父詩百篇以諷之有句云須把咽喉呑世界盡因奢侈致危亡又有句云若須拋卻便拋卻莫待風高更水深希範怒遷之湖上 紀事張枺擢進士第官至御史嘗有句云菱葉乍翻人採後芰荷初沒舸行時 張爲主客圖盧休有句云血染劍花明帳幕三千車馬出漁陽 酉陽雜俎孟不疑有詩名游于游覽不復應舉有句云白日故鄉遠青山佳句中 海錄碎事鄭翱有下第

東歸句云花燒落第眼雨破到家程 全唐詩考功郎中王儉有桂林逍遙樓句云勝日登樓望山川一半春 又郭思有白石嶺古城句云落星一石幾千年門外何人扣漢川 又史瑜青泥山句云溪從沮水流嶓冢嶺接青泥入劍天

批州符

秧開五葉蠶長三眠人皆忙迫划甚閒船

歐陽詹

詹楚人宋初獻野史授黃岡宰雅言雜載詹臥屏句云橫琴遮遠洞舉手出高峯

公宇蘆

漁家合得兩三莖公退徐吟思倍清官滿不將歸舊

隱蕭蕭留與後人聽

卷六十四終

全五代詩卷六十五

羅江李調元雨村　編

楚

羅道成

道成，楚郴州人，得道仙去。古今詩話：宋初有郭及甫覛其刺羅道成也。閑人遊岳謁主簿，自言郴州人。聞郴人言，有真人得道，乘白騾行，石壁上迹至今存。

游嶽

因思靈秀偶來遊，碧玉寒堆萬疊秋。直上太山高處望，根盤連接十餘州。

投郭主簿

白騾代步若奔雲，閑人所至留詩迹。欲知名姓問源流，請看郴陽山下石。

孟歜

歜，連山人。雅言雜載：歜性落拓，溺于歌酒，賦咏復挠江左，士頗奇之，後仙去。有贈史虛白云：詩酒獨遊寺，琴書多寄僧。聖朝奄有金陵，孟賓于先居連上，歜與國中亦自吉水還故鄉，逾年卒。書生務崇因在廬山，與歜有忘年之分。與國中見歜，且言自連上來遊江左時有詩送務崇云云。務崇詢于連上知交，皆言歜卒已十餘年矣。

送務崇

同呼碧嶂前，已是十餘年。話別非容易，相逢不偶然

多爲詩酒役早免利名牽幸有歸真路何妨學上元

伊用昌

用昌一作夢昌不知何許人南嶽道士十國春秋用昌有異術學士廖匡圖母病思鱠值江水暴漲魚不可得用昌探懷得木獺長三寸許投江中須臾波浪騰沸擒一巨鱗出作鱠食匡圖母病尋愈

全唐詩話用昌與其妻乞食多在江右廬陵宜春諸郡出語輕忽常爲人毆擊呼爲伊風子愛作望江南詞有詠鼓詞云江南鼓梭肚兩頭欒釘著不知侵骨髓打來只是没心肝空腹被人謾與妻唱和詞皆有旨妻有殊色豪富子弟以言笑戲調不可犯夫妻至南城縣丐死牛肉食之死後有人見之者夫妻皆躡虛而行發視所埋處惟有爛牛肉無别物○雅言雜載用昌游江浙間散誕放逸不拘細謹善飲每醉行歌市中其言皆物外汗漫之詞似不可曉亦能爲詩留題閤皂觀花洞門前吠似雷云云後入湖南謁馬氏時方設齋獨不請用昌自造之據其坐洎食畢則大聲吟誰人能識白元君云云詩畢拂衣而起衆訝詩異乃相問無對出門不見青瑣後集夢昌因夢兩日遂立此名唐末不仕被羽褐遊山水題攸縣司空觀仙壇云惟有松杉空弄日更無雲鶴晴迷人題黄蜀葵云露凝金盞滴殘酒檀點佳人噴異香在醴陵何氏家一日化去作詩附鐵匠回言在彼打劍何氏發其塚惟劍耳

湖南閤齋吟

誰人能識白元君上士由來盡見聞避世早空南火宅植田高種北山雲鷄能抱卵心常聽蟬到成形殼自分學取大羅些子術免教松下作孤墳

留題閤皂觀

花洞門前吠似雷險聲流斷俗塵埃雨噴山脚毒龍起月照松梢孤鶴回蘿幕秋高添碧翠畫簾時捲到樓臺兩壇詩客何年去去後門關更不開

題遊帷觀真君殿後用昌渡江至觀後題此詩夫妻連臂入西山自此更不出其詩後題銜云定億兆恒沙軍國主南方赤龍神王伊用昌

日日祥雲瑞氣連儂家應作大神仙筆頭灑起風雷力劍下驅馳造化權更與戎夷添禮樂永教胡虜絶烽烟列仙功業只如此直上三清第一天

題茶陵縣門湖南有芒草茶陵民採之織屨用昌題此詩縣官及胥吏怒逐出界

茶陵一道好長街兩畔栽柳不栽槐夜後不聞更漏鼓只聽鎚芒織草鞵

題酒樓壁用昌死後一年有江西鎮將丁於其地見用昌夫妻仍唱望江南詞

此生生在此生先何事從元不復元已在淮南鷄犬後而今便到玉皇前夢昌有詠鳳詩附記於此好是山家鳳歌成非楚鷄皋光灑風雨紋綵動雲霓竹實不得飽桐孫何足棲岐陽今好去律呂正凄凄

許鵠

鵠高陽人累舉不第唐末遊南岳得道全唐詩話許鵠一名許碏學道於王屋周遊名山洞府到處於石巖峭壁人不及處題云許碏自峨嵋山尋偃月子到此筆蹤神異竟莫詳偃月子也遊廬江醉吟云云人皆笑爲風狂

五

代詩話許碏眞人唐末遊南岳招仙觀壁上題歌一首云洪爐烹鍛人性命云云題後數日上昇

題南嶽招仙觀壁

洪爐烹鍛人性命，器用不同分皆定。妖精鬼魅鬪神通，只自干邪不干正。黃口小兒初學行，唯知日月東西生。還爲萬靈威聖力，移月在南日在北。玉爲玉兮石是石，蘊粟深泥終不易。鄧通餓死嚴陵貧，帝王豈是無人力。丈夫未達莫相侵，攀龍附鳳損精神。

醉吟

閬苑花前是醉鄉，踏翻王母九霞觴。羣仙拍手嫌輕簿，謫向人間作酒狂。

張白

白衡州人，少應舉不第，入道仙去。全唐詩話白常挑一鐵葫蘆得錢便飲酒自稱白雲子一日死葬武陵城西經半載有鼎州官楊州勾當公事遇於酒肆同酌數日衆聞之開驗其棺一空有武陵詩三百首

武陵春色

武陵春色好，十二酒家樓。既醉方迴首，逢人不舉頭。是非都不采，名利混然休。戴箇星冠子，浮沉逐世流。

哭陸先生

六親慟哭還復蘇，我笑先生淚箇無。脫履定歸天上去，空墳留入武陵圖。

贈酒店崔氏

武陵城裏崔家酒，地上應無天上有。南遊道士飲一斗，卧向白雲深洞口。

徐釣者

釣者不知其名，人稱爲水仙。全唐詩話釣者自言東海蓬萊人常擺舟泛於鄂渚上及三湘下經五湖每將魚市酒人逐之不可近

自吟

曾見秦皇架石橋，海神忙迫漲驚潮。蓬萊隔海雖難到，直上三清却不遙。

虛中

中宜春人，客於馬氏，住湘西栗城寺，與齊已倘顔棲蟾爲詩友，著有碧雲集一卷。十國春秋中與王子希振情好甚篤希振邀虛中納之詩閣虛中爇火每煙燎閣際彩翠希振復加髹膳不以爲忤嘗題希振池亭多佳句希振大加稱賞又時貽詩司空圖圖亦推重圖有詩云十年華嶽峯頭住只得虛中一首詩同時湘南僧文喜亦以詩名皆甚傳湖南 青瑣集文喜失鶴詩云一向亂雲尋不得幾回臨水待歸來上潭州劉相大稱許 紀事虛中馬侍中池亭句云嘉魚在深處幽鳥立多時 古今詩話中有句云菖蒲花不艷鸜鵒性多靈 五代史補中有句云老負峨嵋月閒看雲水心 吟窗雜錄中賣水者云盤中是祥瑞天下恰炎蒸夜坐云待暖還須去門前有路岐春詩云春雨無

高下花枝有短長皆佳

泊洞庭

槐椰未知秋依依館驛頭客心俱念遠時雨自相留
浪浚貨魚市帆高賣酒樓夜來思展轉故里在南州

善卷壇

耕荒鑿原時高趣在希夷大舜欲遜國先生空歛眉
五溪清不足千古美無虧縱遣亡湝者何人投所思

石城金谷

晉祚一傾摧驕奢去不回只應荆棘地猶作綺羅灰
狐兎閑生長樵蘇靜往來躑躅意無盡寒日又西隤

庾樓

郡樓名甚遠幾換見樓人庾亮魂應在清風到白蘋
晴軒分楚漢夜酒揖星辰何必匡山上獨言無世塵

經賀監舊居

不戀明皇寵歸來鏡水隅道裝汀鶴識春醉釣人扶
逐朶雲如吐成行雁侶驅蘭亭名景在蹤跡未爲孤

獻鄭都官

早晚辭班列歸尋舊隱峰代移家集在身老詔書重
藥秘仙都訣茶開蜀國封何當荅羣望高躡傳巖蹤

寄華山司空圖二首

門徑放莎垂往來投刺稀有時開御札特地挂朝衣
嶽信僧傳去仙香鶴帶歸他年二南化無復更衰微

逍遥短褐成一劍動精靈白晝夢仙島清晨禮道經
黍苗侵野徑桑椹汚閒庭肯要爲隣者西南太華青

贈屏風岩栖蟾上人

巖房高且靜住此幾寒暄鹿嗅安禪石猿啼乞食村
朝陽生樹罅古路透雲根獨我閒相覓凄涼碧洞門

贈秀才

筠陽多盛致夫子縱遊遨鳳鳥瑞不見鱸魚價轉高
門開沙鳥靜船繫樹根牢誰解伊人趣村沽對鬱陶

送遷客

條忽墮鵷行天南去路長片言曾不諂獲罪亦何傷
象戀藏牙浦人貪賣子鄉此心終合雪去已莫思量

哭悼朝賢

前昨回私第旋聞寢疾終四郄方嚮絶二月牡丹空
塚已遷名境碑仍待至公祇應遺愛理長在楚南風

悼方干處士

先生在世日祇向鏡湖居明主未巡狩白頭閒釣魚
煙莎一徑小洲島四隣疎獨有爲儒者時來吊舊廬

聽軒轅先生琴

訣妙與功精通宵膝上橫一堂風洽淡千古意分明
坐客神魂凝巢禽耳目傾酷哉商紂世曾不遇先生

芳草

綿綿芳草緣何處動深思金谷人亡後沙場日暖時
龍鱗藏有瑞風雨洒無私欲採蘭兼蕙清香可贈誰

乾康

乾康零陵人唐宋遺史齊已居湘西道林寺康往謁之齊已使謂曰我師門非詩人不遊大德來非詩人耶請爲一詩以代門刺康吟云云已大喜及别送之以詩康有經方干故居云鏡湖中有月處士後無人荻笋柚高節鱸魚躍老鱗爲齊已所稱乾德中左補闕王仲知永州康持詩謁睹其老醜試以詩時積雪初消命咏之云云仲驚曰其旨不淺因待以殊禮

投謁齊已

隔岸紅塵忙似火當軒青嶂冷如冰烹茶童子休相
問報到門前是衲僧

賦殘雪

六出奇花已住開郡城相次見樓臺時人莫把和泥
看一片飛從天上來

棲蟾

棲蟾居屏風巖全唐詩話齊已寄懷棲蟾師詩云萬里八九月一身西北風自從相示後長記在吟中

短歌行

蟾光堪自笑浮世懶思量身得幾時活眼開終日忙
千門無壽藥一鏡有愁霜早向塵埃外光陰任短長

宿巴江

江聲五十里瀉碧急於弦不覺日又夜爭教人少年
一汀巫峽月兩岸子規天山影似相伴濃遮到曉船

遊邊

邊雲四顧濃飢馬嗅枯叢萬里八九月一身西北風
偷營天正黑戰地雪多紅昨夜東歸夢桃花暖色中

居南嶽懷沈彬

石房開竹扉苕外獨支頤萬木還無葉百年能幾時

隔雲聞狖過截雨見虹垂因憶嶽南客晏眠吟好詩

南中懷友生

荔枝江上立望北幾思量隔海無書劄前年在漢陽
瘴村人起早銅柱象指光居此成何事尋君過碧湘

贈南嶽元泰布衲

曹溪入室人終老甚離羣四十餘年內青山與白雲
松和巢鶴看果共野猿分海外僧來說名高自小聞

寄問政山聶威儀

先生卧碧岑諸祖是知音得道無一法孤雲同寸心

嵐光薰鶴詔茶味敵人参苦向壺中去他年許我尋

送遷客

諫頻甘得罪一騎入南深若順吾皇意郎無臣子心織花蠻市布擣月象州砧蒙雪知何日凭樓望北吟

牧童

牛得自由騎春風細雨飛青山青草裏一笛一簑衣日出唱歌去月明撫掌歸何人得似爾無是亦無非

再宿京口禪院

灘聲依舊水溶溶岸影参差對梵宮楚樹七回凋舊葉江人兩至宿秋風蟾蜍竹老揺疎白菡萏池乾落

碎紅多病支郎念行止晚年生計轉如蓬

栖岩

栖岩湖南僧 青瑣集栖岩有題祝融峯句云閑雲四邊盡浮世一齊低 全唐詩話栖岩謁韋令公經劍閣失足墜深岩中進一石室乃太乙元君之居植東皇君遣使迎元君會曲龍山翫月元君挈栖岩跨鹿龍同往至則酌醴各為歌東皇命玉女歌青城丈人詞送元君酒云日砌瑤階泉滴乳玉簫催鳳和烟舞青城丈人何處遊元鶴唳天雲一縷元君答云危橋横石架雲端跨鹿登臨景象寬顯魄洸烟澄碧落桂花低拂玉簪寒東皇云造化天橋碧海東玉輪還過軃晴虹霓襟似拂瀛洲頂顯氣潛消素鑰中栖岩歌云會散復歸舊洞府元君送栖岩歸已六十年矣

龍山翫月

曲龍橋頂翫瀛洲凡骨空陪汗漫遊不假丹梯躡霄漢水晶盤冷桂花秋

何仙姑

仙姑永州人不食無漏世傳其神異 劉貢父山中詩話云仙姑楚人明胡元瑞筆叢云當是宋初人 劉斧摭遺袁夏過永州見何仙姑曰吾鄉有貴人亭今有故人亭何也仙姑曰此亭名因選詩有洞庭值歸客瀟湘逢故人而得之彼亭非也作詩云云

題永州故人亭

全永從來稱舊郡瀟湘原上構軒新門前自古有流水亭上於今無故人風細日斜南楚曉鳥啼花落東

常春因公問我昔日事江左亭名不是真

湘陵士子

寄故姬 盧氏雜記湘陵寓居士子忘其姓名有美姬甚貧去遊交廣問戒其姬曰我若五年不歸任爾改適去後五年未歸姬遂為前刺史所納在高麗坡底及明年歸已失姬所在尋訪知處遂為詩寄之刺史見詩給一百千及資裝遣還士子

陰雲冪冪下陽臺惹著襄王更不迴五度看花空有淚一心如結不曾開纖蘿自合依芳樹覆水寧思反舊杯惆悵高麗坡底宅春光無復下山來

瀟湘漁父

絕句 谷音云崔珏晚泊湘江淡烟微月有客歌而過之追問居以名置其釣竿長嘯而去

高枕形骸外空江何限情落葉不成調半夜起秋聲

衡州舟子

吟語林云衡州人多文詞至漁樵夫往往能言詩嘗有人赴廣州幕府夜聞舟中吟問之乃其所作也

野鵲灘西一櫂孤月光遥接洞庭湖堪嗟廻岸峰前過望斷家山一字無

無名氏

題公館壁

猛風拔大樹其樹根已露上有寄生草青青猶未寤

巴陵館鬼

柱上詩 全唐詩話巴陵江岸古館有一廳多怪物扃鎖已十年矣山人劉方元宿館中聞有婦人及老青衣言語俄有歌者歌訖復吟詩聲殊酸切明日啟其廳見前間東柱上有詩一首墨色甚新乃知即夜來人也復以此訪於人終不能知之

翁娘送我青楓根不記青楓幾回落當時手刺衣上花今日爲灰不堪著

湘中女子

驛樓誦詩 全唐詩話鄭僕射愚嘗遊湘中宿於驛樓夜遇女子誦詩頃刻不見

紅樹醉秋色碧溪彈夜絃佳期不可再風雨杳如年

馬殷浚城石碣篆 全唐詩話唐末劉建峰定長沙遣馬殷領衆浚城濠得石碣有古篆十八其文云云解者以殷乾寧三年丙辰歲代立乃龍舉頭也至乾祐辛亥歲亡乃

猳掉尾也殷子希範以巳未歲生又以開運丁未歲薨乃羊歸穴也又子希崇壬申歲生後爲江南所俘乃猴離次也

龍舉頭猳掉尾羊爲兄猴作弟羊歸穴猴離次

馬希振葬地碣 全唐詩話希振亦殷之子清泰中卒葬長沙之陶浦掘得石碣其文云云蓋馬氏諸王雖於周廣順辛亥歲遷於江南然其國變實在庚戌故也

亂石之壞絕世之岡谷變庚戌馬氏無王

湘中童謡

馬去不用鞭齩牙過今年 全唐詩話江南將邊鎬下長沙既遷馬氏之族朗州衡將劉言復爲亂襲鎬鎬遁歸諺言鞭邊也又湖南馬殷命其將李勳擊南越拔桂管十八城勳勇壯絕倫人號曰李老虎先是桂管童謡云大蟲來至是果應又楚王馬希萼爲其弟希崇所篡希萼自衡山立爲王希崇求救於吳吳遣將邊鎬來伐希崇將拒之或以童謡云鞭打馬馬急走爲諫不得已降鎬馬氏遂舉族入吳

長沙童謡

三羊五馬馬子離羣羊子無舍 全唐詩話或問龎巨耶湖南與淮南國祚長沙聞童謡云云自今以後馬氏當五主楊氏當三主後皆如其言

卷六十五終

全五代詩卷六十六

羅江李調元雨村　編

吳越

武肅王錢鏐

鏐字具美臨安人唐末以鄉兵討平劉漢宏董昌奄有十三州建國稱吳越王謚武肅五代詩話開平元年梁封錢武肅鏐爲吳越王改其鄉臨安縣爲臨安衣錦軍是年省塋隴延故老旌鉞鼓吹振耀山谷自昔游釣之所盡蒙以錦繡或樹石至有封官爵者舊貿鹽肩擔亦裁錦韜之爲牛酒大陳鄉飲別張蜀錦帳以飲婦女凡八十以上金樽百歲以上玉樽時飲王者尚不減十餘人鏐起執爵自唱還鄉歌以娛賓云云時父老雖聞歌進酒都不之曉武肅覺其歡意不甚浹洽再酌酒唱

吳歌曰你輩見儂底歡喜別是一般滋味子永在我儂心子裏歌閧合聲賡贊叫笑歎感閭里今山民尚有能歌者　吳越備史武肅將築捍海塘怒江濤衝激命强弩五百以射濤頭又親築胥山祠禱之曰願息忠憤之氣暫收洶湧之潮函詩一章置海門云傳語龍王并水府錢塘借與築錢城既而濤頭遂趨西陵　全唐詩話王好吟詠通圖緯學喜作正書暇則命諸子孫諷誦詩賦或以所製詩什賜丞相及將吏以下羅隱寢疾鏐臨問題其壁云黃河信有澄清日後代應難繼此才隱以紅紗罩其上謝詩有壁閒章句動風雷此也隱身後無文嗣鏐詩爲之讖　晉公談錄武肅所言皆可律下忽一日雜役兵士於公署壁題云沒了期沒了期營基纔了又倉基部轄者皆怒王曰不必怒續書云沒了期沒了期春衣纔了又冬衣卒伍見之怡然力役不復怨咨　湘山野錄徐彥海鹽人前後從征伐有功及李彥徽奔淮南王視巡吳興題詩嬰蘭堂在湖州東南溪次末云須將一片地付與有心人衆不測王將登舟顧彥曰以此郡付汝　北夢瑣言或有遮李頻詩於鏐尚父曰只將五字句用破一生心尚父曰可惜此心何所不用而破於詩句苦哉　東坡陌上花詞序吳越王妃每歲必歸臨安王以書遺妃曰陌上花開可緩緩歸矣吳人用其語爲歌含思宛轉聽之凄然而其語鄙野爲易之

巡衣錦軍製還鄉歌

三節還鄉兮挂錦衣碧天朗朗兮愛日暉功成道上兮列旌旗父老遠來兮相追隨家山鄉眷兮會時稀今朝設宴兮觥散飛斗牛無孛兮民無欺吳越一王兮駟馬歸

忠懿王錢俶

俶字文德吳越武肅王鏐孫文穆王元瓘子大將胡進思等廢忠遜王倧立之建隆元年授天下兵馬大元帥太平興國三年納土歸京師封許王徙封鄧王薨追封秦國王謚忠懿著有政本集　後村集予讀絳帖有錢忠懿王使院律詩一首練句結字未在高駢羅紹威之下後于墨林方氏見忠懿與其子遺墨五副草聖奇古簡而不煩得鍾王意時忠懿方自杭朝京師每書必云吾極無事又云不用憂心事已如此讖天命之有歸知王者之無敵脫屣去之無一毫失國之恨異乎事窮勢迫然後面縛奉降腰揮淚對宮娥者矣初天信中文信公嘗刊忠懿十八帖與墨林此帖草法酷似碑今已足貴況

眞蹟乎　后山詩話吳越後王俶來朝太祖
爲置宴出內伎彈琵琶王獻詞云金鳳欲飛
遭掣搦情脈脈看即玉樓雲雨隔太祖起拊
其背曰誓不殺錢王　十國春秋侍郎鮑約
頗從臾忠懿王納土及王歸宋約竄處海上
王以詩追之曰東遐追兮西遐追鮑約何如
罷釣歸迄今有遐追廟焉　湘山野錄錢思
公謫居漢東日撰一曲每歌之酒闌則垂涕
後閣尚有故國一白髮姬乃鄧王俶歌鬟驚
鴻者也曰吾憶先王將薨預戒挽鐸中歌木
蘭花引紼爲送今相公其將已乎果薨於隨
鄧王俶舊曲亦有帝鄉煙雨鎖春愁故國山
川空淚眼之句頗相類　玉壺清話黃夷簡
閑雅有詩名在錢忠懿王俶幕中陪尊俎二
十年今開寶初太祖賜俶開吳鎮越崇文耀
武功臣遣夷簡謝于朝將歸上謂曰歸語元
帥朕已于薰風門外建離宮規模華壯不減
江浙兼賜名禮賢宅以待李煜與元帥先朝
者即賜之夷簡受天語俛首而歸私自籌曰
茲事大難王或果以去就之計允决于我明

以爲對迨歸見俶因匿不盡以天語授之遂
稱疾于安溪別業保身潛遁夷簡山居詩有
宿雨一番蔬甲嫩春山幾焙茗旗香之句
吳越備史帝以王春山幾焙茗旗香之句令
書筆跡王以風恙手不能握筆命將往時所
書緗圖草字遣世子惟濬同中使以進下詔
獎諭仍賜金匣玉硯一副等物夏四月召王
宴於後苑帝曰春氣暄和萬物暢茂四海安
甯朕當以天下之樂
爲樂宜令賞花賦詩

宮中作

廊廡周遭翠幙遮禁林深處絕喧譁界開日影憐窗
紙穿破苔痕惡筍芽西第晚宜供露茗小池寒欲結
冰花謝公未是深沈量猶把輸贏局上誇

彭城郡王錢惟治

惟治字和世吳越忠遜廢王倧長子忠懿王
俶養爲己子八歲授兩浙牙內諸軍指揮使
判軍糧營田事遷德化軍使檢校太保改奉
國軍節度使忠懿王入覲權國事歸宋領鎮
國軍節度使左騎衛上將軍卒追封彭城郡
王有集十國春秋惟治草隸擅絕尤好二王
書每日必能御手手能御筆則法在
其中矣常以鍾繇王羲之康元示墨跡凡七
軸裝潢爲獻太宗嘗與翰林賀不顯評惟治
書日諸錢皆效浙僧亞棲之蹟故筆無骨獨
惟治工耳惟治好學家聚法帖圖書萬餘卷
多異本生平慕皮陸爲詩有集十卷又有寶
子垂綏連環詩迴文詩也寶子即香爐世多
稱之書跡恆爲人藏弆　吳越世家疑辨俶
以嫡嗣惟濬無檢故器惟治數俾權發遣軍

國之務洎入朝惟濬止奉朝請而委惟治藩
任焉　湖州府志吳越迴文綬帶連環詩碑
在法華寺節度使錢惟治作九
十首今祇見氷川詩式一首

春日登大悲閣迴文

聖主欽崇教千光顯紺容映雲窗綺暖籠月箔花重
淨刹香風遠危闌碧霧濃勝因良以詠華國一斯逢

寶子垂綏連環詩

碧天臨迥閣晴雪點山屏夕烟侵冷箔明月斂閑亭

英國公錢惟演

惟演字希聖吳越忠懿王俶之子少補牙門
將歸宋累遷翰林學士樞密使罷爲鎮國軍

節度觀察留後改保大軍節度使知河陽入朝加同中書門下平章事落職改崇信軍節度歸鎮卒追封英國公謚曰思改謚文僖有擁旄集伊川集苕溪漁隱叢話歐公花品序云予居府中時嘗謁思公見一小屏立後細書序滿其上思公指之曰欲作花品此是牡丹名凡九十餘種然予所見而今人多稱者纔三十許不知思公何從而得之多也東坡云惟演爲西都留守如置驛貢洛花識者鄙之此宮妾愛君之意也故于荔枝嘆亦云洛陽相君忠孝家可憐亦進姚黃花蕊爲思公惜之也十國春秋惟演文詞清麗于書無所不讀家儲文籍侔秘府所著有典懿集二十卷又著金波遺事飛白書叙錄逢辰錄奉藩書事若干卷子暖晦暄從弟昜易子彥遠明逸入宋俱以制策登科爲錢氏一時之盛東都事畧惟演幼時父俶

使賦遠山有句云高爲天一柱秀作海三峯俶嘆賞久之總竊惟演送劉綜鎮并州云置酒軍中樂聞笳塞上情奉使塗中云雪意未成雲著地秋聲不斷雁連天又客亭厭見名長短村酒那能辨聖賢又送僧遊楚云宿舍孤烟起行衣夢雨涼又送章衢州云平檻曉波吳榜渡遶城春樹越禽飛又太乙宮云神宮古柏啼烏起齋室虛簾宿霧通又西洛懷古云日上故陵烟漠漠春歸空苑水潺潺俱佳

春曉曲

城上風光鶯語亂城下烟波春拍岸綠楊芳草幾時休淚眼愁腸先已斷情懷漸變成衰晚鸞鏡朱顏驚暗換昔年多病厭芳樽今日芳樽惟恐淺

槿花

綺霞初結處朱露未晞時寶樹霄三尺華燈更九枝亭亭方自喜黯黯卻成悲欲作飛煙散猶憐返照遲

秋夕池上

珪月上金塘煙容帶水光朱華接蘭坂綠荇溢魚防叢暗禽棲密林疎露下涼秋懷已潘鬢無奈更啼螿

上巳玉津園賜宴

漢家傳洛飲楚俗泛蘭泉玉液初頒酒金盤屢擘鮮珥彤彝竹簾傾蓋集芝廛錦羽翻晴旭霞英落暖煙雅音和舜樂膏澤洽堯天更聽承雲曲同歌在鎬年

再賦荷花

玉梵引清泉風高露白天盈盈臨一水羃羃隔長煙已分蘭芝溺仍憂趙后仙鮫綠衣更密珠蚌淚長圓琵怨來湘浦鴻驚近洛川金塘正斜照誰倚木蘭船

致齋太乙宮

齋潔奉惟馨瑤臺獨自升樓迷五里霧壇燭九枝燈珠館來青雀璇題射玉繩疎鐘平野闊古柏夕霏凝鶴扇眞窺月仙衣可鏤冰春茶泛雲液曉飯薦蘭蒸鍊藥疑洪井藏書類羽陵回瞻大帝室飛檻更長憑

夜讌

昨夜宴南堂華燈燭九光徊青爭落筆舉白鬬飛觴

祇覺輝裴玉甯思夢謝塘解煩憑窗勺藉俎半蘭房
促席風絃怨開簾月露涼酡顏君莫訴西北轉銀潢

宣曲

絳縷初分後銀環未解時已障紈扇笑猶捧玉壺悲
乞巧長生殿迎風太液池雕屏涵火齊寶帳隔琉璃
欲買詞人賦空傳狎客詩蔗漿消內熱瓊蘧療朝饑
綺蔕桃初熟紅心草欲披淩波渡羅襪向日翳華芝
素臉分甘柰香津滴紫梨龍梭隨振素獺髓補凝脂
蓬餌重陽節金針七夕期玉膏當瀲灩翠蓋逐葳蕤
弦急哀隨指歌長憾入眉青鸞惟有舞赤鳳可能疑

下蔡迷還易平陽破未知髻高釵自墜腰細佩長垂
出恐嚴鐘晚歸嫌細幰遲轆轤驚曉夢鶗鴂漏春思
魂怨惟愁斷腸柔已自危璧璫螢影度瓊户蘚花滋
掩鼻讒誰訴披圖悔豈追祇應金帶枕聊爲達微詞

別墅

別館土城傍斜軒映曲房蒼頭冠綠幘中婦織流黃
複道登平樂期門集未央意錢梁冀宅挾瑟莫愁堂
走馬章臺柳停車陌上桑彀弓隨寶帳投轄付銀牀
出戟繁星急歸銜細雨忙曾過阿君宿醉舞起桃梁

清風

溽暑迎秋盡涼飈逗曉廻墜桐侵玉井拂柳度臺臺
已覺雲翹動還驚月幌開鮫簾移亂影瑶瑟泛餘哀
扇掩藏鸞羽荷傾側露杯正當河左界不待雨東來
自好傳垂翼甯勞起死灰楚宮誰第賦宋玉最多才

屬疾

積日勞無補彌天疾未瘳馬卿非避事盛憲自多憂
目眩花成果心驚蟻鬬牛幽冰那浣熱洛笛更生愁
拂枕窗風度穿簾隙日流唾壺從已缺博齒亦慵投
發篋尋桐籙支頤動越謳平生江海志久夢繞滄洲

荷花

水濶雨蕭蕭風微影自搖徐孃羞半面楚女妬纖腰
別憾拋深浦遺香逐畫橈華燈連霧夕鈿合映霞朝
淚有鮫人見魂須宋玉招淩波終未度疑待鵲爲橋

始皇

天極周環百二都六王鐘鐻接流蘇金椎漫築甘泉
道匕首還隨督亢圖已覺副車驚博浪更攜連弩望
蓬壺不將寸土封諸子劉項緜來是匹夫

漢武

一曲橫汾鼓吹廻侍臣高會柏梁臺金芝雲煜淩晨
見青雀軒翔白晝來立堠東瀕邀鶴駕窮兵西極待

龍媒甘泉祭罷神光滅更遺人閒識玉杯

南朝

結綺臨春映夕霏景陽鐘動曙星稀潘妃寶釧光如晝江令花牋落似飛蚱蜢臨波朱火度舢稜拂漢紫煙微自從飲馬秦淮水蜀柳無因對殿幃

詠唐天寶閒事

山上湯泉架玉梁雲中複道吐瑶光絲囊暗合三危露翠幰時遺百和香任走金雞親便坐更拋珠被掩方牀匆匆一曲梁州罷萬里橋邊見夕陽

成都

武侯千載有餘靈壘石刀痕尚未平巴婦自饒丹穴富漢庭還貴碧鷄征雨經蜀市應和酒琴到臨邛別寄情知有忠臣能叱馭不論雲棧尚崢嶸

公子

蓮勺交衢接沁園來時十里一開筵歌翻南國桃根曲馬過章臺杏葉韉別殿對廻雙紱貴後門歸夜九枝然閒隨翠幰欹烏帽紫陌三條入柳煙

宋玉

章華清宴重遊陪已有微詞更有才神女夢靈因賦感屈平魂怨待招廻悲秋千古情難盡障袂何時望可來祗用大言君自許景差無計上蘭臺

寄靈仙觀舒職方學士

方瞳元髮粉闈郎絳闕齋心奉紫皇徵士高懷雲在嶺騷人秋思水周堂閒園露草開三徑靈宇華燈燭九光知有美田堪種玉幾時春渚逐歸航

無題

誤語成疑意已傷春山低斂翠眉長鄂君繡被朝猶掩荀令薰爐冷自香有恨豈因燕鳳去無言甯為息侯亡合歡不驗丁香結祗得淒涼對燭房

耿耿寒燈照醉羅看朱成碧意如何虎頭辟惡無妨枕犀角涼心更待磨惟有幽蘭啼月露可將尺素許雲波山屏六曲歸來夜祗恐重投折齒梭

苦熱

赫赫烘霞鬬曉光雙紋枕簟碧牙牀頻傾密勺甯餬渴夕捧冰壺未覺涼雪嶺卻思隨博望風窗猶欲傲羲皇更憐乳燕翻飛處深入盧家白玉堂

秋日小園

碧簟涼生白袷衣庾園秋晚得幽期千房嫩菊金鑿亂百葉哀荷鈿扇欹日薄蘚花沿素壁雨淫蛙鼓占清池翛然自合蒙莊趣誰識無心似標枝

休沐有懷

雕盤璅藉冰寒斯密樹蟬嘶下直時更賦新詩答靈運不將團扇隔元規經旬緑草沿堦上盡日風流轉蕙遲祇待觚稜照初旭横經還集釋紗幃

艷體

絳縷初分麝氣濃紋聲不動意潛通圓蟾可見還歸海媚蝶多驚欲御風紈扇寄情雖自潔玉壺盛淚祇凝紅春窗亦有心知夢未到鳴鐘已旋空

香歇環沉無限猜春陰濃淡晝簾開有時盤馬看猶嬾盡日投壺笑未迴蝶怨豈能重傅粉雉驕寧待更求媒啼妝不治金翹闇腸斷温郎玉照臺

直夜

千廬徹道發傳呼帝宇沉沉璧月孤重燎祇聞喧闘鼠危枝誰見遶驚烏石螭霜重連鉤盾玉虎冰消下轆轤素髮自憐同騎省一竿何日釣秋鱸

淚

家在河陽路入秦樓頭相望祇酸辛江南滿目新亭宴塞外傷心故國春仙掌倚天頻滴露方諸待月自涵津荆王未辨連城價腸斷區區抱璧人

送許洞歸吴

草薰風暖接長亭一曲驪歌倒酴醾懷古更投元石賦艤舟登采紫莼萍醉拋隋岸楊花白吟過淮山桂樹青可使長離終鎩羽淵雲詞藻出天庭

初秋屬疾

窒牌初滿石榴紅秋意先侵玉井桐蘄簟自凭南郭几轂巾猶領北窗風雲迷塞雁辭遙塞露溼飛螢起暗叢病已不須傳七發粉殘香墨寄詩筒

懷舊居

武祀仙壇接里閭琴堂水閣半凌虚竹林舊宇銅盤食門巷今容駟馬車楚國大言登宋玉漢家答詔用相如未知笳鼓歸何日空鏁鱸庭春草疎

小園秋夕

潘鬢秋來已自傷庾園時物更荒涼紫梨半熟連紅樹碧蘚初圓亂縹牆月露晴從孤桂滴水風猶獵敗荷香滑稽還喜鴟夷在欲取臨邛美酒嘗

與客啟明

越溪微霰灑寒梅家近嚴陵古釣臺夢欲成魚通夕去書曾憑犬隔秋迴干時不為侏儒粟樂聖猶銜叔夜杯帝右豈無楊得意漢宮須薦長卿才

送客不及

橋潤川長恨已多斑騅嘶斷隔雲羅遥山幾疊迷朱旆芳草經時駐玉珂高鳥可能追夕照綠楊空自拂微波短轅白鼻何由得目送層樓一雁過

再次韻和大年

雲變危峯萬里橫簟鋪湘水一牀平紅蘭受露消晨渴綠蕙翻風折夜酲逸少偶書葵扇黃羊欣閒卧練裙輕無妨天下芝泥熱獨看瑤光近太清

館中新蟬

習習光風泛紫蘭新聲含怨日將殘自憐伴省成團扇誰許迎秋集武冠委蛻亭皋隨木葉飛緌雲表拂仙盤青蔥玉樹連金爵不覺醯鷄競羽翰

梨

紫花青蒂壓枝繁秋實離離出上闌東海圓珪無柰碧嵰山甜雪不勝寒已憂仙佩䠞珠重更恐金刀切玉難自與相如解消渴何須瓊蕊作朝餐

柳絮

三月江南花漸稀春陰漠漠雪霏霏章臺街裏翻輕吹灞水橋邊送落暉陸凱傳情梅暗落韓憑遺憾蝶爭飛不知化作萍飄否惟見紛紛上客衣

赤日

漏淺風微夜未勝雨雲無迹火雲凝簟鋪寒水頻移枕帳卷輕煙更背燈沃頂幾思金掌露滌煩誰借玉壺冰蘭臺知有披襟處宋玉多才獨自登

此夕

曲瓊斜挂影沈沈火齊屏風六曲深春瘦已寬連理帶夜長誰有辟寒金珠拋月浦空涵淚琴怨蘭臺漫寄心碧玉可能攀貴德阮郎追騎更駸駸

對竹思鶴

瘦玉蕭蕭伊水頭風宜清夜露宜秋更教仙驥傍邊立盡是人間第一流

戊申年七夕

烏鵲飛來接斷雲祇貪清淺渡星津不知一夜支機石卻屬乘槎上漢人

玉露金河顥氣涼辛夷車轉桂旗香姮娥可是多猜忌不駐瓊輪放夜長

一歲佳期一夕過羽旗雲蓋涉微波明朝若寄相思淚玉枕金莖得最多

青鳥當時下紫雲綺囊書秘露桃新莫嫌夜半移牀遶朱雀窗中別有人

驪卑淺雲對玉鈎千門高傍絳河秋欲聾天語猶嫌

遠更結三層乞巧樓

錢惟濟

惟濟字巖夫，惟演弟，忠懿王第六子。生七歲，王從封漢南，奏補本府元從指揮使，歷諸衛將軍。歸宋，歷恩州刺史，加司空，保靜軍觀察留後，卒謚宣惠。有玉季集。皇朝類苑：惟濟有故主第句云：鳳簫通碧落，星石辨靈源。又太乙宮醮句云：庭下焚香連宿霧，林間鳴佩起棲鸞。

夜讌

清讌夜何其，南亭路欲睎。蹁躚霞袖舉，瀲灩羽觴飛。鏤扇搖花落，金璫照月輝。瑤光未西落，休賦醉言歸。

苦熱

蘋末風休飛閣深，亭亭日御漸流金。火雲接影橫銀漢，水鳥無聲下翠陰。渴想孤山同飲露，煩思楚殿獨披襟。柘漿粔籹都無味，衛玠清羸欲不任。

錢昆

昆字裕之，吳越忠遜王倧之子。歸宋，中進士，仕至祕書監。有集。十國春秋：昆善為詩賦，又工畫，常繪寒蘆沙鳥于團扇，人競寶之。性嗜蟹，常求補外職，曰：但得有蟹無通判處，足慰素願也。中州題詠集：昆有遊鐵岸詩云：晴紅烟綠襯虛亭，公退因來得野情。落日東風嬾歸去，擬將溝篠換溪聲。

題淮陰侯廟

築臺拜日恩雖厚，躡足封時慮已深。隆準早知同鳥喙，將軍應起五湖心。

錢易

易字希白，昆之弟，忠遜王倧之子。歸宋，登第，仕為翰林學士，卒。著有金閨、瀛洲、西垣制集一百五十卷，青雲總錄、新錄、南部新書、洞微志一百三十卷。十國春秋：易年十七，舉進士，試崇政殿，三篇日未中而就，言者惡其輕俊，罷之。再舉進士，府試第二，自謂當第一，乃上書言朽索之馭六馬賦，意涉譏諷，帝降為第二。易才學敏贍，數千百言援筆立就。又善尋尺大書行草，喜觀佛書。檢遺藏許彥周詩話：錢希白作擬唐詩百篇，備諸家之體，自序曰：今之所擬，不獨其詞，至于題目，豈欲拋離本集，或有事疏，斯亦見之本傳。詠苑：易有芭蕉句云：綠章封事緘初啟，青鳳求皇尾乍開。又雙峯上簾額：獨鵲裊庭柯，俱為人傳詠。

溫泉詩

悲哉天寶時，帝耄政不修。寵幸尊婦人，陰極陽已柔。外戚盛本枝，櫛比封列侯。丞相大將軍，備位甚悠悠。天下安既久，積漸力不周。車服金玉煥，黎庶饑寒愁。驪山溫泉宮，晝幸與夜遊。一游百司備，萬費一日休。誰能心自快，化作社稷憂。國忠咨吞噬，林甫懷姦偷。口雖據太原，鐘鼓無許收。黃塵滿長安，慘黷九廟羞。

唐天未使絕返止知疾瘳自茲遊賞地荊棘生荒秋舊物悉已廢蜘蛛挂重樓覽者咸寒心一過三廻頭因知帝王業堅固宜鴻猷豈可信嗜欲侮弄生瘡疣

西遊曲

花銷秋老白日短敗紅荒綠迷空舘擬將清血灑昭陵幽谷蛇啼半山晚十年辭家勤獻書王孫不許延公車江頭祖廟祭無日重門生草寒離離我有黃金三尺劍姦骨餘痕古波艷佩入函關無故人玉提覩零七星暗

嵇康小舞詞 并序

薛九江南富家子得侍宮中善歌舞嵇康嵇康江南曲名也學舞於鍾離氏建業破零落於江北予遇於洛陽福善坊趙春舍飲酣於是歌嵇康其詞即後主所製焉嘗感激坐人皆泣春舉酒請舞謝曰老矣腰腕衰硬無復舊態乃强起小舞終曲而罷座有王生者請予爲嵇康小舞詞

薛九三十侍中郎蘭香花態生春堂龍盤王氣變秋霧淮聲哭月浮秋霜宜城酒烟濕羈服與君强舞當時曲玉樹遺辭莫重聽黃塵染鬢無前緣我聞襄陽白銅鞮荒情古艷傳幽悲淒涼不抵亡國恨塵中苦淚飛柔絲洛陽公子擎銀觴跪奴和曲生光輝茂陵旅夢無春草彤管含羞裁短章

南兵

曾見南兵苦征遼事一如金瘡寒長肉紙甲雨生蝨山小壘霜骨河枯膾腐魚黎元無處哭丁户日相疎

擬張籍上裴晉公

午橋莊上千竿竹綠野堂中白日春富貴極來唯歎老功名高後轉輕身嚴更未報皇城裏勝賞時遊洛水濱昨日庭趨三節度淮西曾是執戈人

錢昭度

昭度字九齡吳越忠懿王俶從弟偓之子仕至西頭供奉官有詩集 楊文公談苑 錢氏諸子封守惟濬供奉昭度並有佳句 洞微志 郭平振武舊將分配錢唐給官屋居之屋在修文坊舊爲白校書欲貨燒丹藥未欲往而官吏丁疎因逐之乃破爐而去白因召丁疎同飲謂疎曰大藥爲吾子所破有小戲術醒酒乃取盤一面置于膝上以指敲腕出五色彈子兩枚化爲雙燕而飛白曰僕射髭甚繁可減些言未畢二燕化爲二小劍長五寸餘鋒刃如雨交舞于疎之頤頷鬚落如雪疎懼甚白呼劍下盤中依前成二丸納于左右腕而去錢昭度贈白詩云袖裏青鋒秋水寒誰疑雙燕是金丸 皇朝類苑 昭度金陵云西北高樓在東南王氣銷梅花云東北風吹大庾嶺西南日映小天寒秋

門風雨知何去空有霜髭在玉盤

日華山云人間路列三峯盡天下秋隨一葉來青箱襍記昭慶句云長億錢塘江上望酒樓人散雨千絲又船中聞雁洞庭夜牀下有蛩長信秋又呂申公生日云磻溪重得呂維嶽再生申俱爲人傳誦

懷具區

平生愛具區島嶼交陂湖竹雨籠鸂鶒花烟溼鷓鴣
神仙疑有宅魚鼈自爲都何事勞長想機雲本是吳

野墅夏晚

一抹生紅畫杳腮半圓沉綠鎖銅材黃蜂銜退海潮
上白蟻戰酣山雨來睡思幾家金帶枕酒香何處玉
交杯太陽西落波東去惆悵無人喚得回

春陰

語燕初飛朧麥青春雲將雨滯人行雲開若有金烏
賣應被豪家占得春

卷六十六終

全五代詩卷六十七

羅江李調元雨村　編

吳越

羅隱

隱字昭諫餘杭人本名橫十上不第遂更名從事湖南淮潤無所合久之歸投錢鏐累官錢塘令鎭海軍掌書記節度判官鹽鐵發運副使著作佐郎奏授司勳郎朱全忠以諫議大夫召不行魏博羅紹威推爲叔父表薦給事中年七十七卒所著有歌詩集十四卷甲

乙集三卷外集一卷紀事隱虬鬚共場屋謂之三羅昭宗聞其名欲以甲科處之有大臣奏曰隱雖有才然多輕易明皇聖德猶橫遭予譏謗將相臣僚其能免乎凌轢帝問譏謗之詞對曰隱有華清詩云也知道德勝堯舜爭奈楊妃解笑何事遂寢
宰相鄭畋深器之鄭有女美而才嘗得隱詩諷誦至忘寢食尤喜張華謾出如舟語不及劉侯一紙書之句鄭憐其意欲以妻隱一旦召隱至私第具食俾女於壁間窺之女見隱貌極陋遂焚其詩不復肯誦焉婚竟不成
吳越備史隱始謁武肅王懼不見納以所爲夏口詩標於卷首云一個禰衡容不得思量黃祖謾英雄王覽之大笑因加殊禮復命簡書辟之日仲宣遠託劉荊州都緣亂世夫子辟爲魯司寇只爲故鄉王初授鎭海節度命沈崧草謝表盛言浙西繁富以示隱隱曰今浙西兵火之餘日不暇給朝廷執政方切賄賂此表入奏豈無意要求耶乃請更之畧曰

天寒而麋鹿常游日暮而牛羊不下朝廷見之曰此羅隱之辭也及爲賀昭宗更名表曰左則虞舜之全文右則姬昌之半字京師稱爲第一以此名聞於夷貊　古今詩話隱與桐廬章魯風齊名錢武肅嘔起以魯善筆札召爲表奏孔目官魯風不就執之後以隱爲錢塘令權而受命因宴獻詩有箇爾衡容不得之句自是始厚之此與備史少異　後村唐人尤重進士其末也如李振勸朱溫一日殺司空裴贄等百餘人于白馬驛蘇楷駁昭宗謚李山甫教樂從訓害王鐸一家三百口皆不得志於場屋者爲之乃至巢寇亦進士也科目之弊如此當時惟羅隱有詩聲屢擯于名場然逢世亂離依錢氏以庇身未嘗失節五言詩云四海霍光第六龍揚奉營此必是諸鎮皆封王賜功臣號及岐汴劫質天子之時又云陪臣無以報西望不勝情又聞幸蜀七言云靜憐貴族謀身易危惜文皇創業難蓋有惓惓本朝之意可嘉也　總龜光化中隱佐兩浙幕同院沈嵩得新榜封云隱隱

此一絕於紙曰黃土原邊狡兔肥云云　鑑戒錄鍾陵妓雲英者隱與舊下第見之雲英曰羅秀才尚未脫白隱贈詩有我未成名君未嫁可能俱是不如人之句　摭言裴筠婚蕭楚公女言定未幾便擢進士隱以一絕刺之曰細看月輪還有意信知青桂近嫦娥　困學記聞隱詠松有云陵遷谷變須高節莫向人間作大夫其志亦可悲矣唐六臣彼何人哉隱說錢鏐舉兵討梁其忠義可見觀奴事朱溫之杜荀鶴眞糞土也　十國春秋武肅王時西湖日納魚數斤號使宅魚會王召隱題磻溪垂釣圖隱借詩寓意云呂望當年展廟謨直鉤釣國更何如若教生在西湖上也是須供使宅魚遂蠲其征　藝苑雌黃隱江東集有淚詩云自從魯國潸然後不是姦人即婦人嘗疑其所出及觀孔叢子言子高游趙平原君客有鄒文李節者與子高相友善臨別文節流涕交頤子高徒抗手而已其徒疑之曰凡泣者一無所取乎子高曰有二焉大姦之人以泣自信婦人懦夫以泣著

愛始解其說　又若溪魚隱叢話余舊見顏持約所畫淡墨杏花題小詩於後仍題持約二字意謂必其所作因閱唐宋類詩方知是羅隱詩持約竊之耳詩云暖氣潛吹次第春梅花已謝杏花新半開半落閑園裏何異榮枯世上人　蔡寬夫詩話潤州甘露寺有石狀如伏羊形製略具號狠石相傳孫權嘗據其上與昭烈論曹公壁間舊有羅隱詩版其末句云還有市廛沽酒客雀喧鳩聚話蹄涔時錢鏐高駢徐溫鼎立三方潤州介處其間隱此詩比平時所作亦差婉而有味也　又藝苑雌黃唐人記后土夫人事以譏武后耳高駢末年惑於神仙之說呂用之諸葛殷等皆言能役使鬼神駢酷信之用之等援引册黨恣爲不法嘗云后土夫人靈佑遣使就某借兵馬并李筌所撰太白陰經駢遽下兩縣率百姓以葦席千領畫甲馬之狀令用之於廟庭焚之又以五采箋寫太白陰經十通置於神座之側又於夫人帳中塑綠衣少年謂之韋郎故羅隱詩云四海兵戈尚未甯謾夢

淮海寫儀形九天元女猶無聖后土夫人豈有靈一帶好雲侵鬢綠兩行危岫拂眉青韋郎年少今何在端坐思量太白經　幕府燕閒錄唐昭宗播遷隨駕伎藝人止有弄猴者猴頗馴能隨班起居昭宗賜以緋袍賜號供奉故隱有詩云十二年前就試期五湖烟月奈相違何如買取胡孫弄一笑君王便著緋朱梁篡位取此猴令殿下起居猴望殿陛見全忠徑趣其所跳躍奮擊遂令殺之　五代詩話隱寢疾王親臨撫問題其壁云黃河信有澄清日後代應難繼此才隱起續末句云門外旌旗屯虎豹壁間章句動風雷以紅紗覆其上其後果無子嗣所著江南甲乙集淮海寓言及讒書後集并行於世初新登龍江常有二氣亘於江上晝夜不滅及隱泊丞相杜建徽生而氣不復見識者以爲文武秀氣焉　又隱出語成讖多留異迹黃滔贈隱詩云三徵不起時賢議九轉丹成道者言　孝轅癸籤五代十國詩家最著者多有唐遺士韋正己體近雅正惜出之太易義乏閎深杜

彥之俚淺以衰調寫衰代事情亦自眞切黃
文江力孱韻清吪吪如與人對語羅昭諫酬
情飽墨出之幾不可了未少佳篇奈爲浮渲
所掩然論筆才自在偽國諸吟流上餘即不
乏片藻付之自鄶 又白居易詠老柳樹但
見半衰臨此路不知初種是何人羅隱詠長
明燈不知初點人何在祇見當年火至今語
似祖述而用法一順一倒不同 桐江詩話
許渾集中佳句甚多然多用水字故國初士
人云許渾千章濕是也謂如洛中懷古詩云
水聲東去市朝變山勢北來宮殿高此句當
無愧於作者羅隱詩篇篇皆有喜怒哀樂心
志去就之語而卒不離乎一身故許渾千章
濕人以羅隱一生身爲對又云杜甫一生愁
似優於前矣 西溪叢話隱牡丹詩云可憐
韓令功成後虛負穠華過此身據白廷翰唐
蒙求韓令牡丹注云元和中京師貴遊尚牡
丹一本直數萬韓滉私第有之遽命斸去曰
豈效兒女耶 北夢瑣言隱與周繇分深繇
謂隱曰閣下有女郎子詩極爲絕唱隱不踰

何爲繇曰若教解語應傾國任是無情也動
人隱撫掌大笑 許彥周詩話隱詩只知事
逐眼前過不覺老 從頭上來此話殊有味
南部新書隱題杜甫集云楚水悠悠浸耒亭
楚南天地兩無情忍教孫武重泉下不見
人說用兵 纂要建德有金鷄石隱題云金
鷄不向五更啼石遂破裂有鷄飛鳴而去
佩窗小牘子僑家後圃有一大井是武肅王
外祖家舊物井上有文云於維此井渟育坎
靈有莘有郃定此儲英時有長虹上貫青冥
是惟王氣宅相先徵奚啟霸主 奠安蒼珉沛
膏漸澤配德東溟臣羅隱謹記 游城南記
杜佑有別墅爲城南之最有樹每朵七葉因
以爲名隱詩記之云夏窗七葉連陰暗隱又
有城南雜感詩其題有景星觀姚家園葉家
林及顏家橋上瀦河邊句今雜感詩七 天
中記隱上亭驛句云山雨霏微宿上亭雨中
因想雨淋鈴 全唐詩話隱中秋不見月詩
云只恐異時開霽後玉輪依舊養蟾蜍本於
盧仝月蝕詩然尤簡明又羅隱謝裴廷翰詩

卷云澤國佳人唯桃半面縈郎籍士或獻空
籠又金山僧院句云老僧齋罷關門睡不管
波濤四面生又顧雲依淮海高駢隱議之夏
飲於海風亭雲曰青蠅被扇扇離席隱遽曰
白澤遭釘釘在門 五代史補隱爲文章多
氣力而性傲睨常値韋貽範於舟次素昧生
平隱直呼舟子曰是何朝官我腳閒夾筆可
敵得數輩貽範懷憾卒以此沮之其作詩文
及謔語常涉譏刺又隱適魏謁鄴王羅紹威
將入境先寓書敘家世以紹威爲從子行幕
府吏皆怒曰隱一布衣而侄視大王可乎紹
威素重士且曰隱名振天下王公大人多爲
所薄今惠然肯顧得爲從子幸矣遂擁旆郊
迎執禮甚恭隱亦不讓此行贈錢百萬仍以
書抵武肅王稱爲季父紹威喜學隱詩號其
文曰偷江東集又令狐滈登進士隱賀以啓
章滈父綯曰吾不喜兒得第喜得羅公一篇
耳其取重當世有如此 五色線記云鸚鵡
能言不離飛鳥猩猩能言不離禽獸隱詩云
猩猩鸚鵡無端會長向人間被網羅 詩話

隱有尚父建小樓特揭麗藻不敢稱揚絕句
三首云結構叨馮柱石材敢期幢蓋此裴同
陽春曲調高誰和盡日焚香倚隗臺又琦替
珠履愧非材時凭闌干首重回只待淮妖剪
除後別傾卮酒賀行臺又闌檻初成愧楚材
不知星彩尚江回風流孔令陶鈞外猶記山
妖過小臺叢話錢鏐王作也 丹鉛雜錄學
詩者動輒言唐詩便以爲好不思唐人有極
惡劣者如薛逢戎昱乃盛唐之下唐亦有數
等如羅隱杜荀鶴晚唐之下者李山甫盧延
遜又其下下者望羅杜又不及矣其詩如一
箇禰衡容不得又一領青衫消不得之句其
他如我有心中事不向韋三說昨夜洛陽城
明月照張八又如餓貓窺鼠穴饑犬舐魚砧
又如莫將閑話當閑話往往事從閑話生又
如水牛浮鼻渡沙鳥點頭行此類皆下里優
人口中語而宋人方採以爲詩法如全唐詩
話使觀者曰是亦唐詩之一體也如今稱燕
趙多佳人其間有跛者眇者瓶盎者疥且痔
者乃專房寵之曰是亦燕趙佳人之一種可

乎唐藝文志隱有蜘蛛詩云物之小兮迎
綢而斃物之大兮兼綢而逝綢也者繩其小
而不繩其大吾不知爾身之危兮腹之饑
兮吁按此是賦體應入文集茲故不登

蟋蟀詩

頑颸鬣芳吹愁夕長屑戍有動歌離弔夢如訴如言
緖引虛寬周隙伺榻緜咽貧緣范睡蟬老冠峨緌好
不冠不緌爾奚以悲蚊蚋有毒食人肌肉蒼蠅多端
黑白偷安爾也出處物兮莫累壞舍啼哀虛堂泣曙
勿徇喧譁鼠也無牙勿學萋菲垣亦有耳危條槁飛
抽憾咿咿別帳缸冷柔魂不定美人在何夜影流波
與子佇立徘徊思多

空城雀

雀入官倉中所食能損幾所憾往復頻官倉乃害爾
魚網不在天鳥網不張水飲啄要自然何必空城裏

隴頭水

借問隴頭水年年恨何事全疑嗚咽聲中有征人淚
自古無長策況我非深智何計謝潺湲一宵空不寐

傚玉臺體

青樓枕路隅壁甃復椒塗晚夢通簾柙春寒逼酒爐
解吟憐芍藥難見憾菖蒲試問年多少鄰姬亦姓胡

巫山高

下壓重泉上千仞香雲結夢西風緊縱有精靈得往
來狖軛颸軒亦顛隕嵐光雙雙雷隱隱愁爲衣裳憾
爲鬢蒼灑朝行何所之江邊日月情無盡珠零冷露
丹墮楓細腰長臉愁滿宮人生對面猶異同況在千
巖萬壑中

江南行

江煙濕雨鮫綃軟漠漠小山眉黛淺水國多愁又有
情夜槽壓酒銀船滿細絲搖柳凝曉空吳王臺榭春
夢中鴛央鸂鶒喚不起平鋪綠水眠東風西陵路邊
月悄悄油碧輕車蘇小小

芳樹

細蕚慢逐風暖香閑破鼻青蒂固有心時時漏天意
去年高枝猶墮地今年低枝已顯領吾所以見造化
之權變通之理春夏作頭秋冬爲尾循環反覆無終
已人生長短同一軌若使威可以制力可以止則秦
皇不肯斂手下沙邱孟賁不合低頭入蒿里伊人強
猛猶如此顧我勞生何足恃但願我開素抱傾綠蟻
陶陶兀兀大醉于清宵白晝間任他上是天下是地

江南別

去年今夜江南別鴛鴦翅冷飛蓬熱今年今夜江北

邊鯉魚腸斷音書絕男兒心事無了時出門上馬不
自知

晚泊宿松 安慶府志

解纜隨江流晚泊古淮岸歸雲送春和繁星麗雲漢
春深胡鴈飛人喧水禽散依君邈難親沈思夜將旦

錢塘遇默師憶潤州舊遊 見京口三山志

歆敲玉唾壺醉擊珊瑚枝石羊妙喜街甘露平泉碑
捫苔想豪傑剔蘚看文詞歸來北固山水檻光參差

庭花

昨日芳艷濃開尊幾同醉今朝風雨惡惆悵人生事

南威病不起西子老兼至向晚寂無人相偎墮紅淚

薛陽陶觱篥歌

平原上相東征日曾為陽陶歌觱篥吳江太守會稽
侯相次三篇皆俊逸橋山殯葬衣冠後金印蒼黃南
去疾龍樓冷落夏口寒從此風流為廢物人間至藝
難得主懷抱差池恨星律邗溝僕射戎政閑試渡瓜
洲吐伊鬱西風九月草樹秋萬喧沈寂登高樓左篁
揭指徵羽吼煬帝起坐淮王愁高飄咽滅出滯氣下
感知已時橫流穿空激遠不可遏髣髴似向伊水頭
伊水林泉今已矣因取遺編認前事武宗皇帝御宇
時四海恬然知所自掃除桀黠似提箒制壓羣豪若
穿鼻九鼎調和各有門謝安空斂眞兒戲功高近代
竟誰知藝小似君猶不棄勿惜喑嗚更一吹與君共
下難逢淚

酬邱光庭

正月十一日書札五月十六日到來柳吟秦望咫尺
地鯉魚何處閒裏回故人情意未疎索次第序述眉
眼開上言二年隔煙水下有數幅直瓊瑰行吟坐讀
口不倦瀑泉激射琅玕摧壁池蘭蕙日已老村酒醮
甲時幾杯鶴齡鴻算不復見雨後蓑笠空莓苔自從

黃寇擾中土人心波蕩猶未廻趙殷合眼拜九列張
濬掉舌升三台朝廷濟濟百揆序甯將對面容姦回
禍生有基妖有漸翠華西幸蒙塵埃三川梗塞兩河
閉大明宮殿生蒿萊懦夫早歲不量力策蹇仰北高
崔嵬千門萬户扃鎖密良匠不肯雕散材君今得意
尚如此況我麋鹿悠悠哉榮哀貴賤目所睹莫嫌頭
白黃金臺

秋日懷孟夷庚

秋日黃陂下孤舟憶共誰江山三楚分風雨二妃祠
知已秦貂沒流年賈鵬悲中原正兵馬相見是何時

秋江

秋江待晚潮客思旆旌搖細雨翻蘆葉高風卻柳條
兵戈村落破饑儉虎狼驕吾土兼連此離魂望裏消

郴江遷客

不是逢清世何由見皂囊事雖危虎尾名勝泊鵷行
毒霧郴江闊愁雲楚驛長歸時有詩賦一爲弔沈湘

寄陸龜蒙

龍樓李丞相昔歲仰高文黃閣尋無主青山竟未焚
夜船乘海月秋寺伴江雲卻恐塵埃裏浮石點污君

思故人

故人不可見聊復拂鳴琴鵲繞風枝急螢藏露草深
平生四方志此夜五湖心惆悵友朋盡洋洋漫好音

感舊 紀事云隱受知於令狐綯此詩哭綯作

劍佩孫宏閣戈鋋太尉營重言虛有位孤立竟無成
邱隴笳簫咽池臺歲月平此恩何以報歸處是柴荊

寄蘇拾遺

早歲長楊賦當年諫獵書格高時輩伏言數宦情疎
慷慨傳丹桂艱難保舊居退朝觀藁草能望馬相如

寄禮部鄭員外

欒郄門風大裴王禮樂優班資冠鵷舌人品壓龍頭
夜直爐香細晴編疏草稠近聞潘散騎三十二悲秋

菊

籬落歲云暮數枝聊自芳雪裁纖蘂密金折小苞香
千載白衣酒一生青女霜春叢莫輕薄彼此有行藏

臺城

水國春常在臺城夜未寒麗華承寵渥江令捧杯盤
宴罷明堂爛詩成寶炬殘兵來吾有計金井玉鉤欄

寄虔州薛大夫

祝融峰下別三載夢魂勞地轉南康重官兼亞相高
海鵬終負日神馬背眠槽會得窺成績幽窗染兔毫

寒食日早出城東

青門欲曙天車馬已喧闐禁柳搖風細牆花折露鮮
向誰誇麗景只是歎流年不得高飛便迴頭望紙鳶

秋日懷賈隨進士

邊寇日騷動故人音信稀長纓慙賈誼孤憤憶韓非
曉匣魚腸冷春園鴨掌肥知君安未得聊且示忘機

秋日富春江行

遠岸平如翦澄江靜似鋪紫鱗仙客馭金顆李衡奴
冷疊羣山闊清涵萬象殊嚴陵亦高見歸臥是良圖

寄侯博士

規諫揚雄賦遼迴賈誼官久貧還往少孤立轉遷難
清鏡流年急高槐旅舍寒侏儒亦何有飽食向長安

送沈光侍御赴職閩中

未至應居右全家出帝鄉禮優逢苑雪官重對臺霜
夜浦吳潮吼春灘建水狂延平有風雨從此是騰驤

商於驛與于蘊玉話別

南朝徐庾流洛下憶同遊酒採開坊菊山登遠寺樓
相思勞寄夢偶別已經秋還被青青杜催君不自由

封禪寺居

盛禮何由覩嘉名偶寄居周南太史淚蠻徼長卿書

砌竹搖風直庭花泣露疎誰能賦秋興千里隔吾廬

錢

志士不敢道貯之成禍胎小人無事藝假爾作梯媒
解釋愁腸結能分睡眼開朱門虎狼性一半逐君回

紅葉

不奈荒城畔那堪曉照中野晴霜浥綠山冷雨催紅
遊子灞陵道美人長信宮等閑居歲暮搖落竟無窮

九江早秋

雨過曉涼生樓中枕簟清海風吹亂木巖磬落孤城
百歲幾多日四蹄無限程西鄰莫高唱俱是別離情

初夏寄顧紹宗

江上偶分袂四回寒暑更青山無路入白髮滿頭生
鄖浦鴈歸過鏡湖蟬又鳴憐君未歸日杯酒若爲情

城西作

從軍無一事終日掩空齋道薄交游少才疎進取乖
野禽鳴聒耳庭草綠侵階幸自同樗櫟何妨愜所懷

秋霽後

淨碧山光冷圓明露點勻渚蓮丹臉恨堤柳翠眉顰
蟬已送行客鴈應辭主人蠅蚊漸無況日晚自相親

茅齋

從事不從事養生非養生職爲尸祿本官是受恩名
時態已相失歲華徒自驚西齋一卮酒衰老與誰傾

使者

使者銜中旨崎嶇萬里行人心猶未革天意似難明
四海霍光第六宮張奉營陪臣無以報西望不勝情

遁跡

遁跡知安住霑襟欲奈何朝廷猶禮樂郡邑忍干戈
華馬憑誰問胡塵自此多因思漢明帝中夜憶廉頗

杜處士新居

翠歛王孫草芳誅宋玉茅冦餘無故物時薄少深交

迸笋穿行徑饑雛出壞巢小園吾亦有多病近來拋

絕境

絕境非身事流年但物華水梳苔髮直風引蕙心斜
凡客從題鳳虛音未勝蛙小船兼有槳始與問漁家

昇仙橋

危梁枕路岐駐馬問前時價自友朋得名因婦女知
直須論運命不得逞文詞執戟君鄉里榮華竟若爲

姑蘇貞娘墓

春草荒墳墓萋萋向虎邱死猶嫌寂寞生肯不風流
皎鏡山泉冷輕裾海霧秋還應伴西子香逕夜深遊

宿彭蠡館

孤館少行旅解鞍增別愁遠山矜薄暮高柳怯清秋
病裏見時態醉中思舊遊所懷今已矣何必恨東流

螢

空庭夜未央點點度西牆抱影何微細乘時忽發揚
不思因腐草便擬倚孤光若道能通照車公業肯長

早秋宿葉墮所居

池荷葉正圓長歷報時蟬曠野雲蒸熱空庭雨始寒
蟪蛄猶得志簟席若爲安浮世知誰是勞歌共一懽

蜨

漢王刀筆精寫爾逼天生舞巧何妨急飛高所恨輕
野田黃雀慮山館主人情此物那堪作莊周夢不成

春居

春風百卉搖舊國路迢迢偶病成疏散因貧得寂寥
倚簾高柳弱乘露小桃夭春色常無處村醪更一瓢

輕颸

輕颸掠晚莎秋物慘關河戰壘平時少齋壇上處多
楚雖屈子重漢亦憶廉頗不及雲臺議空山老薜蘿

燕

不必嫌漂露何妨養羽毛漢妃金屋遠盧女杏梁高

野迥雙飛急煙晴對語勞猶勝黃雀在棲息是蓬蒿

除夜寄張達

梅花已著眼竹葉況黏脣只此留殘歲那堪憶故人
亂離書不遠衰病日相親江浦思歸意明朝又一春

遣興

青雲路不通歸計奈長蒙老恐醫方誤窮憂酒醆空
何堪羅亂後更入是非中長短遭譏笑迴頭避釣翁

寄大理寺徐郎中

佐棘竟誰同因思證聖中事雖忘顯報理合有陰功
官序訪枝老生涯范甑空幾時潘好禮重與話清風

證聖中徐有功爲大理少卿執法平恕鹿城主簿潘好禮著論美之

傷華髮

舊國迢迢遠清秋種種新已衰曾軫慮初見忽沾巾
日薄梳兼懶根危鑷恐頻青銅不自見只擬老他人

倚棹

倚棹聽鄰笛沾衣認酒壚自緣悲巨室誰復爲窮途
樹解將軍蔓城遺御史烏直應齊始了傾酌向寒蕪

舊遊

良時不復再漸老更難言遠水猶經眼高樓似斷魂
依依宋玉宅歷歷長卿村今日空江畔相於只酒罇

秋夕對月

夜月色可掬倚樓聊解顏未能分寇盜徒欲滿關山
背冷金蟾滑毛寒玉兔頑姮娥謾偷藥長寂老中閒

秋晚

宰邑慚良術爲文愧壯圖縱饒長委命爭柰漸非夫

除夜

杯酒有時有亂離無處無金庭在何處迴首一踟躕
官歷行將盡村醪強自傾厭寒思暖律畏老惜殘更
歲月已如此寇戎猶未平兒童不諳事歌吹待天明

雪霽

南山雪乍晴寒氣轉崢嶸鎖卻閒門出隨他駿馬行
一竿如有計五鼎豈須烹愁見天街草青青又欲生

冬暮城西晚眺

謬忝蓮花幕虛沾柏署官欹危長抱疾衰老不禁寒
時事已日過世途行轉難千崖兼萬壑只向望中看

題元同先生草堂三首 閭邱方遠有道術隱餘杭大滌山景福中吳越王表請賜紫號元同先生重建天柱宮以居一日作控鶴坐而逝

杳杳諸天路蒼蒼大滌山景興留不得毛節去應閒
相府舊知已教門新啟關太平匡濟術流落在人間
先生訣行日曾奉數行書意密尋難會情深恨有餘

石橋春暖後勾漏藥成初珍重雲兼鶴從來不定居
常時憶討論歷歷事猶存酒向餘杭盡雲從大滌昏
往來無道侶歸去有台恩自此元言絕長應閉洞門

四頂山 見方輿勝覽

勝景天然別精神入畫圖一山分四頂三面瞰平湖
過夏僧無熱凌冬草不枯遊人來至此願剃髮和鬚

陝西晚思

長途已自窮此去更西東樹色榮衰裏人心往返中
別情流水急歸意故山空莫忘交遊分從來事一同

旅夢

旅夢無遷次窮愁有歎嗟子鷺京口遠粳米會稽賒
漏澁機成滴燈寒不作花出門聊一望蟾桂向人斜

南康道中

弱冠負文翰此中聽鹿鳴使君延上榻時輩仰前程
丹桂竟多故白雲空有情惟餘路傍淚沾灑向塵纓

靈山寺

晚景聊攄抱憑欄幾蕩魂檻虛從四面江濶奈孤根
幽徑薜蘿色小山苔蘚痕欲依師問道何處繫心猨

雪中懷友人

臘酒復臘雪故人今越鄉所思誰把盞端坐恨無航

兔苑舊遊盡龜臺仙路長未知鄒孟子何以奉梁王

期徐道者不至

遼鶴虛空語冥鴻未易親偶然來即是必擬見無因
霜霰窮冬冷杯盤旅舍貧只應蘇子訥醉後懶分身

途中逢劉郊遠

吳楚烟波裏巢由季孟閒只言無事貴不道致身閒
別渚蓮根斷歸心桂樹頑空勞鍾璞意塵世隔函關

亂後逢友人

滄海去未得倚舟聊問津生靈寇盜盡方鎮改更頻
夢裏舊行處眼前新貴人從來事如此君莫獨沾巾

題方干詩

中閒李建州夏汭偶同遊顧我論佳句推君最上流
九霄無鶴板雙鬢老漁舟世難方如此何當浣旅愁

李建州頻干門人也

江夏酬高崇節

臘雪都堂試春風汴水行十年雖抱疾何處不無情
羣盜正當路此游應隔生勞君問流落山下已躬耕

酬高崇節

舊遊雖一夢別緒忽千般敗草湯陵晚衰槐楚寺寒
數奇常自愧時薄欲何干猶賴君相勉慇懃貢禹冠

寄制誥李舍人

梁王握豹韜雪裏見枚皋上客趨丹陛游人歎二毛
門閑知待詔星動想濡毫一首長楊賦應嫌索價高

秋日寄狄浦關

紅塵擾擾間立馬看南山漫道經年往何妨逐日閑
病中霜葉赤愁裏鬢毛斑不為良知在驅車已出關

寄金吾李蓀常侍

西班掌禁兵蘭錡最分明曉色嚴天仗春寒避火城
安危雖已任韜畧即嘉聲請問何功德壺關寇始平

寄易定公乘億侍御 侍御有明皇再見阿蠻舞及龍池柳賦時稱冠絕也

謝舞仍宮柳高奇世少雙侍中生不到圖令死須降

班秩通烏府尊罍近碧幢昭王有餘烈試爲禱迷邦

寄袁皓侍御

東堂失路枝榮辱事堪悲我寢牛衣弊君居豸角危

風塵慙上品才業媿明時千里芙蓉幕何由話所思

寄徵士魏員外

嘉遁蘇門節清貧粉署官不矜朝命重只恨路行難

窗曉雞談倦庭秋蝶夢闌美君歸未得還有釣魚竿

寄剡縣主簿

金庭養眞地珠篆勾稽官境勝堪長往時危喜暫安

洞連滄海闊山擁赤城寒他日拋塵土因君擬煉丹

寄許融 文苑英華作與于蘊玉話别

多病仍踈拙唯君與我同帝鄉年共老江徼業俱空

燕冷辭華屋蛩涼恨曉叢白雲高幾許全屬採芝翁

秋寄張坤

庭樹已黄落閉門俱寂寥未知棲託處空羨聖明朝

酒醒鄉心濶雲晴客思遥吾徒自多感顏子只簞瓢

初秋寄友人

九華曾屏跡擺亂與心違是處堪終老新秋又未歸

病中芳草歇愁裏白雲飛樵侶兼同志音書近亦稀

秋居有寄

端居湖岸東生計有無中壓處千般鬼寒時百種風

性靈從道拙心事柰成空多謝金臺客何當一笑同

北固亭東望寄默師

高亭暮色中往事更誰同水浸矜天濶山應到此窮

病憐京口酒老怯海門風惟有言堪解何由見遠公

送李右丞分司東城

分曹得洛川讜議更昭然左省曾批勅中臺肯避權

所悲時漸薄共賀老尤全賣與清平代相兼直幾錢

蘇小小墓

魂兮檇李城猶未有人耕好月當年事殘花觸處情

向誰曾豔冶隨分得聲名應侍吳王宴蘭橈暗送迎

殘花

已歎良時晚仍悲別酒催暖芳隨日薄輕片逐風迴

黛斂愁歌扇粧殘泣鏡臺繇來莫矜衒終是共塵埃

鷹

越海霜天暮辭韝野草乾俊通司隸職嚴奉武夫官

眼惡藏鋒在心麤逐物殫近來脂膩足驅遣不妨難

鸎聲

井上梧桐暗花閒霧露稀一枝晴復暖百囀是兼非

金屋夢初覺玉關人未歸不堪閑日聽因爾又沾衣

猴子

終日路岐傍前程亦可量未能慚面黑只是恨頭方
雅旨逾千里高文近兩行君知不識字第一莫形相

秋浦

晴川倚落暉極目思依依野色寒來淺人家亂後稀
久貧身不達多病意長違還有漁舟在時時夢裏歸

寄洪正師

寄蹇渾成跡經年滯杜南價輕猶有二足刖已過三
雞肋曹公忿猪肝仲叔慙會應謀避地依約近禪菴

邊夜

光景漂如水生涯轉似萍鴈門窮朔路牛斗故鄉星
句盡人誰切歌終淚自零夜闌廻首算何處不長亭

哭張博士太常

前輩倏云没媿君曾比方格卑雖不稱言重亦難忘
諫草猶青瑣悲風已白楊只應移理窟泉下對眞長

早登新安縣樓

闗城樹色齊往事未全迷塞路眞人氣封門壯士泥
草濃延蝶舞花密教鶯啼若以鳴爲德鸞皇不及鷄

題段太尉廟

近甸蒙塵日南梁反正年飄流茂陵椀零落太官椽
建纛非降楚披圖異錄燕堪嗟侍中血不及御衣前

大梁見喬諭

湘水春浮岸淮燈夜滿橋六年悲梗斷兩地各萍漂
刀筆依三事篇章奏珥貂跡卑甘汨沒名散稱逍遙
好寺松爲徑空江桂作橈野香花伴落缸暖酒和燒
晉沼尋遊鳳秦冠竟歎鵕骨凡鷄犬薄魂斷蕙蘭招
悵望添燕琯蹉跎厭魯瓢敗桐方委爨寃匣正冲霄
戰代安鼇國宗封孝景朝千年非有限一醉解無聊
漏永燈花暗爐紅雪片銷久遊家共遠相對鬢俱凋

運命從難合光陰柰不饒到頭蓑笠契兩信釣魚潮

投寄韋左丞

赤壁徵文聘中臺拜勑詵班資參令僕曹署轄星辰
襆被從誰起持綱自此新舉明朝典數封納詔書頻
禁樹曾摛藻臺烏舊避塵便應酬倚注何處活窮鱗

省試秋風生桂枝

涼吹從何起中霄景象清漫隨雲葉動高傍桂枝生
漠漠看無際蕭蕭別有聲遠吹斜漢轉低拂白榆輕
寥泬工夫大乾坤歲序更因悲遠歸客長望一枝榮

聖眞觀劉眞師院十韻

簾下巖君卜窻間少室峰攝生門已盡混跡世猶逢山藪師王烈簪纓友戴顒魚跳介象（見三國吳書十八卷注象字元則會稽人有仙術）鱠飯吐葛元蜂柴飽垂新椹黃輕墮小松塵埃金谷路樓閣上陽鐘野耗鳶肩寄仙書鳥爪封支牀龜縱老取箭鶴何慵別久曾牽念閑來肯壓重尚餘青竹在試爲翦成龍

送汝州李中丞十二韻

羣盜方爲梗分符奏未甯黃巾攻郡邑白挺掠生靈塵土周畿暗瘡痍汝水腥一兇雖翦滅數縣尚凋零理必資寬猛謀須藉典刑與能纔物論愼選忽天庭

官品尊臺秩山河擁福星虎知應去境牛在肯全形舊政窮人瘼新銜展武經關防秋草白城壁晚峰青破膽期來復迷魂想待醒魯山行縣後聊爲奠惟馨

南園

搏擊路終迷南園且灌畦取言逃俗態自是樂幽棲葉長春松潤科圓早薤齊雨霑虛檻冷雪壓遠山低竹好還成徑桃夭亦有蹊小窻奔野馬閑奪養醯雞水石心逾切煙霄分已暌病憐王猛畚愚笑隗囂泥澤國潮平岸江村柳覆堤到頭乘興是誰手好提攜

投浙東王大夫二十韻

越嶺千峰秀淮流一派長暫憑開物手來展濟時方舊跡蘭亭在高風桂樹香地清無等級天潤任徊翔麈尾談何勝螭頭筆更狂直曾批鳳詔高已冠鵷行嘯傲辭民部雍容出帝鄉趙堯推印綬勾踐與封疆水占仙人吹城留御史牀嘉賓鄒潤甫百辟賀知章席煖飛鸚鵡塵輕駐驌驦夜歌珠斷續晴舞雪悠揚化向棠陰布春隨棣萼芳盛名韜不得雄略晦彌彰自愧三冬學來窺數仞牆感深惟刻骨時去欲霑裳想望魚燒尾咨嗟鼠斷腸可能因蹇拙便合老滄浪題柱心猶壯移山志不忘深慚百般病今日問醫王

投宣武鄭尚書二十韻

漢代簪纓盛梁園雉堞雄物情須重德時論在明公族大踰開魏神高本降嵩世家唯蹇諤官業即淸通翰苑論思外綸闈嘯傲中健毫驚綵鳳高步出冥鴻履歷雖吾道行藏必聖聰絳霄無繫滯浙水忽西東庾監高樓月袁郎滿座風四朝存故事兩地有全功去去才須展行行道益隆避權辭憲署仗節出南宮鴈影相承接龍圖共始終自然須作礪不必憾臨戎幕下蓮花盛竿頭貔佩紅騎兒逢郭伋戰士得文翁人地應無比簞瓢柰屢空因思一枝桂已作斷根蓬

往事應歸捷夢歌且責躬殷勤信陵館今日自途窮

卷六十七終

全五代詩卷六十八

羅江李調元雨村 編

吳越

羅隱二

賀淮南節度盧員外賜緋

儉蓮高貴九霄聞粲粲朱衣降五雲驄馬早年曾避路銀魚今日且從軍御題綠服垂天眷袍展花心透縠紋應笑當年老萊子鮮華都自降明君

清明日曲江懷友

君與田蘇卽舊遊我於交分亦綢繆二年隔絕黃泉下盡日悲涼曲水頭鷗鳥似能齊物理杏花疑欲伴人愁寡妻稚子應寒食遙望江陵一淚流

曲江春感

江頭日暖花又開江東行客心悠哉高陽酒徒半彫落終南山色空崔嵬聖代也知無棄物侯門未必用非才一船明月一竿竹家住五湖歸去來

皇陂

皇陂潋灧深復深陂西下馬聊登臨垂柳風輕弄翠帶鯉魚日暖跳黃金三月窮途無勝事十年流水見歸心輸他谷口鄭夫子偷得閑名說至今

牡丹花

似共東風別有因絳羅高卷不勝春若教解語應傾國任是無情亦動人芍藥與君爲近侍芙蓉何處避芳塵可憐韓令功成後辜負穠華過此身

黃河

莫把阿膠向此傾此中天意固難明解通銀漢應須曲纔出崑崙便不清高祖誓功衣帶小仙人占斗客槎輕三千年後知誰在何必勞君報太平

汴河

當時天子是閑遊今日行人特地愁柳色縱饒妝故

國水聲何忍到揚州乾坤有意終難會黎庶無情豈自由應笑秦皇用心錯謾驅神鬼海東頭

西京崇德里居

進乏梯媒退又難強隨豪貴殢長安風從昨夜吹銀漢淚擬何門落玉盤拋擲紅塵應有恨思量仙桂也無端錦鱗赬尾平生事却被閑人把釣竿

投所思

顛顇長安何所爲旅魂窮命自相疑滿川碧嶂無歸日一榻紅塵有淚時雕琢只應勞郢匠膏肓終恐誤秦醫浮生七十今三十從此棲惶未可知

經張舍人舊居

行塵不是昔時塵謾向朱門憶侍臣一榻已無開眼處九泉應有愛才人文餘吐鳳他年詔樹想棲鸞舊日春從此恩深轉難報夕陽衰草淚沾巾

雜城作

大鹵旌旗出洛濱此中煙月已埃塵更無樓閣尋行處只有山川識舊人早得鑄金誇范蠡旋聞垂釣哭平津舊遊難得時難遇廻首空城百草春

往年進士趙能卿嘗話金庭勝事見示叙

會稽詩客趙能卿往歲相逢話石城正憾故人無上

壽喜聞良宰有高情山朝佐命層層聳水接飛流步步清兩火一刀罹亂後會須乘興雪中行

得宣州竇尚書書

會逐旌旗過板橋世途多難竟蓬飄步兵校尉辭公府車騎將軍憶本朝醉裏舊遊還歷歷病中衰鬢奈蕭蕭遺簪墮履應留念門客如今只下僚

暇日有寄姑蘇曹使君兼呈張郎中郡中賓僚

嘉植陰陰覆劍池此中能致動神祇湖邊觀稼雨迎馬城外犒軍風滿旗融酒徒誇無算爵儉蓮還少最高枝珊瑚筆架真珠履曾和陳王幾首詩

寄右省王諫議

耳邊要靜不得靜心裏欲閑終未閑自是宿緣應有累可能時事更相關魚慚張翰辭東府鶴怨周顒負北山看却金庭芝朮老又驅車入七人班

送沈先輩歸送上嘉禮

青青月桂觸人香白苧衫輕稱沈郎好繼馬卿歸故里況聞山簡在襄陽杯傾別岸應須醉花傍征車漸欲芳擬把金錢贈嘉禮不堪棲屑困名場

春日葉秀才曲江

江花江草暖相隈也向江邊把酒杯春色惱人遮不

得別愁如瘧避還來安排賤跡無良策裨補明時望重才一曲吳歌齊拍手十年塵眼未曾開

西京道德里

春樹團團夕結陰此中莊舄動悲吟一枝丹桂未入手萬里蒼波長負心老去漸知時態薄愁來惟願酒杯深七雄三傑今何在休爲閑人淚滿襟

憶夏口

漢陽渡口蘭爲舟漢陽城下多酒樓當年不得盡一醉別夢有時還重遊襟帶可憐通塞鴈風煙只好狎江鷗月明更想曾何處吹笛橋邊木葉秋

途中獻晉州孟中丞

太平天子念蒲東又委星郎養育功昨日隼旟辭闕下今朝珠履在河中樓移庾亮千山月樹待袁宏一扇風不及政成應入拜晉州何足展清通

感德叙懷寄上羅鄴王

舊業傳家有寶刀近聞餘力更揮毫腰間印佩黃金重卷裏詩裁白雪高讌罷嘉賓迎鳳藻獵歸諸將問龍韜分茅列土纔三十猶擬迴頭賭錦袍

送魏校書兼呈曹使君

亂羅無計駐生涯又事東遊惜歲華村店酒旗沽竹

葉野橋梅雨泊蘆花錐書發跡官雖屈負米安親路不賒應見使君論世舊掃門重得向曹家

七夕

絡角星河菡萏天一家懽笑設紅筵應傾謝女珠璣篋盡寫檀郎錦繡篇香帳簇成排窈窕金鍼穿罷拜嬋娟銅壺漏報天將曉惆悵佳期又一年

送臧瀆下第謁寶鄜州

賦得長楊不直錢卻來京口看鶯遷也知絳灌輕才子好謁尤常醉少年萬里故鄉雲縹緲一春生計淚瀾汎多情柱史應相問與話歸心正浩然

送鄭州嚴員外

欲將刀筆潤王猷東去先分聖主憂滿扇好風吹鄭圃一車甘雨别皇州尚書磧冷鴻聲晚僕射陂寒樹影秋從此文星在何處武牢關外庾公樓

衡陽泊木居士廟下作

烏噪殘陽草滿庭此中枯木似人形只應神物長爲主未必浮槎即有靈八月風波飄不去四時黍稷薦惟馨南朝庾信無因賦牢落祠前水氣腥

鍾陵見楊秀才

孺亭滕閣少踟蹰三度南遊一事無祇覺流年如鳥逝不知何處有龍屠雲歸洪井枝柯歛水下章江氣色麤賴得與君同此醉醒來愁被鬼揶揄

春日憶湖南舊遊寄盧校書

旅榜前年過洞庭曾提刀筆事甘甯璚筵離隔將軍幕朱履頻窺處士星恩重匣中孤劍在夢餘江畔數峰青金貂見服嘉賓散囘首昭丘一涕零

春日獨遊禪智寺

樹遠連天水接空幾年行樂舊隋宮花開花謝還如此人去人來自不同鸞鳳調高何處酒吳牛蹄健滿車風思量只合騰騰醉煮海平陳一夢中

后土廟

四海兵戈尚未甯始於雲外學儀形九天元女猶無聖后土夫人豈有靈一帶好雲侵鬢綠兩層危岫拂眉青韋郎年少知何在端坐思量太白經

金陵夜泊

冷煙輕澹傍衰叢此夕秦淮駐斷蓬棲鴈遠驚沽酒火亂鵶高避落帆風地銷王氣波聲急山帶秋陰樹影空六代精靈人不見思量應在月明中

上江州陳員外

寒江九派轉城樓東下鍾陵第一州人自中臺方貴盛地從西晉即風流舊班久望鵷晴翥餘力猶聞虎夜浮應憾屬官無健令異時佳節阻閑遊

廣陵開元寺閣上作

滿檻山川漾落暉檻前前事去如飛雲中雞犬劉安過月裏笙歌煬帝歸江蹙海門帆散去地吞淮口樹相依紅樓翠幕知多少長向東風有是非

早春巴陵道中

遠雪亭亭望未銷岳陽春淺似相饒短蘆冒土初生筍高柳偷風已弄條波汎洞庭獱獺健谷連荊楚鬼神妖中流羨唱泊何處一隻畫船蘭作橈

淮南送李司空朝觀

聖君宵旰望時雍丹詔西來雨露濃宣父道高休歎鳳武侯才大本猶龍九州似鼎終須負萬物爲銅只待鎔臘後春前更何事便看經度奏東封

廣陵春日憶池陽有寄

煙水濛濛接板橋數年經歷駐征橈醉凭曲檻波千頃愁倚長亭柳萬條别後故人冠獬豸病來知己賞鷦鷯清流夾宅千家住會待閑乘一信潮

春中湘中題岳麓寺僧舍

蟾宫虎穴兩皆休來凭危欄送遠愁多事林鶯還謾

語薄情邊鴈不廻頭春融只待乾坤醉水闊深知世界浮欲共高僧話心迹野花芳草奈相尤

出試後投所知

此日蓬壺兩日程當時消息甚分明桃須曼倩催方熟橘待洪崖遣始行島外音書應有意眼前塵土漸無情莫教更似山西鼠齧破愁腸惱一生

湘南春日懷古

晴江春暖蘭蕙薰鳧鷖冉冉鷗著羣洛陽賈誼自無命少陵杜甫偏有文空闊遠帆遮落日蒼茫野樹礙歸雲松醪酒好昭潭靜閑過中流一弔君

金陵寄竇尚書

二年岐路有西東長憶優游楚驛中虎帳談高無客繼馬卿官傲少人同世危肯使依劉表山好猶能憶謝公此去此恩言不得謾將閑淚對春風

清溪江令公宅

蠻牋象管夜深時曾賦陳宫第一詩宴罷風流人不見廢來蹤跡草應知鶯憐勝事啼空巷蝶戀餘香舞好枝還有往年金甃井牧童樵叟等閑窺

鄭州獻盧舍人

海槎閑暇閬風輕不是安流不肯行鷄省露濃湯餅

熟鳳池煙暖詔書成漁籌已合光儒夢堯印何妨且治兵會待兩都收復後右圖儀表左題名

酬黄從事懷舊見寄

舊遊不合到心中把得君詩意亦同水館酒闌清夜月香街人散白楊風長繩繫日雖難絆辯口談天不易窮世事自隨蓬轉在思量何處是飛蓬

餞尚父生日

大昴分光降斗牛興唐宗社作諸侯伊夔事業扶千載韓白機謀冠九州貴盛上持龍節鉞延長應續鶴春秋錦衣玉食將何報更俟莊椿一舉頭

送楊鍊師却歸貞浩巖

宦途不復更經營，歸去東南任意行。別後幾回思會面，到來相見似前生。久居竹蓋知勤苦，舊業蓮峰想變更。爲謝佯狂吳道士，耳中時有鐵船聲。

覽晉史 張翰思吳中鱸鱠蓴羹

齊王僚屬好男兒，偶覓東歸便得歸。滿目路岐抛似夢，一船風雨去如飛。盤擎紫線蓴初熟，箸撥紅絲鱠正肥。惆悵途中無限事，與君千載兩忘機。

春思

蕩漾春風滌似波，惹情摇憾去倭倭。燕翻永日音聲好，柳舞空城意緒多。蜀國暖廻溪峽浪，衛娘清轉遏雲歌。可憐户外桃兼李，仲蔚蓬蒿柰爾何。

安陸贈徐礪

霹虵橋下水聲聲，曾向橋邊話別情。一榻偶依陳太守，三年深憶禰先生。塵欺鬢色非前事，火爇蓬根有去程。還把餘杯重相勸，不堪秋色背郎城。

寄鍾常侍

一從朱履步金臺，藥苦氷寒奉上台。峻節不由人學得，遠途終是自將來。風高漸展摩天翼，幹聳方呈構廈材。應笑樟亭舊同舍，九州無驗滿爐灰。

寄第五尊師

苕溪煙月久因循，野鶴衣裘獨繭綸。只說泊船無定處，不知攜手是何人。朱黃揀日囚尸鬼，青白臨時注腦神。欲訪先生問經訣，世間難得不由身。

寄西華黃鍊師

西華有路入中華，依約山川認永嘉。羽客昔時留篠簜，故人今又種煙霞。壇高已降三清鶴，海近應通八月槎。盛事兩般君總得，老萊衣服戴顒家。

送支使蕭中丞赴闕

八年刀筆到京華，歸去青冥路未賒。今日風流卿相客，舊時基業帝王家。彤庭彩鳳雖添瑞，望府紅蓮已減花。從此常僚如有問，海邊麋鹿斗邊槎。

送人歸湘中兼寄舊知

青溪煙雨九華山，亂後應同夢寐間。萬里分飛休掩袂，兩旬相見且開顏。君依宰相貂蟬貴，我戀王門鬢髮斑。爲謝伏波筵上客，幾時金印擬西還。

暇日感懷因寄同院吳蛻拾遺

璧池清秩訪燕臺，曾捧瀛洲札翰來。今日二難俱大夜，當時三幅謾高才。戲悲槐市便便笥，狂憶樟亭滿滿杯。猶幸小蘭同舍在，每因相見即銜哀。

夏州胡常侍

百尺高臺勃勃州大刀長戟漢諸侯征鴻過盡邊雲濶戰馬閑來塞草秋國計已推肝膽許家財不爲子孫謀仍聞隴蜀由多事深喜將軍未白頭

贈先輩令狐補闕

中間聲跡早薰然阻避鈞衡過十年碧海浪高終濟物蒼梧雲好已歸天花迎綵服離鶯谷柳傍東風觸馬鞭應念淒涼洞庭客夜深雙淚憶漁船

湖州裴郎中赴闕後投簡寄友生

錦帳郎官塞詔年汀洲曾駐木蘭船禰衡洒醒春瓶

倒栁惲詩成海月圓歌壓遠山珠滴滴漏催香燭淚漣漣使君入拜吾徒在宣室他時豈偶然

秋日泊平望驛寄太常裴郎中

蘋洲重到杳難期西倚郵亭憶往時北海尊中常有酒東陽樓上豈無詩地清每負生靈望官重方升禮樂司聞說江南舊歌曲至今猶自唱吳姬

西塞山

吳塞當時指此山吳都亡後綠孱顔嶺梅乍暖殘妝恨沙鳥初晴小隊閑波濶魚龍應混雜壁危猨狖正姦頑會將一副寒蓑笠來與漁翁作往還

寄前戶部陸郎中

出馴桑雉八朝簪蕭灑清名映士林近日篇章欺白雪早年詞賦得黃金桂堂綵道探龍領蘭省何曾駐鶴心離亂事多人不會酒濃花暖且閑吟

卷六十八終

五代詩討卷六十九

羅江李調元雨村　編

吳越

羅隱三

京口見李侍郎

傞傞江柳欲矜春鐵甕城邊見故人屈指不堪言甲子披風常記是庚申別來且喜身俱健亂後休悲業盡貧還有杖頭沽酒物待尋山寺話逡巡

秋日酬張特元

病寄南徐兩度秋故人依約亦揚州偶因鴈足思閑事擬棹孤舟訪舊遊風急幾聞江上笛月明誰共酒家樓平生意氣消磨盡甘露軒前看水流

登夏州城樓

寒城獵獵戍旗風獨倚危樓悵望中萬里山河唐土地千年魂魄晉英雄離心不忍聽邊馬往事應須問塞鴻好脫儒冠從校尉一枝長戟六鈞弓

水邊偶題

野水無情去不回水邊花好為誰開只知事逐眼前去不覺老從頭上來窮似邱軻休歎息達如周召亦塵埃思量此理何人會蒙邑先生最有才

杜陵秋思

南望南於北帝都兩堪棲託兩無圖只聞斥逐張公子不覺悲同楚大夫巖畔早涼生紫桂井邊疎影落高梧一杯綠酒他年憶漉向清波寄五湖

夜泊毘陵無錫縣有寄

草蟲幽咽露初團獨繫孤舟夜已闌濁浪勢奔吳苑急疎鐘聲徹惠山寒愁催鬢髮凋何易貧戀他鄉別漸難他日親朋應大笑始知書劍是無端

桃花

暖觸衣襟漠漠香閒梅遮柳不勝芳數枝豔拂文君酒半里紅欹宋玉牆盡日無人疑悵望有時經雨乍淒涼舊山山下還如此迴首東風一斷腸

籌筆驛

拋擲南陽為主憂北征東討盡良籌時來天地皆同力運去英雄不自由千里山河輕孺子兩朝冠劍恨譙周唯餘巖下多情水猶解年年傍驛流

重過隨州故兵部李侍郎恩知因抒長句

莊周高論伯牙琴閑夜思量淚滿襟四海共誰言近事九原從此負初心鷗翻漢浦風波急鴈下郢溪霧雨深慙媿蒼生還有意解歌襦袴至如今

寄南城韋逸人

杜甫詩中韋曲花至今無賴尚豪家美人曉折露沾袖公子醉時香滿車萬里丹青傳不得二年風雨恨無涯羡他南澗高眠客春去春來任物華

梅花

吳王醉去十餘里照野拂衣今正繁經雨不隨山鳥散倚風疑共路人言愁憐粉豔飄歌席静愛寒香撲酒罇欲寄所思無好信爲人惆悵又黄昏

和禪月大師見贈

高僧惠我七言詩頓豁塵心展白眉秀似谷中花媚

日清如潭底月圓時應觀法界蓮千葉肯折人間桂一枝漂蕩秦吳十餘載因循猶恨識師遲

謁文宣王廟

晚來乘興謁先師松柏淒淒人不知九仞蕭牆惟茂草三間茅殿走狐狸雨淋狀似悲麟泣露滴還同歎鳳悲儻使小儒名稍立豈教吾道受栖遲

代文宣王畣

三教之中儒最尊止戈爲武武尊文吾今尚自披蓑笠你等何須讀典墳釋氏寶樓侵碧漢道家宫殿拂青雲若教顔閔英靈在終不羞他李老君

寄進士盧休

半年池口恨萍蓬今日思量已夢中遊子馬蹄難重到故人尊酒與誰同山横翠後千重綠蠟想歌時一燼紅從此客程君不見麥秋梅雨徧江東

送秦州從事

一枝何足解人愁拋却還隨定遠侯紫陌紅塵今別恨九衢雙闕夜同遊芳時易失勞行止良會難期且駐留若到邊庭有來使試批書尾話梁州

秋日汴河客舍酬友人

梁宋追遊早歲同偶然違别事皆空年如流水催何

急道似危途動即窮醉舞且欣連夜月狂吟還聚上樓風煩君更枉騷人句白鳳靈虵滿袖中

東歸

仙桂高高似有神貂裘敝盡取無因難將白髮期公道不覺丹枝屬別人雙闕往來慙請謁五湖歸後恥交親盈盤紫蟹千巵酒添得臨岐淚滿巾

篋中得故王郎中書

鳳里前年別望郎丁甯唯恐滯吳鄉勸疏杯酒知妨事乞與書題作裹糧苹鹿未能移海曲縣花尋已落河陽九原自此無因見反覆遺蹤淚萬行

逼試投所知

桃在仙翁舊苑傍暖煙輕靄撲人香十年此地頻偷眼二月春風最斷腸曾憾夢中無好事也知囊裹有仙方尋思仙骨眞難得始與回頭問玉皇

徐寇南逼感事獻江南知己次韻

酒闌離思浩無窮西望維揚憶數公萬里飄零身未了一家知獎意曾同雲橫晉國塵應暗路轉吳江信不通今日便成盧子諒滿襟珠淚墮霜風

詠月

湖上風高動白蘋暫延清景此逡巡隔年違別成何事半夜相看似故人蟾向靜中矜爪距兔隈明處弄精神嫦娥老大應惆悵倚泣蒼蒼桂一輪

宿荆州江陵驛

西遊象闕媿知音東下荆溪稱越吟風動芰荷香四散月明樓閣影相侵閒欹別枕千般夢醉送征帆萬里心薜荔衣裳木蘭檝異時煙雨好追尋

江邊有寄

江邊舊業半凋殘每軫歸心即萬端狂折野梅山店暖醉吹村笛酒樓寒只言聖代謀身易爭奈貧儒得路難同病同憂更何事爲君提筆畫漁竿

上雲川裴郎中

貴提金印出咸秦蕭灑江城兩度春一派水清疑見膽數重山翠欲留人望崇早合歸黃閣詩好何妨戀白蘋自是受恩心未足却垂雙翅羨吳均

臨州投穆中丞

試將生計問蓬根心委寒灰首戴盆翅弱未知三島路舌頑虛掉五侯門嘯煙白狖沉高木擣月清砧觸旅魂家在碧江歸不得十年魚艇長苔痕

寄鄭補闕

夫子門前數仞牆每經過處憶遊梁路從青瑣無因見恩在丹心不可忘未必便爲讒口隔只因貪草諫書忙別來愁悴知多少兩度槐花馬上黃

姑蘇城南湖陪曹使君遊

水蓼花紅稻穗黃使君蘭棹泛迴塘倚風荇藻先開路迎旆鳧鷖盡著行手裏兵符神與術腰間金印綵爲囊少年太守勳庸盛應笑燕臺兩鬢霜

秋日有寄姑蘇曹使君

多病無因櫂小舟闔閭城下謁君侯水寒不見雙魚信風便唯聞五袴謳早說用兵長暗合近傳觀稼亦閑遊須知謝奕依前醉閒阻清談又一秋

送章碣赴舉

苹鹿歌中別酒催粉闈星彩動昭回久經羅亂心應破乍覩昇平眼漸開顧我昔年悲玉石憐君今日蘊風雷龍門盛事無因見費盡黃金老隗臺

寄楊秘書

湖水平來見鯉魚偶因烹處得瓊琚披尋藻思千重後吟想冰光萬里餘漳浦病來情轉薄赤城吟苦意何如錦衣公子憐君在十載兵戈從板輿

得宣州竇尚書書因投寄

雙魚迢遞到江濱傷感南陵舊主人萬里朝臺勞寄

夢十年侯國阻趨塵尋知亂後嘗辭祿共喜閑來得養神時見齊山敬亭客不堪戎馬戰征頻

雪

細玉羅紋下碧霄杜門顏巷落偏饒巢居只恐高柯折旅客愁聞去路遙撼凍野蔬和粉重埽庭松葉帶酥燒寒窗呵筆尋詩句一片飛來紙上銷

武牢關

楚人曾此限封疆不見淸陰六里長一壑暮聲何怨望數峰秋勢自顛狂由來四皓須神伏大抵秦皇謾氣強欲學雞鳴試關吏太平時節嬾思量

送進士臧濆下第後歸池州

賦成無處換黃金却向春風動越吟天子愛才雖不席諸生多病又沾襟柳攀灞岸狂遮袂水憶池陽淥滿心珍重綵衣歸正好莫將閑事繫升沉

湘中贈范郎

丹桂無心彼此諳二年疏嬾共江潭愁知酒醞終難捨老覺人情轉不堪雲外鴛鴦非故舊眼前膠漆似煙嵐勞歌一曲霜風暮擊折湘妃白玉簪

渚宮秋思

楚城日暮煙靄深楚人駐馬還登臨襄王臺下水無

賴神女廟前雲有心千載是非難重問一江風雨好閑吟欲招屈宋當時魄蘭敗荷枯不可尋

閑居早秋

槐杪清蟬煙雨餘蕭蕭涼葉墮衣裾噪槎鳥散沈蒼嶺弄杼風高上碧虛百歲夢空悲蛺蝶一朝香死泣芙蕖六宮誰買相如賦團扇恩情日日疏

送舒州宿松縣傅少府

江蘺漠漠樹重重東過清淮到宿松縣好也知臨皖水官閑應得看灊峰春生綠野吳歌怨雪霽平郊楚酒濃留取餘杯待張翰明年歸棹一從容

長安秋夜

遠聞天子似羲皇偶捨漁鄉入帝鄉五等列侯無故舊一枝仙桂有風霜燈欹短焰燒離鬢漏轉寒更滴旅腸歸計未知身已老九衢雙闕夜蒼蒼

春晚寄鍾尚書

宰府初開忝末塵四年談笑隔通津官資肯便矜中路酒醆還應憶故人江畔舊遊秦望月檻前公事鏡湖春如今莫問西禪塢一炷寒香老病身

秋曉寄友人

洞庭霜落水雲秋又汎輕漣任去留世界高談今已得宦途清貴舊曾遊手中綵筆誇題鳳天上泥封獎狎鷗更見南來釣翁說醉吟還上木蘭舟

所思

梁王兔苑荆榛裏煬帝雞臺夢想中只覺惆然悲謝傳未知何以報文翁生靈不幸台星折造化無情世界空劃盡寒灰始堪歎滿庭霜葉一窗風

孫員外赴闕後重到三衢

遠山高樹思悠哉重倚危樓盡一杯謝守已隨徵詔入魯儒猶逐斷蓬來地寒謾憶移暄手時急方知濟世才宣室夜闌如有問可能全忘未然灰

自湘川東下立春泊夏口阻風登孫權城

吳門此去逾千里湘浦離來想數旬只見風師長占路不知青帝已行春危憐壞堞猶遮水狂愛寒梅欲傍人事往時移何足問且憑村酒暖精神

和淮南李司空同轉運員外

層層高閣舊瀛洲此地須徵第一流丞相近年縈倚望重才今日喜遨遊榮持健筆金黃貴感咽離筵管吹秋誰繼伊臯送行句梁王詩好郢人愁

上鄂州韋尚書

往歲先皇馭九州侍臣才業最風流文窮典誥雖餘力俗致雍熙盡密謀蘭省換班青作綬柏臺前引絳爲韝都緣未負江山興開濟生靈挍一秋

廣陵秋日酬進士臧濆見寄

驛西斜日滿窗前獨凭秋欄思渺綿數尺斷蓬慚故國一輪清鏡泣流年已知世事真徒爾縱有心期亦偶然空媿荀家好兄弟鴈來魚去是因緣

秋日禪智寺見裴郎中題名寄韋瞻

野寺疎鐘萬木秋偶尋題處認名侯官離南郡應閑暇地勝東山想駐留百醆濃醪成別夢兩行垂露辭羈愁心知只有韋公在更對真蹤話舊遊

江州望廬山

東南蒼翠何崔嵬橫流一望幽抱開影寒已令水底去脚濶欲過湖心來深處不唯容鬼怪暗中兼恐有風雷仙人往往今誰在紅杏花香重首迴

別池陽所居

黃塵初起此留連火耨刀耕六七年雨夜老農傷水旱雪晴漁父共舟船已悲世亂身須去肯媿途危跡屢遷却是九華山有意列行相送到江邊

送丙使周大夫自杭州朝貢

入都上將近平戎便附輶軒奏聖聰三接獨前朝覲

禮一函江表戰征功雲間閶苑何時見水底瑶池觸處通知有殿庭餘力在莫辭消息寄西風

登甘露寺閣

下盤空跡上雲浮偶逐僧行步步愁暫憩已知須用意漸來爭忍不回頭煙中樹老重江晚鐸外風輕四境秋嫋指臺城更東望鵲飛龍鬭盡荒邱

九華山費徵君所居

草堂何處試徘徊見說遺蹤向此開蟾桂自歸三徑後鶴書曾降九天來白雲事跡依前在青瑣光陰竟不迴盡夕爲君思曩日野泉嗚咽路莓苔

途中寄懷

不知何處是前程合眼騰騰信馬行兩鬢已衰時未遇數峰雖在病相攖塵埃鞏洛虛光景詩酒江湖漫姓名試哭軍門看誰問舊來還似禰先生

故洛陽公鎮大梁時隱得遊門下今之經歷事往人非聊抒所懷以傷以謝

孤舟欲泊思何窮曾憶西來值雪中珠履少年思滿座白衣遊子也從公狂抛賦筆琉璃冷醉倚歌筵瑇瑁紅今日斯文向誰說淚碑棠樹兩成空

隱嘗在江陵忝故中令白公叨蒙知遇今復重

過渚宮感事悲身遂成長句

往歲酇侯鎮渚宮曾將清律暖孤蓬才憐曼倩三冬後藝許由基一箭中言重不能輕薄命地寒終是泣春風鳳凰池涸台星折迴首岐山憶至公

商於驛樓東望有感

山川去接漢江東曾伴隋侯醉此中歌繞夜梁珠宛轉舞嬌春席雪朦朧棠遺善政陰猶在薤送哀聲事已空惆悵知音竟難得兩行清淚白楊風

淮南送節度盧端公將命之汴州（端公嘗爲汴州相公從事）

吹臺高倚圃田東此處軺車事不同珠履舊參蕭相

國綵衣今佐貳司空醉離淮甸寒星下吟指梁園密雪中到彼的知宣室語幾時徵拜黑頭公

淮南送司勳李郎中赴闕

中朝品秩重文章雙筆依前賜望郎五夜星辰歸帝座半年樽俎奉梁王南都水暖蓮分影北極天寒雁著行不必戀恩多感激過淮應合見徵黃

過廢江甯縣 王昌齡嘗尉此縣故弔之

縣前水色細鱗鱗一爲夫君弔水濱漫把文章矜後代可知榮貴是他人鶯偷舊韻還成曲草賴餘吟盡解春我亦有心無處說等閑停棹似迷津

燕昭王墓

戰國蒼茫難重尋此中蹤跡想知音强亭別騎山花晚欲弔遺魂野草深浮世近來輕駿骨高臺何處有黃金思量郭隗平生事不殉昭王是負心

干越亭

楚水蕭蕭多病身强凭危檻送殘春高城自有陵兼谷流水那知越與秦岸下藤蘿陰作怪橋邊蛟蜃夜欺人琵琶洲遠江村濶迴首征途淚滿巾

湘妃廟

劉表荒碑斷水濱廟前幽草閉殘春已將怨淚流斑竹又感悲風入白蘋八族未來誰北拱四兇猶在莫南巡九峯相似堪疑處望見蒼梧不見人

答宗人袞

崑崙水色九般流飲即神仙憩即休敢恨守株曾失意始知緣木更難求鶺原謾欲均餘力鶴髮那堪問舊遊遙望北辰當上國羨君歸棹五諸侯

姥山

臨塘古廟一神仙繡幌花容色儼然爲逐朝雲來此地因隨暮雨不歸天眉分初月湖中鑑香散餘風竹上煙借問邑人沉水事已經秦漢幾千年

岐王宅

朱邸平臺隔禁闈貴游陳迹尚依稀雲低雉時祈年去雨細長楊從獵歸申白賓朋傳道義應劉文彩寄音徽承平舊物惟君盡猶寫雕鞍伴六飛

卷六十九終

全五代詩卷七十

羅江李調元雨村 編

吳越

羅隱四

東歸途中作

松橘蒼黃覆釣磯早年生計近年違老知風月終堪憾貧覺家山不易歸別岸客帆和鴈落晩程霜葉向人飛買臣嚴助精靈在應笑無成一布衣

寄張侍郎

衰羸豈合話荊州爭奈思多不自由無路重趨桓典馬有詩曾上仲宣樓塵銷別跡堪垂淚樹拂他門嬾舉頭一種人間太平日獨教零落憶滄洲

建康

潮平遠岸草侵沙東晉衰來最可嗟庾舅已能窺帝室王郎還是預人家山寒老樹啼風曲泉暖枯骸動芷牙欲起九原看一徧秦淮聲急日西斜

經故洛陽城

敗垣危堞跡依稀試駐羸驂弔落暉跛鼈以成梁糞在簡書難問杜喬歸由來世事須翻覆未必餘才解是非千載昆陽好功業與君門下作恩威

廣陵李僕射借示近詩因投獻

朝論國計暮論兵餘力猶隨鳳藻生語繼盤盂拋俗格氣兼河岳帶商聲閑尋綺思千花麗靜想高吟六義清天柄已持堯典在更堪回首問緣因

三衢哭孫員外

燕戀雕梁馬戀軒此心從此更何言直將塵外三生命未敵君侯一日恩紅蠟有時還入夢片帆何處獨銷魂忍看明發衣襟上珠淚痕中見酒痕

所思

西上青雲未有期東歸滄海一何遲酒闌夢覺不稱意花落月明空所思長恐病侵多事日可堪貧過少年時鬭雞走狗五陵道惆悵輸他輕薄兒

自貽

衰老應難更進趨藥畦經卷自朝晡縱無顯效亦藏拙若有所成甘守株漢武巡遊虛軋軋秦皇吞併謾驅驅如何只見丁家鶴依舊遼東歎綠蕪

暇日投錢尚父

牛斗星邊女宿間棟梁虛敞麗江關望高漢相東西閣名重淮王大小山醴設鬭傾金鑿落馬歸爭撼玉連環自慚麋鹿無能事未報深恩鬢已班

感別元帥尚父

王函瑤檢下台司記得當時捧領時半壁龍蛇蟠造化滿筐山岳動神祇疲牛舐犢心猶切陰鶴鳴雛力已衰稚子不才身抱疾日窺貞跡淚雙垂（戊戟云此隱以子爲托也隱子名塞翁善畫羊）

魏城逢故人

一年兩度錦江遊前值東風後值秋芳草有情皆礙馬好雲無處不遮樓山將別恨和心斷水帶離聲入夢流今日因君試回首澹煙喬木隔綿州

遊江夏口

醉別江東酒一杯往年曾此駐塵埃魚聽建業歌聲

過水看瞿塘雪影來黃祖不能容賤客費禕終是負仙才平生膽氣平生恨今日江邊首懶回

黃鶴驛寓題

野雲芳草繞離鞭敢對青樓倚少年秋色未催榆塞鴈人心先下洞庭船高歌酒市非狂者大嚼屠門亦偶然車馬同歸莫同恨古人頭白盡林泉

魏博羅令公附卷有迴二首

寒門雖得在諸宗棲北巢南恨不同馬上固慚消髀肉蝸中由羨愈頭風蹉跎歲月心仍切迢遞江山夢未通深荷吾宗有知己好將刀筆爲英雄

敢將衰弱附强宗細算還緣血脉同湘浦煙波無舊跡鄴都蘭菊有遺風每憐羅亂書猶達所恨雲泥路不通珍重珠璣兼繡段草元堂下寄揚雄

病中上錢尚父

右腳方行右臂攣每慚名跡污賓筵縱饒吳土容衰病爭奈燕臺費料錢藜杖已乾難更把竹轝雖在不堪懸深恩重德無言處迴首浮生淚泫然

經故友所居

槐花漠漠向人黃此地追遊跡已荒淸論不知莊叟

達死交空歎趙岐忙病來未忍言閑事老去唯知覓醉鄉日暮街東策羸馬一聲橫笛似山陽

大梁從事居汜水

前年帝里望行塵記得仙家第四人泉煖舊諳龍偃息露寒初見鶴精神歌聲上榻梁園晚夢遶殘鐘汜水春知有篋中編集在只應從此是經綸

寄酬鄴王羅令公四首

營室東迴壓斥邱少年承襲擁青油坐調金鼎尊明主橫把琱戈拜列侯書札二王爭巧拙篇章七子避風流西園舊跡今應在衰老無因奉勝遊

脉散源分歷幾朝縱然官宦只卑僚正憂末派淪滄海忽見高枝拂絳霄十萬貔貅趨玉帳三千賓客珥金貂艮時難得吾宗少應念寒門更寂寥

水雲開霽立高亭依約黎陽對福星只見篇章矜鏤管不知勲業柱青冥早緣入夢金方礪晚爲傳家鼎始銘鶴髮四垂煙閣遠此生何處拜儀形

錦笈朱囊連復連紫鸞飛下浙江邊綃從海室奪煙霧樂奏帝宮勝管絃長笑應劉悲顯達每嫌伊霍少詩篇戴灣老圃根基薄虛費工夫八十年

春日投錢塘元帥尚父

正憂衰老辱金臺敢望昭王顧問來門外旌旗屯豹虎壁間章句動風雷三都節已聯翻降兩地花應次第開若比紫髯分鼎足未聞餘力有瓊瑰

征東幕府十三州敢望非才忝上游官秩已叨吳品職姓名兼顯魯春秋臨車顧後聲方重火井窺來焰始浮一句黃河千載事麥城王粲謾登樓吳越備史云隱寢疾王親臨撫問因題其壁云黃河信有澄清日後代應難繼此才隱因續此

錢塘府亭

新恩別啟館娃宮還拜吳王向此中九牧土田周制在兩藩茅社漢儀同春生舊苑芳洲雨香入高臺小徑風更有寵光人未見問安調膳盡三公

題袁溪張逸人所居

蒲梢獵獵燕差差數里溪光日落時芳樹文君機上錦遠山孫壽鏡中眉雞窗夜靜開書卷魚檻春深展釣絲若使浮名拘絆得世間何處有男兒

關亭春望

關畔春雲拂馬頭馬前春事共悠悠風欺岸柳長條困露裛山花小朵愁信越功名高似狗裴王氣力大於牛未知至竟將何用渭水涇川一向流

寄韋贍

石城蓑笠阻心期落盡山花有所思嬴馬二年蓬轉後故人何處月明時風催曉鴈看看別雨脅秋蠅漸漸癡禪智闌干市橋酒縱然相見只相悲

霅溪晚泊寄裴庶子

溪風如扇雨如絲閑步閑吟柳惲詩杯酒疎狂非曩日野花狼藉似當時道窮謾有依劉感才急應無借冦期滿眼雲山莫相笑與君俱是受深知

送姚安之赴任秋浦

官罷春坊地象雷片帆高指貴池開五侯水暖魚鱗去九子山晴鴈叙來江夏黃童徒逞辯廣都麗令恐

非才到頭稱意須年少羸得時光向酒杯

塞外

塞外偷兒塞內兵聖君宵旰望昇平碧幢未作朝廷計白挺猶驅婦女行可使禦戎無上策只應憂國是虛聲漢王第宅秦田土今日將軍已自榮

詠史

蠹簡遺編試一尋寂寥前事似如今徐陵筆硯珊瑚案趙勝賓朋瑇瑁簪未必片言資國計只應邪說動人心九原郝泚何由起虛誤西蕃八尺金

中原夜泊淮口

木葉迴飄水面平偶因孤棹已三更秋涼霧露侵燈下夜靜魚龍逼岸行欹枕正牽題柱思隔樓誰轉遶梁聲錦帆天子狂魂魄應過揚州看月明

送溪州使君

兵冠傷殘國力衰就中南土藉良醫鳳啣泥詔辭丹闕鵬倚霜風上畫旗官職不須輕遠地生靈只是計臨時灞橋酒醆黔巫月從此江心兩地悲

送雲川鄭員外

明時塞詔列分麾東擁朱輪出帝畿銅虎貴提天子印銀魚榮傍老萊衣歡聽茗搗春山暖詩詠蘋洲暮

鳥飛知有掖垣南步在可能須待政成歸

蓮塘驛

蓮塘館東初日明蓮塘館西行人行隔林啼鳥似相應當路好花疑有情一夢不須追往事數杯猶可慰勞生莫言來去只如此君看鬢邊霜幾莖

甘露寺火後

六朝勝事已塵埃猶有閒人悵望來只道鬼神能護物不知龍象自成灰犀燃水府渾非怪燕說吳宮未是災還識平泉故侯否一生蹤跡此樓臺

春日登上元石頭故城

萬里傷心極目春東南王氣只逡巡野花相笑落滿地山鳥自憐啼傍人謾道城池須險阻可知豪傑亦埃塵太平寺主惟輕薄却把三公與賊臣

中元甲子以辛丑駕幸蜀四首

子儀不起渾瑊亡西幸誰人從武皇四海為家雖未遠九州多事竟難防已聞旰食思真將會待畋遊致假王應感兩朝巡狩跡綠槐端正驛荒涼

爪牙柱石兩俱銷一點榆塵九土搖敢憾甲兵為棄物所嗟流品誤淸朝幾時睿算殲張角何處愚人戴隗囂蹕望峻山重啓告可能餘烈不勝妖

邪氣奔屯瑞氣移清平過盡到艱危縱饒犬彘無常理不奈豺狼幸此時九廟有靈思李令三川悲憶恨張儀可憐一曲還京樂重對紅蕉教蜀兒

白丁攘臂犯長安翠輦蒼黃路屈盤丹鳳有情塵外遠玉樓無跡渡頭寒靜憐貴族謀身易危惜文皇創業難不將不侯何計是釣魚船上淚闌干

題潤州妙善前石羊 傳云吳主孫權與蜀主劉備嘗此置會云

紫髯桑蓋此沉吟狠石猶存事可尋漢鼎未安聊把手楚醪雖滿肯同心英雄已往時難問苔蘚何知日漸深還有市鄽沽酒客雀喧鳩聚話蹄涔

臺城

晚雲陰映下空城六代纍纍夕照明玉井已乾龍不起金甌雖破虎曾爭亦知霸世才難得却是蒙塵事最平深谷作陵山作海茂宏流輩莫傷情

甘露寺看雪上周相公

篩寒灑白亂溟濛禱請功兼造化功光薄乍迷京口月影交初轉海門風細黏謝客衣裾上輕墮梁王酒醆中一種爲祥君看取半禳災沴半年豐

村橋

村橋酒旆月明樓偶逐漁舟繫葉舟莫學曾人疑海烏須知莊叟悲犧牛心寒已分灰無焰事往曾將水共流除却思量太平在肯拋疏散換公侯

金陵思古

杜秋在時花解言杜秋死後花更繁柔姿曼態葬何處天紅膩白愁荒原高洞紫簫吹夢想小窗殘雨濕精魂綺筵金縷無消息一陣征帆過海門

送王使君赴蘇臺

東南一望可長吁猶憶王孫領虎符兩地干戈連越絕數年麋鹿臥姑蘇疲甿賦重全家盡舊族兵侵大半無料得伍員兼旅寓不妨招取好揶揄

憶九華

九華巉崪廢柴扉長憶前時此息機黃菊倚風村酒熟綠蒲低雨釣魚歸干戈已是三年別塵土那堪萬事違回首佳期恨多少夜闌霜露又霑衣

吳門晚泊寄句曲道友

采香徑在人不留采香徑下停葉舟桃花李花鬬紅白山鳥水鳥自獻酬十萬梅銷空寸土三分孫策竟荒邱未知到了關身否笑殺雷平許遠遊

貴池曉望

根蔕參天剪未平且乘孤櫂且行行計疏狡兔無三

甯羈甚賓鴻欲一生合眼亦知非本意傷心其奈是
多情前溪好泊誰爲主作夜沙禽占月明

送丁明府赴紫溪任

金嶽王軫肯躊躕偶滯艮途半月餘樓上酒闌梅折
後馬前山好雪晴初欒公社在憐鄉樹潘令花繁賀
版輿縣譜莫辭留舊本異時量度又何如

寄前宣州竇常侍

往年西謁謝元暉鐏酒留歡醉始歸曲檻柳濃鶯未
老小園花暖蝶初飛噴香瑞獸金三尺舞雪佳人玉
一圍今日亂離尋不得滿蓑風雨釣魚磯

送光祿崔卿赴闕

一年極目望西轅此日懸懃聖主恩上國已留虞寄
命中朝應聽范汪言官從府幕歸卿寺路向干戈見
禁門鵷侶寂寥曹署冷更堪嗚咽問田園

定遠樓

前年上將定妖氛曾築巖城駐大軍近日關防雖弛
柝舊時欄檻尚侵雲蠻兵績盛人皆伏坐石名高世
共聞唯恐亂來艮吏少不知誰解敘功勳

江南寄所知闞僕射

曾陪公子醉西園帆首碑前事嬾言世亂共嗟王粲
老時危俱受信陵恩瀏憐把醆吟江徼雨憶凭闌望
海門飛蓋寂寥淸宴罷不知簪履更誰存

江都

淮王高讌動江都曾憶長生一坐隅九里樓臺牽翡
翠兩行鴛鷺踏眞珠歌聽麗句秦雲咽詩轉新題蜀
錦鋪惆悵晉陽新拆後世間兵革地荒蕪

送張綰游鍾陵

南憶龍沙兩岸行當時天下尚淸平醉眠野寺花方
落吟倚江樓月欲明老去亦知難重到亂來爭肯不
牽情西山十二眞人在從此煩君語姓名

息夫人廟

百雉摧殘連野靑廟門猶見昔朝廷一生雖抱楚王
恨千載終爲息地靈蟲網翠環終縹緲風吹寶瑟助
微冥玉顏渾似羞來客依舊無言照畫屛

漂母冢

寂寞荒墳一水濱蘆洲絕島自相親靑娥已落淮邊
月白骨甘爲泉下塵原上荻花飄素髮道傍菰葉碎
羅巾雖然寂寞千秋魄猶是韓侯舊主人

扇上畫牡丹

爲愛紅芳滿砌堦教人扇上畫將來葉隨彩筆參差

長花逐輕風次第開閑挂幾曾停蛺蝶頻摇不怕落莓苔根生無地如仙桂疑是姮娥月裏栽

虛白堂前牡丹相傳云太傅手植在錢塘

欲詢往事奈無言六十年來托此根香暖幾飄袁虎扇格高長對孔融罇曾憂世亂陰難合且喜春殘色尚存莫背闌干便相笑與君俱受主人恩

第五將軍于餘杭天柱宮入道因題寄

交黎火棗味何如聞說茗州已下車彘榼尚攜京口酒草堂應寫潁陽書亦知得意須乘鶴未必忘機便釣魚却恐武皇還望祀歎輪徵入問元虛

寄無相禪師

老住西峯第幾層為師回首憶南能有緣有相應非佛無我無人始是僧爛椹作袍名復利鑠金為講愛兼憎何如一衲塵埃外日日香煙夜夜燈

丁亥歲作

病想醫門渴望梅十年心地僅成灰早知世事長如此自是孤寒不合來谷畔氣濃高蔽日蟄邊聲暖乍聞雷滿城桃李君看取一一還從舊處開

北邙山

一種山前路入秦嵩山堪愛此傷神魏明未死虛留

意莊叟雖生酹滿巾何必更尋無主骨也知曾有弄權人羨他緱嶺吹簫客閑訪雲頭看俗塵

東歸別所知

芙蓉宮闕二妃壇兩處因依五歲寒鄒律有風吹不變郄枝無分住應難愁心似火還燒鬢別淚非珠謾落盤却羨淮南好雞犬也能終始逐劉安

旅舍書懷寄所知

鬢卷兩牀琴瑟秋暫憑前計奈相尤塵飄馬尾甘蓬轉酒憶江邊有夢留隋帝舊祠雖寂寞楚妃清唱亦風流可憐別憾無人見獨背殘陽下寺樓

西京道中

半夜秋聲觸斷蓬百年身事筭成空彌生詞賦拋江夏漢祖精靈憶沛中未必他時能富貴只應從此見窮通邊禽隴水休相笑自有滄洲一棹風

粉

每持纖白助君時霜自無慘雪自凝郎若姓何應解傅女能窺宋不勞施妝成麗色唯花妒落盡啼痕只鏡知最好玉京仙署裏更和秋月照瓊枝

贈漁翁

葉艇悠揚鶴髮垂生涯空托一綸絲是非不向眼前

起寒暑任從波上移風濤長歌秋月裏夢和春雨晝眠時逍遥此意誰人會應有靑山忙水知

下第寄張坤

謾費精神掉五侯破琴孤劒是身讐九衢雙闕擬何去玉壘銅梁空舊遊蝴蝶有情牽晚夢杜鵑無賴伴春愁思量不及張公子經歲池江倚酒樓

東歸別常修

六載辛勤九陌中却尋歸路五湖東名慙桂苑一枝綠鱠憶松江兩筯紅浮世到頭須適意男兒何必盡成功唯慙鮑叔深知我他日蒲帆百尺風

言

圭玷由來尚可磨似簣終日復如何成名成事皆因愼亡國亡家只爲多須信禍胎生利口莫將譏思逞懸河猩猩鸚鵡無端解長向人間被網羅

晚眺

凭古城邊眺晚晴遠村高樹轉分明天如鏡面都來靜地似人心總不平雲向嶺頭閑不徹水流溪裏太忙生誰人得及莊居老免被榮枯寵辱驚

卷七十終

全五代詩目錄

卷七十

吳越

全五代詩卷七十一

羅江李調元雨村　編

吳越

羅　隱五

寄處默師

甘露卷簾看雨腳樟亭倚柱望潮頭十年顧我醉中過兩地與師方外遊久陽兵戈常寄夢近無書信更堪憂香爐煙靄虎溪月終棹鐵船尋惠休

經耒陽杜工部墓

紫菊馨香覆楚醪奠君江畔雨蕭騷旅魂自是才相累閑骨何妨冢更高騄驥喪來空蹇蹶芝蘭衰後長蓬蒿屈原宋玉鄰君處幾駕青螭緩鬱陶

全五代詩　卷七十一　吳越　一　三十八函

昇平公主舊第

乘鳳仙人降此時玉篇纔罷到文詞兩輪水磑光明照百尺鮫綃換好詩帶礪山河今盡在風流鐏俎見無期壇場客散香街暝惆悵齊竽取次吹

寄黔中王從事

故人刀筆事軍書南轉黔江半月餘別後鄉關情幾許近來詩酒興何如會將醉袖拎鶯谷不把瑶緘附鯉魚今日舉觴君莫問生涯牢落鬢蕭疏

寄徐濟進士

往年疏嬾共江湖月滿花香記得無霜壓楚蓮秋後折雨催蠻酒夜深酤紅塵偶別迷前事丹桂相傾媿後徒出得函關抽得手從來不及阮元瑜

寄喬逸人

南經湘浦北揚州別後風帆幾度遊春酒誰家禁爛熳野花何處最淹留欲憑尺素邊鴻嬾未定雕梁海燕愁長短此行須入手更饒君占一年秋

裴庶子除太僕卿因賀

楚娃班序未爲輕莫惜良途副聖明宮省舊推皇甫謐寺曹今得夏侯嬰秩隨科第臨時貴官逐簪裾到處清應笑馬安虛巧宦四迴遷轉始爲卿

全五代詩　卷七十一　吳越　二　三十八函

寄池州鄭員外

獸遶朱輪酒滿船郡城蕭灑貴池邊衣同萊子曾分筆扇似袁宏別有天九點好山樓上客兩行高柳雨中煙陵陽百姓將何福社舞村歌又一年

歸夢

陸海波濤漸漸深一迴歸夢抵千金路傍草色休多事牆外鶯聲肯有心日晚向隅悲斷梗夜闌澆酒哭知音貪財敗陣誰相悉鮑叔如今不可尋

酬寄右司李員外

當年憶見桂枝春自此清途未四旬左省望高推健筆右曹官重得名人閑擒麗藻嫌秋興靜獵遺編笑過秦猶把隨和向泥滓應憐疎散任天眞

送宣武徐巡官

傲睨公卿二十年東來西去只悠然白知關畔元非馬元覺壺中別有天漢帝詔銜應異日梁王風雪是初筵臨行不借刀圭便愁殺長安買笑錢

冬暮寄裴郎中

曉髮星星入鏡宜早年容易近年悲敢言得事時將晚只恐酬恩日漸遲南國傾心應望速東堂開口欲從誰仙郎舊有黃金約溼膽隳肝更禱祈

登宛陵條風樓寄竇常侍

亂罹時節懶登臨試借條風半日吟只有遠山含暖律不知高閣動歸心溪喧晚棹千聲浪雲護寒郊數丈陰自笑疏慵似麋鹿也教臺上費黃金

寄京闕陸郎中昆仲

柏臺蘭署四周旋賓榻何妨雁影連纔見玳簪欹細祤便知油幕勝紅蓮家從入洛聲名大跡爲依劉事分偏爭奈亂罹人漸少麥城新賦許誰傳

送顧雲下第

行行杯酒莫辭頻怨歎勞歌兩未伸漢帝後宮猶識字楚王前殿更無人年深旅舍衣裳敝潮打村田活計貧百歲都來多幾日不堪相別又傷春

送劉校書之新安寄吳常侍

野雲如火照行塵會續溪邊去問津才子省街非幕客楚君科第是同人狂思下國千場醉病負東堂兩度春他日酒筵應見問鹿裘漁艇隔朱輪

官池秋夕

池邊月影閑婆娑池上醉來成短歌莫羨梟抵死怨珠露蟋蟀苦口嫌金波往事向人言不得舊遊臨老恨空多松醪作酒蘭爲棹十載煙塵奈爾何

奉使宛陵別二三從事

梁王雪裏有深知偶別家鄉隔路岐官品共傳勝曩日酒杯爭肯忍當時豫章地暖矜千尺越嶠天寒愧一枝還有釣魚蓑笠在不堪風雨失歸期

送裴饒歸會稽

金庭路指剡川隈珍重良朋自此來兩鬢不堪悲歲月一卮猶得話塵埃家通爨分心空在世遇橫流眼未開笑殺山陰雪中客等閑乘興又須回

送程尊師之晉陵

棟閒雲出認行軒郊外陰陰夏木緐高道乍爲張翰侶使君兼是世龍孫溪含句曲清連底酒貰餘杭綠滿罇莫見時危便乘興人來何處不桃源

寄崔慶諒

故人何處又留連月冷風高鏡水邊文陣解圍纔昨日醉鄉分袂已三年交情澹泊應長在俗態流離且勉旃還擬山陰一乘興雪寒難得渡江船

寄楊秘書

蕭蕭檐雪打窗聲因憶江東阮步兵兩信海潮書不達數峯稽嶺眼長明梅緐幾處垂鞭看酒好何人倚檻傾會待與君開秫甕滿船般載鏡中行

酬章處士見寄

中原甲馬未曾安今日逢君事萬端亂後幾回鄉夢隔別來何處路行難霜鱗共落三門浪雪鬢同歸七里灘何必新詩更相戲小樓吟罷暮天寒

秦望山僧院

巉巉危岫倚滄洲聞說秦皇亦此遊霸主卷衣纔一世老僧傳錫已千秋陰崖水賴松梢直蘚壁苔侵畫像愁各是病來俱未子莫將煩惱問湯休

寄程尊師

鶴信雖然到五湖煙波迢遞路崎嶇玉書分薄花生眼金鼎功遲雪滿鬚三秀紫芝勞夢寐一番紅槿恨朝晡未知朽敗凡間骨中授先生指教無

送程尊師東遊有寄

華蓋峯前擬卜耕主人無奈又閑行且憑鶴駕尋滄海又恐犀軒過赤城絳簡便應朝右弼紫旄兼合見東卿勸君莫忘歸時節芝似螢光處處生

江亭別裴饒

行杯且待怨歌終多病憐君事事同衰鬢別來光景裏故鄉歸去亂罹中乾坤墊裂三分在井邑摧殘一半空日晚長亭問西使不堪車馬尚萍蓬

錢唐見芮逢

蔡倫池北雁峰前罹亂相兼十九年所喜故人猶會面不堪良牧已重泉醉思把筯欹歌席狂意判身入酒船今日與君贏得在戴家灣裏兩皤然

湖上歲暮感懷有寄友人

雪天螢席幾辛勤同志當時四五人蘭版地寒俱愛露桂堂風惡獨傷春音書久絕應埋玉編簡難言竟委塵唯有廣都麗令在白頭樽酒憶交親

送詧光大師 師以草書應制

禹祠分首戴灣逢健筆尋知達九重聖主賜衣憐絕藝侍臣擒藻許高蹤甯親久别街西寺待詔初離海上峰一種苦心師得了不須回首笑龍鍾

感懷

石徑松軒亦自由謾隨浮世逐飄流駑駘路結前程恨蟋蟀牀生半夜秋拚耳惡聞宮妾語低顏須向路人羞雖教小事相催迫未到青雲擬白頭

縣齋秋晚酬友人朱瓚見寄

中和節後捧瓊瑰坐讀行吟數月來只歎雕龍方擅

價不知頳尾竟空回千枝白露陶潛柳百尺黃金郭隗臺惆悵報君無玉案水天東望一裵徊

秋日有寄

丹青未合便回頭見盡人間事始休只有百神朝寶鏡永無纖浪犯虛舟曾臨鐵甕雖分職近得金陵亦偶遊東去西來人不會上卿蹤跡本元洲

送前南昌崔令替任映攝新城縣

五年苛政甚蟲螟深喜夫君已戴星大族不唯專禮樂上才終是惜生靈亦知單父琴猶在莫厭東歸酒未醒二月春風何處好亞夫營畔柳青青

下第作

年年模樣一般般何似東歸把釣竿嵒谷謾勞思雨露彩雲終是逐鵷鸞塵迷魏闕身應老水到吾門葉欲殘至竟窮途也須達不能長與世人看

重過三衢哭孫員外

爛柯山下忍重到雙檜樓前日欲殘華屋未移春照灼故侯何在淚汍瀾不唯濟物工夫大長憶容才尺度寬一慟旁人莫相笑知音衰盡路行難

送蘄州裴員外

六枝仙桂最先春蕭灑高辭九陌塵兩晉家聲須有

主六朝文雅別無人榮驅豹尾抛同輩貴上螭頭見近臣蘄水蒼生莫相羨早看歸去掌絲綸

重九日廣陵道中

秋山抱病何處登前時韋曲今廣陵廣陵大醉不解悶韋曲舊遊堪拊膺佳節縱饒隨分過流年無奈得人憎却驅羸馬向前去牢落路岐非所能

旅舍書懷寄所知

思量前事不堪尋牢落餘情滿素琴四海豈無騰躍路一家長有別離心道從汨沒甘雌伏跡恐因循更陸沈寂寞誰應弔空館異鄉時節獨霑襟

簡令生日

祥煙靄靄拂樓臺慶積元元節後來已向青陽標四序便從嵩嶽應三台龜銜玉柄增年筭鶴舞瓊筵獻壽杯自顧下儒何以祝柱天功業濟時才

西川與蔡十九同別子超

相歡雖則不多時相別那能不歛眉蜀客賦高君解愛楚宮腰細我還知百年恩愛無終始萬里因緣有夢思腸斷門前舊行處不堪全屬五陵兒

龍泉東下却寄孫員外

穀江東下幾多程每泊孤舟即有情山色已隨遊子

遠水紋猶認主人情恩如海岳何時報恨似煙花觸處生百尺風帆兩行淚不堪回首望崢嶸

牡丹

豔多煙重欲開難紅蘂當心一抹檀公子醉歸燈下見美人朝插鏡中看當庭始覺春風貴帶雨方知國色寒日晚更將何所似太眞無力凭闌干

送盧端公歸盧校書之夏縣

綿綿隄草拂征輪龍虎俱辭楚水濱只見勝之爲御史不知梅福是仙人地推八米源流盛才笑三張事業貧一種西歸一般達柏臺霜冷夏城春

送朗州張員外

聖朝綸閣最延才須牧生民始入來鳳藻已期他日用隼旟應是隔年迴旗飄峴首嵐光重酒奠湘江杜魄哀腸斷秦原二三月好花全爲使君開

淮南送工部盧員外赴闕

始從豸角曳長裾又吐鷄香奏玉除隋邸舊僚推謝掾漢廷高議得相如貴分赤筆升蘭署榮着緋衣從板輿遙想到時秋欲盡禁城涼冷露槐疎

送陸郎中赴闕

幕下留連兩月強爐邊侍史舊焚香不關雨露偏垂

意自是鴛鸞合着行三署履聲通建禮九霄星彩映明光少瑜鏤管邱遲錦從此西垣使鳳凰

途中送人東遊有寄

離驂莫惜暫逡巡君向池陽我入秦歲月易拋非曩日酒杯難得是同人路經隋苑橋燈夜江轉臺城岸草春此處故交誰見問爲言霜鬢壓風塵

長明燈

破暗長明世代深煙和香氣兩沈沈不知初點人何在祇見當年火至今曉似紅蓮開沼面夜如寒月鎮潭心孤光自有龍神護雀戲娥飛不敢侵

送友人歸夷門

二年流落大梁城每送君歸即有情別路算來成底事舊遊言著似前生苑荒孏認詞人會門在空憐烈士名至竟男兒分應定不須惆悵谷中鶯

湘中見進士喬詡

吳公臺下別經秋破虜城邊暫駐留一笑有情堪解夢數年無故不同遊雲牽楚思橫魚艇柳送鄉心入酒樓且酌松醪依舊醉誰能相見向春愁

錢塘江潮

怒聲洶洶勢悠悠羅刹江邊地欲浮漫道往來存大

信也知反覆向平流任拋巨浸疑無底猛過西陵只有頭至竟朝昏誰主掌好騎赬鯉問陽侯

送人赴職任褒中

物態時情難重陳夫君此去莫傷春男兒只要有知己才子何堪更問津萬轉江山通蜀國兩行珠翠見褒人海棠花謝東風老應念京都共苦辛

早春送張坤歸大梁

蕭蕭羸馬正塵埃又送輶軒向吹臺別酒莫辭今夜醉故人知是幾時回泉經華岳猶應凍花到梁園始合開爲謝東門抱關吏不堪惆悵滿離杯

寄渭北徐從事

暖雲慵墮柳垂條驄馬徐郎過渭橋官秩舊參荀秘監鬢鬚今伴霍嫖姚科隨鵠箭頻曾中禮向侯弓以重招莫恨東風促行李不多時節却歸朝

寄三衢孫員外

小敷文伯見何時南望三衢渴復飢天子未能崇典誥諸生徒欲戀旌旗風高綠野苗千頃露冷平樓酒滿巵盡是數旬陪奉處使君爭肯不相思

淮南送盧端公歸臺

鳳鸞勢逸九霄寬北去南來任羽翰朱紱兩驂王儉

府繡衣三領杜林官道從上國曾匡濟才向牢盆始重難應笑張綱謾生事埋輪不得在長安

撫州別阮兵曹

雪晴天外見諸峯幽軋行輪有去蹤內使宅邊今獨憾步兵厨畔舊相容十年別鬢疑朝鏡千里歸心著晚鐘若不他時更青眼未知誰肯薦臨邛

新安投所知

少年容易捨樵漁曾辱明公薦子虛漢殿夜寒時不食宋都風急命何疏雲埋野艇吟歸去草沒山田賦遂初長劍一尋歌一奏此心爭肯爲鱸魚

淮南高駢所造迎仙樓

鸞音鶴信杳難迴鳳駕龍車早晚來仙境是誰知處所人間空自造樓臺雲侵朱檻應難到蟲網閑窗永不開子細思量成底事露凝風擺作塵埃

重送朗州張員外

朱輪此去正春風且駐靑雲聽斷蓬一榻早年容孺子雙旌今日別文翁誠知汲善心長在爭奈干時跡轉窮酬德酬恩兩無路謾勞惆悵鳳城東

廣陵秋夜讀進士常修三篇因題

入蜀歸吳三首詩藏於筍篋重於師劍闕夜讀相如

聽爪步秋吟煬帝悲景物也知輸健筆時情誰不許高枝明年二月春風裏江島閑人慰所思

漢江上作

漢江波浪淥於苔每到江邊病眼開半雨半風終日憾無名無跡幾時迴雲生岸谷秋陰合樹接帆檣晚思來對此空慚聖明代忍教纓上有塵埃

秋夜寄進士顧榮

秋河耿耿夜沈沈往事三更盡到心多病謾勞窺聖代薄才終是費知音家山夢後帆千尺塵土搔來髮一簪空羨良朋盡高價可憐東箭與南金

病驄馬

櫪上病驄蹄裛裛江邊廢宅路迢迢自經梅雨長垂耳乍食菰漿欲折腰金絡街頭光未滅玉花毛色瘦來焦曾聽禁漏驚街鼓慣踏康莊怕小橋夜半雄聲心尚壯日中高臥尾還搖龍媒落地天池遠何事牽牛在碧霄

卷七十一終

全五代詩卷七十二

羅江李調元雨村　編

吳越

羅　隱六

塴口逢人

艱難別離久中外往還深已改當時髮空餘舊日心

遇邊使

累年無的信每夜望邊城袖掩千行淚書封一尺金

移住別友

自到西川住惟君別有情常逢對門遠又隔一重城

雪

盡道豐年瑞豐年瑞若何長安有貧者爲瑞不宜多

書懷

釣船抛却異鄉來擬向何門用不才日晚獨登樓上望馬蹄車轍滿塵埃

偶興

逐隊隨行二十春曲江池畔避車塵如今贏得將衰老閒看人間得意人

京中晚望

心如野鹿跡如萍謾向人間性一靈往事不知多少夢夜來和酒一時醒

始皇陵

荒堆無草樹無枝嬾向行人問昔時六國英雄漫多事到頭徐福是男兒

浮雲

溶溶曳曳自舒張不向蒼梧即帝鄉莫道無心便無事也曾愁殺楚襄王

香

沈水良材食柏珍博山煙煖玉樓春憐君亦是無端物貪作馨香忘却身

鄴城

臺上年年掩翠蛾臺前高樹夾漳河英雄亦到分香處能共常人較幾多

西施

家國興亡自有時吳人何苦怨西施西施若解傾吳國越國亡來又是誰

自遣

得即高歌失即休多愁多恨亦悠悠今朝有酒今朝醉明日愁來明日憂

銅雀臺

強歌強舞竟難勝花落花開淚滿膺祇合當年伴君
死免交憔悴望西陵

鸚鵡

莫憾雕籠翠羽殘江南地暖隴西寒勸君不用分明
語語得分明出轉難

梅

天賜胭脂一抹腮盤中磊落笛中哀雖然未得和羹
便會與將軍止渴來

煬帝陵

入郭登橋出郭船紅樓日日栁年年君王忍把平陳

業只博雷塘數畝田

栁

灞岸晴來送別頻相偎相倚不勝春自家飛絮猶無
定爭解垂絲絆路人

秦紀

長策東鞭及海隅黿鼉奔走鬼神趨憐君未到沙邱
日肯信人間有死無

仙掌

掌前流水駐無塵掌下軒車日日新謾向山頭高舉
手何曾招得路行人

淚

逼臉橫頤咽復勻也曾讒毀也傷神自從魯國潸然
後不是姦人即婦人

王濬墓

男兒未必盡英雄但到時來即命通若使吳都猶王
氣將軍何處立殊功

圍城偶作

東望陳留日欲曛每因刀筆想夫君自從郭泰碑銘
後只見黃金不見人

贈妓雲英 鑑戒錄云鍾陵妓雲英隱與舊下第見之雲英曰羅秀才尚未脫白隱贈

詩云

鍾陵醉別十餘春重見雲英掌上身我未成名君未
嫁可憐俱是不如人

故都

江南江北兩風流一作迷津一拜侯至竟不如隋煬
帝破家猶得到揚州

獻尚父大王

數年鐵甲定東甌夜渡江山瞻斗牛今日朱方平殄
後虎符龍節十三州

蜂

不論平地與山尖無限風光盡被占採得百花成蜜後爲誰辛苦爲誰甜

簾

翡翠佳名世共稀玉堂高下巧相宜殷勤爲嘱纖纖手捲上銀鉤莫放垂

嚴陵灘

中都九鼎勤英髦漁釣牛蓑且遁逃世祖升遐夫子死原陵不及釣臺高

華清宮

樓閣層層佳氣多開元時節好笙歌也知道德勝堯舜爭奈楊妃解笑何

帝幸蜀

馬嵬山色翠依依又見鑾輿幸蜀歸泉下阿蠻應有語這迴休更怨楊妃

鷺鷥

斜陽澹澹柳陰陰風裊寒絲映水深不要向人誇素白也知常有羨魚心

書淮陰侯傳

寒燈挑盡見遺塵試瀝椒漿合有神莫恨高皇不終始滅秦謀項是何人

小松

已有清陰逼座隅愛聲仙客肯過無陵遷谷變須高節莫向人間作大夫

竹

籬外清陰接藥闌曉風交戛碧瑯玕子猷死後知己少粉節霜筠謾歲寒

謾天嶺

西去休言蜀道難此中危峻已多端到頭未會蒼蒼色爭得禁池兩度謾

江南

玉樹歌聲澤國春纍纍輜重憶亡陳垂衣端拱渾閑事忍把江山乞與人

江北

廢宮荒苑莫閑愁成敗終須要徹頭一種風流一種死朝歌爭得似揚州

人日新安道中見梅花 其年以徐寇停舉

長途酒醒臘春寒嫩蘂香英撲馬鞍不上壽陽公主面憐君開得却無端

蟬

天地工夫一不遺與君聲調借君緌風棲露飽今如

此應忘當年滓濁時

宮詞

巧畫蛾眉獨出羣當時人道便承恩經年不見君王面落日黃昏空掩門

涇溪

涇溪石險人兢懼終歲不聞傾覆人却是平流無石處時時聞說有沈淪

題杜甫集

楚水悠悠浸楚亭楚南天地兩無情思交孫武重泉下不見時人說用兵

春風

也知有意吹噓切爭奈人間善惡分但是秕糠微細物等閑擡舉到青雲

席上歌水調

餘聲宛宛拂庭梅通濟渠邊去又回若使煬皇魂魄在爲君應合過江來

題新榜

黃土原邊狡兔肥犬如流電馬如飛灞陵老將無功業猶憶當時夜獵歸

早行二首

北去南來無定居此生生計竟何如酷憐一覺平明睡長被雞聲惡破除

雨灑江聲風又吹扁舟正與睡相宜無端戍鼓催前去別覺青山向曉時

宿紀南驛

策蹇南游憶楚朝陰風淅淅樹蕭蕭不知無忌奸邪骨又作何山野葛苗

烏程

兩府攀陪十五年郡中甘雨幕中蓮一瓶猶是烏程酒須對霜風淚泫然

野狐泉

潏潏寒光濺路塵相傳妖物此潛身又應改換皮毛後何處人間作好人

金山僧院

根盤蛟蜃路藤蘿四面無塵輟棹過得似吾師始惆悵眼前終日有風波紀事藁隱又有句云老僧齋罷關門睡不管波濤四面生

題鑿石山僧院

日夜潮聲送是非一回登眺一忘機憐師好事無人見不把蘭芽染褐衣

夜泊義興戲呈邑宰

溪畔維舟問戴星此中三害在圖經長橋可避南山遠却恐難防是醉靈

贈無相禪師

人人盡道事空王心裏忙於市井忙惟有馬當山上客一死門生路兩相忘

寄聶尊師

欲芟荆棘種交梨指畫城中日恐遲安得紫青磨鏡石與君閒處看榮衰

寄竇澤處士二首

蘭亭辭客舊知聞欲問平安隔海雲不是金陵錢太尉世間誰肯更容身

鼇背樓臺拂白榆此中槎客亦躕躅牢山道士無仙骨却向人間作酒徒

許由廟

高挂風瓢濯漢濱土階三尺愧清塵可憐比屋堪封日若到人間是眾人

八駿圖

穆滿當年物外程電腰風脚一何輕如今縱有驊騮在不得長鞭不肯行

姑蘇臺

讓高泰伯開基日賢見延陵復命時未會子孫因底事解崇臺榭爲西施

焚書坑

千載遺蹤一窖塵路傍耕者亦傷神祖龍算事渾乖角將爲詩書活得人

四皓廟

漢惠秦皇事已聞廟前喬木眼前雲楚王謾費閒心力六里青山盡屬君

韓信廟

剪項夷秦勢已雄布衣還是負深功儒夫女子俱堪憾却把餘杯奠蒯通

董仲舒

災變儒生不合聞謾將刀筆指乾坤偶然留得陰陽術閉却南門又北門

望思臺

芳草臺邊魂不歸野煙喬木弄殘暉可憐高祖清平業留與閒人作是非

章公子

擊柱狂歌慘別顏百年人事夢魂間李將軍自家聲在不得封侯亦自閒

王夷甫

把得閒書坐水濱讀來前事亦酸辛莫言麈尾清談柄壞却淸風是此人

羅敷水

雉聲角角野田春試駐征車問水濱數樹枯桑雖不語思量應合識秦人

靑山廟

市簫聲咽跡崎嶇雪恥酬恩此丈夫伯主兩忘時亦異不知魂魄更歸無

孟浩然墓

數步荒榛接舊蹊寒郊漠漠雨淒淒鹿門黃土無多少恰到書生塚便低

淮口軍葬

一陣孤軍不復迴更無分別只荒堆莫言賦分須如此曾作文皇赤子來

貴游

館陶園外雨初晴繡轂香車入鳳城八尺家童三尺箠何知高祖要蒼生

京中正月七日立春

一二三四五六七萬木生芽是今日遠天歸雁拂雲

飛近水遊魚迸水出

七夕

月帳星房次第開兩情惟恐曙光催時人不用穿針待沒得心情送巧來

中秋不見月

風簾淅淅漏燈痕一半秋光此夕分天爲素娥孀怨苦併教西北起浮雲

中秋夜不見月

陰雲薄暮上空虛此夕淸光已破除只恐異時開霽後玉輪依舊養蟾蜍

竹下殘雪

牆下濃陰對此君小山尖險玉爲羣夜來解凍風雖急不向寒城減一分

杏花

暖氣潛催次第春梅花已謝杏花新半開半落閒園裏何異榮枯世上人

柳

一簇靑煙鎖玉樓半垂欄畔半垂溝明年更有新條在繞亂春風卒未休

隋堤柳

夾岸依依千里遙路人回首認隋朝春風未悉宣華意猶費工夫長綠條

鎮海軍所貢 題不全

簷前飛雪扇前塵千里移添上苑春他日丁甯柿林院莫宣恩澤與閒人

金錢花

占得佳名繞樹芳依依相伴向秋光若教此物堪收貯應被豪門盡劚將

病中題主人庭鶴

碧水華亭舊所聞病中毛羽最憐君稻粱且足身兼

健何必青雲與白雲

子規

銅梁路遠草青青此恨那堪枕上聽一種有冤無可報不如銜石疊滄溟

簾

疊影重紋映畫堂玉鉤銀燭共熒煌會應得見神仙在休下真珠十二行

白角篦

白似瓊瑤滑似苔隨梳伴鏡拂塵埃莫言此箇尖頭物幾度撩人惡髮來

聽琴

寒雨蕭蕭落井梧夜深何處怨啼烏不知一盞臨邛酒救得相如渴疾無

聽琵琶

香筵酒散思朝散偶向梧桐暗處聞大抵曲中皆有恨滿樓人自不知君

章魯封

魯封桐廬人舉進士不第與羅隱齊名時號章羅武肅王辟爲表奏孔目官累遷蘇州刺史著章子三卷

北夢瑣言屯難之世君子遭遇不幸往往有之唐進士章魯封與羅隱齊名人號章羅皆浙中人頻舉不第聲采甚著錢尚父土豪倔起號錢塘八都洎破董昌奄有杭越於是章羅二士羅其籠罩然其出於草萊未諳事體重縣宰而輕郎官嘗曰某人非才只可作郎官不堪作縣令郎可知也以章魯封爲表奏孔目官章拒而見笞差羅隱宰錢塘皆畏死稟命也章羅以之爲恥錢公用之爲榮玉石俱焚吁可惜也或云章魯封後與蘇州著章子三卷行於世

謔池亳二州賓佐兼寄宣武軍掌書記李晝 池州

杜少府慥亳州韋中丞仕符二君皆以長年精求釋道樂營子女厚給衣糧任其外住若有宴歡方一召來柳際花間任爲娛樂謔中舉子章魯封爲詩謔其賓佐兼寄李詩云云李晝戲酬詩云秋浦亞卿顏叔子譙都中憲老桑門如今柳巷通車馬唯恐他時立棘垣

杜叟學仙輕蕙質韋公事佛畏青娥樂營却是閒人

管雨地風情日漸多

卷七十二終

全五代詩卷七十三

羅江李調元雨村 編

吳越

杜建徽

建徽字延光新登人隨錢鏐征伐累功官至涇涇源昭化諸軍節度使丞相兼中書令封郢國公卒年八十八贈太師謚威烈全唐詩話建徽累征伐皆單衣入陣敵無不披靡年老尚能騎射嘗從擊毬於廣場興酣有省中箭鏃自臂中飛出人皆壯之為詩自叙云云

自叙

中箭斫耳鈌被箭射髀過為將須用膽有膽即無買

皮光業

光業字文通日休之子蘇州人武肅王辟幕府署浙西節度判官賜進士及第仍加秘書郎授右補闕內供奉賜金紫兼兩浙觀察使文穆王命知東府事天福二年拜丞相卒謚貞敬所著有皮氏見聞錄十國春秋光業父日休有盛名唐末為蘇州軍事判官太常博士遂家焉光業生于姑蘇十歲能屬文及長以所業謁武肅王與沈崧林鼎同辟幕府凡教令儀注多所考定光業美容儀善談論見者或以為神仙中人性嗜茗常作詩以茗為苦口師國中多傳其癖弟光隣官溫州刺史子粲官元帥府判

官著有鹿門家鈔詩詠三世皆以文雄江東識者榮之　紫桃軒雜綴光業五七言詩賈閬仙之傳也有燒平樵路出潮落海山高之句作者多許之　西清詩話光業有句云行人折柳和輕絮飛燕啣泥帶落花　清異錄光業最耽茗事一日中表請嘗新柑簪紱叢集纔至未顧樽罍而呼茶甚急徑進一巨甌題詩曰未見甘心氏先嘗苦口師

武肅王廟碑銘

崧高嶙峋是生哲人上天獅子出澤麒麟籛尊殷祖鄭亢唐臣衣冠素裏文武經綸廣運將新大盜斯起雁象剝鷩鳧毛亂委紫蓋蒙塵黃金多壘既戮憲章又裂文軌武肅英王提劍東方龍行雲雨虎變文章宇氣沃酒妖雪歸湯洗滌星紀整頓天常告功狼居

圖形麟閣相珪聯編茅土續索三道犀幢八朝鳳幄丹券家門錦衣城郭元帥天下國王具區六瑞琢册三品鑄符尙父四履尙書萬樞峣峨高壽巘赫霸國我王奉天爲時而出傳寶應金繼輝趙日國士無雙風華第一削樹平戎夢未受秩功既挺世德又動天襲封二册嗣位三年金應國寶元帥兵權忠無瑕類孝絕雕鐫未褫壘褰乃建淸廟臥龍之城金稽之嶠嵐界廻廊粉明周繚廣殿霞開重門兵峭瑞玉禮器香擅聖容民之祀主我之神宗秉翟執籥特磬編鐘然蕭焫膟寘幣輪琮於穆祠中煥然陰府五齊恒馨

六佾常舞餚薦房蒸歌隨路鼓令子懿孫光今顯古

謝鶚

鶚南康人仕吳越 時十國春秋鶚舉唐進士兒時夢浴溪中有人以珠一器遺之日吞此則明悟矣鶚吞細珠六十餘顆及長善爲詩有文名寶大時朱行先勤王事而沒鶚爲撰墓誌一時推許其詞云云調元按吳越詩多殘闕如皮光業謝鶚俱能詩而所傳止銘詞殊爲可惜其不見全什者俱附記于此　吳越備史元德昭字明遠本姓危撫州南城縣人仕吳越忠獻王拜丞相理家以孝州愛聞每時序置酒環列几席者凡四從嘗爲詩云滿堂羅綺兼朱紫四代兒孫奉老翁　五代詩話林鼎字煥文閩人也父無隱鼎生于明州太隱村初刺史黃晟頗好禮士無隱依之有詩名嘗爲詩云雪消二月江湖闊花發千山道路香知言者以無隱必有貴子鼎事吳越果至丞相　西淸詩話吳越司賓沈韜文湖州人有遊西湖詩云菰米蘋花似故鄉不是不歸歸未得好風明月一思量惜缺其首句　武肅遂授以湖州刺史　五代史補僧契盈閩中人通內外學性尤敏速廣順初遊戲錢塘一日陪吳越王遊碧波亭時潮水初滿舟楫輻輳望之不見其首尾王喜曰吳國地去京師三千餘里而誰知一水之利有如此耶可謂三千里外一條水契盈對曰十二時中兩度潮時人謂之佳對時江南未通兩浙貢賦自海路而至靑州故云三千里也

檢校尙書左僕射朱公誌銘

挺生英特邈爾奇形素蘊豹畧能精武經戈鋋再舉氛祲廓淸從茲勇冠大播家聲盛績既彰威名遂振靜守謙敬動知逆順惟此侯王賞其忠信不有殊功

疇還劇鎮匡吳志大佐越功全一人注意百辟推賢
方務剖竹宜分重權孰謂梁木俄隨逝川生作忠臣
没留遺策眷彼令嗣恭承帝澤丹旐斯引元宮已闢
萬歲千秋芳塵永隔

孫郃

郃字希韓明州奉化人乾甯中登進士第吳越時官校書郎文集四十卷小集三卷唐音戊籤

郃幼爲方干所知好荀韓孟子之書學韓退之爲文故因以爲字常有句云仕宦類商賈終日常東西 十國春秋郃自幼負氣岸博學高才唐末爲左拾遺朱全忠篡唐著春秋無賢人論即脱冠裳服布衣歸隱于奉化山著書紀年悉用甲子以示不臣之義

古意擬陳拾遺二首

屈子生楚國七雄知其才介潔世不容跡合藏蒿萊
道廢固命也瓢飲亦賢哉何事葬江水空使後人哀
魏禮叚干木秦王乃止戈小國有其人大國奈之何
賢哲信爲美兵甲豈云多君子戰必勝斯言聞孟軻

哭方元英先生

牛斗文星落知是先生死湖上聞哭聲門前見彈指
官無一寸祿名傳千萬里死著弊衣裳生誰顧朱紫
我心痛其語淚落不能已猶喜韋補闕揚名薦天子

干益用韋莊薦賜贈詳陸龜蒙傳

邱光庭

光庭吳興人吳越時官至國子博士

補新宮并序 解

新宮成室也宮室畢乃祭而落之又與羣臣賓客燕飲謂之成也 昭二十五年左傳叔孫昭子聘於宋公享之賦新宮又燕禮升歌鹿鳴下管新宮今詩序無此篇蓋孔子反魯之後其詩散逸採之不得故也三百之篇孔子既已删定子夏從而序之其序不冠諸篇別爲編簡縱其辭詩逸則厥義猶存若南陔白華之類故束晳得以補之惟此新宮則辭義俱失苟非精考難究根源按新者有舊之辭也新作南門新作延廄是也宮者居處燕遊宗廟之總稱也士蔿城絳以深其宮梁伯溝其公宮居處之宮也楚之章華晉之虒祁燕遊之宮也成三年新宮災禰廟之宮也然則正言新宮居處之宮也蓋文王作豐之時新建宮室宮室初成而祭之因之以燕賓客謂之爲考考成也若宣王斯干考成室之類是也亦謂之落落者以酒澆落之也若楚子

成章華之臺願與諸侯落之類是也因此之時時人歌詠其美以成篇章故周公採之爲燕享歌焉必知此新宮爲文王詩者以燕禮云下管新宮下管者堂下以笙奏詩也鄉飲酒禮云工升而歌鹿鳴四牡皇皇者華歌訖笙入立于堂下奏南陔白華華黍笙之所奏例皆小雅皆是文王之詩新宮既爲下管所奏正與南陔事同故知爲文王詩也知非天子詩者以天子之詩非宋公所賦下管所奏故也知非諸侯詩者以諸侯之詩不得入雅

當在國風故也知非禰廟詩者以禰廟之詩不可享賓故也知非燕遊之宮詩者以燕遊之宮多不如禮其詩必當規刺規刺之作是爲變雅享賓不用變雅故也由此而論則新宮爲文王之詩亦已明矣或問曰文王既非天子又非諸侯爲何事也答曰周室本爲諸侯文王身有聖德當殷紂之代三分天下之衆二分歸周而文王猶服事紂武王克殷之後謚之曰文追尊爲王其詩有風焉周召南是也有小雅焉鹿鳴南陔之類是也有大雅

焉大明棫樸之類是也有頌焉清廟我將之類是也四始之中皆有詩者以其國爲諸侯身行王道薨後追尊故也新宮既爲小雅今依其體以補之云爾

奐奐新宮禮樂其融爾德惟賢爾心維忠爲忠以公斯筵是同人之醉我與我延賓

奐奐新宮既奐而輪其固如山其儼如雲其寢斯安分我既考落以燕羣臣

奐奐新宮既祭既延我 缺二 鏞于以醉賢有禮無愆我有斯宮斯宮以安康後萬年

補茅鴟 并序 解

茅鴟刺食祿而無禮也在位之人有重祿而無禮度君子以爲茅鴟之不若作詩以刺之

襄二十八年左傳齊慶封奔魯叔孫穆子食慶封慶封氾祭穆子不說使工爲之諷茅鴟杜元凱曰茅鴟逸詩刺不敬也凡詩先儒所不見者皆謂之逸不分其舊亡與刪去也臣以茅鴟非舊亡蓋孔子刪去耳何以明之按襄二十八年孔子時年八歲記曰男子十年出就外傳學書記十有三年學樂習詩舞

論語曰吾有十五而志於學則慶封奔魯之日與孔子就學之年其間相去不遠其詩未至流散況周禮盡在魯國孔子賢于叔孫豈叔孫尙得見之而孔子反不得見也由此而論茅鴟之作不合禮又爲依孔子刪去亦已明矣或曰安知新宮不爲刪去耶答曰新宮爲周公所收燕禮所用不與茅鴟同也曰茅鴟爲風乎爲雅乎非雅也風也何以言之以叔孫大夫所賦多是國風故也今之所補亦體風焉

茅鴟茅鴟無集我罔汝食汝飽莫我爲祥願彈去汝
來彼鳳凰來彼鳳凰其儀有章
茅鴟茅鴟無啄我雀汝食汝飽莫我肯略願彈去汝
來彼瑞鵲來彼瑞鵲其音可樂
茅鴟茅鴟無搏鶼鸛汝食汝飽莫我爲休願彈去汝
來彼鳲鳩來彼鳲鳩食子其周
茅鴟茅鴟無嚧我陵汝食汝飽莫我好聲願彈去汝
來彼蒼鷹來彼蒼鷹祭鳥是徵

林嵩

嵩字雄飛登大順進士第爲吳越從事官侍御史

贈天台王處士

深隱天台不記秋琴臺長別一何愁茶烟巖外雲初起新月潭心釣未收映宇異花叢發好穿松孤鶴一聲幽赤城不掩高宗夢寗久懸冠枕瀑流

任翻

翻唐末吳越時人唐宋藝文志翻嘗客居天台有宿巾子山詩爲人所稱 後村詩話翻詩存者五言十首然多佳何可愛賢於今之動爲千百首無一可傳者矣茲徧搜得此第未知與後村所見同否

洛陽道

憧憧洛陽道塵下生春草行者豈無家無人在家老雞鳴前結束爭去恐不早百年路傍盡白日車中曉求富江梅狹取貴山岳小二端立在途奔走無由了

春晴

楚國多春雨柴門喜晚晴幽人臨水坐好鳥隔花鳴野色臨空潤江流接海平門前到溪路今夜月分明

秋晚郊居

遠聲霜後樹秋色水邊村野逕無來客寒風自動門海山藏日影江月落潮痕惆悵高飛晚年年別故園

秋晚途次

秋色滿行路此時心不閑孤貧遊上國少壯有衰顏
眾鳥已歸樹旅人猶過山蕭條遠林外風急水潺潺

葛仙井

古井碧沈沈分明見百尋味甘傳邑外脉冷應山心
圓入月輪淨直涵峰影深自從仙去後汲引到如今

桐柏觀

飄飄雲外者暫宿聚仙堂半夜人無語中宵月送涼
鶴歸高樹靜螢過小池光不得多時住門開是事忙

冬暮野寺

江東寒近臘野寺水天昏無酒可銷夜隨僧早閉門
照牆燈影短著瓦雪聲繁飄泊仍千里清吟欲斷魂

贈濟禪師

碧峯秋寺內禪客已無情半頂髮根白一生心地清
竹房侵月靜石逕到門平山下塵囂路終年誓不行

經墮淚碑

羊公傳化地千古事公存碑已無文字人猶敬子孫
峴山長閉恨漢水自流恩數處烟嵐色分明是淚痕

長安冬夜書事

憂來長不寐往事重思量清渭幾年客故衣今夜霜
春風誰識面水國但牽腸十二門車馬昏明各自忙

越江漁父

借問釣漁者持竿多少年眼明汀島畔頭白子孫前
櫂入花時浪燈留雨夜船越江深見底誰識此心堅

哭友人

逢著南州史江邊哭問君送終時有雪歸葬處無雲
官庫惟留劒鄰僧共結墳兒孫未成立誰與集遺文

送李衡

羈棲親故少遠別惜清才天畔出相送路長知未迴
欲銷今日恨强把異鄉杯君去南堂後應無客到求

宮怨

淚乾紅落臉心盡白垂頭自此方知怨從來豈信愁

惜花

無語與花別細看枝上紅明年又相見還恐是愁中

宿巾子山禪寺（方輿勝覽山在明州城中橫峙江之下流兩峯如幘其頂雙塔羊肩有明慶塔院勝槩名天下）

絕頂新秋生夜涼鶴翻松露滴衣裳前峰月映半江
水僧在翠微開竹房

再遊巾子山寺

靈江江上幘峰寺三十年來兩度登野鶴尚巢松樹
徧竹房不見舊時僧

三遊巾子山寺感述

清秋絕頂竹房開松鶴何年去不廻惟有前峰明月在夜深猶過半江來

鄭　巢

巢吳越時人

秋思

寒螢鳴不定郭外水雲幽南浦鴈來日北窗人臥秋病身多在遠生計少於愁薄暮西風急清砧響未休

楚城秋夕

故苑多愁夕西風木葉黃寒江浸霧月曉角滿城霜

弟姪來書少關河去路長幾時停桂檝故國隔瀟湘

泊靈溪館 天台賦過靈溪而濯李善曰溪名也

孤吟疎雨絕荒館亂峯前曉鷺棲危石秋萍滿敗船溜從華頂落樹與赤城連已有求閒意來期在暮年

秋日陪姚郎中登郡中南亭

雲水生寒色高亭發遠心鴈來疎角韻槐落減秋陰隔石嘗茶坐當山抱瑟吟誰知瀟洒意不似有朝簪

宿天竺寺

暮過潭上寺獨宿白雲間鐘磬遙連樹星河半隔山石中泉暗落松外戶初關却憶終南裏前秋此夕還

陳氏園林

當門三四峯高興幾人同尋鶴新泉外留僧古木中蟬鳴槐葉雨魚散芰荷風多喜陪幽賞清吟繞石叢

題崔中丞北齋

湖近草侵庭秋來道興生寒湖添井味遠漏帶松聲放卷聽泉坐尋僧踏雪行何年各無事高論宿青城

題崔行先石室别墅

山空水遶籬幾日此栖遲採菊頻秋醉留僧擬夜棋桂陰生野菌石縫結寒澌更喜連幽洞唯君與我知

題靈隱寺晥公院

山寒葉滿衣孤鶴偶清羸已在雲房老休爲內殿期嵐昏聲磬早菓熟喚猿遲未得終高論明朝更别離

瀑布寺貞上人院

林疎多暮蟬師去宿山烟古壁燈薰畫秋琴雨慢絃竹間窺遠鶴巖上取寒泉西嶽沙房在歸期更幾年

和姚郎中題凝公院

石房寒竹遶白晝坐冥然片衲何山至空堂幾夜禪葉侵經上字氷結硯中泉雪夕誰同話懸燈古像前

贈邱先生 光庭

雲泉心不夾垂日坐柴關硯取欞前雨圖開異國山

原僧招過宿沙鳥伴長閒地與中峯近殘陽獨不還

贈蠻僧

南海何年過中林一磬微病逢秋雨發心遂暮潮歸
久卧前山寺猶逢故國衣近來慵步履石蘚滿柴扉

寄貞法師

巡禮知難盡幽人見亦稀幾年潭上過何待雪中歸
遠瀑穿經室寒螢發定衣無因尋道者獨坐對松扉

送靈溪李侍郎

貂裘離闕下初佐漢元勳河偃流澌疊沙晴遠樹分
年年下暮露鼓角調寒雲中夕蕭關宿邊聲不可聞

送姚郎中罷郡遊越

逍遙方罷郡高興接東甌幾處行杉逕何時宿石樓
潮聲穿古竇華影在空舟惆悵雲門路無因得從遊

送魏校書赴夏口從事

西風吹遠蟬驛路在雲邊獨夢諸山外高談大旆前
夜燈分楚塞秋角滿湘船郡邑多巖寶何方便學仙

送衡州薛從事

吟去望雙旌滄洲晚氣清遙分高岳色亂出遠蟬聲
楚霽雲連寺湘寒浪浸城孤猿不可聽一聽白髭生

送邊使

關河度幾重邊色上離容灞水方爲別沙場又入冬
曙鵰迴大旆夕雪沒前峯漢使多長策須令遠國從

送人赴舉

篇章動玉京墜葉滿前程舊國與僧别秋江罷釣行
馬過隋代寺檣出楚山城應近嵩陽宿潛聞瀑布聲

送袁肇歸山陰

論文意有違寒雨灑行衣南渡久誰語後岑今獨歸
河帆因樹落沙鳥背潮飛若值雲門侶多應宿翠微

送李式

瀟湘路杳然清興起秋前去寺多隨磬看山半在船

綠雲天外鶴紅樹雨中蟬莫使遊華頂逍遙更過年

送韋弁

掛席曙鐘初家山半在吳艣聲過遠寺江色洞秋蕪
陂鶴巢城木邊鴻宿岸蘆知君當永夜獨釣五湖隅

送人南遊

南京路悄然歌石激流泉遠寺寒雲外揚帆暑雨前
鴈行回曉岫疊色上湖田更想清吟處多同隱者眠

送省空上人歸南嶽

又歸衡嶽寺舊院樹㝠㝠坐石縫寒衲尋龕補壞經
嶠雲籠曙磬潭草落秋萍誰伴高窗宿禪衣挂桂馨

送彖上人還山中

竹錫與袈裟靈山笑暗霞泉痕生淨蘚燒力落寒花
高戶聞聽雪空窗靜擣茶終期宿華頂須會說三巴

送僧歸富春

憶過僧禪處遙山抱竹門古房關蘚色秋逕掃潮痕
石淨聞泉落沙寒見鶴翻終當從此望更與道人言

送琇上人

古殿焚香外清羸坐石稜茶烟開瓦雪鶴跡上潭冰
孤磬侵雲動靈山隔水登白雲歸意遠舊寺在廬陵

哭虛海上人

一化西風外禪流稍稍分買碑行暮雨斲石葬寒雲
靜戶關松色荒齋聚鳥羣朗吟聲不倦高傳有遺文

周鏞

鏞諸暨縣人

諸暨五洩山

路入蒼烟九過溪九穿巖曲到招提天分五溜寒傾
北地秀諸峰翠插西鑿徑破崖來木杪駕泉鳴竹落
榱題當年老默無消息猶有詞堂一杖藜

屠環智

環智字寶光海鹽人少負勇略吳越王兵拒
黃巢環智仗劍從之時與謀議授指揮使天
復二年徐綰許再忠叛刺史高彥遣子渭同
赴難抵靈隱爲伏兵所害檇李詩繫環智有咏志詩云云

詠志

輕身都是義殉主始爲忠一夜西陵路朱旗走大風

章謙

謙吳越時人檇李詩繫常樂菴在崇德縣西八十步梁天監二年建俗呼西寺後入宋改悟空院吳越時謙詩云云

題常樂菴五雲堂

吾匠慕先哲至理皆融通一法果有至五雲疑在空

講香浸棐几夜月鎖簾櫳弋者何由預冥冥出塞鴻

李翰

翰吳越時人檇李詩繫朱自勉廣德中爲嘉禾屯田都知悉修水利畎畝之政民始殷富五代時李翰詩云云

朱都知嘉禾屯田紀績詩

茫茫九區陽九罹災邱荒札瘥田卒汙萊天步未移
連師滿野不耕不穫仰食於下嗷嗷遺人糊口饋軍
帝曰予憂援立其屯且戰且耕古之善經辟師肅祇
王命是將嘉禾之田際海茫茫取彼榛荒畫爲封疆
朱公蒞之展器授方田事既飭黎人則康我屯之稼

如雲漠漠天位碁布溝封綺錯朱公履之勸耨趨穫根莠不生螟螣不作歲登億計征寬稅薄息我征人遂其耕鑿我屯之庾如京如坻嘉量是登方舟是維贊皇獻之達於京師飽我六軍肅將天威畋距於溝溝達於川故道既堙變溝爲田朱公濬之執用以先浩浩其流乃與湖連上則有塗中則有船旱則溉之水則泄焉曰雨曰霽以溝爲天俾我公私永無飢年公田翼翼私田嶷嶷不侵其畔不犯其穡我倉既盈爾廪維億屯人熙熙邑人怡怡不擾其務不干其時我無爾暴爾無我欺我有官屬朱公訓之我有徒侶

朱公恤之我有衆役朱公率之我有微功朱公序之起於田中印綬纍纍何以況之福祿如茨何以久之刻篆於碑

卷七十三終

全五代詩卷七十四

羅江李調元雨村　編

吳越

葉簡

簡吳越時剡縣人善占候尤精風角武肅王辟居幕中全唐詩話簡善卜筮射覆無不奇中有失牛者簡占云占失牛已被家邊載上州欲知賊姓一斤求欲知賊名十千頭果鄰人邱甲盜之又射覆巾子云近來好果束各自競尖新秤無三五兩因何號一斤又橘子雞子云云

射覆橘子

圓似珠色如丹儂能擘破同分喫爭不慚媿洞庭山

射覆二雞子

此物不難知一雄兼一雌誰將打破看方明混沌時

殷天祥

天祥又名道筌嘗自稱七七不知何所人全唐詩話天祥遊行天下不測其年壽面光白若四十許人每日醉歌道上周寶鎮浙西師敬之嘗試其術於九月令開鶴林寺杜鵑花有驗

醉歌

琴彈碧玉調藥鍊白硃砂解醞頃刻酒能栽傾刻花

陽春曲七七有異術過潤州與客飲云某有一藝佰歡頓屏上畫婦人曰可歌陽春曲婦人應聲而歌其音清亮似從屏中出

愁見唱陽春令人離腸結郎去未歸家柳自飄香雪

舒道紀

道紀婺州人吳越時爲赤松山黄冠師自號華陰子與貫休友善詩話貫休與舒道士東陽未亂前相別聞下世有句云荆襄春浩浩吳越淚漫漫已矣紅霞子空留白石壇

蘭谿靈瑞觀

澄心坐清境虚白生林端夜静笑聲出月明松影寒絳霞封藥竈碧竇濺齋壇海樹幾回老先生棋未殘

題赤松宮今蘭谿縣之赤松山王初平亦稱赤松子

松老赤松原松間廟宛然人皆有兄弟誰得共神仙

雙鶴冲天去羣羊化石眠至今丹井水香滿北山邊

吳仁璧

仁璧字廷寶蘇州人唐大順中登進士第入浙武肅王待以客禮欲辟幕職固辭後爲所害仁璧本關右人游羅浮洞學老莊于張先生得其大旨辭歸謀入京應取先生曰觀子氣法可住此吾授子長生之道仁璧辭以老母缺甘旨俟名遂身退學亦未晚先生曰此去必遂其志亦須早來是年中第入浙謁錢武肅殊禮之累辟入幕堅辭不就以詩謝云云武肅復遣人請撰羅城記仁璧堅不從武肅怒沉于江吳人惜之仁璧有一女有閒居詩云爲惜苔錢妨換砌因憐山色旋開尊又贈道士云五龍金角向星斗三洞玉音愁鬼神又題罌粟云蒲草薄裁連帶白胭脂濃染半葩紅建隆初廣南劉隱遣中人翁光晉同禮丞甯昱就羅浮山設醮醮畢昱游諸岩洞至山頂見一石門有老叟衣薜蘿據西而坐昱問其由云是羅浮先生宅再問誰氏叟低聲對曰吳先生也名仁璧言訖戸闔了無所見其後或有人于羅浮勾曲諸山見仁璧復引一十歳許女子是其女也十國春秋仁璧少習星緯黄白佳言學于廬山道士謂仁璧曰一第猶拾芥耳但他年勿干英雄至是遂驗被繫女泣曰文星失位大人其不免乎王併沉之東小江雅言襍載仁璧閒居云爲惜苔錢妨換砌因憐山色旋開尊遊法華寺云高閣煙霞禪客睡滿城塵土世人忙贈道士云五龍金角向星斗三洞玉音愁鬼神題鶯粟花云蒲草薄裁連帶白胭脂濃染半葩紅俱爲人傳誦全唐詩仁璧有讀度人經寄鄭仁表云身雖一旦塵中老名擬三清會裏題二午九燕餘日在請君相伴醉如泥又賀誼云扶持一疏滿遺編漢陛前頭正少年誰道恃才輕絳灌卻將惆悵弔湘川又衰柳云金風漸利露珠團廣陌長堤黛色殘

水殿狂遊隋煬帝一千餘里可堪看又鳳仙云香紅嫩綠正開時冷蝶飢蜂兩不知此際最宜何處看朝陽初上碧梧枝

投謝錢武肅

東門上相好知音數盡臺前郭隗金累重雖然容食椹力微無計報焚林獘貂不稱芙蓉幕衰朽仍慚玳瑁簪十里溪光一山月可堪從此負歸心

錢塘鶴

入閒路隔青天半巃嵸雲生碧海涯雖抱雕籠密扃鑰可能長在叔倫家

南徐題友人郊居

門前樵徑連江寺，岸下漁磯繫海槎。待到秋深好時節，與君長醉隱侯家。

秋日聽僧彈琴

金徽玉軫韻泠然言下浮生指下泉恰稱秋風西北起一時吹入碧湘煙

春雪

霽凝光入坐寒天明猶自臥袁安貂裘穿後鶴氅做自此風流不足看

金錢花

淺絳濃香幾朶勻日鎔金鑄萬家新堪疑劉寵遺芳在不許山陰父老貧

客路

人寰急景如波委客路浮雲似蓋輕回首故山天外碧十年無計卻歸耕

文喜

文喜嘉興義和鎮人本姓朱氏七歲爲僧戒律精嚴往參洪州仰山禪師言下頓了久之禮五臺築室千頃山會黄巢之亂避地湖州住仁王院唐光啟三年武肅王請住龍泉寺已又住聖果表薦賜紫加號曰無著光化二年忽告衆曰三界心盡卽是涅槃言訖跏趺而逝葬于靈隱之西塢

攜李詩繫文喜嘗往五臺至金剛窟遇一老翁牽牛而行邀入寺堂皆耀金光翁踞牀指繡墩命坐翁曰近自何來曰南方翁曰南方佛法如何住持曰末法比丘少奉戒律翁曰多少衆曰或三百或五百文喜問此閒佛法如何住持曰龍蛇混雜凡聖同居曰多少衆翁曰前三三後三三翁呼童子致茶並進酥酪喜納其味心意豁然辭退翁令童子相送喜問此何處曰此般若寺乃悟翁卽文殊也稽首童子乞一言爲別童說偈曰面上無嗔供養具口裏無嗔吐妙香心裏無嗔是珍寳無垢無染是眞常言訖與寺俱隱但見五色雲中文殊乘金毛獅子往來時有滄州僧修政等至尚一閒山石震吼之聲咸通三年至洪州參仰山一日煮粥見文殊現鑊上喜以攪粥篦擊之曰文殊自文殊文喜自文喜文殊湧空曰苦瓠連根苦甜瓜徹蔕甜修行三

大劫卻被老僧嫌寂化之日白光照室竹樹同色　十國春秋文喜寂化葬于靈隱西塢徐綰之叛田頵縱兵大掠因發文喜塔肉身如故髮爪盤繞異之不敢犯而去武肅王命裨將部志重封瘞焉同時有虛受鴻楚從禮惠明諸僧皆爲王所禮又有僧昭通術數王禮待亞于喜號國師一日昭謁王有小兒墜錢未收王曰速收恐人踏破昭笑曰汝錢欲踏破須是牛方可後忠懿王入宋國除忠懿生年爲丑是牛踏錢破之應云

五臺山夜行遇童子問答忽然不見作

豁州沙界勝伽藍滿目文殊接話談言下未知開佛眼回頭只見翠山巖

無作

無作字不用姓司馬氏蘇州人吳越四明山

僧善草隸詩歌不謁王侯自號逍遥子

謝武肅王

雲鶴性孤單爭堪名利關銜恩雖入國辭命卻歸山

延　壽

延壽字沖立號抱一子杭州人棄吏出家吴越忠懿王延住靈隱寺後遷永明道場開寶八年入滅賜號智覺禪師謚宗照大師著宗鏡錄十國春秋延壽聲被異國高麗王常投書問道執弟子禮奉金絲織成伽梨水晶數珠金澡瓶等遣僧三十六人親承印證相繼歸國各化一方

閑居

閑居誰似我退蹟理難過要勢危身早浮榮敗德多雨催蟲出穴寒逼鳥移窠野徑無人藉疎窗入薜蘿

贊甯

贊甯德清高氏子出家杭州龍興寺吴越武肅王署爲兩浙僧統賜號明義入宋召對滋福殿詔修高僧傳咸平初加右街僧錄至道二年示寂謚曰圓明大師著有內典集外學集王禹偁通慧大師文集序云文穆王時大師聲望日隆文學益茂時錢氏公族有若忠懿王俶宣德節度使偡奉國節度使億越州刺史儀金州觀察使儼故工部侍郎昱與大師以文義切磋時浙中士大夫有若衛尉卿崔仁冀工部侍郎愼知禮內侍致仕楊惲與大師以詩什倡和又得文格于光文大師彙征受詩訣于前進士龔霖由是大爲流輩所推時錢塘名僧有若契凝者通名數一支謂之論虎常從義者文章俊健謂之文虎大師多毘尼著述謂之律虎故時稱四虎焉十國春秋贊甯博物多識辨論縱横徐鉉仕江南日常襆被入直澄心堂至飛虹橋馬輒不進裂鞍斷轡掣韁卻立鉉遣信詣贊甯贊甯曰下有海馬骨水火俱不能毀惟漚以腐糟隨毀者是也鉉斸土果得巨獸骨若段柱然積薪焚三日不動以腐糟漚之遂爛焉徐知誥得繪牛一軸晝則嚙草欄外夜則歸宿欄中持以獻江南後主後主馳驛貢宋太宗羣臣無能辨其理者贊甯曰南倭海水或減則灘磧微露倭人拾方諸蚌腊中有餘淚和色著物則晝隱而夜顯沃焦山或風撓飄擊有石落海岸得之滴水磨色染物則晝明而夜晦此二形始二物所繪也羣臣以爲無稽贊甯曰事載張騫海水異物記公等特未見耳後杜鎬檢三館書目果於六朝舊本得之贊甯又著通論有駁董仲舒難王充斥顏師古證蔡邕非史通等說及筍譜物類相感志諸書王禹偁深歎服之

居天柱山

四野豁家庭柴門夜不扃水邊成半偈月下了殘經雖逐諸塵轉終歸一念醒未知斯旨者萬役盡勞形

寄題水月禪院

參差峰岫晝雲昏入望攀蘿濁浪奔震澤湧山來北岸華陽連洞到東門日生樹掛紅霞腳風起波搖白石根聞有上方僧住處橘花林下採蘭蓀

處　默

處默吳越僧初與貫休同薙髮後入廬山 吳越

紀事越僧處默賦詩有奇句嘗云到江吳地盡隔岸越山多羅隱見之曰此吾句失之久矣乃爲吾師丐得識者鄙其猥薄太甚王正字詩格處默有咏劍句云太平時節無人看雪刃閑封滿匣塵

聖果寺

路自中峰上盤回出薜蘿到江吳地盡隔岸越山多古木叢青靄遥天浸白波下方城郭近鐘磬雜笙歌

送僧遊西域

一盂兼一錫祇此度流沙野性雖爲客禪心即是家寺披雲嶠雪路入曉天霞自説游諸國回應歲月賒

遠煙

靄靄前山上凝光滿薜蘿高風吹不盡遠樹得偏多翠與晴雲合輕將淑氣和正堪流野目朱閣意如何

螢

熠熠與娟娟池塘竹樹邊亂飛如拽火成聚卻無煙微雨灑不滅輕風吹欲燃昔時書案上頻把作囊懸

憶廬山舊居

麤衣糲食老煙霞勉把衰顔惜歲華獨鶴祇爲山客伴閑雲常在野僧家叢生嫩蕨粘松粉自落乾薪帶蘚花明月清風舊相得十年歸恨可能賒

題棲霞寺僧房

名山不取買山錢任構花宮近碧巔松檜老依雲裏寺樓臺深鎖洞中天風經絶嶂回疎雨石倚危屏挂落泉欲結茅菴共師住肯饒多少薜蘿煙

山中作

席簾高捲枕高歌門掩垂蘿蘸碧溪閒把史書眠一覺起來山日過松西

織婦

蓬鬢蓬門積恨多夜闌燈下不停梭成縑猶自陪錢納未直青樓一曲歌

仲休

仲休一作仲林越僧入宋賜號海慧大師有天衣十峯詠錢易爲序

雲門寺

鶴唳峯前路行行世慮消蘿交藏石竇雲破露山椒樹老形多怪人閒色似驕誰同訪諸謝烟草滿溪橋

吳越僧

武肅王有旨石橋設齋會進詩六首

南有天台事可尊孕靈合秀獨超羣重重曲澗侵危石步步層巖踏碎雲金雀每從雲裏現異香多向夜

深閭當知此界非凡界一道幽奇各自分
仙源佛窟有天台今古嘉名遍九垓石磴嵌空神匠出瀑泉雄壯雨聲來景強偏感高僧上地勝能令遠思開一等翹誠依此處自然靈貺作梯媒
智泉福海莫能逾親自王恩運睿謨感現盡冥心境界資持全固道根株石梁低翥紅鸚鵡煙嶺高翔碧鵾鵠勝妙重重惟禱祝永資軍庶息災虞
凌晨迎請倍精誠親散鮮花異處清羅漢攀枝呈梵相巖僧倚樹現眞形神幡雙出紅霞動寶塔全開白氣生都為王心標意切滿空盈月瑞分明
幡花寶蓋滿青川祈禱迎來聖半千莫道勝緣無影響須知嘉會有因緣空中長似聞天樂巖畔常疑有地仙何必更尋兜率去重重靈應事昭然
登雲步嶺涉煙程好景隨心次第生聖者已符祥瑞事地靈全副禱祈情洞深重疊拖雲溼灘淺潺湲漱水清願滿事圓歸去路便風相送片帆輕

杭州還鄉和尚

唱錢氏時有和尚在街市唱此八因名為還鄉和尚問之每云明年大家都去錢氏果納地去歸汴云

還鄉寂寂杳無蹤不挂征帆水陸通踏得故鄉回地穩更無南北與西東

吳越失姓名人

大慶堂賜宴元瓘有詩呈吳越王

櫻桃花下會親賢風遠銅壺轉露盤蝶下粉牆梅乍折蟻浮金斝酒難乾雲和緩奏泉聲咽珠箔低垂水影寒狂簡斐然吟咏足卻邀羣彥重吟看

再和

我有嘉賓宴作歡畫簾紋細鳳雙盤影籠沼沚脩篁密聲透笙歌羯鼓乾散後便衣書篋寐渴來潛想玉壺寒櫻桃零落紅桃媚更俟旬餘共醉看

重和

冷宴殷勤展小園舞鞇柔軟綵虬盤簪花盡日疑頭重病酒經宵覺口乾嘉樹倚樓天鎖暗晚雲藏雨碧山寒文章天子文章別八采盧郎未可看

御製春遊

天意分明道已光春遊嘉景勝仙鄉玉爐煙直風初靜銀漢雲銷日正長柳帶似眉全展綠杏苞如臉半開香黃鶯歷歷啼紅樹紫燕關關語畫梁低檻晚晴籠翡翠小池波暖浴鴛鴦馬嘶廣陌貪新草人醉花堤怕夕陽比屋管絃呈妙曲連營羅綺鬭時妝全吳

霸越千年後，獨此昇平顯萬方。

方卜士

卜士，吳越時人，善卜，人號爲方籙精。（全唐詩話：元懿，武肅王第五子，貞明中自新定判東陽，累奏授賓、睦二州刺史，封中書令、金華郡王，卒年六十六。初，元懿爲新定，方常數卜，貽王公。）

貽元懿

太乙接天河，金華寶貝多。郡侯六十六，別處不經過。

婺州山中人

歌（葆光錄：婺州有僧入山，見一人古貌巾褐，騎牛手執鞭，光鑠日色，扣角而歌云云。僧揖之，不應，馳去。）

靜居青嶂裏，高嘯紫烟中。塵世連仙界，瓊田前路通。

越中狂生

題旗亭（初，董昌未敗前，有狂生於越中旗亭題詩四句，人不曉其詞。及昌敗，方悟草重，董字；日日，昌字；素城者，越城，隋越公楊素所築也；諸侯者，猴，乃錢鏐申生屬也；白兎，昌卯生屬也；夏滿，六月也；鏡湖者，越中也。）

日日草重生，悠悠傍素城。諸侯逐兎白，夏滿鏡湖平。

蔣氏

蔣氏，吳越時湖州司法參軍陸濛妻，性耽酒，善屬文。

答諸姊妹戒飲（蔣以嗜酒成疾，姊妹勸其節飲加餐，應聲吟答。）

平生偏好酒，勞爾勸吾餐。但得杯中滿，時光度不難。

王霞卿

霞卿，藍田人，會稽宰韓嵩之妾。（五代詩話：嵩死，霞卿流落會稽，嘗題詩唐安寺。進士鄭殷彝和詩求謁，霞卿答詩拒之。鄭殷彝和詩云：題詩仙子此曾遊，應是尋春別鳳樓。賴得從來未相識，免教錦帳對銀鈎。　調元按：詩序光啟三年即梁開平元年也，是歲唐已亡，錢鏐方建國，故抄入吳越。）

題唐安寺閣壁 幷序

瑯琊王氏霞卿，光啟三年陽春二月，登於是閣，臨軒軫恨，覩物增悲。雖看煥爛之花，但比淒涼之色。時有輕綃捧硯，小玉看題。

春來引步暫尋遊，愁見風光倚寺樓。正好開懷對煙月，雙眉不覺自如鉤。

答鄭殷彝

君是煙霄折桂身，聖朝方切用儒珍。正堪西上文場戰，空向途中泥婦人。

越溪楊女

越溪楊女（楊女，越溪人，爲詩不過兩句。有謝生求婚，其父出女句令續之，女覽而歎曰：天生吾夫也。後七年，忽題二句示謝，謝訝其不祥。女曰：君且續之。謝應聲就，女郎以首枕其膝而逝。）

聯句

珠簾半牀月，青竹滿林風。（楊女）何事今宵景，無人解語同。（謝生）

春日

春盡花隨盡其如自是花 楊女 從來說花意不過此容華 謝生

明月易虧輪好花難戀春 楊女 常將花月恨并作可憐人 謝生

山陰老人

偽謠 董昌時有山陰縣老人偽上言曰願大王帝於越三十年前已聞謠言故來獻昌得之大喜

欲識聖人姓千里草青青欲識聖人名日從日上生

湖州人

里諺 唐末五代天下皆被兵獨湖州獲免其時語云

放爾生放爾命放爾湖州做百姓

吳興神女

贈謝府君

玉釵空中墮金釧色已歇獨泣謝春風秋夜傷明月

富春沙際鬼

吟 吳越時有人夜泊于富春閒月色澹然見一人於沙際吟此

陊江三十年湖打形骸朽家人都不知何處奠杯酒

又吟 舟人問曰君是誰可示姓名否又吟此詩

莫問我姓名向君言亦空湖生沙骨冷魂魄悲秋風

牡丹妖

詩 洞微志錢仁偡尚父之孫也為元帥府中書檢校司徒與仁偡中軍都虞侯金沼鄰居沼所居堂春植牡丹花一本著花三百朶其色如血如金之含稜每樓子頂上有碎金絲如自然蛺蝶之狀一城以為奇異每歲有花開張宴仁偡預焉開寶七年春三月花纔一兩朶開仁偡一夕洪飲繫劍裡服中單背負大籃左手攜鈕腰插六匕首踰牆而過沼中外無知者鋤取牡丹置籃中仍于其地空中間有吁嘆之聲微細若游蜂音辭云云仁偡異之移植于亭後明日沼覺失花謂非人力所及來年花盛開乃宴召沼沼一無見詰得疾以歸至夜憤悶不已以刀決腸而卒腸皆寸寸斷果符空中之語

一花三百朶含笑向春風明年三月裡朶朶斷腸紅

郭璞讖 吳越備史咸通中京師有望氣者言錢塘有王氣乃遣侍御史許渾齎璧來瘞

秦望山之腹以厭之又郭璞撰臨安地志讖云云至是果驗又全唐詩唐舊讖云兜子上金牀董昌每引之以為我卯生來年歲在卯二月二日亦卯卯萬世之業在于此因于乾甯二年二月二日僭袞冕即偽位改號羅平國以迄誅滅又丹陽民語云待錢來待錢來後錢鏐授鎮潤州刺史遂據有錢塘乃其應也附錄於此

天目山前兩乳長龍飛鳳舞到錢塘海門山起橫為案五百年生異姓王

錢氏琴 西溪叢話李巽伯云先公得雷威琴錢氏物也中題云云故號忘味為當代第一

嶧陽孫枝匠成雅器一聽秋堂三月忘味

詵

紫霄惠江互詆左街僧錄惠江威儀程紫霄俱辯捷每相嘲誚

僧錄琵琶腿程江素充肥故云先生醫栗頭江

無名氏

書陳環墓

山作田兮田作海萬古存兮誰不改青松新壠曉無年千載維留名記在檇李詩繫陳環潁川人以會昌二年八月十八日安厝於蘇州海鹽縣東二十八里齊景鄉五代時有人題詩云云

卷七十四終

全五代詩卷七十五

羅江李調元雨村 編

閩

四主王繼鵬

四主姓王氏諱繼鵬更名昶前主審知之孫弒其父延鈞而自立爲連重遇所弒金鳳外傳康宗后李氏本惠宗宮人名春鷰一云李傚之妹有色惠宗爲春鷰造東華宮以珊瑚爲梲榆琉璃爲櫺瓦檀柟爲梁棟眞珠爲簾幙範金爲柱礎康宗蒸焉惠宗已病康宗因陳氏以求春鷰惠宗怏怏與之康宗嗣位立爲賢妃行則同輿坐則同席及通文改元復立爲皇后遊幸之所土木之盛逾于東華連重遇之亂康宗同后出北關至梧桐嶺爲皇從子繼業所殺時通文四年七月十三日也清異錄通文四年三月宴後苑飛紅滿空帝曰彌陀經云雨天曼陀羅華此景近似今日觀化工之雨天三昧宜召六宮開三昧宴十國春秋梁國夫人李敏女春鷰被寵不見荅內宣徽院使葉翹諫曰夫人先帝之甥也陛下聘以禮奈何因新愛而棄之如遺乎康宗不從未幾翹復上書言事康宗遂署其楮尾云云

批葉翹諫書紙尾

春色曾看紫陌頭亂紅飛盡不禁愁人情自厭芳華歇一葉隨風落御溝

開國伯王延彬

延彬閩王審知弟武肅王審邽之子官平盧

節度使知泉州軍事加太尉封開國伯五代史延彬再任泉州前後歷二十六年吏民安之每發蠻舶無失墜者時人謂之招寶侍郎卒葬雲臺山閩人亦謂之雲臺侍中五國故事延彬日亭午方起雅能詩辭人禪客謁見多為所屈宅中聲妓多北人將求妓必圖已形而書其歌詩於圖側以是冀其見慕也十國春秋延彬刺泉州時徐寅每同遊賞及陳郯倪曙等賦詩酬酒為樂凡十餘年常被病求藥物於延彬延彬答書善自調護亦可自開豁三皇五帝不死何歸蓋舉寅人生幾何賦以戲之也寅賦云七十戰爭如虎豹竟到烏江三千賓客若鴛鴻難尋珠履又云南陵公子縲鬢改而華髮生北里豪家昨日歌而今日哭又云常聞蕭史王喬長生孰見任是三皇五帝不死何歸故徐寅卒延彬哭之詩云延壽溪頭歎逝波古今人事半銷磨昔除正字今何在所謂人生能幾何延壽溪寅所居也　全唐詩話五代時中原人士楊承休鄭璘韓偓歸傳懿楊贊圖鄭戩等皆避亂入閩依審邽審邽振賦以財遣延士作招賢館禮焉後封開國伯

春日寓感

兩衙前後訟堂清軟錦披袍擁鼻行雨後綠苔侵履跡春深紅杏鎖鶯聲因攜久醖松醪酒自煮新抽竹筍羹也解為詩也為政儂家何似謝宣城

王繼勳

繼勳武肅王審邽之孫延美之子連重遇亂泉州軍將留從效擁立為刺史後執送南唐

贈和龍妙空禪師

白面山南靈慶院茅齋道者雪峰禪只棲雲樹兩三畝不下煙蘿四五年猨鳥認聲呼喚易龍神降伏住持堅誰知今日秋江畔獨步醫王闡法筵

韓偓

偓字致光京兆萬年人唐龍紀元年擢進士第累遷諫議大夫翰林學士中書舍人劉季述之變佐崔允反正為功臣隨幸岐下遷兵部侍郎進承旨還京昭宗欲相之辭朱全忠貶為濮州司馬再貶榮懿尉徙鄧州司馬昭帝遇弑哀帝復召為學士不赴挈族南依王審知僑居南安龍興寺自號玉山樵人所著有內廷集金鑾別紀全唐詩話偓十歲能詩嘗即席為詩送父友李商隱一坐盡驚商隱贈韓冬郎詩有十歲裁詩走馬成及雛鳳清於老鳳聲之句冬郎偓小字父瞻開成中商隱同年也　摭言偓天復初入翰林其年冬車駕出幸鳳府偓有扈從之功反正初上面許偓為相奏云陛下運契中興當復用重德鎮風俗臣座主右僕射趙崇可以副陛下是○乞迴臣之命授崇天下幸甚上嘉嘆翌日制用崇暨兵部侍郎王贊為相時梁太祖在京素聞崇之輕佻贊復有嫌隙馳入請見於上前具言二公長短上曰趙崇是偓薦時偓在側梁主叱之偓奏曰臣不敢與大臣爭上曰韓偓出尋謫官入閩故偓詩有謀身拙為安蛇足報國危曾捋虎鬚之句　李忠定公梁溪集偓嘗到沙陽寓居天王院與老僧蘊明善以詩贈之至後唐時邑令章僚為之記敘偓始末甚詳且述唐

末亂離之事頗與唐史合予至沙陽閒之竊願一觀而其碑因寺中廢爲有力者取去祕不示人久之始得見其副本感而賦之且錄偓詩卷中傳諸好事者云又偶訪明公大德贈長句四韻前翰林學士承旨戶部侍郎知制誥韓偓上寸髮如霜袒右肩倚肩笻竹貌怡然懸燈深屋夜分坐移榻向陽齋後眠刮膜且揚三毒論攝心徐指二宗禪清涼藥分誰知味各自留中有醴泉又詞臣諭去墮天南詩墨從來榜寺簷好事不須收拾去世間遺集有香奩　韻語陽秋偓香奩集百篇皆豔詞也沈存中筆談云乃和凝所作疑後貴悔其少作故嫁名於韓偓耳今香奩集有無題詩序云余辛酉年戲作無題詩十四韻故奉常王公內翰吳舍人令狐渙相公屬和是歲十月一旦兵起隨鸞西狩文稿咸棄丙寅歲在福建有蘇暐以稿見授得無題詩因追味舊詩闕忘甚多予按唐書辛酉乃昭宗天復元年丙寅乃哀帝天祐二年其序所謂丙寅歲在福建有蘇暐授其稿則正依王審知時也稽之于傳與序無一不合者則集爲偓作無疑筆談嫁名之說特未考其詳耳　迂叟詩話北都使宅舊有過馬廳偓詩云外使進鷹初得按中官過馬不教嘶注云上乘馬必中官馭以進謂之過馬既乘之然後蹀躞嘶鳴蓋唐時方鎮亦效之因而名廳也　復齋漫錄偓以翰林承旨謫嶺表道湖南謝人惠含桃詩云金鑾歲歲長宣賜忍淚看天憶帝都自注云每歲貢進之後先宣賜學士　宣和書譜偓歌詩頗多其間綺麗得意者膾炙人口或樂工配入聲律粉牆椒壁竊咏者不可勝計行書亦可喜題懷素草書詩云怪石奔秋澗寒藤挂古松若教臨水畔字字恐成龍非潛心字學作語不能逮此　西清詩話偓詩鶯兒哢嗤梔黃鬭鳳子輕盈賦粉腰事見崔豹古今注云蛺蝶大者爲鳳子　捫蝨新話子美云魚吹細浪搖歌扇李洞云魚搖清影上簾櫳偓云池面魚吹柳絮行此三句皆言魚戲而韓爲優　許彥周詩話高秀寔言元微之詩豔麗而有骨韓偓香奩集麗而

無骨時李端叔意喜韓詩誦其序云咀五色之靈芝香生九竅咽三危之瑞露美動七情秀寔云勸不得也勸不得也　南唐近事偓捐館日有一篋緘鐍甚密家人發觀之中惟燒殘龍鳳燭百餘條蠟淚尚新益在翰院日昭宗召對金鑾深夜宮妓秉燭以送偓悉藏之識不忘也　西溪叢話香奩集云後魏時相州人作李波小妹歌疑其未備因補之李波小妹字雍容云云偓所補似言閨房之意大非其[illegible]北史廣平人李波宗族彊盛殘掠不已百姓語云李波小妹字雍容褰裙逐馬如卷蓬左射右射必疊雙婦女尚如此男子安可逢李安世設方畧誘殺之州內肅然　野客叢書松江詩話曰有松柵詩一聯云採來猶帶煙霞氣月明滿地金釵細以爲佳句恨不見全篇僕謂月照松影但見參差黑影耳安知其爲金釵松葉比之金釵者謂架上月照映則可不可謂地上之影也不如曰月明滿架金釵細此語爲得前輩謂韓退之聯句中竹影金鎖碎之語所謂金鎖碎者非直謂竹影也謂竹閒之日影耳以此驗之益信僕之說爲然韓偓詩曰長松夜落釵千股此語無病李涉詩曰疎林透明月散亂金光滴此正退之竹影金鎖碎　五代詩話晁公武曰偓有君子之道四焉唐之末南北分崩而忘其君偓雖崔允門生獨能棄家從上一也其時搢紳無不交通內外以躐取爵祿偓獨能力辭相位二也不肯草韋貽範起復麻三也不肯致拜於朱溫四也詩曰風雨如晦鷄鳴不已偓之謂矣而宋子京薄之奈何　按偓集唐藝文志一卷香奩集一卷宋志又有入翰林集一卷別集三卷偓集在閩所爲詩皆手自寫成帙宋嘉祐開麗賴公爲禮從裔孫奕取奏之奕因得官故較唐志爲多入翰林集不滿二十篇別集自出官及寓閩詩具在而及第前後諸作亦附焉若香奩集大槩未登第前作也茲彙翰林集別集編年爲四卷香奩集合別集中一二豔詞爲二卷附末而畧譜其年于左俾讀者晰其出處之槩云昭宗龍紀元年偓登進士前此懿宗咸通元年

至僖宗中和元年二十二年中倨有香奩集
自序云庚辰及辛丑作正兩元年歲干也天
復元年正月入翰林有召對及寓直等詩十
一月昭宗刼遷鳳翔有隨駕有隨駕詩三年正
月還京未幾忤全忠貶有二月二十二日赴
貶所途中詩次年甲子昭宗遷洛遇弑有八
月六日詩自後詩記歲干不稱年號用陶靖
節義例示不臣梁也甲子在湖南有夏五月
自長沙抵醴陵詩尋入袁州至撫州乙丑寓
撫州有聞復官不赴詩丙寅寓撫州是秋至
福州主黃滔家見滔集跋丁卯寓福州有復
官不赴召詩是歲唐亡有感事詩三十四韻
戊辰寓福州己巳寓汀州沙縣有寄鄭左丞
赴梁徵命及寄京洛親友令知病廢詩庚午
寓尤溪尋寓桃林場閩志桃林溪去南安二
十里或即其地辛未寓南安壬申寓南安有
譏梁奉使郎官笑余迂古詩癸酉寓南安有
此地三年曾寄家詩及氣疾初愈詩方輿勝
覽云偓卒鄭誠之爲
哀詞今墓在南安

幽獨

幽獨起侵晨山鶯啼更早門巷掩蕭條落花滿芳草
煙和魂共遠春與人同老默默又依依淒然此懷抱

雨中

青桐承雨聲聲聲何重疊疎滴下高枝次打欹低葉
鳥濕更梳翎人愁方拄頰獨自上西樓風襟寒帖帖

南亭

每日在南亭南亭似僧院人語靜先聞鳥啼深不見
松瘦石稜稜山光溪澱澱漸蔓墜長茸島花垂小蒨
行簪隱士冠臥讀先賢傳更有興來時取琴彈一遍

乾寧三年丙辰在奉天重圍作

仗劍夜巡城衣襟滿霜霰賊火遍郊坰飛熘侵星漢
積雪似空江長林如斷岸獨凭女牆頭思家起長歎

出官經硤石縣 天復三年二月二十二日

謫宦過東畿所抵州名濮故里欲清明臨風堪慟哭
溪長柳似帷山暖花如醭逆旅訝簪裾 南路以久無儒服經過皆相聚悲喜 野老悲陵谷暝鳥影連翩驚狐尾纛遨尚得佐
方州信是皇恩沐

早起五言三韻 自注甲子醴陵作

萬樹綠楊垂千般黃鳥語庭花風雨餘岑寂如村塢

依依官渡頭晴陽照行旅

暴雨 庚午桃林場作

電尾燒黑雲雨腳飛銀線急點濺池心微煙昏水面
氣涼氛祲消暑退松篁健叢蓼亞賴茸擎荷翻綠扇
風期誰與同逸趣余探遍欲去更遲留胸中久交戰

火蛾 辛未南安縣作此詩蓋有所指

陽光不照臨積陰生此類非無惜死心奈有賊明意
粉穿紅焰焦翅撲蘭膏沸爲爾一傷嗟自棄非天棄

雨

坐來簌簌山風急山雨隨風暗原隰樹帶繁聲出竹

聞溪將大點穿籬入餉婦寥翹布領塞牧童擁腫蓑衣濕此時高味共誰論擁鼻吟詩空佇立

閒步

莊南縱步遊荒野獨鳥寒煙輕惹惹傍山疎雨濕秋花僻路淺泉浮敗果樵人相聚指驚麐牧童四散收嘶馬一壺傾盡未能歸黃昏更望諸鋒火

自撫州往南城縣舟行見拂水薔薇因有是作 丙寅三月二十七日

江中春雨波浪肥石上野花枝葉瘦枝低波高如有情浪去枝留如力鬬緑刺紅房戰裹時吳娃越豔醺酣後且將濁酒伴清吟酒逸吟狂輕宇宙

離家

八月初長夜千山第一程款顏唯有夢怨泣卻無聲祖席諸賓散空郊匹馬行自憐非達識局促為浮名

漫作二首

暑雨灑和氣香風吹日華瞬龍驚汗漫翥鳳綷雲霞元圃珠為樹天池玉作砂丹霄能幾級何必待乘槎

黍穀純陽入鸞霄瑞彩生岳靈分正氣仙衛借神兵汙俗迎風變虛懷遇物傾千鈞將一羽輕重在平衡

登樓有題

暑氣簷前過蟬聲樹杪交待潮生浦口看雨過山坳才見蘭舟動仍聞桂楫敲窣雲朱檻好終覩鳳來巢

野寺

野寺看紅葉縣城聞擣衣自憐癡病苦猶共賞心違高閣正臨夜前山應落暉離情在煙鳥遥入故關飛

永明禪師房

景色方妍媚尋眞出近郊寶香爐上爇金磬佛前敲蔓草稜山徑晴雲拂樹梢支公禪寂處時有鵲來巢

寄京城親友二首

苦吟看墜葉寥落共天涯壯歲空為客初寒更憶家雨牆經月蘚山菊向陽花因味碧雲句傷哉後會賒

相思凡幾日日欲詠離衿直得吟成病終難狀此心解衣悲緩帶搔首悶遺簪西嶺斜陽外潛疑是故林

草書屏風

何處一屏風分明懷素蹤雖多塵色染猶見墨痕濃怪石奔秋澗寒藤掛古松若教臨水畔字字恐成龍

早翫雪梅有懷親屬 甲子醴陵作

北陸候纔變南枝花已開無人同悵望把酒獨徘徊凍白雪為伴寒香風是媒何因逢越使腸斷謫仙才

歲九月在蕭灘鎮駐泊兩月忽得商馬楊迢員

外書賀余復除戎曹依舊承旨還緘後因批四
十字乙丑

旅寓在江郊秋風正寂寥紫泥虛寵奬白髮已漁樵
事往凄涼在時危志氣銷若為將朽質猶擬杖於朝

向隅丙寅秋至福州作

守道得途遲中兼遇亂離剛腸成繞指元髮轉垂絲
客路少安處病床無穩時弟兄消息絕獨斂向隅眉

社後

社後重陽近雲天淡薄間目隨棊客靜心共睡僧閒
歸鳥城銜日殘虹雨在山寂寥思晤語何夕款柴關

息慮

息慮狎羣鷗行藏合自由春寒宜酒病夜雨入鄉愁
道向危時見官因亂世休外人相待淺獨說濟川舟

晨興庚午桃林塲

曉景山河爽閒居巷陌清已能消滯念兼得散餘醒
汲水人初起迴燈燕暫驚放懷殊未足圓隙已塵生

山院避暑

行樂江郊外追涼山寺中靜陰生晚綠寂慮延清風
運塞地維窄氣蘇天宇空何人識幽抱目送冥冥鴻

開興

景寂有元味韻高無俗情仙山冰雪解此水波瀾生
影重驗花密滴稀知酒清忙人長擾擾安得心和平

悽悽辛未南安縣

深將寵辱齊往往亦悽悽白日知丹抱青雲有舊蹊
嗜鹹陵魯濟惡潔助涇泥風雨今如晦愖憐報曉雞

信筆

春風狂似虎春浪白於鷺柳密藏煙易松長見日多
生涯採芝叟鄉俗摘茶歌道在無伊鬱天將奈爾何

隰州新驛

盛德已圖形胡為忽搆兵燎原雖自及誅亂不無名

擲鼠須防誤連雞莫憚驚本期將係虜未策但嬰城
肘腋人情變朝廷物論生果聞荒谷縊旋覩藁街烹
帝怒今方息時危喜暫清始終俱以此天意甚分明

贈吳顛尊師丙寅年福州作

飲酒經何代休糧度此生跡因常自浼顛亦強為名
道若千鈞重身如一羽輕毫釐分象緯袒跣揖公卿
狗竇號光逸漁陽裸禰衡笑雷冬蟄震巖電夜珠明
月滑侵簪冷江光逼屐清半酣思救世一手擬扶傾
擊地嗟衰俗看天貺不平自緣懷氣義可是計烹亨
議論通三教年顏稱五更老狂人不厭密行鬼應驚

未識心先許開襟語便誠伊余常伏義願拜十年兄

送人棄官入道

仙李濃陰潤皇枝密葉敷俊才輕折桂捷逕取紆朱
斷紲三清路揚鞭五達衢側身期破的縮手待呼盧
社稷俄如綴雄豪詎守株忸怩非壯志擺脫是良圖
塵土留難住纓緌棄若無冥心歸大道迴首笑吾徒
酒律應難忘詩魔未肯徂他年如拔宅為我指清都

感事三十四韻丁卯作是年唐亡所云東海遂桑田也山岳還青聳似姑為閩言之

紫殿承恩歲金鑾入直年人歸三島路日過八花塼

鴛鷺皆迴席皐夔亦慕羶慶霄舒羽翼塵世有神仙
雖遇河清聖慙非岳降賢皇慈容散拙公議逼陶甄
江總參文會陳暄侍狎筵腐儒親帝座太史認星躔
側弁聆神算濡毫俟密宣宮司持玉硯書省擘香牋宮司書省皆宮人職名
唯理心無黨憐才膝屢前焦勞皆實錄宵旰豈虛傳
始議新堯曆將期整舜絃上自出東內幽辱勵心庶政延接丞相之暇日與直學士詢以理道將望昇平去梯言必盡仄席意彌堅
上相思懲惡中人詎省愆鹿窮唯觝觸兔急且獮猭
本是謀賒死因之致劫遷氛霾言下合日月暗中懸
恭顯誠甘罪韋平亦恃權畏聞巢幕險寧寤積薪燃
諒直尋鉗口姸織益比肩晉讒終不解魯瘠竟難痊
祇擬誅黃皓何曾識霸先嗾獒翻醜正養虎欲求全
萬乘煙塵裏千官劍戟邊斗魁當北折地軸向西偏
袁董非徒爾師昭豈偶然中原成劫火東海遂桑田
濺血慙嵇紹遲行笑褚淵四夷同效順一命敢虛捐
山岳還青聳窮蒼舊碧鮮獨夫長啜泣多士已忘筌
鬱鬱空狂叫微微幾病癲丹梯倚寥廓終去問青天

寒食日沙縣雨中看薔薇己巳

何處遇薔薇殊鄉冷節時雨聲籠錦帳風勢偃羅幃
通體全無力酡顏不自持綠疏微露刺紅密欲藏枝

悵意憑欄久貪吟放盞遲旁人應見誚自醉自題詩

桃林場客舍之前有池半畝木槿櫛比闕水遮山因命僕夫運斤梳木豁然清朗復覩太虛因作五言八韻以記之庚午

插槿作藩籬叢生覆小池為能妨遠目因遣去閑枝
鄰叟偷來賞棲禽欲下疑虛空無障處蒙閉有開時
葦露憐瀟灑泥鰌畏赫曦稍寬春水面盡見晚山眉
岸穩人偷釣堦明日上棊世間多弊事事事要良醫

江行

浪壓青山江北岸雲含黑雨日西邊舟人偶語憂風

邑行客無聊罷晝眠爭似槐花九衢裏馬蹄安穩慢
垂鞭

己巳年正月十二日自沙縣抵邵武軍將謀撫
信之行到纔一夕爲閩相急脚相召卻請赴沙
縣郊外泊船偶成一篇

訪戴船迴郊外泊故鄉何處望天涯半明半暗山村
日自落自開江廟花數醆綠醅桑落酒一甌香沫火
前茶

卷七十五終

全五代詩卷七十六

羅江李調元雨村 編

閩

韓偓

與吳子華侍郎同年玉堂同直懷恩敘懇因成
長句四韻兼呈諸同年

往年鶯谷接清塵今日鼇山作侍臣二紀計偕勞筆
研（余與子華俱久困名場）一朝宣入掌絲綸聲名烜赫文章士
金紫雍容富貴身絳帳恩深無路報語餘相顧卻酸
辛

再思

暴殄猶來是片時無人向此路遲疑流金鑠石玉長
潤敗柳凋花松不知但保行藏天是證莫矜纖巧鬼
難欺近來更得窮經力好事臨行亦再思

味道

如含瓦礫竟何功癡黠相兼似得中心繫是非徒悵
望事須光景旋虛空升沈不定都如夢毀譽無恒卻
要聾弋者甚多應扼腕任他閑處指冥鴻

李太舍池上玩紅薇醉題

花低池小水泙泙花落池心片片輕酩酊不能羞白

鬢顛狂猶自聘紅英乍爲旅客顏常厚每見同人眼
暫明京洛園林歸未得天涯相顧一含情

閑居

厭聞趨競喜閑居自種蕪菁亦自鋤麋鹿跳梁憂觸
撥鷹鸇搏擊恐粗疎拙謀卻爲多循理所短深慚盡
信書刀尺不虧繩墨在莫疑張翰戀鱸魚

雨後月中玉堂閑坐

銀臺直北金鑾外暑雨初晴皓月中唯對松篁聽刻
漏更無塵土翳虛空綠香熨齒冰盤果清冷侵肌水
殿風夜久忽聞鈴索動玉堂西畔響丁東 禁署嚴密非本院人

雖有公事不敢遽入至於內夫人宣事亦先引鈴每有文書即內臣立於門外鈴聲動本院小判官出受受訖授院使院使授學士

宮柳

莫道秋來芳意違宮娃猶似妬蛾眉幸當玉輦經過
處不怕金風浩蕩時草色長承垂地葉日華先動映
樓枝澗松亦有淩雲分爭似移根太液池

辛酉歲冬十一月隨駕幸岐下作

曳裾談笑殿西頭忽聽征鐃從冕旒鳳蓋行時移紫
氣鸞旗駐處認皇州曉題御服頒羣吏夜發宮嬪詔
列侯雨露涵濡三百載不知誰擬殺身酬

冬至夜作 天復二年壬戌隨駕在鳳翔府

中宵忽見動葭灰料得南枝有早梅四野便應枯草
綠九重先覺凍雲開陰冰莫向河源塞陽氣今從地
底迴不道慘舒無定分卻憂蚊響又成雷

恩賜櫻桃分寄朝士 在岐下

未許鶯偷出漢宮上林初進半金籠蔗漿自透銀杯
冷朱實相輝玉椀紅俱有亂離終日恨貴將滋味片
時同霜威食糵應難近宜在紗窗繡戶中

訪同年虞部李郎中 天復四年二月在湖南

策蹇相尋犯雪泥廚煙未動日平西門庭野水褵褷

鷺鄰里短牆咿喔雞未入慶霄君擇肉畏逢華轂我
吹虀地爐貰酒成狂醉更覺襟懷得喪齊

贈漁者 在湖南

箇儂居處近誅茅枳棘籬兼用荻梢盡日風扉從自
掩無人筒釣是誰拋城方四面牆陰直江濶中心水
脈坳我亦好閑求老伴莫嫌遷客且論交

奉和峽州孫舍人肇荊南重圍中寄諸朝士二
篇時李常侍洵嚴諫議龜李起居殷衡李郎中
冉皆有繼和余久有是債今至湖南方暇牽課

敏手何妨誤汰金敢懷私忿斆羊斟直應宣室還三

接末必豐城便陸沉熾炭一爐真玉性濃霜千澗老松心私恩尚有捐軀誓況是君恩萬倍深征途安敢更遷延冒入重圍勢使然眾果卻應存苦李五餅惟恐竭甘泉多端莫撼三珠樹密策尋遺七寶鞭黃篋舫中梅雨裏野人無事日高眠

雪中過重湖信筆偶題

道方時險擬如何謫去甘心隱薜蘿青草湖將天暗合白頭浪與雪相和旗亭臘酎喻年婁水國春寒向晚多處困不忙仍不怨醉來唯是欲傞傞

寄湖南從事

索寞襟懷酒半醒無人一為解餘酲岸頭柳色春將盡船背雨聲天欲明去國正悲同旅雁隔江何忍更啼鶯蓮花幕下風流客試與溫存譴逐情

欲明

欲明籬被風吹倒過午門因客到開忍苦可能遭鬼笑息機應免致鷗猜岳僧互乞新詩去酒保頻徵舊債來唯有狂吟與沉飲時時猶自觸靈臺

梅花

梅花不肯傍春光自向深冬著豔陽龍笛遠吹胡地月燕釵初試漢宮妝風雖強暴飜添思雪欲侵凌更

助香應笑暫時桃李樹盜天和氣作年芳

病中初聞復官二首此詩編入甲子歲為天祐之元年詳詩意尚是昭宗遷洛未弒時語

抽毫連夜侍明光執靮三年從省方燒玉謾勞曾歷試鑠金寧為欠周防也知恩澤招讒口還痛神祇誤直腸聞道復官飜涕泗屬車何在水茫茫

又挂朝衣一自驚始知天意重推誠青雲有路通還去白髮無私健亦生曾避暖池將浴鳳卻同寒谷乍遷鶯宦途巇嶮終難測穩泊漁舟隱姓名

湖南梅花一冬再發偶題於花援

湘浦梅花兩度開直應天意別栽培玉為通體依稀見香號返魂容易迴寒氣與君霜裏退陽和為爾臘前來夭桃莫倚東風勢調鼎何曾用不材

卽目一作日二首

萬古離懷憎物色幾生愁緒溺風光廢城沃土肥春草野渡空船蕩夕陽倚道向人多脈脈為情因酒易悵悵宦途棄擲須甘分迴避紅塵是所長

動非求靜靜非禪咋舌吞聲過十年溪漲浪花如積石雨晴雲葉似連錢干戈歲久諳戎事枕簟秋涼減夜眠攻苦慣來無不可寸心如水但澄鮮

夢仙

紫霄宮闕五雲芝九級壇前再拜時鶴舞鹿眠春草遠山高水潤夕陽遲每嗟阮肇歸何速深羨張騫去不疑澡練純陽功力在此心唯有玉皇知

早起探春

句芒一夜長精神臘後風頭已見春煙柳半眠藏利臉雪梅含笑綻香唇漸因閑暇思量酒必怨顛狂泥摸人若箇高情能似我且應欹枕睡清晨

夢中作

紫宸初啓列鴛鸞直向龍墀對揖班九曜再新還北

極萬方依舊祝南山禮容肅睦纓緌外和氣薰蒸劍履間扇合卻循黃道退廟堂談笑百司閑

此翁

高閣羣公莫忌儂儂心不在宦名中嚴光一唾垂緌紫何允三遺大帶紅金勁任從千口鑠玉寒曾試幾爐烘唯應鬼眼兼天眼窺見行藏信此翁

失鶴

正憐標格出華亭況是昂藏入相經碧落順風初得志故巢因雨卻聞腥幾時翔集來華表每日沈吟看畫屏為報雞羣虛嫉妬紅塵向上有青冥

贈隱逸

靜景須教靜者尋清狂何必在山陰蠶窺窗紙塵侵硯鳥鬬庭花露滴琴莫笑亂離方解印猶勝顛蹶未抽簪築金總得非名士況是無人解築金

天鑒

何勞諂笑學趨時務實清修勝用機猛虎十年搖尾立蒼鷹一旦醒心飛神依正道終潛衛天鑒衷腸競不違事歷艱難人始重九層成後喜從微

江岸閑步（此後壬申年作在南安縣）

一手攜書一杖筇出門何處覓情通立談禪客傳心

印坐睡漁師著背蓬青布旗誇千日酒白頭浪吼半江風淮陰市裏人相見盡道途窮未必窮

鵲

偏承雨露潤毛衣黑白分明眾所知高處營巢親鳳闕靜時閑語上龍墀化為金印新祥瑞飛向銀河舊路岐莫怪天涯棲不穩託身須是萬年枝

感舊

省趨宏閣待貂璫指座深恩刻寸腸秦苑已荒空逝水楚天無恨更斜陽時昏卻笑朱弦直事過方聞鎖骨香入室故寮流落盡路人惆悵見靈光

驛步 癸酉年在南安縣

暫息征車病眼開況穿松竹入樓臺江流燈影向東去樹遮雨聲從北來物近劉輿招垢膩風經庾亮汚塵埃高情自古多惆悵賴有南華養不材

惜花

皺白離情高處切膩香愁態靜中深眼隨片片沿流去恨滿枝枝破雨淋總得苔遮猶慰意若教泥汚更傷心臨軒一醆悲春酒明日池塘是綠陰

半醉

水向東流竟不迴紅顏白髮遞相催狀心暗逐高歌

盡往事空因半醉來雲護雁霜籠澹月雨連鶯曉落殘梅西樓悵望芳菲節處處斜陽草似苔

睡起

睡起牆陰下藥闌瓦松花白閉柴關斷年不出僧嫌癖逐日無機鶴伴閑塵土莫尋行止處煙波長在夢魂間終撐舴艋稱漁叟賒買湖心一崦山

漢江行次

村寺雖深已暗知幡竿殘日迴依依沙頭有廟青林合驛步無人白鳥飛牧笛自由隨草遠漁歌得意扣舷歸竹園相接春波暗痛憶家鄉舊釣磯

亂後春日途經野塘

世亂他鄉見落梅野塘晴暖獨裴回船衝水鳥飛還住袖拂楊花去卻來季重舊遊多喪逝子山新賦極悲哀眼看朝市成陵谷始信昆明有劫灰

甲子歲夏五月自長沙抵醴陵貴就深僻以便疎慵由道林之南步步勝絕去綠口分東入南小江山水益秀村籬之次忽見紫薇花因思玉堂及西掖廳前皆植是花遂賦詩四韻聊寄知心

職在內庭宮闕一作禁下廳前皆種紫薇花眼明忽傍

漁家見魂斷方驚魏闕賒淺色暈成宮裏錦濃香染著洞中霞此行若遇支機石又被君平驗海槎

和王舍人撫州飲席贈韋司空

樓臺掩映入春寒絲竹錚鏦向一作入夜闌席上弟兄皆杞梓花前賓客盡鴛鸞孫宏莫惜頻開閤韓信終期別築壇御玉風姿官水土黑頭公自古來難

秋村

稻壟蓼紅溝水清荻園葉白秋日明空坡路細見騎過遠田人靜聞水行柴門狼藉牛羊氣竹塢幽深鷄犬聲絕粒看經香一炷心知無事即長生

夜船

野雲低迷煙蒼蒼，平波揮目如凝霜。月明船上簾幙卷，露重岸頭花木香。村遠夜深無火燭，江寒坐久漁衣裳。誠知不覺天將曙，幾簇青山雁一行。

六月十七日召對自辰及申方歸本院

清暑簾開散異香，恩深咫尺對龍章。花應洞裏尋常發，日向壺中特地長。坐久忽疑槎犯斗，歸來兼恐海生桑。如今冷笑東方朔，唯用詼諧侍漢皇。

中秋禁直

星斗疎明禁漏殘，紫泥封後獨凭闌。露和玉屑金盤冷，月射珠光貝闕寒。天襯樓臺籠苑外，風吹歌管下雲端。長卿祗爲長門賦，未識君臣際會難。

苑中

上苑離宮處處迷，相風高與露盤齊。金階鑄出狻猊立，玉樹雕成狒狖啼。外使調鷹初得按，中官過馬不教嘶。笙歌錦繡雲霄裏，獨許詞臣醉似泥。

小隱

借得茅齋岳麓西，擬將身世老鋤犁。清晨向市煙含郭，寒夜歸村月照溪。爐爲窗明僧偶坐，松因雪折鳥驚啼。靈椿朝菌由來事，卻笑莊生始欲齊。

避地

西山爽氣生襟袖，南浦離愁入夢魂。人泊孤舟青草岸，鳥鳴高樹夕陽村。偷生亦似符天意，未死深疑負國恩。白面兒郎猶巧宦，不知誰與正乾坤。

息兵

漸覺人心望息兵，老儒希覬見澄清。正當困辱殊輕死，已過艱危卻戀生。多難始應彰勁節，至公安肯爲虛名。暫時胯下何須恥，自有蒼蒼鑒赤誠。

登南神光寺塔院

無奈離腸日九迴，強攄離抱立高臺。中華地向城邊盡，外國雲從島上來。四序有花長見雨，一冬無雪卻聞雷。日宮紫氣生冠冕，試望扶桑病眼開。

秋深閑興

此心兼笑野雲忙，甘得貧閑味甚長。病起乍嘗新橘柚，秋深初換舊衣裳。晴來喜鵲無窮語，雨後寒花特地香。把釣覆棊兼舉白，不離名教可顛狂。

故都

故都遙望草萋萋，上帝深疑亦自迷。塞雁已侵池籞宿，宮鴉猶戀女牆啼。天涯烈士空垂涕，地下強魂必噬臍。掩鼻計成終不覺，馮驩無路斅鳴雞。

秋郊閑望有感

楓葉微紅近有霜碧雲秋色滿吳鄉魚銜駭浪雪鱗健鴉閃夕陽金背光心爲感恩長慘戚鬢緣經亂早蒼浪可憐廣武山前語楚漢寧教作戰場

寄禪師

他心明與此心同妙用忘言理暗通氣運陰陽成世界水浮天地寄虛空刼灰聚散銖錙黑日御奔馳藺栗紅萬物盡遭風鼓動唯應禪室靜無風

卷七十六終

全五代詩卷七十七

羅江李調元雨村 編

閩

韓偓二

露

鶴飛千歲飲猶難鶯舌偷含豈自安光溼最宜叢菊亞蕩搖無奈綠荷乾名因霈澤隨天睠分與濃霜保歲寒五色呈祥須得處戛雲仙掌有金盤

見別離者因贈之

征人草草盡戎裝征馬蕭蕭立路傍尊酒闌珊將遠別秋山迤逶更斜陽白髭兄弟中年後瘴海程途萬里長曾向天涯懷此恨見君嗚咽更淒涼

太平谷中玩水上花

山頭水從雲外落水面花自山中來一溪紅點我獨惜幾樹密房誰見開應有妖魂隨暮雨豈無香跡在蒼苔凝眸不覺斜陽盡忘逐樵人躡石回

贈易卜崔江處士 袁州

白首窮經通秘義青山養老度危時門傳組綬身能退家學漁樵跡更奇四海盡聞龜策妙九霄堪歎鶴書遲壺中日月將安用借與閑人試一窺

過臨淮故里

交遊昔歲已凋零第宅今來亦變更舊廟荒涼時饗絕諸孫飢凍一官成五湖竟負他年志百戰空垂異代名榮盛幾何流落久遣人襟抱薄浮生

夜坐

天似空江星似波時時珠露滴圓荷平生蹤跡慕眞隱此夕襟懷深自多格是厭厭饒酒病終須的的學漁歌無名無位堪休去猶擬朝衣換釣蓑

午寢夢江外兄弟

長夏居閑門不開繞門青草絕塵埃空庭日午獨眠

覺旅夢天涯相見迴鬢向此時應有雪心從別處卽成灰如何水陸三千里幾月書郵始一來

江南送別

江南行止忽相逢江館棠梨葉正紅一笑共嗟成往事半酣相顧似衰翁關山月皎淸風起送別人歸野渡空大抵多情應易老不堪岐路數西東

隰州新驛贈刺史

賢侯新換古長亭先定心機指顧成高義盡招秦逐客曠懷偏接魯諸生萍蓬到此銷離恨燕雀飛來帶喜聲卻笑昔賢交易極一開東閣便垂名

重遊曲江

追尋前事立江汀漁者應聞太息聲避客野鷗如有感損花微雪似無情疎林自覺長堤在春水空連古岸平惆悵引人還到夜鞭鞘風冷柳煙輕

傷春

三月光景不忍看五陵春色何摧殘窮途得志反惆悵飲席話舊多闌珊中酒向陽成美睡惜花衝雨覺傷寒野棠飛盡蒲根暖寂寞南溪倚釣竿

及第過堂日作

早隨眞侶集蓬瀛閶闔門開尚見星龍尾樓臺迎曉

日鼇頭宮殿入靑冥暗驚凡骨升仙籍忽訝麻衣謁相庭百辟斂容開路看片時輝赫勝圖形

夏課成感懷

別離終日心忉忉五湖煙波歸夢勞淒涼身事夏課畢濩落生涯秋風高居世無媒多困躓昔賢因此亦號咷誰憐愁苦多衰改未到潘年有二毛

離家第二日卻寄諸兄弟

睡起褰簾日出時今辰初恨間容輝千行淚激傍人感一點心隨健步歸卻望山川空黯黯迴看僮僕亦依依定知兄弟高樓上遙指征途羨鳥飛

八月六日作四首（集云壬申年作然此詩自紀朱溫弒昭宗事甲子年所作也意溫於壬申年被弒此詩方敢出故附之王申耳調元按唐書元祐元年八月壬寅全忠以左右龍武軍朱友恭氏叔琮樞密使蔣元暉兵犯宮門是夕昭宗皇帝崩年三十八此詩紀其事也）

日離黃道十年昏斂手重開造化門火帝動爐銷劍戟風師吹雨洗乾坤左牽犬馬誠難測（禮效馬羊者右牽之取其便效犬者左牽之防其齧噬）右袒簪纓最負恩丹筆不知誰定罪莫留遺跡怨神孫（前四語紀昭宗天復反正事後四語紀甲子事神孫殆指哀宗）

金虎挻災不復論搆成狂猘犯軍塵御衣空惜侍中血國璽幾危皇后身圖霸未能知盜道飾非唯欲害仁人黃旗紫氣今仍舊免使老臣攀畫輪（黃旗紫氣句似猶有望於哀宗）

簪裾皆是漢公卿盡作鋒鋩劒血腥顯負舊恩歸亂主難教新國用輕刑穴中狡兔終須盡井上嬰兒豈自甯底事亦疑懲未了更應書罪在泉扃（用輕刑指蔣元暉朱友恭氏叔琮輩穴中狡兔附逆諸臣井上嬰兒爲哀宗危也）

坐看包藏負國恩無才不得預經綸袁安墜睫尋憂漢賈誼濡毫但過秦威鳳鬼應遮矢射靈犀天與隔埃塵隄防瓜李能終始免愧於心負此身（此篇自謂也遮矢射言免禍隔埃塵言免污）

安貧（唐音戊籤按史稱偓直內禁屢參密謀爲全忠所忌又侍宴時全忠臨陛宣事衆皆去席偓守禮不爲動全忠以爲薄己其云危捋虎鬚非獨薦趙崇一事也摭言廣記所載似未盡然）

手風慵展八行書眼暗休尋九局圖窗裏日光飛野馬案頭筠管長蒲盧謀身掘爲安蛇足報國危曾捋虎鬚舉世可能無默識未知誰擬試齊竽

殘春旅舍

旅舍殘春宿雨晴恍然心地憶咸京樹頭蠶抱花鬚落池面魚吹柳絮行禪伏詩魔歸淨域酒衝愁陣出奇兵兩梁免被塵埃污拂拭朝簪待眼明

余臥病深村聞一二郎官今稱繼使閩越笑余迂古潛於異鄉聞之因成此篇

枕流方采北山薇驛騎交迎市道兒霧豹祗憂無石室泥鰌唯要有洿池不羞莽卓黃金印卻笑羲皇白接離莫負美名書信史清風埽地更無遺

卜隱

屏跡還應減是非卻憂藍玉又光輝桑梢出舍蠶初老柳絮蓋溪魚正肥世亂豈容長愜意景清還覺易忘機世間華美無心問藜藿充腸苎作衣

丙寅二月二十二日撫州如歸館雨中有懷諸

朝客

悽悽惻惻又微嚬欲話羈愁憶故人薄酒旋醒寒徹夜好花虛謝雨藏春萍逢已憾爲逋客江嶺那知見侍臣未必交情繫貧富柴門自古少車塵

疎雨

疎雨從東送疾雷小庭涼氣淨莓苔卷簾燕子穿人去洗研魚兒觸手來但欲進賢求上賞唯將拯溺作良媒戎衣一挂清天下傳野非無濟世才

南安寓止

此地三年偶寄家枳籬茅廠共桑麻蝶矜翅暖徐窺

草蠹倚身輕凝着花天近函關屯瑞氣水侵吳甸浸晴霞豈知卜肆嚴夫子潛指星機認海槎

有感

堅辭羽葆與吹鐃飜向天涯困繫匏故老未曾忘炙背何人終擬問苞茅融風漸暖將迴雁滄水猶腥近斬蛟萬里關山如咫尺女牀唯待鳳歸巢

春盡

惜春連日醉昏昏醒後衣裳見酒痕細水浮花歸別澗斷雲含雨入孤村人閑易有芳時恨地勝難招自古魂慚媿流鶯相厚意清晨猶爲到西園

傷亂

岸上花根總倒垂水中花影幾千枝一枝一影寒山裏野水野花清露時故國幾年猶戰鬭異鄉終日見旌旗交親流落身羸病誰在誰忘兩不知

湖南絕少含桃偶有人以新摘者見惠感事傷懷因成四韻

時節雖同氣候殊不知堪薦寢園無合充鳳食留三島誰許鶯偷過五湖苦筍恐難同象匕酪漿無復瑩蠙珠金鑾歲歲長宣賜忍淚看天憶帝都

贈湖南李思齊處士

兩枚船頭濁酒壺七絲琴畔白髭鬚三春日日黃梅雨孤客年年青草湖燕俠冰霜難狎近楚狂鋒刃觸凡愚知余絕粒窺仙事許到名山看藥爐

亂後卻至近甸有感

狂童容易犯金門比屋齊人作旅魂夜戶不扃生茂草春渠自溢浸荒園關中忽見屯邊卒塞外翻聞有漢村堪憾無情清渭水渺茫依舊遶秦原

避地寒食

避地淹留已自悲況逢寒食欲沾衣濃春孤館人愁坐斜日空園花亂飛路遠漸憂知己少時危又與賞

心違一名所繫無窮事爭敢當年便息機

山驛

參差西北數行雁寥落東方幾片雲疊石小松張水部塘山寒雨李將軍秋花粉黛宜無味獨鳥笙簧稱靜聞瀟灑襟懷遺世慮驛樓紅葉自紛紛

早發藍關

關門愁立候雞鳴搜景馳魂入杳冥雲外日隨千里雁山根霜共一潭星路盤暫見樵人火棧轉時聞驛使鈴自問辛勤緣底事半年驅馬傍長亭

三月

辛夷纔謝小桃發踏青過後寒食前四時最好是三月一去不迴唯少年吳國地遙江接海漢陵魂斷草連天新愁舊憾眞無奈須就鄰家甕底眠

惜春

願言未偶非高臥多病無憀選勝遊一夜雨聲三月盡萬般人事五更頭年踰弱冠卽爲老節過清明卻似秋應是西園花已落滿溪紅片向東流

冬日

蕭條古木銜斜日戚瀝晴寒滯早梅愁處雪烟連野起靜時風竹過牆來故人每憶心先見新酒偷嘗手

自開景狀入詩兼入畫言情不盡恨無才

老將

折槍黃馬倦塵埃掩耳凶徒怕疾雷雪密酒酣偷號去月明衣冷斫營回行驅貔虎披金甲立聽笙歌擲玉杯坐久不須輕矍鑠至今雙擘硬弓開

歸紫閣下

一笈攜歸紫閣峰馬蹄閑慢水溶溶黃昏後見山田火朧聰時聞縣郭鐘瘦竹迸生僧坐石野藤纏殺鶴翹松釣磯自別經秋雨長得莓苔更幾重

曲江夜思

鼓聲將絕月斜痕園外閑坊半掩門池裏紅蓮凝白露苑中青草伴黃昏林塘闃寂偏宜夜煙火稀疎便似村大抵世間幽獨景最關詩思與離魂

過漢口

濁世清名一概休古今翻覆賸堪愁年年春浪來巫峽日日殘陽過沔州居雜商徒偏富庶地多詞客自風流聯翩半世騰騰過不在漁船卽酒樓

格卑

格卑嘗恨足牽仍欲學忘情似不能入意雪山輸畫匠動人風月羨琴僧南朝峻潔推宏景東晉清狂數

季鷹惆悵後塵流落盡自拋懷抱醉懵騰

再止廟居

去值秋風來值春前時今日共銷魂頹垣古柏疑山觀高柳鳴鴉似水村菜甲未齊初出葉樹陰方合掩重門幽深凍餒皆推分靜者還應爲討論

朝退書懷

鶴帔星冠羽客裝寢樓西畔坐書堂山禽養久知人喚窗竹芟多漏月光粉壁不題新拙惡小屏唯錄古篇章孜孜莫患勞心力富國安民理道長

余作探使以繚綾手帛子寄賀因而有詩

解寄繚綾小字封探花筵上映春叢黛眉印在微微綠檀口消來薄薄紅緾處直應心共緊研時兼恐汗先融帝臺春盡還東去卻繫幫腰伴雪胷

別錦兒 及第後出京別錦兒與蜀妓

一尺紅綃一首詩贈君相別兩相思畫眉今日空留語解佩他年更可期臨去莫論交頸意清歌休著斷腸詞出門何事休惆悵曾夢良人折桂枝

洞庭玩月

洞庭湖上清秋月月皎湖寬萬頃霜玉椀深沉潭底白金杯細碎浪頭光寒驚烏鵲離巢噪冷射蛟螭換窟藏更憶瑤臺逢此夜水晶宮殿挹瓊漿

殘花

餘霞殘雪幾多在蔫香冶態猶無窮黃昏月下惆悵白淸明雨後寥稍紅樹底草齊千片淨牆頭風急數枝空西園此日傷心處一曲高歌水向東

北齊二首

任道驕奢必敗亡且將繁盛悅嬪嬙幾千歛鏡成樓柱六十閒雲號殿廊後主獵迴初按樂胡姬酒醒更新妝綺羅堆裏春風畔年少多情一帝王

神器傳時異至公敗亡安可怨怱怱犯寒獵士朝頻

戮告急軍書夜不通幷部義旗遮日暗鄴城飛焰照天紅周朝將相還無體寧死何須入鐵籠

守愚

深院寥寥竹蔭廊披衣歆枕過年芳守愚不覺世途險無事始知春日長一畝落花圍隙地半竿斜日界空牆今來自責趨時懶翻憾松軒書滿牀

卷七十七終

全五代詩卷七十八

羅江李調元雨村 編

閩

韓偓三

寄隱者

煙郭雲扃路不迷懷賢猶覺太迢迢長松夜落釵千股小港春添水半腰已約病身拋印綬不嫌門巷似漁樵渭濱晦迹南陽臥若比吾徒更寂寥

贈僧

盡說歸山避戰塵幾人終肯別囂氛餅添澗水盛將月衲挂松枝惹得雲三接舊承前席過一靈今用戒香熏相逢莫話金鑾事觸撥傷心不願聞

春陰獨酌寄同年虞部李郎中 在湖南

春陰漠漠土脈潤春寒微微風意和閑嗤入甲奔競態醉唱落調漁樵歌詩道揣量疑可進宦情刓缺轉無多酒酣狂興依然在其奈千莖鬢雪何

翫水禽

兩兩珍禽渺渺溪翠衿紅掌淨無泥向陽眠處莎成毯踏水飛時浪作梯依倚雕梁輕社燕抑揚金距笑晨雞勸君細認漁翁意莫遣絙羅誤穩棲

遊江南水陸院

早於喧雜是深讎猶恐行藏墜俗流高寺懶爲攜酒去名山長憾送人遊關河見月空垂淚風雨看花欲白頭除卻祖師心法外浮生何處不堪愁

余自刑部員外郎爲時權所擠值盤石出鎮藩屏朝選賓佐以余充職掌記鬱鬱不樂因成長句寄所知

正叨清級忽從戎況與燕臺事不同開口謾勞矜道在撫膺唯合哭途窮操心未省趨浮俗點額尤慚自至公他日陶甄尋墜履滄洲何處覓漁翁

村居

二月三月雨晴初舍南舍北唯平蕪前懽入望盈千憾勝景牽心非一途日照神堂聞啄木風含社樹叫提壺行看旦夕梨霜發猶有山寒傷酒壚

地爐

兩星殘火地爐畔夢斷背燈重擁衾側聽空堂聞靜響似敲疎磬褁清音風燈有影隨籠轉臘雪無聲逐夜深禪客鈎翁徒自好那知此際湛然心

元夜即席

元宵清景亞元正絲雨霏霏向晚傾桂兎韜光雲葉

重燭龍銜耀月輪明煙空但仰如膏潤綺席都忘滴砌聲更待今宵開霽後九衢車馬未妨行

同年前虞部李郎中自長沙赴行在余以紫石研贈之賦詩代書

斧柯新樣勝珠璣堪贊星郎染翰時不向東垣修直疏卽須西掖草妍詞紫光稱近丹青筆聲韻宜裁錦繡詩蓬島侍臣今放逐羨君迴去逼龍墀

邊上看獵贈元戎

繡簾臨曉覺新霜便遣移厨校獵場燕卒鐵衣圍漢相魯儒戎服從梁王摟山閃閃旗頭遠出樹斑斑豹

尾長贊獲一聲連朔漠賀杯環綺舞優倡軍迴野靜秋天白角怨城遙晚照黃紅袖擁門持燭炬解勞今夜宴華堂

錫宴日作是歲大稔內出金幣賜百官充觀稼宴學士院別賜越綾百匹委京兆府公當後一日宴宰相於與化亭天復元年辛酉也

玉銜花馬踏香街詔遣追懽綺席開中使押從天上去是日在外四學士排門齊入同進狀辭赴宴所奉宣差學士院使二人押去外人知自日邊來臣心淨比漪漣水聖澤深於瀲灩杯纔有異恩頒稷契已將優禮及鄒枚清商適向梨園降妙妓新行峽雨迴不敢通宵離禁直晚乘殘醉入銀臺當直學士二人至晚學士院使二人卻押入直餘四人在外可以卜夜內臣去外知熱閒丞郎給舍多來宴余是日當直故有是句

喜涼辛未南安縣

爐炭燒人百疾生鳳狂龍躁減心情四山毒瘴乾坤濁一簟涼風世界淸楚調忽驚淒玉柱漢宮應已濕金莖豪強頓息蛙唇吻爽利重新鶻眼睛穩想海查朝犯斗健思胡馬夜翻營東南亦是中華分蒸鬱相凌太不平

野釣

細雨桃花水輕鷗逆浪飛風頭阻歸棹坐睡倚蓑衣

曲江晚思

雲物陰寂歷竹木寒青蒼水冷鷺鷥立煙月愁昏黃

與僧

江海扁舟客雲山一衲僧相逢兩無語若個是南能

答友人見寄酒

雖可忘憂矣其如作病何淋漓滿襟袖更發楚長歌

從獵三首天復元年翰苑作

獵犬諳斜落賓嬪識認旗馬前雙兎起宣示羽林兒

小鐙狹鞭鞘鞍輕妓細腰有時齊走馬也學唱交交

蹀躞巴陵駿毰毸碧野雞忽聞仙樂動賜酒玉偏提

花時與錢尊師同醉因成二十字 甲子醴陵作

橋下淺深水竹閒紅白花酒仙同避世何用厭長沙

大酺樂 金鳳外傳小吏歸守明弱冠白皙如玉延鈞嬖之日侍禁中會緣與閩后金鳳通百工院使李可殷因歸郎以通於金鳳造樓金九龍帳于長春宮極其靡麗後李倣盛飾其妹春燕以進册爲賢妃不復御九龍帳矣元夕御大酺殿觀燈賜宴各賦大酺樂前翰林學士承旨韓偓感長春宮失寵賦詩云云

淚滴珠難盡容殊玉易銷儻隨明月去莫道夢魂遙

思歸樂

曉日催絃管春風入綺羅杏花如有意偏落舞衫多

偶題

俟時輕進固相妨實行丹心仗彼蒼蕭艾轉肥蘭蕙瘦可能天亦妬馨香

招隱

立意忘機機已生可能朝市汙高情時人未會嚴陵志不釣鱸魚只釣名

夏夜

猛風飄電黑雲生霎霎高林簇雨聲夜久雨休風又定斷雲流月卻斜明

流年

三月傷心仍晦日一春多病更陰天雄豪亦有流年憾況是離魂易黯然

曲江秋日

斜烟縷縷鷺鷥棲藕葉枯香折野泥有個高僧似圖畫把經吟立水塘西

雨村

鴈行斜拂雨村樓簾下三重幕一鉤倚柱不知身半涇黃昏獨自未回頭

曉岸

揭起青簾上岸頭野花和雨冷修修春江一夜無波浪校得行人分外愁

初赴期集 重入香奩集者誤

輕寒著背雨淒淒九陌無塵未有泥還是平時舊滋味慢垂鞭袖過街西

秋雨內宴

一帶清風入畫堂撼真珠箔碎玎璫更看檻外霏霏雨似勸須教醉玉觴

舊館

前歡往恨分明在酒與詩情大半亡還是牆西紫荊樹殘花摘索映高塘

闌干

掃花雖憾夜來雨把酒卻憐晴後寒吳質謾言愁得
病當時猶不凭闌干

驛樓

流雲溶溶水悠悠故鄉千里空回頭三更獨凭闌干
月淚滿關山孤驛樓

商山道中

雲橫峭壁水平鋪渡口人家日欲晡卻憶往年看粉
本始知名畫有工夫

幷州

戍旗青草接榆關雨裹幷州四月寒誰會凴闌潛忍
淚不勝天際似江干

過茂陵

不悲霜露但傷春孝理何因感兆民景帝龍髯消息
斷異香空見李夫人

使風

茶香睡覺心無事一卷黃庭在手中欹枕捲簾江萬
里舟人不語滿帆風

阻風

平生情趣羨漁師此日煙江愜所思肥鱖香秔小艛
艓斷腸滋味阻風時

仙山

一炷心香洞府開偃松皺澁半莓苔水清無底山如
削知有仙人騎鶴來

頻訪盧秀才盧時在選末

藥訣棊經思致論柳腰蓮臉本忘情頻頻強入風流
坐酒肆應疑阮步兵

贈友人

莫嫌談笑與經過卻恐閒多病亦多若遣心中無一
事不知爭柰日長何

中春憶贈

年年長是阻佳期萬種恩情只自知春色轉添惆悵
望似君花發兩三枝

寄禪師

從無入有雲峯聚已有還無電火銷銷聚本來皆是
幻世間閑口漫囂囂

以庭前海棠梨花一枝寄李十九員外

二月春風澹蕩時旅人虛對海棠梨不如寄與星郎
去想得朝回正畫眉

侍宴天復元年翰苑作時用宮嬪傳命故云

蜂黃蝶粉兩依依狎燕臨春日正遲密旨不教江令

醉麗華微笑認皇慈

和吳子華侍郎令狐昭化舍人歎白菊衰謝之絶次用本韻

正憐香雪披千片忽訝殘霞覆一叢此花將謝御有紅色還似妖姬長年後酒酣雙臉卻微紅

秋霖夜憶家天復二年隨駕鳳翔

垂老何時見弟兄背燈愁泣到天明不知短髮能多少一滴秋霖白一莖

曛黑甲子醴陵作

古木侵天日已沉露華涼冷潤衣襟江城曛黑人行

絶唯有啼烏伴夜碪

曉日

天際霞光入水中水中天際一時紅直從日觀三更後自注日觀峯半夜見日首送金烏上碧空

醉著

萬里清江萬里天一村桑柘一村煙漁翁醉著無人喚過午醒來雪滿船

柳元在香奩集詠柳第二首

一籠金線拂彎橋幾被兒童損細腰無柰靈和標格在春來依舊褭長條

淨興寺杜鵑一株繁豔無比

一園紅豔醉坡陀自地連梢簇蒨羅蜀魄未歸長滴血祇應偏滴此叢多

翠碧鳥

天長水遠網羅稀保得重重翠碧衣挾彈小兒多害物勸君莫近市朝飛

家書後批二十八字時聞長在登州

四序風光總是愁鬢毛衰颯涕橫流此書未到心先到想見孤城海岸頭

贈孫仁本尊師在袁州

齒如冰雪髮如鷖幾百年來醉似泥不共世人爭得失臥牀前有上天梯

荔枝三首丙寅年福州

遐方不許貢珍奇密詔唯教進荔枝漢武碧桃爭比得枉令方朔號偷兒

封開玉籠鷄冠澁葉襯金盤鶴頂鮮想得佳人微啓齒翠釵先取一枝懸

巧裁霞片裹神漿崖蜜天然有異香應是仙人金掌露結成冰入茜羅囊

寄上兄長唐書偓兄儀官御史中丞貶之明年亦貶棘州

兩地支離路八千襟懷悽愴鬢蒼然亂來未必長團
會其柰而今更長年

寶劒

困極還應有甚通難將糞壤掩神蹤斗間紫氣分明
後擘地成川看化龍有甚通萬首絕句作有日通後二句作但教出得豐城後不是延津亦化龍

兩賢

賣卜嚴將賣餅孫兩賢高趣恐難倫而今若有逃名
者應被品流呼差人也差千個切與磋同足跌也又過其人之可怪也近本萬首絕句改爲俗字誤

鄭左丞入洛一絕請爲由達京洛親交知余病
廢已己

鬢惹新霜耳舊聾眼昏腰曲四肢風交情若要知形
候嵐嶂煙中折臂翁

建溪灘波心目驚眩余平生溺奇境今則畏怯
不暇因書二十八字是年至邵武

長貪山水羨漁樵自笑揚鞭趨早朝今日建溪驚恐
後李將軍畫也須燒

自沙縣抵尤溪縣值泉州軍過後村落皆空因
有一絕庚午

水自潺湲日自斜盡無雞犬有鳴鴉千村萬落如寒
食不見人煙空見花

騰騰庚午秋林場作

八年流落醉騰騰點檢行藏喜不勝烏帽素餐兼施
藥前身多恐是醫僧

中秋永夕奉寄楊學士兄弟

鱗差甲子漸衰遲依舊年年困亂離八月夜長鄉思
切鬢邊添得幾莖絲

僧影

山色依然僧已亡竹間疎磬隔殘陽智燈已滅餘空
燼猶自光明照十方

清興辛未年南安縣

陰沈天氣連翩醉摘索花枝撩去聲峭寒擁鼻遶廊吟
看雨不知遺卻竹皮冠

船頭

兩岸綠蕪齊似翦掩映雲山相向晚船頭獨立望長
空日豔波光逼人眼

雷公

閒人倚柱笑雷公又向深山霹怪松必若有蘇天下
意何如驚起武侯龍

野塘 壬申 南安

侵曉乘涼偶獨來不因魚躍見萍開卷荷忽被微風觸瀉下清香露一杯

卽目 癸酉 南安

書牆暗記移花日洗甕先知醖酒期須信閒人有忙事早來衝雨覓漁師

訪隱者遇沈醉書其門而歸

曉入江村覓釣翁釣翁沈醉酒缸空夜來風起閒花落狼藉柴門鳥徑中

寄鄰莊道侶

聞說經旬不啟關藥窗誰伴醉開顏夜來霜壓村前竹剩見溪南幾尺山

觀雞鬬偶作

何曾解報稻粱恩金距花冠氣遏雲白日梟鳴無意問唯將芥羽害同羣

蜻蜓

碧玉眼睛雲母翅輕於粉蝶瘦於蜂坐來迎拂波光久豈是殷勤爲蓼叢

十月七日早起作時氣疾初愈

疾愈身輕覺數通山無嵐瘴海無風陽精欲去陰精落天地苞含紫氣中

卷七十八終

全五代詩卷七十九

羅江李調元雨村 編

閩

韓偓四

香奩集 并序

余溺章句信有年矣誠知非丈夫所爲不能忘情天所賦也自庚辰辛巳之際迄辛丑庚子之間所著歌詩不啻千首其間以綺麗得意者亦數百篇往往在士大夫之口或樂工配入聲律粉墻椒壁斜行小字竊咏者不可

勝記大盜入關緗帙都墜遷徙不常厥居求生草莽之中豈復以吟諷爲意或天涯逢舊識或避地遇故人醉咏之暇時及拙唱自爾鳩輯復得百篇不忍棄捐隨時編録遐思宮體未降稱庾信攻文卻誚玉臺何必倩徐陵作序麄得捧心之態幸無折齒之慙柳巷青樓未嘗糠粃金閨繡戸始預風流咀五色之靈芝香生九竅咽三危之瑞露春動七情如有責其不經亦望以功掩過翰林學士承旨行尚書戸部侍郎知制誥韓偓序

石林詩話世傳香奩集江南韓熙載所爲誤沈存中筆談又謂漢相和凝所爲後貴惡其側艷嫁名於偓亦非也余家有唐吳融詩一集其中有和韓致堯無題三首與香奩集中無題韻正同而偓序中亦具載其事又余曾在溫陵於偓裔孫擱處見偓親書所作詩一卷雖紙墨昏淡而字宛然其褭娜多情春盡等詩多在卷中此可驗矣偓富於才情詞致婉麗能道人意外事固非凝所及據北夢瑣言云凝少年好爲小詞令布於汴洛洎作相專令人收拾焚毁契丹入寇號爲曲子相公然則凝雖有集名香奩與偓同乃存艷小詞耳安得便以今世所行香奩集爲凝作邪　許彥周詩話云高秀實言元微之詩艷麗而有骨韓偓香奩集麗而無骨李端叔喜渥詩嘗誦其序咀五色云云不能巳秀實云勸不得也

春晝

春融艷艷大醉陶陶漏添遲日箭減良宵藤垂戟戸

柳拂浮橋簾幕燕子池塘伯勞膚清臂瘦衫薄香銷
楚殿衣窄南朝髻高河南縣遠清波地遙絲纏露泣
各自無憀

五更

秋雨五更頭桐竹鳴騷屑卻似殘春間斷送花時節
空樓鴈一聲遠屏燈半滅繡被擁嬌寒眉山正愁絕

半夜

板閣數樽後至今猶酒悲一宵相見事半夜獨眠時
明朝牕下照應有鬢如絲

南浦

月若半環雲若吐高樓簾卷當南浦應是石城艇子來兩槳咿啞過花塢正直連宵酒未醒不宜此際兼微雨直教筆底有文星亦應難狀分明苦

寄遠在岐日作

眉如半照一作月雲如鬢梧桐葉落敲井乾孤竹亭亭公署寒微霜淒淒客衣單想佳人兮雲一端夢魂悠悠關山難空牀展轉懷悲酸銅壺漏盡開金鸞

惆悵

身情常在暗相隨生魄隨君君豈知被頭不暖空沾淚釵股欲分猶半疑朗月清風難愜意詞人絕色多

傷離何如飲酒連千一作年醉席地幕天無所知

意緒

絕代佳人何寂寞梨花未發梅花落東風吹雨入西園銀線千條度虛閣臉粉難勻蜀酒濃口脂易印吳綾薄嬌嬈意緒不勝羞願倚郎肩永相著

後魏時相州人作李波小妹歌疑其未備因補之北史廣平人李波宗族彊盛殘掠不已公私成患百姓爲之語曰李波小妹字雍容褰裙逐馬如卷蓬左射右射必疊雙婦女尚如此男子安可逢相州刺史李安世設方略誘波等殺之宋姚寬以爲本辭無關閨情所補不合然安知當時不别有所感托之此女子乎

李波小妹字雍容窄衣短袖蠻錦紅未解有情夢梁殿何曾自媚妬吳宮誰教牽引知酒味因令悵望成春慵海棠花下鞦韆畔背人撩鬢道忽忽

三憶

憶眠時春夢困騰騰展轉不能起玉釵垂枕稜

憶行時背手移金雀斂笑慢回頭步轉闌干角

憶去時向月遲遲行强語戲同伴圖郎聞笑聲

玉合

羅囊繡兩鳳凰玉合雕雙鸂鶒中有蘭膏漬紅豆每回拈著長思憶長思憶經幾春人悵望香氛氳開緘不見新書跡帶粉猶殘舊指痕

金陵

風雨蕭蕭石頭城下木蘭橈煙月迢迢金陵渡口去來潮自古風流皆暗銷才鬼妖魂誰與招綵牋麗句徒已矣羅襪金蓮何寂寥

厭花落

厭花落人寂寞果樹陰成燕翅齊西園永日閒高閣後堂夾簾愁不卷低頭悶把衣襟撚忽然事到心中來四肢嬌入茸茸眼也曾同在華堂宴佯佯攏鬢偷迴面半醉狂心忍不禁分明一任傍人見書中說卻平生事猶疑未滿情郎意錦囊封了又重開夜深窻

下燒紅紙紅紙千張言不盡至誠無語傳心印但得
鴛衾枕臂眠也任時光都一瞬

幽窻

刺繡非無暇幽窻自鬪歡手香江橘嫩齒軟越梅酸
密約臨行怯私書欲報難無憑諳鵲語猶得暫心寬

馬上見

驕馬錦連乾乘騎是謫仙和裙穿玉鐙隔袖把金鞭
去帶懵騰醉歸因困頓眠自憐輸廄吏餘煖在香韉

欲去

紛紜隔窻語重約踏青期縱得相逢處無非欲去時

恨深書不盡寵極意多疑惆悵桃源路誰教夢寐知

信筆

睡髻休頻攏春眉忍更長整釵梔子重泛酒菊花香
繡疊昏金色羅揉損砑光有時閒弄筆亦畫兩鴛鴦

薦福寺講筵偶見又別

見時濃日午別處暮鐘殘景色疑春盡襟懷似酒闌
兩情含眷戀一餉致辛酸夜靜長廊下誰尋屐齒看

個儂

甚感殷勤意其如阻礙何隔簾窺綠齒映柱送橫波
老大逢知少襟懷暗喜多因傾一樽酒聊以慰蹉跎

荷花

鈿扇相欹綠香囊獨立紅浸淫因重露狂暴是秋風
逸調無人唱秋塘每夜空何由見周昉移入畫屏中

春盡日

樹頭初日照西簷樹底蔫花夜雨霑外院池亭聞動
鎖後堂闌檻見垂簾柳腰入戶風斜倚榆莢堆牆水
半淹把酒送君惆悵在年年三月病厭厭

見花

褰裳擁鼻正吟詩日午牆頭獨見時血染蜀羅山躑
躅肉紅宮錦海棠梨因狂得病眞閒事欲詠無才是

所悲看卻東風歸去也爭教判得最繁枝

青春

眼意心期卒未休暗中終擬約秦樓光陰負我難相
偶情緒牽人不自由遙夜定嫌香蔽膝悶時應弄玉
搔頭櫻桃花謝梨花發腸斷青春兩處愁

橫塘

秋寒灑背入簾霜鳳脛燈青照洞房蜀紙麝煤添筆
媚越甌犀液發茶香風飄亂點更籌轉拍送繁弦曲
破長散客出門斜月在兩眉愁思向橫塘

五更

往來曾約鬱金牀半夜潛身入洞房懷裏不知金鈿落暗中惟覺繡鞵香此時欲別魂俱斷自後相逢眼更狂光景旋消惆悵在一生羸得是淒涼

詠浴

再整魚犀攏翠簪解衣先覺冷森森教移蘭燭頻羞影自試香湯更怕深初似洗花難抑按終憂沃雪不勝任豈知侍女簾幃外賸取君王幾餅金

席上有贈

矜嚴標格絶嫌猜嗔怒難逢笑眼開小鳳斜侵眉柳去媚霞横接眼波來鬢垂香頸雲遮藕粉着蘭胸雪壓梅莫道風流無宋玉好將心力事妝臺

倚醉

倚醉無端尋舊約卻令惆悵轉難勝靜中樓閣深春雨遠處簾櫳半夜燈抱柱立時風細細遶廊行處思騰騰分明窻下聞裁剪敲遍欄干喚不應

詠手

腕白膚紅玉筍芽調琴抽線露尖斜背人細撚垂煙鬢向鏡輕勻襯臉霞悵望昔逢褰繡幔依稀曾見托金車後園笑向同行道摘得蘼蕪又一扠

擁鼻

擁鼻悲吟一向愁寒更轉盡未回頭綠屏無睡秋分簟紅葉傷時月午樓卻要因循添逸興若爲趨競愴離憂殷勤憑仗官渠水爲到西溪動釣舟

晝寢

碧桐陰靜隔簾櫳扇拂金蛾玉簟烘撲粉更添香體滑解衣惟見下裳紅煩襟乍觸冰壺冷倦枕徐欹寶髻鬆何必苦勞魂與夢王昌只在此牆東

偶見背面是夕兼夢

酥凝背胛玉搓肩輕薄紅綃覆白蓮此誰分明來入夢當時惆悵不曾眠眼波向我無端豔心火因君特地燃莫道人生難際會秦樓鸞鳳有神仙

有憶

晝漏迢迢夜漏遲傾城消息杳無期愁腸泥酒人千里淚眼倚樓天四垂自笑計狂多獨語誰憐夢好轉相思何時斗帳濃香裏分付春風與玉兒

裊娜

裊娜腰肢淡薄妝六朝宮樣窄衣裳着詞但見櫻桃破飛盞遥聞荳蔻香春惱情懷身覺瘦酒添顏色粉生光此時不敢分明道風月應知暗斷腸

多情

天遺多情不自持多情兼與病相宜蜂偷崖蜜初嘗處鷺啄含桃欲咽時酒蕩襟懷微駊騀春牽情緒更融怡水香剩注金盆裏瓊樹長須浸一枝

偶見

千金莫惜旱蓮生一笑從教下蔡傾仙樹有花難問種御香聞氣不知名愁來自覺歌喉咽瘦去誰憐舞掌輕小疊紅箋書恨字與奴方便寄卿卿

閨情

輕風滴礫動簾鈎宿酒猶酣懶卸頭但覺夜深花有露不知人靜月當樓何郎燭暗誰能詠韓壽香銷亦

任偷敲折玉釵歌轉咽一聲聲入兩眉愁

代小玉家爲蕃騎所虜後寄故集賢裴公相國

動天金鼓逼神州惜別無心學墜樓不得迴眸辭傅粉便須含淚對殘秋折釵伴妾埋青塚半鏡隨郎葬杜郵惟有此宵魂夢裏殷勤相覓鳳池頭

寒食日重遊李氏園亭有懷

往年曾在彎橋上見倚朱欄詠柳綿今日獨來香徑裏更無人跡有苔錢傷心濶別三千里屈指思量四五年料得他鄉過佳節亦應懷抱暗凄然

懶起

百舌惱朝眠春心動幾般枕霞紅黯淡淚粉玉闌珊籠繡香煙歇屏山燭焰殘暖憐羅襪窄瘦覺錦衣寬昨夜三更雨臨明一陣寒海棠花在否側臥卷簾看

別緒

別緒靜愔愔牽愁暗入心已迴花渚棹悔聽酒壚琴菊露淒羅幙梨霜惻錦衾此生終獨宿到死誓相尋月好知何計歌闌歎不禁山巔更高處憶上上頭吟

春悶偶成十二韵

阡陌懸雲壤闌畦隔艾芝路遥行雨嬾河濶過橋遲鴈足應難達狐蹤浪得疑謝鯤吟未廢張碩夢堪思

有意通情處無言攏鬢時格高歸斂笑歌怨在嚬眉醉後金蟬重歡餘玉燕欹素姿凌白柰圓頰謝紅梨粉字題花筆香牋詠柳詩繡幰攜手約芳草踏青期別淚開泉脉春愁罥藕絲相思不相信幽恨更誰知

無題三首 并序

余自辛酉歲戲作無題十四韻故奉常王公相國首於繼和故內翰吳侍郎融令狐舍人渙閣下劉舍人崇譽吏部王員外渙相次屬和余因作第二首卻寄諸公二內翰及小天亦再和余復作第三首二內翰亦三和王公

一首劉紫微一首王小天二首二學士各三首余又倒押舊韵成第四首二學士笑謂余曰謹監降旗何姸如是也遂絶筆是歲十月末余在内直一旦兵起隨駕西狩文藁咸棄更無孑遺丙寅年九月在福建寓止有前東都度支院蘓暐端公挈余淪落詩藁見授中得無題一首因追味舊作缺忘甚多唯第二第四首彷彿可記其第三首才得數句而已今亦依次編之以俟他時偶獲全本餘五人所和不復憶省矣

小檻移燈灺空房鎖隙塵額波風盡日簾匣月侵晨香瓣更衣後釵梁攏鬢新吉音聞詭計醉語近天眞粧好方長歎歡餘卻淺嚬繡屏金作屋絲幰玉爲輪致意通綿竹精誠託錦鱗歌凝眉際恨酒發臉邊春溪紵殊輕越樓簫豈羨秦柳虛禳沴氣梅實引芳津樂府降清唱宮厨減食珍防閑襟併斂忍妬淚休勻宿飲愁縈夢春寒瘦著人手持雙荳蔻的的爲東鄰碧瓦偏光日紅簾不受塵柳昏連綠野花爛爍清晨書密偷看數情通破體新明言終未實暗祝始應眞枉道嫌偷藥推誠鄙效嚬合成雲五色宜在月中輪照獸金塗爪釵魚玉鏤鱗渺瀰三島浪平遠一樓春墮髻還名壽修娥本姓秦檮壽聞犬洞槎入飲牛津麟脯隨重釀霜鱗間八珍錦衾霞彩爛羅襪砑光勻羞澁佯牽伴嬌嬈欲泥人偷兒難捉搦慎莫共比鄰紫蠟融花蔕紅綿拭鏡塵夢狂翻惜夜粧懶厭凌晨茜袖啼痕數香牋墨色新（從此失記）

第四倒押前韵

白下歸同路烏衣枉作鄰珮聲猶隔箔香氣已迎人酒勸杯須滿書羞字不勻歌憐黃竹怨味實碧桃珍翦燭非良策當關是要津東阿初渡洛楊惲舊家秦

粉化橫波溢衫輕曉霧春鵶黃雙鳳翅麝月半魚鱗別袂翻如浪迴腸轉似輪後期纔注腳前事又含嚬縱有才難詠甯無畫逼眞天香聞更有瓊樹見長新鬬草長更僕迷闇悞達晨嗅花判不得檀注惹芳塵

妬媒

洞房深閉不曾開橫臥烏龍作妬媒好鳥豈須兼比翼異花何必更重臺難留旋逐驚飈去暫見如隨急電來多爲過防成後悔偶因翻語得深猜已嫌刻蠟春宵短最恨鳴珂曉鼓催應笑楚襄仙分薄日中長是獨徘徊

六言三首

春樓處子傾城金陵狎客多情朝雲暮雨會合羅襪繡被相迎華山梧桐相覆蠻江荳蔻連生幽歡不盡告別秋河悵望平明

一燈前雨落夜三月盡草青時半寒半暖正好花開花謝相思悄悵空教夢見懊惱多成酒悲紅袖不乾誰會揉損聯娟淡眉

此間青草更遠不唯空遶汀洲那裏朝日才出還應先照西樓憶淚因成恨淚夢遊長續心遊桃源洞口來否絳節霓旌久留

半睡

擡照仍嫌瘦更衣又怕寒宵分未歸帳半睡待郎看

早歸

去是黃昏後歸當朧聰時衩衣吟宿醉風露動相思

兩處

樓上淡山橫樓前溝水清憐山又憐水兩處總牽情

春閨二首

願結交加夢因傾瀲灩尊醒來情緒惡簾外正黃昏

氤氳帳裏香薄薄睡時粧長吁解羅帶怯見上空牀

效崔國輔體四首

淡月照中庭海棠花自落獨立俯閒階風動鞦韆索

酒力滋睡眸鹵莽聞街鼓欲明天更寒東風打牕雨

雨後碧苔院霜來紅葉樓閒階上斜日鸚鵡伴人愁

羅幕生春寒繡牕愁未眠南湖夜來雨應溼采蓮船

宮詞

繡屏斜立正銷魂侍女移燈掩殿門燕子不歸花着雨春風應自怨黃昏

閨怨

時光潛去暗淒涼懶對菱花暈曉粧初拆鞦韆人寂寞後園青草任他長

聯綴體

院宇明秋日日長社前一鴈別遼陽隴頭針線年年事不喜寒砧擣斷腸

春恨

殘夢依依酒力餘城頭鴨鳩伴啼烏平明乍卷西樓幕院靜初聞放轆轤

寒食夜

測測輕寒翦翦風杏花飄雪小桃紅夜深斜搭鞦韆索樓閣朦朧細雨中

寒食夜有寄

風流大底是倀倀一度相思一斷腸雲薄月昏寒食
夜隔簾微雨杏花香

夏日

庭樹新陰葉未成玉階人靜下簾聲相風不動烏龍
睡時有幽禽自喚名

新秋

一夜清風動扇愁背時容色入新秋桃花臉裏汪汪
淚忍到更深枕上流

日高

朦朧猶認管絃聲噤痄餘寒酒半醒春暮日高簾半

捲落花和雨滿中庭

夕陽

花前灑淚臨寒食醉裏回頭問夕陽不管相思人老
盡朝朝容易下西墻

夜深

清江碧草兩悠悠各自風流一種愁正是落花寒食
雨夜深無伴倚空樓

聞雨

香侵蔽膝夜寒輕聞雨傷春夢不成羅帳四垂紅燭
背玉釵敲著枕函聲

天涼

愁多卻訝天涼早思倦翻嫌夜漏遲何處山川孤館
裏向燈彎盡一雙眉

已涼

碧闌干外繡簾垂猩色屏風畫折枝八尺龍鬚方錦
褥已涼天氣未寒時

深院

鵞兒唼喋梔黃觜鳳子輕盈膩粉腰深院下簾人晝
寢紅薔薇映碧芭蕉

中庭

夜短睡遲慵早起日高方始出紗幮中庭自摘青梅

子先向釵頭帶一雙

遶廊

濃煙隔簾香漏泄斜燈映竹光參差遶廊倚檻更惆
悵微雨輕寒花落時

江樓二首

夢啼嗚咽覺無語杳杳微微望煙浦樓空客散燕交
飛江靜帆稀日亭午
鯷魚苦筍香味新楊花酒旗三月春風光百計牽人
老爭那多情是病身

重遊曲江

鞭稍亂拂暗傷情蹤跡難尋露草青猶是玉輪曾碾處一泓秋水漲浮萍

偶見

鞦韆打困解羅裙指點醍醐索一尊見客入來和笑走手搓梅子映中門

復偶見三絕

霧爲襟袖玉爲冠半似羞人半忍寒別易會難長自歎轉身應把淚珠彈

桃花臉薄難藏淚柳葉眉長易覺愁密迹未成當面笑幾迴擡眼又低頭

半身映竹輕聞語一手揭簾微轉頭此意別人應未覺不勝情緒兩風流

遥見

悲歌淚溼淡胭脂閒立風吹金縷衣白玉堂東遥見後令人評說畫楊妃

踏青

踏青會散欲歸時金車久立頻催上收裙整鬢故遲留兩點深心各惆悵

忍笑

宮樣梳頭淺畫眉晚來粧飾更相宜水精鸚鵡釵頭顫舉袂佯羞忍笑時

不見

動靜防閑又怕疑佯佯脈脈是沈機此身願作君家燕秋社歸時也不歸

想得

兩重門裏玉堂前寒食花枝月午天想得那人垂手立嬌羞不肯上鞦韆

密意

呵花貼鬢粘寒髮凝酥光透猩猩血經過洛水幾多

人惟有陳王見羅襪

寄恨

秦釵枉斷長條玉蜀紙空留小字紅死恨物情難會處蓮花不肯嫁春風

鬆髻

髻根鬆慢玉釵垂指點庭花又過時坐久暗生惆悵事背人勻卻淚燕脂

新上頭

學梳蟬鬢試新裙消息佳期在此春爲要好多心轉惑遍將宜稱問傍人

半睡

眉山暗淡向殘燈一半雲鬟墜枕稜四體着人嬌欲泣自家揉損砑繚綾

蹤跡

東烏西兔似車輪卻笑桑田不復論惟有風光與蹤跡思量長似暗消魂

思錄舊詩於卷上悽然有感因成一章

緝綴小詩鈔卷裏尋思閒事到心頭自吟自泣無人會腸斷蓬山第一流

病憶

信知尤物必牽情一顧難酬覺命輕曾把禪機銷此病破除纔盡又重生

詠栁

裹雨拖風不自持遍身無力向人睡玉纖折得遥相贈便似觀音手裏時

哭花

曾愁香結破顏遲今見妖紅委地時若是有情爭不哭夜來風雨葬西施

屐子

六寸膚圓光緻緻白羅繡屧紅託裏南朝天子欠風

流郤重金蓮輕綠齒

詠燈

高在酒樓明錦幕遠隨漁艇泊煙江古來幽怨皆銷骨休向長門背雨窗

卷七十九終

全五代詩卷八十

羅江李調元雨村　編

蜀

徐夤

夤字昭夢莆田人登乾寧進士第授秘書省正字依王審知後去歸隱延壽溪著有探龍釣磯二集

後村徐先輩集序徐君端衡出其十一世祖唐正字公夤文集又纂輯公遺事及年譜以示余按劉山甫誌墓詩賦外有著書二十卷溫陵集十卷南渡初公族孫著作郎師仁作集序有雅道機要一卷得于蔡君謨家者今皆不傳所傳者律賦及探龍集各五卷詩八卷而已夫士不幸而不遇于當時所賴以自見于後世者書爾而公

所著它書皆羽化惟詩賦與儷語僅存豈不重可嘆歟然其僅存者已足與子華致光並驅矣唐人尤重公賦目為錦繡堆日本諸國至以金書人生幾何賦御溝水斬蛇劍詩等篇為屏障　後村跋語徐先輩唐季擢第不肯事朱梁歸死於莆其墓只書徐先輩與朱文公書晉處士陶潛何異先輩晚年有偶題詩云賦就長安振大名斬蛇功與樂天爭歸來延壽溪頭坐終日無人問一聲之句今釣磯草堂基猶存至曾孫以薄俸能廉官甲不屈為王黃州所稱又詩如豐年甲子春無雨良夜庚申夏足眠身閑不厭常來客年老偏憐最小兒又五言歲計懸僧債以此知閩人貧苦負僧而取其息自唐已然矣　九國志夤常遊大梁以賦謁全忠誤觸其諱梁王色變夤狼狽欲遁去恐不得脫乃作過大梁賦以獻畧曰千金漢將感精魄以神交一眼傖夫望英風而瞻落梁王得賦大喜遺縑五百正蓋全忠曾夢淮陰侯指援兵法而晉王克用則眇一目者也已而走歸鄉里審知禮待簡畧不能平一旦拂衣去　十國春秋夤初登第試止戈為武賦一燭裁盡已就有破山加點擬戍無人之句禮部侍郎李擇覽而奇之夤賦膾炙人口黃滔為武節度推官審知餽以魚膾滔與夤方接譚即請夤為謝牋夤援筆即書云銜諸斷索裁從羊續懸來列在琱盤便到馮驩食處時人大稱之其最著者過驪山賦畧曰融金液雪蹤下地之江河帖玉懸珠皎窮泉之日月斬蛇劍賦畧曰空山吞象之蛇豈銚蓮銹大澤銜珠之血不汚星光勾踐進西施賦畧曰粧成而瑞玉凝彩服麗而朝霞剪紅御溝水賦畧云時時而翡翠隨波飛穿禁柳往往而鴛鴦逐浪銜出宮花他賦多類此　勇幢小品夤妻字月君與夤偕隱夤有贈內詩云神傳尊勝陀羅咒佛授金剛般若經

昔遊

昔遊紅杏苑今隱刺桐村歲計懸僧債科名負國恩

不書胝漸穩頻鑷鬢無根惟有經邦事年年志尚存

北山秋晚

十載衣裳盡臨寒隱薜蘿心閑緣事少身老愛山多玉露催收菊金風促剪禾燕秦正戎馬林下好婆娑

旅次寓題

胡為名利役來往老關河白髮隨梳少青山入夢多途窮憐抱疾世亂恥登科卻起漁舟念春風釣綠波

題南寺

久別猿啼寺流年劫逝波舊僧歸塔盡古瓦長松多壁蘚昏題記窗螢散薜蘿平生英壯節何故旋消磨

題僧壁

香厨流瀑布獨院鏁孤峰紺髪青螺長文茵紫豹重
卵枯皆化燕蹇老卻成蜂明月留人宿秋聲夜著松

河流

洪流盤砥柱淮濟不同波莫訝清時少都緣曲處多
遠能通玉塞高復接銀河大禹成門峻爲龍始得過

釣臺

金門詣奉詔碧岸獨垂鈎舊友祇樵叟新交惟野鷗
嘉名懸日月深谷化陵丘便可招巢父長川好飲牛

和人經隋唐間戰處

孤軍前度戰一敗一成功卷旆早歸國卧屍猶臂弓
草間腥半在沙上血殘紅傷魄何爲者五湖垂釣翁

追和常建歎王昭君

紅顏如朔雪日爍忽成空淚盡黃沙雨塵消白草風
君心爭不悔妾恨竟何窮願化南飛燕年年入漢宮

贈嚴司直

承家居闕下避世出關東有酒劉伶醉無兒伯道窮
新詩吟閣賞舊業釣臺空雨雪還相訪心懷與我同

贈董先生

壽歲過於百時聞到上京餐松雙鬢嫩絕粒四肢輕
雨雪思中嶽雲霞夢赤城來年期受籙何處待先生

贈東方道士

葫蘆窗畔挂是物在其間雪色老人鬢桃花童子顏
祭星秋卜日採藥曉登山舊訪長生鹿時銜瑞草還

弔崔補闕

近來吾道少慟哭博陵君直接嚴前竹孤魂嶺上雲
縉紳傳確論丞相取遺文廢御中興策何由免用軍

弔赤水李先生

三年悲過隙一室類消氷妻病入仙觀子窮隨獄僧
荒卭寒有雨古屋夜無燈往日清猶著金門幾欲徵

蜀葵

劍門南面樹移向會仙亭錦水饒花艷岷山帶葉青
文君慚婉娩神女讓娉婷爛熳紅兼紫飄飄入繡扃

雞

名參十二屬花入羽毛深守信催朝日能鳴送晩陰
峩冠裝瑞璧利爪削黃金徒有稽粱感何由報德音

白鴿

舉翼凌空碧依人到大邦粉翎棲畫閣雪影拂瓊窗
振鷺堪爲侶鳴鳩好作雙狎鷗歸未得覩爾憶晴江

龜

行止竟何從深溪與古峰青荷巢瑞質綠水返靈蹤
鑚骨神明應酬恩感激重仙翁求一卦何日脱龍鍾
銀結條冠子
日下徵良匠宮中贈阿嬌瑞蓮開二孕瓊樓織千條
蟬翼輕輕結花紋細細挑舞時紅袖舉纖影透龍綃
酒胡子
紅筵絲竹合用爾作歡娛直指寧偏黨無私絶覬覦
當歌誰擐袖應節漸輕軀恰與真相似氈裘滿頷鬚
香鴨
不假陶鎔妙誰教羽翼全五金池畔質百和口中煙

觜鈍魚難啄心空火自燃御爐如有闕須進聖君前
依温飛卿華清宮二十二韻
地靈蒸水煖天氣待宸遊嶽拱蓮花秀峰高玉蕊秋
朝元雕翠閣乞巧繡瓊樓碧海供驪嶺黃金絡馬頭
五王更入帳七貴迭封侯夕雨鳴鴛瓦朝陽曄柘裘
伊皋爭負鼎舜禹讓垂旒墮珥閒應拾遺釵醉不收
飛煙鳴劍戟殘月照旌旃履朔求衣早臨陽解佩羞
宮詞裁錦段御筆落銀鈎帝里新豐縣長安舊雍州
雪衣傳貝葉蟬髻插山榴對景瞻瑶兔昇天驀綵虬
此言遊月宮羽書陳北虜元甲擐犀牛聖詰多屯否生靈

少怨尤窮旻當有輔帷幄豈無籌鳳態傷紅豔鸞輿
綬紫騮樹名端正在人欲夢魂休讖語山傍鬼塵銷
隴畔邱重來芳草恨往事落花愁五十年鴻業東憑
渭水流
東風解凍省試
暖氣飄蘋末凍痕消水中扇冰初覺泮吹海旋成空
入律三春照朝宗萬里通岸分天影潤色照日光融
波起搖輕綠鱗遊乍躍紅殷勤排弱羽飛翥趁和風
尚書命題瓦硯
遠向端溪得皆因郢匠成鑿山青靄斷琢石紫花輕

散墨松香起濡毫藻句清入臺知價重著匣恐塵生
守黑還全器臨池早著名春闈攜就處軍幙載將行
不獨雄文陣兼能助筆耕莫嫌涓滴潤深染古今情
洗處無瑕玷添時識滿盈蘭亭如見用敲戛有金聲
釣絲竹
藋藋拂清流堪維舴艋舟野蟲懸作餌溪月曲爲鈎
雨潤搖揩長風吹繞指柔若將諸樹比還使綠楊羞
蠶婦非堯女漁人是子猷湖邊舊栽處長映讀書樓
和僕射二十四丈牡丹八韻
帝王城裏看無故亦無新忽摘多緣借移栽未有因

光陰嫌太促開落一何頻羞殺登牆女饒將解佩人
蕋堪靈鳳啄香許白龍親素練籠霞曉紅粧帶臉春
莫辭終夕醉易老少年身買取歸天上寧教逐世塵

公子行

十五轅門學控弦六街騎馬去如煙金多倍着牡丹
價髮白未知章甫賢有耳不聞經國事拜官方買謝
恩牋相如謾說凌雲賦四壁何曾有一錢

漢宮新寵

位在嬪妃最上頭笑他長信女悲秋日斜月滿可能
久花落色衰殊未憂宮主鏡中爭翠羽君王袖裏奪

金鈎妾家兄弟知多少恰要同時拜列侯

上陽宮詞

點點苔錢上玉墀日斜空望御樓西粧臺塵暗青鸞
掩宮樹月明黃鳥啼庭草可憐分雨露君恩深恨隔
雲泥銀蟾借與金波路得入重輪伴羿妻

開元即事

曲江真宰國中訛尋奏漁陽忽荷戈堂上有兵天不
用幄中無策印空多楊國忠時兼諸使館三十二課印塵驚騎透潼
關鎖雲護龍遊渭水波未必蛾眉能破國千秋休恨
馬嵬坡

華清宮

十二瓊樓鎖翠微暮霞遺卻六銖衣桐枯丹穴鳳何
去天在鼎湖龍不歸簾影罷添新翡翠露華猶濕舊
珠璣君王魂斷驪山路且向蓬瀛伴貴妃

再幸華清宮

腸斷將軍改葬歸錦囊香在憶當時年來御恨相思
樹春至不生連理枝雪女冢頭瑤草合貴妃池裏玉
蓮衰霓裳舊曲飛霜殿夢破魂驚絕後期

李翰林

謫下三清第幾班獲調羹鼎侍龍顏吟開瑣闥窺天

近醉臥金鑾待詔閑舊隱不歸劉備國旅魂長寄謝
公山遺編往簡應飛去散入祥雲瑞日間

聞長安庚子歲事

羽檄交馳觸冕旒函關飛入鐵兜鍪皇王去國未爲
恨寰海失君方是憂五色大雲凝蜀郡幾般妖氣撲
神州唐堯縱禪乾坤位不是重華莫漫求

詠懷

愁花變出白髭鬚半世辛勤一事無道在或期君夢
想貧來爭奈鬼揶揄馬卿自愧長嬰疾顏子誰憐不
是愚借取秦公臺上鏡爲時開照漢妖狐

偶吟

千卷長書萬首詩朝蒸藜藿暮烹葵淸時名立難皆我晚歲途窮亦問誰碧岸釣歸惟獨笑青山耕徧亦何爲尋常抖擻懷中策可便降他兩鬢絲

偶書

巧者多爲拙者資良籌第一在乘時市門逐利終身飽谷口躬耕盡日饑瓊玖鬻來燕石貴蓬蒿芳處楚蘭衰高皇冷笑重瞳客蓋世拔山何所爲

偶題

閒補亡書見廢興偶然前古也塡膺秦宮猶自拜張

祿楚幕不知留范增大道豈全關歷數雄圖强半屬賢能燕臺財力知多少誰築黄金到九層

寓題

酒壺棋局似閒人竹笏藍衫老此身託客買書重得卷愛山移宅近爲鄰鳴蛩閣上風吹病落葉庭巾月照貧見說天池波浪濶也應涓滴濺窮鱗

寓題述懷

大道眞風早晚存妖訛成俗汙乾坤宣尼既沒蘇張起鳳鳥不來雞鵲喧藥少可能供騄子草多誰復訪蘭孫堯庭忘御徵元凱天闕重開十二門

退居

鶴舍松心合在山五侯門館怯趨攀三年卧病不能免一日受恩方得還明月送人沿驛路白雲隨馬入柴關笑他范蠡貪婪甚相罷金多始退閒

閉門

閉卻閒門卧竹房更何人與療膏肓一生有酒唯知醉四大無根可預量骨冷欲針先覺痛肉頑頻炙不成瘡漳濱伏枕文園渴盜跖縱横似虎狼

招隱

齒髮邪能敵歲華早知休去遮塵沙鬼神只闞高明

里倚伏不干棲隱家陶景豈全輕組綬留侯非獨愛煙霞贈君吉語堪銘座看取朝開暮落花

溪隱

將名將利已無緣深隱清溪擬學仙絕卻腥羶勝服藥斷除杯酒合延年蝸牛殼滿寧同舍榆莢花開不是錢鸞鶴久從籠檻閉春風卻放紙爲鳶

閑窓

閉戶開窓寢又興三更時節也如冰長閒便是忘機者不出眞如結夏僧環堵豈慚蝸作舍布衣寧假鶴爲翎薔薇花盡薰風起綠葉空隨滿架藤

酒醒

酒醒欲得適閒情騎馬那勝策杖行天暖天寒三月暮溪南溪北兩川名沙澄淺水魚知釣花落平田鶴見耕望斷長安故交遠來書未說九河清

勸酒

休向尊前翹羽觥百壺清酌與君傾身同綠樹年年老事比紅塵日日生六國英雄徒反覆九原松柏甚分明醉鄉路與乾坤隔豈信人間有利名

斷酒

因論沈湎覺前非便碎金罍與羽巵採茗早馳三蜀

使看花甘負五侯期窗間近火劉伶傳坐右新銘管仲辭此事十年前已說匡廬山下老僧知

夢斷

夢斷紗窗半夜雷別君花落又花開漁陽路遠書難寄衡嶽山高月不來元燕有情巢繡戶靈龜無應祝金杯人生若得長相對螢火生煙草化灰

鬢髮

鬢添華髮數莖新羅雀門前絕故人減食為緣疏五味不眠非是守庚申深園綠竹齊抽笋古木青蛇自脫鱗天地有爐長鑄物濁泥遺塊待陶鈞

綠鬢

綠鬢先生自出林孟光同樂野雲深躬耕為食古人操非織不衣賢者心眼眾豈能分瑞璧舌多須信爍良金君看黃閣南遷客一過瀧州絕好音

人事

人事飄如一炷煙且須求佛與求仙豐年甲子春無雨良夜庚申夏足眠顏氏豈嫌瓢裡飲孟光非取鏡中妍平生生計何為者三逕蒼苔十畝田

龍蟄

龍蟄蛇蟠卻得伸和光何惜且同塵伍員豈是吹簫

者冀缺非同執耒人神劍觸星應變化良金成器在陶鈞穰侯休忌關東客張祿先生竟相秦

休說雄才間代生到頭難與運相爭時通有詔徵枚乘世亂無人薦禰衡逐日莫矜駑馬步司晨誰要牝雞鳴林中且作煙霞侶塵滿關河未可行

草木

草木無情亦可嗟重開明鏡照無涯菊英空折羅含宅榆莢不生原憲家天命豈憑醫藥石世途還要辟蟲沙仙翁乞取金盤露洗卻蒼蒼兩鬢華

休說

休說人間有陸沈一樽閑待月明斟時來不怕滄溟濶道大卻憂潢潦深白首釣魚應是分青雲干祿已無心梓桐賦罷相如隱誰爲君前永夜吟

嘉運

嘉運良時兩阻修釣竿蓑笠樂林邱家無寸帛渾閑事身似浮雲且自由庭際鳥啼花旋落潭心月在水空流長歌一箸紅銀粒憶着長安索米秋

潤屋

潤屋豐家莫妄求眼看多是與身讎百禽羅得皆黃口四皓山居始白頭玉爍火光爭肯變草芳崎岸不

會秋朱門粉署何由到空寄新詩謁列侯

驕侈

驕侈阽危儉素牢鏡中形影豈能逃石家恃富身還滅顏子非貧道不遭蝙蝠亦能知日月鸞凰那肯啄腥臊古今人事惟堪醉好脫霜裘換綠醪

不把魚竿

不把魚竿不灌園策筇吟遶綠蕪村得爭野老眠雲樂倍感閻王與善恩鳥趁竹風穿蔀戶魚吹煙浪噴晴軒何人買我安貧趣百萬黃金未可論

逐臭蒼蠅

逐臭蒼蠅豈有爲清蟬吟露最高奇多藏苟得何名富飽食嗟來未勝饑窮寂不妨延壽考貪狂總待算毫釐首陽山翠千年在好奠冰壺弔伯夷

嵐似屏風

嵐似屏風草似茵草邊時膾錦花鱗山中宰相陶宏景谷口耕夫鄭子真宦達到頭思野逸才多未必笑清貧君看東洛平泉宅只有年年百卉春

十里煙

十里煙籠一徑分故人迢遞久離羣白雲明月皆由我碧水青山可贈君浮世宦名渾似夢半生勤苦謾

爲文北邙坡上清松下盡是鏘金佩玉墳

古往今來

古往今來恨莫窮不如沈醉臥春風雀兒無角長穿屋鸚鵡能言卻入籠柳惠豈嫌居下位朱雲直去指三公閑思郭令長安宅草沒匡牆舊事空

日月無情

日月無情也有情朝昇夕沒照均平雖催前代英雄死還促後來賢聖生三尺靈烏金借耀一輪飛鏡水饒清憑誰築斷東溟路龍影蟾光免運行

詠寫眞

寫得衰容似十全閒閒僧舍靜時懸瘦于南國從軍日老卻東堂射策年潭底看身寧有異鏡中引影更無偏借將前輩眞儀比未愧金鑾李謫仙

失題

耨月耕煙水國春薄徒應笑作農人皇王尙法三推禮白社寧忘四體勤雨灑蓑衣芳草暗烏啼雲樹小村貧猶勝墮力求餐者五斗低腰走世塵

客廳

移卻松筠致客堂淨泥環堵貯荷香衡茅只要免風雨藻梲不須高棟梁豈部仲尼時演易作歌五子恨

雕牆燕臺漢閣王侯事青史千年播耿光

茆亭

鴛瓦虹梁計已疎織茅編竹稱貧居剪平恰似山僧笠掃淨眞同道者廬秋晚捲簾看過雁月明憑檻數跳魚重門公子應相笑四壁風霜老讀書

新葺茅屋　二首

翦竹誅茆就水濱靜中還得保天眞只聞神鬼害盈滿不見古今爭賤貧樹影便爲廊廡屋草香權當綺羅茵堦前一片泓澄水借與汀禽活紫鱗

耨水耕山息故林壯圖嘉話負前心素絲鬢上分愁色絡緯床頭和苦吟筆硯不才當付火方書多詐罷焚金同年二十八君子遊楚遊秦斷好音

新屋

耳順何爲土木勤叔孫牆屋有前聞縱然一世如紅葉猶得十年吟白雲性逸且圖稱野客才難非敢傲明君清甜數尺沙泉井平與鄰家晝夜分

北園

北園乾葉旋空枝蘭蕙還將衆草衰籠鳥上天猶有待病龍興雨豈無期身閒不厭頻來客年老偏憐最小兒生事罷求名與利一窻書策是年支

門外閒田數畝長有泉源築直堤分爲兩沼

左右澄漪小檻前直堤高築古平川十分春水雙簷影一片秋空兩月懸前岸好山搖紅浪夾門嘉樹合晴煙坐來暗起江湖思速問溪翁買釣船

卷八十終

全五代詩卷八十一

羅江李調元雨村　編

閩

徐　夤二

温陵即事

早年師友教爲文賣卻漁舟網典墳國有安危期日諫家無儋石暫從軍非才豈合攀丹桂多病猶堪伴白雲爭得千鍾季孫粟滄洲歸與故人分

山中寓居

高卧東鄰最上方水聲山翠剔愁腸白雲送雨籠僧閣黄葉隨風入客堂終去四明成大道暫從雙髩許秋霜披緇學佛應無分鶴氅談空亦不妨

東歸題屋壁

塵埃歸去五湖東還是衡門一畝宫舊業旋從征賦失故人多逐亂離空因悲盡空如懸磬卻擬攜家學轉蓬見說高宗天上夢無情曾與傅巖通

郊村獨遊

歲閏堪憐曆候遲出門惟與野雲期驚魚擲上緑荷芰棲鳥啄餘紅荔枝末路可能長薄命修途應合有良時市頭相者休相戲慼膝先生半自知

東京次新安道中

賊去兵來歲月長野蒿空滿壞牆匡旋從古轍成深谷幾見金輿過上陽洛水送年催代謝嵩山擎日拂窮蒼殊時異世爲儒者不見文皇與武皇

西華

五千仞有餘神秀一一排雲上泬寥疊障出關分二陜殘岡過水送中條巨靈廟破生春草毛女峰高入絳霄拜祝金天乞陰德爲民求主降神堯

將入城靈口道中作

路上長安惟咫尺灞陵西望接秦原依稀日下分天闕隱映雲邊是國門錦袖臂鷹河北客青絲鳴雉渭南村高風九萬程途遠與報滄洲欲化鯤

長安述懷

黄河冰合尚來遊知命知時肯躁求詞賦有名堪自負春風落第不曾羞風塵色裏凋雙鬢鼙鼓聲中歷幾州十載公卿早言屈何須課夏更冥搜

義通里寓居即事

家住寒梅翠巘東長安時節詠途窮牡丹窠小春餘雨楊柳絲疏夏足風愁鬢已還年紀白衰容寧藉酒杯紅長卿甚有凌雲作誰與清吟送帝宮

寺中偶題

聽話金仙白相毫每來皆得解塵勞鶴棲雲路看方貴僧倚松門見始高名利罷燒心內火雪霜偏垢鬢邊毛銀蟾未出金烏在更上晴樓眺海濤

西寨寓居 二首

閒讀南華對酒杯醉攜筇竹畫蒼苔豪門有利人爭去陋巷無權客不來解報可能醫病雀重燃誰肯煦寒灰嚴陵萬古清風在好棹清溪詠釣臺

功智爭馳淡薄空猶懷忠信擬何從鴟鳶啄腐疑雛鳳神鬼欺貧笑伯龍烈日不融雙鬢雪病身全仰一

枝筇崇侯入輔嚴陵退堪憶啼猿萬仞峰

寄僧寓題

佛頂抄經憶惠休眾人皆謂我悠悠浮生眞箇醉中夢閒事莫添身外愁百歲付於花暗落四時隨卻水奔流安眠靜笑思何報日夜焚修祝郡侯

醉題邑宰南塘屋壁

萬古清淮碧繞環黃河濁浪不相關縣留東道三千客宅鏁南塘一片山草色淨經秋雨綠燒痕寒入曉窗斑閻王美錦求賢製未許陶公解印還

題泗州塔

十年前事已悠哉旋被鐘聲早暮催明月似師生又沒白雲如客去還來煙籠瑞閣僧經靜風打虛窗佛幌開惟有南邊山色在重重依舊上高臺

遊靈隱天竺二寺

丹井冷泉虛易到兩山眞界實難名石和雲霧蓮華氣月過樓臺桂子清騰踏迴橋巡像設羅穿曲洞出龍城更憐童子呼猿去颯颯蕭蕭下樹行

塔院小屋四壁皆是卿相題名因成四韵

鴈塔纔空映九衢每看華宇每踟躕題名盡是台衡迹滿壁堪為宰輔圖鸞鳳豈巢荊棘樹虬龍多蟄帝

王都誰知遠客思歸夢夜夜無船自過湖

題福州天王閣

絕境宜棲獨角仙金張到此亦忘還三門裏面千層閣萬井中心一朵山江拗碧灣盤洞府石排青壁護禪關有時海上看明月展出冰輪疊浪間

春入鯉湖

到來峭壁白雲齊載酒春遊渡九溪鐵嶂有樓霾欲墮石門無鎖路還迷湖頭鯉去轟雷在樹杪猿呼落日低回首浮生眞幻夢何如斯地傍幽棲

放榜日

喧喧車馬欲朝天人探東堂榜已懸萬里便隨金鸑
鷟三台仍借玉連錢南海相公此時在京蒙借鞍馬人僕花浮酒影彤
霞爛日照袍光瑞色鮮十二街前樓閣上捲簾誰不
看神仙

長安即事三首

拋擲清溪舊釣鈎長安寒暑再環周便隨鶯羽三春
化只說蟬聲一度愁掃雪自憐窻紙照上天寧愧海
槎流明時側待金門詔肯羨班超萬戶侯
無酒窮愁結自舒飲河求滿不求餘身登霄漢平時
第家得干戈定後書富貴敢期蘇季子清貧方見馬

相如明時用即匡君去不用何妨御釣魚
拖柴腰金不要論便堪歸隱白雲村更無名籍強金
榜豈有花枝勝杏園綺席促時皆國器羽觥飛處盡
王孫高眠亦是前賢事爭報春闈莫大恩

憶潼關

洞壑雙扉入到初似從深穽覩高墟天開白日臨軍
國山夾黃河護帝居隋煬遠遊宜不反奉春長策竟
何如須知皇漢能扃鐍延得年過四百餘

憶潼關早行

行客起看仙掌月落星斜照濁河泥故山遠處高飛
雁去馬鳴時先早雞關柳不知誰氏種岳碑猶見聖
君題蒭蕘十軸僮三尺豈謂青雲便有梯

憶長安行

舊歷關中憶廢興僭奢須戒儉須憑火光只是燒秦
冢賊眼何曾覩灞陵鐘鼓前催人自急侯王更換恨
難勝不如坐釣清溪月心共寒潭一片澄

憶長安上省年

忽憶關中逐計車歷坊騎馬信空虛三秋病起見新
鴈八月夜長思舊居宗伯帳前曾獻賦相君門下再
投書如今說着猶堪泣兩省都堂過歲除

憶山中友

憶得當年接善鄰苦將閒事強夫君屬開碧沼分明
月各領青山占白雲近日樂方多積寫舊來詩草半
燒焚金門幾欲言西上惆悵關河正用軍

憶薦福寺南院

憶昔長安落第春佛宮南院獨遊頻燈前不動惟金
像壁上曾題盡古人鵰鳩聲中雙闕雨牡丹花際六
街塵啼猿溪上將歸去合問昇平詣秉鈞

憶舊山

澗竹岩雲有舊期一年頻長鬢邊絲遊魚不愛金杯

水棲鳥敢求瓊樹枝陶景戀深松檜隱留侯抛𨚫帝
王師龍争虎攫皆閒事數叠山光在夢思

曲江宴日呈諸同年

鵷鷺與鳳凰同忽向中興遇至公金榜連名昇碧
落紫花封勑出瓊宫天知惜日遲遲暮春爲催花旋
旋紅好是慈恩題了望白雲飛盡塔連空

獻內翰楊侍郎

牕開青瑣見瑤臺冷拂星辰逼上台丹鳳詔成中使
取白龍香近聖君來欲言温署三緘口閒賦宫詞八
斗才莫擬吟雲避榮貴廟堂玉鉉待鹽梅

輦下贈屯田何員外

封章頻得帝咨嗟報國惟將直破邪身到西山書幾
達宫登南省鬢欺華廚非寒食還無火菊待重陽擬
泛茶內翰好才兼好古秋來應數訪君家

贈垂光同年

丹桂攀來十七春如今始見茜袍新須知紅杏園中
客終作金鑾殿裏臣逸少家風惟筆札元成世業是
陶鈞他時黃閣朝元處莫忘同年射策人

尚書榮拜恩命貧疾中輙課小詩二首以申攀
讚

明公家鑿鳳凰池弱冠封侯四海推富貴有期天授
早關河多難勑來遲昴星人傑當王佐黃石仙翁識
帝師昨日詔書猶漏缺未言商也最能詩

東郊迎入紫泥封此日天仙下九重三五月明臨闕
澤百千人眾看王恭旗傍綠樹遥分影馬踏浮雲不
見蹤借問乘軺何處客相庭雄幕卷芙蓉

賀清源太保王廷彬 二首

蕋珠宫裏神仙謫八載温陵萬戸閒心地潤於雲夢
澤官資高𨚫太行山姜牙兆寄熊羆內陶侃文成掌
握間應笑清溪舊門吏年年扶病掩柴關

武榮江畔祥雲蔭寵拜天人慶郡人五色鶴綾花上
敕九霄龍尾道邊臣英雄達處誰言命富貴來時自
逼身更待春風飛吉語紫泥分付與陶鈞

府主僕射王搏生日 光化三年己未八月獻

熊羆先兆慶垂休天地氤氲瑞氣浮李樹影籠周柱
史昴星光照漢鄴侯數鍾龜鶴千年算律正乾坤八
月秋勳業定應歸鼎鼐生靈豈獨化東甌

喜雨上主人尚書

天皇攘袂勑神龍雨我公田兆歲豐幾日淋漓侵暮
角數宵滂沛徹晨鐘細如春霧籠平野猛似秋風擊

古松門下十年耕稼者坐來偏憶翠微峰

上盧三拾遺以言見黜

骨鯁如君道尚存近來人事不須論疾危必厭神明藥心惑多嫌正直言冷眼靜看眞好笑傾懷與說卻爲寃因思周廟當時誡金口三緘示後昆

依韻贈嚴司直

會轉雙蓬到玉京宣尼恩奏樂卿名歌殘白石扣牛角賦換黃金愛馬卿滄海二隅身漸老太行千叠路難行夫君才大官何小堪恨人間事不平

依韻酬常循州

早年花縣拜潘郎尋忝飛鳴出桂堂日走青天長似箭人同紅樹幾經霜帆分南浦知難別鴈在東川更可傷公論一麾將塞詔且隨徵令過瀟湘

贈黃校書先輩璞閒居

取得驪龍第四珠退依僧寺卜貧居青山入眼不干祿白髮滿頭猶著書東澗野泉添碧沼南園夜雨長秋蔬月明掃石吟詩坐諱卻全無儋石儲

贈表弟黃校書輅 昔居平溪今居近市入市五里

産破身窮爲學儒我家諸表愛詩書嚴陵雖說臨溪隱晏子還聞近市居佳句麗偷紅菡萏吟窻冷落白

蟾蜍閒來共話無生理今日悠悠事總虛

贈楊著作

藻麗熒煌冠士林白華榮養有曾參十年去里荊門改八歲能詩相座吟李廣不侯身漸老子山操賦恨何深釣魚臺上頻相訪共說長安淚滿襟

渤海賓貢高元固先輩閩中相訪云本國人寫得夤斬蛇劍御溝水人生幾何賦皆以金書列爲屏障因而有贈

折桂何年下月中閩山來問我雕蟲肯銷金翠書屏上誰把芻蕘過日東郯子昔時遭孔聖由余往日諷秦宮嗟嗟六國金門士幾個人能振素風

贈月君 山妻字月君伏見文選中顧彥元亦有贈婦詩因抒此詠

出水蓮花比性靈三生塵夢一時醒神傳尊勝陀羅呪佛授金剛般若經懿德好書添女誡素容堪畫上銀屏鳴梭軋軋纖纖手窻戶光流織女星

病中春日卽事寄主人尚書 二首

身比秋荷覺漸枯致君經國墮前圖層冰照日猶能暖病骨逢春卻未蘇鏡裏白鬚撏又長枝頭黃鳥靜還呼庾樓恩化通神聖何計能教擲得盧

風拍衰肌久未蠲破窻頻見月團圓更無舊日陳人

問只有多情太守憐臘內送將三折股歲陰分與五銖錢元窮若假年齡在願捧銅盤爲國賢

温陵殘臘書懷寄崔尙書

濟川無楫擬何爲三傑還從漢祖推心學庭槐空發火鬢同門柳即垂絲中興未遇先懷策除夜相催也課詩江上年年接君子一杯春酒一杯某

寄華山司空表聖

金闕爭權競獻功獨逃徵詔卧三峰雞羣未必容同鶴蛛網何由捕得龍清論盡應書國史靜籌皆可息邊烽風霜落滿千株木不近青青澗底松

非雲非鶴不從容誰敢輕量傲世蹤紫殿幾徵王佐業青山未拆詔書封閒吟每待秋空月早起長先野寺鐘前古負才多爲國滿懷經濟欲何從

寄盧端公同年仁炯時遷都洛陽新立幼主

上陽宮闕翠華歸百辟傷心序漢儀昆岳有炎瓊玉碎洛川無竹鳳凰饑須簪白筆匡明主莫許黃瓜博少師惆悵宸居遠於目長吁空摘鬢邊絲

寄天台陳希畋

陰山氷凍嘗迎夏蟄戶雲雷只待春呂望豈嫌垂釣老西施不恨浣紗貧坐爲羽獵車中相飛作君王掌上身拍手相思惟大笑我曹寧比等閒人

寄兩浙羅書記

進御湮沈退御升錢塘風月過金陵鴻才入貢無人換白首從軍有詔徵博簿集成時輩罵讒書編就薄徒憎憐君道在名長在不到慈恩最上層

邑宰相訪翼日有寄

淵明深念郄詵貧踏破莓苔看甑塵碧沼共攀紅菡萏金鞍不御紫麒麟殘陽妒害催歸客薄酒甘嘗罰主人夜半夢醒追復想欲長攀接有何因

東歸出城留別知己

常蒙屈指許非才三載長安共酒杯欲別未攀楊柳贈相留擬待牡丹開寒隨御水波光散暖逐衡陽鴈影來它日因書問衰颯東溪須訪子陵臺

送劉常侍

懷君何計更留連忍送文星上碧天杜預注通三十卷漢皇枝紹幾千年言端信義如明月筆下篇章似湧泉他日有書隨鴈足東溪無㑹訪漁船

送盧拾遺歸華山

紫殿諫多防佞口清秋假滿別明君惟憂急詔歸青瑣不得經時卧白雲千載茯苓攜鶴劚一峰仙掌爲

僧分門前舊客期相薦猶望飛書及主文

送王校書往清源

南國賢侯待德風長途仍借九花驄清歌早貫驪龍頷丹桂曾攀玉兔宮楊柳堤邊梅雨熟鷓鴣聲裏麥田空吟詩臺上如相問與說皤溪直釣翁

春末送陳先輩之清源

貧中惟是長年華每羨君行自歎嗟歸日捧持明月寶去時期刻刺桐花春風避雨多遊寺曉騎聽雞早入衙千乘侯王若相問飛書與報白雲家

岳州端午日送人遊郴連

五月巴陵值積陰送君千里客于郴北風吹雨黃梅落西日過湖青草深競渡岸傍人挂錦採芳城上女遺簪九嶷雲潤蒼梧暗與說重華舊德音

潘丞相舊宅

綠樹垂枝蔭四鄰春風還似舊時春年年燕是雕梁主處處花隨落月塵七貴竟爲長逝客五侯尋作不歸人秋槐影薄蟬聲盡休謂龍門待化鱗

經過廣平員外舊宅

門巷蕭條引涕洟遺孤三歲著麻衣綠楊樹老垂絲短翠竹林荒著筍稀結社僧因秋朔弔買書船近葬時歸平生欲獻匡君策抱病猶言未息機

經過翰林楊左丞池亭

八角紅亭蔭綠池一朝青草蓋遺基薔薇藤老開花淺翡翠巢空落羽奇春榜幾深門下客樂章多取集中詩平生德義人間誦身後何勞更立碑

傷前翰林楊左丞贊圖

飛上鼇頭侍玉皇三台遺耀換餘光人間搦管窮蒼頡地下修文待卜商貞魄肯隨金石化眞風留伴蕙蘭香皇天未啟昇平運不使伊皋相禹湯

卷八十一終

全五代詩卷八十二

羅江李調元雨村 編

閩

徐 夤 三

讀史

亞父淒涼別楚營天留三傑翼龍爭高才無主不能用直道有時方始平喜慍子文何穎悟卷藏蘧瑗甚分明須知飲啄由天命休問黃河早晚清

魏

伐罪書勳令不常爭教爲帝與爲王十年小怨誅桓邵一檄深讎怨孔璋在井蟄龍如屈伏食槽驕馬忽騰驤奸雄事過分明見英識空懷許子將

蜀

雖倚關張敵萬夫豈勝恩信作良圖能均漢祚三分業不負荆州六尺孤綠水有魚賢已得青桑如葢瑞先符君王幸得中山後建國如何號蜀都

兩晉

三世深謀啓帝基可憐孀婦與孤兒罪歸成濟皇天恨戈犯明君萬古悲巴蜀削平輕似紙勾吳吞郤美如飴誰知高鼻能知數競向中原簸戰旗

宋二首

天爵休將儋石論一身恭儉萬邦尊賭將金帶驚寰海留得耕衣誡子孫絺搆不應饒漢祖奸雄何足數王敦草中求活非吾事豈畱橫身向廟門

百萬人甘一擲輸元窮惟與道相符豈知紫殿新天子只是丹徒舊嗇夫五色龍章身早見六終鴻業數難逾三年未得分明夢郤爲蘭陵起霸圖

陳

三惑昏昏中紫宸萬機抛郤醉臨春書中不禮隋文帝井底常携張貴嬪玉樹歌聲移入哭金陵天子化爲臣兵戈半渡前江水狎客猶聞爭酒巡

山陰故事

坦腹夫君不可逢十年猶在播英風紅鸞化鶴青天遠綵筆成龍綠水空愛竹只因憐直節書裙多是爲奇童吹笙緱嶺登仙後東注青流豈有窮

覽柳渾汀洲採白蘋之什因成

採盡汀蘋恨別離鴛鴦鸂鶒總雙飛月明南浦夢初斷花落洞庭人未歸天遠有書隨驛使夜長無燭照寒機年來泣淚知多少重疊成痕在繡衣

月

碧落誰分造化權結霜凝雪作嬋娟寒蟬若不開三穴狡兔何從上九天莫見團圓明處遠須看彎曲鑒時偏郗詵樹老尭蓂換惆悵今年似去年

新月

雲際嬋娟出又藏美人腸斷拜金方嫦娥一隻眉先掃織女三分鏡未光珠箔寄鈎懸杳靄白龍遺爪印穹蒼更期十五圓明夜與破陰霾照八荒

雲

漠漠沈沈向夕暉蒼梧巫峽兩相依天心白日休空蔽海上故山應自歸似盖好臨千乘載如羅堪翦六

銖衣爲霖須救蒼生旱莫向西郊作雨稀

雨

引電隨龍密又輕酒杯閒噀得佳名千山草木和雲暗陸地波瀾接海平灑竹幾添春睡重滴簷偏遣夜愁生陰妖冷孽成何怗敢蔽高天日月明

風

城上寒來思莫窮土囊萍末兩難同飄成遠浪江湖際吹起暮塵京洛中飛雪蕭條殘臘節落花狼籍古行宮春能和煦秋摇落生殺還同造化功

霞

天際何人濯錦歸偏宜殘照與晨暉流爲洞府千年酒化作靈山幾襲衣野燒燄連殊赫弈愁雲陰隔乍依稀勞生願學長生術餐盡紅桃上漢飛

露

鶴鳴先警鴈來天洗竹沾花處處鮮散彩幾當蟬飲際凝光宜對蚌胎前朝垂苑草煙猶重夜滴宮槐月正圓怳惕與霜同降日蘋蘇思薦獨淒然

霜

應節誰窮造化端菊黃豺祭問應難紅窗透出鴛衾冷白草飛時鴈塞寒露結芝蘭瓊屑厚日乾葵藿粉

痕殘世間無比催摇落松竹何人肯便看

煙

燎野焚林見所同卷空横水展形容能滋甘雨隨車潤不並行雲逐客蹤晴鳥迴籠嘉樹薄春亭嬌慣好花濃有時片片風吹去海碧山青過幾重

和尚書詠煙

無根無蒂結還融曾觸嵐光徹底空不散幾知離畢雨欲飛須待落花風玲瓏薄展鮫綃片羃歷輕含鳳竹叢瓊什捧來思舊隱撲窻穿戶曉濛濛

曉

水盡銅龍滴漸微景陽鐘動夢魂飛漳闕雞唱促歸騎金殿燭殘求御衣窗下寒機猶自織梁間棲燕欲雙飛羲和晴聳扶桑轡借與寰瀛看早暉

夜

日墜虞淵燭影開沈沈煙霧壓浮埃剡川雪滿子猷去漢殿月生王母來簷挂蛛絲應漸織風吹螢火不成灰愁人莫道何時旦自有鐘鳴漏滴催

水

火性何如水性柔西來東出幾時休莫言通海能通漢雖解浮舟也覆舟湘浦暮沈堯女怨汾河秋泛漢皇愁洪波急湍歸何處二月桃花滿眼流

泉

非鑿非流出洞門源深流嶮合還分高成瀑布漱迸客清入御溝朝聖君迸滴幾山穿破石迅飛層嶠噴開雲舊齋一帶連松竹明月窗前枕上聞

東

紫氣天元出故關大明光照九垓間鰲山海上秦娥去鱸鱠江邊齊椽還青帝郊坰平似砥主人階級峻如山蟠桃樹在煙濤水解凍風高未得攀

南

罩罩嘉魚憶此方送君前浦恨難量火山遠照蒼梧郡銅柱高標碧海鄉陸賈幾時來越島三閭何日濯滄浪鍾儀冠帶歸心阻蝴蝶飛園萬草芳

西

宻雲郊外已回秋日下崦嵫景懶收秦帝城高堅似鐵李斯書上曲如鉤寧惟東岳凌天秀更有長庚瞰曙流見說山傍偏出將犬戎降盡復何愁

北

雪滿胡天日影微李君降虜失良時窮溟駕浪鵾鵬化極海寄書鴻鴈遲缺四字猶未啟殘兵奔去沓難追可憐燕谷花間晚鄒律如何爲一吹

淚

發事牽情不自由偶然惆悵即難收已聞抱玉沾衣濕見說迷途滿目流滴盡綺羅紅燭暗墮殘粧閣曉花羞世間何處偏留得萬點分明湘水頭

夢

月落燈前閉北堂神魂交入杳冥鄉文通毫管醒來異武帝蘅蕪覺後香傅說已徵賢可輔周公不見恨何長生松十八年方應通塞人間豈合忙

別

酒盡歌終問後期泛萍浮梗不勝悲東門疋馬夜歸
處南浦片帆飛去時賦罷江淹吟更苦詩成穠武思
何遲可憐范陸分襟後空折梅花寄所思

愁

夜長偏覺漏聲遲往往隨歌慘翠眉黃葉落催砧杵
日子規啼破夢魂時明妃去泣千行淚蔡琰歸梳兩
鬢絲四皓入山招不得無家歸客最堪欺

恨

事與時違不自由如燒如刺寸心頭烏江項籍忍歸
去鴈塞李陵長繫留燕國飛霜將破夏漢宮紈扇豈

禁秋須知入骨難銷處莫比人間取次愁

忙

雙競龍舟疾似風一星毬子兩朋同平吳破蜀三除
裏滅楚圖秦百戰中春近杜鵑啼不斷寒催歸鴈去
何窮兵還失路旌旗亂鶯起紅塵似轉蓬

閒

不爭人間是與非白雲流水自相依一瓢挂樹傲時
代五柳種門吟落暉江上翠娥遺佩去岸邊紅袖採
蓮歸客星辭得漢光武卻坐東江舊蘚磯

詠錢

多蓄多藏豈足論有誰還議濟王孫能於禍處翻為
福解向讎家買得恩幾怪鄧通難免餓須知夷甫不
曾言朝爭暮競歸何處盡入權門與倖門

尙書惠蠟面茶

武夷春暖月初圓採摘新芽獻地仙飛鵲印成香蠟
片啼猿溪走木蘭船金槽和碾沈香末冰椀輕涵翠
縷煙分贈恩深知最異晚鐺宜煮北山泉

貢餘秘色茶盞

捩碧融青瑞色新陶成先得貢吾君巧剜明月染春
水輕旋薄冰盛綠雲古鏡破苔當席上嫩荷涵露別

江濆中山竹葉香初發多病那堪中十分

白酒兩瓶送崔侍御

雪化霜融好潑醅滿壺冰凍向春開求從白石洞中
得攜向百花岩畔來幾夕露珠寒貝齒一泓銀水冷
瓊杯湖邊送與崔夫子誰見稽山盡日頹

謝主人惠綠酒白魚

早起鵲聲頻送喜白魚芳酒寄來珍馨香乍揭春風
甕撥剌初辭夜雨津樽潤最宜澄桂酒網疏殊未損
霜鱗不曾垂釣兼親醞堪愧金臺醉飽身

詠筆二首

秦代將軍欲建功截龍搜兔助英雄用多誰念毛皆拔拋卻更嫌心不中史氏只因歸道直江淹何獨偶靈通班超握管不成事投擲翻從萬里戎

君子三歸擅一名秋毫雖細握非輕軍書羽檄教誰錄帝命王言待我成勢健豈饒淝水陣鋒銛還學歷山耕毛乾時有何人潤盡把燒焚恨始平

尚書新造花箋

濃染紅桃二月花只看神筆縱龍蛇淺澄秋水看雲母碎擘輕苔間粉霞寫賦好追陳后寵題詩堪送竇滔家使君卽入金鑾殿夜直無非草白麻

詠扇

爲發涼飈滿玉堂每親襟袖便難忘霜凝雪暗知何在道契時來忽自揚曾伴一樽臨小檻幾遮殘日過迴廊漢宮如有秋風起誰信班妃淚數行

溪上要一隻白簟扇蓋頭垂釣去年就節推侍御請之蒙惠一柄紫花紋者雖則鱗華具在紕薄不及清源所出因就南郡陳常侍請之遂成拙句

難求珍簟過炎天遠就金貂乞月圓直在引風欹角枕且圖遮日上漁船但令織取無花簟不用挑爲飲露蟬莫道如今時較晚也應留得到明年

釣車

荻灣漁客巧粧成砥鑄銀星一點輕拋過碧江鸂鶒岸軋殘金井轆轤聲軸磨騂角冰光滑輪卷春絲水面平把向嚴灘尋轍迹漁臺基在輾難傾

尚書筵中詠紅手帕

鶴綾三尺曉霞濃送與東家二八容羅帶繡裙輕好繫藕絲紅縷細初縫別來拭淚遮桃臉行去包香墜粉胸無事把將纏皓腕爲君池上折芙蓉

剪刀

寶持多用繡爲囊雙日交加兩鬢霜金匣掠平花翡翠綠窗裁破錦鴛鴦初裁連理枝猶短誤綰同心帶不長欲製縕袍先把看質非紈綺愧銛鋩

詠燈

分影由來恨不同綠窗孤館兩何窮熒煌短焰長疑暗零落殘花旋委空幾處隔簾愁夜雨誰家當戶怯秋風莫言明滅無多事曾比人生一世中

燈花

點蠟燒殘卻勝栽九華紅豔吐玫瑰獨含冬夜寒光拆不傍春風煖處開難見只因能送喜莫挑唯恐墜

成灰貪膏附熱多相誤爲報飛蛾罷拂來

帆

豈勞孤棹送行舟輕過天涯勢未休斷岸曉看殘月掛遠灣寒背夕陽秋川平直可追飛箭風健還能泝急流幸遇濟川恩不淺北溟東海更何愁

卷八十二終

全五代詩卷八十三

羅江李調元雨村　編

閩

徐寅

詠簾

素節輕盈透影勻何人巧思間成文閑隨別殿風應渡半掩行宮麝欲熏繡戶遠籠寒焰重玉樓高挂曙光分無情幾恨黃昏月纔到如鈎便墮雲

紙帳

幾笑文園四壁空磣寒深入剡藤中誤懸謝守澄江練自宿姮娥白兔宮幾疊玉山開洞壑半巖春霧結房櫳針羅截錦饒君侈爭及蒙茸煖避風

紙被

文采鴛鴦罷合歡細柔輕綴好魚牋一床明月蓋歸夢數尺白雲籠冷眠披對勁風溫勝酒擁聽寒雨暖於綿赤眉豪客見皆笑卻問儒生直幾錢

梅花

瓊瑤初綻嶺頭葩蕊粉新粧姹女家舉世更誰憐潔白癡心皆盡愛繁華元冥借與三冬景謝氏輸他六出花結實和羹知有日肯隨羌笛落天涯

牡丹花二首

看遍花無勝此花翦雲披雪蘸丹砂開當青律二三月破卻長安千萬家天縱穠華刳鄙吝春教妖艷妬豪奢不隨寒令同時放倍種雙松與辟邪

萬萬花中第一流淺霞輕染嫩銀甌能狂綺陌千金子也惑朱門萬戶侯朝日照開攜酒看暮風吹落遶欄收詩書滿架塵埃撲盡日無人畧舉頭

尙書座上賦牡丹花得輕字其花自越中移植

流蘇凝作瑞華精仙閣開時麗日晴霜月冷銷銀燭焰寶熈圖印綵雲英嬌含嫩臉春妝薄紅蘸香綃艷

色輕早晚有人天上去寄他將贈董雙成

依韻和尙書再贈牡丹花

爛銀基地薄紅妝羞殺千花百卉芳紫陌昔曾遊寺看朱門今再遶欄望龍分夜雨資嬌態天與春風發好香多著黃金何處買輕橈挑過鏡湖光

郡伯借牡丹花

腸斷東風落牡丹爲祥爲瑞久留難青春不駐堪垂淚紅艷已空猶倚欄積蘚不銷香蘂盡晴陽高照露華乾明年萬葉千枝長倍發芳菲借客看

惜牡丹

今日狂風揭錦筵預愁吹落夕陽天閑看紅艷只須醉謾惜黃金豈是賢南國好偷誇粉黛漢宮宜摘贈神仙良時雖作鶯花主白馬王孫恰少年

憶牡丹

綠樹多和雪霰栽長安一別十年來王侯買得價偏重桃李落殘花始開宋玉鄰邊腮正嫩文君機上錦初裁滄洲春暮空腸斷畫看猶將勸酒杯

追和白舍人詠白牡丹

蓓蕾抽開素練囊瓊葩薰出白龍香裁分楚女朝雲片剪破姮娥夜月光雪句豈須徵柳絮粉腮應恨貼

梅妝檻邊幾笑東籬菊冷折金風待降霜

菊花

桓景登高事可尋黃花開處綠畦深消灾辟惡君須採冷露寒霜我自禁籬槿早榮還早謝澗松同德復同心陶公豈是居貧者剩有東籬萬朵金

司直巡官無諂移到玫瑰花

芳菲移自越王臺最似薔薇好並栽穠艷盡憐勝綵繪嘉名誰贈作玫瑰春成錦繡風吹拆天染瓊瑤日照開爲報朱衣早邀客莫教零落委蒼苔

松

洞底青松不染塵未逢良匠競誰分龍盤勁節巖前見鶴淚翠梢天上聞大廈可營誰擇木女蘿相附欲凌雲皇王自有增封日修竹徒勞號此君

畫松

澗底陰森驗筆精筆間開展覺神清曾當月照還無影若許風吹合有聲枝偃只應元鶴識根深宜與茯苓生天台道士頻來見說似株株倚赤城

柳

漠漠金條引線微年年光翠報春歸解籠飛靄延芳景不遂亂花飄夕暉啼鳥噪蟬堪悵望舞煙搖水自

因依五株名顯陶家後見說辭榮種者稀

竹

翠染琅玕粉漸開東南移得會稽栽游絲挂處漁竿去綠水夾時龍影來風觸有聲含六律露沾如洗絕浮埃王猷舊宅無人到抱却清陰盎綠苔

筍鞭

節竹巖邊剔翠苔錦江波冷洗瓊瑰纍纍節轉蒼龍骨寸寸珠聯巨蚌胎須向廣場驅駟駿莫從閒處撻駑駘帝同晉帝環營日拋擲中途後騎來

荔枝二首

朱彈星丸燦日光綠瓊枝散小香囊龍綃殼綻紅紋粟魚目珠涵白膜漿梅熟已過南嶺雨橘酸空待洞庭霜蠻山踏曉和煙摘拜捧金盤獻越王

日日薰風捲瘴煙南園珍果荔枝先靈鴉啄破瓊津滴寶氣盛來蚌腹圓錦里只聞消醉渴蕊宮惟合贈神仙何人刺出腥腥血深染羅紋遍殼鮮

苔

印留麋鹿野禽蹤岩壑漁磯幾處逢金谷曉凝花影重章華春映柳陰濃石橋羽客遺前迹陳閣才人沒舊容歸去掃除堦砌下蘚痕殘綠一重重

萍

為實隨流瑞色新泛風縈草護遊鱗密行碧水澄涵月濊滯輕橈去採蘋比物何名腰下劍無根堪並鏡中身平湖春渚知何限撥破閒投獨釣綸

蒲

濯秀盤根在碧流紫茵含露向晴抽編為細履隨君步織作輕帆送客愁疎葉稍爲投餌釣密叢還得採蓮舟鴛鴦鸂鶒多情甚日日雙雙遶傍游

草

廢苑荒堦伴綠苔恩疎長信恨難開姑蘇麋鹿應思

食楚澤王孫已不來色嫩似將藍汁染葉齊如把剪
刀裁燕昭没後多卿士千載流芳郭隗臺

鶴

閬苑瑤臺歲月長一歸華表好增傷新聲乍警初零
露折羽閒飛幾片霜要伴神仙歸碧落豈隨鵰鴈往
西塘三山頂上無人處瓊樹堪巢不死鄉

鴻

行如兄弟影連空春去秋來燕不同紫塞別當寒露
白碧山飛入暮霞紅宣王德美周詩內蘇武書傳漢
苑中況解啣蘆避弓箭一聲歸唳楚天風

宮鶯

領得春光在帝家早從深谷出煙霞閒棲仙禁日邊
柳飢啄御園天上花睍睆只宜陪閣鳳間關多是問
宮娃可能鸚鵡矜言語長閉雕籠歲月賒

鷹

害物傷生性豈馴且宜籠罩待知人惟擒燕雀啗腥
血卻笑鸞凰啄翠筠狡兔穴多非爾識鳴鳩脰短罰
君身豪門不讀詩書者走馬平原放玩頻

鵲

神化難源瑞即開雕陵毛羽出塵埃香閨報喜行人
至碧漢填河織女回明月解隨烏繞樹青銅寧愧雀
為臺瓊枝翠葉庭前植從待翩翩去又來

鷰

從待啣泥濺客衣百禽靈性比他稀何嫌何恨秋須
去無約無期春自歸鵰鶚不容應自悟棟梁堪庇願
相依吳王宮女嬌相襲合整雙毛預奮飛

雙鷺

雙鷺雕籠昨夜開月明飛出立庭隈但教綠水池塘
在自有碧天鴻鴈來清韻叫霜歸島樹素翎遺雪落
漁臺何人為我追尋得重勸溪翁酒一杯

鷓鴣

繡僕梅兼羽翼全楚雞非瑞莫爭先啼歸明月落邊
樹飛入百花深處煙避燒幾曾遺遠岫引雛時見飲
晴川荔枝初熟無人際啄破紅苞墜野田

尙書打毬小驄步驟最奇因贈

善價千金未可論燕王新寄小龍孫逐將白日馳清
漢啣得流星入畫門步驟最能隨手轉性靈多恐會
人言桃花雪點多雖貴全假當場一顧恩

郡侯坐上觀琉璃瓶中游魚

寶器一泓銀漢水錦鱗纔動即先知似涵明月波寧

隔欲上輕氷律未移薄霧罩來分咫尺碧綃籠處較毫釐文翁未得沈香餌擬置金盤召左慈

蝴蝶二首

縹緲青蟲脫殼微不堪煙重雨霏霏一枝濃豔留教住幾處春風借與飛防患每憂雞雀口憐香偏遶綺羅衣無情豈解關魂夢莫信莊周說是非

拂綠穿紅麗日長一生心事住春光最嫌神女來行雨愛伴西施去採香風定只應攢蕋粉夜寒長是宿花房鳴蟬性分殊迂濶空解三秋噪夕陽

蟬

寒鳴寧與衆蟲同曩鬢緌冠豈道窮殼蛻已從今日化聲愁何似去年中朝催籬菊花開露暮促槐庭葉墜風從此最能驚賦客討居何處轉飛蓬

螢

月墜西樓夜影空透簾穿幙達房櫳流光堪在珠璣列爲火不生榆柳中一一點通黃卷字輕輕化出綠蕪叢欲知應候何時節六月初迎大暑風

迴文二首

飛書一幅錦文迴恨寫深情寄鴈來機上月殘香閣掩樹梢煙淡綠窗開霏霏雨罷歌終曲漠漠雲深酒滿杯歸日幾人行問卜巖音想望倚高臺

輕帆數點千峰碧水接雲山四望遲晴日海霞紅靄靄曉天江樹綠迢迢清波石眼泉當檻小逕松門寺對橋明月釣舟漁浦遠傾山雪浪暗隨潮

自詠十韻

只合滄洲釣與耕忽依螢燭愧功成未遊宦路叨卑宦纔到名場得大名梁苑二年陪衆客温陵十載佐雙旌錢財盡是侯王惠骨肉偕承里巷榮拙賦偏聞鐫印賣惡詩親見畫圖呈（使宅行寅同文八體詩圖兩面庚午秋使樓赴宴每一倒翻讀八韻也）多栽桃李期春色濶鑿池塘許月明寒益

矜襉饒美寢出乘車馬免徒行粗支菽粟防飢歉薄有杯盤備送迎僧俗共鄰棲隱樂妻孥同愛水雲清如今便死還甘分莫更嫌他白髮生

和尚書詠泉山瀑布十二韻

名齊火浣溢山椒誰把鷲虹挂一條天外倚來秋水刃海心飛上白龍綃民田鑿斷雲根引僧圃穿通竹影澆噴石似煙輕漠漠濺崖如雨冷瀟瀟氷中蠶緒纏蒼壁日裏虹精挂絳霄寒漱綠陰仙桂老碎流紅豔野桃夭千尋練寫長年在六出花開夏日消急恐劃分青嶂骨久應裍裂翠微腰濯纓便可譏漁父洗

耳還宜傲帝堯林際猿猱偏得飲岸邊烏鵲擬爲橋
赤城未到詩先寄廬阜曾遊夢已遥數夜積霖聲更
遠郡樓攲枕聽長宵

尚書會仙亭詠薔薇夤坐中聯四韻晚歸緝所
聯因成一篇

結綠根株翡翠莖勾芒中夜刺猩猩景陽粧赴嚴鐘
出楚峽神斂暮雨情躑躅豈能同日語玫瑰方可一
時呈風吹嫩帶香苞展露灑啼思淚點輕阿母蕋宮
期索去昭君榆塞闕齋行藂高恐礙含光燕架穩宜
棲報鸚鶯鬭日只憂燒密葉映堦疑欲讓雙旌含烟

散纈佳人惜落地遺鈿少妓爭丹渥不因輸繡段錢
圍誰把買花聲海棠若要分流品秋菊春蘭兩恰平

偶題二首

買骨須求騏驥骨愛毛宜採鳳凰毛駑駘燕雀堪何
用仍向人前價例高

賦就神都振大名斬蛇功與樂天爭歸來延壽溪頭
坐終日無人問一聲

鏡中覽

晨起梳頭忽自悲鏡中親見數莖絲從今休說龍泉
劍世上恩讎報已遲

初夏戲作

長養薰風拂曉吹漸開荷芰落薔薇青蟲也學莊周
夢化作南園蛺蝶飛

杏園

杏苑簫聲好醉鄉春風嘉宴更無雙憑誰爲謔穆天
子莫把瑤池並曲江

楚國史

六國商於恨最多良弓休縮劍休磨君王不剪如簧
舌再得張儀欲奈何

張儀

荆楚南來又北歸分明舌在不應違懷王本是無心
者籠得蒼鷹却放飛

讀漢記

布衣空手取中原勁卒雄師不足論楚國八千秦百
萬豁開胸臆一時吞

李夫人二首

不望金輿到錦帷人間樂極卽須悲若言要識愁中
貌也似君恩日日衰

招得香魂爵少翁九華燈燭曉還空漢王不及吳王
樂且與西施死處同

明妃

不用牽心恨畫工帝家無策及邊戎香魂若得昇明月夜夜還應照漢宫

馬嵬

二百年來事遠聞從龍誰解盡如雲張均兄弟皆何在郄是楊妃死報君

依韻答黄校書

慈恩鴈塔參差榜杏苑鶯花次第遊白日有愁猶可散青山高卧況無愁

依韻贈南安方處士五首

七貴五侯生肯退利塵名網死當拋黔婁寂寞嚴陵卧借問何人與結交

休把巖谿踏雪霜書成何處獻君王嵩山好與浮邱約三十六峰雲外鄉

百萬僧中不爲僧比君知道僅誰能無家寄泊南安縣六月門前也似氷

兩鬢當春郄似秋僻居誇近野僧樓落花明月皆臨水明月不流花自流

晉楚忙忙起戰塵龔黄門下有高人一畦雲薤三株竹席上先生未是貧

寄華山司空侍郎

仙掌林中第一人鶴書時或問眠雲莫言疏野全無事明月清風肯放君

聞司空侍郎訃音

園綺生雖逢漢室巢由死不謁堯階八徵不起夫君没後何人葬合取夷齊隱處埋

傷進士謝庭皓大順中以詞賦著名與黄不相上下也時號錦繡堆

獻書猶未達明君何事先遊岱岳雲惟有春風護冤魄與生青草蓋孤墳

追和賈浪仙古鏡

誰聞黄帝橋山塚明月飛光出九泉狠籍鮮痕磨不盡黑雲殘點汙秋天

新刺薇

素手春溪罷浣紗巧裁明月半彎斜齊宫合贈東昏寵好步黄金菡萏花

大夫松

五樹旌封許歲寒挽柯攀葉也無端爭如澗底凌霜節不受秦王號此官

薔薇

朝露洒時如濯錦晚風飄處似遺鈿重門剩著黄金

鑠莫被飛瓊摘上天

蕉葉

綠綺新裁織女機擺風搖日影離披只應青帝行春罷閒倚東牆卓翠旗

路傍草

楚甸秦原萬里平誰敎根向路傍生輕蹄繡轂長相蹋合是榮時不得榮

猿

宿有喬林飲一溪生來蹤跡遠塵泥不知心更愁何事每向深山夜夜啼

蝴蝶三首

不並難飛繭裏蛾有花芳處定經過天風相送輕飄去却笑蜘蛛漫織羅

苒苒雙雙拂畫欄佳人偷眼再三看莫欺翼短飛長近試就花間捉也難

栩栩無因繫得他野園荒徑一何多不閒絲竹誰敎舞應仗流鶯爲唱歌

卷八十三終

全五代詩卷八十四

羅江李調元雨村 編

閩

黃滔

滔字文江莆田人昭宗乾甯二年擢進士第光化中除四門博士尋遷監察御史裏行充威武軍節度推官王審知據有全閩而終其身爲節將者滔規正有力焉著有泉山秀句集十國春秋中州名士避地來閩若韓偓李洵輩悉主于滔滔文詞贍蔚典則詩清湻丰潤有貞元長慶風馬嵬館娃景陽水殿諸賦雄新雋永稱一時絕調天祐中翁承贊使閩賜金紫以行易其居處日文秀亭光賢閣畫錦堂黃滔爲詩榮之有建水閩山無故事長卿嚴助是前身之句楊誠齋云詩至晚唐益工滔詩如寺寒三伏雨松偃數朝枝如青山寒帶雨古木夜啼猿又如聞鴈之一聲初觸夢半白已侵頭與韓致光吳融輩並游未知孰先洪邁云滔詩清湻丰潤如與人對語和氣郁郁胡震亨云滔有別撰泉山秀句三十卷皆閩士詩惜尋訪未得

長安書事

終不離青山誰道雲無心卻是白雲士有時出中林昨日擎紫泥明日要黃金炎夏羣木死北海驚波深伏蒲無一言草疏賀德音

寄友人

君愛桃李花桃李花易飄妾憐松柏色松柏色難凋
當年識君初指期非一朝今晨見君意日暮何蕭條
入門有勢利孰能無囂囂

寓言

流年五十前朝朝倚少年流年五十後日日侵皓首
非通非介人誰論四十九賢哉蘧伯玉清風獨不朽

落花

落花辭高樹最是愁人處一一旋成泥日暮有風雨
不如沙上蓬根斷隨長風飄然與道俱無情任西東

閨怨

妾家五嶺南君戍三城北雁來雖有書衡陽越不得
別久情易料豈在窺翰墨塞上無烟花甯思妾顏色

賈客

大舟有深利滄海無淺波利深波也深君意竟如何
鯨鯢齒上路何如少經過

寄徐正字夤

八月月如冰登樓見姑射美人隔千里相思無羽駕
紅蘭裛露裛誰似流光訝何當詩一句同吟祝元化

喜翁文堯員外病起

衛玠羊車懸長卿駟馬姿天嫌太端正神乃減風儀

飲氷俾消渴斷穀皆清羸越僧誇艾灶秦女隔花枝
自能論若器（詩見泗州和尚碑）不假求良醫驚殺漳濱鬼錯
與劉生隨昨日已如虎今朝謁荀池揚鞭入王門四
面人熙熙青桂仍霜霰尺璧無瑕疵迴塵却惆悵歸
闕難遲遲

送僧歸北巖寺

北巖泉石清本自高僧住新松五十年藤蘿成古樹
題詩昔佳士（滔表丈從叔有名於當時兼四明薛博士俱曾題詩）清風二林喻
上智失叩關多被浮名誤蓮扃壓月澗空美黃金布
江翻鳥嶼沈木落樓臺露伊余東還際每起烟霞慕

旋爲儉府招未得窮野步西軒白雲閣師辭洞庭寓
越城今送歸心到焚香處

秋夕貧居

聽歌桂席闌下馬槐烟裏豪門腐粱肉窮巷思糠粃
孤燈照獨吟半壁秋花死遲明亦如晦雞唱徒爲爾

書懷寄友人

此生如孤燈素心挑易盡不及如頑石非與磨礱近
常思揚子雲五藏曾離身寂寞一生中千載空清芬

上李補闕

十洲非斬別龍尾肯慵登諫草封山藥朝衣施衲僧

月留江客待句歷釣船徵終恐林棲去飡霞葉上昇

敷水盧校書

九霄無詔下何事近清塵宅帶松蘿僻日唯猨鳥親
吟高仙掌月期有洞庭人莫問烟霞句懸知見岳神

寄邊上從事

斜日下孤城長吟出點兵羽書和客卷邊思雜詩情
朔雪定鴻翼西風嚴角聲吟餘多獨坐沙月對樓生

寄鄭縣李侍御

古縣新烟火東西入客詩靜長如假一作如長暇日貧更
甚閑時僧借松蘿住人將雨雪期三年一官罷嶽石

看成碑

書崔少府居一作贈李補闕

魯史蜀琴旁陶然舉一觴夕陽明島嶼秋水淺池塘
世亂憐官替家貧值歲荒前峰亦曾宿知有辟寒方

寄漢上友人

襄漢多清景東遊已不能蒹葭照流水風雨撲孤燈
獻賦聞新鴈思山見去僧知君北來日惆悵亦難勝

書懷

退耕逢歉歲逐貢愧行朝道在愁雖淺吟勞鬢欲凋
破村虹入井孤館客投魈誰怕秋風起聽蟬度渭橋

秋辭江南

灞陵橋上路難負一年期積雨鴻來夜重江客去時
勞生多故疾漸老少新知惆悵都堂內無門雪滯遺

退居

老歸江上村孤寂欲何言世亂時人物家貧後子孫
青山寒帶雨古木夜啼猿惆悵西川舉戎裝度劍門

遊東林寺

平生愛山水下馬虎溪時已到終嫌晚重遊預作期
寺寒三伏雨松偃數朝枝翻譯如曾見白蓮開舊池

寄李校書遊簡寂觀

古觀雲溪上孤懷永夜中梧桐四更雨山木一庭風
詩得如何句仙遊最勝宮却愁逢羽客相與入煙空

旅懷

蕭颯聞風葉驚時不自堪宦名中夜切人事長年諳
古畫僧留與新知客遇談鄉心隨去鴈一一到江南

冬暮山舍喜標上人見訪

寂寞三冬杪深居業盡抛逕松開雪後砌竹忽僧敲
茗汲冰銷溜鑪燒鵲去巢共談慵僻意微日下林梢

關中言懷

三秦五嶺意不得不依然跡寓枯槐曲業無芳草川

花當落第眼雨暗出城天層閣浮雲外何人動管絃

書事

望歲心空切耕夫盡把弓千家數人在一稅十年空
沒陣風沙黑燒城水陸紅飛章奏西蜀明詔與殊功

送李山人往湘中

漢渚往湘川乘流入遠天新秋無岸水明月有琴船
露坐應通曉萍居恐隔年嶽峯千萬仞知上嘯猿巔

貽林鐸

終被春闈屈低回至白頭寄家曾許嶽釣浦雨移洲
戰士曾憐善豪門不信愁王孫草還綠何處擬羈遊

入關旅次言懷

寸心唯自切上國與誰期月晦時風雨秋深日別離
便休終未肯已苦不能疑獨媿商山路千年四皓祠

寄林寬

相知四十年故國與長安俱喜今辰在休論往歲難
海鳴秋日黑山直夏風寒終始前儒道昇沈盡一般

送友人邊遊

銜杯國門外分手見殘陽何日還南越今朝往北荒
砂城經雨壞虜騎入秋狂親詠關山月歸吟鬢的霜

下第出京

還尖禮官求花時出雍州一生爲遠客幾處未曾遊
故疾江南雨單衣薊北秋茫茫數年事今日淚俱流

送友人遊邊

虜酒不能濃縱傾愁亦重關河初落日霜雪下窮冬
野燒枯蓬旋沙風疋馬衝薊門無易過千里斷人蹤
一作遊子莫從容

過商山

燕雁一來後人人盡到關如何衝臘雪獨自過商山
羸馬高坡下哀猿絕壁間此心無處說鬢向少年斑

題道成上人院

花宮城郭內師住亦清涼何必天台寺幽禪瀑布房
罇舒湘竹滑茗煑蜀芽香更看道高處君侯題翠梁

河梁

五原人走馬昨夜到京師繡戸新夫婦河梁生別離
隴花開不艷羌笛靜猶悲惆悵良哉輔鏘鏘立鳳池

貧居冬杪

數塞未求通吾非學養蒙窮居歲杪雨孤坐夜深風
年長慙昭代才微辱至公還愁把春酒雙淚污杯中

貽張蠙

夢思非一日攜手却凄涼詩見江南雹遊經塞北霜

驅車先五漏把菊後重陽惆悵天邊桂誰教歲歲香

寄湘中鄭明府

縣與白雲連滄州况縣前嶽僧同夜坐江月看秋圓
琴拂莎庭石茶擔乳洞泉莫耽雲水興疲俗待君痊

題鄭山人居

履迹遍莓苔幽枝間藥栽枯杉擎雪朵破牖觸風開
泉自孤峰落人從諸洞來終期宿清夜斟茗說天台

秋晚山居

爽氣遍搜空難堪倚望中孤煙愁落日高木病西風
山寂樵聲出露涼蟬思窮此時塵外事幽默幾人同

遊山

洞門穿瀑布塵世豈能通曾有遊山客來逢採藥翁
異花尋復失幽逕躡還窮擬作經宵計風雷立滿空

送翁拾遺

還家俄（一作還）赴闕別思肯淒淒山坐軺車看詩持（一作將）諫筆題天開中國大地設四維低拜舞吾君後青雲更有梯

貽李山人

野步愛江濱江僧得見頻新文無古集往事有清塵
松竹寒時雨池塘勝處春定應雲雨內陶謝是前身

送陳樵下第東歸

青山烹茗石滄海寄家船雖得重吟歷終難任意眠
碪踈連寺柳風爽徹城泉送目紅蕉外來期已杳然

寄陳磻隱居

道經前輩許名拔後時喧虛左中興榜無先北海尊
新文漢氏史別墅謝公村須到三徵處堂堂謁帝閽

贈懷光上人

謝城還擁入師以接人勞過午休齋慣離經吐論高
頂寒拳素髮珠斂走紅絛終憶泉山寺聽猨看海濤

憶廬山舊遊

前年入廬嶽數宿在靈溪殘燭松堂掩孤峰月狖啼
平生爲客老勝境失雲棲縱有重遊日烟霞會恐迷

別友人

莫恨東牆下頻傷命不通苦心如有感他日自推公
雨夜扁舟發花時別酒空越山烟翠在終媿臥雲翁

陳侍御新居

幕客開新第詞人遍有詩山憐九仙近石買太湖奇
樹勢想高日地形誇得時自然成避俗休與白雲期

寄從兄璞

縱徵終不起相與避烟塵待到中興日同看上國春

新詩說人盡舊宅落花頻移覓深山住啼猨作四鄰

寄友人山居

斷橋滄江上相思恨阻尋高齋秋不掩幾夜月當吟落石有泉滴盈庭無樹陰茫茫名利內何以拂塵襟

上刑部盧員外

誰識在官意開門樹色閒尋幽頻宿寺乞假擬歸山半白侵吟鬢微紅見藥顏不知琴月夜幾客得同閒

和友人酬寄

新發烟霞咏高人得以傳吟銷松際雨冷咽石間泉大國兵戈日故鄉饑饉年相逢江海上甯免一潸然

下第

昨夜孤燈下闌干泣數行辭家從早歲落第在初場青草湖田改單車客路忙何人立功業新命到封王

題友人山居

到君棲迹所竹逕與衡門亦在乾坤內獨無塵俗喧新泉浮石蘚崩壁露松根更說尋僧處孤峰上嘯猨

寄敷水盧校書

諫省垂清論仙曹豈久臨雖專良史業未畏直臣心路入丹霄近家藏華嶽深還如韓吏部誰不望知音

贈明州霍員外

惠化如施雨鄰州亦可依正衙無吏近高會覺人稀海日旗邊出沙禽角外歸四明多隱客閑約到巖扉

題友人山齋

疎竹漏斜暉庭閒陰復遺句成苔石茗吟弄雪窗碁沙草泉經澀林齋客集遲西風虛見逼未擬問京師

題山居逸人

十畝餘蘆葦新秋看雪霜世人誰到此塵念自應忘斜日風收釣深秋雨信梁不知雙闕下何以謂軒裳

題王侍御宅內亭子

俗間塵外境郭內宅中亭或有人家創還無蓮幕聲

石曾湖岸見琴誤獄樓聽來客頻頻說終須作畫屏

贈友人

超達陶子性留琴不設絃覓句朝忘食傾杯夜廢眠愛月影爲伴吟風聲自連聽此鶯飛谷心懷迷遠川

晚春闕中

忽歷東莊出東風舞酒旗百花無看處三月到殘時遊塞聞兵起還吳值歲饑定唯荒寺裏坐與噪蟬期

逢友人

彼此若飄蓬一年何所從帝都秋未入江館夜相逢瘴嶺行衝夏邊沙住隔冬旅愁論未盡古寺叩晨鐘

寄少常盧同年

官拜少常休青綸換鹿裘狂歌離樂府醉夢到瀛洲
古器巖耕得神方客謎留清溪莫沈釣王者或畋遊

傷翁外甥

江頭去時路歸客幾紛紛獨在異鄉沒苦爲慈母聞
青春成大夜新雨壞孤墳應作芝蘭出泉臺月桂分

寄獻梓橦山侯侍御

漢宮行廟略簪笏落民間亙道三湘水高情四皓山
賜衣僧脫去奏表主批還地得松蘿塢泉通雨雪灣
東門添故事南省缺新班(有新命不起)片石秋從露幽窗

夜不關夢餘蟾隱映吟次烏綿蠻可惜相如作當時
事悉閑(自注云時常拾遺諫諍)

壬癸歲書情

故園招隱客應便笑無成謁帝逢移國投文値用兵
孤松憐鶴在疎柳惡蟬鳴匹馬迷歸處青雲失冀情
江頭寒夜宿隴上歎年耕冠蓋新人物漁樵舊弟兄
易生唯白髮難立是浮名惆悵灞橋路秋風誰入行

塞上

掘地破重城燒山搜伏兵金微互鳴咽玉笛自淒清
使發西都聳塵空北嶽橫長河涉有路曠野宿無程
沙雨黃鶯囀轅門青草生馬歸秦苑牧人在虜雲耕
落日牛羊聚秋風鼓角鳴如何漢天子青塚杳含情

河南府試秋夕聞新鴈

湘南飛去日薊北乍鶯秋叫出隴雲夜聞爲客子愁
一聲初觸夢半白已侵頭旅館移欹枕江城起倚樓
餘燈依古壁片月下滄洲寂聽良宵徹躊躇感歲流

和吳學士對春雪獻韋令公次韻

春雪下盈空翻疑臘未窮連天寗認月墮地屢兼風
忽誤邊沙上應平火嶺中林間妨走獸雲際落飛鴻
梁苑還吟客齊都省創宮掩扉皆墐北移律愧居東

青幌飄全濕茶鐺入旋融奔川半留滯疊樹互玲瓏
出戶行瑤砌開園見粉叢高才興詠處眞宰答殊功

省試內出白鹿宣示百官(乾甯二年)

上瑞何曾之毛羣表色難推於五靈少宜示百寮觀
形奪場駒潔光交月兔寒已馴瑤草別孤立雪花團
戴豸慙端士抽毫躍史官貴臣歌詠日皆作白麟看

壺公山(古老相傳古仙姓陳名壺公於此山成道因而名焉)

八面峰巒秀孤高可偶然數人遊頂上滄海見東邊
不信無靈洞相傳有古仙橘如珠(朱一作)夏在池象月
垂穿(山頭有池而圓兼橘樹朱實夏在)髣髴嘗聞樂岧嶤半插天山

寒徹三伏松偃出千年樵牧時迷所倉箱歲疊川嚴
祠風雨管怪木薜蘿纏青草方中藥蒼苔石裏錢瓊
津流乳竇春色駐芝田烏兔中時近龍蛇蟄處膧嘉
名光列士秀氣產羣賢瀑鏁瑤臺路溪昇釣浦船鼇
頭擎恐沒地軸壓應旋蠲疾寒甘露藏珍起瑞烟書
工飛夢寐詩客寄林泉掘地多雲母緣霜欠木棉井
通鰌吐脉僧隔虎棲禪山間有井通海盈縮之候貞元中有僧號法通咸通中有僧號宏播於其絕頂獨禪骨行至降虎而法通曾下山遇雨虎爭一牛乃叱而隔之分令各啖之危
磴千尋拔奇花四季鮮鶴歸懸圃少鳳下碧梧偏桃
易炎涼熱茶推醉醒煎郵家蒙棗栗俗骨爽猨蟬谷

語昇喬烏陂開共蒂蓮落楓丹葉舞新蕨紫芽拳翠
竹雕羌笛懸藤煮蜀牋白雲長掩映流水別潺湲作
賦前儒闕冲虛南國先省郎求牧看野老茸齋眠潘郎中存實詩云雙旌牧清源吟看壺公翠又歐陽秬先輩自刺史蘇君書求泉山之爲畫屏云壺公之高洛陽之深夢想所思
寺立興衰刱碑須一二鐫清吟思郄隱簪
紱柰縈牽

省試奉詔漲曲江池以春字爲韻時乾符二年

地脉寒來淺恩波住後新引將諸派水別貯大都春
幽咽疏通處清冷迸入宸漸平連杏岸旋潤映樓津
沙没迷行徑洲寬恣躍鱗願當舟檝便一附濟川人

題宣一僧正院

五級凌虛塔三生落髮師都僧雖有託孤嶠遂無期
井邑焚香待君侯減俸資山衣隨疊破菜骨逐年羸
茶取寒泉試松於遠澗移吾曹來頂手不合不題詩

省試一一吹竽乾符二年

齊竽今歷試眞僞不難知欲使聲聲別須令箇箇吹
後先無錯雜能否立參差次第教單進宮商乃異宜
凡音皆竄跡至藝始呈奇以此論文學終謀一一窺

明月照高樓

月滿長空朗樓侵碧落橫波文流藻井桂魄拂雕楹

深鑒羅紈薄寒搜戶牖清冰鋪罘燕禁霜覆瓦松傾
卓午收全影斜懸轉半明佳人當此夕多少別離情

廣州試越臺懷古

南越千年事興懷一旦來歌鐘非舊俗烟月有層臺
北望人何在東流水不回吹窗風雜瘴沾檻雨經梅
壯氣曾難揖空名信可哀不堪登覽處花落與花開

襄州試白雲歸帝鄉

杳杳復霏霏應緣有所依不言天路遠終望帝鄉歸
高嶽和霜過遙關帶月飛漸憐雙闕近寧恨衆山違
陣觸銀河亂光連粉署微旅人隨計日自笑比麻衣

出關言懷

又乞書題出關西謁列侯寄家儈許嶽釣浦雨移洲賣馬登長陸沾衣逐勝遊菜腸終日餧霜鬢度年秋詩苦無人愛言公是世仇却憐庭際草中有號忘憂按三四又見鄭林鐸詩

和王舍人崔補闕題天王寺

郭內青山寺難論此崛奇白雲生院落流水下城池石像雷霆啟江沙鼎鼐期嶽僧來坐夏秦客會題詩岡轉泉根滑門升蘚級危紫微今日句黃絹昔年碑歌鶴松低閣鳴蛩徑出籬粉垣千堵束金塔九層支

啼鳥笙簧韻開花錦繡姿清齋奔井邑元髮剃熊羆極浦征帆小平蕪落日遲風篁清却暑烟草綠無時信士三公作靈蹤四絕推艮遊如不宿明月擬何之

卷八十四終

全五代詩卷八十五

羅江李調元雨村　編

閩

黃滔二

送林寬下第東歸

爲君惆悵惜離京年少無人有屈名積雪未開移發日鳴蟬初急說來程楚天去路過飛鴈灞岸歸塵觸鎖城又得新詩幾章別烟村竹逕海濤聲

商山贈隱者

誰不相逢話息機九重城裏自依依蓬萊水淺有人

說商洛山高無客歸數隻珍禽寒月在千株古木熱時稀西窻昨夜鳴蛩盡知夢芝翁起扣扉

送二友遊湘中

千里楚江新雨晴同征肯恨迹如萍孤舟泊處聯詩句八月中旬宿洞庭爲客早悲烟草綠移家晚失嶽峯青今來無計相從去歸日汀洲乞畫屏

塞下

疋馬蕭蕭去不前平蕪千里見窮邊關山色死秋深一作深秋日鼓角聲沈霜重天荒骨或銜殘鐵露驚風時掠暮沙旋隴頭冤氣無歸處化作陰雲飛杳然

閨怨

寸心杳與馬蹄隨如蛻形容在錦帷江上月明船發後花間日暮信迴時五陵夜作酬恩計四塞秋爲破虜期待到乘軺入門處淚珠流盡玉顏衰

寄蔣先輩

夫差宮苑悉蒼苔攜客朝遊夜未回塚上題詩蘇小見江頭酹酒伍員來秋風急處煙花落明月中時水寺開千載三吳有高跡虎邱山翠益崔嵬

辭相府

從漢至唐分五州誰爲將相作諸侯閩江似鏡正堪

戀秦客如蓬難久留疋馬忍辭藩屏去小才甯副廟堂求今朝拜別幡幢下雙淚如珠滴不休

寄羅郎中隱

休向中興雪至冤錢塘江上看濤翻三徵不起時賢議九轉終成道者言綠酒千杯腸已爛新詩數首骨猶存瑤蟾若使知人事仙桂應遭蠹卻根

江行遇王侍御

數年分散秦吳隔暫泊官船浦柳中新草軍書名更重久辭山逕業應空渡頭湖落將行客天際風高未宿鴻此日相逢魂合斷賴君身事漸飛冲

題陳山人居

猶自莓苔馬跡重石嵌泉冷嬾移峯空垂鳳食篔前竹漫拔龍形澗底松隔岸青山秋是寺半牀明月夜聞鐘誰能惆悵磻溪事今古悠悠不再逢

送人明經及第東歸

十問九通離義牀今時登第信非常亦從南院看新榜旋束春關歸故鄉水到吳門方見海樹侵閩嶺漸無霜知君已塞平生願日與交親醉幾場

催妝

北府迎塵南郡來莫將芳意更遲回雖言天上光陰

別且被人間更漏催煙樹迴垂連蒂杏綵童交捧合歡杯吹簫不是神仙曲爭引秦娥下鳳臺

寄楊贊圖學士

東堂第一領春風時怪關西小驥慵華表柱頭還有鶴華歆名下別無龍君恩鳳閣含毫數詩景珠宮列肆供今日江南駐舟處莫言歸計爲雲峯

遇羅員外袞

灞陵橋外駐征輈此一分飛十六年豕角戴時垂素髮雞香含處隔青天綺園難貯林棲意班馬須持筆削權可忘自初相識地秋風明月客鄜延

寄懷南北故人

秋風昨夜落芙蕖一片離心到外區南海浪高書墮水北州城破客降胡玉窗挑鳳佳人老綺陌啼鶯碧樹枯嶺上青嵐隴頭月時通魂夢出來無

別友人

已喜相逢又怨嗟十年飄泊在京華大朝多事還停舉故國經荒未有家鳥帶夕陽投遠樹人衝臘雪往邊沙夢魂空繫瀟湘岸烟水茫茫蘆葦花

寄羅浮山道者二首

天際雙山壓海濆天漫絕頂海漫根時聞雷雨驚樵客長有龍蛇護洞門泉石暮含朱槿晝煙霞冬閉木棉溫林閒學道如容我今便辭他寵辱喧

有人曾見洞中仙纔到一作見人間便越年金鼎藥成龍入海玉函書發鶴歸天樓開石脈千尋直山折鼇鱗一半膻誰到月明朝禮處翠巖深鎖荔枝煙

過分水嶺一作許棠詩

隴山高共鳥行齊暇險盤空甚躡梯雲勢崩騰時向背水聲嗚咽若東西風兼雨氣吹人面石帶冰棱凝馬蹄此去秦川無別路隔崖窮谷却難迷

鴈

楚岸花晴塞柳衰年年南北去來期江城日暮見飛處旅館月明聞過時萬里風霜休更恨滿川煙草且須疑洞庭雲水瀟湘雨好把寒更一一知

二月二日宴中貽同年封先輩渭

帝堯城裏日銜杯每倚嵇康到玉顏桂苑五更聽榜後蓬山二月看花開垂名入甲成龍去列姓如丁作鶴來同戴大恩何處報永言交道契陳雷

御試二首（昭宗乾甯二年崔凝考定進士張貽憲等二十五人復命所司覆試內出四題乃曲直不相入賦良弓獻問賦詢於芻蕘詩品物成熙詩趙觀文陳晏崔貽賓崔仁寶等四人升盧贍章說封渭韋希震張蟾黃滔盧鼎王貞白沈崧陳曉李龜貞等十一人並與及第其張貽憲孫溥李光序李樞李途等五人且令落下許後再舉其崔礪蘇楷杜承昭鄭稼等四人不令再舉內一人盧廣稱疾不至宣令舁入又云華陰省親其父遲進狀乞落下放就試止二十四人也）

已表隋珠各自攜更從瓊殿立丹梯九華燈作三條燭萬乘君懸四首題靈鳳敢期翻雪羽洞簫應或諷金閨明朝莫惜揚揚醉青桂新香有紫泥

六曹三省列簪裾丹詔宣來試士初不是玉皇疑羽客要教金榜帶天書詞臣假筆題黃絹宮女敲銅奏子虛御目四篇酬九百敢從燈下略躊躇

宿李少府園林

一壺濁酒百家詩住此園林守選期深院月涼留客
夜（一作夜客）古杉風細似泉時嘗頻異茗塵心淨議罷名
山竹影移明日綠苔渾掃後石庭吟坐復容誰

鍾陵故人

滕王閣下昔相逢此地今難訪所從唯愛金籠貯鸚
鵡誰能鐵柱鎖蛟龍荆榛翠是錢神染河嶽期須國
士鍾一觔鱸魚千古美後人終少繼前蹤

故山

支頤默省舊林泉石徑茅堂到目前衰碧鳴蛩莎有
露濃陰欹鹿竹無煙水從井底通滄海山在窗中倚

遠天何事蒼髯不歸去燕昭臺上一年年

塞上

塞門關外日光微角怨單于鴈駐飛衝水路徙冰解
斷蹄城人到月明歸燕山臘雪銷金甲秦苑秋風脆
錦衣欲弔昭君倍惆悵漢家甥舅竟相違

送翁員外承贊

誰言吾黨命多奇榮美如君歷數稀衣錦還鄉翻是
客迴車謁帝卻爲歸鳳旋北闕虛丹穴星復南宮逼
紫微已分十旬無急詔天涯相送只沾衣

翁文堯員外擁册禮乙歸一路有詩名晝錦集
先將寄示因書五十六字

六窠只佩諸侯印爭比從天擁册歸一軸郢人歌處
雪兩重朱氏著來衣閩山秀巳鍾君盡洛水波應濺
我稀明日陪塵迎駟馬定淮齋沐看光輝

下第東歸留辭刑部鄭郎中誠

去違知已住違親欲發羸蹄進退頻萬里家山歸養
志數年門館受恩身鶯聲歷歷秦城曉柳色依依灞
水春明日藍田關外路連天風雨一行人

關中言懷

事事朝朝委一樽自知無復解趨奔試期交後猶爲
客公道開時敢說冤窮巷住來經積雨故山歸去見

荒村舉頭盡到斷腸處何必秋風江上猿

旅懷

未喫金丹看十洲乃將身世作仇讎羇遊數地值兵
亂宿在孤城聞雨秋東越雲山卻思隱西秦霜霰苦
頻留他人折盡月中桂惆悵當年江上鷗

喜侯舍人蜀中新命三首

八都詞客漫喧然誰解飛揚誥誓間五色綵毫裁鳳
詔九重天子豁龍顏巴山月在趨朝去錦水烟生入
閣還謀及中興多少事莫愁明月不收關

御投文學起吾唐暫失都城亦未妨錦里幸爲丹鳳闕幕賓徵出紫微郎來時走馬隨中使到日援毫定外方若以掌言看諫獵相如從此竝輝光

賈誼纔承宣室召左思唯預祕書流賦家達者無過此翰苑今朝是獨遊立被御爐烟氣逼吟經棧閣雨聲秋內人未識江淹筆竟問當時不早求

經安州感故鄭郎中二首

雲夢江頭見故城人間四十載垂名馬蹄踐處東風急雞舌銷時北闕驚嶽客出來尋古劍野猿相聚叫孤塋騰身飛上鳳凰閣惆悵終乘吾黨情

錦帳先生作牧州干戈缺後見荒邱兼無姓賈兒童在空有還珠烟水樓江句行人唫刻石月賜是處篆登樓旅魂頻此歸來否千載雲山屬一遊

出京別崔學士

一從門館遍投文旋忝恩知驟出羣不道鶴雞殊羽翼許依龍虎借風雲命奇未便乘東律言重終期雪北軍欲逐飄蓬向岐路數宵垂淚戀清芬

寄越從事林嵩侍御

子虛詞賦動君王誰不期君入對颺莫戀兔園留看雪已乘驄馬合凌霜路歸天上行方別道在人間久便香應念都城舊吟客十年縱跡委滄浪

長安書事

一年年課數千言口祝心祠挈出門孤進難時誰肯薦主司通處不須論頻秋入自邊城雪昨日聽來嶰樹猿若有水田過十畝早應歸去荻江村

旅懷寄友人

重疊愁腸只自知苦于吞蘖亂于絲一船風雨分襟處千里烟波迴首時故國田園經戰後窮荒歲月逼秋期鳴蟬似會悠揚意陌上聲聲怨柳衰

放榜日

吾唐取士最堪誇仙榜標名出曙霞白馬嘶風三十轡朱門秉燭一千家郄詵聯臂昇天路宣聖飛章奏日華歲歲人人來不得曲江烟水杏園花

新塋道中

塋堂如雪草如茵光武城邊一水濱越客歸遙春有雨杜鵑啼苦夜無人東堂歲去啣杯嬾南浦期來落淚頻莫道還家不惆悵蘇秦羈旅長卿貧

酬俞鈞

鄉書一忝薦延恩二紀三朝泣省門雖忝立名經聖鑒敢期輿詠疊嘉言莫論蟾月無梯接大底龍津有

浪翻今日朝廷推草澤佇君承詔出雲根

寄同年崔學士

半因同醉杏花園塵忝鴻罏與鑄顔已脫素衣酬素髮敢持青桂愛青山雖知珠樹懸天上終賴銀河接世間畢使海涯能拔宅三秦二十四畿寰

寄陳侍御

千年二相未全誇猶闕閩城賀降麻何必錦衣須太守別無蓮幕勝王家醴泉涌出休論水黃菊開時獨是花九級燕金滿尊酒卻愁隨詔謁承華

酬徐正字夤

已免蹉跎負歲華敢辭霜鬢雪呈花名從兩榜考昇第官自三台追起家疋馬有期歸輦轂故山無計戀桑麻莫言邃閣從容久披處終知金在沙

客舍秋晚夜懷故山

寥寥深巷客中居況值窮秋百事疎孤枕憶山千里外破窗聽雨五更初經年荒草侵幽逕幾樹西風鎖弊廬長繫寸心歸未得起挑殘燭獨躊躇

絳州鄭尚書

旌旗日日展東風雲稼連山雪刃空剖竹已知垂鳳食摘珠何必到龍宮諫垣虛位期飛步翰苑含毫待紀公誰謂唐城諸父老今時得見蜀文翁

喜陳先輩嶠及第

今年春已到京華天與吾曹雪怨嗟甲乙中時公道復朝廷看處主司誇飛離海浪從燒尾嚥卻金丹定易牙不是駕前偏落羽錦城爭得杏園花

延福里居和林寬何紹餘酬寄

長說愁吟逆旅中一庭深雪一窗風眼前道路無心覓象外烟霞有句通幾度相留侵鼓散頻聞會宿著僧同高清未以干時廢屬和因知興不窮

贈宿松湯明府

溪上家家禮樂新始知爲政異常倫若非似水清無底爭得如冰凜拂人月狖聲和琴調咽烟村景接柳條春宦遊兼得逍遙趣休憶三吳舊釣津

送僧

纔年七歲便從師猶說辭家學佛遲新斸松蘿還不住愛尋雲水擬何之孤溪雪滿維舟夜疊嶂猿啼過寺時鳥道瀧湫悉行後豈將翻譯負心期

贈鄭明府

庭羅衙吏眼看山真恐風流是謫仙垂柳五株春婭姹鳴琴一弄水潺湲援毫斷獄爭殊考駐樂題詩得

出聯莫起淘潛折腰歎才高位下始稱賢

江州夜宴獻陳員外

多少歡娛簇眼前潯陽江上夜開筵數枝紅蠟啼香淚兩面青娥折瑞蓮清管徹時斟玉斝碧籌回處擲金船因知往歲樓中月占得風流是偶然

湘中贈張逸人

羽衣零落帽欹斜不自孤峰即海沙曾爲蜀山成寓跡又因湘水擬營家鳴琴坐見燕鴻沒曳履吟忘野逕賒更愛扁舟宿寒夜獨聽風雨過蘆花

寓題

紛紛黑勅除官日處處紅旗打賊時竿底得璜猶未用夢中吞鳥擬何爲損生莫若攀丹桂免俗無過詠紫芝兩岸蘆花一江水依前且把釣魚絲

斷酒

未老先爲百病仍醉杯無計接賓朋免遭洩盞郎君謔還被簪花録事憎絲管合時思索馬池塘晴後獨留僧何因澆得離腸爛南浦東門恨不勝

南海幕和段先輩送韋侍御赴闕

樹色川光入暮秋使車西發不勝愁璧連標格驚分散雪課篇章互唱酬魏闕別當飛羽翼燕臺獨且占

風流滿園歌管涼宵月此後相思幾上樓

寄南海黄尚書

五年城下駐行車此事如今八載餘燕頷已知飛食肉龍門猶自退爲魚紅樓入夜笙歌合白社驚秋草木疎西望清光寄消息萬重烟水一封書

送人往蘇州覲其兄

闔閭城外越江頭兩地烟濤一葉舟到日荆枝應便茂別時珠淚不須流迎歡酒醒山當枕詠古詩成月在樓明日尊前若相問爲言今訪赤松遊

遊東林寺

長生猶自重無生言讓仙祠佛寺成碑折誰忘康樂制山靈表淂遠公名松形入漢藤蘿短僧語離經耳目清莫怪遲遲不歸去童年已夢遶林行

賀清源僕射新命

雖言嵩嶽秀崔嵬少降連枝命世才南史兩榮唯西掞東閣雙拜有三台青天在頂家家詠丹鳳銜書歲歲來虛說古賢龍虎威誰攀荆樹上金臺

浙幕李端公泛建溪

越城吳國結良姻交發芙蓉幕內賓自顧幽沈槐省跡得陪清顯諫垣臣分題曉僉蘭舟遠對坐宵聽月

狖頻叉愛延平津上過一雙神劍是龍鱗

貽宋評事

河陽城裏謝城中入曳長裾出佩銅燕國金臺無別
客陶家柳下有清風數蹤篆隸書新得一竈屯蒙火
細紅時說三吳欲歸處綠波洲渚紫蒲藂

寓題

每憶家山即涕零定須歸老舊雲扃銀河水到人間
濁丹桂枝垂月裏馨霜雪不飛無翠竹鯨鯢猶在有
青萍三千九萬平生事卻恨南華說北溟

傷蔣校書德山

誰到雙溪溪岸傍與招魂魄上蒼蒼世間無樹勝青
桂隴上有花唯白楊秦苑火然新賦在越城山秀故
居荒如何萬古雕龍手獨是相如識漢皇

酬楊學士

神仙簿上愧非夫詔作疑丹兩入爐詩裡幾曾吟芍
藥花中方得見菖蒲陽春唱後應無曲明月圓來別
是珠莫下蓬山不迴首東風猶擬重摶扶

寄同年李侍郎龜正

石門南面淚浪浪自此東西失帝鄉崑璞要疑方卓
絕大鵬須息始開張已歸天上趨雙闕忽喜人間捧

八行莫道秋霜不滋物菊花還借後時黃

烏石村

往日江村今物華一迴登覽一悲嗟故人沒後城頭
月新鳥啼來隴上花賣劍錢銷知絕俗聞蟬思苦即
詩家謝公古郡青山在三尺孤墳撲海沙

寄同年盧員外

聽盡鸎聲出雍州秦吳烟月十經秋龍門在地從人
上郎省連天須鶴遊休戀一臺推妙絕已經三字入
精求當年甲乙皆華顯應念槐宮今雪頭

寄同年封舍人渭

唐城接軫赴秦川憂合懽離驟十年龍領摘珠同泳
海鳳啣輝翰別升天八行真跡雖收拾四戶高扃柰
隔懸能使郎門終始雪莫教華髮獨潸然

奉和翁文堯十九員外中謝日蒙恩賜金紫之
什

面蒙君賜自龍墀誰是還鄉一襲衣三品易懸鱗鬣
赫八絲展起綵章飛負爲勝事垂千古題作新詩啟
七微嚴助買臣精魄在定因羞著昔年歸

翁文堯員外捧金紫還鄉之命推發篇章將原
交情遠爲嘉貺泊燕鴻陸犬楚水荊山又吐瓊

瑤遠之幽鄙雖湧泉思觸逸興皆虛而强韻押
難非才頗媿輒茲酬和以質獎私

搏將感事更無餘還向橋邊看舊書東越獨推生竹
箭北濱喜足貯鯤魚兩迴誰解歸華表午夜兼能薦
子虛須把頭冠彈盡日憐君不與故人疎

奉和翁文堯員外經過七林書堂見寄之什

朱旗引入昔茅堂半日從容盡日忙駟馬寶車行錫
禮金章紫綬帶天香山從南國添烟翠龍起東溟認
夜光定恐故園留不住竹風松韻慢凄鏘

奉酬翁文堯員外駐南臺見寄之什

入指南臺山與川大驚喜氣異當年花迎金冊非時
拆月對瓊杯此夜圓我愛藏冰從夏結君憐修竹到
冬鮮殷勤更抱鳴琴撫爲憶秦兒識斷絃

奉和翁文堯員外文秀光賢晝錦之什

鄉名里號一時新乃覺台恩重萬鈞建水閩山無故
事長卿嚴助是前身清泉引入旁添潤嘉樹移來別
帶春莫凭闌干剩留駐內廷虛位待才臣（文秀亭）

雖言閩越繫生賢誰是還家寵自天山簡媿兼諸郡
命鄭元慙秉六經權鳥行去沒孤煙樹漁唱還從碧
島川休說遲迴未能去夜來新夢禁中泉（光賢閣）

君王面賜紫還鄉金紫中推是甲裳華構便將垂美
號故山重更發清光水澄此日蘭宮鏡樹憶當年柏
署霜珍重朱欄兼翠栱來來皆自讀書堂（晝錦堂）

奉酬翁文堯員外神泉之遊見寄嘉什

舍雞假豸喜同遊野外嘶風並紫騮松竹迴尋青嶂
寺姓名題上白雲樓泉源出石清消暑僧語離經妙
破愁爭奈愛山猶戀闕古來能有幾人休

輒吟七言四韻攀寄翁文堯拾遺

唐設高科表用文吾曹誰作諫垣臣甄山秀氣曠千
古鳳闕華恩鍾二人起草便論天上事如君不是世

間身龍頭龍尾前年夢今日須憐應若神

投翰長趙侍御

禹門西面逐飄蓬忽喜仙都得入蹤賈氏許頻趨季
虎荀家因敢謁頭龍手扶日月重輪起數是乾坤正
氣鍾五色筆驅神出沒八花磚接帝從容詩酬御製
風騷古論似人情鼎鼐濃豈有地能先鳳掖別無山
更勝鼇峰攀鴻日淺魂飛越爲鯉年深勢噞喁澤國
雨荒三徑草秦關雪折一枝節吹成暖景猶葭律引
上纖蘿在嶽松願向明朝薦幽滯免教號泣觸登庸

鄖時李相公

秦城擇日發征軺齋戒來投節制尊分虎名高初命相攀龍迹下愧登門夜聽謳詠銷塵夢曉拜旌幢戰旅魂華舍未開常有礙絲毫雖乏敢無言生兼文武爲人傑出應乾坤靜帝閽計吐六奇誰敢敵學窮三略不須論功高馬卸黃金甲臺迥賓懽白玉樽九穗嘉禾垂綺陌四時甘雨帶雕軒推恩每覺東溟淺吹律能令北陸暄青草連沙無血濺黃榆鎖塞有鶯翻笙歌合沓春風郭雞犬連延碧岫邨遊子不緣貪獻賦永依棠樹託蓬根

成名後呈同年

業詩攻賦薦鄉書二紀如鴻歷九衢待得至公搜草澤如從平陸到蓬壺雖慚錦鯉成穿額忝獲驪龍不寐珠蒙楚數疑休下泣師劉大喝已爲盧人閒灰管供紅杏天上烟花應白榆一字連鑣巡甲族千般唱罰賞皇都名推顏柳題金塔飲自燕秦索玉姝退娩單寒終預此敢將恩嶽怠斯須

投刑部裴郎中

兩榜奉驪別海涔佗門不合覓知音瞻恩雖隔雲雷賜向主終知犬馬心禮闈後人窺作鏡廟堂前席待爲霖已齊日月懸千古肯誤風塵使陸沉拜首敢將誠吐血蜺形惟待諾如金愁聞南院看期到恐被東牆舊恨侵緇化衣空難抵雪黑銷頭盡不勝簪數行淚裏衣投志直比滄溟未是深

輦下寓題

對酒何曾醉尋僧未覺閑無人不惆悵終日見南山

寄題崔校書郊舍

一片寒塘水尋常立鷺鷥主人貧愛客沽酒往吟詩

秋思

碧幛猨啼夜新秋雨霽天誰人愛明月露坐洞庭船

芳草

澤國多芳草年年長自春應從屈平後更苦不歸人

輦下書事

北闕新王業東城入羽書秋風滿林起誰道有鱸魚

入關言懷

背將蹤跡向京師出在先春入後時落日灞橋飛雪裏已聞南院有看期

過長江

曾搜景象恐通神地下還應有主人若把長江比湘浦離騷不合自靈均

題靈峰僧院

繫馬松間不忍歸數巡香茗一枰棋擬登絕頂留人宿猶待滄溟月滿時

司馬長卿

一自梁園失意回無人知有掞天才漢宮不鎖陳皇后誰肯量金買賦來

歸思

薊北風烟空漢月湘南雲水半蠻邊寒爲旅雁暖還去秦越離家可十年

東林寺貫休上人篆隸題詩

師名自越徹秦中秦越難尋師所從墨迹兩般詩一

首香鑪峰下似相逢

寓江州李使君

使君曾被蟬聲苦每見詞文即爲愁況是楚江鴻到後可堪西望發孤舟

游南寓題

江山節被雪霜遺毒草過秋未擬衰天不當時命鄒衍亦將寒律入南吹

和同年趙先輩觀文

玉兔輪中方是樹金鰲頂上別無山雖然迴首見烟水事主酬恩難便閑

出京別同年

一枝仙桂已攀援歸去烟濤浦口村雖恨別離還有意槐花黃日出青門

木芙蓉三首

黃鳥啼烟二月朝若教開即牡丹饒天嫌青帝恩光盛留與秋風雪寂寥

郤假青腰女翦成綠羅囊綻絲霞呈誰憐不及黃花菊只遇陶潛便得名

須到露寒方有態爲經霜裏肯無香移根若在秦宮裏多少佳人泣曉妝

九日

陽數重時陰數殘露濃風硬欲成寒莫言黃菊花開晚獨占樽前一日歡

夏州道中

隴雁南飛河水流秦城千里忍迴頭征行渾與求名背九月中旬往夏州

經慈州感謝郎中

金聲乃是古詩流況有池塘春草傳莫遣宣城獨垂號雲山彼此謝公遊

寓題

吳中烟水越中山莫把漁樵謾自寬歸泛扁舟可容
易五湖高士是拋官

寄宋明府

北闕秋期南國身重闕烟月五溪雲風蟬已有數聲
急賴在陶家柳下聞

靈均

莫問靈均昔日遊江蘺春盡岸楓秋至今此事何人
雪月照楚山湘水流

和陳先輩陪陸舍人春日遊曲江

劉超遊召郄詵陪爲憶池亭舊賞來紅杏花旁見山

色詩成因觸鼓聲回

花

莫道顏色如渥丹莫道馨香過茝蘭東風吹綻還吹
落明日誰爲今日看

卷簾

綠鬟侍女手纖纖新捧嫦娥出素蟬衛玠官高難久
立莫辭雙卷水精簾

啟帳

得人憎定繡芙蓉愛鎖嫦娥出月蹤侍女莫嫌抬素
手撥開珠翠待相逢

去扇

城上風生蠟炬寒錦帷開處露翔鸞已知秦女昇仙
態休把圓輕隔牡丹

別後

夢裏相逢無後期烟中解佩杳何之虧蟾便是陳宮
鏡莫吐清光照別離

嚴陵釣臺

終向烟霞作野夫一竿竹不換簪裾直鈎猶逐熊羆
起獨是先生真釣魚

馬嵬三首

錦江晴碧劍峯奇合有千年降聖時天意從來知幸
蜀不關胎禍自蛾眉

鐵馬嘶風一渡河淚珠零便作驚波鳴泉亦感上皇
意流下隴頭嗚咽多

龍腦移香鳳輦留可能千古永悠悠夜臺若使香魂
在應作烟花出隴頭

閏八月

無人不愛今年閏月看中秋兩度圓惟恐雨師風伯
意至時還奪上樓天

奉和翁文堯戲寄

掘蘭宮裏數名郎好是乘軺出帝鄉兩度還家還未有別論光彩向冠裳

奉和文堯對庭前千葉石榴

一朶千英綻曉枝彩霞堪與別爲期移根若在芙蓉苑豈向當年有醒時

卷八十五終

全五代詩卷八十六

羅江李調元雨村 編

閩

崔道融

道融荆州人以徵辟爲永嘉令累官右補闕避地入閩依王審知著有申唐詩三卷東浮集九卷十國春秋道融素與黃滔善其卒也滔爲文祭之有云識通龜策耀握靈珠國風騷雅王佐謀訏袁安之涕泣茲然劉氏之宗祧莫扶楊萬里詩話道融有句云如今却羨相如富猶有人間四壁居詩格道融邊庭雪詩萬里一點白長空鳥不飛俱爲人傳誦　唐音戊籤唐宋志載道融申唐詩三卷東浮集九卷中唐詩皆四言述唐中世以前事事爲一篇篇各有小序凡六十九篇東浮集乾甯乙卯永嘉山齋所編自稱東甌散人時蓋避亂於永嘉故云高棅謂爲永嘉令誤也又考王審知福州金像碑幕客中有道融名而碑成於天祐四年又在乾甯後則其終於閩可知矣所載御爲右補闕徵君云申唐詩亡東浮集所存止此

梅花

數萼初含雪孤標畫本難香中別有韻清極不知寒橫笛和愁聽斜枝倚病看朔風如解意容易莫催殘

擬樂府子夜四時歌四首

吳子愛桃李月色不到地明朝欲看花六宮人不睡

涼軒待月生暗裏螢飛出低回不稱意蛙鳴亂清瑟

月色明如晝蟲聲入戶多狂夫自不歸滿地無天河
銀釭照殘夢零淚霑粉臆洞房猶自寒何況關山北

長門怨

長門春欲盡明月照花枝買得相如賦君恩不可移

漢宮詞

獨詔胡衣出天花落殿堂他人不敢妬垂淚向君王

班婕妤

寵極辭同輦恩深棄後宮自題秋扇後不敢怨春風

銅雀妓二首

嚴妝垂玉筯妙舞對清風無復君王顧春來起慚慵

歌咽新翻曲香銷舊賜衣陵園風雨暗不見六龍歸

長安春二首

珠箔映高柳美人紅袖垂忽聞半天語不見上樓時
長安牡丹開繡轂輾晴雷若使花長在人應看不回

春閨二首

寒食月明雨落花香滿泥佳人持錦字無鴈寄遼西
欲剪宜春字春寒入剪刀遼陽在何處莫望寄征袍

元日有題

十載元正酒相歡意轉深自量麋鹿分只合在山林

春題二首

青春未得意見花卻如讎路逢白面郎醉插花滿頭
滿眼桃李花愁人如不見別有惜花人東風莫吹散

春晚

三月寒食時日色濃於酒落盡牆頭花鶯聲隔原柳

寒食夜

滿地梨花白風吹碎月明大家寒食夜獨貯望鄉情

月夕

月上隨人意人閒月更清朱樓高百尺不見到天明

春墅

蛙聲近過社農事忽已忙鄰婦餉田歸不見百花芳

江村

日暮片帆落江村如有情獨對沙上月滿船人睡聲

田上

雨足高田白披蓑半夜耕人牛力俱盡東方殊未明

病起二首

病起春已晚曳筇傷綠苔強攀庭樹枝喚作花未開
病起繞庭除春泥粘屐齒如從萬里來骨肉滿面喜

月夕有懷

圓光照一海遠客有孤舟相憶無期見中宵獨上樓

江上逢故人

故里琴尊侶相逢近臘梅江村買一醉破淚郄成咍

訪僧不遇

尋僧已寂寞林下鎖山房松竹雖無語韋衣借晚涼

過農家

欲羡農家子秋新看刈禾蘇秦無負郭六印又如何

牧豎

牧豎持蓑笠逢人氣傲然卧牛吹短笛耕卻傍谿田

旅行

少壯經勤苦衰年始泪遊誰憐不龜手他處欲封侯

夜泊九江

夜泊江門外歡聲月下樓明朝歸去路猶隔洞庭秋

西施灘

宰嚭忘吳國西施陷惡名浣紗春水急似有不平聲

峽路

清猿啼不住白水下來新八月莫爲客夜長愁殺人

江夕

江心秋月白起柁信潮行蛟龍化爲人半夜吹笛聲

寄人二首

花上斷續雨江頭來去風相思春欲盡未遣酒尊空

澹澹長江水悠悠遠客情落花相與恨到地一無聲

古樹

古樹春風入陽和力太遲莫言生意盡更引萬年枝

槿花

槿花不見夕一日一回新東風吹桃李須到明年春

江鷗

白鳥波上棲見人懶飛起爲有求魚心不是戀江水

歸燕

海燕頻來去西人獨滯留天邊又相送腸斷故園秋

鑾駕東回

兩川花捧御衣香萬歲山呼輦路長天子還從馬嵬

過別無惆悵似明皇

長門怨

長門花泣一枝春爭奈君恩別處新錯把黃金買詞

賦相如自是薄情人

楊柳枝詞

霧撚烟搓一索春年年長似染來新應須喚作風流

線繫得東西南北人

西施

苧蘿山下如花女占得姑蘇臺上春一笑不能忘敵

國五湖何處有功臣

楚懷王

宮花一朶掌中開緩急翻爲敵國媒六里江山天下笑張儀容易去還來

題李將軍傳

猿臂將軍去似飛彎弓百步虜無遺漢文自與封侯得何必傷嗟不遇時

羯鼓

華清宮裡打撩聲供奉絲簧束手聽寂寞鑾輿斜谷裡是誰翻得雨淋鈴

馬嵬

萬乘淒涼蜀路歸眼前珠翠與心違重華不是風流主湘水猶傳泣二妃

讀杜紫微集

紫微才調復知兵長覺風雷筆下生還有枉拋心力處多於五柳賦閒情

寓題

海上乘槎便合仙若無仙骨未如船人間亦有支機石虛被聲名到洞天

寓吟集

陶集篇篇皆有酒崔詩句句不無杯醉來已共身安約讓却詩人作酒魁

溪居即事

籬外誰家不繫船春風吹入釣魚灣小童疑是有村客急向柴門去却關

村墅

正月二月村墅閒餘糧未乏人心寬南鄰雨中揭屋笑酒熟數家來相看

秋夕

自憐三十未西遊傍水尋山過卻秋一夜雨聲多少事不思也盡到心頭

秋霽

雨霽長空蕩滌清遠山初出未知名夜來江上如鉤月時有驚魚擲浪聲

谿夜

積雪消來谿水寬滿樓明月碎琅玕漁人拋得釣筒盡卻放輕舟下急灘

酒醒

酒醒撥剔殘灰火多少淒涼在此中爐畔自斟還自醉竹窗深夜雪兼風

谿上遇雨二首

回塘雨腳如繰絲野禽不起沈魚飛耕蓑釣笠取未暇秋田有望從淋漓

坐看黑雲銜猛雨噴灑前山此獨晴忽驚雲雨在頭上卻是山前晚照明

郊居友人相訪

柴門深掩古城秋背郭緣谿一徑幽不有小園新竹色君來那肯暫淹留

山居卧疾廣利大師見訪

桐谷孫枝已上絃野人猶卧白雲邊九天飛錫應相詔三到行朝二十年

寒食客中有懷

江上聞鶯禁火時百花開盡柳依依故園兄弟別來久應到清明猶望歸

闕下

百二山河壯帝畿關門何事更開遲應從漏卻田文後每度聞雞不免疑

過隆中

元德蒼黃起卧龍鼎分天下一言中可憐蜀國關張後不見商量徐庶功

獻浙東柳大夫

屬城甘雨幾經春聖主全分付越人俗眼不知青瑣貴江頭爭看碧油新

天台陳逸人

絕粒空山秋復春欲看滄海化成塵近拋三井更深去不怕虎狼惟怕人

鏡湖雪霽貽方干

天外曉嵐和雪望月中歸棹帶氷行相逢半醉吟詩苦應抵寒猿裊樹聲

寄李左司五季在臺

柏臺蘭省共清風鳴玉朝聯夜被同肯信人間有兄

第一生長在別離中

雪竇禪師

雪竇峰前一派懸雪竇五月無炎天客塵半日洗欲盡師到白頭林下禪

悲李拾遺二首

故友從來匪石心諫多難得主恩深行朝半夜烟塵起曉殿吁嗟一鏡沈

天涯時有北來塵因話它人及故人也是先皇能罪已殿前頻得觸龍鱗

謝朱常侍寄貺蜀茶剡紙二首

琴瑟香塵琴瑟泉驚風驟雨起爐烟一甌解卻山中醉便覺身輕欲上天
百幅輕明雪未融薛家凡紙漫深紅不應點染閒言語留紀將軍盖世功

梅

谿上寒梅初滿枝夜來霜月透芳菲清光寂寞思無盡應待琴尊與解圍

對早梅寄友人二首

憶得前年君寄詩海邊三見早梅詞與君猶是海邊客又見早梅花發時

憶得去年有遺恨花前未醉到無花清芳一夜月通白先脫寒衣送酒家

釣魚

閒釣江魚不釣名瓦甌斟月暮山青醉頭倒向蘆花裡卻笑無端犯客星

雞

買得晨雞共雞語常時不用等閒鳴深山月黑風雨夜欲近曉天啼一聲

林寬

寬閩人與黃滔同時集一卷

少年行

柳烟侵御道門映夾城開白日莫空過青春不再來
報讐衝雪去乘醉臂鷹迴看取歌鐘地殘陽滿壞臺

寓興

西母一杯酒空言浩劫春英雄歸厚土日月照閒人
衰草珠璣塚冷灰龍鳳身茂陵驪岫晚過者暗傷神

窮冬太學

投跡依槐館荒庭草合時雪深鳶嘯急薪溼鼎吟遲
默坐同誰話非僧不我知匡廬瀑布畔何日副心期

闕下早行

軋軋推危轍聽雞獨早行風吹宿靄散月照華山明
白首東西客黃河晝夜清相逢皆有事唯我是閒情

朱坡

朱坡坡上望不似在秦京漸覺溪山秀更高魚鳥情
夜吟禪子室曉爨獵人鐺恃此偷佳賞九衢蝸未鳴

陪鄭誠郎中假日省中寓直

憲廳名最重假日許從容床滿諸司印庭高五粒松
井尋芸吏汲茶拆岳僧封鳥度簾旌暮猶吟隔苑鐘

塞上還答友人

無端遊絕塞歸鬢已蒼然戎謁圍中過風沙馬上眠

草衰頻過燒耳冷不聞蟬從此甘貧坐休言更到邊

和友人賊後

帶號乞兵急英雄陷賊圍江山猶未靜魚鳥欲何歸
城露桑榆盡時平老幼稀書從戰後得讀徹血盈衣

寄省中知巳

門掩清曹晚靜將烏府鄰花開封印早雷下典衣頻
怪木風吹閤廢巢時落薪每憐吾道苦長說向同人

送昇道靖恭相公分司

東風時不遇果見致君難華岳影猶動鵾鵬勢未安
星沉關鎖冷雞唱驛燈殘誰問二賓客門閑嵩洛寒

詔下披巖野高人入舊林長因抗疏日便作去官心

送惠補闕

清俸供僧盡滄洲寄跡深東風有歸路徒自棄華簪

送李員外之建州

勾踐江頭月客星臺畔松爲郎久不見出守暫相逢
鳥泊牽灘索花空押號鐘遠人思化切休上武夷峰

送人宰滿城

東南猶阻寇梨嶺更誰登作宰應無俸歸船必有僧
灘平眠獺石燒斷飲猿藤歲盡校殊最方當見異能

送許棠先輩歸宣州

名隨春色遠湖外巳先知花盡方辭醉鶯殘是放時
天寒千尺嶽領白牛聯詩笋蕨猶堪採榮歸及養期

送許棠先輩歸宣州

髮枯窮律韻字字合塤篪日月所到處姓名無不知
鶯啼謝守壘苔老謫仙碑詩道喪來久東歸爲弔之

送僧遊太白峰

雲深遊太白莫惜遍探奇頂上多靈跡塵中少客知
懸崖倚凍瀑飛狖過孤枝出定更何事相逢必有詩

送人歸日東

滄溟西畔望一望一心摧地即同正朔天教阻往來

波翻夜作電鯨吼晝爲雷門外人參徑到時花幾開

哭栖白供奉

侍輦才難得三朝有上人琢詩方到骨至死不離貧
風帳孤螢入霜堦積葉頻夕陽門半掩過此亦無因

哭造微禪師

神僊不火葬新塔露疎欞是物皆磨滅唯師出死生
虛壑散鈎輿怪木哭山精林下路長在無因更此行

省試臘後望春宮

皇都初度臘鳳輦出深宮高凭樓臺上遙瞻灞滻中
仗凝霜彩白袍映日華紅柳眼方開凍鶯聲漸轉風

御溝穿斷靄驪岫照斜空時見宸游興因觀稼穡功

和周繇校書先輩省中寓直

古木重門掩幽深祇欠溪此中真吏隱何必更巖棲名姓鐫幢記經書逐庫題字隨飛蠹缺堦與落星齊件直僧談靜侵霜蛩韻低粘塵賀草沒剗粉薜禽迷〔賀知章草書 薜積鶴也〕衰蘚牆千堵微陽菊半畦鼓殘鴉去北漏在月沉西每憶終南雪幾登雲閣梯時因搜句夾那借一招攜

苦雨

霪霖翳日月窮巷變溝坑驟灑纖枝折奔傾壞堵平

蒙斃來客絕躍蛩噪蛙猶敗履陰苔積摧簷濕菌生斜飛穿裂瓦迸落打空鐺葉底遲歸蝶林中滯出鶯潤侵書縫黑冷浸鬢絲明牖暗參差影堦寒斷續聲尺薪功比桂寸粒價高瓊遙想管絃裡無因識此情

長安卽事

暝鼓才終復曉雞九門何計出沉迷樵童亂打金吾鼓豪馬爭奔丞相隄翡翠鬟欹釵上燕麒麟衫束海中犀須知不是詩人事空憶泉聲菊畔畦

曲江

曲江初碧草初青萬轂千蹄匝岸行傾國妖姬雲鬢

重薄徒公子雪衫輕瓊鐫狒狖遶觥舞金蹙辟邪擊撥鳴柳絮杏花留不得隨風處處逐歌聲

獻同年孔郎中

炊瓊爇桂帝關居賣盡寒衣典盡書驅馬每尋霜影裡到門常在鼓聲初蟾枝交彩清蘭署鸞珮排光映玉除一顧深恩身未殺爭期皎日負吹噓

酬陳樵見寄

失意閑眠起更遲又將羈薄謝深知囊書旋入酒家盡紗帽長依僧壁垂待月句新遭鬼哭尋山貌古被猿窺光和才子多如此除卻清吟何所爲〔光和中和光啟之合

稱〕

寄何紹

爲過君猶未入城清賢門下早知名風波凍馬遙相見革囊饑僮倘挈行住在閑坊無轍跡別來何寺有泉聲芙蓉苑北曲江岸期看終南新雪晴

長安遺懷

醉下高樓醒復登任從浮薄笑才能青龍寺裡三門上立爲南山不爲僧

華清宮

殿角鐘殘立宿鴉朝元歸駕望無涯香泉空浸宮前

草未到春時爭發花

終南山

標奇聳峻壯長安影入千門萬戸寒徒自倚天生氣色塵中誰爲舉頭看

歌風臺

蒿棘空存百尺基酒酣曾唱大風時莫言馬上得天下自古英雄盡解時

下第寄歐陽瓚

詩人道僻命多奇更值干戈亂起時莫作江甯王少主一生吟苦竟誰知

聞鴈

接影横空背雪飛聲聲寒出玉關遲上陽宮裡三千夢月冷風清聞過時

王滌

滌字用霖瑯琊人景福中擢第累官中書舍人後終于閩

和三鄉詩

浣紗游女出關東舊跡新詞一夢中槐陌柳亭何限事年年迴首向春風

柯崇

崇閩人天復元年進士第授太子校書歸閩卒

宮怨二首

塵滿金爐不炷香黄昏獨自立重廊笙歌何處承恩寵一一隨風入上陽

長門槐柳半蕭疎玉輦沈思恨有餘紅淚漸消傾國態黄金誰爲達相如

卷八十六終

全五代詩卷八十七

羅江李調元雨村　編

閩

陳黯

黯字希孺泉州人會昌迄咸通不第王審知時與同郡王肱蕭樞同邑林顥漳浦赫連韜福州陳蔵陳發詹雄齊名唐音戊籤天復中黃滔編其集序之又以羅隱有場屋契求爲後序文賦詩牋檄合五卷唐藝文志云三卷宋志一卷並亡今存詩一篇五代詩補黃滔云黯十歲能詩十三袖詩卷謁牧其首篇咏河陽花時面豆新愈牧戲令自詠云云由是名大振州里

自咏豆花

玳瑁應難比斑犀定不加天嫌未端正滿面與粧花

劉山甫

山甫彭城人審知入閩署威武軍節度判官終殿中侍御史著金谿閒談十二卷十國春秋山甫父官嶺外侍從北歸泊青草湖見天王祠廟宇頹顏香火不續題詩云云是夜夢天王所責云我南嶽神主張此地何爲見侮俄而驚覺風浪暴起殆欲沈溺遽起令撤詩板然後方定

題青草湖神祠

壞墻風雨幾經春草色盈庭一座塵自是神明無感應盛衰何得卻由人

鄭良士

良士字君夢閩人御史中丞仕閩轉左騎常侍白巖集十卷海錄碎事良士有八子元弼元恭元素元龜元禮元振元瑜元忠皆以詞學聞號鄭家八虎

題興化高田院橋亭

到此溪亭上浮生始覺非野僧還惜別遊客亦忘歸月滿千巖靜風清一磬微何時脫塵役杖履願相依

遊九鯉湖

爪徑傾巖不可通湖嵐林靄共溟濛九溪瀑影飛花外萬樹春聲細雨中覆石雲閒丹竈冷採芝人去洞門空我來不乞邯鄲夢取醉聊乘鄭國風

寄富洋院禪者

畫破青山路一條走鞭飛蓋去何遙礙天巖樹春先冷鎖院溪雲晝不銷雪上茗芽因客煮海南沈屑爲齋燒誰能學得空門士冷卻心灰守寂寥

顏仁郁

仁郁字文傑泉州人仕王審知爲歸德場長十國春秋時土荒民散仁郁撫之一年襁負至二年田萊闢闢三歲而民用足有詩百篇宛轉回曲歷盡人情邑人遂歌巷唱之號顏長官詩

農家

夜半呼兒趁曉耕羸牛無力漸艱行時人不識農家苦將謂田中穀自生

山居

柏樹松陰覆竹齋罷燒藥竈縱高懷世間應少山間景雲遶青松水遶堦

劉乙

乙字子眞泉州人仕閩爲鳳閣舍人棄官隱安溪鳳髻山集一卷乙與詹敦仁爲友所爲詩有擣石雲隨帚耕山鳥傍人之句敦仁常命子琲訪乙贈以詩至今傳之乙常乘醉與人爭妓既醒慚悔集書

籍因酒致失者編以自警題曰百悔經自後不飲至于終身

曉望

地祇逃秀境神化或殷雷裂漢媧補合高峰劒躍開即今新定業何世不遺才若是浮名道須言有禍胎

山中早起

雜調扶桑枝秋空隱少微凋雲霞竝曜高日月爭輝若厥開天道同初發帝機以言當代事閑闢紫宸扉

題建造寺

曾看畫圖勞健羨如今親見畫猶龕滅除天半石初泐欠郤幾株松未枯題像閣人漁浦叟集生臺鳥謝城鳥我來一聽支公論自是吾身幻得吾

詹敦仁

敦仁字君澤固始人初隱仙遊植德山下清源節度使留從効辟之監小溪場遂升場爲縣爲清溪令後復隱居佛耳山十國春秋敦仁清隱堂記曰去邑西踰百餘里有山曰佛耳峭絕高天遠跨三郡有田可耕有水可居予卜而築之榜堂曰清隱若夫烟收雨霽雲捲天高山聳鬐以軒騰風梳木而微動寒泉貼耳戛玉鳴琴非宮非商不調自協非絲非桐不撫自鳴春而耕一犂雨足秋而斂萬頃雲黃饑餐飽適遇酒狂歌或詠月以嘲風或眠雪而漱石

柳堤

種稻三十頃種柳百餘株稻可供飦粥柳可爨庖厨息耒柳陰下讀書稻田隅以樂堯舜道同是耕莘夫

復留侯從効問南漢劉巖改名龑字音義

伏羲初畫卦蒼氏乃製字點畫有偏旁陰陽貫協比古者不嫌名周公始稱諱始諱猶未酷後習轉多忌或援他代易或變文迴避濫觴久滋蔓傷心日益熾孫休命子名吳國尊王意霸商寅弄僻鉅㬎宼殄異梁復踵已非時亦跡舊事巍杰自其一蜀闖是其二鄙哉化晉名陋矣㲉𪘨義大唐有天下武后擁神器私制造無取古音實相類埀𠘨囗囝星𠘨思厓四埊

乍囫及𧯅嵐作史難詳備唐祚值傾危劉龔懷僭僞
吁嗟毒蛟輩睥睨飛龍位龑嚴雖同音形體殊乖致
廢學愧未宏來問辱不棄奇字難雄博摛文伏韓智
因誦鄙所聞敢布諸下吏

余還泉山城留侯招遊郡圃作此

當年巧匠製茅亭臺館翬飛匝郡城萬竈貔貅戈甲
散千家羅綺管絃鳴柳腰舞罷香風度花臉粧勻酒
暈生試問亭前花與柳幾番衰謝幾番榮

勸王氏入貢寵予以官作辭命篇

爭霸爭王事總非中原失統可傷悲往來賓主如郵
傳勝負干戈似局棋周粟縱榮甯忍食葛廬頻顧謾
勞思江山有待早歸去好向鷦林擇一枝

留侯受南唐節度使知郡事辟予爲屬以詩謝
之

晉江江畔趁春風耕破雲山幾萬重兩足一犂無外
事使君何啻五侯封

遣子訪劉乙

歸石耕山舊子眞布衣草履自隨身石崖壁立題詩
處知是當年鳳閣人

詹　琲

琲敦仁子勸陳洪進納士歸隱鳳山號鳳山
山人

永嘉亂衣冠南渡流落南泉作憶昔吟

憶昔永嘉際中原板蕩年衣冠墜塗炭輿輅染腥羶
國勢多危厄宗人苦播遷南來頻灑淚渴驥每思泉

癸卯閩亂從弟監察御史敬凝迎仕別作

一別幾經春棲遲晉水濱鶺鴒長在念鴻雁忽來賓
五斗嫌腰折朋山刺眼新善辭如復我四海五湖身

追和秦隱君辭薦之韻上陳侯乞歸鳳山

誰言悅口是甘肥獨酌鵝兒啜翠微蠅利薄於青紙
扇羊裘煖甚紫羅衣心隨倦鳥甘棲宿目送征鴻遠
奮飛擊壤太平朝野客鳳山深處鈇生輝

陳　乘

乘仙遊人唐乾甯初擢進士第官秘書郎歸
閩卒黃巢之亂乘退居里中與侍中延彬徐寅鄭良士輩以詩相唱和閩士多以風雅歸之

遊九鯉湖

汗漫乘春至林巒霧雨生洞莓黏屐重巖雪濺衣輕
窟宅分三島煙霞接五城卻憐饒藥物欲辨不知名

夏　鴻

鴻闔王氏客

和贈和龍妙空禪師

翰林遺跡鏡潭前孤峭高僧此處禪出爲信門興化日坐當吾國太平年身同瑩澈尼珠淨語並鋒鋩慧劍堅道果已圓名已遂卽看千匝遶香筵

胡令能

令能莆田人隱者全唐詩話令能少爲負局鎪釘之業夢人剖其腹以一卷書內之遂能吟詠遠近號爲胡釘鉸

喜韓少府見訪

忽聞梅福來相訪笑著荷衣出草堂兒童不慣見車

馬走入蘆花深處藏

觀鄭州崔郎中諸妓繡樣

日暮堂前花蕊嬌爭拈小筆上牀描繡成安向東園裏引得黃鶯下柳條

小兒垂釣

蓬頭穉子學垂綸側坐莓苔草映身路人借問遙招手怕得魚驚不應人

王昭君

胡風似劍鎪人骨漢月如鉤釣胃腸魂夢不知身在路夜來猶自到昭陽

徐昌圖

昌圖莆田人與克昌嗣並有才名陳洪進歸宋令昌圖奉表入汴命爲殿中丞

春曉曲

沈檀煙起盤紅霧一箭霜風吹繡戶漢宮花面學梅妝謝女雪詩栽柳絮長垂夾幕孤鸞舞旋炙銀笙雙鳳語紅窗酒病嚼寒冰冰損相思無夢處

劉昌言

昌言字禹謨泉州南安人少工文詞節度陳洪進辟功曹參軍偕洪進歸宋舉進士官至工部侍郎卒贈尚書唐宋遺史昌言有下第詩云唯有夜來蝴蝶夢翩翩飛入刺桐花王元之贈詩曰酒好未陪紅杏宴詩狂多憶刺桐花蓋爲此也

上呂相公

重名清望偏華夷恐是神仙不可知一舉首登龍虎榜十年身到鳳凰池廟堂只是無言者門館常如未貴時除卻洛京居守外聖朝賢相復書誰

錢熙

熙字大雅泉州南安人善屬文陳洪進愛其才以弟之子妻之將署府職辭不就入宋中雍熙進士仕殿中丞直史館坐累出知朗州

至道閒加右司諫卒有集十國春秋熙常撰三酌酸文世稱精絕略曰渭川凝碧早拋釣月之流高嶺排靑不逐眠雲之客又曰年年落第春風徒泣于遷鶯處處羈遊夜雨空悲于斷雁媿書堂詩話錢熙泉南才士嘗作四夷來王賦獻上愛其才又嘗撰三酌酸文世稱精絕後亦不逵而故鄉人李慶孫以詩弔之曰四夷妙賦無人繼三酌酸文舉世傳皇朝類苑熙送人金陵拜掃句云鶴歸已故新城郭牛臥重尋舊墓田

九日溪偶成

漁家深處住鷗鷺泊柴扉雨過莎迷徑潮來風滿衣

岸幽分遠景波冷漾晴暉卻憶曾遊賞嚴陵有舊磯

雞冠花

亭亭高出竹籬閒露滴風吹血未乾學得京城梳洗

樣舊羅包卻綠雲鬟

陳文顥

文顥洪進之子初爲泉州衙內都指揮使俄

權知漳州洪進朝宋以納土功遷康州刺史

改衡州代還以老疾致仕卒

喜宣義大師英公相訪

三事天衣兩字師長安風月更誰知閑騎劣馬尋碑

去醉臥荒廬出寺遲辭贍不容誇犬子興闌兼許吐

魚兒左馮假道來看我正值嚴冬大雪時

虞皋

皋福州永貞人以鬻黃精爲業延釣時人十國春秋永貞朱益公者雅好客皋以貧甚歸之又病瘦是時益公座中客盡鮮衣袪服無不人人厭皋皋愈益豪居常坦腹臥溪上吹蘆笛自樂龍啟初陳守元以道士貴幸客有惡皋于守元者守元怒使監奴笞數百益公自是不敢復留皋皋既困故人朱當敏既背皋去莫顧皋皋仰天大笑因去入仙茅山當敏意皋貧無行陽爲祖道徹饌之入至羅喜洞洞門忽開其中玉堂金闕橫亘不知其極官屬甚盛建翠羽蓋卻行前迎當敏大駭叩首流血皋目笑之之頃之宴客殿上更爲當敏賜僕妾之食坐之堂下居旬日當敏歸過益公門已邱墟矣凡歷數百餘年榕陰新檢當敏歸時皋及賓客皆送之至洞門客以尺八擊玉磬皋和而歌云云歌畢忽然俱去

歌

朝爲雄兮暮爲雌天地終盡兮人生幾時

慧稜

慧稜海鹽人幼出家蘇州通位寺天祐三年

泉州刺史王延彬請住昭慶後閩主召居長

樂府長慶院號超覺大師長興三年歸寂檇李詩繫慧稜參靈雲問佛法雲曰驢事未來馬事到來稜於是往雪峰位沙二十年間坐破七蒲團不明此事一日捲簾忽大悟曰也大差也大差捲起簾來見天下有人問我解何宗拈起拂子劈脊打峰謂沙曰此子徹去也沙曰此是意識著述更須勘過始得至晚上堂稜又口占一頌峰乃顧謂沙曰不可更說是意識著述後得度者千五百眾

口占

萬象之中獨露身惟人自肯乃相親昔時謬向途中覓今日看來火裏冰

常雅

常雅唐末五代時閩僧

胥山伍相廟

蒼蒼古廟映林巒漠漠烟霞護石壇精魄不知何處在英風猶入大江寒

山居 以下二首一作常達詩恐非常雅所作故附錄於此

晚望虛庭物心心見祖情烟開分獄色雨霧減泉聲

遠樹猿長嘯層岩日乍明更堪論的意林下筍新生

西來直祖意祇在見聞中寒雁一聲過疎林幾葉空

心閑憐水石身老怯霜風爲報參元者山山月色同

文炬

文炬字子薰一字涅搬福州黃氏子唐末人 十國春秋文炬生時火裏開蓮既長爲縣獄卒時時棄役往禪院聽講吏不能禁後出言成讖歷歷如券太祖入閩時文炬避迹莆田邑中常云吾去也六十年後當有無邊身菩薩來治此國聽吾偈云云又語邑人曰吾所居地不動干戈光化年卒後人解其語云小月走者趙也爍爍火德王也鳳離穴藩鎮散也種葵藿人耕耘也無邊身廣大也宋藝祖登極以建隆庚申距其示滅于光化戊午蓋六十有二年也五季時莆田不及兵留從效陳洪進先後歸順故言不動干戈云

偈

小月走爍爍千落及萬落處處鳳離穴家家種葵藿

清豁

清豁閩僧陳洪進表奏賜號性空禪師

歸山吟

聚如浮沫散如雲聚不相將散不分人郭當時君是我歸山今日我非君

躭章

章俗姓黃莆田人出家于福州靈石嗣法洞

宗慕曹溪六祖乃名其山曰曹世以曹山稱之後住仰山

辭南平王召

摧殘枯木倚寒林幾度逢春不變心樵客見之猶不採郢人何事苦搜尋

上藍和尚

上藍和尚失其名少居洪州上藍院精究術數豫章人咸名曰上藍 十國春秋上藍常于唐末著讖云石榴花發石榴開蓋暗伏晉漢之姓也再言石榴者明享祚不過二世也時鍾傳爲洪州節度使雅重之太祖與司空假道洪州傳陰有相圖意上藍迎傳謂曰老僧親王潮與福建有緣

若必殺潮公之福去矣傳由是厚加貲送及太祖封閩王吳王楊行密常欲吞據東南太祖遣人賫金帛遺上藍號曰送供且問國休咎上藍以十字報云云太祖嘆曰羊者楊也腹者福也得非福州之患不在行密而在錢氏乎後數十年福州果為兩浙所有上藍疾篤時鍾傳叩以後事上藍作偈云但看來年二三月柳條堪作打鍾槌擲筆而逝明年淮南兵陷洪州人始悟打鍾之義

十字

不怕羊入屋只怕錢入腹

閩后陳氏

陳氏小字金鳳福清人唐福建觀察使陳巖女前主王審知選為才人三主延鈞立復嬖

之封淑妃龍啓元年僭位冊為皇后後為李倣所殺

十國春秋金鳳立為后始築長春宮居之惠宗數于其中為長夜之飲每宴輒燃金龍燭數百枝環左右光明如晝勅宮婢數十擎杯盤多金玉瑪瑙琥珀玻璃之屬以次遞進不設几筵酒酣裸逐嬉笑以為樂惠宗晚年得風疾后遂與幸臣歸守明私百工院使李可殷少與守明狎因守明以通于后出入殿內惠宗常命錦工造鏤金五綵九龍帳于長春宮織八龍帳外以己為一龍旣成進之守明日宿于內國人歌曰誰謂九龍帳惟貯一歸郎李倣作亂后與匡勝守明俱見殺 外傳延鈞張長枕大牀擁金鳳與諸宮女裸卧又遣使于日南造水晶屏風周圍四丈二尺與金鳳滛狎于內令宮女隔屏覘之二月上巳延鈞偕禊桑溪金鳳偕後宮雜衣文錦列坐水次流觴娛暢沉麝之氣環珮之香達于遠近迭中絲竹管弦更番迭奏端陽日造綵舫數十于西湖每舫載宮女二十餘人衣短衣鼓楫爭先延鈞御大龍舟以觀金鳳作樂遊曲使宮女同聲歌之曲云云人士綺繡夾岸雜沓如市

樂遊曲

龍舟搖曳東復東采蓮湖上紅更紅波淡淡水溶溶奴隔荷花路不通

西湖南湖鬬綵舟青蒲紫蓼滿中洲波渺渺水悠悠長奉君王萬歲遊

夢中宮女

沈括夢溪筆談福州士人李謹言字希古嘗夢至一處水殿中觀宮女獻毬山陽蔡繩為之傳敘其事甚詳有抛毬曲十餘詞皆清麗今獨記兩闋

抛毬曲

侍燕黃昏曉未休玉階夜色月如流朝來自覺承恩最笑倩傍人認繡毬

隋家宮殿鎖清秋曾見嬋娟颭繡毬金鑰玉簫俱寂寂一天明月照高樓

堪恨隋家幾帝王舞裀揉盡繡鴛鴦如今重到抛毬處不是金爐舊日香

王霸讖記

黃滔撰王審知福州造像碑云梁時王霸於怡山上昇山在府城之西五里光啓丁未歲彌之爛柯山道士徐景立於仙壇東北隅取土掘得瓷瓶七口各可容一升水其中悉有炭上總蓋一青甎刻文字云云其壇東南有皁莢樹古云眞君於此樹上上升其後枯矣至咸通庚寅歲復榮茂為我公開閩之祥也五代史補云潮濤禍殃謂王潮除禍患開基也

巖逢二乍間謂連帥陳巖死潮取閩也代代明封崇不過潮與審知兩世也

詩

樹枯不用伐壇壞不須結未滿一千歲自有系孫列

後來是三皇潮水蕩禍殃巖逢二乍間求免有消亡

子孫依吾道代代封閩疆

福州記五代史補云據泉州觀察使陳巖表爲刺史巖卒其壻范暉自稱留後潮遣弟審知攻暉殺之唐即以潮爲觀察使潮卒審知代立吳越備史載福州先有僧爲記云云其驗也

潮水來巖頭没潮水去矢口出

黃涅槃讖全唐詩話閩王氏亡國留從効繼領留務雖稱藩南唐實雄據一隅先是妙應大師黃涅槃有讖云云既而清源果無干戈之擾乃從効姓名所應

先打南後打北留取清源作佛國

陳智廣讖全唐詩話智廣留坡人生元和初居九座山不茹葷卬禍福必驗唐末王氏入閩語人云騎馬來騎馬去自光啟丙午據閩終保大丙午又智廣遇留從効嘗有讖云云後留從効果據泉州竟如其言後滅

功下田力交連井底坐二十年

福州謠十國春秋忠獻王命余安入福州李達舉部歸附先是有謠云云至是敗唐師獲其將揚匡業

風吹楊葉鼓山下不得錢來兵不罷

閩伶官戲王延政語王延政據建州僭號大殷皇帝後爲南唐所俘

只聞有泗州和尚不見有五縣天子南唐伶人李家明亦嘗諱之云

大殷平天冠今已無用告乞爲優服

卷八十七終

全五代詩卷八十八

羅江李調元雨村 編

荆南

梁

震

震邛州又依政人登進士第梁開平初歸蜀道過江陵高季興留爲賓客震不受辟署自號爲荆臺隱士集一卷十國春秋震初名靄會唐郎中劉象隨僖宗入蜀震以所業謁象象曰君才思敏妙定成大器若不更名將慮小阻緣製名雨下從謁以雨謁人未得輒見請易震字震從辰辰者龍也龍遇雨變化必矣因改今名未幾登進士第　北夢瑣言有雪少尹者擅相人之術震同進士董與杜無隱往叩薛曰梁秀才

此舉必捷然登第後一命不沾也後竟如其言　堯山堂外紀震晚年披鶴氅逍遙若神仙每詣府輒騎黃牛至聽事以爲常主亦時至其家斗酒相勞以爲歡樂常有題壁詩云

荆溪道院

桑田一變賦歸來爵祿焉能浼我哉黃犢依然花竹外清風萬古凜荆臺

孫光憲

光憲字孟文貴平人仕荆南高從誨爲書記歷檢校祕書監兼御史大夫嘗勸繼沖獻三州地宋太祖授黃州刺史乾德中卒有荆臺集筆傭集橘齋集北夢瑣言北夢瑣言有包賀者多爲麁鄙之句至於苦竹筍抽青橛子石榴樹挂小瓶兒又云霧是山巾子船爲水靸鞋又云棹搖船掠鬢風動竹搥胸雖好事托以成之亦空穴來風之義也世傳逸詩云廳下有時留客宿室中無事伴僧眠號日自落便宜詩僕早歲嘗和南越詩云曉厨烹淡菜春杼織橦花牛翰林覽而絕倒莫喻其旨牛公曰吾子只知名安知淡菜非雅物也後方曉之光憲自號葆光子嘗言嘗有同寮示我調舉時詩卷內一句云科松爲蔭花因蟻之日賈浪仙云空庭唯有竹閑地擬栽松吾子與賈生春蘭秋菊也他日赴達官牡丹宴欄中有兩松對植立命斧斫之以其蔭花此侯席上於愚有得色然不敢荅亦可知也

浣溪沙曲

蓼岸風多橘柚香江邊一望楚天長片帆煙際閃孤光目送征鴻飛杳杳思隨流水去茫茫蘭紅波碧憶

瀟湘桃杏風香簾幕閑謝家門戶約花關畫梁幽語燕初還繡閣數行題了壁曉屏一枕酒醒山徑疑身是夢雲間花漸凋疏不耐風畫簾垂地晚堂空墮堦縈蘚舞愁紅膩粉半粘金靨子殘香猶煖繡熏籠蕙心無處與人同攬鏡無言淚欲流凝情半日懶梳頭一庭疏雨溼春愁楊柳祇知傷怨別杏花應信損嬌羞淚霑魂斷軫離憂半踏長裾宛約行晚簾疏處見分明此時堪恨昧平生早是銷魂殘燭影更愁聞著品弦聲消無消息若爲情蘭沐初休曲檻前暖風遲日洗頭天溼雲新斂未梳蟬翠袂半將遮粉臆寶釵

長欲墜香肩此時模樣不禁憐風遞殘香出繡簾團
窠金鳳舞襜襜落花微雨恨相兼何處去來狂太甚
空推宿酒睡無厭爭教人不別猜嫌輕打銀箏墜燕
泥斷絲高罥畫樓西花冠閑上午牆啼粉籜半開新
竹逕紅苞盡落舊桃蹊不堪終日閉深閨

竹枝詞

門前春水白蘋花岸上無人小艇斜商女經過江欲
暮散拋殘食飼神鴉

亂繩千結絆人深越羅萬丈表長尋楊柳在身垂意
緒藕花落盡見蓮心

楊柳枝詞

閶門風暖落花乾飛遍江城雪不寒獨有晚來臨水
驛閑人多凭赤欄干

有池有榭即濛濛浸潤翻成長養功恰似有人長點
檢著行排立向春風

根柢雖然傍濁河無妨終日近笙歌毿毿金帶誰堪
比還共黃鶯不較多

萬株枯槁怨亡隋似吊吳臺各自垂好是淮陰明月
裏酒樓橫笛不勝吹

採蓮曲

菡萏香連十頃陂小姑貪戲採蓮遲晚來弄水船頭
溼更脫紅裙裹鴨兒

船動湖光灩灩秋貪看年少信船流無端隔水拋蓮
子遙被人知半日羞

八拍蠻

孔雀尾拖金線長怕人飛起入丁香越女沙頭爭拾
翠相呼歸去背斜陽

王喦

喦蜀人留避地荆南

殘冬客次資陽江

淡雲殘雪簇江天策蹇遲回客興闌持盞老僧來呪

水倚船商女待搬灘沙翹白鷺非眞靜竹映繁梅奈
苦寒阮籍莫嗟歧路異舊山溪畔有漁竿

題嚴君觀

寒雲枯木罩星臺凡骨仙蹤信可哀二十年前曾此
到一千年內未歸來

山中有所思

零零夜雨漬愁根觸物傷離好斷魂莫怪杜鵑飛去
盡紫微花裏有啼猨

燕

一巢功績破春光絮落花殘兩翅狂月樹風枝不棲
去强來言語泥雕梁

貧女

難把菱花照素顔試臨春水插花看木蘭船上遊春
子笑指荆釵下遠灘

杪春寄友人 重

船動湖光灩灩秋貪看年少信船流無端隔水拋蓮
子遥被人知半日羞

八拍蠻 重

孔雀尾拖金線長怕人飛起入丁香越女沙頭爭拾

翠相呼歸去背斜陽

高若拙

若拙荆南人 大定錄若拙善詩從誨辟于幕下常作中秋不見月云人間雖不見天外自分明從誨覽之謂賓佐曰此詩雖好不利于已將來但恐喪明果如其言有詠雲詩云云按此詩亦作鄭準詩

雲

片片飛來靜又閑樓頭江上復山前飄零盡日不歸
去點破青光萬里天

盧注

注荆南人 摭言注門族甲於天下因官家於荆南之塔橋舉進士三十餘上不第滿朝稱屈嘗賦一絕云云頗爲前達所推晚年失意因賦酒胡子一篇甚著于時

酒胡歌 并序

二三子逆旅相遇貰酒於旁舍且無絲竹以
用娱賓友蘭陵掾淮南生探囊中得酒胡子
置於座上拱而立令曰巡觴之胡人心俛仰
旋轉所向者舉杯胡貌類人亦有意趣然而
傾側不定緩急由人不在酒胡也作酒胡歌
以誚之

同心相遇思同歡擎出酒胡當玉盤盤中臲卼不自
定四座親賓注意看可以不在心否以不在面狗俗

隨時自圓轉酒胡五藏屬他人十分亦是無情勸爾
不耕亦不飢爾不蠶亦有衣有眼不曾分黼黻有口
不能明是非鼻何尖眼何碧儀形本非天地力雕鐫
匠意若多端翠帽朱衫巧裝飾長安斗酒十千酤劉
伶平生爲酒徒劉伶虛向酒中死不得酒池中拍浮
酒胡一滴不入腸空令酒胡名酒胡

絶句

惆悵興亡繫綺羅世人猶自選靑娥越王解破夫差
國一箇西施已太多

蔣肱

肱唐末嘗客荊南成汭幕漁洋五代詩話荊南舊有五花館待賓之上地也故肱有上成汭詩云不是上台知姓字五花賓館敢從容

永州陪鄭太守登舟夜晏席上各賦詩

江頭未敍見青衿豈是仙舟不可尋誰敢强登徐穉榻自憐還學謝安吟月凝蘭櫂輕風起妓勸金罍盡醉斟剪盡蠟紅人未覺歸時城郭曉烟深

鄭　準

準字不欺登乾甯進士第爲荊南成汭推官後與汭不合爲所害著有渚宮集一卷北夢瑣言

唐榮陽鄭準以文筆依荊州成中令常欲比肩陳阮自集其所作爲三卷號劉表軍書雖

有胸襟而辭體不雅至親朝貴書云中書令舍人日草麻通事舍人日奏可又賀襄州趙令嗣襲其書云不沐浴佩玉而有郝兆不登山取符而無恤封是于慶賀中顯言其庶賤也郝道之敬其若是乎應舉日詩卷題水牛日護犢横身立逢人揭尾跳朝士以爲大笑又唐前朝進士陳詠眉州青神人有詩名善奕棊昭宗刼遷駐蹕陜郊是歲策名歸蜀弃書記莊以詩賀之又有鄉人拓善者陽和韋詩其略云讓德已聞多士伏沽名還得衆人聞譏其比滌器當壚也謬稱馮副使涓詩以涓多諳戲故也或云蜀之拓善者作此詩假馮公之名也詠嘗以詩道自負謂荊幕鄭準亦自負雄筆謂詠曰今日多故不暇操染有三數處回織新舊假手詠自旦至暮起草不就盡欲以爲之其詩卷首有一對語云隔岸水牛浮鼻渡傍溪沙鳥點頭行京兆杜光庭先生謂曰先輩佳句甚多何必以此爲卷首詠曰曾爲朝貴見賞所以刻於卷首以上蔣肱鄭準皆入成汭時人依王漁洋五代詩話例附錄於此

代寄邊人

君去不來久悠悠昏又明片心因卜解殘夢過橋驚聖澤如垂餌沙場會息兵涼風當爲我一一送砧聲

題宛陵北樓

雨來風靜綠蕪鮮凭著朱闌思浩然人語獨耕燒後嶺鳥飛斜没望中烟松梢半露藏雲寺灘勢横流出浦船若遣謝宣城不死必應吟盡夕陽川

懷　濬

懷濬秭歸郡僧總龜懷濬能逆知未兆之事東里以𠨦聖待之刺史于公捕詰乃以詩通狀于異而釋之

上歸州刺史代通狀二首

家在閩山西復西其中歲歲有鶯啼如今不在鶯啼處鶯在舊時啼處啼

家在閩山東復東其中歲歲有花紅而今不在花紅處花在舊時紅處紅

尚　顔

尚顔字茂聖俗姓薛尚書能之宗人也出家荊門工五言詩集五卷大定錄與尚顔同時僧可隆善詩高從誨閱其卷有觀棊句云萬般思後行一失費前功從誨謂曰吾師此詩必因事而得可隆答

日某本姓慕容與桑維翰同學少負志氣多忤維翰維翰登第以至入相某猶在場屋頻年敗衂皆維翰所挫也因削髮爲僧其句實感前事從誨識見皆此類也　全唐詩話有僧靈準句云晴看漢水廣秋覺峴山高又悟清句云鳥歸花影動魚沒浪痕圓又雲谷句云木末上明星又有荆州僧不知其名有句云犬熟護鄰房皆不見全什附錄於此又齊已曾有寄尚顏詩云滿身光化年前罷數軸閒平歲裏詩

與王嵩隱

一生吟興僻方見業精微事若終難得鄉應不易歸
亂收西日葉雙掩北風扉合國諸卿相皆曾着布衣

言與

砣砣被吟牽因師賈浪仙江山風月處一十二三年

雅頌在於此浮華致那邊猶慚功未至謾道近千篇

述懷

靑門聊極望何事久離羣芳草失歸路故鄉空暮雲
信回陵樹老夢斷灞流分兄弟江南北鴻聲堪獨聞
五城初罷構海上憶閑行觸雪麻衣靜登山竹錫輕
天寒嶽寺出日暖島泉清坐與幽期遇何滿心渺冥

夷陵卽事

不難饒白髮相續是灘波避世嫌身晚思家乞夢多
暑衣經雪着凍硯向陽呵豈謂臨岐路還聞聖主過

紫閣隱者

天高紫閣侵隱者信沉沉道長年兼長雲深草復深
如非禪客見卽是獵人尋北笑長安道塵埃古到今

與陳陶處士

鍾陵城外住喻似玉沉泥道直貧嫌殺神清語亦低
雪深加酒債春盡減詩題記得曾邀宿山茶獨自攜

懷陸龜蒙處士

布褐東南隱相傳繼謝敷高譚夫子道靜看海山圖
事免傷心否棊逢敵手無關中花數內獨不見菖蒲

送陸肱入關

舟行復陸行始得到咸京准擬何人口吹噓六義名

亂山遙減翠叢菊早含英衣錦還鄉日他時有此榮

送劉必先

力進憑詩業心焦闕問安遠行無處易孤立本來難
楚月船中沒秦星馬上殘明年有公道更以命推看

寄方干處士

格外緣清詩詩名獨得知閑居公道日醉臥牡丹時
海島和濤望山僧帶雪期仍聞稱處士聖主肯相違

寄劉逸士

無愁無累者偶向市朝遊此後乘孤艇依前入亂流
高眠歌聖日下釣坐清秋道不離方寸而能混俗求

送獨孤處士

萬里去非忙惟攜貯藥囊山家消夜景酒肆過年光

立鶴洲侵浪喧萑避近床誰人臨上路乞得變髭方

早春送人歸岳陽

久食主人魚春來復舊居遠無千里浪輕有半船書

過片晴雲淡消殘暮雪虛岳陽多異境搜思勿令疎

冬暮送人

長安冬欲盡又送一遺賢醉後情渾可言休理不然

射衣秦嶺雪搖月漢江船亦過春兼夏回期信有蟬

送徐道人東遊

長安人擾擾獨自有閑心海上山中去風前月下吟

引猿秋果熟藏鶴曉雲深易姓更名數難教弟子尋

讀齊已上人集

詩爲儒者禪此格的惟仙古雅如周頌清和勝舜弦

冰生聽瀑句香發早梅篇想德吟成夜文星照楚天

除夜

九冬三十夜寒與暖分開坐到四更後身添一歲來

魚燈延臘火獸炭化春灰青帝今應老迎新見幾回

送人歸鄉

多才與命違末路憶柴扉白髮何人問青山一劍歸

晴烟獨鳥沒野渡亂花飛寂寞長亭外依然空落暉

江上秋思

到來江上久誰念旅遊心故國無秋信鄰家有夜砧

坐遙翻不睡愁極卻成吟卽恐髭連鬢還爲白所侵

匡山居

無才加性拙道理合藏蹤是處非深遠其山已萬重

經時鄰境戰獨夜隔雲春昨日泉中見常魚亦化龍

宿壽安甘棠館

行人方倦役到此似還鄉流水來關外青山近洛陽

溪雲歸洞鶴松月半軒霜坐恐晨鐘動天涯道路長

松山嶺

平生閑放久野鹿許爲群居止鄰西嶽軒窗度白雲

齋心飯松子話道接茅君漢主恩情去空山起夕氛

送朴山人歸新羅

浩渺行無極揚帆但信風雲山過海半柳樹入舟中

波定遙天出沙平遠岸窮離心寄何處目擊曙霞東

宿清遠峽山寺

寺近朝天路多聞玉佩音鑒人開慧眼歸鳥息禪心

磬接星河曙窗連夏木深此中能宴坐何必在雲林

自紀

諸機忘盡未忘詩似向詩中有所依遠境等閒支枕覓空山容易杖藜歸淸猿一一居林叫白鳥雙雙避釣飛欲畫淨名居士像焚香願見陸探微

懷智栖上人

臨水登山自有期不同遊子暮何之閑眠默坐身堪賞已去還來事可知林鳥隔雲飛一餉草蟲和雨叫多時思君最易令人老倚檻空吟所寄詩

峽中酬荆南鄭準

山齋西向蜀江濆四載安居復有羣風雁勢高猶可見雪猿聲苦不堪聞新詩寫出難勝寶破衲披行郤

類雲每喜泝流賓客說元瑜刀筆潤雄軍

寄荆門鄭準

傳衣傳鉢理難論綺靡消磨二雅尊不許姓名留月覩終攜瓶錫去雲門窗間挂燭通宵在竹上題詩隔歲存珍重荆門鄭從事十年同受景升恩

贈村公

紬衣朱突此鄉尊白盡鬚眉眼未昏醉舞神筵隨鼓笛閑歌聖代和兒孫黍苗一頃垂秋日茅棟三間映古原也笑長安名利處紅塵半是馬蹄翻

卷八十八終

全五代詩目錄

卷八十九

荆南

齊巳

全五代詩卷八十九

羅江李調元雨村　編

荆南

齊已

齊已名得生姓胡氏潭之益陽人出家大溈山同慶寺復棲衡嶽東林後欲入蜀經江陵高從誨留爲僧正居之龍興寺自號衡嶽沙門有白蓮集十卷

五代史補同慶寺僧多而地廣佃戶僅千餘家齊已則佃戶胡氏之子也七歲與諸童子爲寺司牧牛然天性穎悟於風雅之道日有所得往往以竹枝畫牛背爲篇什衆僧奇之且欲壯其山門遂勸令出家時鄭谷在袁州齊已因

攜所爲詩往謁焉有早梅詩曰前村深雪裏昨夜數枝開谷笑謂曰數枝非早不若一枝則佳齊已瞿然不覺兼三衣叩地膜拜自是士林以谷爲齊已一字之師其後居於長沙道林寺時湖南幕府中能詩者有如徐東野廖凝劉昭禹之徒皆聲名籍甚而徐東野尤好輕忽雖王公不避也每見齊已必悚然不敢以衆人待之嘗謂同列日我輩所作皆拘於一途非所謂通方之士若齊已才高思遠無不通殆難及矣論者以徐東野爲知言東野亦常贈之詩其爲名士推重如此　郡閣雅談僧齊已往袁州謁鄭谷獻詩云自封修藥院別下著僧牀谷覽之云請改一字方得相見經數日再見云改得作別著掃僧牀谷大嘉賞結爲詩友　野客叢書中酒之中多以爲平聲祖三國志中聖人中賢人之語然齊已棷詩云穠低似中陶潛酒輭極如傷宋玉風乃作仄聲或謂平仄一意僕謂作仄聲自有出處樊噲傳軍士中酒注竹仲反齊已祖此　零陵總記瀟水在永州西三十步湘

水在州北十里自零陵合流謂之瀟湘齊已詩云二水遠難論從離到坎奔冷穿千嶂陌清過幾州門沈彬云數家漁網疎雲外一岸斜陽細雨中何消云鷹影數行秋半逢漁歌一聲夜深發皆曲盡其妙　孫光憲白蓮集序鄭谷郎中有與師云應是逢新雪高吟得好詩格清無俗字思苕有蒼髭其爲詩家流稱許如此　唐音癸籤白樂天茶詩紅紙一封書後信綠牙十片火前春齊已詩高人愛借藏巖裏白甄封題寄火前火前者寒食禁火之前也今世俗多用轂雨前茶稱爲雨前學林新編云茶之佳者造在社前其次火前其下則雨前又齊已詩清潤平淡亦復高遠冷峭一經都官點化白蓮一集駕出雲臺之上可謂智過其師　細素雜記鄭谷與僧齊已黃損等共定今體詩格云凡詩用韻有數格一日葫蘆二日轆轤三日進退葫蘆韻者先二後四轆轤韻者雙出雙入進退韻者一進一退失此則謬矣余按倦遊雜錄載唐介讁英州李師中送行一篇爲人傳誦詩曰孤

忠自許衆不與獨立敢言人所難去國一身輕似葉高名千古重於山並遊英俊顏何厚未死姦諛骨已寒天爲吾君扶社稷肯教夫子不生還此正所謂進退格也按韻略難字第二十五山字第二十七寒字又在二十五而還又在二十七一進一退誠合體格豈率爾爲之哉　蔡寬夫詩話唐末五代流俗以詩自名者多好妄立格法取前人詩句爲例議論蜂出甚有師子跳擲毒龍顧尾等勢覽之每使人撫掌不已大抵皆宗賈島輩謂之賈島格而于李杜特不少假借李白女媧弄黃土摶作愚下人散在六合間濛濛若埃塵目曰調笑格以爲談笑之資杜子美冉冉谷中寺娟娟林外峰欄干更上處結構坐來重目爲病格以爲言語突兀聲勢寒澁此韓退之所謂蚍蜉撼大樹可笑不自量者耶　北夢瑣言僧齊已駐錫眉陵欲吟一詩竟未得意有都押衙者蔡姓而忘其名戲謂已日題洞庭者某詩絕矣諸人幸勿措詞已堅請口劄押衙柳揚朗吟曰可憐洞庭湖恰到三冬

無髭鬚以其不成澍也諸僧大笑

猛虎行

磨爾牙錯爾爪狐莫威兔莫狡饑來吞噬助腸飽橫行不怕日月明皇天產爾爲生獰前村半夜聞吼聲何人按劍燈熒熒

君子行

聖人不生麟龍何瑞梧桐不高鳳凰何止吾聞古之有君子行藏以時進退求已榮必爲天下榮恥必爲天下恥苟進不如此退不如此亦何必用虛僞之文章取榮名而自美

日日曲

日日日東上日日日西没任是神仙容也須成朽骨浮雲滅復生芳草死還出不知千古萬古人葬向青山爲底物

苦熱行

離宮劃開赤帝怒喝出六龍奔日馭下土熬熬若煎煮蒼生惶惶無處處火雲崢嶸焚泬寥東皋老農腸欲焦何當一雨蘇我苗爲君擊壤歌帝堯

風琴引

挼吳絲雕楚竹高託天風拂爲曲一一宮商在素空鸞鳴鳳語翹梧桐夜深天碧松風多孤窗寒夜驚流波愁魂傍枕不肯去翻疑住處鄰湘娥金鳳聲盡熏風發冷泛虛堂韻難歇常恐聽多耳漸煩清音不絕知音絕

夏雲曲

紅嵯峩爍晚波乖龍慵臥旱鬼多爞爞萬里壓天塹颮雷電光空閃閃好雨不雨風不風從倚穹蒼作巖險男巫女覡更走魂焚香祝天天不聞天若聞必能使爾爲潤澤洗埃氛而又變之成五色捧日輪將以表唐堯虞舜之明君

黃雀行

雙雙野田雀上下同飲啄暖去栖蓬蒿寒歸傍籬落殷勤避羅網乍可遇鵰鶚鵰鶚雖不仁分明在寥廓

巫山高

巫山高巫女妖雨爲暮兮雲爲朝楚王顦顇魂欲銷秋猨嘷嘷日將夕紅霞紫煙凝老壁千巖萬壑花皆坼但恐芳菲無正色不知今古行人行幾人經此無秋情雲深廟遠不可覓十二峰頭插天碧

昇天行

身不沉骨不重驅青鸞駕白鳳幢蓋飄搖入冷空天

風瑟瑟星河動瑤闕參差阿母家樓臺戲閉凝形震三五仙子乘龍車堂前碾爛蟠桃花迴頭卻顧蓬萊頂一點濃嵐在深井

輕薄行

玉鞭金鐙驊騮蹄橫眉吐氣如虹霓五陵春暖芳草齊笙歌到處花成泥日沉月上且鬬鷄醉來莫問天高低伯陽道德何唾洟仲尼禮樂徒卑栖

浮雲行

大野有賢人大朝有聖君如何彼浮雲掩蔽白日輪安得東南風吹散八表外使之天下人共見堯眉彩

煌煌京洛行

聖君垂衣裳蕩蕩若朝旭大觀無遺物四夷來率服清晨迴北極紫氣蓋黃屋雙闕聳雙龍九門如川瀆梯山航海至晝夜車相續我恐紅塵深變爲黃河曲

採蓮曲

越溪女越江蓮齊菡萏雙嬋娟嬉遊向何處採摘且同船浩唱發容與清波生漪漣時逢島嶼泊幾共鴛鴦眠襟袖既盈溢馨香亦相傳薄暮歸去來苧蘿生碧煙

行路難

行路難君好看驚波不在黤黮間小人心裏藏崩湍七盤九折寒崷崒翻車倒蓋猶堪出未似是非脣舌危闇中潛毀平人骨君不見楚靈均千古沉冤湘水濱又不見李太白一朝卻作江南客

善哉行

大鵬刷翮謝溟渤青雲萬層高突出下視秋濤空瀰瀰舊處魚龍皆細物人生在世何容易眼濁心昏信生死願除嗜慾待身輕攜手同尋列仙事

苦寒行

冰峰撐空寒矗矗雲凝水凍埋海陸殺物之性傷人

之慾既不能斷絕蒺藜荊棘之根株又不能展鳳皇麒麟之拳跼如此則何如爲和煦爲膏雨自然天下之榮枯融融於萬戶

春風曲

春風有何情旦暮來林園不問桃李主吹落紅無言

短歌 寄鼓山長老

雪峰雪峰高直雄巍巍堆積青冥中六月赤日燒不鎔飛禽瞥見人難通常聞中有白象王五百象子皆威光行圍坐遶同一色森森影動旃檀香於中一子最雄猛稱尊獨踞鼓山頂百年眷屬陰 影身照曜

吞秋景裁聞岷國氏歸依前王後王皆師資甯同梁
武遇遶磨過後彈指空傷悲

漁父

夜釣洞庭月朝醉巴陵市卻歸君山下魚龍窟邊睡
生涯在何處白浪千萬里曾笑楚臣迷蒼黃汨羅水

啄木

啄木啄啄鳴林響壑貪心既緣利觜斯鑿有朽百尺
微蟲斯宅以啄去害啄更彌劇層崖豫章聳幹蒼蒼
無縱爾啄摧我棟梁

蠹

蠹不自蠹而蠹于木蠹極木心以豐爾腹偶或成之
胡爲最人人而不眞繇爾亂神蠹兮蠹兮何全其生
無託爾形霜松雪檉

刳腸龜

爾既能於靈應久存其生爾既能於瑞胡得迷其死
刳腸徒自磨曳尾復何累可憐濮水流一葉泛莊子

耕叟

春風吹蓑衣暮雨滴箬笠夫婦耕共勞兒孫飢對泣
田園高且瘦賦税重復急官倉鼠雀羣共待新租入

古劍歌

古人手中鑄神物百鍊百淬始提出今人不要強硎
磨蓮鍔星文未曾没一彈一撫聞錚錚老龍影奪秋
燈明何時得遇英雄主用爾平治天下去

觀李瓊處士畫海濤

巨鼇轉側長鰌翻狂濤顛浪高漫漫李瓊奪得造化
本都盧縮在秋毫端一揮一畫皆筋骨滉漾崩騰大
鯨臬葉撲仙槎擺欲沉下頭應是驪龍窟昔年曾要
涉蓬瀛唯聞撼動珊瑚聲今來正歎陸沉久見君此
畫思前程千尋萬派功難測海門山小濤頭白令人
錯認錢塘城羅刹石底奔雷霆

靈松歌

靈松靈松是何根株盤擗枝幹與羣木殊世眼爭知
蒼翠容薜蘿遮體深朦朧先秋瑟瑟生谷風青陰倒
罩寒潭中八月天威行肅殺萬木凋零向霜雪唯有
此松高下枝一枝枝在無摧折凝凍頑冰如鐵堅重
重鎖到槎牙顛老鱗枯節相把捉踉蹌立在青崖前
有時深洞興雷雹飛電繞身光閃爍乍似蒼龍驚起
時攫霧穿雲欲騰躍夜深山月照高枝疎影細落莓
苔磯千年朽枿魍魎出一株寒韻鏘琉璃安得良工
妙圖䕶寫將假著懸煙閣飛瀑聲中戰歲寒紅霞影

裏擎蕭索

湘妃廟

湘煙濛濛湘水急汀露凝紅褭蓮濕蒼梧雲疊九疑深二女魂飛江上立相攜泣鳳蓋龍輿追不及廟荒松朽啼飛猩笋鞭迸出階基傾黃昏一岸陰風起新月如眉生闊水

祈眞壇

玉甃瑤壇二三級學仙弟子參差入霓旌隊仗下不下松檜森森天露濕殿前寒氣束香雲朝祈暮禱元元君茫茫俗骨醉更昏樓臺十二遥崑崙崑崙縱廣一萬二千里中有五色雲霞五色水何當斷慾便飛去不要九轉神丹換精髓

讀李白集

竭雲濤刳巨鼇搜括造化空牢牢冥心入海海神怖驪龍不敢爲珠主人間物象不供取飽飲遊神向懸圃鏘金鏗玉千餘篇膾吞炙嚼人口傳須知一一丈夫氣不是綺羅兒女言

讀李賀歌集

赤水無精華荆山亦枯槁元珠與虹玉璨璨李賀抱清晨醉起臨春臺吳綾蜀錦胸襟開狂多兩手掀蓬

萊珊瑚掇盡空土堆

西山叟

西山中多狼虎去歲傷兒復傷婦官家不問孤老身還在前山山下住

城中懷山友

春城來往桃李碧煖豔紅香斷消息吾徒自有山中鄰白晝冥心坐嵐壁

石竹花

石竹花開照庭石紅蘚自稟離宮色一枝兩枝初笑風猩猩血潑低低叢常嗟世眼無眞鑒郤被丹青苦相陷誰爲根尋造化功爲君吐出渲元膽白日當戸方盛開彤霞灼灼臨池臺繁香濃豔如未已粉蝶遊蜂狂欲死

贈持法華經僧

衆人有口不說是郎說非吾師有口何所爲蓮經七軸六萬九千字日日夜夜終復始乍吟乍諷何悠揚風篁古松含秋霜但恐天龍夜叉乾闥衆畐塞虛空耳皆聳我聞念經功德緣舌根可筭金剛堅他時劫火洞燃後神光璨璨如紅蓮受持身心苟精潔尚能使煩惱大海水枯竭魔王輪幢自摧折何況更如理

行如理說

贈巖居僧

石如麒麟巖作室秋苔漫壇淨於漆袈裟蓋頭心在無黃猨白猨啼日日

還人卷

李白李賀遺機杼散在人間不知處聞君收在芙蓉江日鬬鮫人織秋浦金梭劄劄文離離吳姬越女羞上機鴛鴦浴煙鸞鳳飛澄江曉映餘霞輝仙人手持玉刀尺寸寸酬君珠與璧裁作霞裳何處披紫皇殿裏深難覓

弔汨羅

落日倚闌干徘徊汨羅曲冤魂如可弔煙浪聲似哭我欲考龜鼉之心烹魚龍之腹爾既啖大夫之血食大夫之肉千載之後猶斯暗伏將謂唐堯之尊還如荒悴之君更有逐臣於焉葬魂得以縱其噬咨其吞

贈念法華經僧

念念念兮入惡易念念念兮入善難念經念佛能一般愛河竭處生波瀾言公少年眞法器白晝不出夜不睡心心緣經口緣字一室寥寥燈照地沉檀卷軸寶函盛薝蔔香熏水精記空山木落古寺閑松枝鶴眠霜霰乾牙根舌根水滴寒珊瑚捶打紅琅玕但恐蓮花七朵一時折朵朵似君心地白又恐天風吹天花繽紛如雨飄袈裟兒聞此經甚微妙百千諸佛眞祕要靈山說後始傳來聞者雖多持者少更堪誦入陀羅尼（此云總持）唐音梵音相雜時舜絃和雅熏風吹交王武王弦更悲如此爭不遺碧空中有龍來聽有鬼來聽亦使人間聞者敬見者敬自然心虛空性淸淨此經眞體卽毘盧（此云種光）雪嶺白牛君識無

卷八十九終

全五代詩卷九十

羅江李調元雨村　編

荆南

齊　已二

荆州新秋病起雜題十五首

病起見王化融融古帝鄉曉烟凝氣紫晚色作雲黄
四野歌豐稔千門唱樂康老身仍未死猶詠好風光
病起見生涯貧緣覺甚奢衲嫌垢弊律服變光華
頗愧同諸俗何嘗異出家三衣如兩翼珍重汝寒鴉
病起見圖畫雲門興似饒衲衣樓笠重嵩岳華山遥

命在齋猶赴刀閒髮盡凋秋光漸輕健欲去倚江橋
病起見苔錢規模遍地圓兒童掃不破子母自相連
潤屋何曾有緣牆謾可憐虛教作銅臭空使外人傳
病起見庭竹君應悲我情何妨甚消瘦卻稱苦竹行
每謝侵牀影時迴傍枕聲秋來漸平復吟遶骨毛輕
病起見秋扇風前悟感傷念予當咽絕得爾致清凉
沙鷺如搖影汀蓮似綻香不同婕妤詠託意怨君王
病起見衰葉飄然似我身偶乘風有韻初落地無塵
縱得紅溝露爭如綠帶春因傷此懷抱聊寄一篇新
病起見庭柏青青我不任力扶乾瘦骨勉對歲寒心
韻謝疎篁合根容片石侵衰殘想長壽時倚就閒吟
病起見庭蓮風荷已颯然開時聞馥郁枕上正纏綿
本在滄江濶移來碧沼圓卻思香社裏葉葉漏聲連
病起見庭菊幾勞栽種工可能經臥病相倚自成叢
翠萼低含露金英盡亞風那知予愛爾不在酒杯中
病起見庭石豈知經夏眠不能資藥價空自作苔錢
翠憶藍光底青思瀑影邊巖僧應笑我細碎種階前
病起見庭莎綠階傍竹多遶行猶未得靜聽復如何
蟋蟀幽中響蟪蛄深處歌不緣田地窄剩種任婆娑
病起見苔色凝然陣未枯淺深圍柱礎詰曲遶廊廡

碧翠文相間青黄勢自鋪爲錢虛玷染畢竟不如無
病起見秋月正當三五時清光應鑒我幽思更同誰
惜坐身猶倦牽吟氣尚羸明年七十六約此健相期
病起見閒雲空中聚又分滯留堪笑我舒卷不如君
觸石終無跡從風或有聞仙山足鸞鳳歸去自同羣

寄鏡湖方干處士

賀監舊山川空來近百年聞君與琴鶴終日在漁船
鳥露深秋石湖澄半夜天雲門幾迴去題徧好林泉

戊辰歲湘中寄鄭谷郎中

白髮久慵簪常聞病亦吟瘦應成鶴骨閒想似禪心

上國楊花亂滄洲荻笋深不堪思羣巘西望獨沾襟

送人游塞

槐柳野橋邊行塵暗馬前秋風來漢地客路入胡天
鴈聚河流濁羊羣磧草膻那堪隴頭宿鄉夢逐潺湲

聞鴈

何處人驚起飛來過草堂丹心勞避弋萬里念隨陽
影斷風天月聲孤荻岸霜明年趂春去江上別鴛鴦

送人游南

南國多山水君遊興可知船中江上景晚泊早行時
子美遺魂地藏眞舊墨池經過幾銷日荒草裏尋碑

新秋雨後

夜雨洗河漢詩懷覺有靈籬聲新蟋蟀草影老蜻蜓
靜引閑機發涼吹遠思醒逍遙向誰說時注漆園經

過荆門

路出荆門遠行行日欲西草枯蠻塚亂山斷漢江低
野店叢蒿短煙村簇樹齊翻思故林去在處有猨啼

送遷客

天涯卽愛州謫去莫多愁若似承恩好何如佞主休
瘴昏銅柱黑草赤火山秋應想堯堦下當時獬豸頭

住襄州謁鄭谷獻詩

高名喧省闥雅頌出吾唐疊巘供秋望飛雲到夕陽
自封修藥院別埽著僧牀幾夢中朝事依依鵷鷺行

夏日江寺寄無上人

講終齋磬罷何處稱眞心古寺高杉下炎天獨院深
鶯和江鳥語牆奪暮花陰大府多才子閑過在竹林

臨行題友生壁

山衲宜何處經行避暑深峰西多古寺日午亂松陰
鶴默堪分靜蟬涼解助吟慇懃題壁去秋早此相尋

古松

雷電不敢伐鱗皴勢萬端蠹依枯節死蛇入朽根盤
影浸僧禪溼聲吹鶴夢寒尋常風雨夜疑有鬼神看

題東林白蓮

大士生兜率空池滿白蓮秋風明月下齋日影堂前
色後羣芳折香殊百和燃誰知不染性一片好心田

落花

朝開暮亦衰雨打復風吹古屋無人處殘陽滿地時
靜依青蘚片閑綴綠莎枝繁艷根枝在明年向此期

次韻酬鄭谷郎中

林下高眠起相招得句時開門流水入靜話鷺鷥知
每許題成晚多嫌雪阻期西齋坐來久風竹撼疏籬

金山寺

山帶金名遠樓臺壓翠層魚龍光照像風浪影搖燈
檻外揚州樹船通建業僧塵埃何所到青石坐如氷

秋日錢塘作

秋光明水國遊子倚長亭海浸全吳白山澄百越青
英雄貴黎庶封土絕精靈句踐魂如在應懸戰血腥

過陳陶處士舊居

一室貯琴尊詩皆大雅言夜過秋竹寺醉打老僧門
遠燒來籬下寒蔬簇石根閑庭除鶴跡半是杖頭痕

書古寺僧房

綠樹深深處長明焰焰燈春清遊寺客花落閉門僧
萬法心中寂孤泉石上澄勞生莫相問喧默不相應

江行早發

舟子相呼起長江未五更幾看星月在猶帶夢魂行
鳥亂村林迥人喧水柵橫蒼茫平野外漸認遠峰名

宜陽道中作

宜陽南面路下嶽又經過楓葉紅遮店芒花白滿坡
猨無山漸薄鴈眾水還多日落猶前去諸村牧豎歌

遠山

天際雲根破寒山列翠迴幽人當立久白鳥背飛來
瀑濺何州地僧尋幾嶠苔終須拂巾履獨去謝塵埃

小松

發地纔過膝蟠根已有靈嚴霜百草白深院一林青
後夜蕭騷動空階蟋蟀聽誰於千歲外吟遶老龍形

貽張生

日日見入寺未曾含酒容閑聽老僧語坐到夕陽鐘
竹裏行多影花邊偶過蹤猶言謝生計隨我去孤峰

荆門送晝公歸彭澤舊居

彭澤舊居在匡廬翠疊前因思從楚寺便附入吳船
岸遠春殘樹江浮曉靄天應過虎溪社佇立想諸賢

登祝融峰

猨鳥共不到我來身欲浮四邊空碧落絕頂正清秋
宇宙知何極華夷見細流壇西獨立久白日轉神州

寄武陵道友

阮肇迷仙處禪門接紫霞不知尋鶴路幾里入桃花
晚樹陰搖蘚春潭影弄砂何當見招我乞與片生涯

秋夜聽業上人彈琴

萬物都寂寂堪聞彈正聲人心盡如此天下自和平
湘水瀉秋碧古風吹太清往年廬岳奏今夕更分明

中春愴懷寄二三知己

眼暗心還白逢春強凭欄因聞積雨夜卻憶舊山寒
竹撼煙叢滑花燒露朶乾故人相會處應話此衰殘

經安公寺

大聖威靈地安公宴坐蹤未知長寂默不見久從容
塔影高羣木江聲壓暮鐘此遊幽勝後來夢亦應重

蟋蟀

聲異蟪蛄聲聽須是正聽無風來竹院有月在沙庭
雖不妨調瑟多堪伴誦經誰人向秋夕爲爾欲忘形

送乾康禪師入山過夏

由來喧滑境難駐寂寥蹤逼夏搖孤錫離城入亂峰

雲門應近寺石路或穿松知在棲禪外題詩寄北宗

懷洞庭

憶過巴陵歲無人問去留中宵滿湖月獨自在僧樓
漁父眞閑唱靈均是謾愁今來欲長往誰借木蘭舟

送人南遊

且聽吟贈遠君此去蒙州瘴國頻聞說邊鴻亦不遊
巒花藏孔雀野石亂犀牛到彼誰相慰知音有郡侯

題無余處士書齋

閑地從莎蘚誰人愛此心琴棋懷客遠風雪閉門深
枕外江灘響窗西樹石陰他年衡嶽寺爲我一相尋

岳陽道中作

客思尋常動未知今斷魂路岐經亂後風雪少人村
大澤鳴寒雁千峰啼晝猨爭教此時白不上鬢鬚根

早梅

萬木凍欲折孤根暖獨迴前村深雪裏昨夜一枝開
風遞幽香去禽窺素豔來明年如應律先發映春臺

聽泉

落石幾萬仞冷聲飄遠空高秋初雨後半夜亂山中
只有照壁月更無吹葉風幾曾廬岳聽到曉與僧同

匡山寓居棲公

外物盡已外閑遊且自由好山逢過夏無事住經秋
樹影殘陽寺茶香古石樓何時定休講歸漱虎溪流

憶在匡廬日

憶在匡廬日秋風八月時松聲虎溪寺塔影雁門師
步碧葳蕤徑吟香菡萏池何當舊泉石歸去洗心脾

寄三覺山從益上人

山下人來說多時不下山是應終未是閑得且須閑
海面雲歸寶猨邊月上關尋思亂峯頂空送衲僧還

殘秋感愴

日日加衰病心心趣寂寥殘陽起閑望萬木聳寒條

楚寺新爲客吳江舊看潮此懷何以寄風雨暮蕭蕭

寄南徐劉員外

竟陵兵革際歸復舊園林早歲爲官苦常聞說此心海邊山夜上城外寺秋尋應訝嵩峰約蹉跎直到今晝公評衆製姚監選諸文風雅誰收我編聯獨有君餘生終此道萬事盡浮雲爭得重攜手探幽楚水濆

貽王秀才

功到難收處知難始是詩自能探虎子何慮屈男兒此道眞清氣前賢早白髭須敎至公手不惜付丹枝

贈孫生

見君詩自別君是繼詩人道出千途外功爭一字新寂寥中影跡霜雪裏精神待折東堂桂歸來更苦辛

酬元員外

清洛碧嵩根寒流白照門園林經難別桃李幾株存衰老江南日淒涼海上村閑來曬朱紱淚滴舊朝恩

與楊秀才話別

庾信哀何極仲宣悲苦多因思學文賦不勝弄干戈自古有如此於今終若何到頭重策蹇歸去舊煙蘿

寄何崇邱員外

門底桃源水涵空復映山高吟煙雨霽殘日郡樓間變俗眞無事分題是不閑尋思章岸見全未有年顏

贈劉五經

往年長白山發憤忍飢寒埽葉雪霜濕讀書唇齒乾羣經通講解八十尙經安今日江南寺相逢話世難

送游山道者

我亦遊山者常經舊所經雪消天外碧春曉海中青可見亂離世況臨衰病形憐君此行興獨入白雲屏

舟中江上望玉梁山懷李尊師

殘照玉梁巔巍巍遠櫂前古來傳勝異人去學神仙白鹿老碧壑黃猨啼紫煙誰心共無事局上度流年

角

聞說征人說嗚嗚何處邊孤城沙塞地殘月雪霜天會轉胡風急吹長磧雁連應傷漢車騎名未勒燕然

夏日草堂作

沙泉帶草堂紙帳卷空牀靜是眞消息今非俗肺腸園林坐清影梅杏嚼紅香誰住原西寺鐘聲送夕陽

夜坐

百蟲聲裏坐夜色共冥冥遠憶諸峯頂曾棲此性靈月華澄有象詩思在無形徹曙都忘寢虛窗日照經

新栽松

野僧教種法，苒苒出蓬蒿。百歲催人老，千年待爾高。
靜宜兼竹石，幽合近猨猱。他日成陰後，秋風吹海濤。

期友人

早晚逐茲來，閑門日爲開。亂蛩鳴白草，殘菊藉蒼苔。
因臥誰驚起，閑行自欲迴。何時此攜手，吾子本多才。

和鄭谷郎中看棊

箇是仙家事，何人合用心。幾時終一局，萬木老千岑。
有路如飛出，無機似陸沈。樵夫可能解，也此廢光陰。

寄錢塘羅給事

憤憤嘔讒書，無人誦子虚。傷心天祐末，搔首懿宗初。
海樹青叢短，湖山翠點疎。秋濤看足否，羅刹石邊居。

寓言

造化安能保，山川鑿欲翻。精華銷地底，珠玉聚侯門。
始作驕奢本，終爲禍亂根。亡家與亡國，云此更何言。

經賈島舊居

先生居處所，野燒幾爲灰。若有吟魂在，應隨夜魄迴。
地寧銷志氣，天忍罪清才。古木霜風晚，江禽共宿來。

桃花

千株含露態，何處照人紅。風暖仙源裏，春和水國中。
流鶯應見落，舞蝶未知空。擬欲求圖畫，枝枝帶竹叢。

送益公歸舊居

舊隱終牽夢，春殘結束歸。溪山無伴過，風雨有花飛。
片石留題字，孤潭照浣衣。鄰僧喜相接，埽逕與開扉。

不睡

永夜不欲睡，虛堂閉復開。却離燈影去，待得月光來。
落葉逢巢住，飛螢值我迴。天明拂經案，一炷白檀灰。

卷九十終

全五代詩卷九十一

羅江李調元雨村　編

荊南

齊　己三

言詩

畢竟將何狀根元在正思達人皆一貫迷者自多岐
觸類風騷遠懷賢肺腑衰河橋送別者二子好相知

酬王秀才

離亂幾時休儒生厄遠遊亡家非漢代何處覓荊州
旅夢寒燈屋鄉懷晝雨樓相逢話相殺誰復念風流

春居寄友生

莎徑荒蕪甚君應共此情江村雷雨發竹屋夢魂驚
社過多來燕花繁漸老鶯相思意何切新作未曾評

寄荅武陵幕中何支使

十萬雄軍幕三千上客才何當談笑外遠慰寂寥來
騷雅錙金擲風流醉玉頹爭知江雪寺老病向寒灰
南州無百戰北地有長征閑殺何從事傷哉蘇子卿
江樓聯雪句野寺看春耕門外滄浪水風波雜雨聲

浙江晚渡

去年曾到此久立滯前程岐路時難處風濤晚未平
汀蟬含老韻岸荻簇枯聲莫泥關河險多遊自遠行

送人下第東歸再謁舊主人

一戰偶不捷東歸計未空還攜故書劍去謁舊英雄
楚雪連吳樹西江正北風男兒藝若是會合值明公

寄謝高先輩見寄

穿鑿堪傷骨風騷久痛心永言無絕唱忽此惠希音
楊柳江湖晚芙蓉島嶼深何因會仙手臨水一披襟
詩在混茫前難搜到極元有時還積思度歲未終篇
片月雙松際高樓濶水邊前賢多此得風味若爲傳

寄仰山光味長者

大仰禪棲處杉松到頂陰下來雖有路歸去每無心
鳥道峰形直龍湫石影深徑行誰得見半夜老猨吟

貽廬岳陳沆秀才

爲儒老雙鬢勤苦竟何如四海方磨劍空山自讀書
石圍泉眼碧秋落洞門虛莫慮搜賢僻徵君舊此居

邊上

漢地從休馬胡家自牧羊都來銷帝道渾不用兵防
草上孤城白沙翻大漠黃秋風起邊雁一一向瀟湘

寄西山鄭谷神

西望鄭先生焚修在杳冥幾番松骨朽未換鬢根青

石闕涼調瑟秋壇夜拜星俗人應撫掌閑處誦黃庭

讀參同契

堪笑修仙侶燒金覓大還不知消息火只在寂寥關
鬢白爐中術魂飛海上山悲哉五千字無用在人間

聞落葉

楚樹雪晴後蕭蕭落晚風因思故國夜臨水幾株空
煮茗燒乾脆行苔踏爛紅來年未離此還見碧叢叢

謝王先輩昆弟遊湘中迴各見示新詩

瀟湘多勝異宗社久襄回兄弟同遊去幽奇盡采來
只應求妙唱何以示寒灰上國攜歸後唯呈不世才

寄酬高輦推官

道自閑機長詩從靜境生不知春豔盡但覺雅風清
竹膩題幽碧蕉乾裂脆聲何當九霄客重疊記無名

逢詩僧

禪元無可並詩妙有何評五七字中苦百千年後清
難求方至理不朽始爲名珍重重相見忘機話此情

謝歐陽侍郎寄示新集

宮錦三十段金梭新織來殷勤謝君子迢遞寄寒灰
鸞鳳對鼓舞神仙雙裹回誰當巧裁製披去升瑤臺

西墅新居

漸漸見苔青疏疏遍地生閑穿藤屐起亂踏石階行
野鳥啼幽樹名僧笑此情殘陽竹陰裏老圃打門聲

酬孫魴

幽人還愛雲才子已從軍可信鴛鴻侶更思麋鹿羣
新題雖有寄舊論竟難聞知己今如此編聯悉欲焚

掃地

日日掃復灑不容纖物侵敢望來客口道似主人心
蟻過光中少苔依潤處深門前亦如此一徑入疏林

書匡山隱者壁

紅霞青壁底石室薜蘿垂應有迷仙者曾逢採藥時

桃花饒兩頰松葉淺長鬚直是來城市何人識得伊

野鴨

野鴨殊家鴨離羣忽遠飛長生緣甚瘦近死爲傷肥
江海游空闊池塘啄細微紅蘭白蘋渚春暖刷毛衣

傷秋

旦暮餘生在肌膚十分無眠寒半榻朽立月一株枯
夢已隨雙樹詩猶卻萬夫名山未歸得可惜死江湖

懷東湖寺

鐵柱東湖岸寺高人亦閒往年曾每日來此看西山
竹徑青苔合茶軒白鳥還而今在天末欲去已衰顏

寄峴山顧公

形影更誰親應懷漆道人片言酬鑿齒半偈伏姚秦

榛莽池經燒蒿萊寺過春心期重西去一共弔遺塵

相思恨相遠至理那時何道笑忘言甚詩嫌背俗多

青苔閑閣閉白日斷人過獨上西樓望荊門千萬坡

清夜作

不惜白日短乍容清夜長坐聞風露滴吟覺骨毛涼

興寢無諸病空閑有一牀天明振衣起苔砌落花香

贈白處士

華野居何定浮生知是誰衣衫同野叟指趣似禪師

白髮應無也丹砂久服之仍聞創行計春暖向峩眉

崔秀才宿話

事轉聞多事心休話苦心相留明月寺共憶白雲岑

蘚壁殘蟲韻霜軒倒竹陰開門又言別誰竟慰塵襟

懷天台華頂僧

華頂危臨海丹霞裏石橋曾從國淸寺上看月明潮

好鳥親香火狂泉噴泬寥欲歸師智者頭白路迢迢

送人赴官

年少作初官還如行路難兵荒經邑里風俗久凋殘

照硯花光淡漂書柳絮乾聊應充侍膳薄俸繼朝餐

水鶴

鴛鴦與鸂鶒相狎豈慙君比雪還勝雪同羣亦出羣

靜巢孤島月寒夢九皋雲歸路分明箇飛鳴卽可聞

湘中感懷

漁翁那會我傲兀葦邊行亂世難逸跡乘流擬濯纓

江花紅細碎沙鳥白分明向夕題詩處春風斑竹聲

九日逢虛中虛受

楚后萍臺下相逢九日時干戈人事地荒廢菊花籬

我已多衰病君猶盡黑髭皇天安罪得解語便吟詩

贈李明府

名家宰名邑將謂屈鋒鋩直是難蘇俗能消不下堂

氷痕生硯水柳影透琴牀何必稱瀟灑獨爲詩酒狂

暮春久雨作

積雨向春陰冥冥獨院深已無花落地空有竹藏禽

簷溜聲何暴隣僧影亦沈誰知力耕者桑麥最關心

渚宮莫問詩十首并序

予以辛巳歲蒙主人命居龍安寺察其踈鄙免以趨奉爰降手翰曰蓋知心不在常禮也予不覺欣然而作顧謂形影曰爾本青山一衲白石孤禪今王侯搆室安之給俸食之使之樂然萬事都外游

息自得則雲泉猨鳥不必爲狎其放縱若是夫何
繫乎自是龍門牆仞歷稔不復瞻覬況他家哉因
創莫問之題凡十篇一作十五皆以莫問爲首焉
莫問疎人事王侯已任伊不妨隨野性還似在山時
靜入無聲樂狂拋正律詩自爲仍自愛清淨裏尋思
莫問伊稽嬾流年已付他話逼時事少詩着野題多
夢外春桃李心中舊薜蘿浮生此不悟剃髮竟如何
莫問休行脚南方已徧尋了應須自了心不是他心
赤水珠何覓寒山偈莫吟誰同論此理杜口少知音
莫問孱愚格天應只與閑合居長樹下那稱衆人間

跡絶爲眞隱機忘是大還終當學支遁買取箇青山
莫問閑行趣春風野水涯千門無謝女兩岸有楊花
好鶴曾爲客眞龍或作蛇躊躕自迴首日脚背樓斜
莫問眞消息中心只自知清風含笑詠明月混希夷
壞衲涼天擁元文靜夜披善哉溫伯子言望至公知
莫問休持鉢從貧乞已疎侯門叨月俸齋食剩年儲
簪屨三千外形骸六十餘舊峯呵練若松逕接匡廬
莫問依劉跡金臺又度秋威儀非上客譚笑愧諸侯
禮許無拘檢詩推異輩流東林未歸得搖落楚江頭
莫問無機性甘名百鈍人一牀鋪冷落長日卧精神
分已疎知舊詩還得意新多才碧雲客時或此相親
莫問關門意從來寡往還道應歸淡泊身合在空閑
四面苔圍綠孤窗雨灑斑夢尋何處去秋色水邊山
莫問多山興晴樓獨凭時六年滄海寺一别白蓮池
句早逢名匠禪曾見祖師冥搜與眞性清外認揚眉
莫問野騰騰勞形已不能慇懃無上士珍重有名僧
坐覺心心默行思步步氷終歸石房裏一點夜深燈

夜坐聞雪寄所知

初宵飛霰急竹樹灑乾輕不是知音者難教愛此聲
漸凌孤燭白偏激苦心清堪笑同文友忘眠坐到明

欲遊龍山鹿苑有作

龍山門不遠鹿苑路非遙合逐閑身去何須侍客招
年華殘雨鬢筋骨倦長宵聞説峯前寺新修白石橋

再逢晝公

竟陵西别後徧地起刀兵彼此無緣着雲山有處行
人吟難敵句終忍不求名年鬢俱如雪相看眼且明

送人遊武陵湘中

爲子歌行樂西南入武陵風煙無戰士賓榻有吟僧
山遶軍城疊江臨寺閣層遍尋幽勝了湘水泛清澄

酬九經者

九經三史學窮妙又窮微長白山初出青雲路欲飛
江僧酬雪句沙鶴識麻衣家在黃河北南來偶未歸

寄贈集灘二公

聞有難名境因君住更名軒窗中夜色風月遶灘聲
容好過無厭禽幽晝不成終期一尋去聊且寄吟情

夏日作

燕雀語相和風池滿芰荷可驚成事晚殊喜得閑多
竹眾涼欺水苔繁綠勝莎無慙孤聖代賦詠有詩歌

行路難

下浸與高盤不爲行路難是非眞險惡翻覆作峰巒

漆姚同時黑朱慙巧處丹令人畏相識欲畫白雲看

送玉泉道者迴山寺

卻憶西峯頂經行絕愛憎別來心念念歸去雪層層
石塢尋春筍苔龕續夜燈應悲塵土裏追逐利名僧

謝王拾遺見訪兼寄篇什

竹裏安禪處生涯一印灰經年乞食過昨日諫臣來
愧把黃梅偈曾酬白雪才因令識鳥跡重疊在蒼苔

題張氏池亭

樹石叢叢別詩家趣向幽有時閑客散始覺細泉流
蝶到琴棋畔花過島嶼頭月明紅藕上應見白龜遊

題明公房

寺北聞湘浪窗南見嶽雲自然高日用何要出人羣
瓦滴殘松雨香爐匝印文近年精易道疑者曉紛紛

寄顧處士

半年離別夢來往卽湖邊兩幅關山雪尋常在眼前
項容藏古翠張藻卷寒煙藍淀圖花鳥時人不惜錢

貽徐生

可能東海子淸苦在貧居掃地無閑客堆窗有古書
少年猶若此向老合何如去歲頻相訪今來見亦疎

謝處中上人晚秋見寄

楚外同文在荊門得信時幾重相嬭意一首晚秋詩
日暮山沈雨蓮殘水滿池登樓試南望爲子動歸思

寄東林言之禪子

聞思相送後幽院閉苔錢使我吟還廢聞君病未痊
聽秋唯困坐怕客但佯眠可惜東窗月無寥過一年

寒節日寄鄉友

歲歲逢寒食寥寥古寺家踏青思故里垂白看楊花
原野稀疎雨江天冷澹霞滄浪與湘水歸恨共無涯

聞西蟾從弟卜巖居嶽西有寄

瀑布見高低巖開巖壁西碧雲多舊作紅葉幾新題

滴瀝中疎磬嵌空半倚梯仍聞樵子逕足不到前溪

寄懷西蟾師弟蟾師有萬里八九月一身西北風之句

萬里八九月一身西北風自從相示後長記在吟中見說南遊遠堪懷我姓同江邊忽得信迴到岳東門

卷九十一終

全五代詩卷九十二

羅江李調元雨村　編

荆南

齊已四

寄西川惠光大師曇域

禪月有名子相知面未曾筆精垂壁溜詩澀滴杉氷蜀國從棲泊蕪城幾廢興憶歸應寄夢東北過金陵

憶别匡山寄彭澤乾晝上人

憶别匡山日無端是遠遊却迴看五老翻悔上孤舟蹭蹬三千里蹉跎二十秋近來空寄夢時到虎溪頭

又寄彭澤晝公

聞君彭澤住結構近陶公種菊心相似嘗茶味不同湖光秋枕上嶽翠夏窗中八月東林去吟香菡萏風

因覽支使孫中丞看可準大師詩序有寄

一千篇裏選三百首菁英玉尺新量出金刀舊剪成錦江增古翠仙掌減元精準公曾以詩道謁司空圖于華下自此爲風格留傳諸後生

新秋病中枕上聞蟬

枕上稍醒醒忽然蟬一聲此時知不死昨日郎前生更欲臨窗聽猶難策杖行壽應同蛻殼重飲露華清

寄雲蓋山先禪師

曾尋湘水東古翠積秋濃長老禪棲處半天雲蓋峯
閑牀饒得石雜樹少於松近有誰堪語瀏陽妙指蹤

落葉

落多秋亦晚窗外見諸鄰世上誰驚盡林間獨掃頻
蕭騷微月夜重疊早霜晨昨日繁陰在鶯聲樹樹春

次耒陽作

遠岳復沿湘衡陽又耒陽不堪思北客從此入南荒
旦夕多猨狖淹留少雪霜因經杜公墓惆悵學文章

舟中晚望祝融峯

天際卓寒青舟中望曉晴十年關夢寐此日向崢嶸
巨石淩空黑飛泉照夜明終當躡孤頂坐看白雲生

弔杜工部墳

鵬翅蹋於斯明君知不知城中詩價大荒外土墳卑
瘴雨無時滴蠻風有穴吹唯應李太白魂魄往來疲

嶽中寄殷處士

出嶽與入嶽前題繼後題遍尋僧壁上多在雁峯西
近說遊江寺將誰話石梯相思立高巘山下草萋萋

送幽禪師

霜繁野葉飛長老卷行衣浮世不知處白雲相待歸
磬和天籟響禪動嶽神威莫便言長往勞生待發機

觀燒

獵獵寒蕪引承風勢不還放來應有主焚去到何山
焰入空蒙裏煙飛蒼莽間石中有良玉惆悵但傷顏

寄陽岐西峯僧

西峯殘照東瀑布灑冥鴻閑憶高牕外秋晴萬里空
藤陰藏石磴衣毳落杉風日有誰來覔層層鳥道中

迴雁峰

瘴雨過孱顏危邊有徑盤壯堪扶壽嶽靈合置仙壇
影北鴻聲亂青南客道難他年思隱遯何處憑闌干

贈詢公上人

威儀何貴重一室貯氷清終日松杉徑自多蟲蟻行
像前孤立影鐘外數珠聲知悟修來事今為第幾生

秋興

所見背時情閑行亦獨行晚涼思水石危閣望崢嶸
雨外殘雲片風中亂葉聲舊山吟友在相憶夢應清

古寺老松

百歲禪師說先師指此松小年行道遶早見偃枝重
月檻移孤影秋亭卓一峰終當因夜電拏攫從雲龍

歲暮江寺住

山依枯槁容何處見年終風雪軍城外蒹葭古寺中
孤村誰認磬極浦夜鳴鴻坐憶匡廬隱泉聲滴半空

新燕

棲託近佳人應鄰巧語新風光華屋暖弦管牡丹晨
遠采江泥膩雙飛麥雨勻差池自有便敢觸杏梁塵

喻吟

日用是何專吟疲即坐禪此生還可喜餘事不相便
頭白無邪裏魂清有象先江花與芳草莫染我情田

過湘江唐宏書齋

四鄰無俗跡終日大開門水晚來邊雁林秋下楚猿

一家隨難在雙眼向書昏沈近騷人廟吟應見古魂

讀賈島集

遺篇三百首首首是遺冤知到千年外更逢何者論
離秦空得罪入蜀但聽猿還似長沙祖唯餘賦鵩言

寄山中諸友

自歸城裏寺長憶宿山門終夜冥心客諸峯叫月猨
嵐光生眼力泉滴爽吟魂只待遊方遍還來埽樹根

懷終南僧

擾擾一京塵何門是了因萬重千疊嶂一去不來人
鳥道春殘雪蘿龕晝定身寥寥石窗外天籟動衣巾

送二友生歸宜陽

二生俱我友清苦輩流稀舊國居相近孤帆秋共歸
殘陽沙鳥亂踈雨島楓飛幾宿多山處猨啼獨影微

懷從弟

孤窗獨影微何事阻吟思兄弟斷消息山川長路岐
日沈栖鶴塢霜著叫猨枝可想爲懷抱多愁多難時

書李秀才壁

干戈阻上日南國寄貧居舊里荒應盡新年病未除
窗風連島樹門逕接隣蔬我有閑來約相看雪滿株

聞尙顏下世

嶽僧傳的信聞在麓山亡郡有爲詩客誰來一影堂
夢休尋灞滻跡已絕瀟湘遠憶同吟石新秋檜柏涼

薔薇

根本似玫瑰繁英刺外開香高藂有架紅落地多苔
去住閑人看晴明遠蝶來牡丹先幾日銷歇向塵埃

送隆公上人

獨攜譚柄去十里指人寰未斷生徒望難教白日閑
空江橫落照大府向西山好騁陳那孔誰云𣪠石頑

宿簡寂觀

萬壑雲霞影千年松檜聲如何教下士容易信長生

月共虛無白香河沆瀣清閑尋古廊畫記得列仙名

遇元上人

七澤過名山相逢黃葉殘杉松開寺晚泉月話心寒
祖遍諸方禮經會幾處看應懷出家院紫閣近長安

送孫逸人歸廬山

獨自擔琴鶴還歸瀑布東道遙非俗趣楊柳謾春風
草遶村程綠花盤石磴紅他時許相覓五老亂雲中

聽李尊師彈琴

仙子弄瑤琴仙山松月深此聲含太古誰聽到無心
灑石霜千片歎巖泉萬壽何人傳指法攜向海中岑

寄武陵微上人

善卷臺邊寺松筠遶祖堂秋聲度風雨曉色遍滄浪
白石同誰坐清吟過我狂近聞爲古律雅道更重光

湘西道林寺陶太尉井

太尉遺孤井寒澄七百年未聞陵谷變終與姓名傳
影浸無風樹光含有月天林僧曉來此滿汲灑金田

寄松江陸龜蒙處士

萬卷功何用徒稱處士休閑歆太湖石醉聽洞庭秋
道在誰開口詩成自點頭中間欲相訪尋便阻戈矛

閉門

外事休關念灰心獨閉門無人來問我白日又黃昏
燈集飛蛾影窗銷迸雪痕中心自明了一句祖師言

看水

范蠡東浮闊靈均北泛長誰知遠煙浪別有好思量
故國門前急天涯照裏忙難收上樓興渺漫正斜陽

寄棲白上人

萬國爭名地吾師獨此閑題詩招上相看雪下南山
內殿承恩久中條進表還常因秋貢客少得掩禪關

自題

禪外求詩妙年來鬢已秋未嘗將一字容易謁諸侯

挂夢山皆遠題名石盡幽敢言梁太子傍采碧雲流

孫支使來借詩集因有謝

冥搜從少小隨分得淳元聞說吟僧口多傳過蜀門
相尋江島上共看夏雲根坐落遲遲日新題互把論

夏日言懷

苦被流年迫衰羸老病情得歸青嶂死便共白雲生
樹栟燒爐響巖稜躡屐聲此心人信否魂夢自分明

早秋寄友生

雨多殘暑歇蟬急暮風清誰有閑心去江邊看水行
河遙紅蓼簇野闊白煙平試折秋蓮葉題詩寄竺卿

送王秀才往松滋夏課

松滋聞古縣明府是詩家靜里餘無事歌眠盡落花、江光搖夕照柳影帶殘霞君去應相與乘船泛月華

喜訔公自武陵至

已盡滄浪興還思相楚行鬢全無舊黑詩別有新清暫憩臨寒水時來扣靜荆囊中有靈藥終不獻公卿

謝西川可準上人遠寄詩集

匡社經行外沃洲禪宴餘吾師還繼此後輩復何如江上傳風雅靜中時卷舒堪隨樂天集共伴白芙蕖

秋空

已覺秋空極更堪寥泬青只應容好月爭合有妖星耿耿高河截翛翛一雁經會於洞庭宿上下徹心靈

與聶尊師話道

伯陽遺妙旨杳杳與冥冥說即非難說行還不易行藥中迷九轉心外覓長生畢竟荒原上一盤蒿隴平

送相里秀才自京至郢迴

東門詩客至楚寺閑蕭騷老病語言澀少年風韻高難於尋閬島險甚涉雲濤珍重西歸去無忘役思勞

謝人寄南榴卓子

幸附全村長良工斲器殊千林文柏有一尺錦榴無品格宜仙果精光稱玉壺憐君遠相寄多愧野蔬麤

寄舊居鄰友

別後如何趣搜奇少客同幾層山影下萬樹雪聲中晚鼎烹茶綠晨廚爨粟紅何時攜卷出世代有名公

送朱秀才歸閩

荆門來幾日欲往又囊空遠客歸南越單衣背北風近鄉微有雪到海漸無鴻努力成詩業無謀謁至公

龍潭作

乍臨毛髮豎雙壁夾湍流白日鳥影過青苔龍氣浮蔽空雲出石應禱雨翻湫四面耕桑者先開賀有秋

依韻酬謝尊師見贈二首 師欲調樂

南國搜奇久偏傷杜甫墳重來經漢浦又去入嵩雲舊別人稀見新朝事漸聞莫將高尚跡閑處傲明君

嶽頂休高臥荆門訪掩扉新詩遺我別舊約與誰歸賢路曾何滯良時肯自違明年窺日窟仙桂露霏微

送冰禪再往湖中

行心寧肯住南去與誰羣碧落高空處清秋一片雲穿林瓶影滅背雨錫聲分應笑遊方久龍鍾楚水濆

喜表公往楚王城

已聞人捨地結構舊基平一面湖光白鄰家竹影清

應難尋輦道空說是王城誰信興亡跡今來有磬聲

春雪初晴喜友生至

數日不見日飄飄勢忽開雖無忙事出還有故人來已盡南簷滴仍殘北牖堆明朝望平遠相約在春臺

殘春連雨中偶作懷故人

南鄰阻杖藜屐齒遶牀泥漠漠門長掩遲遲日又西不知何興味更有好詩題還意東林否行苔傍虎溪

送崔判官赴歸倅

白首從顏巷青袍去佐官只應微俸祿聊補舊飢寒地說邱墟甚民聞旱歎殘春風吹綺席賓主醉相歡

寒食日懷寄友人

萬井追寒食閑扉獨不開梨花應折盡柳絮自飛來夢覺懷仙島吟行遶砌苔浮生已悟了時節任相催

懷巴陵舊遊

洞庭雲夢秋空碧共悠悠孟子狂題後何人更倚樓日西來遠棹風外見平流終欲重尋去僧窗古岸頭

招乾晝上人宿話

連夜因風雪相留在寂寥禪心誰指示詩卷自焚燒語默鄰寒漏窗扉向早朝天台若長往還渡海門潮

荆門秋日寄友人

青溪知不遠白首要難歸空想煙雲裏春風鸞鶴飛誰論傳法偈自補坐禪衣未謝侯門去詩常卽掩扉

哭鄭谷郎中

朝衣閑典盡酒病覺難醫下世無遺恨傳家有大詩新墳青嶂疊寒食白雲垂長憶招吟夜前年風雪時

卷九十二終

全五代詩卷九十三

羅江李調元雨村　編

荆南

齊已五

亂中聞鄭谷吳延保下世

小諫纔埋玉星郎亦逝川國由多聚盜天似不容賢
兵火焚詩草江流漲墓田長安已塗炭追想更凄然

送東林寺睦公往吳國

八月江行好風帆日夜飄煙霞經北固禾黍過南朝
社客無宗炳詩家有鮑昭莫因賢相請不返舊山椒

除夜

夜久誰同坐爐寒鼎亦澄亂松飄雨雪一室掩香燈
白髮添新歲清吟減舊朋明朝待晴旭池上看春氷

送秘上人

誰喜老閑身春山起送君欲憑蓮社信轉入洞庭雲
道路長無阻干戈漸不聞秋來向何處相憶鴈成羣

寓居嶽麓謝進士沈彬再訪

去歲來尋我留題在蘚痕又因風雪夜重宿古松門
玉有疑休泣詩無主且言明朝此相送披褐入桃源

對雪

松門堆復積埋石亦埋莎爲瑞還難得居貧莫厭多
聽憐終夜落吟惜一年過誰在江樓望漫漫墮綠波

和岷公送李評事往宜春

兵火銷鄰境龍沙有去人江潭牽興遠風物入題新
雪湛將殘臘霞明向早春郡侯開宴處桃李照歌塵

送僧

老憶遊方日天涯錫獨搖凌晨從北固衝雪向南朝
鬢髮泉邊剃香燈樹下燒雙峰諸道友夏滿有書招

山中荅人

謾道詩名出何曾著苦吟忽來還有意已過卽無心
夏月山長往霜天寺獨尋故人憐拙朴時復寄空林

贈盧明府閑居

鬢霜垂七十江國久辭官滿篋新風雅何人舊歲寒
閑居當野水幽鳥宿漁竿終欲相尋去兵戈時轉難

幽庭

不放生纖草從教徧綠苔還防長者至未著牡丹栽
蛺蝶空飛過鶺鴒時下來南鄰折芳子到此寂寥迴

送休師歸長沙甯覲

吾子此歸甯風煙是舊經無窮芳草色何處故山青
偶泊鳴蟬島難眠好月汀殷勤問安外湘岸採詩靈

將遊嵩華行次荆渚

蓮峰映敷水嵩嶽壓伊河兩處思歸久前賢隱去多
閑身應絶跡在世幸無他會向紅霞嶠僧龕對薜蘿

遠思

遠思極何處南樓煙水長秋風過鴻鴈遊子在瀟湘
海面雲生白天涯墮晚光徘徊古堤上曾此贈垂楊

渚宫江亭寓目

津亭雖極望未稱本心閑白有三江水青無一點山
新鴻喧夕浦遠櫂聚空灣終遂歸匡社孤帆即此還

送劉秀才往東洛

羨子去東周行行非旅遊煙霄有兄弟事業盡曹劉
洛水清奔夏嵩雲白入秋來年遂鵬化一舉上瀛洲

移竹

舊溪千萬竿風雨夜珊珊白首來江國黃金買歲寒
乍移傷粉節終遶著朱欄會得承春力新抽錦籜看

雉

角角類關關春晴錦羽乾文呈五色異瑞入九苞難
暮宿紅蘭暖朝飛綠野寒山梁從行者錯解仲尼歎

懷軒轅先生

不得先生信空懷汗漫秋月華離鶴背日影上鼇頭
欲學孤雲去其如重骨留槎程在何處人世屢荒邱

永夜感懷寄鄭谷郎中

展轉復展轉所思安可論夜涼難就枕月好重開門
霜殺百草盡蛩歸四壁根生來苦章句早遇至公言

貴松者

未得凌雲價何慙所買眞自知桃李世有愛歲寒人
瑟瑟初離澗青青未識塵寗同買花者貴逐片時春

丙寅歲寄潘歸仁

九土盡荒墟干戈殺害餘更須憂去國未可守貧居
康泰終來在編聯莫破除他年遇知已無恥報襜褕

嘗茶

石屋晚煙生松窗鐵碾聲因留來客試共說寄僧名
味擊詩魔亂香搜睡思輕春風雲川上憶傍綠叢行

詠影

萬物患有象不能逃大明始隨殘魄滅又逐曉光生
曲直寗相隱洪纖必自呈還如至公世洞鑒是非情

南歸舟中二首

南歸乘客櫂道路免崎嶇江上經時節船中聽鷓鴣
春容含眾岫雨氣泛平蕪落日停舟望王維未有圖
長江春氣寒客况櫂聲閑夜泊諸村雨程迴數郡山

桑根垂斷岸浪沫聚空灣已去鄰園近隨緣是暫還

題中上人院

高房占境幽講退即冥搜欠鶴同支遁多詩似惠休
餅澄孤井浪案白小窗秋莫道歸山字朝賢日獻酬

逢鄉友

無況來江島逢君話滯留生緣同一國相識共他州
竹影斜青蘚茶香在白甌猶憐心道合多事亦冥搜

自勉

試筭平生事中年欠五年知非未落後讀易尚加前
分受詩魔役甯容俗態牽閑吟見秋水數隻釣魚船

寄詩友

天地有萬物盡應輸苦心他人雖欲解此道奈何深
返朴遺時態關門度歲陰相思去秋夕共對冷燈吟

居道林寺書懷

花落水喧喧端居信晝昏誰來看山寺自要埽松門
是事皆能諱唯詩未嬾言傳聞好時世亦欲背啼猨

經吳平觀

中元齋醮後殘燼滿空壇老鶴心何待尊師鬢已乾
幡燈古殿夜霜霰大椿寒誰見長生路人間事萬端

劍客

拔劍遶殘樽歌終便出門西風滿天雪何處報人恩
勇死尋常事輕讐不足論翻嫌易水上細碎動離魂

白髮

莫染亦莫鑷任從伊滿頭白雖無耐藥黑也不禁秋
靜枕聽蟬臥閑垂看水流浮生未達此多爲爾爲愁

秋興寄允公

風聲吹竹健涼氣著身輕誰有閑心去江邊看水行
村遥紅樹遠野闊白煙平試裂芭蕉片題詩問竺卿

野步

城裏無閑處却尋城外行田園經雨水鄉國憶桑耕
傍澗蕨薇老隔村岡隴橫何窮此心興時復鷓鴣聲

殘春

三月看無也芳時此可嗟園林欲向夕風雨更吹花
影亂衝人蝶聲繁遶塹蛙那堪傍楊柳飛絮滿鄰家

酬尚顏

取盡風騷妙名高身倍閑久離王者闕欲向祖師山
幕府秋招去溪鄰日望還伊余豈酬敵來往踏苔斑

苦熱

雲勢嶮於峰金流斷竹風萬方應望雨片影欲焚空
毒害芙蓉死煩蒸瀑布紅恩多是團扇出入畫屏中

送歐陽秀才赴舉

莫疑空手去無援取高科直是文章好爭如德行多
煙霄心一寸霜雪路千坡稱意東歸後交親那喜何

謝王秀才見示詩卷

誰見少年心低摧向苦吟後須離影響得必洞精深
道院春苔徑僧樓夏竹林天如愛才子何處未知音

送徐秀才之吳

吳都霸道昌才子去觀光望闕雲天近朝宗水路長
海門收片雨建業泊殘陽欲問淮王信仙都卽帝鄉

獨院偶作

風篁淸一院坐臥潤肌膚此境終抛去鄰房肯信無
身非王者役門是祖師徒畢竟伊雲鳥從來我友于

酬元員外見寄

僻巷誰相訪風籬翠蔓牽易中通性命敎裏過流年
且有吟情撓都無俗事煎時聞得新意多是此忘緣

寄文秀大師

皎然靈一時還有屈於詩世豈無英主天何惜大師
道終歸正始心莫問多岐覽卷堪驚立貞風喜未衰

謝興公上人寄山水簇子

半幅古潺顏看來心意閑何須尋鳥道卽此出人間
嶽暮疑啼狖松深認掩關知君遠相惠免我憶歸山

酬微上人

古律皆深妙新吟復造微搜難窮月窟琢苦盡天機
晚檜清蟬咽寒江白鳥飛他年舊山去爲子遠擕歸

同光歲送人及第東歸

西笑道何光新朝舊桂堂春官如白傅內試似文皇
變化龍三十升騰鳳一行還家幾多興滿袖月中香

寄江居耿處士

野癖雖相似生涯卽不同紅霞禪石上明月釣船中
醉倒蘆花白吟緣蓼岸紅相思何以寄吾道本空空

病起二首

一臥四十日起來秋氣深已甘長逝魄還見舊交心
撐拄筇猶重枝梧力未任終將此形陋歸死故邱林

秋風已傷骨更帶竹聲吹抱疾關門久扶羸傍砌時
無生卽不可有死必相隨除却歸眞覺何由擬免之

送中觀進公歸巴陵

一論破雙空持行大國中不知從此去何處挫邪宗
晝雨懸帆黑殘陽泊島紅應游到滬岸相憶遠茶叢

歸鴈

塞門春已暖連影起蘋風雲夢千行去瀟湘一夜空

江人休舉網虜將又虛弓莫失南來伴衡陽樹卽紅

登大林寺觀白太傅題版

九疊蒼巖裏禪家鑿翠開清時誰夢到白傅獨尋來
怪石和僧定閑雲共鶴迴任茲休去者心是不然灰

贈曹松先輩

今歲赴春闈達如夫子稀山中把卷去榜下注官歸
楚月吟前落江禽酒外飛閑遊向諸寺卻看白麻衣

夏日梅雨中寄睦公

梅月來林寺冥冥各閉門已應雙屐跡全沒亂雲根
琢句心無味看經眼亦昏何時見清癯招我憑巖軒

傷鄭谷郎中

鍾陵千首作筆絶亦身終知落干戈裏誰家煨燼中
吟齋春長蕨釣渚夜鳴鴻惆悵秋江月曾招我看同

別東林後迴寄修睦

昨夜從香社辭君出薜蘿晚來巾舃上已覺俗塵多
遠路縈芳草遙空共白波南朝在天末此去重經過

夏日西霞寺書懷寄張逸人

入中林下現名自有閑忙建業紅塵熱栖霞白石凉
倚身檉几穩灑面瀑流香不似高齋裏花連竹影長

訪自牧上人不遇

然諾竟如何諸侯見重多高房度江雨經月長寒莎
道本同騷雅書曾到薜蘿相尋未相見危閣望滄波

寄懷江西徵岷二律師

亂後江邊寺堪懷二律師幾番新弟子一樣舊威儀
院影連春竹窗聲接雨池共緣山水癖久別共題詩

東林作寄金陵知已

十八賢眞在時來拂榻看已知前事遠更結後人難
泉滴勝清磬松香掩白檀憑君聽朝貴誰欲厭簪冠

山寺喜道者至

閏年春過後山寺始花開還有無心者閑尋此境來

鳥幽聲忽斷茶好味重迴知住南巖久冥心坐綠苔

再遊匡山

紫霄兼二老相對倚空寒久別成衰病重來更上難
徑危雲母滑巖旱瀑流乾目斷嵐煙際神仙有石壇

贈浙江李推官

他皆恃勲貴君獨愛詩元終日秋光裏無人竹影邊
東樓生倚月北固積吟煙聞說鴛行裏多才復少年

題終南山隱者室

終南山北面直下是長安自埽青苔室閑欹白石看
風吹窗樹老日曬竇雲乾時向圭峰宿僧房瀑布寒

送孫鳳秀才赴舉

九重方側席四海仰文明好把孤吟去便隨公道行
梁園浮雪氣汴水漲春聲此日登仙衆君應最後生

秋苦

獨憐蒼翠文長與寂寥存鶴靜窺秋片僧閑踏冷痕
月明疎竹徑雨歇敗莎根別有深宮裏兼花鎖斷魂

老將

破虜與平戎曾居第一功明時不用武白首向秋風
馬病霜飛草弓閑鴈過空兒孫已成立膽氣亦英雄

城中示友人

久與寒灰合人中亦覺閑重城不鎖夢每夜自歸山
雨破冥鴻出桐枯井月還唯君道心在來往寂寥間

送友人遊湘中

懷才難自住此去亦如僧何處西風夜孤吟旅舍燈
路沿湘樹疊山入楚雲層若有東來札歸鴻亦可憑

經費徵君舊居

高眠當聖代雲鳥未爲孤天子徵不起閑人親得無
猿猱狂欲墜水石怪難圖寂寞荒齋外松杉相倚枯

嚴陵釣臺

夫子垂竿處空江照古臺無人更如此白浪自成堆
鶴靜尋僧去魚狂入海迴登臨秋値晩樹石盡多苔

原上晩望

倚杖聊攄望寒原遠近分夜來何處火燒出古人墳
野勢盤空澤江流合暮雲殘陽催百鳥各自著棲羣

送惠空上人歸

塵中名利熱鳥外水雲閑吾子多高趣秋風獨自還
空囊隨客櫂幾宿泊湖山應有吟僧在鄰居樹影間

酬章水知己

新吟忽有寄千里到荊門落日雲初碧殘年眼正昏
已爲難敵手誰更入深論後信多相寄吾生重此言

閑居

漸覺春光媚塵銷作土膏微寒放楊柳纖草入風騷
睡少全無病身輕乍去袍前溪汎紅片何處落金桃

思遊峨嵋寄林下諸友

剛有峨嵋念秋來錫欲飛會拋湘寺去便逐蜀帆歸
難世堪言善閑人合見機殷勤別諸友莫厭楚江薇

送劉秀才南遊

南去謁諸侯名山亦得遊便應尋瀑布乘興上岣嶁
高鳥隨雲起寒星向地流相思應北望天晩石橋頭

示諸姪

莫問年將朽加餐已不多形容渾瘦削行止強牽拖死也何憂惱生而有詠歌侯門終謝去卻埽舊松蘿

竟陵遇畫公

高跡何來此遊方漸老身欲投蓮岳夏初過竟陵春錫影離雲遠衣痕拂蘚新無言卽相別此處不迷津

聞貫休下世

吾師詩匠者真箇碧雲流爭得梁太子重爲文選樓錦江新塚樹婺女舊山秋欲去焚香禮啼猨峽阻修

早秋雨後晚望

暑氣時將薄蟲聲夜轉稠江湖經一雨日月換新秋

有景堪援筆何人未上樓欲承涼冷與西向碧嵩遊

過西塞山

空江平野流風鳥葦颼颼殘日銜西塞孤帆向北洲邊鴻渡漢口楚樹出吳頭終入高雲裏身依片石休

溪齋二首

豈敢言招隱歸休喜自安一溪雲臥穩四海路行難瑞獸藏頭角幽禽惜羽翰子猷何處在老盡碧琅玕

杉竹映溪關修修共歲寒幽人眠日晏花雨落春殘道妙言何強詩玄論甚難閑居有親賦搔首憶潘安

新秋

始驚三伏盡又遇立秋時露彩朝還冷雲峰晚更奇壠香禾半熟原迥草微衰幸好清光裏安仁謾起悲

寄上荊渚因夢廬岳乃圖壁賦詩

夢繞峯巒裏神疎骨亦寒覺來誰共說壁上自圖看古翠松藏寺春紅杏溼壇歸心幾時遂日向漸衰殘

己卯歲值凍阻歸有作

河冰連地凍朔氣壓春寒開戶思歸遠出門移步難湖雲黏鴈重廟樹刮風乾坐看孤燈焰微微向曉殘

送盧說亂後投知己

兵寇殘江墅生涯盡蕩除事堪煎桂玉時莫倚詩書暮狖啼空半春山列雨餘舟中有新作迴寄示慵疎

讀峴山碑

三載羊公政千年峴首碑何人更隳淚此道亦殊時兵火燒文缺江雲觸蘚滋那堪望黎庶匝地是瘡痍

過鹿門作

鹿門埋孟子峴首載羊公萬古千秋裏青山明月中政從襄沔絕詩過洞庭空塵路誰迴眼松聲兩處風

題玉泉寺大師影堂

大化終華頂靈蹤示玉泉由來負高尚合向好山川洞壑藏諸怪杉松列瘦煙千秋空樹影猶似覆長禪

送人赴舉

分有爭忘得時來須出山白雲終許在清世莫空還

驛樹秋聲健行衣雨點斑明年從月裏滿握度春關

友人寒夜所寄

通宵亦孤坐但念舊峰雲白日還如此清閑本共君

二毛凋一半百歲去三分早晚尋流水同歸麋鹿羣

酬洞庭陳秀才

何必要識面見詩驚苦心此門從自古難學至如今

青草湖雲闊黃陵廟木深精搜當好景得即動知音

登金山寺

四面白波聲中流翠𡾟橫望來堪目斷上徹始心平

鳥向天涯去雲連水國生重來與誰約題罷自吟行

寄吳都沈員外彬

歸休興若何朱紱盡還他自有園林闊誰爭山水多

村煙晴莽蒼僧磬晚嵯峩野醉題招隱相思可寄麼

寄明月山僧

山稱明月好月出遍山明要上諸峯去無妨半夜行

白猨眞雪色幽鳥古琴聲吾子居來久應忘我在城

寄洛下王彝訓先輩

北極新英主高科舊少年風流傳貴達談笑取榮遷

洛水秋空底嵩峰曉翠巔尋常誰並馬橋上戲成篇

酬岳陽李主簿卷

把卷思高興瀟湘闊浸門無雲生翠浪有月動清魂

倚檻應窮底凝情合到源爲君吟所寄難甚至忘筌

寄懷江西僧達禪翁

長憶舊山日與君同聚沙未能精貝葉便學詠楊花

苦甚傷心骨清還切齒牙何妨繼餘習前世是詩家

送吳守明先輩遊蜀

憑君遊蜀去細爲話幽奇喪亂嘉陵驛塵埃賈島詩

未應過錦府且合上峨嵋既遂高科後東西任所之

卷九十三終

全五代詩卷九十四

羅江李調元雨村 編

荆南

齊 已六

寄普明大師可準

蓮嶽三徵者論詩舊與君相留曾幾歲酬唱有新文翠竇容閑憩嵐峯許共分當年若同訪合得伴吟雲

還黄平素秀才卷

求已甚忘筌得之經渾然僻能離詭差清不尚妖妍冷澹聞姚監精奇見浪仙如君好風格自可繼前賢

寄朱拾遺

一闋歸闕下幾番熟金桃滄海期仍晚清資路漸高研冰濡諫筆賦雪擁朝袍豈念空林下冥心坐石勞

荆門送興禪師

灑落南宗子遊方跡似雲青山尋處處赤葉路紛紛虎共松巖宿猨和石溜聞何峯一迴首憶我在人羣

過西山施肩吾舊居

大志終難起西峯臥翠堆牀前倒秋壑枕上過春雷鶴見丹成去僧聞栗熟來荒齋松竹老鸞鶴自裴回

喜夏雨

四郊雲影合千里雨聲來盡洗紅塵去倂將清氣迴潺湲浮楚甸蕭散露荆臺欲賦隨車瑞濡毫渴謝才

浣口泊舟曉望天柱峯

根盤潛岳半頂逼日輪邊冷碧無雲點危稜有瀑懸秀輕毛女下名與鼎湖偏誰見扶持力峩峩出後天

寄楚萍上人

北面香爐秀南邊瀑布寒自來還獨去夏滿又秋殘日影松杉亂雲容洞壑寬何峯是鄰側片石許相安

竹裏作六韻

我來深處坐剩覺有吟思忽似瀟湘岸欲生風雨時

冷煙濛古屋乾籜墮秋墀徑熟因頻入身閑得徧敲踏多鞭節損題亂粉痕隳猶見前山疊微茫隔短籬

寄江西幕中孫魴員外

簪履爲官興芙蓉結社緣應思陶令醉時訪遠公禪茶影中殘月松聲裏落泉此門曾共說知未遂終焉

盆池

盆沼陷花邊孤明似玉泉涵虚心不淺待月底長圓平穩承天澤依微泛曙煙何須照菱鏡即此鑒媸妍

喜乾晝上人遠相訪

彼此垂七十相逢意若何聖明殊未至離亂更應多

羇泊門難到從容日易過餘生消息外只合聽詩魔

寄敬亭清越

敬亭山色古廟與寺松連住此修行過春風四十年
鼎嘗天柱茗詩硾剡溪牋冥目應思著終南北闕前

湘江漁父

湘潭春水滿岸遠草青青有客釣煙月無人論醉醒
門前蛟蜃氣蓑上蕙蘭馨曾受蒙莊子逍遙一卷經

湖西逸人

老隱洞庭西漁樵共一溪琴前孤鶴影石上遠僧題
橘柚園林熟蒹葭徑路迷君能許鄰並分藥劚春畦

落日

晚照背高臺殘鐘殘角催能銷幾度落已是半生來
吹葉陰風發漫空暝色迴因思古人事更變盡塵埃

春興

柳暖鶯多語花明草盡長風流在詩句牽率遶池塘
叫切禽名字飛忙蝶姓莊時來真可惜自勉掇蘭芳

和鄭谷郎中幽棲之什

誰知閑退跡門逕入寒汀靜倚雲僧杖孤看野燒星
墨霑吟石黑苔染釣船青相對唯溪寺初宵聞念經

渚宮自勉

晨午殊豐足伊何撓肺腸形容侵老病山水憶韜藏
必謝金臺去還攜鐵錫將東林露壇畔舊對白蓮房
畢竟擬何求隨緣去住休天涯遊勝境海上宿仙洲
夢好尋無跡詩成旋不留從他笑輕事獨自憶莊周

謝灉湖茶

灉湖唯上貢何以惠尋常還是詩心苦堪消蠟面香
碾聲通一室烹色帶殘陽若有新春者西來信忽忘

寄歸州馬判官

郡帶女嬃名民康境亦甯晏梳秋鬢白閑坐暮山青
贈客椒初熟尋僧酒半醒應懷舊居處歌管隔牆聽

送靈誓上人遊五臺

此去清涼頂期瞻大聖容便應過洛水即未上嵩峯
殘照催行影幽林惜駐蹤想登金閣望東北極兵鋒

江令石

思量江令意愛石甚悠悠貪向深宮去死同亡國休
兩株荒草裏千古暮江頭若似黃金貴隋軍也不留

月下作

良夜如清晝幽人在小庭滿空垂列宿那箇是文星
世界歸誰是心魂向自甯何當見堯舜重爲造生靈

遊道林寺四絕亭觀宋杜詩版

宋杜詩題在風騷到此眞獨來終日看一爲拂秋塵
古石生寒泐春松脫老鱗高僧眼根靜應見客吟神

勉詩僧

莫把毛生刺低佪謁李膺須防知佛者解笑愛名僧
道性宜如水詩情合似冰還同蓮社客聯唱遶香燈

謝人墨

珍重歲寒烟攜來路幾千只應眞典誥消得苦磨研
正色浮端硯精光動蜀牋因君强濡染捨此卽忘筌

送人遊玉泉寺

西峯大雪開萬疊向空堆客貴猶尋去僧高肯不來

潭澄猨戲月竇冷鹿眠苔公子將才子聯題興未迴

寄鄭谷郎中

詩心何以傳所證自同禪覓句如探虎逢知似得仙
神清太古在字好雅風全曾沐星郎許終慙是斐然

春雨

欲布如膏勢先聞動地雷雲龍相得起風電一時來
霡霂農桑野冥濛楊柳臺何人待晴暖庭有牡丹開

明月峯

明月峯頭石曾聞學月明別舒長夜彩高照一村耕
頗亂無私理徒驚鄙俗情傳云遭鑿後頑白在崢嶸

謝人惠紫栗拄杖

仙掌峯前得何當此見遺百年衰朽骨六尺歲寒姿
雪外兼松凭泉邊待月欹他時出山去猶謝見相隨

送人遊湘湖

君遊南國去旅夢若爲甯一路隨鴻鴈千峯遶洞庭
林明楓盡落野黑燒初經有興尋僧否湘西寺最靈

金江寓居

考槃應未永聊此養閑疎野趣今何似詩題舊不如
春篁離籜盡陂藕折花初終要秋雲是從風恣卷舒

晚夏金江寓居答友生

日日衝殘熱相尋入亂蒿閑中滋味遠詩裏是非高
碧聳新生竹紅垂半熟桃時難未可出且欲醉家豪

寄李洞秀才

到處聽時論知君屈最深秋風幾西笑抱玉但傷心
野水翻紅藉滄江老白禽相思未相識聞在蜀中吟

過商山

疊疊疊嵐寒紅塵翠裏盤前程有名利此路莫艱難
雲木侵天老輪蹄到月殘何能尋四皓過盡見長安

鷺鷥

日日滄江去時時得意歸自能終潔白何處悞翻飛

晚立銀塘闊秋栖玉露微殘陽葦花畔雙下釣魚磯
雪裏曾迷我籠中舊養君忽從紅蓼岸飛出白鷗羣
影照翹灘浪翎濡宿島雲鷺鴻解相憶天上列紛紛

送僧歸南岳

濁世住終難孤峯念永安逆風眉磔磔衝雪錫珊珊
石室關霞嫩松枝拂蘚乾巖猿應認得連臂下句欄

夏日林下作

煩暑莫相煎森森在眼前暫來還盡日獨坐只聞蟬
草媚終難死花飛卒未蔫秋風捨此去滿篋貯新篇

贈無本上人

往年吟月社因亂散揚州未免無端事何妨出世流
洞庭禪過臘衡岳坐經秋終說將衣鉢天台老去休

寄華山司空圖

天下艱難際全家入華山幾勞丹詔問空見使臣還
瀑布寒吹夢蓮峯翠濕關兵戈阻相訪身老瘴雲間

題貞州精舍

波心精舍好那岸是繁華礙目無高樹當門即遠沙
晨齋來海客夜磬到漁家石鼎秋濤靜禪回有岳茶

懷道林寺因寄仁用二上人

名山知不遠長憶寺門松昨晚登樓見前年過夏峯
雨餘雲腳樹風外日西鐘莫更來東岸紅塵没馬蹤

尋陽道中作

秋聲連岳樹草色徧汀洲多事時爲客無人處上樓
雲疎片雨歇野闊九江流欲向南朝去詩僧有惠休

東林雨後望香鑪峯

翠濕僧窗裏寒堆鳥道邊靜思尋去路急遶落來泉
暮雨開青壁朝陽照紫煙二林多長老誰憶上頭禪

寄雙泉大師師兄

清泉流眼底白道倚巖稜後夜禪初入前溪樹折冰
南涼來的的北魏去騰騰敢把吾師意密傳門外僧

送人潤州尋兄弟

君話南徐去迢迢過建康弟兄新得信鴻鴈久離行
木落空林浪秋殘漸雪霜閑遊登北固東望海蒼蒼

送人遊雍京

君來乞詩別聊與愴前程九野未無事少年何遠行
商雲盤翠險秦甸下煙平應見周南化如今在雍京

春草

處處碧萋萋平原帶日西堪隨遊子路遠入鷓鴣啼
金谷園應沒夫差國已迷欲尋蘭蕙徑荒穢滿汀畦

懷華頂道人

華頂星邊出，眞宜上士家。無人觸牀榻，滿屋貯烟霞。
坐臥臨天井，晴明見海涯。禪餘石橋去，屐齒印松花。

寄自牧上人

五老迴無計，三峯去不成。何言謝雲鳥，此地識公卿。
夢媿將僧說，心嫌觸類生。南朝古山寺，曾憶共尋行。

靜坐

目日只騰騰，心機何以興。詩魔苦不利，禪寂頗相應。
硯滿塵埃點，衣多坐臥稜。如斯自消息，合是箇閑僧。

送人遊衡岳

荆楚臘將殘，江湖蒼莽間。孤舟載高興，千里向名山。

雪浪來無定，風帆去是閑。石橋僧問我，應寄岳茶還。

答知己自闕下寄書

故人勞札翰，千里寄荆臺。知戀文明在，來尋江漢來。
羣機喧白晝，陸海漲黃埃。得路應相笑，無成守死灰。

新筍

亂迸苔錢破，參差出小欄。層層離錦籜，節節露琅玕。
直上心終勁，四垂煙漸寬。欲知含古律，試剪鳳簫看。

寄唐洙處士

行僧去湘水，歸鴈度荆門。彼此亡家國，東西役夢魂。
多慵如長傲，久住不生根。曾問興亡事，丁甯寄勿言。

謝人惠竹蠅拂

妙刮筠篁製，纖柔玉柄同。拂蠅聲滿室，指月影搖空。
敢捨經行外，常將宴坐中。揮談一無取，千萬媿生公。

新燕

燕燕知何事，年年應候來。却緣華屋在，長得好時催。
花外銜泥去，空中接食迴。不同黃雀意，迷逐網羅媒。

謝王先輩寄氊

深謝高科客，名氊寄惠重。靜思生朔漠，和雪長蒙茸。
搯坐資禪悅，鋪眠滅病容。他年從破碎，擔去臥孤峰。

寄還闕下高輦先輩卷

去歲逢京使，因還所寄詩。難留天上作，曾換月中枝。
趣極僧迷旨，功深鬼不知。仍聞得名後，特地更忘疲。

和孫支使惠示院中庭竹之什

憶就江僧乞，和煙得一莖。剪黃憎舊本，科綠惜新生。
護噪蟬身穩，資吟客眼明。星郎有佳詠，雅合此君聲。

苦熱中江上懷爐峯舊居

舊寄爐峰下，杉松遶石房。年年五六月，江上憶清涼。
久別應荒廢，終歸隔渺茫。何當便搖落，披衲玩秋光。

江上値春雨

江皐正月雨，平陸亦波瀾。半是峨嵋雪，重爲澤國寒。

農田淹寖盡客櫂往來難愁殺騷人路滄浪正渺漫

七十作

七十去百歲都來三十春纔饒生得到終免死無因
密理方通理棲眞始見眞沃洲匡阜客幾劫不迷人

謝虛中寄新詩

舊友一千里新詩五十篇此文經大匠不見已多年
趣極同無迹精含合自然相思把行坐南望隔塵煙

送彬座主赴龍安請講

兩論久研精龍安受請行春城雨雪霽古寺殿堂明
白髮老僧聽金毛獅子聲同流有誰共別著國風清

嵩嶽去值亂匡廬迴阻兵中途息瓶錫十載依公卿

夏日荆渚書懷

不那猨鳥性但懷林泉聲何時遂情興吟遶杉松行

謝中上人寄茶

春山穀雨前併手摘芳煙綠嫩難盈籠清和易晚天
且招鄰院客試煮落花泉地遠勞相寄無來又隔年

送節大德歸闕

西京曾入內東洛又朝天聖上方虛席僧中正乏賢
晨光金殿裏紫氣玉簾前知祝唐堯化新恩異往年

覽清尙卷

李洞僻相似得詩先示師鬼神迷去處風日背吟時
格已搜清竭名還着紫卑從容味高作飜爲古人疑

寄貫休

子美曾吟處吾師復去吟是何多勝地銷得二公心
錦水流春潤峨嵋疊雪深時逢蜀僧說或道近遊黔

送唐稟正字歸萍川

霜鬢芸閣吏久掩白雲扉來謁元戎後還騎病馬歸
煙村蔬飲淡江驛雪泥肥知到中林日春風長澗薇

寄懷江西栖公

龍沙爲別日廬阜得書年不見來香社相思遶白蓮

江僧歸海寺楚路接吳煙老病何堪說扶羸寄此篇

山中喜得友生書

柴門關樹石未省夢塵埃落日啼猨裏同人有信來
自成爲拙隱難以謝多才見說相思處前峯對古臺

謝人惠扇子及茶

鎗旗封蜀茗圓潔製鮫綃好客分烹煮青蠅避動搖
陸生誇妙法班女恨涼飈多謝崔居士相思寄寂寥

寄監利司空學士

詩家爲政別淸苦日聞新亂後無荒地歸來盡遠人
寬容民賦稅憔悴吏精神何必河陽縣空傳桃李春

答陳秀才

萬事皆可了有詩門最深古人難得志吾子苦留心
野疊涼雲朵苔重怪木陰他年立名字笑我老雙林

遊橘洲

春日上芳洲經春蘭杜幽此時尋橘岸昨日在城樓
鷺立青楓杪沙沈白浪頭漁家好生計簷底繫扁舟

謝人惠藥

五金元造化九鍊更精新敢謂長生客將遺必死人
久餐應換骨一服已通神終逐淮王去永拋浮世塵

還族弟卷

豈要私相許君詩自入神風騷何句出瀑布一聯新
詩若長如此名須遠逐身閑齋舒復卷留滯忽經旬

送周秀遊峽

又向夔城去知難動旅魂自非亡國客何慮斷腸猨
灩澦分高仞瞿塘露淺痕明年期此約平穩到荆門

荆門夏日寄洞山節公

湖光摇翠木靈洞疊雲深五月經行處千秋檜柏陰
山形臨北渚僧格繼東林莫惜相招信余心是此心

再經蔣山與諸長老夜話

遠迹都如雁南行又北迴老僧猶記得位歲已曾來
話遍名山境燒殘黑櫟灰無因伴師往歸思在天台

寄當陽張明府

玉泉神運寺寒磬徹琴堂有境靈如此爲官興亦長
吏愁清白甚民樂賦輸忘聞說巴山縣今來尚憶張

卷九十四終

全五代詩卷九十五

羅江李調元雨村　編

荆南

齊　已七

遊三覺山

白石路重重縈紆勢忽窮孤峯擎像閣萬木蔽星空
世論隨時變禪懷歷刼同艮宵正冥目海日上窗紅

庭際晚菊上主人

九月將欲盡幽叢始綻芳都緣含正氣不是背重陽
採去蜂聲遠尋來蝶路長王孫歸未晚猶得泛金觴

送趙長史歸閬川

荆門與閬越關戍隔三千風雪揚帆去臺隍指海邊
容情消旅火王化似堯年莫失春迴約江城穀雨前

擬嵇康絕交寄湘中貫微

何處同嵇懶吾徒道異諸本無文字學何有往來書
嶽寺逍遙夢侯門勉強居相知在元契莫訝八行疎

寄許州渚古

北來儒士說許下有吟僧白日身長倚清秋塔上層
言雖依景得理要入無徵敢望多相示孱微老不勝

謝丁秀才見示賦卷

五首新裁翦搜羅盡指歸誰曾師古律君自得天機
聖后求賢久明公得雋稀乘秋好攜去直望九霄飛

驚秋

褭褭聽秋信晚傍竹聲歸多故堪傷骨孤峯尙拂衣
梧桐凋綠盡菡萏墮紅稀卻恐吾形體嫌心與口違

夏日雨中寄幕中知己

北風吹夏雨和竹亞南軒豆枕欹涼冷蓮峯入夢魂
窗多斜迸濕庭徧瀑流痕清興知無限晴來示一言

夜次湘陰

風濤出洞庭帆影入從清何處驚鴻起孤舟趁月行

時難多戰地野潤絕春耕骨肉知存否林園近郡城

寄唐禀正字

疎野還如舊何曾稱在城水邊無伴立天際有山城
落日雲霞赤高窗筆硯明飽昭多所得時憶寄湯生

宿舒湖希上人房

入寺先來此經窗半在湖秋風新菡萏暮雨老菰蒲
任聽浮生速能消嘿坐無語來燈焰短嘒唳發高梧

戊辰歲江南感懷

忽忽動中私人間何所之老過離亂世生在太平時
桃李春無主杉松寺有期曾吟子山賦何啻舊凌遲

送林上人歸永嘉舊居

東越常懸思山門在永嘉秋光浮楚水帆影背長沙
城黑天台雨村明海嶠霞時尋謝公跡春草有瑤花

答友生山居寄示

嘉遁有新吟因僧寄竹林靜思來鳥外閑味遶松陰
兵寇憑陵甚溪山幾許深休爲反招隱攜取一相尋

新秋霽後晚眺懷先公

雨霽湘楚晚水凉天亦澄山中應解夏渡口有行僧
鳥列滄洲隊雲排碧落層孤峯磬聲絕一點石龕燈

池上感興

所向似無端風前吟凭欄旁人應問見片水自閑看
碧底紅鱗鬣澄邊白羽翰南山衆木葉飄落竹聲乾

和曇域上人寄贈之什

百病煎衰朽栖遲戰國中思量靑壁寺行坐赤松風
道寄虛無合書傳往復空可憐禪月子香火國門東

弔雙泉大師眞塔

塔聳層峰後碑鐫巨石新不知將一句分付與何人
靜坐雲生衲空山月照眞後徒遊禮者猶認指迷津

暮冬送璘上人歸華容

故園雖不遠那免愴行思莽蒼平湖路霏微過雪時
全無山阻隔或有客相隨得見交親後春風動柳絲

謝人惠丹藥

別後聞餐餌相逢訝道情肌膚紅色透髭髮黑光生
仙洞誰傳與松房自鍊成常蒙分遠惠亦覺骨毛輕

荆門病中寄懷貫微上人

我衰君亦老相憶更何言除泥安禪力難醫必死根
梅寒爭雪彩日冷讓冰痕早晚東歸去同尋入石門

答孔秀才

早向文章裏能降少壯心不愁人不愛閑處自閑吟
水國雲雷潤僧園竹樹深無嫌我衰颯時此一相尋

秋江

兩岸山靑映中流一棹聲遠無風浪動正向夕陽橫
島嶼蟬分宿沙洲客獨行浩然心自合何必濯吾纓

船窗

孤舸凭幽窗淸波逼面涼舉頭還有礙低眼卽無妨
暫過沙禽翠斜分夕照光何時到山寺上閣看江鄉

永夜

永日還欹枕良宵亦曲肱神閑無萬慮壁冷有殘燈
香影浮龕象瓶聲著井冰尋思到何處海上斷崖僧

自遣

了然知是夢既覺更何求死入孤峯去灰飛一爐休
雲無空碧在天靜月華流免有諸徒弟時來弔石頭

送陳霸歸閩

涼風動行輿含笑話臨途已得身名了全忘客道孤
鄉程過百越帆影遠重湖家在飛鴻外音書可寄無

寄孫闢呈鄭谷郎中

衡岳去都忘清玲戀省郎淹留才半月酬唱頗盈箱
雲長松樫格茶添語話香因論樂妄子年少老篇章

荆門送人自峨嵋游南岳

峨嵋來已遠衡岳去猶賒南浦懸帆影西風亂荻花

天涯遙夢澤山衆近長沙有興多新作攜將大府誇

謝主人石筍

西園罷宴遊東閣念林邱特減花邊峭來添竹裏幽
憶過陽朔見曾記大湖求從此頻吟遠歸山意亦休

秋夕寄諸姪

每到秋殘夜燈前憶故鄉園林紅橘柚窗戶碧瀟湘
離別身垂老艱難路去長弟兄應健在兵火裏耕桑

謝炭

正擁寒灰次何當惠寂寥且留連夜向未敢滿爐燒
必恐吞難盡唯愁撥易消豪家提爲獸紅迸錦茵蕉

夏滿日偶作寄孫支使 其年閏五月

一百二十日煎熬幾不勝憶歸滄海寺冷倚翠崖稜
舊扇猶操執新秋更鬱蒸何當見涼月擁衲訪詩朋

寄清溪道友

山門摇落空霜霰滿杉松明月行禪處青苔遶石重
泉聲喧萬壑鐘韻遍千峯終去焚香老同師大士蹤

謝重緣舊山水障子

敢望重緣飾微茫洞壑春坐看終未是歸臥始應眞
已覺心中朽猶憐四面新不因公子鑒零落幾成塵

寺居

鄰井雙梧上一蟬鳴隔牆依稀舊林日撩亂遶山堂
難嘿吟風口終清飲露腸老僧加護物應任噪殘陽

剃髮

金刀閃冷光一剃一清涼未免隨朝夕依前長雪霜
夏林欹石膩春澗水泉香向老凋疏盡寒天不出房

謝高輦先輩寄新唱和集

敢謂神仙手多慚老比丘編聯來鹿野酬唱在龍樓
洛浦精靈懾邛山鬼魅愁二南風雅道從此化東周

送徐秀才遊吳國

西江東注急孤棹若流星風浪相隨白雲中獨遇青

他時誰共說此路我曾經好向吳朝看衣冠盡漢庭

留題仰山大師塔院

嵐光疊杳冥曉翠濕窗明欲起遊方去重來繞塔行
亂雲開鳥道羣木發秋聲曾約諸徒弟香燈盡此生

蝴蝶

何處皆繁紅迷芳到檻重分飛還獨出成隊偶相逢
遠害終防雀爭先不避蜂桃蹊牽往復蘭徑引相從
翠裛丹心冷香凝粉翅濃可尋穿樹影難覓宿花蹤
日晚來仍急春殘舞未慵西風舊池館猶得採芙蓉

楊花

暖景照悠悠遮空勢漸稠下如飛雪遠未似落花休
萬帶都門外千株渭水頭紛紜知近夏銷歇恐成秋
軟著朝簪去狂隨別騎遊旆衝離館驛鶯撲繞宮樓
江國晴愁對池塘晚見浮虛窗縈夢雅深院藉苔幽
靜墮王孫酒繁粘客子裘詠吟何潔白根本屬風流
向日還輕舉因風更自由不堪思汴岸千里到揚州

夏雨

霮䨴蔽穹蒼冥濛自一方當時消酷毒隨處有清涼
著物聲雖暴滋農潤卽長乍紅縈急電微白露殘陽
應禱尤難得經旬甚不妨吟聽喧竹樹立見漲池塘

家　類聲休出蘂峯色盡藏頹淹來洞壑汗漫入瀟湘
下叶黎甿望高祛旱暵光幽齋飄臥簟極浦灑歸檣
蘚在花從濕花衰苑任傷悶思濟時力歌詠發哀腸

禪庭蘆竹十二韻呈鄭谷郎中

錯錯在禪庭高宜與竹名健添秋雨響乾助夜風清
雀靜知枯折僧閑見筍生對吟殊灑落負氣甚孤貞
密謝編欄固齊由灌溉平松姿眞可敵柳態薄難并
映帶兼苔石參差近畫楹雪霜消後色蟲鳥默時聲
遠憶瀟湘岸寒連暮角城幽根狂亂迸勁葉動相撐
避暑須臨坐逃眠必遶行未逢仙手詠俗眼見猶輕

荊渚病中因思匡廬遂成三百字寄梁先輩

生老病死者早聞天竺書相隨幾汨沒不了堪歔欷
自理自可適他人誰與祛應當入寂滅乃得長銷除
前月已骨立今朝還貌舒披衣試步屧倚策聊躊躇
江月清胖冷秋風白髮疎新題憶剡硾舊約懷匡廬
張野久絕跡樂天曾卜居空龕掩薜荔瀑布歊蟾蜍
古檜鳴元鶴涼泉躍錦魚狂吟樹蔭映縱踏花蔫菸
唇舌旣已閉心脾亦散攄松窗有偃息石徑無趦趄
夢冷通仙闕神融合太虛千峯杳靄際萬壑明清初
長往期非晚半生閑有餘依劉本是詠訪戴甯忘諸

稽古堪求巳覯時好笑渠埋頭逐小利没脚拖長裾
道種將閑養情田把藥鉏幽香發蘭蕙穢莽摧邱墟
敢謂囊盈物那言庾滿儲微烟動晨爨細雨滋園蔬
鮮亂珍禽羽門稀長者車冥機坐兀兀著履行徐徐
每計親朱履多憐奉隼旟簪嫌紅玳瑁祉念金芙蕖
海內競鐵馬篋中藏紙驢常言謝時去此意將何如

題鶴鳴泉八韻

嘹唳遺蹤去澄明物掩難噴開山面碧飛落寺門寒
汲引隨瓶滿分流逐處安幽蟲乘葉過渴狖擁條看
上有危峯疊旁宜怪石盤冷吞雙樹影甘潤百毛端

異早聞鐫玉靈終別建壇瀟湘在何處終日自波瀾

酬元員外見寄八韻

舊隱夢牽仍歸心尺似蒸遠靑憐鳥峭輕白愛雲騰
黷冶叢翻蝭腥膻地聚蠅雨聲連灑竹詩興繼塡膺
訪戴情彌切依劉力不勝眾人忘苦苦獨自愧兢兢
處世無他望流年有病僧時慙大雅容遺韻許相承

瀟湘二十韻

二水遠難論從離向坎奔冷穿千嶂脉淸過幾州門
濶去都凝白傍來盡帶渾經游聞舜禹表裏見乾坤
浦靜魚閑釣灣涼鴈自屯月來分夜底雲度見秋痕
暮氣藏鄰寺寒濤聒近村離騷傳永恨鼓瑟奏遺魂
霧擁魚龍窟槎欹鳥嶼根秋風帆上下落日樹沉昏
柳少沙洲缺苔多古岸存禽巢依橘柚獺逕入蘭蓀
色自江南絕名聞海內尊吳頭雄莫謁漢口壯堪吞
寥泬晴方映馮夷信忽翻渡遙峯翠疊汀小荻花繁
勢接湖煙漲聲連瘴雨歕忽搖吟客舫狂濺野人樽
疏鑿誰窮本澄鮮自有源對茲傷九曲含濁出崑崙

蟬八韻

咽咽復啾啾多來自早秋園林涼正好風雨思相收
在處聲無別何人淚欲流冷憐天露滴傷共野禽遊

靜息深依竹驚移瞥過樓分明晴渡口淒切暮關頭
時節推應足飛鳴卽未休年年聞爾苦遠憶所居幽

赴鄭谷郎中招遊龍興觀讀題詩板謁七眞儀
像因有十八韻

何處陪遊勝龍興古觀時詩懸大雅作殿禮七眞儀
遠繼周南美彌旌拱北思雄方垂朴畧後輩仰箴規
對坐茵花暖偕行蘚陣隳僧條初學結朝服少慵披
到處琴碁傍登樓筆硯隨論禪忘視聽譚老極希夷
照日江光遠遮軒檜影欹觸鞋松子響窺立鶴雛癡
始貴茶巡爽終憐酒散遲放懷還把握憩石或搘頤

眺遠凝淸眄吟高動白髭風鵬心不小薦雀志徒卑顧我專無作於身忘有爲叨因五字解每忝重言期捨此應休也何人更賞之淹留仙境晚迴騎雪風吹

假山 并序

假山者蓋懷匡廬有作也往歲常居東郭因夢覺遂圖於壁迄今十秋而攢青疊碧於窩寐間宛若捫蘿挽樹而昇彼絶頂今所作倣像一面故不盡萬壑千崖神仙鬼怪之宅聊得解懷既而功就乃激幽抱而作是詩終於一百八十言爾

匡廬久別離積翠杳天涯靜室曾圖峭幽亭復創奇

典衣酬土價擇日運工時信手成重疊隨心作蔽虧根盤驚院窄頂聳訝簷卑鎭地那言重當軒未厭危巨靈何忍擘秦政肯輕移晚覺莎煙觸寒聞竹籟吹藍灰澄古色泥水合凝滋引看僧來數牽吟客散遲九華渾髣髴五老頗參差蛛網藤蘿挂春霖瀑布垂加添雙石筍映帶小蓮池舊說雷居士曾聞遠大師紅霞中結社白壁上題詩顧此誠徒爾勞心是妄爲經營慚培塿賞翫愧童兒會入千峯去閒蹤任屬誰

詠茶十二韻

百草讓爲靈功先百草成甘傳天下口貴向火前名出處春無鴈收時谷有鶯封題從澤國貢獻入秦京齅覺精新極嘗知骨自輕研通天柱響摘遶蜀山明賦客秋吟起禪師晝臥驚角開香滿室爐動綠凝鐺晚憶涼泉對閑思異果平松黃乾旋泛雲母滑隨傾頗貴高人寄尤宜別匱陳會尋修事法妙盡陸先生

卷九十五終

全五代詩卷九十六

羅江李調元雨村　編

荆南

齊己入

題南岳般若寺

諸峯翠少中峯翠五寺名高此寺名石路險盤嵐靄
滑僧窗高倚泬寥明凌空殿閣由天設遍地杉松是
自生更有上方難上處紫苔紅蘚遶崢嶸

題東林十八賢眞堂

白藕花前舊影堂劉雷風骨畫龍章共輕天子諸侯

貴同愛吾師一法長陶令醉多招不得謝公心亂入
無方何人到此思高躅嵐點苔痕滿粉牆謝靈運欲入社遠大師以其心亂不納

寄廬岳僧

一聞飛錫別區中深入西南瀑布峯天際雪堆千片
石洞門冰折幾株松煙霞明媚棲心地苔蘚築紆出
世蹤莫問江邊舊居寺火燒兵劫斷秋鐘

遊谷山寺

城裏尋常見碧稜水邊朝暮送歸僧數峯雲腳垂平
地一徑松聲徹上層寒澗不生浮世物陰崖猶積去
年冰此身有底難拋事時復攜筇信步登

楚寺寒夜作

寒爐局促坐成勞暗淡燈光照二毛水寺閑來僧寂
寂雪風吹去鴈嗷嗷江山積疊歸程遠魂夢牽沿過
處高畢竟忘言是吾道袈裟不稱揖蕭曹

送泰禪師歸南岳

石龕閑鏁白猿邊歸去程途半在船林簇曉霜離水
寺路穿新野入山泉已尋嵐壁臨空盡卻看星辰向
地懸有興寄題紅葉上不妨收拾別爲編

山中寄凝密大師兄弟

一爐薪盡室空然萬象何妨在眼前時有興來還覓
句已無心去卽安禪山門影落秋風樹水國光凝夕
照天借問荀家兄弟內八龍頭角讓誰先

海棠花

繁於桃李盛於梅寒前旬前社後開半月暄和留豔
態兩時風雨免傷摧人憐格異詩重賦蝶戀香多夜
復來猶得殘紅向春暮牡丹相繼發池臺

寄文浩百法聞欲擁毳參禪

當時六祖在黃梅五百人中眼獨開入室偶聞傳絕
唱昇堂客謾侍多才鐵牛無用成眞角石女能生是

聖胎聞說欲抛經綸去莫教惆悵卻空迴

謝元願上人遠寄檀溪集

白首蕭條居漢浦清吟編集號檀溪有人收拾應如玉無主知音只似泥入理半同黃葉句遣懷多擬碧雲題猶能爲我相思在千里封來夢澤西

贈智滿三藏

灌頂清涼一滴通大毗盧藏遍虛空欲飛薝蔔花無盡須待陁羅尼有功金杵力摧魔界黑水精光透夜燈紅可堪東獻明天子命服新酬贊國風

謝王先輩湘中迴惠示卷軸

少小卽懷風雅情獨能遺象琢湻精不教霜雪侵元鬢便向雲霄換好名攜去湘江聞鼓瑟袖來緱嶺伴吹笙多君百首貽衰颯留把吟行訪竺神

謝武陵徐巡官遠寄五七字詩集

五字才將七字爭爲君聊敢試懸衡鼎湖菡萏搖金影蓬島鸞皇舞翠聲還是靈龜巢得穩要須仙子駕方行兩邊珍重遙相惠何夕燈前盡此情

重宿舊房與愚上人靜話

曾此棲心過十冬今年瀟灑屬生公檀欒舊值青添翠菡萏新栽白換紅北面城臨燈影合西鄰壁近講聲通不知門下趨筵士何似當時石解空

荆門病中雨後書懷寄幕中知已

病根翻作憶山勞一雨聊堪浣鬱陶心白未能忘水月眼青獨得見秋毫蟬聲晚簇枝枝急雲影平分片片高還憶赤松兄弟否別來應見鶴衣毛

宿江寺

島僧留宿慰衰顔舊住何妨老未還身共錫聲離鳥外跡同雲影過人間曾無夢入朝天路憶有詩題隔海山珍重來晨渡江去九華青裏扣松關

謝貫微上人寄示古風今體四軸

四軸騷詞書八行捧吟肌骨遍清涼謾求龍樹能醫眼休問圖澄學洗腸今體盡搜初剖判古風清槩未元黃不知誰肯降文陣闇點旌旗敵子房

荆州貫休大師舊房

疎篁抽筍柳垂陰舊是休公種境吟入貢文儒來請益出官卿相駐過尋右軍書畫神傳髓康樂文章夢授心銷得青城千嶂下白蓮標塔帝恩深

寄谷山長老

遊遍名山祖遍尋卻來塵世渾光陰肯將的的吾師意擬付茫茫弟子心豈有虛空遮道眼不妨文字閒

知音滄浪萬頃三更月天上何如水底深

寄黃暉處士

蒙氏藝傳黃氏子獨聞相繼得名高鋒鋩妙奪金雞距纖利精分玉兔毫濡染只應親賦詠風流不稱近方刀何妨寄我臨池興忍使江淹役夢勞

荆門勉懷寄道林寺諸友

榮枯得失理昭然誰斆離騷更問天生下便知眞夢幻老來何必歎流年清風不變詩應在明月無蹤道可傳珍重匡廬沃洲主拂衣拋卻好林泉

答崔校書

雪危衫衣絕點塵明知富貴是浮雲不隨喧滑迷眞性何用潺湲洗濁聞北闕會拋紅駮駮東林社憶白氛氳清吟有興頻相示欲得多慙蠹蝕文

乞櫻桃

去年曾賦此花詩幾聽南園爛熟時㗸破紅香堪換骨摘殘丹顆欲燒枝流鶯偷啄心應醉行客潛窺眼亦癡聞說張筵就珠樹任從攀折半離披

寄南雅上人

曾得音書慰暮年相思多故信難傳淸吟何處題紅葉舊社空懷墮白蓮山水本同眞趣向侯門剛有薄因緣他時不得君招隱會逐南歸楚客船

寄歐陽侍郎 時在嘉州鎭遣

又聞繁總在嘉州職重身閑倚寺樓大象影和山面落西江聲合郡前流棋輕國手知難敵詩是天才肯易酬畢竟男兒自高達從來心不是悠悠

與崔校書靜話言懷

同年生在咸通裏事佛爲儒趣盡高我性已甘披祖衲君心猶待脫藍袍霜髭曉幾臨銅鏡雪鬢寒疎落剃刀出世朝天俱未得不妨還往有風騷

謝人惠拄杖

卭州靈境産修篁九節材應表九陽造化已能分尺度保持爭合與尋常幽林剪破淸秋影高手攜來綠玉光深謝魯儒憐潦倒欲教撐拄遶禪牀

謝秦府推官寄丹臺集

秦王手筆序丹臺不錯褒揚最上才鳳闕幾傳爲匠碩龍門曾用振風雷錢郎未竭精華去元白終存作者來兩軸蚌胎驪頷耀枉臨禪室伴寒灰

題畫鷺鷥兼簡孫郎中

曾向滄江看不眞卻因圖畫見精神何妨金粉資高格不用丹靑點此身蒲葉岸長堤畔帶荻花叢晚好

相親思量畫得勝籠得野性由來不戀人

賀行軍太傅得白氏東林集

樂天歌詠有遺編留在東林伴白蓮百尺典墳隨喪亂一家風雅獨完全常聞荆渚通侯論果遂吳都使者傳仰賀斯文歸朗鑒永資聲政入薰絃

韶陽微公

曲江晴影石千株吾子思歸夢斷初有信北來山疊疊無言南去雨疎疎祖師門接園林佳丞相家同井邑居閑野老身留得否相招多是秀才書

將之匡岳過尋陽

帆過尋陽晚霽開西風北雁似相催大都浪後青堆沒五老雲中翠疊來此路便堪歸水石何門更合向塵埃遠公林下蓮池畔箇箇高人盡有才

寄湘幕王重書記

拋擲湓江舊釣磯日參籌畫廢吟詩可能有事關心後得似無人識面時官好近聞加茜服藥靈曾說換霜髭高才直氣平生志除卻徒知卽不知

宿沈彬進士書院

相期只爲話篇章踏雪曾來宿此房喧滑盡消城漏滴窗扉初掩岳茶香舊山春暖生薇蕨大國塵昏懼殺傷應有太平時節在寒宵未臥共思量

送白處士遊峩眉

閑身誰道是羈遊西指峩眉碧頂頭琴鶴幾程隨客棹風霜何處宿龍湫尋僧石磴臨天井斸藥秋崖倒瀑流莫爲寰瀛多事在客星相逐不迴休

寄顧蟾處士好於山水

人聞爲客過蒼梧休說攜家歸鏡湖山水顛狂應盡在鬢毛凋落免貧無和僧搶入雲中岫帶鶴驅成澗底孤春醉醒來有餘興因人乞與武陵圖

懷金陵知舊

海門相別住荆門六度秋光兩鬢根萬象倒心難蓋口一生無事可傷魂石頭城外青山疊北固窗前白浪翻盡是共游題版處有時惆悵拂苔痕

喜得自牧上人書

吳郡使者泛鷗濤靈一傳書慰毳袍別與偶隨雲水遠知音本自國風高身依閑淡中消日髮向清涼處落刀聞著括囊新集了擬教誰與序離騷

聞沈彬赴吳郡請辟

長訝高眠得穩無果隨徵辟起江湖鵷鷺已列罇罍貴鷗鶴休懷釣渚孤白日不妨扶漢祚清才何褭賦

吳都可能更憶相尋夜雪滿諸峯火一爐

寄江夏仁公

寺閣高連黃鶴樓簷前檻底大江流幾因秋霽澄空外獨爲詩情到上頭白日有餘閑送客紫衣何啻貴封侯別來多少新吟也不寄南宗比老邱

送劉秀才歸桑水甯覲

歸和初喜戢戈矛乍捧鄉書感去留雁序分飛離漢口鴒原奮翥在鼇頭家鄰紫塞仍千里路過黃河更幾州應到高堂問安後御攜文入帝京遊

寄曹松

舊制新題倒復刊工夫過甚琢琅玕藥中求見黃芽易詩裏思聞白雪難扣寂頗同心在定鑿空何止鬓衝冠夜來月苦懷高論數樹霜邊獨傍欄

酬蜀國歐陽學

因緣劉表駐經行又聽西風墮葉聲鶴髮不堪言此世峩眉空約在他生已從禪祖參眞性敢向詩家認好名深愧故人憐潦倒每傳仙語下南荆

寄荆幕孫郎中

珠履風流憶富春三千鵷鷺讓精神詩工鑿破清求妙道論研通白見眞四座共推操檄健一家誰信買書貧別來鄉國魂應斷劍閣東西盡戰塵

謝王詹事垂訪

鳥外孤峯未得歸人間觸類是無機方悲鹿軫棲江寺忽訝軺車降竹扉王澤乍聞譚泱汗國風那得話元微應驚老病炎天裏枯骨肩橫一衲衣

和李書記

繁極全分青帝功開時獨占上春風吳姬舞雪非眞豔漢后題詩是怨紅遠蝶戀香拋別苑野鶯銜得出深宮君看萬態當筵處羞殺薔薇點翠叢

謝孫郎中寄示

一念禪餘味國風早因持論偶名公久傷琴喪人亡後忽有雲和雪唱同繩琢靜間窮象外是非閑見寂寥中時來日往緣眞趣不覺秋江度塞鴻

寄懷東林寺匡白監寺

南岳別來無約後東林歸住有前緣閑搜好句題紅葉靜斂霜眉對白蓮雁塔影分疎檜月虎溪聲合幾峯泉修心若似伊耶舍傳記須添十九賢

謝人惠十色花箋并棋子

陵州棋子浣花箋深愧攜來自錦川海蚌琢來星落落吳綾隱出雁翩翩留防桂苑題詩客惜寄桃源

手仙捧受不堪思出處七千餘里劍門前

夏日寓居寄友人

北遊兵阻復南還因寄荆州病掩關日月坐銷江上寺清涼魂斷剡中山披緇影跡堪藏拙出世身心合向閑多謝扶風大君子相思時到寂寥間

中秋十四日夜對月上南平主人

今宵前夕皆堪翫何必圓時始竭才空說輪中有天子不知何處是樓臺終憂明夜雲遮却且掃閑居坐看來玉兔銀蟾似多意乍臨棠樹影裏回

荆門病中寄懷鄉人歐陽侍郎彬

誰會荆門一老夫夢勞魂役憶匡廬碧雲雁影紛紛去黄葉蟬聲漸漸無口淡莫分餐氣味身羸但覺病肌膚可憐饌玉燒蘭者肯慰寒儂雪夜爐

寄酬秦府高推官輦

天台衡嶽舊曾尋閑憶留題白石林歲月已殘衰颯鬢風騷猶壯寂寥心緣山碧樹遮藏密丹穴雲霞掩映深爭得相逢一攜手拂衣同去聽元音

敘懷寄高推官

搜新編舊與誰論自向無聲認有聲已覺愛來多廢道可堪傳去更沽名風松韻裏忘形坐霜月光中共影行還勝御溝寒夜水狂吟衝尹甚傷情

送朱侍御自洛陽歸閬州甯覲

尋常西望故園時幾處魂隨落照飛客路舊縈秦甸出鄉程今遶漢陽歸已過巫峽沉青靄忽認峩嵋在翠微從此倚門休望斷交親喜換老萊衣

卷九十六終

全五代詩卷九十七

羅江李調元雨村 編

荆南

齊 已 九

貽惠暹上人

經綸功餘更業詩又於難裏縱天機吳朝客見投文去楚國僧迎著紫歸已得聲名先振俗不妨風雪更探微金陵高憶恩門在終挂雲帆重一飛

酬西蜀廣濟大師見寄

猶得吾師繼頌聲百篇相愛寄南荆卷開錦水霞光爛吟入峩眉雪氣清楚外已甘推絕唱蜀中誰敢共懸衡應憐無可同無本終向風騷作弟兄

江寺春殘寄幕中知已二首

誰遣西來負岳雲自由歸去竟何因山龕薜荔應殘雪江寺玫瑰又度春早歲便師無學士臨年卻作有爲人何妨夜醮時相憶伴醉伴狂笑老身

社蓮甦與幕蓮同岳寺蕭條儉府雄冷淡獨開香火裏殷妍行列綺羅中秋加玉露何傷白夜醉金缸不那紅閑憶遺氏此心地一般無染喻眞空

寄玉泉實仁上人

往歲曾尋聖跡時樹邊三遶禮吾師敢望護法將軍記且喜焚香弟子知後會未期心的的前峯欲下步遲遲今來老劣難行甚空寂無緣但寄詩

荆渚感懷寄僧達禪弟

雷繫流年七十三齒衰氣沮竟何堪誰云有句傳天下自愧無心寄嶺南曉漱氣嫌通市井晚烹香憶落雲潭鄰峯道者應彈指蘚剝藤纏舊石龕

十五年前會虎溪白蓮齋後便來西干戈時變信雖絕吳楚路長魂不迷黃葉喻曾同我悟碧雲情近無誰攜春殘相憶荆江岸一隻杜鵑頭上啼

寄孫魴秀才

郡樓東面寺牆西顏子生涯竹屋低書案飛颺風落絮地苦狼藉燕銜泥吟窗晚凭春篁密行徑斜穿夏菜齊別後相思頻夢到二年同此賦閑題

送李評事往宜春

蘭舟西去是通津名郡賢侯下禮頻山遍寺樓看仰岫臺連城閣上宜春鴻心夜過鄉心亂雪韻朝飛句韻新別有官榮身外趣月江松徑訪禪人

中春感興

春風日日雨時時寒力潛從暖氣衰一氣不言含有

象萬靈何處謝無私詩通物理行堪掇道合天機坐可窺應是正人持造化盡驅幽細入鑪錘

酬尚顏上人

紫綬蒼髭百歲侵綠苔芳草遶階深不妨好鳥喧高臥切忌閑人聒正吟魯鼎寂寥休辦口劫灰銷變莫喧心還憐我有冥搜癖時把新詩過竹尋

寄倪署郎中

風雨冥冥春闇移紅殘綠滿海棠枝帝鄉久别江鄉住春笋何如櫻笋時海內擅名君作賦林間外學我爲師近聞南國升南省應笑無機老病師

題鄭郎中谷仰山居

簷壁層層映水天半乘岡壠半民田玉維愛甚難抛畫支遁憐多不惜錢巨石盡含金王氣亂峯深鎖楝梁烟秦爭漢奪虛勞力郡是巢由得穩眠

湘中寓居春日感懷

江禽野獸兩堪傷避射驚彈各自忙頭角任多無獬豸羽毛雖衆讓鴛鴦落苔紅小櫻桃熟侵井青纖燕麥長吟罷離騷憶前事汨羅春浪撼殘陽

寄友生

風騷情味近如何門底寒流屋裏莎曾摘園蔬留我宿共吟江月看鴻過時危苦恨無收拾道妙深誇有琢磨涼夜歛眠應得夢平生心肺似君多

酬答退上人

鬢髮三分白二分一生蹤跡出人羣嵩岏夢憶諸峯雪衡岳禪依五寺雲青衲幾臨高瀑濯苦吟曾許斷猿聞荒村殘臘相逢夜月滿鴻多楚水濆

寄鄭谷郎中

上國誰傳消息過醉眠醒坐對嵳峩身離道士衣裳少筆答禪師句偈多南岸郡鐘涼度枕西齋竹露冷霑莎還應笑我降心外惹得詩魔助佛魔

寄萍鄉唐稟正字

新書聲價滿星都高臥林中更起無春興酒香薰肺腑夜吟雲氣濕髭鬚同登水閣僧皆别共上漁船鶴亦孤長憶前年送行處洞門殘日照菖蒲

秋夕書懷

涼多夜永擁山袍片石閑欹不覺勞蟋蟀遶牀無夢寐梧桐滿地有蕭騷平生樂道心常切五字逢人價合高破落西窗向殘月露聲如雨滴蓬蒿

亂後經西山寺

松燒寺破是刀兵谷變陵遷事可驚雲裏乍逢新住

圭石邊重憶舊題名閑臨菡萏荒池坐亂踏鴛鴦破瓦行欲伴高僧重結社此身無計拾前程

塘上閑作

閑行閑坐藉莎煙此興堪思二古賢陶靖節思彭澤畔賀知章在鏡池邊鴛鴦著對能飛繡菡萏成羣不語仙形影騰騰夕陽裏數峯危翠滴漁船

送人自蜀過南遊

錦水東浮情句鬱湘波南泛思何長蜀魂巴狖悲殘夜越鳥燕鴻叫夕陽煙月幾般爲客路林泉四絕是吾鄉尋幽別有僧相指宋杜題詩是舊房

寄元願上人

六十八去七十歲與師年鬢不爭多誰言生死無消處還有修行那得何關土安能窮好惡故人堪憶舊經過會歸原上焚身後一陣灰飛也缺二

謝橘洲人寄橘

洞庭栽種似瀟湘綠遶人家帶夕陽霜裛露蒸千樹熟浪圍風撼一洲香洪崖遣後名何遠陸續懷來事更長藏貯待供賓客好石榴宜稱映舟光

自貽

心中身外更何猜坐石看雲養聖胎名在好詩誰逐去跡依閑處自歸來時添瀑布新瓶水旋換旃檀舊印灰晴出寺門驚往事古松千尺半蒼苔

寄益上人

長想尋君道路遙亂山霜後火新燒近聞移住鄰都岳幾度題詩上石橋古木傳聲連峭壁一燈懸影過中宵風騷味薄誰相愛欹枕常多夢鮑昭

行次宜春寄湘西諸友

幸無名利路相迷雙履尋山上柏梯衣鉢祖辭梅嶺外香燈社別橘洲西雲中石壁青侵漢樹下苔前綠遶溪我愛遠遊君愛住此心他約與誰攜

送暑禪者歸南岳

林下鐘殘又拂衣錫聲還獨向南飛千峯合藏冥鴻處一徑險通禪客歸青石上行苔片片古杉邊宿雨霏霏勞生有願應回首忍著無心與物違

詠懷寄知己

已得浮生到老閑且將新句擬元關自知清興來無盡誰道澮風去不還三百正聲傳世後五千真理在人間此心終待相逢說時復登樓看暮山

寄吳拾遺

新竹將誰擢重輕皎然評裏見權衡非無苦到難搜

處合有清垂不朽名疎雨晚衝蓮葉響亂蟬涼抱檜梢鳴野橋閑背殘陽立翻憶蘇卿送子卿

謝道友拄杖

窮自南巖瀑布邊寒光七尺乳珠連持來未入塵埃路乞與應憐老病年歎影夜歸青石澗卓痕秋過綠苔錢他時攜上嵩峯頂把倚長松看洛川

東林寄别修睦上人

行心乞得見秋風雙履難留去住蹤紅葉正多離社客白雲無限向嵩峯囊中自欠詩千首身外誰知事幾重此别不能爲後約年華相似逼衰容

夏日原西避暑寄吟友

熱煙疎竹古原西日日乘涼此杖藜閑處雨聲隨霹靂旱田人望隔虹霓蟬依獨樹乾吟苦鳥憐平川渴過齊别有相招好泉石瑞花瑤草盡堪攜

憶匡阜

荆州城歲滯遊方拄杖塵封六尺光洗面有香思石溜冥心無撓憶山床閑機但媿時機速靜論須慙世論長昨夜分明夢歸去薜蘿幽逕遶禪房

答禪者

五老峯前相遇時兩無言語只揚眉南宗北祖皆如此天上人間更問誰山衲靜披雲片片鐵刀涼削鬢絲絲閑吟莫學湯從事抛卻袈裟負本師

梓栗杖送人

禪家何物贈分襟只有天台杖一尋拄去客歸青洛遠採來僧入白雲深遊山曾把探龍穴出世期將指佛心此日江邊贈君後卻攜筇杖向東林

寄朗陵二禪友

瀟湘曾宿話詩評荆楚連秋阻野情金錫罷遊雙鬢白鐵盂終守一齋清篇章老欲齊高手風月閑思到極精南望山門石何處滄浪雲夢浸天橫

燈

幽光耿耿草堂空窗隔飛蛾恨不通紅燼自凝清夜朶赤心長謝碧紗籠雲藏水國城臺裏雨閉松門殿塔中金屋玉堂閑照耀豈知螢雪有深功

寄金陵幕中有郎中

龍門支派富才能年少飛翔便大鵬久待尊罍臨鐵甕又從旟節鎮金陵精神一隻秋空鶴騷雅千尋夏井冰長憶相招宿華館數宵忘寢盡寒燈

寄韓蛻秀才

松門高不似侯門辭逕鞋蹤觸處分遠事即爲無害

爲人閑便是有情雲那憂寵辱來驚我且寄風騷去敵君和伴李膺琴酒外絳紗閑卷共論文

湘中春興

雨歇江明苑樹乾物妍時泰恣遊盤更無輕翠勝楊柳盡覺濃華在牡丹終日去還拋寂寞遶池迴却凭闌干紅芳片片由青帝忍向西園看落殘

送錯公栖公南遊

洪偃湯休道不殊高帆共載興何俱北京喪亂離丹鳳南國煙花入鷓鴣明月團圓臨桂水白雲重疊起蒼梧威儀本是朝天士暫向遼荒住得無

寄南岳諸道友

南望衡陽積瘴開去年曾踏雪遊迴謾爲楚客蹉跎過却是邊鴻的當來乳竇孤明含海日石橋危滑長春苔終尋十八高人去共坐蒼崖養聖胎

送韓蛻秀才赴舉

槐花館驛暮塵昏此去分明吏部孫才器合居科第首風流幸是縉紳門春和落水清無浪雪洗高峯碧斷根堪想都人齊指點列仙相次上崑崙

溪居寓言

秋蔬數壠傍潺湲頗覺生涯異俗緣詩興難窮花草外野情何限水雲邊蟲聲遶屋無人語月影當松有鶴眠寄向東溪老樵道莫摧丹桂博青錢

遣懷

詩病相兼老病深世醫徒更費千金餘生豈必虛拋擲未死何妨樂詠吟流水不迴休歎息白雲無跡莫追尋閒身自有閒消處黃葉淸風蟬一林

自湘中將入蜀留别諸友

巾舄初隨入蜀船風帆吼過洞庭煙七千里路到何處十二峯雲更那邊巫女暮歸林淅瀝巴猨吟斷月蟬蜎來年五月峨嵋雪坐看消融滿錦川

寄匡阜諸公二首

松頭柏頂碧森森虛檻寒吹夏景深靜社可追長往跡白蓮難問久修心山圍四面纔容寺月到中宵始滿林爭學忘言住幽勝吾師遺集盡淸吟

峯前林下東西寺地角天涯來往僧泉月淨流閒世界杉松深鎖盡香燈爭無大士重修社合有諸賢更服膺曾寄鄰房挂鉼錫雨開巖溜解春冰

酬廬山張處士

髮枯身老任浮沉嬾泥秋風更役吟新事向人堪結古舊時開卷但傷心苔牀臥憶泉聲遠麻履行思樹

影深終謝柴桑與彭澤醉遊閒訪入東林

寄峴山道人

鳳門高對鹿門青往歲經過恨未平辯鼎上人方話道臥龍丞相忽追兵爐峰已負重迴計華嶽終懸未去情聞說東周天子聖會摇金錫却西行

懷金陵李推官僧自牧

秣陵長憶共吟遊儒釋風騷道上流蓮幕少年輕謝眺雪山眞子鄙湯休也應有作懷淸苦莫若無心過白頭欲附別來千萬意病身初起向殘秋

寄尋萍公

聞在湓城多寄住隨時談笑渾塵埃孤峯恐憶便歸去浮世要看還下來萬頃野煙春雨斷九條寒浪晚窻開虎溪橋上龍潭寺曾此相尋踏雪迴

得李推官近寄懷

荆門前歲使乎迴求得星郎近制來連日借吟終不已一燈忘寢又重開秋風漫作牽情賦春草眞爲入夢才堪笑陳宮諸狎客當時空有箇追陪

對菊

蝶醉風狂半折時冷煙淸露壓離披欲傾琥珀盃浮爾好把茱萸朶配伊孔雀毛衣應者是鳳凰金翠更無之何因栽向僧園裏門外重陽過不知

憶東林因送二生歸

好向東林度此生半天山腳寺門平紅霞嶂底潺潺色淸夜房前瑟瑟聲偶別十年成瞬息欲來千里阻刀兵可憐二子同歸興南國煙花路好行

渚宮西城池上居

城東移錫住城西綠遶春波引杖藜翡翠滿身衣有異鷺鷥通體格非低風搖柳眼開煙小暖逼蘭芽出土齊猶有幽深不相似剡溪乘櫂入耶溪

中秋夕愴懷寄荆幕孫郎中

白蓮香散沼痕乾綠篠陰濃蘚地寒年老寄居思隱切夜涼留客話時難行僧尋去雲山遠賓鴈同來澤國寬時謝孔璋操檄外每將空病問衰殘

酬湘幕徐員外見寄

東海儒宗事業全冰稜孤峭類神仙詩同李賀精通鬼文擬劉軻妙入禪珠履早曾從相府玳簪今又別官筵篇章幾謝傳西楚空想雄風度十年

寄蜀國廣濟大師

冰壓霜壇律格淸三千傳授盡門生禪心盡入空無跡詩句閑搜寂有聲滿國繁華徒自樂兩朝更變未

曾驚終思相約岷峨去不得攜節一路行

答獻上人卷

衲衣禪客袖篇章江上相尋共感傷秦甸亂來栖白没杼山空後皎然亡清留島月秋凝露苦寄巴猿夜叫霜珍重南宗好才子灰心明目外無妨

寄武陵貫微上人二首

知泛滄浪櫂未還西峰房鎖夜潺潺春陪相府遊仙洞雪共賓寮對玉山詩裏幾添新菡萏衲痕應換舊斕斑莫忘一句曾溪妙堪塞孫孫嗣度關

吳頭東面楚西邊雲接蒼梧水浸天兩地別離身已老一言相合道休傳風騷妙欲凌春草蹤跡閑思遠嶽蓮不是傲他名利世吾師本在雪山巔

懷體休上人

仲宣樓上望重湖君到瀟湘得健無病遇何人分藥餌詩逢誰子論工夫杉蘿寺裏尋秋早橘柚洲邊度日晡許送自身歸華嶽待來朝暮拂餅盂

招湖上兄弟

去歲得君消息在兩淛人信過重湖忽貪風月當年少不寄音書慰老夫藥鼎自聞傳秘訣詩門曾說擁寒爐漢江汀路西來便好傍扁舟訪我無

江居寄關中知己

多病多慵漢水邊流年不覺已皤然舊栽花地添黃竹新陷盆池換白蓮雪月未望招遠客雲山終待去安禪八行書札君休笑不似風騷寄一篇

卷九十七終

全五代詩卷九十八

羅江李調元雨村　編

荆南

齊　已十

靜坐

繩牀欹坐任崩頹雙眼醒醒閉復開日月更無閒裏過風騷時有靜中來天眞自得生難捨世幻誰驚死不迴何處堪投此蹤跡水邊晴去上高臺

寄湘中諸友

碧雲諸友盡黄眸石點花飛更説無嵐翠濕衣松接院芙蓉薰面寺臨湖沃洲高臥心何僻匡社長禪興亦孤爭似楚王文物國金鑣紫綬讓前途

答元願上人書

鄭生驅蹇峴山迴傳得安公好信來十里阻修俱老骨八行重疊慰寒灰春殘桃李猶開戸雪滿松杉始上臺別有南遊山水興漢江平穩好浮杯

送允公歸闕

西朝歸去見高情應戀香燈近聖明闕令莫疑非馬辯道安還誇赤驢行充齋野店蔬無味灑笠平原雪有聲忍惜文章便閑得看他趨競取時名

感時

忽忽枕前蝴蝶夢悠悠覺後利名塵無窮今日明朝事有限生來死去人終與狐狸爲窟穴謾師龜鶴養精神可憐顔子能消息虛坐忘心最眞

湖上逸人

澹蕩光中翡翠飛田田初出柳絲絲吟沿綠島時逢鶴醉泛清波或見龜七澤釣師應識我中原逐鹿不知誰秋風水寺僧相近一徑蘆花到竹籬

懷巴陵

垂白堪思大亂前薄遊曾駐洞庭邊尋僧古寺沿沙岸倚杖殘陽落木天蘭蘂蔫菸騷客廟烟波晴闊釣師船此時欲買君山住嬾就商人乞箇錢

渚宮謝楊秀才自嵩山相訪

嵩峯有客遠相尋塵滿麻衣袖苦吟花盡草長方閉戸道孤身老正傷心紅堆落日雲千仞碧撼涼風竹一林惆悵雅聲消歇去喜君聊此暫披襟

荆門寄沈彬

龍趨明聖嬾從和鶴氅衲襍遂性披道有靜君堪托迹詩無賢子擬傳誰松聲白石邊行上日影紅霞裏夢思珍重兩篇千里達去年江上雪飛時

讀陰符經

遶窻風竹骨輕安閒借陰符仰臥看絕利一源眞有謂空勞萬卷是無端淸虛可保昇雲易嗜欲終知入聖難三要洞開何用閉高臺時去凭闌干

移居

上台言任養疎愚乞與西城水滿湖吹榻好風終日有趁涼閒客片時無檀欒翠擁淸蟬在菡萏紅殘白鳥孤欲問存思搜抉妙幾聯詩許敵三都

喜彬上人見訪

高吟欲繼沃洲師千里相尋問課虛殘臘江山行盡處滿衣風雪到閑居攜來律韻淸何甚趣入幽微旨不踈莫惜天機細搥琢他時終可擬芙蕖

荊州新秋寺居寫懷詩五首上南平王

竹如翡翠侵簾影苔學琉璃布地紋高臥更無如此樂遠遊何必愛他雲閒聽謝朓吟爲政靜看蕭何坐致君只恐老身衰朽速他年不得頌鴻勳

井梧黃落暮蟬淸久駐金臺但暗驚事佛未憐諸弟子談空爭動上公卿合歸烏外藏幽跡敢向人前認好名滿印白檀燈一醆可能酬謝得聰明

金湯裏面竟何求寶殿東邊院最幽栽種已添新竹影書圖兼列遠山秋形容豈合親公子章句爭堪狎士流虛負岷峨老僧約年年雪水下汀洲

漢江西岸蜀江東六稔安禪教化中託跡幸將王粲別歸心甯與子山同尊罍豈識曹參酒賓客還親宋玉風又見去年三五夕一輪寒魄破煙空

石龕閒鎖舊居峯何事膺門歲月重五七詩中叨見遇三千客外許疎慵迎涼蟋蟀喧閒思積雨莓苔沒屐蹤會待英雄啓金口却教擔錫入雲松

送李秀才歸湘中

詞客攜文訪病夫因吟送別憶湘湖寒消浦溆催鴻鴈暖入溪山養鷓鴣僧向月中尋岳麓雲從城上去蒼梧君歸爲問峯前寺舊住僧房鎖在無

寄吳國西供奉

別來相憶夢多迷君住東朝我楚西瑤闕合陪龍象位春山休記鷓鴣啼承恩位與千官別應制才將十子齊幾笑遠公慵送客慇懃只到寺前溪

謝人惠端溪硯

端人鑿斷碧溪潯善價爭教惜萬金礱琢已曾經妙手研磨終見透堅心安排得主難移動含貯隨時任淺深保重更求裝鈿匣閒將濡染寄知音

送吳先輩赴京

煙霄已遂明經第江漢重來問苦吟託與偶憑風遠忘機終在寂寥深千篇未聽常徒口一字須防者心此日與君聊話別老身難約更相尋

和西蜀可準大師遠寄之什

莫如何路去追攀空想人間出世間杜口已同居士室傳心休問祖師山禪中不住方爲定說處無生始是閑珍重希音遠相寄辟峯西望疊孱顔

荆門暮冬與節公話別

漳河湘岸柳闕頭離別相逢四十秋我憶黄梅夢南

國君懷明主去東周幾程霜雪經殘臘何處封疆過舊遊好及春風承帝澤莫忘衰朽卧林邱

賀孫支使郎中遷居

別認公侯禮上才築金何啻舊燕臺地連東閣橫頭買門對西園正面開不隔紅塵趨棨戟只拖珠履赴尊罍應逢明月清霜夜閑傾笙歌宴此來

庭際新移松竹

三莖瘦竹兩株松瑟瑟翛翛韻且同抱節乍離新澗雪盤根遠別舊林風歲寒相倚無塵地蔭影分明有月中更待陽和信催促碧梢青杪看凌空

荆門寄題禪月大師影堂

澤國聞師泥日後蜀王全禮葬餘灰白蓮塔向清泉鎖禪月堂臨錦水開西岳千篇傳古律（大師著西岳集三十卷盛傳于世）南宗一句印靈臺不堪隻履還西去葱嶺如今無使迴

賀雪

上清凝結下乾坤爲瑞爲祥表致君日月影從光外過山河形向静中分歌揚郢路誰同聽聲灑梁園客共聞堪想畫堂簾卷次輕隨舞袖正紛紛

荆州寄貫微上人

舊齋休憶對松關各在王侯顧遇間命服已霑天渥澤衲衣猶擁祖斕斑相思莫救燒心火留滯難移壓腦山得失兩途俱不是笑他高卧碧孱顔

送休師歸長沙甯覲

高堂親老本師存多難長懸兩處魂已說戰塵消漢口便隨征擢別荆門晴吟野闊無耕地晚宿灣深有釣村他日更思衰老否七年相伴琢詩言

渚宮春日因懷有作

舊業樹連湘樹遠家山雲與嶽雲平僧來已說無耕釣鴈去那知有弟兄客思

鴣聲沙頭南望堪腸斷誰把歸舟載我行

松化爲石 近聞金翠山古松化爲石

盤根幾聳翠崖前刼偃凌雲化至堅乍結精華齊永刼不隨凋變已千年逢賢必用鐫辭立遇聖終將刻印傳肯似荆山鑿餘者蘚封頑滯卧松煙

寄澧陽吳使君

南客西來話使君澧陽風雨變行春四隣耕釣趨仁政千里烟花壓路塵去獸未勝除狡吏還珠爭似復逋民紅蘭浦暖攜才子爛醉連題賦白蘋

湘江送客

湘江秋色湛如冰楚客離懷暮不勝千里碧雲聞塞鴈幾程靑草見巴陵寒濤響墜晨征擄岸葦叢明夜泊燈鸚鵡洲邊若回首爲思前事一拊膺

暮遊岳麓寺

寺樓高出碧巖稜城裏誰知在上層初雪灑來喬木暝遠禽飛過大江澄閒消不睡憐長夜靜照無言謝一燈迴首何邊是空地四村桑麥遍邱陵

林下留別道友

位亦無依去是閒何心終戀此林間片雲孤鶴東西路四海九州多少山靜坐趁涼移樹影興隨題處著苔斑秋來洗浣行衣了還爾隣僧舊竹關

道林寺居寄岳麓禪師二首

門前石路徹中峯樹影泉聲在半空尋去未應勞上下往來殊已倦西東髭根盡白孤雲並心跡全忘片月同長憶高窗夏天裏古松青檜午時風

山袍不稱下紅塵各是閒居島外身兩處烟霞門寂寂一般苔蘚石磷磷禪關悟後寧疑物詩格元來不傍人月照經行更誰見露華松粉點衣巾

亂後江西過孫魴舊居因寄

舊遊重到倍悲涼吟憶同人倚寺墻何處暮蟬喧逆

旅此中山鳥噪垂楊寰區有主權兵器風月無人掌桂香欲寄此心空北望塞鴻天末失歸行

宜春江上寄仰山長老二首

水隔山城城隔山水邊時望憶師閒清泉白日中峯上落日半空栖鳥還雲影觸衣分朶朶雨聲吹磬散潺潺傳心莫學羅浮去後輩思量待扣關

雨晴天半碧光流影到殘陽濕郡樓絕頂有人經刼在浮生無客暫時遊窗開萬壑春泉亂墻鎖孤燈萬木稠欲爲吾師拂衣去白雲紅葉又新秋

寄居道林寺作

嵐濕南朝殿塔寒此中因得謝塵寰已同庭樹千柳
老未負溪雲一片閒石鏡舊遊臨皎潔岳蓮曾上徹
孱顏如今衰颯成多病黃葉風前晝掩關

沙鷗

暖傍漁船睡不驚可憐孤潔似華亭晚來灣浦衝平
碧晴過汀洲拂淺青翡翠靜中修羽翼鴛鴦閒處事
儀形何如飛入漢宮裏留與興亡作典經

和翁員外題馬太傅宅賈相公井

飛塵不敢下相干閣脈傍應潤牡丹心任短長投玉
綆底須三五映金盤神工舊製泓澄在天澤時加激
灔寒太傅欲旌前古事星郎屬思久憑欄

看雲

何峰觸石濕苔錢便逐高風離瀑泉深處臥來眞隱
逸上頭行去是神仙千尋有影滄江底萬里無蹤碧
落邊長憶舊山青壁裏遠菴閒伴老僧禪

對雪寄荊幕知己

猛勢微開萬里清月中看似日中明此時鷗鷺無人
見何處關山有客行郢唱轉高誰敢和巴歌相顧自
銷聲江齋卷箔含毫久應想梁王禮不經

送相里秀才赴舉

兩上東堂不見春文明重去有誰親曾逢少海椿前
客舊是神仙會裏人已遂風雲催化羽卻將雷電助
燒鱗明年自此登龍夜迴首荊門一路塵

荊門疾中喜謝尊師自南嶽來相里秀才自京至

閒堂晝臥眼初開强起徐行遶砌苔鶴氅人從衡嶽
至鶉衣客自洛陽來坐聞鄰樹棲幽鳥吟覺江雲發
早雷西笑東遊此相別兩途消息待誰迴

吟興自述

前習都由未盡空生知雅學命難窮一千首出悲哀

外五十年銷雪月中興去不妨歸靜慮情來何止發
眞風會無一字干聲利豈媿操心負至公

送謝尊師自南嶽出入京

曾憶鹿鳴逢世亂因披羽服入衡陽幾多事隔丹霄
與三十年成兩鬢霜芝木未甘銷勇氣風騷無那激
剛腸中朝舊有知音在可是悠悠入帝鄉

送司空學士赴京

宏文初命下江邊難戀沙鷗與釣船藍綬乍稱新學
士白衫初脫舊神仙龍山送別風生路雞樹從容雪
照筵重謁往年金牓主便將才術佐陶甄

春寄尚顏

含桃花謝杏花開杜宇新題燕子來好事可能無分得名山長似有人催聲聲未斷前旬雨電影還連後夜雷心跡共師爭幾許似人嫌處自遲迴

寄梁先輩

慈恩塔下曲江邊別後多應夢到仙時去與誰論此事亂來何處見同年陳琳筆硯甘前席用里烟霞待共眠愛惜麻衣好顏色未教朱紫污天然

荆渚偶作

無味吟詩即把經竟將疎野訪誰行身依江寺庭無樹山遶天涯路有兵竹瓦雨聲漂永日紙窗燈焰照殘更從容一覺清涼夢歸到龍潭掃石枰

城中晚夏思山

葛衣沾汗功雖健紙扇搖風力甚卑苦熱恨無行脚處微涼喜到立秋時竹軒靜看蜘蛛挂莎徑閑聽蟋蟀移天外有山歸即是豈同遊子暮何之

憶舊山

誰請衰羸住北州七年魂夢舊山邱心清檻底瀟湘月骨冷蟬中太華秋高節未聞馴虎豹片言可以傲王侯應須脫灑孤峯去始是分明箇剃頭

寄體休

南州君去爲尋醫病色應除似舊時久別莫忘廬阜約卻來須有洞庭詩金陵往歲同窺井峴首前秋共讀碑兩處山河見興廢相思更切臥雲期

過陸鴻漸舊居 陸生自有傳於井石又云行坐誦佛書故有此句

楚客西來過舊居讀碑尋傳見終初佯狂未必輕儒業高尚何妨誦佛書種竹岸香連菡萏煮茶泉影落蟾蜍如今若更生來此知有何人贈白驢 時太守贈白驢

寄懷鍾陵舊遊因寄知己

洗井僧來說舊遊西江東岸是城樓昔年淹跡因王化長日凭欄看水流眞觀上人棲樹石陳陶處士在林邱終掩老病重尋去得到匡廬死便休

遣懷

病腸休洗老休醫七十能饒百歲期不死任還蓬島客無生日有雪山師浮雲聚散俱關慮明月相逢好展眉既兆未萌閑酌度不如中抱是尋思

懷武陵因寄幕中韓先輩何從事

武陵嘉致跡多幽每見圖經恨白頭溪浪碧通何處去桃花紅過郡前流常閑相幕鴛鴻與日向神仙洞府遊鑿井耕田人在否如今天子正徵搜

贈樊處士

小子聲名天下知，滿簪霜雪白麻衣。誰將一著爭先後，共向長安定是非。有路未曾迷日用，無貪終不亂天機。閑尋道士過仙觀，賭得黃庭兩卷歸。

荆渚逢禪友

澤國相逢話一宵，雲山偶別隔前朝。社思匡岳無宗炳，詩憶揚州有鮑昭。晨野黍離春漠漠，水天星粲夜遙遙。閑吟莫忘傳心祖，曾立堦前雪到腰。

送僧歸洛中

赤日彤霞照晚坡，東州道路興如何。蟬離楚柳鳴猶

少，葉到嵩雲落漸多。海內自爲閑去住，關頭誰問舊經過。可嗟與訪春山寺，白樂天眞在也麽。

道林寓居

秋泉一片樹千株，暮汲寒燒外有餘。青嶂這邊來已熟，紅塵那畔去應疎。風騷未肯忘雕琢，瀟灑無妨更剃除。卽問沃州閒士僻，愛禽憐駿意如何。

仙掌

峭形寒倚夕陽天，毛女蓮花翠影連。雲外自爲高出手，人間誰合鬬揮拳。鶴抛青漢來巖檜，僧隔黃河望頂煙。晴露紅霞長滿掌，只因栖託是神仙。

送禪者遊南岳

忽隨南擢去衡陽，誰住江邊樹下房。塵夢是非都覺了，野雲心地更何妨。漸臨瀑布聽猨思，卻背岣嶁有鴈行。想到中峰上層寺，石窗秋霽見瀟湘。

將歸荆山留荆錯公

舊峰前昨下來時，白石叢叢間紫薇。章句不堪歌有道，溪山只合退無機。雲含暖態晴猶在，鶴養閑神晝不飛。欲去更思過丈室，二年頻此揖清暉。

逢進士沈彬

欲話趨時首重騷，因君倍惜剃頭刀。千般貴在能過

達，一片心閑不那高。山疊好雲藏玉鳥，海翻狂浪隔金鼇。時應記得長安事，曾向文場屬思勞。

聞王員外新恩有寄

欲退無因貴逼來，少儀官美右丞才。青袍早許淹花幕，霜簡方聞謝柏臺。金諾靜宜資講誦，玉山寒稱奉尊罍。西峰有客思相賀，門隔瀟湘雪未開。

秋夕言懷寄所知

休問蒙莊材不材，孤峰影共傍寒灰。忘筌話道心甘死，候體論詩口懶開。窗外風濤連建業，夢中雲水憶天台。相疎却是相知分，誰訝經年一度來。

卷九十八終

全五代詩卷九十九

羅江李調元雨村　編

荆南

齊　已十一

謝人自鍾陵寄紙筆

故人猶憶苦吟勞所惠何殊金錯刀霜雪剪裁新剡硾鋒芒管束本宣毫知君倒篋情何厚借我臨池價斗高詞客分張看欲盡不堪來處隔秋濤

移居西湖作二首

火雲陽焰欲燒空小檻幽窗想舊峰白汗此時流枕簟清風何處動杉松殘更正好眠涼月遠寺俄聞報曉鐘只待秋聲滌心地衲衣新洗健形容

官園樹影晝陰陰咫尺清涼莫浣心桃李別教人主掌煙花不稱我追尋蜩螗晚噪風枝穩翡翠閑眠到處深爭似出塵地行止東林苦徑入西林

題玉泉寺

高韻雙懸張曲江聯題兼是孟襄陽後人才地誰稱短前輩經天盡負長勝境飽於閑采拾靈蹤銷得正思量時移兩板成塵跡猶挂吾師舊影堂

題贈湘西龍安寺利禪師

頭白已無行脚念自開荒寺住煙蘿門前路到瀟湘盡石上雲歸岳麓多南祖衣盂曾禮謁東林泉月舊經過閑來松外看城郭一片紅塵隔逝波

寄道林寺諸友

吟興終依異境長舊遊時入靜思量江聲裡過東西寺樹影中行上下方春色濕僧中履膩松花沾鶴骨毛香老來何計重歸去千里重湖浪渺茫

荆渚寄懷西蜀無染大禪師

大溈心付白崖前寶月分輝照蜀天聖主降情延北内諸侯稽首問南禪清秋不動驪龍海紅日無私罔象川欲聽吾宗舊山說地邊身老楚江邊

謝南平王賜山雞

五色文章類彩鸞楚人羅得半摧殘金籠莫恨傷冠幘玉粒須慙翦羽翰孤立影危丹檻裏雙棲伴在白雲端上台愛育通幽細卻放溪山去不難

靜院

花院相重點破苔誰心肯此話心灰好風時傍疎篁起幽鳥晚從何處來筆硯興狂師沈謝香燈魂斷憶宗雷浮生已問空王了箭急光陰一任催

中春林下偶作

淨境無人可共攜閑眠未起日光低浮生莫把還丹續萬事須將至理齊花在月明蝴蝶夢雨餘山綠杜鵑啼何能向外求攀折巖桂枝條拂石梯

題南平後園牡丹

暖披煙豔照西園翠幄朱欄護列仙玉帳笙歌留盡日瑶臺伴侣待歸天香多覺受風光剩紅重知含雨露偏上客分明記開處明年開更勝今年

謝人惠十才子圖

丹青妙寫十才人玉峭氷稜姑射神醉舞離披真鸑鷟狂吟崩倒瑞麒麟欝騰造化山曾竭採掇珠璣海

幾貧猶得知音與圖畫草堂閑挂似相親

荆渚感懷寄僧達禪弟

鶴嶺僧來細話君依前高尚跡難羣自抛南岳三生石長傍西山數片雲丹訪葛洪無舊竈詩尋靈觀有遺文莫將離别爲相隔心似虚空幾處分

早鶯

何處經年閟好音暖風催出囀喬林羽毛新刷陶潛菊喉舌初調叔夜琴藏雨並棲紅杏密避人雙入綠楊深曉來枝上千般語應共桃花說舊心

題梁賢巽公房

吳王廟側有高房簾影南軒日正長吹苑野風桃葉碧壓畦春露菜花黄懸燈向後惟冥默凭案前頭即渺茫知有虎溪歸夢切寺門松折社僧亡

懷瀟湘郎事寄友人

浸野淫空澹蕩和十年隣住聽漁歌城臨遠櫂浮煙泊寺近閑人泛月過岸雨綠蕪春雨細汀連斑竹晚風多可憐千古懷莎岸還有魚龍弄白波

春晴感興

連旬陰翳曉來晴水滿圓塘照日明岸草短長邊過客江花紅白裏啼鶯野無征戰時堪望山有樓臺煖

竹行桑柘依依禾黍綠可憐歸去是張衡

寄吳國知舊

淮甸當年憶旅遊禰衣樓笠外何求城中古巷尋詩客橋上殘陽背酒樓晴邑水雲天合影晚聲名利市爭頭可憐王化融融處惆悵無僧似惠休

江上夏日

無處清陰似剡溪火雲奇峭倚空齊千山冷疊湖光外一扇涼搖楚色西碧樹影疎風易斷綠蕪平遠日難低故園舊寺湘湘水斑竹煙深越鳥啼

螢

透窗寄竹依還移萬類俱閑始見伊難把寸光藏暗室自持孤影助明時空庭散逐金風起亂葉爭投玉露垂後代書生嬾收拾夜深飛過讀書帷

湘中送翁員外歸閩

船滿琴書與酒杯清湘影裏片帆開人歸南國鄉園去鴈逐西風日夜來天勢漸低分海樹山城欲盡見城臺此身未別江邊寺猶看星郎奉詔廻

中秋月待宴獻秦王

空碧無雲露濕衣羣星光外湧淸規東樓莫礙漸高勢四海正看當路時還許分明吟皓魄肯教幽暗取丹枝可憐半夜嬋娟影正對五侯殘酒池十國春秋齊己寃從榮有異志獻此詩後得罪已而脱歸

聞道林諸友嘗茶因有寄

槍旗冉冉綠叢園穀雨初晴叫杜鵑摘帶嶽華蒸曉露碾和松粉煮春泉高人愛惜藏巖裏白碰封題寄火前應念苦吟躭睡起不堪無過夕陽天

聞尚顏上人剏居有寄

麓山南面橘洲西別構新齋與竹齊野客已聞將鶴贈江僧來說有詩題窗臨杳靄含千嶂枕遍潺湲月一溪可想乍移禪一作楊處松陰冷濕壁新泥

庚午歲九日作

門庭秋苦嫩似藍此中消息與何堪亂離偷過九月九頭尾算來三十三雲影半晴開夢澤菊花微暖傍江潭故人今日在不在胡鴈背風飛向南

寄上顏

莫向孤峯道息機有人偷眼羨吾師滿身光化年前寵幾軸開平歲裏詩北闕故人隨喪亂南山舊寺在參差淸吟自憶徐方政應恨當時不見時

送人入蜀

何必閑吟蜀道難知君心出嶮巇間尋常秋泛江陵去容易春浮錦水還兩面碧懸神女峽幾重淸出文人山文君酒市逢初雪滿貫新沽洗旅顏

送王處遊蜀

又挂寒帆入錦川木蘭舟裏過殘年自修姹姹爐中物擬上飄飄水上仙三峽浪喧明月夜萬州山到夕陽天來年的有荆南信廻札應緘十色牋

中秋十五夜寄人

高河瑟瑟轉金盤歛露吹光逆凭欄四海魚龍精魄冷五山鸞鶴骨毛寒今宵盡向圓時望後夜誰當缺處看何事淸光與蟾兔卻教才小少留難

看金陵圖

六朝圖畫戰爭多最是陳宮計數訛若愛蒼生似歆
舞隋皇自合恥干戈

寄南禪泰禪師

江頭默想坐禪峯白石山前萬丈空山下獵人應不
到雪殘花落在菴中

片雲

水底分明天上雲可憐形影似吾身何妨舒作從龍
勢一雨吹銷萬里雲

寄清溪道者

萬重千疊紅霞嶂夜燭朝香白石龕常寄溪窗凭危
檻看經影落古龍潭

病中勉送小師往清涼山禮大聖

豐衣足食處莫住聖跡靈蹤好遍尋忽遇文殊開慧
眼他年應記老師心

謝人惠拄杖

何處雲根採得來黑龍狂欲作風雷知師念我形骸
老教把經行拄綠苔

送楚雲上人往南嶽刺血寫法華經

剝皮刺血誠何苦欲寫靈山九會文十指瀝乾終七

軸後來求法更無君

送胎髮筆寄仁公

內唯胎髮外秋毫綠玉新裁管束牢老病手疼無那
爾卻資年少寫風騷

謝西川曇域大師玉筯篆書

玉筯真文久不興李師傳到李陽冰正悲千載無來
者果見僧中有箇僧

偶作寄王祕書

七絲湘水秋深夜五字河橋日暮時借問祕書郎此
意靜彈高咏有誰知

謝人惠紙

烘焙幾工成曉雪輕明百幅疊春冰何消才子題詩
外分與能書貝葉僧

答文勝大師清柱書

纔把文章干聖主便承恩澤換禪衣應嫌六祖傳空
衲只向曹溪求息機

寄懷曾口寺文英大師

著紫袈裟名已貴吟紅菡萏價兼高秋風曾憶西遊
處門對平湖滿白濤

懷道林寺道友

四絕堂前萬木秋碧參差影壓䲇流閑思宋社題詩
板一日憑欄到夜休
辭主人絕句四首
放鶴
華亭來復去芝田丹頂霜毛性可憐縱與乘軒終怏
怏不如還放卻遼天
放猿
堪憶春雲十二峰野桃仙杏摘香紅王孫可念愁金
鎖從放斷腸明月中
放鷺鷥
白蘋紅蓼碧江涯日暖雙雙立睡時願揭金籠放歸
去卻隨沙鶴鬬輕絲
放鸚鵡
隴西蒼巘結巢高本爲無人識翠毛今日籠中强言
語乞歸天外啄含桃
送人往長沙
荊門歸路指湖南千里風帆興可諳好聽鷓鴣啼雨
處木蘭舟晚泊香潭
偶題
時事懶言多忌諱野吟無主若縱橫君看三百篇章

首何處分明著姓名
寄山中叟
青泉碧樹夏風涼紫蕨紅粳午爨香應笑晨持一盂
苦腥羶市裏叫家常
贈琴客
曾攜五老峰前過幾向雙松石上彈此境此身誰更
愛掀天羯鼓滿長安
勉吟僧
千途萬轍亂眞源白晝勞形夜斷魂忍著袈裟把名
紙學他低折五侯門
送人歸華下
蓮花峰翠濕凝秋舊業園林在下頭好束詩書且歸
去而今不愛事風流
夏日城中作二首
三面僧隣一面牆更無風路可吹涼他年拾此歸何
處青壁紅霞裏石房
竹低莎淺雨濛濛水檻幽窗暑月中有境牽懷人不
會東林門外翠橫空
默坐
燈引飛蛾拂焰迷露淋棲鶴壓枝低冥心坐滿蒲團

穩夢到天台過剡溪

水邊行

身著袈裟手杖藤水邊行止不妨僧禽棲日落猶狐
立隔浪秋山千萬層

寄鄭谷郎中

入間近遇風騷匠鳥外曾逢心印師除此二門無別
妙水邊松下獨尋思

翡翠

水邊飛去青難辨竹裏歸來色一般磨吻鷹鸇莫相
害白鷗鴻鶴滿沙灘

與節供奉大德遊京口寺留題

柳岸晴緣十里來水邊精舍絕塵埃煮茶嘗摘興何
極直至殘陽未欲迴

謝荊幕孫郎中見示樂府歌集二十八字

長吉才狂太白顛二公文陣勢橫前誰言後代無高
手奪得秦皇鞭鬼鞭

謝陰符經勉送藏休上人二首

事遂鼎湖遺劍履時來渭水擲魚竿欲知賢聖存亡
道自向心機反覆看

一林霜雪未露頭爭遣藏休肯便休學盡世間難學
事始堪隨處任虛舟

幽齋偶作

幽院纔容箇小庭疎篁低短不堪情春來猶賴鄰僧
樹時引流鶯送好聲

贈念法華經僧

萬境心隨一念平紅芙蓉折愛河清持經功力能如
是任駕白牛安穩行

對菊

無豔無妖有香香栽多不爲待重陽莫嫌醒眼相看
過卻是眞心愛淡黃

閑門

正是閑門爭合閑大家開處不須開還防明月清風
夜有箇詩人訪得來

勉送吳國三五新戒歸

法王遺制付仁王難得難持刼數長努力只須堅守
護三千八萬是垣牆

夏日寄清溪道者

老病不能求藥餌朝昏只是但焚燒不知誰爲收灰
骨纍石栽松傍寺橋

送惠空北遊

君向峴山遊聖境我將何以記多才叮嚀墮淚碑前過寫取斯文寄我來

寄懷歸州馬判官

三年爲倅興何長歸計應多事少忙又見秋風衰褭樹滿山椒熟水雲看

觀荷葉露珠

霏微曉露成珠顆宛轉田田未有風任器方圓性終在不妨翻覆落池中

苦熱懷玉泉寺寄仁上人

火雲如燒接蒼梧原野煙連大澤枯謾費葛衫葵扇

力爭禁泉石潤肌膚

觀盆池白蓮

素蕚金英歊露開倚風凝立獨徘徊應思瀲灩秋池底更有歸天伴侶來

折楊柳詞四首

鳳樓高應綠陰陰凝重多寒雨露深莫謂一枝柔軟力幾曾牽破別離心

館娃宮畔響廊前依託吳王養翠煙劍去國亡臺殿毀卻隨紅樹噪秋蟬

穠低似中陶潛菊軟極如傷宋玉風多謝將軍遶營種翠中閑早戰旗紅

高僧愛惜遮江寺遊子傷殘露野橋爭似著行垂上苑碧桃紅杏樹搖搖

答長沙丁秀才書

月月便車奔帝闕年年貢士過荊臺如何三度槐落落未見故人攜卷來

戒小師

不肯吟詩不聽經禪宗嬾岳嬾遊行他年白首當人問將底言談對後生

聞鴈

瀟湘浦暖全迷鶴邏沙川寒只有鵰誰向孤舟憶兄弟坐看連鴈度橫橋

送高麗二僧南遊

日邊鄉井別年深中國靈蹤欲徧尋何處碧山逢長老分明認取祖師臨

認猿皮

貫向獵師家買得攜來乞與坐禪牀不知摘月秋潭畔曾對何人啼斷腸

酬光上人

禪言難後到詩音坐石心同立月魂應記前秋會吟

處五更猶在老松根

送僧歸日本

日東來向日西遊一鉢閑尋徧九州衹憶雞林本師寺欲歸還待海風秋

庚午歲十五夜對月

海澄空碧正團圓吟想元宗此夜寒玉兔有情應記得西邊不見舊長安

紅薔薇花

晴日當樓曉香歇錦帶盤空欲成結鶯聲漸老柳飛時狂風吹落猩猩血

貽九華上人

一法傳聞繼老能九華閑臥最高層秋鐘盡後殘陽暝門掩松邊雨夜燈

寄廖匡圖兄弟

僧外閑吟樂最清年登八十喪南荆風騷作者爲商確道去碧雲爭幾程

黃陵美人

寄紫蓋陽居士

落葉棲鴉掩廟扉菟絲金縷舊羅衣渡頭明月好攜手獨自待郎郎不歸

劉宅女子

幽怨詩　歷說後集東南復州門街東本劉氏舊宅宇舍橫斷傾壞無人居梁太保震有達房弟伯升秀才許居之既憩駁月餘晨夕甚安一日晝寢夢魘久之乃寤曰適夢一女子泣而呼曰聽妾幽怨之句云云梁稱嘆而覺全唐詩話上都安邑坊陸氏宅人常謂爲凶宅有進士臧夏僦居其中晝寢忽夢魘見一女子綠帬紅袖弱質纖腰如霧濛花收淚而云聽妾一篇幽恨之句二說未知孰是

卜得上峽日秋江風浪多巴陵一夜雨腸斷木蘭歌

卷九十九終

全五代詩卷一百

羅江李調元雨村　編

北漢

李惲

惲字孟深汴州陽武人乾祐初進士客遊嵐州世祖劉旻即位署州從事擢知制誥翰林學士歷仕睿宗父子累官至推誠佐命功臣特進守尚書左僕射兼中書侍郎平章事上柱國隴西郡開國公入宋授行軍司馬卒（十國春秋惲文詞駢麗見推流輩英武帝時天龍寺千佛樓成詔惲撰碑銘而命翰林令劉守

清王廷譽勒文於石一時無不嘆絕其詞云云）

天龍寺千佛樓碑銘

覺皇遽興太教垂世成位有期壞空相繼大哉賢劫千佛重光六度萬行軌躅相望浩劫迢遙一念可攝匆謂難逢聲塵相接惟彼陶唐宿列參虛莓莓沃野煌煌帝居天啟亨會神輸瑞圖英武我后后來其蘇一人有作撫寧邦域治民事天允釐庶績金像玉樓伊帝之力懿哉坤維永奠皇極

譚用之

用之字藏用五代末人（十國春秋北漢太原王景絕與用之為友以文章相砥礪景絕於天會中自洛還家見睿宗據太原歎曰天下將定以區區一方拒天下此危國也遂止上黨購四方書抄之集書數千卷大率與用之皆高士也　文苑傳國初有顧贊董濬劉從義善文章張翼譚用之善為詩張之翰善篆啟贊濬署題餘皆官不達　吟窗雜錄用之有貽贈句云流水物情諳世態落花春夢壓塵芳宿西溪隱士云織檻錦紋苔作結墮書花印菊初殘皆佳句也）

塞上

秋風漢北鴈飛天單騎那堪遶賀蘭磧暗更無嚴樹影沙平時有野燒瘢貂披寒邑和衣冷劍佩胡霜隔匣寒早晚橫戈似飛尉擁旄深入異田單鉢略城邊日欲西遊人却憶舊山歸牛羊集水煙黏

步鵰鶚盤空雪滿圍獵騎靜逢邊氣薄戍樓寒對暮煙微橫行總是男兒事早晚重來似漢飛

贈索處士

不將桂子種諸天長得尋君水石邊元豹夜寒和霧隱驪龍春暖抱珠眠山中宰相陶宏景洞裏真人葛稚川一度相思一惆悵水寒煙澹落花前

別雒下知己

金鼎光輝照雪袍雒陽春夢憶波濤塵埃滿眼人情異風雨前程馬足勞接塞峨眉通蜀險過山仙掌倚秦高別來無限幽求子應笑區區味六韜

約張處士遊梁

莫學區區老一經夷門關吏舊書生晉朝滅後無中散韓國亡來絕上卿龍變洞中千谷冷劍横天外八風清好攜長策干時去免逐漁樵度太平

送友人歸青社

鵰鶚途程在碧天綠衣東去復何言三千賓客舊知己十二山河新故園吟看桂生溪上月醉聽鯤化海濤翻好期聖代重相見莫學袁生老竹軒

送丁道士歸南中

孤雲無定鶴辭巢自負樵桐不悅勞服藥幾年期碧

落驗符何處咒丹毫子陵山曉紅雲密青草湖平雪浪高從此人稀見蹤跡還應選地種仙桃

月夜懷寄友人

劍氣徒勞望斗牛故人別後阻山舟殘春謾道深傾盞好月那堪獨上樓何處是非隨馬足由來得喪白人頭清風未許重攜手幾度高吟寄水流

憶南中

碧江頭與白雲門別後秋霜點鬢根長寄學禪青石寺最思共醉落花村林間竹有湘妃淚窗外禽多杜宇魂未棹扁舟重回首采薇收橘不堪論

寄友人

病多慵引架書看官職無才思已闌穴鳳瑞時來卻易人龍別後見何難琴樽風月閑生計金玉松筠舊歲寒早晚煙村碧江畔拄筇重對蓼花灘

寄岐山林逢吉明府

岐山高與隴山連製錦無私服晏眠鸜鵒語中分百里鳳凰聲裏過三年秦無舊俗雲烟媚周有遺風父老賢莫役生靈種楊柳一枝枝折灞橋邊

感懷呈所知

十年流落賦歸鴻誰傍昏衢駕燭龍竹屋亂煙思梓

澤酒家疏雨夢臨邛千年別恨調琴懶一片年光覽鏡慵早晚休歌白石爛放教歸去臥羣峰

江上聞笛

誰爲梅花怨未平一聲高噢百龍驚風當閶闔庭初靜月在姑蘇秋正明曲盡綠楊涵野渡管吹青玉動江城臨流不欲殷勤聽芳草王孫舊有情

寄閬記室

織錦歌成下翠微豈勞西去問楮機未開水府珠先見不掘豐城劍自輝鼇逐玉蟾攀桂上馬隨青帝踏花歸相逢半是雲霄客應笑歌牛下布衣

幽居寄李秘書

幾年帝里阻煙波敢向明時叩角歌看盡好花春臥穩醉殘紅日夜吟多印開夕照垂楊柳畫破寒潭老芰荷昨夜前溪有龍鬬石橋風雨少人過

貽釣魚李處士

罷吟鸚鵡草芊芊又泛鴛鴦水上天一棹冷涵楊柳雨片帆香挂芰荷煙綠搖江澹萍離岸紅熟雲疎橋滿川何處遡將歸畫府數莖紅蓼一漁船

河橋樓賦得翟公夜讌

芙蓉簾幕扇秋紅蠻府新郎夜讌同滿座馬嘶吹笛

月一樓張翰過江風杯黏紫酒金螺重談轉瑪瑙王塵空深荷艮宵慰顛頓德星池館在江東

寄左先輩

狂歌白鹿上青天何似蘭塘釣紫煙萬卷祖龍坑外物一泓孫楚耳中泉翩翾鸞榼薰晴浦轂轆魚車響夜船學取青蓮李居士一生杯酒在神仙

秋日圃田送人歸計

僕射陂前是傳郵去程鵰鶚弄高秋吟拋芍藥裁詩圃醉下茱萸飲酒樓向日迴龍駒皎皎臨風誰和鹿呦呦明年二月仙山下莫遣桃花逐水流

途次宿友人別墅

十里崤函一夢勞豈知雲館共蕭條半簾綠透偎寒竹一榻紅侵墜曉桃蠻酒客稀知價長蜀秦風定覺聲高感君嚴下閑招隱細鏤金盤繪錯刀

春日期巢湖舊事

暖掠紅香燕燕飛五雲仙佩曉相攜花開鸚鵡章郎曲竹亞虬龍白帝溪富貴萬場歸柴酒是非千載逐芳泥不知多少開元事露泣春叢向日低

再遊韋曲山寺

鵲巖煙斷玉巢欹畫春塘太白低馬踏翠開垂柳

寺入耕紅破落花溪千年勝概咸原上幾代荒涼繡嶺西碧吐紅芳舊行處豈堪回首草萋萋

寄徐拾遺

長竿一擊白龍吟誰和騶虞發素琴野客碧雲魂易斷故人芳草夢難尋天從補後星辰穩海自潮來島嶼深好向明庭拾遺事莫教元豹老泉林

秋宿湘江遇雨

江上陰雲鎖夢魂江邊深夜舞劉琨秋風萬里芙蓉國暮雨千家薜荔村鄉思不堪悲橘柚旅遊誰肯重王孫漁人相見不相問長笛一聲歸島門

貽南康陳處士陶

白玉堆邊蔣逕橫空涵二十四灘聲老無征戰軒轅國貧有茅茨帝舜城丹鳳晝飛羣木冷一龍秋臥九江清時人莫笑非經濟還待中原致太平

渭城春晚

秦樹朦朧春色微香風煙煖樹依依邊城夜靜月初上芳草路長人未歸折柳且堪吟晚檻弄花何處醉殘暉釣鄉千里斷消息滿目碧雲空自飛

閑居寄陳山人

閑居何處得閑名坐掩衡茅損性靈破夢曉鐘聞竹寺沁心秋雨浸莎庭甕邊難負千杯綠海上終眠萬仞青珍重先生全太古應看名利似浮萍

江邊秋夕

千鍾紫酒薦菖蒲松島蘭舟潋灔居曲內橘香江客笛宇中嵐氣岳僧書吟期汗漫驅金虎坐約丹青跨玉魚七色花虬一聲鶴幾時乘興上清虛

江館秋夕

耿耿銀河鷹半橫夢欹金碧轆轤輕滿窗謝練江風白一枕齊紈海月明楊柳敗梢飛葉響芰荷香柄折秋鳴誰人更唱陽關曲牢落煙霞夢不成

秋夜同友人話舊

露下銀河鴈度頻囊中爐火幾時真數莖白髮生浮世一盞寒燈共故人雲外簟涼吟嶠月島邊花暖釣江春何當歸去重攜手依舊紅霞作近隣

古劍

鑄時天匠待英豪紫焰寒星匣倍牢三尺何年拂塵土四溟今日絕波濤雄應垓下收蛇陣滯想溪頭伴豹韜惜是眞龍懶拋擲夜來衝斗氣何高

寄王侍御

鳥盡弓藏良可哀誰知歸釣子陵臺鍊多不信黃花耗吟苦須驚白髮催喘月吳牛知夜至嘶風胡馬識秋來燕歌別後休惆悵黍已成畦菊已開

別江上一二友生

國風千載務重華須逐浮雲背若耶無地可歸堪種玉有天教上且乘槎白綸巾卸蘇門月紅錦衣裁御苑花他日成都卻回首東山看取謝鯤家

寄孟進士

依舊池邊草色芳故人何處憶山陽書回科斗江帆暮曲罷鵾虛海樹蒼吟望曉烟思桂渚醉依殘月夢餘杭別來南國知誰在空對稽瑜一斷腸

寄許下前管記王侍御

昔年南去得娛賓頓遜杯前共好春螘泛羽觴蠻酒膩鳳銜瑤句蜀牋新花憐遊騎紅隨轡草戀征車碧遶輪別後青青鄭南陌不知風月屬何人

荆浩

浩字浩然沁水人隱太行洪谷自號洪谷子工丹青尤長山水清河書畫舫河内荆浩博雅好古善畫山水值五季多故隱於太行著山水訣行世

畫山水圖答大愚

恣意縱橫掃峰巒次第成筆尖寒樹瘦墨淡野雲輕巖石噴泉窄山根到水平禪房時一展兼稱苦空情

大愚

大愚鄴都青蓮寺沙門

乞荆浩畫

六幅固牢健知君恣筆蹤不求千澗水止要兩株松樹下留盤石天邊縱遠峯近巖幽溼處惟藉墨烟濃

太原妓

妓太原人全唐詩話五代時湖南歐陽詹遊太原悅一妓約至都相迎別後妓思之疾甚乃刀髻作詩寄詹絕筆而逝

寄歐陽詹

自從別後減容光半是思郎半恨郎欲識舊來雲髻様爲奴開取鏤金箱

全五代詩卷一百終

附錄詩二首

五代誠草草遠不逮六朝禮樂征代事若火之燎毛
文筆則唐餘翡翠棲蘭苕詩格如韓韋晚出乃益高
其他旁側見清味爭醇醪子誠有心人采掇弗憚勞
全體若單詞理之俾有條考核必精詣注釋連昏朝
裒然四大袠錦錯珠光搖昨者舉贈我寶之敵瓊瑶
一月讀未盡六時神已超有客來借觀謂不損髮毫
劍既入水去畫亦隨風飄久假不知歸徒以言訾謷
弗憚無厭請重冀嘉惠叨子其再贈諸我已雙足翹
置之祕笈中玩向寒燈宵除是鬼神奪此外奚容拋

古歙程晉芳魚門原韻

五代本無詩多附唐末朝亦或入宋初九牛纔一毛
譬如採蘭菊彌望皆烟苕況復茅與葦其品益不高
我生好吟咏嗜古如甘醪自漢魏以還鈔校不憚勞
唐宋各全集彙蒐頗有條中閒五十年缺略匪一朝
思欲勤補綴日夜筆自搖叢書獲隻字喜若逢瓊瑶
祇取備文獻不在格卑超手錄垂三年幾脫十甕毫
鷄窗耿燈火牙籤風雨飄遺文遭斷簡詰曲牙或聱
編成付裝璜百軸錦鸞翹君昔在中祕寄贈亦屢叨
再索亦不吝詩遒慚隔宵倘更異書借聊當磚先拋

羅江李調元童山和韻

附錄終

全五代詩補遺

羅江李調元雨村 編

梁

無名氏

瘞筆磚文 清異錄趙光逢薄游襄漢濯足溪上見一方磚類碑上題字云云下又有獨孤貞節立四字甎後積土如盎微有苔蘚蓋好事者瘞筆所在

禿友退鋒郎功成鬢髮傷冢頭封馬鬣不敢負恩光

唐

楊凝式

凝式爵里詳見卷九中

上張相詩 洛陽縉紳舊聞記石晉時張相從恩自南院宣徽使官才檢校司徒權西京留守到洛城後未久少師自東京得假往洛陽數日寄詩上張相云云張公知其貧贈遺甚厚

南院司徒鎮洛京未經三月政聲成四方羣后皆如此端坐肅夫見太平

游士藻

句 清異錄游士藻爲晉王記室予過其居知昨夜命客闘食品曰第一云云予曰好改作餖字便是一句詩士藻令取夜來食目對面塗注云吾生平以順人情爲佛事獨違學士可乎

虛飣玲瓏石鎮羊

張振祖

句 清異錄沙門愛英注池陽村示人之詔曰萬論千經不如無念無營時郡娼滿瑩娘多姿而富情眞女中麟鳳進士張振祖以無念無營有情有色製一聯云云

門前草滿無無老床底錢多有有娘

晉

鄭遨

遨爵里詳見卷十二中

語 清異錄鄭遨隱居有高士問何以閱日對曰云云謂玩鷗而聽蛙也

不注目於婆娑兒即側耳於鼓吹長

漢

陶晟

晟虢州人漢高祖即位以勸進功授虢州刺史罷郡由環衛出爲蕃方副車軍司馬終於荆州副使知州事有集 洛陽縉紳舊聞記公能詩與宮師王相溥善常有詩往來屬和翰林承旨陶公穀叔事之自前延安軍司馬授華州行軍陶翰林爲序親書以送之送從叔赴華下序略曰聖上即位之三年命前延安軍司馬參戎闘於華下綏舊俗也踐華亭泰之境遠皇猷者五十有九年矣赤驥嘶風而可仰玉蟾耀彩以如畫潛編嘉作別俟知音攀琪樹而笑天風咢遷周頌控文鱗而飛赤水幅裂韓詩辭多不載公晚年知進士張翼能詩召置門下厚待之嘗曰七言詩我不如翼五言詩翼不如我公有詩云云又在環衛時詩云云

句

河經蕃地濁山到漢家青　擬抛丹禁去試著白衣看

仙書

酒家門額清異錄唐末馮翊城外酒家門額書云云於王字末大書酒也字體散逸非世俗書人謂是呂洞賓題

飛空却回顧謝此含春王

周

妙玉

杜鵑句清異錄太府少卿潘崇有處女名妙玉詠杜鵑云云

一九苞奴般毛羽淵明鬼

無名子

嘲曹翰清異錄曹翰事世宗爲樞密承旨性貪侈常著錦襪金線絲鞋朝士有托無名子嘲之者詩曰

不作錦衣裳裁爲十指倉千金包汗脚慚愧絡絲娘

紫相公

詩清異錄進士于則謁外親於阡陽未至十餘里飯於野店旁有紫荊樹村民祠以爲神呼曰紫相公則烹茶因以一杯置相公前策馬徑去是夜夢峨冠紫衣人來見自陳余則紫相公主一方菜蔬之屬隸有天平吏掌豐辣判官主儉然皆嗜茶而奉祠者鮮以爲品爲供蛩蒙厚飲可謂非常之惠因口占贈詩云云蓋則是日以小分鬚銀匙打茶故目爲攪銀公子則家業葷圃中祠之年年獲收

降酒先生風韻高攪銀公子更清豪碎牙粉骨功成後小碾當衙馬脚槽

陶彝

茶詩清異錄猶子彝年十二歲予讀胡嶠茶詩愛其新奇因令傚法之近晚成篇有云

生涼好喚鷄蘇佛回味宜稱橄欖仙

李度

度顯德中舉進士玉壺清話瓜詩有句云云人多誦之王朴爲樞密止以此一聯於申文炳知舉遂擢爲第三人嘲曰主司只誦一聯詩

句

醉輕浮世事老重故鄉人

雲陽道觀廢壇古籤

籤詞玉壺清話盧多遜相生曹南方幼其父攜就雲陽觀小學與羣兒詞書廢壇上有古籤一筒競往抽取爲戲時多遜尚未識字得一籤歸示其父詞云云父見頗喜以爲吉讖迨後作相及敗因遺堂吏趙白陰與秦王廷美連謀南竄年五十二卒一字不差

身出中書堂須因天水白登仙五十二終爲蓬海客

南唐

李善甯子

咏貧家壁清異錄臨川李善甯之子十歲能即席賦詩親友嘗以貧家壁試之略不搆思吟曰拖涎指蝸牛也

椒氣從何得燈光鑿處分拖涎來藻飾唯有篆愁君

嘲清異錄陳喬張佖之子秋晚並游玄武湖時羣鷗游泛佖子曰一軸內本瀟湘喬子俄顧卒吏云此白色水禽可作脯否衆譏云喬子從是得陳一堆白鷗脯之名

張佖子半莖鳳毛陳喬男一堆牛屎

古詩釣磯立談史虛白論宋子嵩引古詩云云

當路莫栽荆棘樹他時免掛子孫衣

後蜀

蜀中道人

句清異錄蜀中有一道人賣自然羹人試買之盌中二魚鱗鬣腸胃皆在鱗上有黑紋如一圖月汁如淡水食者旋剔去鱗腸其味香美有問魚上何故有月道人從盌中傾出皆是荔枝人初未嘗有魚并汁笑而急走回顧云云明年時疫食羹人皆免道人不復再見

蓬萊月也不識

楚

賣藥道人

無字歌清異錄長沙獄掾任福祖擁騶吏出行有賣藥道人行吟無字歌福祖審思豈非異人急遣訪求已出城矣其歌曰

無字歌呵呵亦呵呵哀哀亦呵呵不似荷葉參軍子

人人與箇拜口木大作廳上假閻羅

閩

滑稽子

詩清異錄閩士赴科臨川人赴調會京師旗亭各稟鄉產閩士曰我土荔子真壓枝天子釘坐真人天下安有並駕者撫人不識荔枝之未腊者故盛主楊梅閩士不忿遂成喧競旁有滑稽子徐爲一絕云云

閩香玉女含香雪吳會星郎駕火雲草木無情爭底事青明經對赤參軍

北漢

趙節

爐火詩清異錄蒲中趙節博覽剛直鄉人敬之嘗作爐火詩云云

近冬附火爲泰火透春摧爐成否爐用否隨時有輕重進身君子合知無

補遺終

醒園錄

光緒壬午年季
鋟於樂道齋

醒園錄序

居家宜儉也而待客則不可不豐自食宜淡也而事親則不可不濃此先大夫醒園之所由作也先大夫自諸生時疏食菜羹不求安飽然事　先大父母必備極甘旨至于宦遊所到多吳越南珍之鄉厨人進而甘焉者隨訪而誌諸册不假抄胥手自繕寫蓋歷數十年如一日矣夫禮詳內則養老有湻熬湻母之別奉親有飴蜜滫瀡之和極之蜩范蚳蝝之細芝栭蔥薤之微棗栗擇削瓜鑽梨之事罔不備舉寧獨大者軒細者膾冬行鱻夏行腒委曲詳載爾乎夫飲食非細故也易警腊毒書重鹽梅烹魚則詩羡誰能胹熊則傳懲口實是故箴銘之作不遺盤盂知味之喻更嘆能鮮誤食蟛蜞者猶讀爾雅不熟雪桃以黍者亦未聆家語之訓乎在昔賈思勰之要術遍及齊民近即劉青田之多能豈眞鄙事茶經酒譜兒解鷄愁鹿尾蟹蝑恨不同載夫豈好事蓋亦有意存焉是錄偶然涉筆不言著述而著述莫大焉時一恭展儀然見　先大夫之精神如在而菽粟之味獨留家風猶憶醒園不啻隨　先大夫後捧匜進爵陪　笑於先大父母之側也不敢久閟笈笥乃壽諸梓書浃

行款悉依墨妙點竄塗抹援刻魯公爭座位例各存
其舊亦謂父之書手澤存焉耳然而言及此已不禁
淚涔涔如綆縻矣童山李調元序

醒園錄目錄卷上

醒園錄卷上

羅江　李化楠　石亭手抄

作米醬法

用飯米舂粉澆水作餅子放蒸籠內蒸熟候冷鋪草蓋草加扁七日過取出晒乾刷毛不用舂碎每斤配鹽四兩水十大碗鹽水先煎滾候冷澄清泡黃攪爛約五六日後用細篩磨擦下落盆內付日中大晒四十日收貯聽用　按此黃雖係飯米一經發黃內中鬆動用水一泡加以早晚翻攪安有不化之理似可不用篩磨以省沾染之費更爲捷便

又法

用糯米與飯米對配作法同前

又法

白米不論何米江米更妙用滾水煮幾滾帶生撈起不可大熟蒸飯透熟不透不妙取起用蓆攤開寸半厚候冷上面不拘用何東西蓋密至七日過晒乾總以毛多爲妙如遇好天氣用冷茶溫拌濕再晒乾每米黃一斤配鹽半斤水四斤鹽水煮滾澄清去渣底候水冷將米入於鹽水內

晒至四十九日不時用竹片攪匀倘日氣太大晒至期過於乾者須用冷茶湯和匀不乾不用俟四十九天之後將米并水俱收起磨極細即米醬矣或用細篩擦細爛亦可以後或仍晒或蓋密置於當日處俱可如醬乾些可加冷茶和匀再晒凡要攪時當看天氣清亮方可動手若遇陰天不必打破醬面

作甜醬法

白麪十斤以滚水做成餅子不可太厚中挖一孔令其透氣蒸熟於煖房内上下用稻草鋪排

草上加蓆放麵餅於上覆以蓆子勿令見風俟七日後發黄取出候冷晒乾每十斤配鹽二斤八兩用滚水泡半日候冷澄清去渾底下黄時以木扒子打攪令爛每早未出日時翻攪極透晒至紅色用磨磨過放大鍋内煎之每一鍋放紅塘一兩不住手攪熬至顏色極紅爲度裝入罎内俟冷封口仍放日地晒之鮮美味佳　按醬晒至紅色後可以不用磨只在合鹽水時攪打用手擦摩極爛或將黄先行杵破粗篩篩過以鹽水泡之自然融化兼可不用鍋内煎只用大盆盛置鍋内隔湯煮之亦加紅糖不住手攪至紅色裝起似略簡

又法　做清醬亦用此黄見後條

先用白飯米泡水隔宿撈起舂粉篩就晒乾或碎米亦好次用黄豆洗淨約十五斤麥麪可配黄豆一斗和水水滿鍋慢火煮至一日歇火悶蓋隔宿次早連汁取出大盆内同麪拌匀用手揣揉成塊子鋪排草蓆上仍用草蓋住至霉少七天多十天取出攤開晒乾刷去黄毛杵碎與鹽對醋和匀裝入盆内每黄一斤配好西瓜六斤削去青皮

用木板架於盛黄盆上刮開取瓤揉爛帶汁子一併下去白皮切作薄片仍用刀横札細碎攪匀此醬所重者瓜汁一點勿輕棄將盆開口付日中大晒日攪四五次至四十日裝入罎内聽用若要作菜碟下稀飯單用者俟一個月時另取一小罎用老姜或嫩姜切絲多下加杏仁去皮尖用豆油先煮至透攪匀再晒十多天收貯可當淡豉之用

又法

每斗黄豆配乾白麪十五斤先用鹽滚水泡化

澄去沙底晒乾淨重十二斤將豆下大鍋水配滿煑至一天歇火收蓋隔宿次早連汁取入大盆內仝乾麵拌勻用手攞起排蘆蓆上草蓋合發霉少七天多十天取出擺開晒乾研碎下缸將鹽泡水和下欲乾水少些欲稀水多些日晒每早用棍子攪翻十天或半月可用　按此法用多水依後方作醬油亦佳

作麵醬法

用小麥麵不拘多少和水成塊切作片子約厚四五分蒸熟先於空房內用青蒿鋪地（或鮮荷葉亦可）

加用乾稻草或穀草上面再鋪蓆子然後將蒸熟麵片鋪排草蓆上鋪畢復用穀稻草上加蓆子蓋至半月後變發生毛（亦有七日者）取出晒乾以透爲度將毛刷去用新磁器收貯候用臨日時研成細麵每十斤配鹽二斤半應將大鹽預先研細仝淨水煎滾候冷澄清去渾脚和黃入缸或加紅塘亦可以水較醬黃約高寸許爲度乃付大日中晒月餘每早日出時翻攪極透自成好醬

又法

重羅白麵每斗得黃酒糟一飯碗泛麵做劑子如一斤一箇蒸熟晾冷拾成一堆用布包袱蓋好十日後皮作黃色內泛起如蜂窩眼爲度分開小塊晒乾用石碾碾爛汲新井水調和不乾不濕還可抓成團每麵一斗約用鹽四斤六兩調勻下缸大晴天晒五日即泛漲如粥醬皮有紅色如油用木扒兜底掏轉仍照前一斗之數再加鹽三斤半調和後按五日一次掏轉晒至四十五日即成醬可食矣切忌醬晒熱時不可亂動

做清醬法

黑豆先煑極爛撈起候略溫加白麵拌勻（每豆一斗）配麵三斤多（不過五斤）攤開有半寸厚上用布蓋密不拘蓆草皆可候發霉生毛至七天過晒乾天氣熱不過五六日涼不過六七日爲期總以生毛多妙不可使爛如過好天氣用冷茶湯拌濕再晒乾（用茶湯拌者欲其味甘不拘幾次越多越好）每豆黃一斤配鹽十四兩水四斤鹽同水煑滾澄清去渾底晾冷將豆黃入鹽水內泡晒至四十九日如要香可加香蕈大茴花椒姜絲芝麻各少許撈出二貨豆

渣合鹽水再熬酌量加水（每水一斤加鹽三兩）再撈出三貨豆渣再加鹽水再熬去渣然後將一二次之水隨便合作一處拌勻或再曬幾天或用糠火薰滚皆可其豆渣尚可作家常小菜用也　按豆渣曬微乾加香料即可作香豆豉詳見豆豉類

又法

每揀淨黃豆一斗用水過頭煮熟豆色以紅爲度連豆汁盛起每斗豆用白麵二十四斤連湯豆拌勻或用竹籩及柳籩分盛攤開泊按實將籩安放無風屋内上覆蓋稻草黴至七日後去草連籩搬出日晒晚間收進次日又晒晒足十四天如遇陰雨須補足十四天之數總以極乾爲度此作醬黃之法也黴好醬黃一斗先用井水五斗量準注入缸内再每斗醬黃用生鹽十五斤稱足將鹽盛在竹籃内或竹淘籮内在水内溶化入缸去其底下渣滓然後將醬黃入缸晒三日至第四日早用木扒兜底掏轉（曬熱時切不可）動又過二日如法再打轉如是者三四次晒至二十天即成清醬可食矣至逼清醬之法以竹

絲編成圓筒有週圍而無底口南方人名醬篘京中花兒市有賣并蓋缸篾編箬縈大小缸蓋俱可向花兒市買臨逼時將醬篘置之缸中俟篘坐實缸底時將篘中渾醬不住挖出漸漸見底乃以篘上用磚頭一塊壓住以防醬篘浮起缸底流入渾醬至次早啓蓋視之則篘中俱屬清醬可用碗緩緩挖起另住潔淨缸罈内仍安放有日色處再晒半月罈口須用紗或麻布包好以防蒼蠅投入如欲多做可將豆麵水鹽照數加增清醬已成未篘時先將浮面豆渣撈起一半晒乾可作香豆豉用

又法

將前法醬黃整塊（醬黃即做醋醬所用者是也已見前篇）先用飯候冷逐塊溫濕晒乾如法再揾再晒日四五度若日炎可乾六七次更妙至赤色乃止黃每斤配鹽四兩水十大碗鹽水先煎滚澄清候冷泡醬黃付日大晒乾即添滚水至原泡分量爲準不時略攪但勿攪破醬黃塊耳至赤色將濾起下鍋加香蕈八角茴花椒（俱整蕊開）芝蔴（用口袋盛之）同前三四滚加好老酒一小瓶再滚裝入罐内

聽用其渣再酌量加鹽煎水如前法再晒至赤色下鍋煎數滾收貯以備煮物作料之用

做麥油法　卽淸醬

將小麥洗淨用水下鍋煮熟悶乾取起鋪大扁內付日中晒之不時用快子翻攪至半乾將扁抬入陰房內上面用扁蓋密三日後不天氣大太熱麥氣太旺日間將扁揭開夜間仍舊蓋密若天不熱麥氣不甚旺盛不過日間將扁脫開縫就好倘天氣雖熱而麥氣不熱卽當密蓋爲是切毋泄氣至七日後取出晒乾若一斗出有

加倍卽爲黃發將作就麥黃不必如作豆油以飯泊漂晒卽帶菜毛每斤配鹽四兩水十大碗鹽水先煎滾澄淸候冷泡麥黃付大日中晒至乾再添滾水至原泡分量爲準不時略攪至赤色將滷濾起下鍋內加香蕈八角茴（俱整蕊用）芝蔴（口袋盛之）同煎三四滾加好老酒一小瓶再滾裝入罈內聽用其渣再酌量加鹽煎水如前法再至赤色下鍋煎數滾收貯以備煮物作料之需

又法

做麥黃與前同但晒乾時用手搓摩揚簸去霉

磨成細麪每黃十斤配鹽二斤水一斤鹽用水煎滾澄去渾脚合黃麥做一大塊揉得不硬不軟如餑餑樣就好裝入缸內蓋藏令發次日揪開用一手棒水節節洒下付日大晒一天加水一次至用棍子可攪得活活就止卽或遇雨不至生蛆

醬不生蟲法

用芥子研碎入豆醬內不生蟲或用花椒亦可

醬油不用煎

醬油濾出上甕將瓦盆蓋口以石灰封好日日

晒之倍勝於煎

做醬諸忌

一下醬忌辛日一防不潔淨身子眼目一忌缸罈泡洗未淨一防生雨點入缸內一醬晒得極熱時不可攪動晚間不可卽蓋遇應攪之日務於淸早上蓋必待夜靜涼冷下雨時缸蓋亦當用棍撐起若悶住恐翻黃

做醬用水

須臘月內擇極涼日煮滾水放天井空處冷透收存待夏泡醬及油用此臘水最益人又不生

蛆蟲且經久不壞又云造醬要三熟謂熟水調
麵蒸熟麵餅熟水浸鹽也每黃十斤配鹽三斤
水十斤乃做醬一定之法斟酌加減隨宜而用
水內入鹽須攪過二三次澄清用竹籬林過去
盡泥脚試鹽水之法將鷄蛋下去浮有二指高
即極鹹矣

做香豆豉法

每豆一斗用過頭水煮熟將水逼乾用白麵二
十斤拌勻徽法與上做清醬同徽好用杏仁瓜
子仁姜絲紫蘇八角茴香小茴香花椒白糖陳

皮瓜塊燒酒內陳皮須煮出苦水拌勻盛潔淨磁甎內將
瓶口泥好晒至一月即成香豉矣　若有前方
清醬之餘豆則此方之黃可以不用另做

又法

預備黑豆水煮熟晾微乾收藏空房內蓋密發
黃至半個月取出晒乾揚去綠衣每日用清冷
飯滚湯拌濕令透晒極乾再拌再晒不拘日數
總以豆顆鬆破為準或夜間漂露更妙晒極乾
淨重五斤大杏仁一斤半或二斤亦可水浸勿搖動去皮
尖晾乾用久陳皮切細絲八兩四製的亦可老姜二斤洗淨切細晾微

絲晾微乾以上條齊總稱若干重欲淡每十兩配鹽
一兩欲鹹每十兩配鹽二兩或一兩五錢臨合
時用西瓜汁泡化澄清去砂脚和入初次總合
諸料時用大西瓜二枚取肉汁子揉爛和入但當
記得留汁泡鹽去沙為要大晒至極乾再下一枚和入再晒
至極乾然後另用家蘇葉一兩薄荷葉一兩厚
樸一兩半姜汁炒甘草一兩烏梅肉二兩半小茴香一兩
川貝母一兩密桔梗一兩半入水二十碗煎至十
二碗濾出頭汁再入水前約渣水十五碗煎至
八碗去渣二汁合拌前料晒乾再另用大粉草

八錢家紫蘇八錢薄荷八錢入小茴八錢入大茴八
錢川貝母五錢入砂仁六錢入花椒六錢入柿霜二兩
各研細末拌入和好老酒拌濕令透當令有餘
瀝以為晒日乾燥地步迨晒去餘瀝不致乾燥
用小口磁罐裝貯布塞極緊勿使漏氣輪轉晒
二十天若太濕晒至一月可用罐口或用豬尿
包或泥封固均可若藏久太乾當用老酒拌濕
再晒幾天自然再潤　又云若要自用西瓜用
三次更妙倘要賣的西瓜只用一次藥汁中加
烏糖八兩亦可瓜用三次者初次之瓜只單取

汁子肉不用至二三次纔將瓜瓢切作指頭大塊　按所配藥料不無太輕意當以加倍爲妥拌酒之法每豆豉一斤加老酒四兩八錢

做水豆豉法

做就黑豆黄十斤配鹽四十兩金華甜酒十碗先用滚湯二十碗泡鹽作滷候冷澄清將黄下缸入鹽水併酒晒四十九日下大小茴香紫蘇葉薄荷葉各一兩剉粗末甘草粉陳皮絲各一兩花椒一兩乾姜絲半斤杏仁去皮尖一斤各料和入缸内再攪晒二三日用罈裝起泥封固

隔年吃極妙蘸肉吃更妙　按陳椒姜杏四味當同黄一齊下晒或候晒至二十多天下去亦可若待隔年吃之卽當照原法晒爲妥

又法

發就豆黄一斤好西瓜瓢一斤好老酒一斤鹽半斤先用酒將鹽澆化澄沙合黄與瓜瓢攪勻裝入罈内封固候四十天可吃不晒日

豆腐乳法

將豆腐切作方塊用鹽醃三四天出晒兩天置蒸籠内蒸至極熟出晒一天和便醬下酒少許蓋密晒之或加小茴末和晒更佳

醬豆腐乳法

前法麵醬黄做就研成細麵用鮮豆腐十斤配鹽二斤切成扁塊一重鹽一重豆腐醃五六天撈起留滷候用將豆腐鋪排蒸籠内蒸熟連籠置空房中約半個月候豆腐變發生毛將毛抹倒微微晾乾再稱豆腐與黄對配乃將留存腐滷澄清去渾脚泡黄成醬一層醬一層豆腐一層香油加整個花椒數顆層層裝入罈内泥封固付日中晒之一月可吃香油卽蘇油每斤可

四兩爲準

又法

先將前法做就麵黄研成細麵用鮮豆腐十斤配鹽一斤半豆腐切作小方塊一重鹽一重豆腐醃五六天撈起鋪排蒸籠内蒸熟連籠置空房中約半個月候豆腐變發生毛將毛抹倒晾微乾一層醬麵一層豆腐裝入罈内仍加整花椒數顆逐塊皆要離縫不可相挨中留一大孔透底裝滿上面仍用醬麵厚蓋之以好老酒作汁灌下封密日晒一個月可用

將冬天所凍豆腐放背陰房內候次年冰水化盡入大磁甕內埋背陰土中到六月取出會食眞佳品也

做米醋法

赤米不用舂洗淨蒸飯拌麴發香用水或用酒潑皆可發越久越好乃將酒渣節節添入即熬酒之熬桶尾候月餘可用如有發霉用鉄火鍼燒極紅淬之每日一二次仍連罈取出晒之

又法

糙米一斗浸過夜取出蒸熟成飯晾冷透裝入

罈內三日酸透入涼水三十斤用梛條每日攪數次七日後不須攪過一月不動俟其成醋濾去糟柏入花椒黃柏少許煎數滾收罈內聽用

極酸醋法

五月五時用做就粽子七个每个內各夾白麴一塊外加生艾心七个紅麴一把合爲一處裝入甕內用井水灌之約七八分滿就好甕口以布塞得極緊置背陰地方候三五日過早晚用棍子攪之嘗看至有醋味然後用烏糖四五圓打碎和燒酒四五壺隔湯頓至糖化取起候冷

傾入醋內早晚仍不時攪之俟極酸了可用要用時取起醋汁一罐換燒酒一罐下去永吃不完酸亦不退

千里醋法

烏梅去核一斤以釅醋五升浸一伏時晒乾再浸再晒以醋收盡爲度醋浸蒸餅和之爲丸如芡實大欲食時但投一二丸於湯中即成好醋矣

焦飯做醋法

蒸飯後鍋底鏟起焦飯俗名鍋巴投入白水罈

裝置近火煖熱處時常用棍子攪之七日後便成醋矣　凡酒酸不可飲者投以鍋巴依前法作醋用紹興酸酒更好

醃火腿法

每十斤猪腳配鹽十二兩極多加至十四兩將鹽炒過加皮硝末少許乘猪鹽兩熱擦之令勻置大桶內上面用大石壓之五日一翻候一個月將腿取起晾於風處四五個月可用

又法

金華人做火腿每斤猪腳配炒鹽三兩或云原方配六

兩不無太鹹用手將鹽擦完石壓之三天取出用手極力揉之肉軟爲度翻轉再壓再揉至肉軟如棉取出掛之風處約當於小雪後起至立春後方可掛風不凍

醃猪肉法

每猪肉十斤配鹽一斤肉先作條片用手掌打四五次然後將鹽炒熱擦上用石塊壓緊候次日水出下硝少許一天翻一天醃六七天撈起夏天晾風冬天晒日均俟微乾收用

又法

先將猪肉切成條片用冷水泡浸半天或一天撈起毎肉一層配稀薄食鹽一層裝入盆內上面用重物壓之蓋密永勿搬動要用照層次取起仍留鹽水　若要薰吃照前法用鹽浸過三天撈起晒微乾用甘蔗渣同米佈放鍋底將肉鋪排籠內蓋密安置鍋上粗糠慢火焙之以蔗米烟薰入肉內油滴下味香取起掛於風處要用時白水微煮甚佳

醃熟肉法

凡有事餘剩之熟雞猪等肉欲久留以待各雜當破作兩半猪肉切作條子中間剖開數刀用鹽於內外及剖縫處搓得極勻但不可太鹹裝入盆內用蒜頭搗爛和好米醋泡之以石壓其上一日須翻一遍二三日撈起晾略乾將鐵鍋抬起用竹片搭十字架於灶內或鐵絲編成更妙將肉鋪排竹上仍以鍋覆之塞勿出烟灶內用粗糠或濕甘蔗粕生火薰之灶門用磚堵塞不時翻轉總以乾香爲度取起收入新罈內口蓋緊過火不壞而且香

酒燉肉法

新鮮肉一斤刮洗淨入水煮滾一二次即出刀改成大方塊先以酒同水燉有七八分熟加醬油一杯花椒料葱姜桂皮一小片不可蓋鍋俟其將熟蓋鍋以悶之總以煨火爲主　或先用油姜煮滾下肉煮之令皮略赤然後用酒燉之加醬油椒葱香蕈之類　又或將肉切成塊先用甜醬擦過纔下油烹之

醬肉法

猪肉用白水煮熟去白肉併油絲務令淨盡取純精的切寸方塊子醃入好豆醬內晒之

火腿醬法

用南火腿煮熟切碎丁（如火腿過鹹即當用水先泡淡些然後煮之）去皮單取精肉用火將鍋燒得滾熱將香油先下滾香次下甜醬白糖甜酒同滾煉好然後下火腿丁及松子核桃瓜子等仁速炒翻取起磁罐收貯其法每火腿一隻用好麵醬一斤香油一斤白糖一斤核桃仁四兩（去皮打碎）花生仁四兩（炒去膜打碎）松子仁四兩瓜子仁二兩桂皮五分砂仁五分

做猪油丸法

將猪板油切極細加雞蛋黃菉豆粉少許和醬油酒調勻用杓取收掌心搓丸下滾水中隨下隨撈用香菰冬笋俱切條加葱白同清肉汁和水煮滾乃下油丸煮滾取起食之甚美

蒸猪頭法

猪頭先用滾水泡洗刷割極淨纔將裏外用鹽擦遍暫置盆中二三時久鍋中纔放涼水先滾極熟後下猪頭所擦之鹽不可洗去煮至三五滾撈起以淨布揩乾內外水氣用大蒜搗極細（如有鮮椒花更妙）擦上內外務必週遍置蒸籠內蒸至

極爛將骨拔去切片拌齊芥末椒花蒜醋食之俱妙

又法

猪頭買來悉如前法洗淨裏面生葱連根塞滿外面以好甜醬抹勻一指厚用木頭架於鍋中底下放水離猪頭一二寸許不可淹着上面以大磁盆覆蓋週圍用布塞極密勿令稍有出氣慢火蒸至極爛取出去葱切片吃之甚美

做肉鬆法

用猪後腿整個緊火煮透切大方斜塊加香蕈用原湯煮至極爛取精肉用手扯碎次用好甜酒清醬大茴末白糖少許同肉下鍋慢火拌炒至乾取起收貯

假火肉法

鮮肉用鹽擦透再用紙二三層包好入冷水灰內過一二日取出煮熟食之與火肉無二

煮老猪肉法

以水煮熟取出用冷水浸冷再煮即爛

醃肉法（與前醃肉二條參看）

猪宰完破開切成二斤或斤半塊子取去骨頭

將鹽研末以手搵末擦肉皮一遍再將所取之骨鋪於缸底先下整花椒拌鹽一層後下肉一層其肉皮當向下總以一層肉一層鹽椒下完面上多蓋鹽椒用紙封固過十餘天可吃如吃時取出仍用紙封固勿令出氣其肉缸放不冷不煖之處方好醃豬頭亦如是其骨棄之

風豬小腸法

豬小腸放磁盆內先滴下菜油少許用手攪勻候一時久下水如法洗淨切作節段每節量長一尺許用半精白豬肉剁極碎下豆油酒花椒

葱珠等料和勻候半天久裝入腸內只可八分不可太滿兩頭紮緊鋪層籠內蒸熟風乾要用當再蒸熟切薄片吃之甚佳

白煮肉法

凡要煮肉先將皮上用利刀橫立刮洗三四次然後下鍋煮之隨時翻轉不可蓋鍋以聞得肉香爲度香氣出時即抽取灶內火蓋鍋悶一刻撈起片吃有味 又云白煮肉當先備冷水一盆置鍋邊煮拔三次分外鮮美

風雞鵝鴨法

醃蘸之法與前醃蘸豬肉同但肉厚處當剖開加米醋少許又或起先竟不用鹽醃完時剖開肉厚處用豆油麵醬酒醋花椒之類和汁刷之蘸乾不時取出再刷更佳

風板鴨法

每鴨一隻配鹽三兩牙硝一錢將鴨如法宰完去腹內用牙硝研末先擦腹及各處之有刀傷者然後將鹽炒熱遍擦就好俟水滾透放下雞鴨一滾不可太久撈起即下冷水拔之取起下鍋再滾再拔如是三五次試熟即可取吃不可煮頓致油走化大減成色

悶雞肉法

先將肥雞如法宰洗砍作四大塊用豬油下鍋煉滾下雞烹之少停一會取起去油用好甜醬花椒料逐塊抹上下鍋加甜酒悶數滾熟爛加葱花香蕈取起吃之甚美

新鮮鹽白菜炒雞法

把嫩雌雞如法宰了切成塊子先用葷油椒料炒過後加白水煨火燉之臨吃下新鮮鹽白菜加酒少許不可蓋鍋蓋則黃色不鮮

食牛肉乾法　鹿肉乾同

生肉切成大片約厚一寸將鹽攤放平處取牛肉塊順手平平丟下隨手取起翻過再丟兩面均已粘鹽丟下時不可用手按壓拿起輕輕抖去浮鹽亦不可用手抹擦逐層安放盆內用石壓之隔宿將滷洗肉取出鋪排稻草上晒之不時翻轉至晚收放平板上用木棍趕滚使肉堅實光亮隨逐層堆板上用重壓蓋次早取起再晒至晚再滚再壓內外用石壓之隔宿或一兩天取起掛在風處一月可吃雞鴨有大小配鹽當以每斤加一左右極多至加一五切不可過

多

封雞法

將雞宰洗乾淨腳灣處用刀鋸一下令筋略斷將腳順轉插入屁股內烘熱用甜醬擦遍下滚油翻轉烹之俟皮赤紅取起下鍋內用水浸火先煮至湯乾雞熟乃下甜酒青醬椒角（整粒用之）再燉至極爛加椒末葱珠用碗盛之好吃或將雞砍作四太塊及小塊皆可然總不及整個之味全

假燒雞鴨法

將雞鴨宰完洗淨砍作四大塊擦甜醬下滚油烹過取起下砂鍋內用好酒清醬花椒角茴同煮至將熟傾入鐵鍋內慢火燒乾至焦當隨時翻轉勿使粘鍋

頃刻熟雞鴨法

用頂肥雞鴨不下水乾退毛後挖一孔取出腹內碎件裝入好梅乾菜令滿用猪油下鍋煉滚下雞鴨烹之至紅色香熟取起剝去焦皮取肉片吃甚美

關東煮雞鴨法

先用一盆冷水放在鍋邊纔用水下鍋不可太多只淹得雞鴨第三日早取出晾半天裝入罈內如裝久潮濕取出再晾此做牛肉乾之法也要吃時取肉乾切成二寸方塊用雞湯或肉湯淹牛脯有二寸許加大蒜瓣十數枚不打破同煮至湯乾取起每塊切作兩塊（須橫切為妙）再折作粗條約指頭大再用甜酒和好豆油以牛脯多寡配七八分再煮至乾食之極美

食鹿尾法

此物當乘新鮮不可久放致油乾肉硬則味不

全矣法先用涼水洗淨新布裹密用線紮緊下滚湯煮一袋烟時取起退毛令淨放磁盤內和醬及清醬醋酒薑蒜蒸至熟爛切片吃之又云先用豆腐皮或鹽酸菜包裹外用小繩子或錢串紮得極緊下水煮一二滚取起去毛淨安放磁盤內蒸熟片吃

食熊掌法

先用溫水泡軟取起再用滚水盪退去毛令淨放磁盤內和酒醋蒸熟去骨將肉切片裝磁盤內下好肉湯及清醬酒醋薑蒜再蒸至極爛好

吃

炒野味法

炒野雞麻雀及一切山禽等類皆當用茶油為主（無茶油則用芝蔴油）切不可用猪油先將茶油同飯粒數慢火滚數滚撈去飯顆下生姜絲炙赤將鳥肉配甜醬瓜姜切細絲下去同炒數遍取起用甜酒豆油和下再炒至熟好吃若麻雀取起時當少停一會纔下去再炒

煮燕窩法

用滚水一碗投炭灰少許候清將清水傾起入燕窩泡之即霉黃亦白撕碎洗淨次將煮熟之肉取半精白切絲加雞肉絲更妙入碗內裝滿用滚肉湯淋之傾出再淋兩三次其燕窩另放一碗亦先淋兩三遍俟肉絲淋完乃將燕窩逐條鋪排上面用淨肉湯去油留清加甜酒豆油各少許滚滚淋下撒以椒麵吃之　又有一法用熟肉剉作極細丸料加菉豆粉及豆油花椒酒雞蛋清作丸子長如燕窩將燕窩泡洗撕碎粘貼肉丸外包密付滚湯盪之隨手撈起候一齊做完盪好用清肉湯作汁加豆油甜酒各少

許下鍋先滚一二滚將丸下去再一滚即取下碗撒以椒麵葱花香蕈吃之甚美或將燕窩包在肉丸內作丸子亦先盪熟餘仝

煮魚翅法

魚翅整個用水泡軟下鍋煮至手可撕開就好不可太爛取起冷水泡之撕去骨頭及沙皮取有條縷整瓣者不可撕破鋪排扁內晒乾收貯磁器內臨用酌量碗數取出用清水泡半日先煮一二滚洗淨配煮熟肉絲或雞肉絲更妙香蕈同油蒜下鍋連炒數遍水少許煮至發香乃

用肉湯纔淹肉就好加醋再煮數滾粉水少許下去並葱白再煮滾下碗其翅頭之肉及嫩皮加醋肉湯煮作菜吃之

煮鮑魚法

先用藥剪切薄片子水泡洗煮熟撈起配新鮮肉精的打橫切薄片子下鍋先炒出水煮至水乾看肉若未熟當再下點水煮乾熟纔將鮑魚下去加蒜瓣切薄片子半茶甌肉湯和粉同炒湯粉不可太多亦不可太少總以硬軟得宜為要至粉蒜熟取起此項不下鹽醬以鮑魚質本鹹故也

煮鹿筋法

筋買來盡行用水泡軟下鍋煮之至半熟後撈起用刀刮去皮骨取淨晒乾收貯臨用取出水泡軟清水下鍋煮至熟但不可爛下取起每條用刀切作三節或四節用新鮮肉帶皮切作兩指大片子仝氷先下鍋肉慢火煮至半熟下鹿筋再煮一二滾和酒醋鹽花椒八角之類至筋極爛肉極熟加葱白節裝下碗其醋不可太多令吃者不見醋味為主

炒鱔魚法

先將魚付滾水抄盪捲圈取起洗去白膜剔取肉條撕碎用蔴油下鍋併姜蒜炒撥數十下加粉滷酒和勻取起

頓脚魚法

先將脚魚宰死下涼水泡一會纔下滾水盪洗刮去黑皮開甲去腹腸肚穢物砍作四大塊用肉湯併生精肉姜蒜同頓至魚熟爛將肉取起只留脚魚再下椒末其蒜當多下姜次之臨吃時均去之　又法大脚魚一個配大雌雞一個各如法宰洗用大磁盆底鋪大葱一重併蒜頭大料花椒姜將魚雞安下上蓋以大葱用甜酒清醬和下淹密隔湯頓二炷香久熟爛香美

醉螃蟹法

用好甜酒與清醬配合酒七分清醬三分先入罈內次取活蟹已死者不可用用小刀於背甲當中處扎一下隨用鹽少許塡入乘其未死即投入罈中蠏下完後將罈口封固三五日可吃矣

醉魚法

用新鮮鯉魚破開去肚內雜碎醃二日翻過再醃二日即於滷內洗淨再以清水淨晾乾水氣

入燒酒內洗過裝入罈內每層魚各放些花椒用黃酒灌下淹魚寸許再入燒酒半寸許上面以花椒蓋之泥封口總以魚只裝得七分黃酒淹得二分燒酒一分可成十分滿足吃時取底下的放猪板油細丁加椒葱刀切極細如泥全頓極爛食之眞佳品也　如遇夏天將魚晒乾亦可如法醉之

糟魚法

將魚破開不下水用鹽醃之每魚一斤約用鹽二三兩醃二日即於滷內洗淨再以清水擺淨

去鱗翅及頭尾於日中晒之候魚半乾（不可太乾）砍作四塊或八塊（肉厚處再剖開）取做就之糟（即前法所云擠酒之糟加鹽少許裝入罈內候發香糟物者是也）聽用每魚一層蓋糟一層上加整花椒逐層用糟及椒安放罈內如糟汁少微覺乾便取好甜酒酌量傾入用泥封罈口四十天後可吃臨吃時取魚帶糟用猪板油細丁拌入碗盛蒸之　糟猪雞等肉同法但魚用生的入糟猪雞等肉須煮熟乃可

頃刻糟魚法

將醃魚洗淡以糖霜入火酒內澆浸片刻即如糟透鮮魚亦可用此法

做魚鬆法

用粗綠魚如法去鱗肚洗淨蒸略熟取出去骨淨盡下好肉湯煮數滾取起和甜酒微醋清醬加八角末姜汁白糖蔴油少許和勻下鍋拌炒至乾取起磁罐收貯

酥魚法

不拘何魚即鯽魚亦可凡魚不去鱗不破肚洗淨先用大葱厚鋪鍋底下一重魚鋪一重葱魚下完加清醬少許用好香油作汁淹魚一指鍋

蓋密用高糧桿火煮之至鍋裏不响爲度取起吃之甚美且可久藏不壞

蝦羹法

將鮮蝦剝去頭尾足殼取肉切成薄片加雞蛋菉豆粉香圓絲香菰絲瓜子仁和豆油酒調勻乃將蝦之頭尾足殼用寬水煮數滾去渣澄清再用諸油同微蒜炙滾去蒜將清湯傾和油內煮滾乃下和勻之蝦肉等料再煮滾取起不可太熟

魚肉耐久法

夏月魚肉安香油久久不壞

夏天熱物不臭法

大甕一個擇其口寬大者中間以梗灰乾鋪於底將碗盛物放在上面甕口將小布棉褥蓋之再以方磚壓之勿令透風走氣經宿雖盛暑不臭明日將要取用先燒熱鍋即傾入重熱若少停便變味

卷上終

醒園錄目錄卷下

醒園錄卷下

羅江　李化楠　石亭手抄

醃鹽蛋法

用蘆草灰木炭灰或稻草灰亦可二灰用六成七成黃土用四成三成有粘性可粘住就好灰土拌成一塊每三升土灰配鹽一升酒和泥塑蛋將大頭向上小頭向下密排罈內十多天或半月可吃合泥切不可用水一用水即蛋白堅實難吃矣

變蛋法

用石灰木炭灰松柏枝灰蘆糠灰四件（石灰須少不可與各灰平等）加鹽拌勻用老粗茶葉煎濃汁調拌不硬不軟裹蛋裝入罈內泥封固百天可用其鹽每蛋只可用二分多則太鹹　又法用蘆草稻草灰各二分石灰各一分先用柏葉帶子搗極細泥和入三灰內加蘆糠拌勻和濃茶汁塑蛋裝罈內半月二十天可吃

醬雞蛋法

用雞蛋帶殼洗極淨醃入醬內一月可吃但不用煮取黃生吃之甚美其清化如水可　搵物當

豆油用之

白煮蛋法

將蛋同涼水下鍋煮至鍋邊水响撈起用涼水泡之候蛋極冷再放下鍋二三滚取起其黄不熟不生最爲有趣

蛋捲法

用蛋打攪勻下鉄杓内其杓當先用生油擦之乃下蛋煎之當輪轉令其厚薄均勻候熟揭起後做此逐次煎完壓平用猪肉半精白的刀剉不可太細和箓豆粉雞蛋清豆油甜酒花椒八角末

之類或加鹽落花生更妙併葱珠等下去攪勻取一小塊用煎蛋餅捲之如捲薄餅樣將兩頭輕輕折入逐個包完放蒸籠内蒸熟吃之其味甚美

乳蛋法

每用牛乳三盞配雞蛋一枚胡桃仁一枚研極細末冰糖少許亦研末和勻蒸熟吃之甚美兼能補益老人虛燥有痰者加老姜汁一茶匙更妙

做大蛋法

用猪尿胞一個將灰拌用脚踹踏至大不拘雞鵝鴨蛋一樣打破傾碗内隨用多少調和裝入胞内紮緊口外用油紙包裹沉井底一夜次日取出煮熟剝開胞内黄白照舊如大蛋一般甚妙

治乳牛法

揀帶囝子毋牛如法加料喂之不令飲水單用飯湯飲之以助乳勢每日可擠兩次早晚臨取時用熱水將肚下及乳房處先盪洗一遍去其臭味然後再用熱水盪洗其乳令熱欲擠之手亦要盪熱擠之即下此一定之法若非盪熱半點不下

取乳皮法

將乳槳入鉢内安滚水中盪滚用扇打之令面上結皮取起再扇再取令盡棄其清乳不用將皮再下滚水置火中煎化每人配水一碗下好茶滷一大盃加芝麻胡桃仁各研極細篩過調勻吃之甚好若要鹹加鹽滷少許若將乳皮單吃補益之功更大

做乳餅法

初次用乳一盞配好米醋半盞和勻放滚水中盪熱用手擗之自然成餅原水只下乳一盞不

用加醋三四次各加米醋少許原水不可丟棄後做此其乳餅若要吃鹹些仍留原汁加鹽少許亦可或將乳醋各另盛一碗置滾水中預先盪熱然後量乳一盃和醋少許聶之成餅二三次時乳中之汁若剩至太多即當傾去只留少許

芝蔴茶法

先用芝蔴去皮炒香磨細先取一酒盃下碗入鹽少許用快子順打至稠硬不開再下鹽水順打至稀稠約有半碗多然後用紅茶熬釅候略

溫調入半碗可作四碗吃之　又法用牛乳隔水頓二三滾取起晾冷結皮將皮揭盡配碗和芝蔴茶吃

杏仁漿法　作茶吃

先將杏仁泡水去皮尖與上白米飯米對配磨漿墜水加糖頓熟作茶吃之甚為潤肺　或單用杏仁磨漿加糖亦可　或用杏仁為君米用三分之一無小磨用臼搗爛布濾

千里茶法

白沙糖四兩白茯苓三兩薄荷葉四兩甘草一兩共為細末煉蜜為丸如棗子大每用一丸噙化可行千里之程不渴

蒸粘糕法

每糯米七升配白飯米三升清水淘淨泡隔宿撈起舂粉篩細配白糖五斤紅糖亦可滾水拌勻以用手抓起成團為度不可太濕入籠蒸之候熟傾出晾冷放盆內用手極力揉勻至無白點為度再用籠圈安放平正處底下及週圍俱用箬殼舖貼然後下糕用手壓平去圈成個

蒸雞蛋糕法

每麵一斤配蛋十個白糖半斤合作一處拌勻蓋密放灶上熱處過一飯時入蒸籠內蒸熟以快子插入不粘為度取起候冷定切片吃　若要做乾糕灶上熱後入鉄爐熨之

蒸蘿蔔糕法

每飯米八升加糯米二升水洗淨泡隔宿舂粉篩細配蘿蔔三四斤刮去粗皮擦成絲用熟豬板油一斤切絲或作丁先下鍋略炒次下蘿蔔絲同炒再加胡椒麵葱花鹽各少許全炒蘿蔔半熟撈起候冷拌入米粉內加水調極勻以手挑起

壁有整塊不致大稀入蒸籠內蒸之先用布襯於籠底快子插入

不粘即熟矣　又法豬油蘿蔔椒料俱不下鍋

即拌入米粉同蒸

蒸西洋糕法

每上麵一斤配白糖半斤雞蛋黃十六個酒娘半碗擠去糟粕只用酒汁合水少許和勻用快子攪吹去沫安熱處令發入蒸籠內用布鋪好傾下蒸之

做菉豆糕法

菉豆粉一兩配水三中碗和糖攪勻置砂鍋中

煮打成糊取起分盛碗中即成糕

蒸高菜糕法

飯米一斗用水洗泡配菜葉五斤洗淨切極細拌米合磨成漿將糖和微水下鍋煮至滴水成珠傾入漿內攪勻用碗量水蒸籠內蒸熟纔重重做此下去如蒸九重糕法甚美每重以薄為妙

蒸茯苓糕法

用軟性好飯米舂得極白研麵用極細篩篩過每斤麵配白糖六兩拌勻下層籠內用手排實

未下時先墊高麗紙一重蒸熟　又法用七成白粳米三成白糯米再加二三成蓮肉芡實茯苓山藥等末拌勻蒸之

又法用上好白飯米洗淨晾乾不可泡水研極細麵再用上白糖每斤配水一大碗攪勻下鍋攪煮收稠數滾取起候冷澄去渾底即取多少酒入米麵令濕用手隨灑隨搔勿令成塊至潮濕普遍就好先用淨布鋪於層籠底將麵篩下抹平略壓一壓用銅刀先行剖劃條塊子蒸熟取起候冷攏開好吃

又法亦用飯米洗泡舂粉用白糖水和拌篩下層籠內打平再篩餡料一重又篩米麵一重若要多餡放此再加二三重皆可篩完抹平用刀劃開塊子中央各點紅花蒸熟此一名封糕餡料用核桃肉松瓜等仁研碎篩下

鬆糕法　即發糕

用上白飯米洗泡一天研磨細麵糖亦如茯苓糕提法二者俱備一盃麵一盃糖水一盃清水加入發子即包子店所用麵法麵也攪勻蓋密令發至透下層籠蒸之要用紅的加紅麵末要綠加青菜汁

要黃加美黃即各成顏色

煮西瓜糕法

揀上好大西瓜劈開剖瓤撈起另處瓜水汁另作一處先將瓜瓤瀝水下鍋煮滾再下瓜瓤仝煮至發粘取起秤重與糖對配將糖同另處瓜汁下鍋煮滾然後下瓜瓤煮至滴水不散取起用罐裝貯具子另揀炒香取仁下去如久雨潮濕發霉面霉將浮點用快子揀去連罐坐慢火爐上徐徐滾之取起勿動

山查糕法

將鮮山查水煮一滾撈起去皮核取淨肉搗爛再用細竹篩手磨擦去根秤重與白糖對配不紅加紅顏料拌匀或印或攤整個切條塊收貯倘水氣不收難放用爐火排平隔紙將糕排在紙上紙盖一二層水氣收乾裝貯

又法水煮熟去皮留肉并核將煮山查之水下糖煮滾泡浸查肉酸甜可作圍碟之用

薔薇糕法

薔薇天明初開時取來不拘多少去心蒂及葉頭有白處鋪於鑵底用白糖蓋之紮緊明日再取如法後倣此候花過將鑵內糖花不時翻轉

至花畧爛將鑵坐於微火煮片時加餡糖和匀紮緊候用

桂花糖法

用白糖十斤先煮至滴水不散下粉漿二斤粉漿即以麥麩做麵筋麵筋成後所餘之水是也再煮至如龍眼肉樣下桂花滷梅桂滷亦可再煮傾起候冷用麵趕攤開整傾剪塊若要煮明糖候煮硬些取起上下用芝蔴鋪壓以麵趕攤開按西瓜糕及此桂花糖內均可量加飴糖

做餑餑法

上好乾白麵一斤先取起六兩和油四兩極多用至六兩便為頂高餑餑同麵和作一大塊揉得極熟下剩麵十兩配油二兩三兩至多添水下去和作一大塊揉匀纔將前後兩麵合作一塊攤開再合再攤如此十數遍再作小塊子攤開包餡下爐熨之即為上好餑餑　又法每麵一斤配油五六兩加糖不下水揉匀作一塊做成餅子名一片瓦

又法裏面用前法半油半水相合之麵外再用單水之麵薄包一重酥而不破其餡料用核桃肉去皮研碎半斤松子瓜子二仁各二兩香圓絲橘餅絲各二兩白糖板沖如入飴糖即不用板沖矣月餅

同法

做滿洲餑餑法

外皮每白麵一斤配猪油四兩滚水四兩攪勻用手揉至越多越好內面每白麵一斤配猪油半斤（如攪乾些當再加油）揉極熟總以不硬不軟爲度纔將前後二麵合成一大塊揉勻擀開打捲切作小塊擀開包餡（即核桃肉等類）下爐熨熟月餅同法或用好香油和麵更妙其應用分兩輕重與猪油同

做米粉菜包法

用飯米舂極白洗泡濾乾磨篩細粉將粉置大盆中留餘一大碗先將凉水下鍋煮滚然後將大碗之粉勻勻撒下煮成稀糊取起傾入大盆中和勻成塊再放極淨熱鍋中拌揉極透（恐皮黑不入熱鍋亦可）取起聶做菜包任薄不破如做不完用濕巾蓋密隔宿不壞（若要做薄皮當調硬些切不可太稀要緊）又法將米粉先分作數次微炒不可過黃餘悉如前法　其餡料用芥菜（切碎鹽揉擠去汁）水靑蒜（切碎）同肉皮白肉絲油炒半熟包入又或用熟肉（切細）香菰冬笋豆腐乾鹽落花生仁欖餅冬瓜香圓片

（各切丁子）備齊將冬笋先用滚水盪熟豆腐乾用油炒熟炙取肉下鍋炒一滚再下香菰冬笋豆腐乾同炒取起拌入花生仁等料包之或加蛋條亦好此項只宜下鹽切不可用豆油以豆油能令皮黑故也　凡做消邁及蕨粉包肉餡悉如菜包其蕨粉皮如做米粉法

晒番薯法

揀好大條者去皮乾淨安放層籠內蒸熟用米篩摩細去根晒去水氣揉作條子或印或糕餅晒乾裝入新磁器內不時作點心甚佳

煑香菰法

將菰用水洗濕至透捻微乾熱鍋下猪油加姜絲炙至姜赤將菰放下連炒數下將原泡之水從鍋邊高處週圍循循傾下立下立滚隨即取起候配烹調各菜甚脆香凡所和之物當候煮熟隨下隨起切不可久煮以失菰性

東洋醬瓜法

先用好麵十斤炒過大豆粉二升（或稱重二斤亦可）二共冷水作餅蒸熟候冷（餅約二指厚兩掌大）於不透風煖處醬之下用蘆席鋪勻餅上用葉厚蓋醬至黃

衣上爲度去葉翻轉黃透晒乾㵸露愈久愈妙

瓜每斤配食鹽四兩（此獨用鹽多者以鹽滷下醬之故）醃四五天將瓜撈起晒微乾瓜滷候澄清去底下渾脚後卽將清滷攪前麵豆餅作醬（餅須搗極細或磨過更妙）醬與瓜對配裝入磁礶內不用晒日候一月可開

乾醬瓜法

二三月天先將小麥洗磨略碎不過篩（若要做細醬麵以磨細篩過爲是）和滾水做成磚條塊子蓋於煖處令其發霉務透晒乾收貯候瓜熟買來剖作兩瓣銅錢刮去瓤用滾透熟冷水洗淨布拭乾再用

石灰一斤亦用滾熟冷水泡澄去渾底將瓜泡下只過夜次早洗淨取起用布拭乾用大口高盆子將黃先研細麵篩過先裝盆底一重次裝瓜一重又裝鹽一重重重裝入上面仍用醬麵蓋之不用水用麻布蓋晒於初伏日起日晒夜收一月可吃凡晒醬切不可着一點生水以致易壞生白每料瓜四十九斤醬麵四十五斤鹽九斤石灰一斤（醬麵鹽灰俱研細候用）

醃紅甜薑法

揀大塊嫩生薑擦去粗皮切成一分多厚片子置瓷盆內用研細白鹽少許（或將鹽打滷澄去泥沙淨下鍋再煎成鹽用之更妙）稍醃一二時辰卽逼出鹽水約每斤加白醃梅乾十餘個拌入薑片內隔一宿候梅乾漲薑片軟撈起去酸鹹水仍入瓷盆每斤可加白糖五六兩染鋪所用好紅花汁半酒盃拌勻晒一日至次日嘗之若有鹹酸水仍逼去再加白糖紅花一二次總以味甜而色清紅爲度仍置日色處晒二三日卽可入瓶晒時務將瓷盆日用紗蒙紥以防螞蟻蒼蠅投入

醃瓜諸法

凡要下醬之瓜總以加三鹽爲準但醃法不一有將瓜剖開配鹽瓜背向下瓜腹向上層層排入盆內卽壓下不動至三四天或五六天撈起於滷水中洗淨晾乾水氣入醬者有剖開去瓤晾微乾用灰搽擦內外丟地隔宿用布拭去灰令淨勿洗水入醬者有剖開撒鹽用手逐塊揉擦至軟裝入盆內二三天撈起入醬者諸法不一大約用後二法其瓜更爲青脆

醃青梅法

青梅買來卽用石灰加水潮濕手搓翻一遍隔

宿將水添滿泡一天嘗看酸澁之味去有七八爲度如未卽當再換薄灰水再泡洗淨撈起鋪開晾風略乾就好不可太乾以致縐縮每梅十斤配鹽七八兩先拌醃一宿然後用冰糖清灌下令滿隔三四天傾出煎滚加些白糖候冷仍灌下隔十天八天再傾再煎纔可裝貯罐內庶可久存不壞如日久或爾後發霉卽當再煎爲要　甜薑法同

醃鹹梅杏法

當梅杏成熟之時擇其黃大有肉者每斤配鹽

四兩先下點水拌鹽梅杏同一齊下盆內用手順順翻攪令鹽化盡爲度每日不時攪之切勿傷破其皮上面用物輕輕壓之三天後裝貯甕內有病時吃之甚美若欲晒乾每斤只加鹽二兩五錢醃壓六七天取起晒之晚用物壓之使扁

醃蒜頭法

新出蒜頭乘未甚乾實者更妙去桿及根用清水泡兩三天嘗看辛辣之味去有七八就好如未卽再換清水再泡洗淨撈起用鹽水加醋醃

之若要吃鹹的每斤蒜用二兩鹽三兩醋先醃二三日纔添水至滿封貯可久存不壞倘要吃半鹹半甜當灰水中撈起時先用薄鹽醃一兩天然後用糖醋煎滚候冷灌之若太淡加鹽不甜加糖可也

醃蘿蔔乾法

七八月時候拔嫩水蘿蔔揀五個指頭大的就好不要太大亦不可太老以七八月正是時候去梗葉根整個洗淨晒五六分乾收起稱重每斤配鹽一兩拌揉至水出蔔軟裝入罎內蓋密

次早取起向日色處半晒半風去水氣日過蔔冷再極力揉至水出蔔軟色赤又裝入罎內蓋密次早仍取出風晒去水氣收來再極力揉至潮濕軟紅用小口罐分裝務令結實用稻草打直塞口極緊勿令透氣漏風將罐覆放陰涼地面不可晒日一月後香脆可吃先開吃一罐完然後再開別罐庶不致壞若要作小菜碟用先將蘿蔔洗淨切作小指頭大條約二分厚一寸二三分長就好晒至五六分乾以下作法與整蘿蔔同

醃落花生法

將落花生連殼下鍋用水煮熟下鹽再煮一二滚連汁裝入缸盆內三四天可吃　又法用水煮熟撈乾棄水醃入鹽菜滷內亦三四天可吃

又法將落花生同菜滷一齊下鍋煮熟連滷裝入缸盆登時可吃若要出門撈乾包帶作路菜不壞　按後法雖嫩便但豆皮不能擠去若用前法豆皮一擠就去雪白好看

醃芥菜法

整叢芥菜取來將菜頭老處先行砍起另煮外

其菜身剖作兩半若大叢的當剖作四半晒至乾軟晾併兩天收脚盆內每菜十斤當配鹽三斤（若要淡些加二斤半亦可）將鹽先撥一半撒在菜內以手揉至鹽盡菜軟收入大桶內上用大石壓之過三天先將淨脚盆安放平穩地方盆上橫以木板用米籃架上將菜撈入籃內上面仍用大石壓至汁出盡一面將汁煎滚候冷澄清一面將菜纏作把子將原留之鹽重重配裝甕內上面用十字竹板結之以結實為要纔將清汁灌下以淹密為度甕口用泥封固甕只可小的不必太大

吃完一甕再開別甕久久不壞

做霉乾菜法

將芥菜砍晒二日足每十斤配鹽一斤拌揉出汁裝入盆內用重石壓之六七天要撈起時用原滷擺洗去沙晒極乾蒸之務令極透晾冷極力揉軟再晒再蒸再揉四五次為度纏作把子收裝罈內塞緊候用或要蒸時每次用老酒濕之更為加料無比矣

做辣菜法

取芥菜之旁芽內葉併心尾二三節晒兩日半

其心節當剖開晒晒好切節以寸為度用清水比菜略多些將水下鍋煮至鍋邊响時下菜用杓翻兩三遍急取起壓去水氣用姜絲淡鹽花作速合拌收入磁罐內裝塞極緊勿令稀鬆其罐嘴用芥葉滚水微鹽過二三重封固將嘴倒覆灯上二三時久移覆地下一週日開用好吃鹹的用鹽醋猪油或蔴油拌吃好吃甜的用糖

醋油拌吃

甜辣菜法

用白菜帮帶心葉一並切寸許長下飯籮候水

將滚有聲時候落去一抄取起晾乾用好米醋和白糖加細姜絲花椒芥末蔴油少許調勻傾入菜內拌勻裝入罈三四天可吃甚美

經年芥辣法

芥菜取心不着水挂晒至六七分乾切作短條子每十斤約用鹽半斤好米醋三斤先將鹽醋煮滚候冷乃下生芥心拌勻用磁瓶分裝好泥封固一年可吃臨吃時加油醬等料

做香乾菜法　一名窨菜

用生芥心併葉梗皆可切短條子約長寸許嫩若心則整枝用更妙老的切不可下去如冬瓜片子樣日晒極乾淡鹽少許揉得極軟裝入小口罐內用稻草打直塞緊將罐倒覆地下不必晒日一月可吃或乾吃或拌老酒或酸醋皆美按鹽太淡即發霉易爛每斤菜當加鹽一兩少亦得七八錢

做甕菜法

每菜十斤配炒鹽四十兩將菜鹽層層隔鋪揉勻入缸醃壓三日取起就好入盆內手揉一遍換過一缸鹽滷留用過三日又將菜取起再揉一遍又换一缸留滷候用如是九遍乃裝入甕

內每層菜上各撒花椒小茴香如此結實裝好將留存菜滷每罈入三碗泥封過年可吃甚美按留存菜滷若先下鍋煮數滚取起候冷澄清去渾底然後加入更妙

做香小菜法

用生芥心或葉併梗皆可先切碎約一寸長日晒極乾加鹽少許揉得極軟裝入罐內以好老酒灌下作汁封口付日中晒之如乾再加酒

做五香菜法

每十斤菜配研細淨鹽六兩四錢先將菜逐葉披開桿頭厚處撕碎或先切作寸許分晒至六七分乾下鹽揉至發香極軟加花椒小茴陳皮絲拌勻裝入罈內用草塞口極緊勿令泄氣為妙覆藏勿仰一月可吃

攪芥末法

用將滚之水調勻得宜蓋密置灶上略得溫氣半日後或隔宿開用

煮菜配物法

芥菜心將老皮去盡切片用煮肉之湯煎滚放下煮一二滚撈起置冷水中泡冷取起候配物同煮至熟其青翠之色仍舊也不變黃亦不能

過爛甚爲好看

做酸白菜法

用整白菜下滚湯盪透就好不可至熟取起先時收貯煮麵湯留存至酸然後可盪菜裝入罈内用麵湯灌之淹密爲度十多天可吃要吃時横切一箍若無麵湯以飯湯作酸亦可　又法將白菜披開切斷入滚水中只一盪取起（要取得快纔好）即刻入罈用盪菜之水灌下隨手將罈口封固勿令泄氣次日即可開吃菜既酸脆汁亦不渾

醬芹菜法

芹菜揀嫩而長大者去葉取梗將大頭剖開作三四瓣晒微乾梗軟每瓣取來纏作二寸長把子即醃入吃完醬瓜之舊醬内俟二十日可吃要吃時取出用手將醬摅淨切寸許長青翠香美不可下水洗若無舊醬即將纏把芹菜每斤配鹽一兩二錢逐層醃入盆内二三天取出用原滷洗淨晒微乾將醃菜之滷澄清去渾脚傾入醬瓜黄内（醬黄即東洋醬瓜所用已見前）泡攪作醬醬與芹菜對配如醬瓜法層層裝入罈内封固不用晒日二十天可吃矣

醃黄小菜法

用黄芽白菜整個水洗淨掛繩上陰半乾以葉黄爲度切斷約五分長用鹽揉匀隔宿取出擠去菜汁入整花椒小茴橘皮黄酒拌匀（不可過鹹亦不可太淡）裝入小罐封固三日後可吃若要久放必將菜汁去盡乃不變味

製南棗法

用大南棗十個蒸軟去皮核配人參一錢用布包寄米飯中蒸爛同搗匀作彈子丸收貯吃之補氣

仙菓不飢方

大南棗一片好柿餅十塊芝蔴半斤（去皮炒）糯米粉半斤（炒）將之蔴先研成極細末俟用棗柿同入在飯中蒸熟取出去皮核子蒂搗極爛和蔴米二粉再搗匀作彈子丸晒乾收貯臨飢時吃之若再加人參其妙又不可言矣

耐飢丸

糯米一升淘洗淨潔候乾炒黄研極細粉用紅棗肉三升（細六斤重）水洗蒸熟去皮核入石臼内同

米粉搗爛爲大丸晒乾滚水冲服

行路不吃飯自飽法

芝蔴一升去皮炒糯米一升共研爲末將紅棗一升煮熟和爲丸如彈子大每滚水下一丸可一日不飢

米經久不蛀法

用蠏兕安放米内則經久不蛀

藏橙橘不壞法

將橙橘藏菉豆中經久不壞

西瓜久放不壞法

用綿沙鋪地令厚置瓜其上可以久放　安橙橘等及瓜安放之處俱不可見酒

抱鴨蛋法

用草籠或竹籠裝稻穀壟糠將蛋埋在糠内蓋密放熱炕上微微烘之就好不可過熱隔五天煎一盆滚水拌晾至不溫手微温將蛋取出下水泡一盃茶久撈起擦乾仍舊安排糠内過五天做此再温二十多天自然出壳不用打破仙鶴之蛋亦用此法抱之但當先用棉花厚包纔埋糠内餘同

卷下終

粵東皇華集

光緒壬午冬
鋟於樂道齋

附朝鮮國副使啟

浩修啟從人再造門屏聲光自爾不遠始而誦其詩已而聽其議論是無異乎瞻德容而接清誨也況又投之瓊琚之章施之奬許之語海外賤蹤何以獲此於
大邦之君子也禁防所拘既未能趨謝感忱方喪在身又不得奉報拙什以愧以悚如魚中鉤數日漸覺曈暘伏惟
尊體珍護詩學之亡久矣自夫明末諸君子寫景則動引唐人敘事則輒稱宋調風神或似雋永陶洗或近精工而驟讀則牙頰爽然徐看則意趣索如其弊至於音節噍殺氣像悽短全失温柔敦厚之義盖學唐而失其天機學宋而去其才情則皮膜而已雕琢而已乃執事之詩則卽以皇華諸篇觀之超脫沿襲之陋一任淸雅之眞非唐非宋獨成
執事之言而若其格致之蒼健音韻之高潔無心於山谷放翁而自合於山谷放翁亦可謂歐陽子之善學太史公三復之餘不勝敬歎所恨者富有之業當不止此而一臠之味無以盡九鼎爾然詞律不過小技執事必有事於詩外如近世李榕村之沉潛經術

顧甯人之博物考古梅勿菴之專門絕藝皆深造自得之學而非入耳出口之說執事于經于史如有發揮著述則區區願見之誠不啻渴者之金莖露爾不宣丁酉上元

朝鮮國副使徐浩修拜

徐浩修字養直號鶴山朝鮮大匡人官禮曹判書兼同知經筵成均館事前宏文館副提學集賢殿學士議政府舍人湖南布政使承政院都承旨吏曹參判

粤東皇華集序

粤東皇華集四卷雨邨李五丈作也雨邨以甲午之夏奉

命爲廣東副典試往還六閱月凡所經歷悉記以詩删汰改易又二年而刋成屬余爲之序夫文字權衡翰林之任也然我

皇上用人無方試使學使輒兼用部曹而由庶常改部者用之尤多君故庶常且素以詩文名世意者聲稱籍甚達於

天聽乎今邊省儒學之盛莫如閩粤閩承宋學多以經術鳴而粤東詩文之士爲嶺嶠冠久矣其山川奇麗唐宋以降古蹟至多我

朝如漁洋竹垞他山輩咸經其地所撰著皆一一可據雨邨於是行也其能已於言乎竊以爲今之試使亦猶古太史之採風乘輶軒周四國而風謠美惡必兼收焉試使則取其文之美者達之朝宁其不才者抑之此其與古異也至若記其風土詢其政教復

命之頃以待

顧問則古今一也故皇華之詩以咨諏詢度謀五事爲本夫使者於所過溪山之出沒興替所從來民風

之涫薄會不考而知焉是視若罔見聽若罔聞執此以鑒文字之高卑求其不謬不亦難乎故余於雨邨之本五事以爲詩而知其所取之才必可以爲
國家用若其詩之雄肆超詣固有不愧昔賢者在覽者宜自得之又何待於余言

乾隆丙申十二月後學程晉芳拜序

粵東皇華集卷

羅江李調元雨村著

奉和粵東中丞德定圃座師見寄元韻

登龍曾憶滿京華桃李逢時盡作花荀爽無才先得
御（癸未科師充大總裁閱四川卷首蒙擊賞拔置會試第二人）孔融有慧競通家

一從不立門前雪萬里常看海外霞今日讀詩似親炙春風疑不在天涯

自慚薄殖未升堂濟濟曾叨吉士行未得青藜終講讀重經絳帳聽絲簧郎廳此日仍依鶴學博當時笑擇羊（調先以國子監學錄釋褐受知故云）屈指平生知遇重鳳鳴終自愧朝陽通德門依　鳳闕閒年前入覲暫來還（師於去歲入覲調方補官來京晉謁於　西園家垂問近況）笑容近接三台象清德遙傳百越纛蕓苡囊開無別載木棉花發又重攀珠江可許陪趨步飽看羅浮月一灣

帝咨柱石爲南邊八座文昌　內簡賢人頌恩威恩最著羣歸教養教尤先陶延名重溪猺伏韓愈文成海鱷遷雜沓最憐門下士幾時重入醉翁筵

奉　命典試粵東再疊前韻寄呈定圃座師大
中丞

南交火位炳文華何意微名署五花（各省試差例由中書票簽請）

吉膺簡用者硃批發上時五省之命同日俱下手執弓旌原爲國心欣衣鉢得傳家三年坐憶談風月六月行看趁晚霞既得親師兼得第　主恩眞是浩無涯

子固文從六一堂當年指示得周行大都鳴鳳和如律莫漫雕蟲巧似簧天使絳紗仍侍馬人傳綵帶實過羊諸生欲識淵源自濯漢應知並暴陽

海山一氣杳茫開萬里迢遙記往還自古文人當有種況今　聖代久無蠻後生雨化皆成德前輩風流近可攀好向龍門爭鼓浪窮源槎只在河灣

同駕軺車下日邊持衡嶺嶠愧非賢敢云揚烱居王

後常笑劉琨恐祖先正典試爲陽王公諡修青驛路公程須夜趁郵亭詩興逐時遷囊中各有皇華詠待正吾師璘瑁筵

六月初六日出都

簡書捧到五雲端略整行裝便跨鞍直省有官共銓鏡借行無客不金鑾是日福建典試編修楊辛齋同部王曉莊同出都立齋與春甫同官余與曉莊同官而皆出應常故云路從海上分遙近衣在箱中備暑寒誰解觀星知漢使應言此日發長安

晚次艮鄉縣

曉次艮鄉縣彝燈隔樹明高城收暝色遠塔送鐘聲里記七千里程纔第一程炎天雲似火大半總宵征

偕王春甫編修過宏恩寺

近京無百里見此大禪林雨過一花放雲蟠萬木深累覊腰下玉緣淺橐中金空與蘭臺客流連話素心

涿鹿感懷三十韻

南省奏始下使車日轣轆持旌指嶺南分道先由涿郵亭坐凄清往事忽傷觸憶昔癸未春先予領州牧旁午理羽書艱辛閱案牘旱歉多饘糜訟庭少鞭扑父老起謳謠上吏爭拭目時調捷禮闈泥金近報速先子覽之喜鬚眉笑可掬謂居賢良對庶可大吾族

既竊中秘書未許龍門續高堂色雖沮內志自鞭督口啣鷄舌香郎官亦列宿豈知事竟謬到處困蹐跼山頹一旦燕廬墓三年蜀宦老嗟馮唐臣饑笑方朔出處俱願違升沉付翻覆冬去冰初解春來草方出昨朝　使命下調名忝　御錄深懼材難稱敬事失清議世本儒家素報國或不辱所懷在風樹不免皋魚哭憑軾過舊邦山河尙如沐頗聞閭里間戶戶猶尸祝不敢詢遺民恐復數前躅陰陽不相待老少互爲逐昊天感蓼莪隕地走黃犢衣錦實夜行此意何人覺皇華不敢甯鷄號聊亍亍坐令一夕中故淚失

炎酷

新城別湯辛齋前輩往閩中典試

我愛湯夫子風流老尙存功名如鷁退意氣自熊蹲
海内歸衡鑒閩中又植恩最憐程限迫不得共清言

傷二僕

此莫非王事賢勞豈汝身如何觸炎熱忽爾化飛燐
衣被餘笠馬棺衾委路人蓄帷無以報一日雨酸辛

雄縣懷古

易京鞭下問趙北古堤邊帝子蒙塵日公孫戰伐年
往時鳴鼓角此日聽歌弦如礪中央望茫茫盡水烟

任邱夜雨奉簡王春甫

虞邱坐孤館一雨失炎熱末代農人喜先看從者輿
琉璃黃始展流濯碧初澄意欲叩君飲泥途不可登

和王春甫編修趙北口蓮花

不染污泥已有年亭亭塵表自生妍巢龜老物眞堪
笑愛葉如錢不愛蓮

辛中驛題壁懷湯辛齋前輩

不見江南老勁輪征途杖履與誰春遥知題罷鄉亭
句笑撚髭鬚白似銀

獻縣懷古

漢代賢王子流風獻縣餘一時聞雅樂千載想遺書
墓道松楸古祠堂俎豆虛郭門回首暮烟月耿村墟

柳枝詞二首和編修王春甫韻

夢得初逢泰娘後香山欲別小蠻時如今不用多惆
悵細向隋堤看柳枝

烟垂嫋娜人眠後雨黯依稀客到時短夢未成鷄喚
起曉風殘月上楊枝

恩縣 宋貝州

百年爭戰地三鎭有餘風舊壘寒烟外新旗落日中
妖民皆赤子賢相荷蒼穹今日人猶說精神文潞公

詠蠶蝨 在茌平作

我馬既已瘏我僕又已痡墜跌兼刲篋所至無坦途
昨宵尤狼狽害乃切肌膚蠶蝨多于蛆如墮腐圊汙
呼朋嗜殆遍以火照復無所愧微軀者不足供爾屠
爾既欲見侵何不露形模胡爲藏堵中外飾紅氍毹
我本奉　王命戴星常夜趨使我不遑息見惠何厚
歟寄謝良有司毋得勞區區

東阿縣周明府思度一槐亭留飲

亭名因得樹槐一與三同所重來陶令因之酌次公
塵談歆夕照禽語共清風最恨車驅急明朝東復東

東阿道中望碻磝諸山

曉發祝阿城大雨忽涷涷禾麻喜自舞沙礫一洗空
須臾便開霽歷歷見諸峰碻磝相迤邐蜒蜿如盤龍
之而作爪勢中有白雲從頭尾不肯露隱隱收靊霳
未及澤下尺似誇洒潤功借問沾溉少何敵旱魃雄
行人乃大喜攬轡心惶鬆

東平州謁東平王墓

漢家宮闕付荒荊帝子松楸剩故城千載名言爲善
樂莫將腰腹笑東平

題申明府改翁移家圖

烟水溟濛別有天浮家泛宅五湖船大江東去何人
唱此老風情劇可憐
誰料飄然惠肯來塵襟一旦豁然開此詩不爲題圖
作只佐醽酒一杯

過東平欲晤子頴不得即和其寄申改翁以詩

代書元韻即倩改翁寄子頴

岱宗青未了佇止百里近謳歌起四野使軺得憑聽
云今有太守清廉絕饋贈好雨車常隨莠民鋤必盡
黃堂如氷壺虞芮不爭競猛虎今亦無其政曷須問
乍聞私自慰樹立原早定但恐吾輩人多爲酒所病

雅歌妨案牘不從何以令君畫逼蘇米盈箱縑紙剩
君詩隸李杜狂語多乘興今聞皆已無有請邑先吝
昨者駐須句鼾睡爲暑困謁報有翁申課蒙誦孔聖
便令肩輿來掀髯劇談論頓覺清風生一滌俗塵悶
云君有佳句展圖看始信如何知我來不遺一介命
可能贈以言庶使賢爲鏡平生知己心楮墨亦難罄
縮之短韻中他邦起拜敬十月嶺南回切無失後訂

和黃華鋪題壁詩韻

滕上徘徊最可憐斷腸無處續前緣此間忽憶香閨
友奉倩神傷又一年

汶上縣接高唐州張明府寓書僕從失物皆獲
遂送還所貸行衣紀詩一首

墮甑知難顧刻舟原太迂豈知官有德能使吏無欺
復我方來汶因君不泣歧楚弓今已得趙璧返何辭

兖州偶作

驅車過魯國古意忽蒼茫地入青徐遠天分泰岱長
何人雞暫割視我馬非良苛政猶聞虎何能久徜徉

鄒縣贈許會田明府

多情潘令似河陽僦得幽居暫解裝且喜亭臺無俗
韻因知里閈有賢良（館主徐九皋乙酉選拔）供書柿葉全侵戶

借蔭滕陰半過墻莫笑郇厨恣一飽昨宵新絕在陳
糧

展謁　亞聖孟子廟敬和粵東大中丞德定圃
座師乙酉秋典試江西道經鄒縣元韻

功如大禹在人間舜蹠鷄鳴第一關三徙里中眞善
擇七篇書外盡堪删松聲叟叟留遺韻廟貌巖巖仰
聖顏私淑孔門千古事平生亦自有尼山

滕縣滕文公廟仍用德定圃座師元韻

危邦岌岌勢難支得國惟賢想戴推介在楚齊無善
策言稱堯舜有先基少年馳馬何嘗學當日登龍在

得師不是井田多一問仁名安得遂今垂

昭陽湖　一名微山湖

水天相接夕陽紅歷歷帆檣四處通到竟不知湖遠
近微山半在有無中

徐州登黃樓用蘇東坡韻

黃樓十丈聞人說未到彭城戒宵發揭朝雨霽渡河
來先登那復畏泥滑步步纔攀升雲梯飄飄似著凌
波襪混茫一氣落掌握浩蕩百川恣吸呷我聞樓本
霸王廳始自蘇公改築錨當時泗水尚安流祭河不
須白馬殺風流太守撫此邦攜妓時來眠古刹一自
熙甯十年穐大決澶淵勢傾軋滄桑變切那復知此
樓想已遭崩壓至今形勢雖無存山水猶然見鱗鬣
我來喜得賢主人（維揚唐芝田時爲防河司馬見招得登）載酒張燈更
烹鴨請聽蜀客述峩眉未許吳人夸苕霅

唐芝田司馬邀遊雲龍山遍歷諸勝晚復置酒
衙齋即席分韻得龍字

徐州名勝地第一曰雲龍山水平生癖所至興輒濃
使節雖不遑郵程尚從容便指南山麓一訪蘇老蹤
所恨無我輩豫爲東道供豈知天假緣唐子於此逢
欣然出白門各以肩輿從入門便淸奧花木相輝重

巒壑未善構亭臺富其衝叢篁宅幽蝶一一驚人是
珍禽拂帽幫飛集岩邊松直上黃茅岡草逕何蒙茸
石牀大如席仰臥開心胸試衣復瀟洒四面風淙淙
望欲無百步曲折通房櫳遂躋放鶴亭恍若蓬萊峰
黃河一線來濁浪何洶洶九里山環之相負如駏蛩
禾麻滿四澤大野靑溶溶維時天宇曠虞淵方高舂
披衣一叫嘯響答聲隆隆鱗甲忽生動萬壑如鐘鏞
俯視大九州芥子將無同顧我二三子胡爲我車攻
昔賢行樂處草木堪敬恭安得十日留一洗俗塵封
浮萍不易聚處世多徨忪茲遊弗盡醉來者嗤愚憃

大笑謂唐子惡客今更兒借問客爲誰家亦居臨邛 蘇東坡答王鞏來彭城詩客惡何如主人惡

登雲龍山

小山如垤大山邱身在山頭一覽收卻望彭城如釜底黃河東去拍天流

雲龍山紀勝四首

梨棗柴門病馬閑山人放鶴此山間不須更羨張天驥家有雲龍御未還 放鶴亭

覗民如子渾無事醉走黃茅亦不妨今日使君須五馬方知坡老未爲狂 黃茅岡

望欵亭下斷欵流坡老風流數百秋想見羽衣乘夜月醉中吹笛上黃樓 望欵亭

客途誰爲寄征衣獨立亭前看夕暉瞑色已從千里至一雙白鳥向亭飛 試衣亭

彭城懷古二首

九里山前亦可哀當時豪傑起蒿萊霸王事業眞堪笑高宴唯傳戲馬臺 戲馬臺

欲識眞龍須有眼何須玉斗碎如泥請看墳墓千株樹飛鳥於今尙擇棲 范增墓

燕子樓

芳心早已付東流遮莫詩人嘆白頭最恨無情雙燕子春來猶自遶空樓

隋堤曲 宿州道中作

草廟花庄次第過綠楊一線曉烟拖分明記得揚州路不見雷塘恨若何

玉蛾金蠒憶繁華錦纜牙檣帝子家宮女三千空殿脚隔江猶自唱楊花

臨淮

細雨晚濛濛淮河綠樹中一源桐柏遠萬里舳艫通小市叢烟火高橋挂彩虹惠莊濠上樂試問幾人同

臨淮閱邸報得祝芷塘同年典湖北試喜而有作時六月二十四日

人生如馬牛順逆隨風走斥鷃與鵾鵬決起何須鬬我友祝芷塘廿年膠漆舊同日入紅梨臨文驚徬構當年翰墨場意欲共馳驟豈意事艱難龍豬骨生就我旣鳳池奪君方鷄林售連年收桃李多於積薪蒨庚寅典劍南網盡錦江秀兩仕歐陽闈蠶蟻絕外詬而我當此時待兎方株守今年禮大比名及春官奏

天子臨軒試席坐孤羆右不使他山琢自貽一宁緫糠粃本愧前楞櫟宜居後何期庚嶺南竟忝行人

副五花不判君心知定入彀所借揚鑣分不得同輻
輳自從別京華信息無與透昨者臨淮驛風雨非逗
遛聞君有楚命屈指節持又竟夜喜不眠聽盡銅壺
嶺南荊實多材鄧林稱最富相期慎揀擇無負衣鉢
授君當白珩鄙我亦合浦陋缺材雖不同切毋差池
負東南均文藪他日細相叩

豫梁阻雨與王春甫編修同作

小館淒淒雨亂霏怯涼肌骨欲添衣憑君試挂東窗
望十幅蒲帆去似飛
白浪掀天勢亦危紛紛沙港小舟移人間多少風波
惡輸與淮中釣叟知

定遠道中

纔入江南景便殊人烟簇處路分叉遠山有色雲方
退流水無聲雨漸加槐樹陰中臥黃犢稻花香裏吠
青蛙十年抛擲田園樂錯認今朝是到家

店埠食藕戲王春甫

炎天六月火雲蒸太華峰頭未可登風味可人何必
藕先生本是一條冰

舒城夜雨

涼逼桃笙漏已催聲從竹葉酒初回不知何處茶聲
沸幾陣松風叟叟來

桐城道中絕句四首

南邦山水首龍舒疊翠浮青百里餘雲密不知溪路
仄山雞飛過小籃輿
清狂安得米翁顛來寫峯頭淡淡烟大半人家聚山
麓一灣流水一灣田
農人望歲家家共客子煩炎處處俱雨箇鵓鳩鳴隔
澗不知作雨作晴呼
松杉不斷青峯色蒲葦長流綠水聲信有桃源在人
世老夫老去買山耕

北峽關和大司寇錢香樹先生題壁韻

夜發龍舒道馬上一無覿不知入山深但覺雲左右
曉來亂峯出巖壑爭疊皺風從雨腋生雨似隨手復
何處輥雷聲溪與石奔鬥奇如登劍門高不數靈鷲
空山無斧斤老木盡堅瘦上有萬歲藤纏絡入其腠
當年我師帷詩題駐節後驚蛇落壁間紗幗護雙堠
平生知己淚讀罷放聲又先生余業師也今下世矣夙忝置藥籠
踢蹴豈鳳囿今亦持節來不見泰山壽猶憶昔時言
爾是峨眉秀

附原作

秋日山行作己卯九月　刑部尚書錢陳羣香樹

道出舒王城仰面得眞觀石橋仄逕通官路取山右路轉徑復寬屏嶂列衆皺山容何清妍山勢自往復或向若相讓或距若相鬥澹若對敬亭遠若飛靈鷲連延鬱盤拏巉削露寒瘦行行忽無路萬竹塞其腠但聞秋泉鳴淲淲山田後茆屋十數家隱隱依古堠即此豁煩襟敢期他日又奈何山居民視若箏圜囿不知改歲時惟覺長年壽明朝復登陟再挹龍眠秀

和韻　戶部侍郎梁國治階平

山勢來龍眠接目聳新觀重雲鬱岡巒清溪帶左右何年神異鍾寫此濃綠皺中有雲氣隨如往更如復筆筆自脉絡各各泯撐鬥迴身倒蓬壺躡景飛靈鷲雲腴徹地清石骨函根瘦珊珊神仙體經紀分營腠愛此山色清欲進仍顧後塡胸飽千巖過眼經羣堠我往昔徂暑霜楓此來又長年多慨慷況乃羣山囿升高仰止殷願與茲山壽山清我塵土愧此雲煙秀

和韻辛卯冬日　廣東學政翁方綱正三

稠疊夢中山歸路喜重觀桐城舒城閒勝絕無

出右略無一峯似大抵萬綠皺橫側絲連綿纚繞更迴復昔過山態濃紅攢紫競鬥今來山骨立削準而翔鷲迴乎谿壑變秋老木堅瘦長林畏佳起眞竅發肌腠掩擁收昔遒顏脫新貫後叢叢雲表石歷歷林端堠屢憑百磴轉不覺一村又境則覩人領目肯爲山囿公來十載餘蹟纍千載壽長嘯欲從公一證江山秀

同和　廣西學政王懿修春甫

我家皖公山眞面昔曾覯持節遊西秦太華雄陝右未若茲龍眠翠潑衣痕皺駿馬下平川奔勢往而復遣峯昂然來犄角距相鬭屹若冠巨鼇奇如飛靈鷲森竹蟠態崖節走蛟龍瘦當霤石骨穿清寒透肌腠蹲踞如羣羊叱者鞭其後山深長官清不須嚴斥堠我昔愛九華茲山奇秀又放眼恣大觀毋爲邱壑囿造化供鑱鐫蹟占金石壽秋風渡江去高擷嶺南秀

過桐潛贈王春甫二首

縣侯負弩迎司馬佛印燒豬待子瞻此是蜀中風雅事看君今日過桐潛

豈是披襱隔使騶時看烏帽一回頭梧桐已報秋河

近快鶴仙槎上斗牛是日立秋

潛山山行簡王春甫

柳堤莎徑馬蹄遲竹遶人家槿遶籬秧綠無邊因穲
稏松青不斷嶺屢巖皖山似展倪迂畫潛水慚無許
渾詩安得與君連轡語蕉衫篛笠駐鞭絲

至潛山縣呈光齊家兄 諱載陽時爲潛山宰

梅城初至使車安況復鄉情觸萬端水解如人淸到
底山能供客笑相看日斜茆舍歸豚苙雨過萍池放
鴨欄到處風光全似蜀羨兄只作蜀中官

太湖縣

不見太湖水空有太湖名日落人爭渡風生鷺不驚
靑山葱翠色溪水短長聲落落無相識茫茫空復情

黃梅縣望東山

法雨塔邊法雨落白蓮池畔白蓮生未能倭佛因
王命松翠濛濛愁客行

太白湖

垂柳垂楊照水光藕花紅白滿池塘漁人收網自歸
去數隻鸕鷀曬夕陽

渡潯陽江

忽與楚鄉別征軺指豫章一江流漢水九派走潯陽
日暮艣聲急雲高鴈影長昔年栖泊處蘆葦半荒涼

望廬山

軫翼分星地匡廬上插天雲連三楚樹月到九江船
句笑徐凝惡人傳李白仙何須眞識面望見亦前緣

江口晚泊

小泊依津口蒼茫極浦前鐘聲隔岸寺人語過江船
颯颯蘆中雪霏霏柳際烟夜深風更急野鶴不成眠

虎溪

虎溪何潺潺溪石何砊砊聲響千山泉影碎一灘月
暝色上林稍徐見飛鳥歇老僧知客來開門走相謁

坐定聞鐘聲梟梟振淸越卻瞻溪上雲蓊然滿山谷

東林寺和錢香樹次吳眉菴少司馬壁間韻

路過湓城別有天匡廬山色望中懸客來千里始逢
寺僧倚雙松方聽泉往日風流傳白社近來雲散憶
靑蓮廿年多少傷心事盡赴禪燈夜話前

宿三笑堂恭和德定圃座師元韻

萬籟笙竽響一林虎溪勝蹟此初尋雲來西澗鐘方
動日下東山殿早陰天下難逢開笑口人間莫逆是
知心影堂千載留眞契始悟因緣覺未深

廬山恭和德定圃座師元韻

非夜夢五老要我此山躋我欲從之去惜哉無天梯
李白不可見銀河誰與題惟有香爐峯上與白雲齊

西林寺用東坡韻示崇理長老

一層峰更一層峰近看雖同遠不同試使回心向初
地廬山只在靜參中

香爐峰

孤峰雲外望似藝博山爐不識香何起氤氳望郤無

石門澗

萬仞飛梁下千岩石瀨間謝公尋不見橫杖更前山

圓通寺 東坡遇老泉忌日手寫寶蓋處

石耳峰頭雨蒼蒼曉接天梵音堂下月皎皎夜臨泉
飛蓋事已杳懸鐘聲尚傳餘生思解脫雪竇待參禪

夜話亭 歐陽公與居訥長老論道處

匡廬名刹在老木入山深六一遺亭古清風滿竹林
當年論道妙山水留清音不見老居訥空多塵外心

南塘後主祠

仿佛成何用南唐舊恨賒念家山已破吹皺水猶夸
遺甃風前墜空山雨外斜可憐春草裏猶放麝囊花

陶靖節先生故里

千載柴桑地今為栗里庄宅邊無柳綠籬下有花黃
身作羲皇臥心多晉宋傷世無陶靖節不必有詩章

興渡亭 建昌縣

元和遷客此題詩山谷名亭即以之欲問青衫多少
淚草風莎雨喚船時

建昌館中懷新建令琪圃同年三十韻

我輩同登第譬如一畝菽根荄既藝種雨露滋長育
肥瘠以地殊榮枯因材篤得時勃然興枝葉何彧彧
位置或失所甲拆纔拳縮長短總不齊要歸命與福
君看同時輩幾人擁大纛承明著作庭亦增諸鐘粟
而惟我與爾轅駒共踡跼當年三百人予[illegible]棨冰玉

眼如巖下電臨文萬夫服阿兄雖其間豪氣頗不俗
奈何互升沉依然舊面目君悲雉帶箭我亦馬厭轂
競秀十年餘都似苗初出今年使嶺南深慚介命辱
君為西昌尹道里分水陸相隔盈盈間不得供膝促
君不以僕來我反以書督聞君有善政鞭蒲化閭塾
上僚咸改觀薦剡奔奏牘又聞頗有髭輪囷大腰腹
得勿道在是體胖由滿欲茲言聊戲耳知非好所酷
平生萬事強今已甘雌伏富貴聽之天此理觀要熟
但懼人事乖雲雨有翻覆等是不羈人何分清與濁
滚滚風塵中誰能知吾屬他日使舟迴細與談心曲

烏石鎮
蒼松怪栢上嶙峋烏石門邊暫駐輪絶似嘉陵江上路淡烟微雨送人行

德安道中
禾苗渴望雨雲睎到處村農踏水車翻是行人賞秋色山山開遍紫薇花

甘露菴
拄杖敲門興忽濃寺前修竹白雲封何方乞得湖州筆烟節雲幢寫萬重

七夕得銀字在德化縣作

此夕雙星駕彩輪天河浩杳耿如銀生憎烏鵲無情緒不會塡橋會話人

瑞州太守佟濟蒼招遊署中碧落山
萬象掌中落來登最上臺水蟠蛟作穴山抱鳳飛迴待月軒猶在凌雲閣自開烟霞誰作主鶴鷺獨頻來

東軒二首
種竹百竿松二本當年酒監幾曾遊只今琴酒恣高興不向元豐憶子由
風月何曾與客同筠州人最恨悤悤倘逢坡老須加意恐亦收君盛籠中

臨江府
人烟圍竹際鳥語出林間細雨蕭灘驛斜陽閣皂山波沉見僧眼岫沐想娥鬟無限風塵意仙壇幾日攀

新淦縣雨霽望玉笥山
縹緲仙壇古舊聞兩崖斗拔雨中分芙蓉洗出新粧色三十三峯多白雲

峽江縣
曾說周瑜棣今爲一小邦大都山似蜀故以峽名江雨笠歸犍一風鬐擲鯉雙當年沿萬泊夜墮聽猿窗

仁和鎮避雨夜宿廣濟寺壁上見張度西題句

奉和
雲黑如盤壓風聲捲綠蘿江鳴知雨近村暝覺燈多屋小纔容膝杯乾不稱酡誰題蕭寺壁空遍自婆娑

吉水縣
字江江上抱淸暉細雨濛濛濕袷衣有箇漁翁來撒網一羣鷗鷺拂船飛

吉安太守盧介軒招遊白鷺洲書院院已久圮時初落成爲題一律示諸生從介軒所請也
白鷺飛翬講院崇輶軒暫過此觀風一村蕉雨侵窗綠四面書燈映水紅在昔偉人鍾宋瑞於今太守得

文翁諸生幸際菁莪化休讓當年用第雄

和王春甫編修懷人韻

繫馬郵亭去故遲人前未敢吐心知秋風秋雨秋江上盡是離腸欲斷時

萬安縣懷沉芑塘同年明府

芑塘我年友面帶廉介色人爲吾黨欽試宰百里國萬安小彈丸教養易稱職所懼衢四通行李困供億君之捧檄初正我奉 王檄躑躅不肯前芑塘與令同時出京倘[illegible]到任得毋故自匿君家有令子頭角我先識筆力似老夫啞啞頗見逼他時使軺迴歡遊琴堂側應令訝詩書喜見儀不忒伊人想蒹葭溯洄悵難得此邦待神君先爲一憑軾

鬱孤臺用東坡韻

勝蹟虔州最平生此壯遊空同一山矗章貢兩江流樹色曈曨曉灘聲颯颯秋牛羊紛隴陌鳧鴨滿汀洲幾港罾魚舫誰家賣酒樓雲烟通嶺上風俗近中州八境歸全覽三朝快暫留他時回棹處更擬艤扁舟

南康懷盧閬峰吏部

孤峰高插天雲表稱獨秀我友鍾其間秀更得天授筆倒三峽源胸羅五車富喙硬眼無人獨我同味臭君家十八譾我行三秋後過君父母邦相思令人瘦山之雲離離秋之風騷騷回首鶴廳班定想顏如舊

宿大庾縣望東山寺

捲幔臨曲溪倚欄看叠嶂清泉石上流明月松間上

粵東皇華集卷一終

粵東皇華集卷二

羅江李調元雨村著

過大庾嶺

雄關百丈鬱嵯峨爲探梅花上綠蘿拔地梯遥蛇倒退擲天峯迴雁難過雲羅荒壘傳蕭勃日落殘山吊尉陀遠望珠江猶隔水星槎何日達秋河

梅關和德定圖座主題壁韻

秋風吹我上層巔直探鴻濛手握天人撥亂雲驢背上僧敲古月鳥棲前地開梅鋗通秦日路憶蠶叢入蜀年不是曲江賢相闢何人解識淨蠻烟

附原作

分峯鑿翠屼層巔矯首關程一線天片月光聯人影度寒梅香趁馬蹄前神功遠接隨刊日風度長思翊贊年瞻拜遺祠更懷古數聲征雁萬重烟

雲封寺用德定圖座主韻

一線巖關路峯巔到始知鑿山思故相卓錫憶禪師月向松梢冷雲隨殿角遺相傳飛來寺經此遺一殿角而去故又名茌角寺梅花無可折何處寄相思

謁張文獻公祠 仍用前韻

見面胡鶵識抽身海燕知劉禹錫讀張曲江詩序云議者以曲江爲良臣識胡鶵有反相公與李林甫爲副相忌欲中傷之公詠海燕詩寄林甫有無心與物競鷹隼莫相猜之句林甫知其必退怒始解誰窺金鏡錄空笑劍門師風度千秋範恩施百世遺試觀開鑿路猶自起人思

保昌登舟

方愁險仄度梅關又喜扁舟到越蠻分付篙工休着力老夫借此要看山

淩江行

我來雄州憐無肉解鞍江滸身始暢飲仁亭子淩江濱門前兩兩舟橫放今年七月苦無雨蛟螭不還秋潦漲鑿鑿白石淺淺沙水勢欲下舟欲上篙師叫絕雙鳧飛雖非陸地如鼻盪縣官坐衙集龍戶送舟南行憊丁壯一一赤脚立灘中令嚴那顧魚腹葬嗟爾小黎勿過憂我雖使臣不鞭杖飽聞茲山有洪崖爲我歷歷指青嶂

嶺南舟行雜詩十首

自日邊來百越鄉語音殊異聽難詳使舟日日湞江曲半靠人家壯蠣牆

重重浦樹望中迷長立船頭到日西一抹蠻烟橫兩岸榕陰深處鷓鴣啼

碧波漾漾走銀沙箬笠長年各有家少婦舵樓金齒屐雨鬟還插素馨花

怪道褰簾蝴蝶入舟中瓶有佛桑然翻嫌未是春三月不見開花到木棉

每逢灘急下深沱七尺烏篷快似梭昨夜修仁度頭泊隔船時送摸魚歌

五里隻堠十里雙銅鉦聲應落船窗蠻童不識官人至橫笛烏犍自度腔

佛幢高挂半南方恰值艤舟倚夕陽何處叢祠方禱雨香亭珠子結桄榔

舟中無事獨逍遥淺酌鱻鱆越酒瓢忽起捲簾得佳致紅墻菴外露紅蕉

櫂郎黝面亦堪憐撑盡鈎篙袙兩肩欖豉乾魚兼水飯生來不識有炎天

湞江水與墨江通始覺波濤漸漸洪忽向蠻荒懷太古鼻天城在亂雲中

詠鶻鷹石

何年鶻鷹縱搏擊飛落荒厓化爲石咮嗽時多毛羽稀縱鏇年深蘚花碧從來志氣總摩霄此日冥頑殊可惜伏林鳥雀方啁啾胡不登天展健翮

掛榜山

雲漢天梯近可攀迢迢驛路下韶關使臣素凜求賢意此日驚心掛榜山

韶州望韶石

昔讀誠齋詩縷述韶石異琴瑟倚天半未信有此事今遡曲江沚放覽得恣肆始知化工奇楊筆猶未備晨曦啟菰篷巨石當頭墜嶒崪走橫江小舟宛轉避雙闕與鳳閣毬門左右置或歸如柱立或橫若複隧圓笑廩輪囷剞喔甌瓜遺翹翹航首尾尚鉄帆檣植廣厦千百間屏墻萬夫庇挺特如勇戰斜欹似人醉

詭怪難殫名窮詰恐罍費傳聞帝南巡九成奏茲地后夔巳荒遠誰與辨眞僞不如問蒼冥究此鐫鑱秘江山助詩力或有知音值重華事有無且付稗官志

和王春甫旅懷

本是乾坤一散人偶加冠帶作官身友朋幸得同心話僮僕偏異地親望去星辰知於遠驟來風雨打窻頻知君昨夜多惆悵平帖金閨夢裏春

曲江風度樓

風度傳賢相開元借贊謀當年君作鑑此日客登樓蘋藻洲方暮蒹葭水近秋高山無限意孤舫爲遲留

發芙蓉驛

灘澁行常畏何欣水四通寺明殘照外樹失暮烟中帆影看來倒城陰落處空芙蓉秋已到未見滿江紅

虎頭磯

我聞封使君本人化爲虎酷吏角而翼誠似太元語客子嶺南外苛政未聞苦忽見毛斑斑横舟截商賈不知來幾年要津踞平圃尻起眼射的耽耽視何武其生已貪饕爲石尙爪舞得勿文炳變大人盡官府恨無李北平一箭看飲羽

彈子磯

自入韶山來巖巒益奇秀神禹力不到天工自結構彈子非彈丸尖峯半削就上摩蒼穹蟠海日褰鵬噣潭深入地府萬丈不可透饑蛟尾不掉勢已風雨驟石洞誰雕鎪鬼斧巧琢鏤欲過退飛鷁爭上撲狡狖不知何代仙時或見睛畫其他蜒蠵穴年深難考究不逢張端公圖經何從覯艑郎報水程鴂舌一笑叉

觀音巖即古碧落洞

我行七月杪歊歔日增熱及至觀音巖秋氣生凜冽谽谺天削成臨江鷩斗絕水府蟠天根古洞穿嵽嵲淩空陟鈎梯千仞捫積鐵火鈴照幽邃魍魎皆走滅蝙蝠老成精見人飛一瞥鍾乳倒垂崖萬古所融結俯欄生恂慄呧咳落霜雪明燈照佛龕苔痕剝古碣清景不可留倉遽與僧別雲霧忽開霽歸舟始見日

英德縣喜雨

舟中一一兩失飛蠅漸覺凉生喜不勝回望英州雲尙濕城邊纔歷酒樓燈

望洭浦關

湞陽峽裏最初峽洭浦關中第一關漫比韶州山又勝英山以外更無山

英山

英山何槎枒上與清雲齊絕壁横晃蕩忽覺白日低陽崖貫初暾蒼蔚明朝隮其陰沉闃䆗黮黑難窺睼峆岈見古洞窈窕房櫳迷銀河不在天一一流深溪珠璣紛噴雪惜少軍持攜上方有幽室定爲仙者棲山深無人語時有珍禽啼楷杖竟不往歸徑風淒淒

湞陽峽

舟下蛾眉岡望見湞陽峽峽長二十里潭潭峭石插壁立幾千仞巖壑爭傾壓兩峰摩蒼蒼白日忽在匣東崗偪仄處蜒蜿一航恰下有蛟龍尊磨牙俟呀呷蹁蹐過盤渦始覺坤維狹急水散鳧鷖深葦叫鵯鵊

看盡山山雲如雨纔一霎牯牛灘已過意適未敢狎篙師問泊處待我熟羊胛

香爐峽

何年香爐峽亦擅匡廬名秀色不待削乃若天生成峯巒似螺髻窈窕如皇英又如青佛頭下俯玻璃淸森森綠樹中時有猿猱鳴天風吹松杉江空遠聞聲返照翻石壁影落何冷冷人如沙上鳥一一點頭行而我獨遲留無復貪王程顧謂航舟者灘淺即停旌

太廟峽

粤東山水奇每出意不料連朝已臻絕茲復得太廟天半石巖巖巍廟白日照忽不受寸膚直以骨力傲刻鏤非人爲瘦削乃遒肖直插萬丈潭不知深所到壁鑄老黃楊何年栽石隩其根膠漆固虬結久不燥下有朱碧門靈祠日灑掃傳聞虞夫人唐時初得道生扼黃巢鋒歿制峒寇暴有功登祀典宜膺血食報我來見溪毛靈旗若見告順風送五羊免爾篙師叫

中宿峽

南風阻我舟今日風忽止淸晨入中宿聽我櫓聲喜雙崖信曲折浦樹盎嘉美谽谺見人家半在修竹裏夕陽下石壁窅窅欣烟起沙邊持竿翁舟如一葉耳得魚就我賣此意未可鄙白鷺不上灘飛還知倦矣巖影倒江中我亦傍村艤忽聞欸乃聲山青乃如此

英德道中

壽邦涯南國異北客此初過湞水舟前合英山枕上多問程逢蛋語近市起蠻歌昨夜蕭蕭雨鄉思竟若何

清遠道中

桄榔遶浦暗草潑近村稀海怪迎潮上蠻禽貼水飛濛濛雲在樹颯颯雨侵衣無限遲留意遥峰出翠微

清遠峽

日日看山行山亦日日變就中數淸遠造物工鍜鍊危崖勢欲合巨靈擘兩片鑿開渾沌天中通江一線想當施斧時神鞭逐雷電白日翻昏黑鬼工鬭酣戰雲龕有時開萬峰一一見石帶太古色泉作綫幹斷老樹走長根勢如龍虎悍烟雨補藤蘿隔澗聞猿啼盡日坐孤舟閱盡東西岸明曉到峽山更爲一捲幔

遊峽山寺

飽聞此山名第十九福地林端眩金碧何年飛來寺僧房如蜂房蜜脾巧安置我來步孱顏攝衣減從吏靑葱帝子祠荔奴蔭深邃詰曲扶杖登十步或一憩九天飛霰雪噴薄出巖際松風四山下草木盡蓊蔚

壽藤不知年脚底爭纏糸榕陰五色鳥亂飛時落毿
梵唄出高巔登眺氣益鋭老僧知我疲邀坐供山荔
回頭笑相語缺破十方費

飛來寺題飛泉亭示懷遠長老四首

老僧借我古藤杖上到雲峯最上巔檢箇石頭松下
坐滿身衣濕看飛泉

疊翠浮青石壁横奇花異果半無名山童白日偷龍
目見客攀枝下不成

疑碧灣頭水不流懸崖老木幾千秋蟠根盡作蛟螭
瘦踏破芒鞋始上舟

忽聽深林叫杜鵑遥山暝色促歸船他生行脚緣終
在每一峯頭住一年

直指堂讀懷遠長老禪樂齋詩集因用其韻奉
贈

偶來步屧上方居世界無邊眼底舒月印潭心心自
净雲過樓影影還虚詩篇供佛皆成偈階草侵人總
未除何日向平婚嫁畢與君同此結茅廬

二禺祠

帝子攀髯後青冥去不還荒山人不到愁對夕陽山

歸猿洞

玉環往事付吟哦變化無端奈若何猶有野猿來看
客數聲長嘯入烟蘿

半山亭

烟靄濃綠出青冥竹覓飛泉下翠屏雲碓松門今已
杳夕陽猶戀半山亭

清音樓望南禺峯奉和德定圃座師用新城王
阮亭尚書韻

垂巖俯危樓花木何茂密倚欄一憑眺雲氣起幽室
白龍知我來劃然對岸出松風奏仙音隔江聽未實
聞昔有大禹潛德此栖息古聲叶阮隃鳴鳳諧呂律

至今明月夜遺響猶堪憶千載無知音世亦絶此術
懸鐘落深潭荒唐定何日空餘標緲樓寫此澄江色
徘徊始下舟趁此風帆疾回望北山雲靈踪總難詰

附原作

兩峯劈天門雨氣垂蒙密古寺來舒州靜理悟
禪室薮篁匝嶺陰老樹懸崖出面仰讀書臺靈
蹟叩虚實不辭衣屨濕躡磴忘甜息烟露呈畫
圖泉聲協音律勝境閱夏遊多時勞憂億茲晨
遂夙願耳目新蹊術山僧引躋攀留連猶永日
濕雲隨往來展眺遠山色扁舟促歸路猿鳥集

何疾情一臨摹煩言費究詰

戲別懷遠長老（用壁間陳淮太守韻）

欲訪靈蹤逕未開躊躇還下讀書臺老僧不用愁空寂雲裏仙猿定夜來

抵清遠縣

萬里蠻烟另一天青蕪此日見平川那堪風雨秋江上夜夜猩猩叫客船

舟中和懷遠長老歸峽山寺用劉湜寄東坡韻

人生一識字多爲簪纓束馬牛而襟裾安知不爲蝠巍巍石崇家甲第誇名族前堂羅朱履後房列蛾綠

義甲雁行喧庖丁鮀蹄熟鋪地散黃金薰天堆白玉玩獸諸國至琪花四時蓄一朝潭潭府翻覆岸爲谷謫議戍邊軍妻子啼破屋乃知繁華味其薄不如穀從來腥膻身未許淨池浴使其緣覺早豈有巔覆辱問師往靈山意銳誰鞭督超身大雲蔭解脫苦海酷趺邊花可拈水底月自掬清風卧松根住泉嗽山腹詩餘剃髮班禪關機鋒促乾坤本一壺日月轉雙轂今是悟現來前非悔往躅泡影休着相電光纔過目看盡險世塲便當斷葷肉毋羨狐假威甯作龜退縮蕊寺來蕭梁花甲幾回六何事觀未達尚著留題錄區區刻劍痕層層束筍足願持心臺鏡普化光明燭

清遠晚泊與編修王春甫聯句六首

清遠江邊暫艤舟（春甫）石尤風起不須愁（雨村）客程已過飛來寺（春甫）從此平川到廣州（雨村）

奚僮小立聽敲詩（春甫）但少舟中酒一卮（雨村）喜得異花香滿座（春甫）夜燈風颭對談時（雨村）

隔岸紅旗兩道分（春甫）護船都用水犀軍（雨村）行期欲待秋江月（春甫）寸斗無聲壓黑雲（雨村）

蠻曲無腔信口歌（雨村）琵琶秋怨別離多（春甫）雖然不是江州白（雨村）風雨魂銷奈我何（春甫）

檣聲伊軋又移灘（雨村）宿鷺驚飛響羽翰（春甫）何處酒樓人對語（雨村）一江燈影動闌干（春甫）

嶺南氣候總殊常（雨村）細葛秋深未覺涼（春甫）撐起篷窗天在水（雨村）龍宮月色湧珠光（春甫）

胥口

蕩蕩浮雲去茫茫積霧開地從江口潤潮自海門來戶唱珠人曲村遥玉鏡臺殊方風俗異一望問蒿萊

三水縣

海南漸近一帆輕樹裏雲天望眼明萬壑雨餘秋漲下三江月落晚潮生風多鵝鴨依坳聚夜靜黿鼉應

鼓鳴白塔岡前人獨立看他波浪幾時平

與編修王春甫分賦嶺南草木三十首

龍目以初秋熟得金氣故色黃最大者孤圓小者蜜糖遲遲者欲風子每一年多一年少故又名養樹

何意親來比目旁峽山寺裏味初嘗老僧指點秋風子中有仙人白玉漿

荔支荔字從劦不從劦劦音離割也子熟時須刀割也生于木而成于火故曰離支語曰當日荔支背日龍眼有三月熟者曰三月青四月日犀角子七夕日七夕紅挂綠第一凝冰次之

挂綠凝冰各種嘉丹山眞有鳳凰家水晶日日輕紅

擘不合深山餌月華

橄欖有青白二種閩人呼青果粵人呼白欖樹至頂乃布枝葉須雄雌並植乃結實子如棗青色八九月熟不可梯高者以鹽納幹中子落

閩道雌雄必對栽名高味諫美於回紅鹽幾日紛紛落早有蠻童喚賣來

檳榔以産定安樂會者爲上民皆種爲業三月花開絶香初熟日玉子食須佐以扶留葉粵人最重以爲禮果賓至不設用相慊恨

南天客果禮尤需葉少灰多味勝無我愛唇紅嘗一顆頰潮已覺汗如珠

羊桃一名三斂一名五稜能辟嵐毒花紅色子七八月熟黃如蠟白蜜漬之攜至北方不服水土與瘴者皆治

三斂五稜青各各問名都自大洋來細將白蜜慇收取爲是新從瘴地迴

羅望五月子熟蠶喜食之能止船暈又大者一種名天桃如木瓜荒年結實尤多諺云米價高食天桃

蓬蓬風旋望洋迷有客兼金海上攜羅望望花人望果不如望米賤如泥

黃皮果狀如金彈六月熟甘似葡萄食荔支饜飫以此果解之故粵中語曰饑食荔支飽食黃皮余至嶺南見小舟喚賣者皆蜜漬也已失本味矣

味如崖蜜甘稍遜色似黃金蠟不殊一捧小丸如嚼

雪也應喚作荔支奴

甘蕉花葉亦與他芭蕉相似但子甘大可食以香牙蕉爲美一名龍奶味極甘似乳七月間遍地皆賣然太甜不可多食寒氣沁人

露垂菡萏花心卷風擺硃砂葉裏香聞道折腰娘子好倩人爲覓一梳黃

蘋婆雄爲林禽雌爲水椰莢如皂角長二三寸子或四或六皮黑內黃味甘益顯栗也老則莢迸開內猩紅色望之如花相傳三藏從西域攜來者

虞翻宅裏起秋風翠葉瓏瓏剪未工錯認如花枝上豔不知莢子綴猩紅

椰葉如束蒲花如芙蓉實如瓠纍纍房房連累一房多至三十實大如斗厚皮曰椰衣有

核半寸如雪白味甘破之有清漿升許微有酒氣久服可烏鬚

美不待儀能自釀銀桃顆顆玉漿涼從今更欲生新法萬瓮將心作酒娘

菩提 傳智藥自西竺持來今只光孝寺有之大百圍根生幹上葉似桑本圓末銳二月凋五月生浸以水至圍削惟餘細筋如絲爲漾可遺贈人

智藥訶林種有年根鬚已老葉垂鮮他時歸篋應夸富帶得鮫綃幾片烟

木棉 樹最高大數抱枝柯一一對出花似辛夷而厚作金紅深紅色如億萬華燈燒空盡赤子如檳榔六月熟角裂中有棉飛空如雪然脆不堅靭可絮不可織以作布可禦雨子落又成樹極易生

朶朶白爲蝴蝶翅枝枝紅似燭龍含最憐不是花時候十丈珊瑚照海南

榕 余初過嶺即問榕樹與人指示之以其性畏寒踰梅嶺則不生也故紅梅驛有數株爲炎涼之界樹多連理垂陰極茂

婆娑初見嶺南山坐卧終朝未肯還似此有陰人盡庇也勝大厦萬千間

扶桑 枝葉全似桑花有紅黃二種花皆重臺可食粵人作蔬一名愛老反言也蜀人以朱槿當之誤矣

日落扶桑葉盡遮無端一大半見朱霞蠻娘髻上枝何豔笑殺西川木槿花

朱竹 即朱蕉也又名鐵樹一幹獨出無旁枝葉似薏苡而大紺色叢生頂上有節自根至抄甚密

箭幹稍頭葉子攢深深紺色似蕉非與他鐵樹無人信剛介從來識者稀

桄榔 似櫚而多節葉生于杪不過數十百乘葉下有鬚花綠色子如青珠遇旱以珠結亭可祈雨子紅熟運瓤食之頗甜皮中有粉曰桄榔麪故海南人有梹榔殺酒桄榔爲飯之語

椶櫚細認總難同絲絲鬚搖馬尾風摘得青珠充麪食麥秋何必俟年豐

波羅 即佛氏優鉢曇也以刀砍樹有白乳湧出則實故名刀生果以盛夏熟大如斗芳液異常粵中果之大而美者此與椰而已

彷佛身來釋子家夢中鼻觀鉢曇花佛頭贏子初驚見始悟星槎到海涯

訶子 一作奇子樹似無患花白子黃光孝寺相傳宋武帝元年梵僧求那羅跋蛇三藏至此指爲訶林有達磨洗鉢泉與樹根水相灕故不鹹寺僧每煎水爲茶延客

植來光孝樹森森此是訶梨勒果林洗鉢達磨泉在否根源好證本來心

蒲桃 葉如桂自春至冬叢鬚無瓣毬長寸許兒童多爲十穗結象之果黃綠色香甜核小如彈可釀酒

芳叢鬚剪綠絲毬十穗兒童作髻收撲鼻酒糟香氣

溢何須春色餉羅浮
宜母一名梨檬子以檬味酸孕婦喜食之故名初夏熟可榨水煎糖蒙古以爲舍里別即渴水也汁可代醋染大紅必以汁調乃上
渴水何年植御園宜檬夏熟早風天烹成龍髓人難
識錯認黃橙帶露鮮
貝多羅來自西洋葉大而厚梵僧常以寫經花如小酒杯杯亦攢攢皆左紐近蕊則黃已謝猶朵朵不敗
數枝繁縟綴瓖瓏落地猶爲耀日紅僧有經文猶未
寫暫留數葉笑春風
素馨珠江南岸村名莊頭悉種素馨摘以昧爽向人髻上乃開云南漢美人葬此故他處獨無粵中名花也

縈絲繞髻人人豔結縷穿燈處處忙十里珠江香不
斷可憐半吐在斜陽
蔞一名相思葉以東安富霖所產爲上其藤緣墻而生其根香其葉尖而甘多汁微辣與檳榔同食先忍辣後甜其子名蒟如桑椹可作醬
夫婦相須義亦佳粵人聘果各村皆寄郎勿棄相思
葉方勝當年出妾懷
君遷一作梱欐樹似甘蕉子如馬乳而小俗稱牛奶柹又名楔棗
海南處處多奇果不似栟櫚定似蕉顆顆堆盤牛乳
子不知更有火雲燒

都捻花如芍藥而小春時開有紅白二種子如軟柹外紫內赤小有四葉子汁可染花葉可爲酒麴
枝自遠看紅倍豔蒂從倒捻汁猶黏脂精不與夫松
並海漆當年笑子瞻
金紐樹如梨大如秋風子黃味初酸熟乃甜可食俗云一雙金紐子無計上羅衫
凌波微步想依稀姑射仙人偶夜歸想是纖纖渾忘
相秋風吹落五銖衣
山礬葉如梔子可辟書蠹厭其葉以染紫爲黝可不用礬三月作白花六出甚香目日白嬋
不采芸香問梔子我來正及早秋前何人五月過梅

嶺處處花開見白嬋
蕹蕹出廣州西郊故芳華地種蕹無田筏爲之隨水上下是曰浮田亦日葑冬一葉如柳而短小其莖中空性甘冷
芳華故苑碧無邊想見青蔥百畝連勸爾蔬人勤種
蕹縱令旱不到浮田
留求狀如梔子有五六稜殼薄中有白肉微甘小兒患食疾者火煨食之則蟲立下一名使君子
丰角稜稜張一軍還看赤壁火如焚小兒作祟渾問
事畢竟收功讓使君
萬年松一名苔松一名卷柏非松也苔成樹而爲松高數寸莖端布葉有毛乾之

數歲不萎漬以泉水閱三日碧綠故云多生羅浮山中

不資倍養葉長青種白羅浮最有靈却笑野芹何足獻只應此物貢龍廷

將至廣州復疊前韻呈德定圃座師

簡書一自捧皇華看到梅關嶺上花　帝闕天遙方定館師門日近似還家衣餘迴雁峯頭雨舟帶羚羊峽口霞鐵網珊瑚知不遠珠江只隔水之涯

待删詩篋未登堂舟裏烏絲細作行書愧龍蛇蟠若篆聲慙蚯蚓竅如簧從來易變非凡鯉自笑難鞭是後羊欲識王通傳道遠祇慚高業繼汾陽

自是清風兩袖間官廉都見蚌來還波濤此日呑三水瘴癘連年靖百蠻沆瀣一家同典舉時師爲監臨梧桐百尺獨追攀夜來棨戟思華榻清夢先通夜雨灣

見說珍英萃海邊掄才大典此求賢私情縷縷陳猶後公誼堂堂禮敢先例以八月初六日齊集中丞署中坐在監臨上星近斗牛槎已到風高蛟穴艇頻遷白袍門外方如鵠看菊欣知近几筵

粤東皇華集卷二終

粤東皇華集卷三

羅江李調元雨村著

採珠曲

合浦珠池瀰蜯窟吐納清光孕明月每年秋夕曬珠時半天閃爍紅霞發盈挐虛實採戶知仲春羣賽白龍池招集贏夫翻海水先上珊瑚石上枝此時紋楫龍窟探黃藤絲棕人髮纜千尺螺筐海底垂躍波那畏巨魚啖可憐性命繫縋繩得珠多寡仍無憑或精或糙纍纍頫半出深淵幾萬層古時買珠賤如米今時珠貴乃無底天生長養須待時安得年年事淘洗

當今　聖王不寶珠屢却殊方貢獻圖但願法廉俱仰體神物不徙留海隅

後採珠曲

朝採珠暮採珠舉帆收楫珠有無出血鮫人更無泣欲睡驪龍愁看鬚羣陰不俟雉雀化孕胎那復蟾蜍但坐令海空無氣色沉沉但有鯨鯢趨我聞犖犖山光氣往往如月孤每逢大比輒一出如所出數登賢書又聞秀麗氣大半鍾於儒人文雲霞共興蔚至今夸者媚川都寄語採珠人且復緩斯須善人爲寶國所重待成大器以作清廟明堂需

合歡詞

郎是合歡花妾是合歡葉朝朝花自開夜夜葉相接

郎是合歡葉儂是合歡花葉飛過墻去花落終在家

薏苡謠

苡生南國北人不識其珠可玩其薏可食解一儂喚作薏郎喚作珠郎心已猜儂心敢殊解二不採薢珠只採薏子珠雖相同薏却不似解三食米得薏薏一米二從郎二米儂只一薏解四

扶留曲

扶留與檳榔配合適相當不用儂爲助請郎食檳榔

檳榔與扶留相須可忘憂若道儂不好請郎食扶留

寄遠曲

佳人坐深閨忽見鶼鶼鳥比翼相並飛啼呼夜達曉羡爾雙雙出房幃羨爾雙雙入房幃海外有禽皆不北夫君何故不南歸

淘鵝謠 有序

淘鵝其大如鵝能沉水取魚頤下有皮袋嘗盛水二升許以養魚每淘河一次可充數日之食亦呼水流鵝漁童謠云水流鵝莫淘河我魚少爾魚多竹弓欲射汝奈汝會逃何嫌其詞俚不足以風故爲易之

淘鵝淘鵝爾勿淘河我淘魚少爾淘魚多爾用皮袋我用網羅網羅魚可漏皮袋魚難過可漏魚尚可難過魚奈何一枝竹弓一枝枉矢射殺淘鵝淘河應止

花燕 有序

粤中西湖每夜有紫燕數萬巢荷花中謂之花燕花謝猶不去余聞之而爲之辭

花燕花燕爾胡不在烏衣之國爾胡不在丹書之戶飛入荷花何處藏荷花夜夜多風雨秋露如珠變作霜紅衣亂落滿池塘勸爾雙雙且歸去荷花雖好難

久長

青鵻引 有序

青鵻狀如鴿青色喜食橄欖烏者囫圇吞之肉爛乃吐其核宿則倒懸一足樹杪可弋得之亦有生於檳榔林者故山歌云甯食我橄欖莫食我檳榔其詞頗近樂府爲足成之

青鵻何處來食我橄欖肉飽則吐其核宿則懸其足甯食我橄欖莫食我檳榔橄欖留與客檳榔留與郎

番狗怨 有序

蠔鏡澳多產番狗矮小毛如獅番人甚貴之

飲食先與狗然後及巳奴囝其奴又名鬼子生自蠔鏡澳攜來羊城闤闠毛若山獅飼食皆海魚尖帽小番囝難與大番俱甯作鬼家狗不作鬼家奴

懶婦歎 有序

山猪雄大多力口旁出兩牙長六七寸甚猛利多食稻粱故味極脂美以機軸置田中則不能近故又名懶婦齒長入海化為奔觧狀如鮫而雙乳垂腹以其油為燭照飲酒則明照讀書則昏昧作暈故粵中諺云朝為懶婦暮為奔觧喜其詞有風刺故作懶婦歎

海南有山豬厥名為懶婦爪牙角而獰支軀雄且醜稻粱嘗不足機軸見則走老大思再嫁入海伴漁叟年髦多棄嫌為觧變身首形狀雖如鱐雙乳垂胸口得之為膏燭祇堪照飲酒若作讀書燈昏暈為懶誘便寄書中人此婦慎勿取君不見文伯歜之母

斷草烏吟 有序

斷草烏蛇名大僅指許長五寸頭如龍而小身純烏其行百草沾之立斷人見斷草輒跡得之故蛇每離地丈許使身如矢直不沾草以八穴故人莫得而取之蓋草蟲之有靈性者粵中多有之

人以直如弦死道邊汝以直如矢免於死嗟嗟可以人而不如乎君不見斷草烏

相思曲

詰多香落垂檐鞾暖風薰折珊瑚果誰家蘇翡點青苔幾處火齊然青瑱綠鬟曉起理慵粧紅榴初啟皺綃裏愰觸玫釧驚不見偶隨杏䇹旋自墮欠伸悵然思遠人無言對鏡愁花朶鸚哥啄殘生怒嗔拋打紅豆淚如顆

沓潮歌

沓潮來沓潮去來如乘風去如雨與郎朝暮同沓潮不知郎船在何處虎頭門外波淫淫羊城門內信沉沉春汎冬汎尚有定唯有郎心無定心郎心不似潮儂心與潮赴與郎今往來但以潮為度

蜘蛛曲 蜘蛛白者粵中蹋歌不用弦索往往引物連類可歡可興其詞長短不一余合採之而為此曲

天旱蜘蛛夜結網想晴惟有暗中絲

蜘蛛曲妹相思花不年年在樹上妹不年年作女兒

竹葉歌

竹葉昨日飛休望葉上枝女兒昨日嫁無望女兒時

綰髻謠

三十猶未嫁綰髻隨意低夜來明月裏高唱過前溪

素馨曲

棚下梳橫髻素馨香滿頭笑娘此花過花浪也應收

踏月歌

竹篢青帕覆倒箸揵作書借問踏月姊月圓定何如

浪花歌

搖槳過郎船滴水上郎身語郎勿相怪水是郎媒人

怨曲

斬竿筋竹作筲箕持載綠豆餵相思相思有翼忽飛

去只剩空籠挂樹枝此典那忍歌此歌那忍聞勸君一杯酒此懷誰與分

蕉布行

有客贈我布一筒光如㶟麻色如椶霏霏蟬翼輕相似漾漾蠶絲細不同廣州女兒蕉作布拔釵先買芭蕉樹穿來不仗玉梭投挑去唯將金針度可憐手爪世間稀終歲成疋不下機餘紅猶作龍鬚席外處多傳蝶繭衣嗟爾小民雖刀末官廉豈有豪强奪自笑南來亦欠廉公然也授一端葛

廣州詠古四首

越王宮殿半摧殘甘菊芙蓉色尙丹歌舞岡前當日盛三千綉面聽呼鑾

訶林城內古浮屠智藥香搖好在無一片虞園荒草合牛羊暮上尉陀都

芳華故苑倚斜曛樹上鴛鴦不復聞惟有素馨花未變至今開遍美人墳

無人更舉鬱頭酋白日菖蒲手自栽北望白雲山不斷蒼蒼烟霧入城來

南海竹枝詞十六首

南海炎方帶溼潮沁心日日食甘蕉堦前龍眼誰遺

核過雨旋看長小苗

自是繁華地不同魚鱗萬戶海城中人家盡畜珊瑚鳥高挂闌干碧玉籠

曾傳海市月沉沉螺女閒喧樂音翻笑復流缺缺蜃樓何必鼻聞金

人魚遇船豈成災風雨無端霧不開往往缺缺昨宵海怪上潮來

白杭香氣滿磁甌新斷靈芝手作羹聞道缺缺更將南燭煮青精

廣州夫娘高髻粧不戴素馨必瑞香見客纖纖指缺

甲一方洋帕獻檳榔
櫻桃黃頰鮮尤美刮鑊鳴時雪片輕每到九江潮落
後南人頓頓食魚生
玳瑁山前海粉多鼊鼊壁下島人過修竿取得船頭
賣粗菜終年啖燕窩
酒至南天別樣香臨高鵝掌更清芳暹羅攜得茶蘼
露不到占城不肯嘗
炎天無計喚涼飈八月猶如六月時買得一端雷女
葛可憐蟬翼一絲絲
誰家心抱喜筵開迎得花公結綵來不識蠻歌定誰

勝隔簾催換打糖梅
水乾水大水中居處處頭公兩婦夫見說一生丹裏
話屎哥背上背壺蘆
奇珍大半出西洋番舶歸時亦置裝新出牛郎雲光
緞花邊錢滿十三行
騰牌一一似旋蓬日夕軍門鼓角雄却看蠻兒好身
手鏢鎗出没快如風
梔收帆舉白龍洋最惜羸夫不滿筐八月蓼花紅滿
岸定知今歲得明璫
香風一陣仙湖街盈筐異果換錢來尾富乃可得佳

境却笑羣兒賭蔗廻

闈中和雷州司馬許石蘭見贈元韻

自古知人則哲難休矜綵筆昔曾干五花繡就持鸞
看九曲穿來作蟻觀雷奮龍門抽玉筍月明蚌腹孕
珠官自愸此調不彈久恐有徽琴爨下殘

龍門趙雪樵有詩仍用前韻答之

嶺南叱馭不辭難忝作輶軒出宿干風雨一天城郭
動入闈日風雨終朝觀者如堵雲霞八月海潮觀休辜使者求賢
意自是文人本分官今日菜根聊忍齧餘辛還有擣
椒殘

連山李雲圃見和再答

棘院秋炎欲避難樹陰多處倚闌干脫錐猶未囊中
見立幟還同壁上觀陸氏門生新試士歐公詩友老
都官從前佳話非難繼催較休辭滴漏殘

監試澳門司馬宋天波有詩再用前韻

鎖院嚴清得友難豈知老宿有方干君能詩入闈場屋以不與科名為恨故云地來海表望洋歎天共闈中坐井觀我愧歐梅
同試席君當屈宋作衙官行詩束筍多無味滿案聊
供噴飯殘
都監請託却應難老氣橫秋孰敢干雨細還同憑檻

坐月佳時共捲簾覩翻思有蟹愁州判每歎無魚走市官此日郇公厨正好相拚酒盡不留殘

從化何亮亭和韻再次

莫話當年蜀道難總因微祿學時干滿將魏第夸蘇軾（來詩有坡老文章原世業之句）早羡宏詞重李觀此日鴻嗷叨座主一時魚貫盡同官問君細檢官厨米可有餘缸鼠剩殘

奉和雷州司馬許石蘭見贈元韻（石蘭能背誦余華陰道題壁詩）

我昔騎驢華陰道時十二月氷初冽醉中戲作華山

詩白日蛟螭舞飛雪當時意氣頗無人振鷺自愛毛衣潔君從何處得見來往往舉誦佐杯啜氣求有如石投水道同又似車合轍今年啣 命來海南佐我玉尺皆賢哲新詩如湧錢塘潮知我淵源自浙皷中趙子和尤勇破賁褰頭烏玉玦天教同事豈非緣桂香滿望中秋月相勉五色毋目迷莫使秋蟲苦幽咽

監臨大中丞定園座師賜杏酪以詩分送各房諸君同餉仍用石蘭元韻

今晨閽人捧銀瓶驚見玉膏澄液冽云是中丞之所賜傾來一椀臙脂雪皎皎氷壺照座寒垂垂鍾乳融巖潔盥手再拜飽且慙佳味何忍獨飲啜監河原未之升斗鮒魚何至呼涸轍況叨吾師厚惠頒不有新詩豈曰哲憶昔先君三入簾闈得鸞鳳皆兩浙（先君三校浙闈如李祖惠馮重華陸燦王世繼陳墉皆知名士）其時賤子尚趨庭未得功名試璜玦以此心凛黃髮式敢忘人在天香月勸君細細酌融霞絕勝粗糲哽吭咽

龍門趙雪樵仍用前韻有我未得見華陰詩聞似春鷁酒清冽其實僕不及此也因並錄前詩相示再次韻戲答之

從來嗜好各酸鹹蘭麝太芬桂太冽天台但賞赤城霞蜀人競說蛾眉雪君欲知我華山詩大似西子蒙不潔可憐尚拘官家例不得朗吟共嚼啜（昌黎詩從官百餘座嚼啜煩官家）胥抄恨無澄心紙錄送尚憶秦闗轍聚奎堂上人如雲笑我詩老邈前哲君有西鄰謬見推一覽乃知誑在浙（易二房許君司馬石蘭杭州人）羣賢落筆富精麗日日瓊琚聯寶玦君詩快於蟾蜍奔奇光似竊嫦娥月倘有錦囊肯多惠坐待耿耿銅壺咽

恭謝大中丞德定園 座師遣送傳飪

餕餐未備事原輕致糗類 叨座主情自是饆饠中饋

製敢同粔籹外邊盛枕椰香過風團麵菰葉包開雪糝羹要問諸人誰最飽就中屬饜老門生

恭謝大中丞德定圃座師遣送洋桃

果自西洋至名桃以類求五稜形總肖三皺性能俘瘴雨枝枝飽蠻烟顆顆浮似棱殊碧玉如蠟比黃流來傍春風座剛逢夜月遊嗜同羊棗癖情異木瓜投半佐青蔬飯全輸白密收荒庄還自愧飽食負恩優

趙雪樵有詩謝酒再用前韻

朶頤我亦餟糟難取戾甯教咒典千簾內主人原是座中前輩肯齊觀務格遍諸公半多逢杯便似逢佳友　甲在余前者

卷直如得美官莫惟羽觴飛尚緩披沙剛是揀金殘

草榜初成觀封落卷箱有感而作示同事諸君

聚奎堂內卷初封共喜譽纓矢靖共鷄肋棄餘猶有味驪珠探盡恐難逢從來撈月難盈手大抵奇雲必盪胸寄語諸公再披揀此中恐有滕顯龍

光孝寺南漢後主劉鋹鐵塔歌　並序

塔上有文其文云大漢皇帝以大寶十年丁卯歲勑有司用烏金鑄造千佛寶塔壹所七層高二丈二尺以四月乾德節設齋慶讚謹

記余覽之為作歌

有客招遊入光孝使予拜禮金塗塔我疑此塔年與漢僭同云是五季劉鋹年間物其高今尺幾三丈七層捧出如來相各方鐫列僞臣名紫金魚袋紛相向當日中原風塵起粤南兎絲作天子玉堂珠殿坐蛟蜃白晝呷人以為喜鼠入牛角眞可歎憨獳無知壽雋殘至鋹尤愚臣盡腐王皇內殿爭祈壇菌生宮中石仆地獸觸寢門眞怪異當時不諫諫者死禍福無憑盡祥瑞寶光流帳紫霞裾求仙求佛皈樊胡元妙範銅三易象刀山劒樹仍屠誅其時浮屠造何日鑄

成知費幾州鐵一朝浮海稻田來不救瀧頭三廟滅暮暮朝朝內太師羅浮劍篆早先知王衍上清方爾世梁武臺城又一時我來摩挲訪白足但見相輪苔蘚綠慈悲不見白蓮花猶聽人歌吞骨酷

菩提樹歌

訶林寺中菩提樹相傳初植蕭梁年知藥攜來自西竺歲久合抱淩炎天枝幹糾纏鬚倒墜虬螭一一盤至地雨露時滋鱗甲生雷霆日索魑魅避可憐嫩葉如桑條五月初生二月凋浸去渣融比蟬翅剪來絲細薄敝綃我來樹下觀不足僧伽袖中出二束贈鵜

比似人情重吟詩正欲蝿頭錄日落不落風聲繁蘋婆蒲葵相翩翩命駕急歸歸已遠童顛猶望虞翻園

登鎮海樓一名五層樓洪武初永嘉侯朱亮祖所建

直上天南海上樓海天一色望中收不知滄海連天闊只覺青天與海浮蜃吐黃雲三島外鷄鳴紅日五更頭昔年曾記登黃鶴冠絕平生此兩遊

恭和中丞德定圃座師闈中監臨元韻

四文依依咫尺間時親道貌一開關碧桃爭向龍門種丹桂都從兎窟攀自是栽培深雨化故教藻麗映霞班百川學海非無謂佇看人文起八蠻是科闈中詩題爲賦得百川學海限宗字

渡珠江大風雨

三聲礮車作萬里使人回是日風何驟連天雨不開馬人歸島去龍戶賣蠔來爲謝羊城吏惟叨水一杯

粤東皇華集卷三終

粤東皇華集卷四

羅江李調元雨村著

別劉約齋

總角同遊似昨時相看兩鬢忽成絲百年同抱皐魚慟萬里來惟鮑叔知楊柳江邊䇿别夢木蘭船上話心期他年林下俱歸老柱杖看山愼莫違

佛山舟中贈劉約齋

多技知公罕鑾方共識名堪輿師郭璞卜筮友君平年與文俱老詩隨酒便成請看篋中集媿煞宿儒生

留别門生陳學滋

陳子清且奇筆乃天所授白袍五千人獨以古文售

書鄙東漢還氣壓先秦右古質色斕斑絕似老宿搆豈知始逾冠芝蘭方競秀情誼見肝胆非循酬酢陋冒雨來送我此意良亦厚長亭復短亭欲去遲回又勉哉毋久羈經田好力耨鵬摶九萬程一朝便可就屈指到京華相待元宵後

三水縣送王春甫編修赴廣西提學之任四首

炎天結伴逮秋時豈料翻然賦别離此去誰爲連轡語同來尚憶唱酬詩一江夜月山猿嘯萬里晴雲塞雁知屈指黔江未多路秋風莫遣侵褰帷

喜看西粵轉輶軒　勑命遥頒自禁垣嶺外已傳韓吏部蠻方又得柳宗元同舟共濟難分手異道揚鑣欲贈言自古人材無論地相期培養在根原

自是苗民得指迷其如中路惜分携夕陽人在千峯外夜雨猿啼萬樹西惆悵忽嘗中酒味迢迢先望尺書齋相思矯首蒼梧道幾日龍標過五溪

同作南交二使臣同胞難及此情親無分僕從心皆契有介嫌疑話必申今日胥江帆獨往何時燕市酒借巡知君别我應惆悵夜泊仙舟少一隣

重過飛來寺訪懷遠長老飯罷留詩志别

平生酷有遊山癖重到飛來勇自登山鳥要知來客意白雲深處訪高僧

高僧迎見意欣然引上危樓話夙緣苦道卧仙巖上好手扶壽木飲飛泉

飛泉百丈下高岑屏立森森樹木深笑語老僧耐幽獨潺溪夜夜有鳴琴

鳴琴非水亦非山倘許閑人共往還半日清音樓上話不知天上是人間

人間泥爪似飛鴻日日紅塵西復東我是前生老雲衲見山便欲住山中

山中清景苦難留秀色憑將筆底收飯罷伊蒲欲歸去白雲相憶兩悠悠

蛾眉岡

我向英州來忽見潑墨畫險巘傾萬斛濃淡供揮灑模糊山椒剎迤邐厂畔廨如龍睛方鼎似虎踞可戒或貌僧秃髩或如人跪拜其巔更精絕如與美人對螺黛掃初成半月乍吐朏遠望固未實舟近呼乃怪頑然一石峯始知非藻繢造物工鑄削雲氣又霑霽安得大米筆寫此形向背携歸堂前挂昭對天機外

龍頭影

好山亦多名未見錫以影況聞龍頭上尺木形鯁鯁有之則飛天豈戀水清冷如何濵江邊惡狀怒相懭或疑夏劉累潛醢所遺骸又疑朱偶漫伎成於此逞不然今年秋龍門爭鋭額魚躍不得登曝腮恨未屏由前猶未詳後說我當省岸石何猙獰宛轉側小艇垂胡不可攀怒目光閃閃我從頷下過探珠恐其醒不如且放舟北風來正猛

懷石蘭許司馬奉寄

文章自古有神交匝月天教共一巢白樂眼中無棄馬滅明手內有尸蛟别來江上孤杭葦此後天涯念

縈寃苦憶池塘春草客晦明風雨失鷄膠君賢昆順德明府有約至省話別竟相左

懷雪樵趙明府奉寄

趙子文章一世豪胸懷磊落似吾曹筆端潤若三秋露才氣洶於八月濤不識胡因心苦憶自應別後興難高秋風昨夜胥江上夢見聯吟共吮毫

晚行曲江道中

秋浪一江急風帆半日懸波平遥見塔城近恰臨川黯黯巖邊火依依野際烟心如南去水郄坐北歸船暝色四山至烟村一望函野雲歸遠岫江日冷歸帆落葉忽辭樹飛禽遠上巖夜來驕肩甚寒氣入涼衫

贈方聯芳

家在吳江上為言苦憶家兄離懷棣萼親老歎萱花黃耳三秋杳青山萬里遐憐君多孝友我亦在天涯北至須三月南來又一年風霜知未慣夜雨倍相憐龜背鼉甯得鵝毛意莫捐龜背鵝毛俱用諺語感君依戀意報汝久纏綿

舟中晚興

灘急舟疑退林遥霧漸開捲簾山氣入欹枕水聲來洒好憑誰酌詩成不待催崖邊艤棹處曾共子猷來

漫說心如箭其如棹泊遲人喧上灘處鷗避下帆時路轉山猶見鐘鳴寺始知回頭語黃帽此地正宜詩好峯如畫裏處處簇人家月上漁歌動風高戍旆斜虎多船不泊鷄喚鼓猶撾少寐知歡意 王程數尚遐

韶州登九成臺

振衣直上九成臺浪簇魚鱗脚下開萬里蒼梧雲不斷兩江白浪雨飛來重華舊轍今安往仙樂遺音昔已灰空有坡翁銘石在壁間剩擔半生苔

總戎趙光先韶州太守楊槐亭招飲留別

元戎小隊何風雅太守攀談亦意親大抵與君俱是客何堪此地復迎賓杯吞溪水涓涓細詩對韶山稜稜呻如此主人如此地扁舟偏是北歸人

雄州晤張度西明府留飲觀劇作歌

憶昔論交金臺中一時牛耳皆豪雄酒酣拔劍各起舞頡頏狂往往驚兒童當時意氣不輕許餘子碌碌非吾侶可憐萬事竟無成白髮而今吾與汝君向青冥翅偶垂我雖得意旋垂遝彼此無能更相笑十年不調同嘲譏今年春 命過梅嶺行李往還擾君境萬里南來遇故人此行細想眞徼倖瞿瑜堂上聞雲和

銅龍照吸金叵羅相逢百斗不成醉人間離别何其多君方在南我歸北均如繫匏不堪食殷勤相屬惟一言揚帆此去看風色

橫浦關

既越大梅嶺重過橫浦關半坡斜照遠流水小橋灣地勢迢遞嶺鄉音不帶蠻回頭望百粤已隔萬重山

鬱孤臺重用東坡韻呈虔州吳葯堂太守

飛閣臨江上蘇公昔舊遊後來空景仰前輩見風流公與先君同爲滁州牧交最深攀磴借兹日回帆及杪秋帆檣遶城郭鷗鷺簇汀洲樹色全迷巷灘聲半入樓七閩通境

外五嶺近炎州賢主勞相訪王程得暫留不堪思往事分手悵迴舟

登八境臺用東坡韻八首呈虔州吳葯堂太守

城頭縹緲一飛樓暇日登臨散百憂八境清平渾無事廉泉今復見吳侯

星軺初自粤中還江上秋風剪剪寒此日登臺心轉急遥看直北是長安

鯉魚浪起雪成堆烟樹溟濛黯不開惟有白雲知我意崆峒山外忽飛來

菊花夜飲宿酲醒凌曉來觀眼界明章貢合流成贑字只應喚作字江亭

苾蒭迎謁豈知禪一盞孤燈對佛然玉銜山門非敢吝風流不占大蘇先

七閩五嶺在樓中四望全消霧靄濛連日北風何太猛順流今看一帆東

孤城折處好爲臺斬草鳩工逕始開安得月中披鶴氅乘風直可到蓬來

人烟點點亂參差不上樓頭那得知萬户魚鱗定安阜他年聊備採風詩

楊梅磯夜泊步月

使程貪利涉夜泊底楊梅沙淨月爭照船輕風讓回

攤錢商侶聚披火酒人來不寐情何限灘聲總似雷

過十八灘作

艤舟儲潭下傍人各相語此去十八灘記里不四五上有廣濟祠靈感動行旅虔禱須潔誠順風頃刻許我聞便齋沐溪毛奠清醑歸舟旗脚轉未敢久延佇開柁疾如箭聲如四山雨怪石布森森鐔鍔似行伍初猶羞饞小漸似作虎怒疾雷殷地來雪山驚乍覩龍宮深頃洞潛虬肆吞吐而我過其間略不費一橹大哉仗神功慨然思帝禹

贛石三百里一一水中走輪囷類千倉廉隅如雨剖
繚若篆籀巧拙似笱蕨秀蘂蘂覆盆罍細細抛瓦缶
局殘碁未拾寡罷脊待帝造化眞兒戲摶撮與水鬬
回觀兩山巔一石翻無有安得借巨靈劃却此培塿
行舟穩掛㧗不受驚湍吼灘師聞此言愀顏屢搖手
倘無險可據何以負升斗
迍朝過諸灘灘灘各有名橫竝大小壺俱若天生成
錫洲與武索噴薄不能平銅盆底崑崙石梁曉堪驚
綿津及兩料險與標神并就中數天柱巨浪何其橫
漩渦走風雹喧豗相鏗鍧洶如奔渴驥快若吞長鯨

票姚一過脹滿耳皆風聲臨深過惶恐落瀨安敢爭
其他狗脚鼈鎖細何足評寄語後來人此論可泐銘
惶恐灘用蘇東坡韻兼懷王春甫
三水江邊少一人萬安城下只孤身急流勇退非吾
事履險如夷仗使臣石燕雨來山黯黯鯉魚風起浪
鱗鱗嶺猿何事遙相喚知我扁舟在水津
十月初十日底萬安縣沈邑塘同年亦於是日
到任留飲奉贈
一葦初過十八灘舟中忽得反盤桓相傳竹馬初迎
郭誰使雲龍共逐韓有此客否問僕語無多酌我盡

賓歡不才妄欲言爲贈萬事心安是萬安
奉和望快閣
半篙秋漲百灘平快閣窺奩似鏡清畢竟讓他山谷
句澄江一道月分明
白沙渡曉泊二首
城頭有鳥尚宿沙上無人自來酒戶關門未起漁舟
撒網空迴
兩岸銀砂似雪一村翠竹含𦗟兩耳鷄鳴犬吠一心
魚躍鳶飛
螺山文丞相祠

古來誰不死丞相幾曾亡正氣留天地丹心凛雪霜
死無慙宋瑞生不拜元皇柴市祠猶在能爭烈日光
奉跋盧陵元立庭年伯倪園詩草
扁舟嶺南回夜泊贛江滸登岸謁父行不暇敘寒暑
開懷請詩讀古色照眉宇錦繡出雲機劍戟森武庫
浩氣走長江峽源倒秋雨就中推長城五言足千古
字如鐵鑄成喘汗走杜甫讀之不忍釋更佐以酒醑
酒味何甘冽詩清復如許坐令心花生句爲發彈吐
質之老成前旁立愁夏楚
奉題元立庭年伯遊滇時所藏立馬千山圖

我聞滇南山水天下雄一一蜿蜒如蟠龍戴中碧鷄最聳拔玻瓈倒影昆明中點蒼截嵲飛天外亘三百里皆奇峯釋迦卓錫香嵒表畫屏削出青芙蓉更聞撫仙湖畔罔千仞金蓮玉筍穿玲瓏波光樹影嵐霧裏古藤轇葛昏蒼穹其他蘭津烟蘿不勝數武陵路絕無人通不知我公立馬在何處但見萬壑雲氣相澒濛鎖橋嚙斷蛟螭口日月不到巖西東公獨一鞭摩絕壁飄飄衣袂凌天風雪花如掌馬頭落森森綠嶂聞啼猿問公爾時何其勇要觀洱海扶曈曨遥知去天只一握手摘星宿吞長虹故令吐出錦繡段仙

氣直達蓬萊宮讀公詩句見公畫乃知奇人必有奇地逢恨不當時共追逐生兩羽翼隨羣童至今魚樵尚稱說昔來遊者今日廬陵公

廬陵署中赴酌同朱海客明府李心華別駕及元立庭年伯分韻得山字

賢侯高誼重如山偷得王程半日閑已對菊花逢笑口更聞蕉葉佐開顏是日演蕉葉傳奇客如龍虎催詩速主怕鸕鷀賦酒慳新自粵中思苦澀狂歌只恐未離蠻

題朱海客撫琴圖

蕉衫芒屩髮如絲想見科頭嘯傲時莫道相逢不相識昨宵曾讀此翁詩

昔人五柳今三柳總是一般高士心更請畫師添箇橡今予溪畔聽彈琴

謁周瑜廟

展謁周瑜廟巴邱恨未消壽林魂已杳赤壁氣猶驕社稷分三國嬋娟泣二喬至今都督嶺風雨總蕭蕭

臨江江上短歌倣張紫峴作

長風夜吹青玉裂五嶺梅花瀉香雪壁嵌空天鳥雀巢潭沉斜日黿鼉宅白雲蓬蓬不作雨崎岸春濤靜吞舟誰歌水調櫓飛來剪破練江霞一縷

長江江水平如砥江上長林低映水花村板屋一千家盡在參差森烟裏蒲帆裊裊溼雲白玉筍東峯鐘響隔三洲杳靄何處尋浦外鷓鴣愁遠客

青山迤邐秋蕭颯四壁楓林作頳色斜陽欲下不下來野風吹墮棠梨赤周郎遺跡蔓草横鐵池錯落土花生沉沙斷戟英雄恨付與歸鴉三兩聲

三十二朵青芙蓉隔江插作長屏風樓臺飄蕩烟霧窟中有仙子驂飛龍朝嵐太古色不洗半落空天半秋水安得收之紫霞杯和以丹砂作香乳

漁歌

老魚掉尾沉江滸小魚潑潑浮淺渚何處啞鵶柔艣來萬點鳧鷖散寒雨三三兩兩艇相逐夜涵蘆花然苦竹一聲欸乃四天空片月流江遶峯綠

樟樹鎮

村因樟樹得樹下偶停舟市近烟常簇江平月不流一生思攬轡萬里羨輕鷗豪氣今猶昔登臺拜聶侯岸有聶侯廟

豐城縣阻風舍舟由陸至南昌

舍舟從覓路行李又怱怱不夜江邊月非花岸上楓穿林驚吠犬喚渡見歸鴻捷徑非無意連朝阻北風

十月十六日抵南昌府寓滕王閣

昔年曾到滕王閣畫棟珠簾半蕭索今日重登章江門棨戟襜帷過非昨陳蕃下榻聊淹留潦淨寒恰及秋古今無限興亡意付與江邊幾點鷗

題新建明府琪園明湖攬翠圖

我在滕王閣不作滕王詩滕王山水雖云勝惜無山東李白絕妙之好詞忽思家太史筆力頗似之割新建鷄志不展大明湖畔興歸思倩玉舍人畫一角髣髴濃纖皴蛾眉閑中屏吏花下卧興來濡染何淋漓難見如天閶如鬼非日始得談襟期紫駝之峯為我設賭酒徵歌無不為可憐文章尚如昔氣概直欲吞鯨鯢銅龍蝕缺　盡竟欲老兄暨降旗笑謂琪園爾何痴古人許缺此事廢縱有文采誰復知不如且韜蝸頭筆日向訟庭課鞭箠今晨送我來忽又別我去遺下攬翠圖要我題新句前有沈薰與呂褚昔本同年一巢聚今觀其詞娓大楚勁敵使我不能語急捲還君渡江去此後相思碧雲樹

留別琪園二首

二李齊名翰苑間十年雲散想音顏君因磨蝎江西去我亦皇華劍北還風雨欲逢秋雁易雪霜知語夏

蟲艱內廟接武應重得魂夢長依供奉班

暫收珥筆治琴弦政績連年頗著賢休美往來駐旌節且看談笑用蒲鞭菊存荒徑思元亮謝澤令曾為草長池塘憶惠連苦恨匆匆來又去兩山南浦各凄然

觀音閣在德安縣北八里

溜勒烟村竹輪囷嶺畔松石蹲山下虎橋卧水中龍

東林寺和錢香樹用王文成韻

詩到廬山便擬莊廬山怪我詩欠好揭來思枯搜愈澀炊寥況復當秋老夜聞虎溪瀉何哀曉叩僧房門末開不知落月挂何樹但見浮雲匝地來三笑堂中

一同首已無故人共杯酒厎事風流數百年尚有遺容傳不朽細竹搖風影滿庭髣髴杜若生芳汀古人勝蹟今人賞惟見爐峯一點青

過虎溪

漸失水潺湲松風又一灣試從高處望滿眼是廬山

渡潯陽懷春甫

秋在蘇葭末臨江倍覺凉夜來君識否風雨渡潯陽

懷黄梅令曹秋浦兼寄廣西學使王春甫

不見能詩善畫人弦歌徒憶武城春黄梅驛裏燈花落暮雨蕭蕭獨向晨

七夕滿亭有所思曾將銀字押成詩瘴江有客腸空斷明月何曾似昔時

合肥懷古

莫問藏舟浦徒餘飛騎橋當年建始殿意氣想張遼我笑苻堅老投鞭過此間更無王景略草木入公山

包孝肅祠

鐵面非真鐵人傳孝肅名片言能獄拆一笑厎河清廟貌風霜老丹心日月明更無關節到展拜不須驚

梁縣鮑明遠讀書臺今爲蔡氏所有其子艮讀書其中求詩甚切爲贈二首

讀書臺畔日初曛細草幽花滿經薰任是何人詩在壁自然俊逸讓參軍

柳堤一帶繞茆堂遥聽書聲似鼓簧忽記髫年初上學竹林深處講文章

宿州寄書

劍外家山悵遠遊江南忽得致書郵欲知心事紛如緒風雨今宵宿宿州

符離候渡

濉水支流少符離野渡多人家居蜂窟天使待牛駝共擊堯時壤因思禹日河蒼生非局外竟夕自婆娑

九重頒賑粟萬姓仰饘糜　天子憂如此諸公力勉之金湯良在囧　王訓況時垂賈讓疏猶在披尋尚未遲

過河問題辛中驛懷湯蔓南先輩

晩凉撲面雨相催暫到仙菴倚古槐忽見驛名詩便得辛中驛裏憶辛齋

偶題二首 在長新店作

玉釵金縷夢中疑吹葉當年恨柳枝暫借驛亭消薄醉遠梁誰唱鷓鴣詞

轉喉疑是擊珊瑚錯認尚書一顆珠爲問碧雲聲不

斷月明可有鴈來無

和安南使臣阮輝僜題壁韻并序

甲午秋奉　命典試粵東道過恩縣見壁上一絕云仲春烟景柳絲斜宵雅三章荷拜嘉舜目重瞳瞻舞罷周原穩駕指南車後署云乾隆丁亥年二月二十五日同程作安南探花阮輝僜題後又過涿州店壁壁上有詩云遠捧芝輪萬里迴烟雲遙向馬頭開客囊衣在縫仍密帶得平安兩字來後署安南探花阮輝僜同程作蓋亦丁亥年二月時事也文教遠被屬國皆然因爲和之

詩題驛壁字欹斜韻事南康兩可嘉試問春風南北容交闕可是續來車余向讀朱錫鬯明詩綜有安南使臣題南康驛詩云鼓報黄昏各泊船咿咿軋軋櫓聲連一雙鳧雁滄浪外幾箇人家楊柳邊紅日落殘鈎挂月白雲捲盡鏡磨天安南萬里朝天客暫借郵亭一夕眠惜不著其名爲悵按明交阯阮譯民送湛内翰有交闕此日分歧後南北春風共一天之句意者其裔與

秋風銀漢使查回五嶺天高瘴霧開欲識　聖朝文教遠試看白雉越裳來

題湯辛齋粵東記程

圖經何必借端公如指螺紋展卷中自笑往來牛踏迹誰分順逆馬趨風較量日月爭先後推筭陰晴各異同此是南交問津處不知三載又誰東

附試帖二首

賦得善人爲寶得良字

至寶何爲貴　皇朝善是彰秉彝天錫福和氣地鍾祥漸見餘家慶驚看入室光當年羞踐迹此日喜旌揚南國人堪憶東平語未忘沽之吾待價器也汝爲良稼穡符今瑞芝蘭襲古香磨礱遨　睿鑒特達重珪璋

賦得百川學海得宗字

法言於水鑒一脉仰儒宗忽動臨川歎還尋導海蹤淵源歸上善泒衍述中庸禮若侯朝夏書同史足冬篆文虚想像陸放翁詩寒江學篆文巴字妙形容唐詩巴江學字流功淺焉能測貲深自可逢易云盈坎吉詩曰溯洄從幸際澄清日羣沾　聖澤濃

奉和顧星橋舍人見題粵東皇華集元韻

無病而呻譏自古三百篇詩出使臣細嚼梅花君定笑何曾偷得嶺南春

粵中樂府定何如黄木灣前畫舸多誰使珠娘隔珠水月明窗聽摸魚歌

水經三峽照人清仙侶同舟倍有情記得聯吟宿中宿蜀聲畢竟遜吳聲謂青陽王春甫也

江南詩老不輕夸品隲居然比大家他日停雲倘相憶也應剪取海東霞君有停雲集若干卷皆當今名宿題咏余詩亦竿選中

附原作　　中書顧宗泰

羅江才子今詞客玉署仙郎作使臣花滿越王臺畔路一編收拾五羊春

七十二峯何處好白雲山外白雲多瓊林如海看朝日榕樹陰中發浩歌

校士餘閒寄古情珠洲翠浦晚風清豔歌小作琵琶怨子夜猶傳樂府聲集中樂府最工

嶽轉湘飛未許夸番禺不數舊三家鷓鴣嶺接梅花嶺清麗詩情似斷霞

粵東皇華集卷四終

羅江縣志

光緒壬午年
鐫於樂道齋

羅江縣志序

羅江縣舊無志乾隆九年邑令秀水沈公潛延余
先君石亭公纂修時兵燹初定並無書籍可考又
急於卒役不及細訪前代名家著述今百餘年來
本朝文教光昌大開四庫全書重修永樂大典於是
乎
內府秘藏幾乎家有其書矣此縣志之所宜亟亟也
調元自歸田以來杜門讀書念日月之已逝恐文
獻之無徵若不繼前志而補前鈌恐一旦塡溝壑
咎將誰歸爰取先君所纂舊志遍加考訂又復於

登山臨水之餘坐小輿攜胥史由本州五邑山巔
水涯凡有半碣殘碑自明以上者莫不手自摹搨
家故有萬卷樓又復獺祭漁獵夜以繼日互相校
讐並取州邑舊治去其無徵摘其可據歷三寒暑
以成此書其每條具載原書之名用朱竹垞日下
舊聞例也其所採金石文俱照式繪圖於旁其門
則分沿革城池縣署名宦各署城內東鄉南鄉西
鄉北鄉人物節孝道釋技術土產共十五門獨不
編藝文一門俱附見於名勝古蹟之後以便查閱
皆低一格其拙作詩文亦間錄於後至調元偶有

考證則低二格附按焉共十卷此書原名梓里舊聞因裁縣改州不言縣志今因復設羅江故仍曰縣志其但言稿而不言撰者蓋欲俟諸賢大夫他日纂修古綿總志以備芻蕘之一採也嘉慶七年九月重陽前一日雨村老人李調元時年七十

羅江縣志卷一

邑人李調元雨村稿

沿革

羅江縣禹貢梁州之域秦觜分野秦屬蜀郡漢涪縣地晉末置萬安縣屬梓潼郡宋齊因之梁末移治潺亭改曰潺亭縣西魏復曰萬安置萬安郡隋開皇二年郡廢縣屬綿州唐因之天寶元年改曰羅江宋元明仍舊編戶三里清類天文分野之書

晉綿州歌豆子山打瓦鼓陽平關撒白雨白雨下娶龍女織得絹二丈五一半屬羅江一半屬元武晉詩

按明曹學佺名勝志羅江兩水相感成羅紋因以爲名及考宋地輿廣記則疑羅江即潺亭又云有羅璝化江因以爲名迄無定論今按晉詩一半屬羅江則江名羅江早見于晉不始于唐矣或者江先名羅然後名縣歟

羅江縣綿州西南七十八里舊二十鄉今十鄉本涪縣地晉于梓潼水尾萬安故城置萬安郡隋廢屬綿唐改羅江縣太平寰宇記

緊羅江州南七十里一十鄉黄鹿金山石湅三鎮有金山羅江湔水元豐九域志

按唐改羅江縣亦設羅江驛見唐唐彥謙羅江驛詩云數枝高柳帶鳴鴉一樹山榴自落花已是向來多淚眼短亭回首在天涯（全唐詩）

城池

羅江舊無城明成化初知縣盛景築土城正德中僉事郝綰督知縣陳堯臣包砌以石高一丈五尺周四里三分計七百七十四丈門四萬歷中知縣丁澤繼修後毀于寇　國朝順治初知縣陳鎬羅綸重修十六年併入德陽雍正七年復設（大清會典）十三年知縣王榮命指修東西二門乾隆三十二年知縣楊周冕重

建估修（舊縣志）

縣署

羅江縣治明成化中建本朝雍正八年知縣王榮命重修直隸綿州州治於康熙三十一年涪江水溢淹州城東北之半乾隆三十二年涪水復溢城壞于水者十之七三十四年川督阿爾泰因裁州屬之羅江縣徙州治焉領縣分四德陽安縣綿竹梓潼而改舊州為金山驛嘉慶七年六月勒公保奏該州仍回舊州復設羅江縣治

羅江縣署前石屏銘

萬歷三十年壬寅歲仲春之吉知羅江縣事直隸龍舒少岡姚謨指俸捌石屏於公署之前落成乃題其銘於屏上為石屏銘雖所以自警亦所以告後之丞是邑者銘曰民為邦本本固邦甯設守保障有如斯屏捍災禦患衛國蔽民王家柱石蒼靈鉅鎮維茲屏立欣慕聖訓君子學道則能愛人厥道維何禮樂教行禮以飭躬樂以養情慈祥豈弟卓哉著明隨在皆學隨在皆政冰淵其事金石其心百爾財用膏脂相憐民吾赤子無告尢兢政多撫字刑戒濫淫鋤強植弱革弊親仁鑒茲前屏用

儆官箴見道于屏作我法程絃歌遺範敢步芳聲後有君子三復屏銘

俸廉

羅江係首銜知縣養廉九百兩俸銀四十五兩本縣驛馬三十疋歲支草料棚槽例麩銀八兩

倉庫

常平倉向無積貯添採買四千石鹽稅銀二百一十三兩一錢七分三釐六毫茶課稅銀二兩五錢

糧銀

新舊承糧花戶陳世英等一千一百六十六戶糧銀

三千八百二十兩三錢四分以上俱大清會典

名宦 唐何易于明盛景二人有傳

唐知縣何易于傳易于嘗爲益昌令縣距刺史治所四十里城嘉陵河南刺史崔朴嘗乘春自上游多從賓客歌酒泛舟東下直出益昌旁至則索民挽舟易于卽腰笏上下刺史驚問狀易于曰方春百姓不耕卽蠶隙不可奪易于爲屬令當其無事可以充役刺史與賓客跳出舟偕騎還去益昌民多卽山樹茶利私自入會鹽鐵官奏重搉筦詔下所在不得爲百姓匿易于視詔曰益昌不征茶百姓尚不可活矧厚其

賦以毒民乎命吏劃去吏爭曰天子詔所在不得爲百姓匿今劃去罪愈重吏止死明府公一有甯字免竄海裔耶易于曰吾甯愛一身以毒一邑民乎亦不使罪蔓爾曹卽自縱火焚之觀察文粹作風使聞其狀以易于挺身爲民卒不加劾邑民死喪子弱業破不能具葬者易于輒出俸錢使吏爲辦百姓入常賦有垂白僂杖者易于必召集一本下有與字食問政得失庭有競民易于皆文粹作輒親自與語爲指白枉直罪小者勸大者杖悉立遣之不以付吏治益昌三年獄無繫民民不知役改綿州羅江令其治視益昌是時相國裴公刺史

休出鎭綿州獨能嘉易于治嘗從觀其政導從不過三人其全一作察易于廉約如是

孫樵曰會昌五年樵過一作道出益昌有能言易于治狀者且曰天子設上下考以勉吏而易于考止中上何哉樵曰易于督賦如何曰上一作止請常一作貸亦作緊期不欲緊一作堅繩百姓使賤一作賦出粟帛督役如何曰度支費不足遂出俸錢冀優貧民饋給往來權勢如何曰傳符外一無所與擒盜如何曰無盜樵曰予居長安歲一作年聞給事中校考則曰某人爲某縣得上上下考由考一作某人下上下考得某官

問其政則曰某人能督賦先期而畢某人能督役省度支費某人當道能得往來達官爲好言能擒若干盜反若干盜一無上四字縣令得上下考者如此邑民不對笑去樵以爲當世一下有在字上位者皆知求才一作財字爲切至如緩急補吏則曰吾患無以共治膺命舉賢則曰吾患無以塞詔及其有之知者何人哉繼而言之使何易于不有得於生必有得於死者有吏官在經緯集

知縣二 白大信永徽五年任引射水灌田 知縣三 韋德貞元二十一年任引折腳水灌田

宋知縣一陳覃奉旨以兵馬監押知縣事見崇亭客話

知縣二宋嘉彥嘉祐三年署羅江縣事詳見潺亭廟碑記

明知縣盛㬎傳㬎字允高吳江人景泰二年進士二缺御史至通州會都御史王翺召入與同宿察院㬎不爲之下翺使人出外㬎遽鑰其門不得入翺慊之㬎帝時以災異求言諸御史以奏稿示之㬎曰老生常談耳我嘗爲之時上頗事游宴㬎族父叔以御醫出入禁中知其事家燕言及之㬎卽以入疏如造龍船撤銀豆者數事疏入久不報一日有旨召都御史蕭

鎡至左順門太監舒良王誠皆盛怒曰上欲取汝首鎡曰某何罪而至此良曰汝教御史妄言鎡曰御史以言爲職不關白其長令鎡有過御史猶將劾之鎡能禁之邪取首之言果出於上乎不然是太監僞傳詔旨也且禁門何地太監乃背闕而坐吾且以聞二人愕然乃好謝之鎡出召㬎問禁中事密汝何自知之曰聞之族叔叔大懼欲死而㬎自如曰必不至死重則戍邊耳其疏竟留中察山東政以災傷上疏乞蠲民所負孳息巡按廣濰水賊起㬎單騎諭降之劾巡撫侍郎揭稽不法稽坐左遷見震澤紀聞六年七月以

時多災異偕同官倪敬等上言府庫之財不宜無故而予遊觀之事不宜非時而行曩以齋僧屢出帑金易米不知櫛風沐雨之邊卒趨事急公之貧民又何以濟之近聞造龍舟作燕室營繕日增嬉遊不少非所養聖躬也章綸鍾同直言見忤幽錮逾年非所以昭聖德也願罷桑門之供輟宴佚之娛止興作之役寬直臣之囚帝得疏不懌下之禮部部臣稱其忠愛帝報聞然意終不懌未幾詔都御史蕭維禎會同冢宰王翺考察其屬諭令去之御史罷黜者十六人而敬㬎與焉皆謫爲典史以㬎浮躁改廣西古田典史

㬎雋爽負氣見明史倪敬盛㬎合傳其去蓋猶以翺故也辭院長咸惜之㬎曰此于㬎雖怒尚存一史字也嘗賦詩曰縣門如水倚崢嶸租稅無多訟亦清有酒可斟詩可詠也無官長要逢迎天順改元調羅江知縣所至皆有山水之勝韓都丞熙謂王曰九皋不知人要安排足下宜置諸車馬轇轕之地乃置諸山水間耶㬎答以詩曰才劣豈宜居要地性慵只合對青山銓曹自有知人鑒一度移官一度閒見莫氏語林初量移四川羅江令都御史曹泰甚禮重之時四川盜起泰因入朝求去位㬎上疏言致盜由泰乃委之而去可乎泰

至吏部時翱爲尚書問蜀中官吏之賢者泰首舉㬥翱笑曰彼言公矩而公乃稱其長可謂無私矣見震澤紀聞

時羅江縣歲旱教民鑿池一千二百五十餘所遂爲永利德陽寇趙鐸僭稱趙王流刼郡縣㬥伏奇兵邀擊大敗之邑以完民爲立生祠於羅真觀擢叙州府戎人珙筠高土猓叛朝廷遣將討之前軍遇賊稍郤㬥在後突之矢着兩耳戰益力賊驚亂官兵乘之遂大克以耳創甚致仕後追理前勞遣使賫金幣寶鈔賜干家㬥孝友自叙州還置第郡城呼兄弟共居之又迎養姑姊之無依者至今鄉族猶稱之云見蘊州府志

羅江縣公署後有土地祠前令所在頗著靈異令有事必禱焉祭享無虛日自㬥蒞任不復然一日私解失所畜雞尋之乃在神前舒翼伏地如被釘者以問輿皂輩皆言神以久不祭故見譴耳㬥怒至神祠斥數其神因舉意欲毀之是夜夢中見神來謝罪懇曰余血食於此者累年不敢爲過昨日雞被釘乃鬼卒輩苦饑故爲之非余敢然也公幸憐之勿毀㬥不許明旦遂撤之其前令者既秩滿卽留家于縣署後夜夢神來訴乞立廟詰之曰何不更訴新令神覺額曰須公自爲之耳彼盛公嚴威不敢干也令乃卽所居旁建祠祀之堯山堂外紀

按近時秀水盛百二柚堂筆談云家御史羅江署後廟神事又見李漁村艮齋筆記自非虛言以是觀之邪不勝正自古然矣惟自顧此心有一毫打不過在先自餒矣君子所以貴集義也

知縣二　汪聰成化十三年任見馬驰寺藏身碑記　知縣三　陳堯臣正德年間任見四川通志　知縣四　張綸興平人知羅江有爭田久不決者鞫之得其情帖然平服　知縣五　鍾嘉福江西人見四川通志　知縣六　丁澤萬歷年間任

本朝知縣一　毛相主順治八年任　知縣二　陳鎬順治十年任　知縣三　羅綸同時署

順治十六年羅江併入德陽改縣爲驛

雍正七年復設羅江縣

復設知縣一　王榮命直隸舉人雍正八年任　知縣二　李德瀚山西歲貢乾隆初年任　知縣三　田朝鼎石門人乾隆四年八月任　知縣四　王嘉會江南上元人乾隆七年任　知縣五　沈潛浙江秀水人字亦昭乾隆九年任延石亭公纂修羅江志平白馬闗路教民耕織先是羅民不知蠶事資州知州張文嵐輯有農書一卷奉布政刋行並附以蠶桑說詳明樹桑育蠶之法並造蠶筐架頒於民間甚賴之在任

三年卒民爲塑像於城隍廟左廡至今祀之　知縣六孫法祖字克家漢軍舉人乾隆十五年任修文峯南塔　知縣七葉鑒崑山人戊辰進士乾隆十七年任革職　知縣八謝自泌雒縣舉人乾隆十八年任　知縣九楊周冕雲南黜蒼舉人乾隆三十年任善集黃華書修雙江書院及奎星閣羅自順治庚子科余昌宗登榜後中者寥寥至是蟬聯登科甲者接踵焉

乾隆三十四年裁羅江縣知縣以綿州移駐

知州一黃叔顯廣東連平州進士由翰林院庶吉士歷陞綿州知州乾隆二十五年到任以命案掛誤歸至夔州卒

知州二博純滿州人乾隆三十九年任未幾內陞復放川北道

知州三張官五浙江蕭山人由監生捐職乾隆四十八年任陞長沙府知府未幾獲罪去

知州四嚴作明浙江餘姚吏員乾隆五十二年署犍爲縣調署未幾塡八法罷官去

知州五沈念茲字謹菴浙江歸安人由汶川令陞題綿州陞隨鄂將軍輝大營至烏斯藏有功乾隆五十四年回任現陞龍安府知府

知州六陸鼎錢塘監生乾隆五十六年署任未幾卒

知州七潘邦和字訒菴吳縣人由監生歷任富順縣乾隆五十七年復回縣告老回籍

知州八王鳳儀字雲浦廬陵人進士乾隆六十年陞雅州府放建昌道署任

知州九劉印全字慕陵江南武進人乾隆壬辰進士由資陽令陞合州駐藏三年復陞綿州嘉慶初年到任絕苞苴嚴盜賊五年庚申正月十五日教匪偷渡嘉陵江將逼涪城公即日自捐一千金米五百石身先士卒日夜搶築石城堵禦其難民入城避賊及渡江得活者不下萬人俱呼劉青天各各踴躍情愿捐資衆修絲毫不累將項公又前後自捐及民捐幾及萬兩俱用大方石砌城賊去來兩次俱不敢逼城遂保全皆劉公力也于是州民詳請勸公保奏請正印回綿嘉慶七年六月奏准部文始到各官俱各回舊任先是署羅江陳公到任然後劉公到州任其政蹟詳見予捐修綿州城碑記

嘉慶七年六月復設羅江縣知縣

復設知縣一陳啓泰字柘林浙江會稽人嘉慶元年冬由渠縣典史堵禦教匪勦賊有功奉　旨以知縣用七年綿州移回舊地復設縣治於六月初十日署任

廳署

典史署舊驛丞所居今移治北街西

宋縣尉鄒崇讓見芧亭客話

明典史羅勝與知縣盛杲同時見馬驰寺藏身碑記

本朝典史俸銀三十一兩五錢二分養廉八十兩大清

會典

典史二劉定旋德人乾隆十年任見舊縣志二張
朝職三沈文玉以下俟查明再補
嘉慶七年六月復設羅江典史
復設羅江縣典史陳鑑湖北黃州府人嘉慶七年七
月到任

學署

文廟在東大街春秋二祭
羅江縣學治東宋熙甯二年建明成化六年遷至今
所宏治二年增修正德三年知縣盛杲重修十二年

知縣羅綸繼修署印都事張道振有遷建學宮詳文
及司訓吳可美遷建儒學碑文
明吳可美遷建儒學碑文謹按本縣儒學墟於元
末兵燹至洪武十六年縣令仍舊址剏建三十二
年葺新皆坐北向南成化元年知縣盛杲改而東
向十八年縣官汪顒教官徐浩議遷於西南隅去
縣治五十步近市狹隘口口科第寥寂口口口諸
生欲易口口口堪輿指吉於城東因與生員吳國
綱易地焉謀遷口於萬歷三十一年秋暫移二齋
爲文廟明倫堂以定吉壤此不過築室道傍之短
策三十二年八月十九日署印都司都事張諱道
振來縣目擊荒蕪不堪從祀慨然議申且捐俸倡
首捐貺成終二三士夫稍稍助工十之二且羅
民向坐貧瘠無能輸財祇效力協口口黨之中庶
民歡樂子來不事催督於此可見人心之至順至
靈用是不兩月而隆廈輪奐廟貌重光吁亦神哉
第署縣鼎建之力督官鳩聚之能昭昭在人耳目
者永不磨滅爾多士其所以奮跡聯鑣步武前芳
者恐又不必尚恃學址之吉蚤暮磨勵以無負提
調汪公厚意深有望也尚慎旃哉余愧不能文姑

紀其時日以俟後之君子叙其詳云萬歷甲辰孟
冬
按此碑今在酆都廟應移於學宮內

明余學官

明楊慎送余學官歸羅江豆子山打瓦鼓陽坪關
撒白雨白雨下娶龍女織得絹二丈五一半屬羅
江一半屬玄武我誦綿州歌思鄉心獨苦送君歸
羅江浦 升菴集

本朝羅江縣學訓導俸銀四十兩 大清會典
縣學額本六名乾隆三十五年羅江縣裁併綿州今

嘉慶七年復設羅江縣其學額尚未定劉州尊印全以羅江文風爲五色冠懇請上憲加額二名定爲八名尚未奉有明文

訓導韓文範乾隆十年任見舊縣志其杜慶乾等皆改州之訓導俟查明再補

嘉慶七年七月復設羅江縣訓導

復設羅江縣訓導李肯堂眉州歲貢嘉慶七年七月任李化楠明倫堂碑記事之亡其實而僅附其名者廢之可也而事之著其名而並存其實者廢之不可也若明倫堂之建非所謂著其名而並存其

實而有其舉之莫敢或廢者哉粤稽三代造士之法至詳且備而其設教之地於國則曰學於鄉則曰校庠序而又有小胥大胥小樂正大樂正司徒司馬之官以因時而簡教之以故士之沐浴詠歌者皆曉然於人綱人紀之重而飭典敦倫期無負選造之至意孟子曰人倫明於上小民親於下不信然哉此明倫堂之所自昉也　國家建立學校董以師儒其造士之法直可比隆三代而又屢頒

聖訓諄諄以孝弟爲先無非欲多士之爭自濯磨以其勉於人倫中也茀羅邑係新分之縣學宮雖建而明倫一堂實闕不惟司訓者無以進多士而講業而士之入黌序者亦將無由顧名而思義㬅雖有鼎新之志而寢以不果盍築室道謀者十餘稔矣幸乾隆乙丑仲夏旌陽闕明府來治吾羅下車之始目擊學宮曠缺慨然議新之首捐二十金爲士夫倡而司鐸韓君亦量解淸橐身率諸生繼其後兩閱月而堂成伐石囑余記其始末余惟斯堂之廢不知幾何年今一念經營而成也忽焉非留心學校雅意作人以振興斯文爲己任者烏能有此繼自今羅人士執經問業博習親師不患

無地而登斯堂者目擊道存亦將默動其慈孝友恭之念而不容自已韓子云行之乎仁義之途游之乎詩書之源無迷其途無絶其源於是乎在矣然則斯堂之建豈徒以其名哉

紋江書院今改雙江在治南乾隆三十一年知縣楊周冕建李化楠紋江書院田房記世之學者莫不由教入顧教之於塾與教之於城異教之於塾則人自爲師耳目不廣教之於城則人共爲師見聞日開古人推黨庠州序之遺意合一邑秀民而納之書院者良有由也顧地必爽塏堂必宏敞師必名宿

一脯必豐厚諸生膏火必以時均給官師考課必以時獎賞然後可羅江雖蕞爾邑有明三百年來名賢輩出厥後罹流寇之禍民若晨星文亦大喪吾羅遂以委頓幸奉　聖朝撫綏招徠休養生息百餘年間元氣漸復然而書院之設前此未嘗議及也滇南楊公來治茲邑爲政精敏而仁恕決獄不事敲朴聽訟務得其情逾年而境內乂安於是以其公餘鋭意建修書院以廣教澤召諸生而與之謀僉曰唯唯時余適以憂歸里公命偕諸君董其事余以羅故有奎星閣在城南今書院既設閣宜

並舉匪但培補風水之云亦取朱衣文明之兆公曰然是予之夙心也議既定一切相度地形規畫可否公爲之主余與二三友人贊襄其後甫期年大工告竣都人士及鄰境之秀者喁喁向風公之功偉矣抑不知吾羅之感公戴沐膏澤而咏勤苦者宜何如之咨嗟太息而不忍置也奎閣計三層上塑奎星及文昌像書院凡四進大門三間二門一間廳三間講堂五間耳房八間房四間亭子一座池一口用示壯觀至書院田舊在東村廣興寺者計七十五畝八分九釐一毫地四十五畝五分

一釐一毫每年收租穀市斗五十七石近從吳家菴撥入者計田二十五畝二分二釐五毫每年收租穀市斗一十六石署村河灘地一十九畝零八釐九毫每年收租銀六兩北關外新懇田一畝八分每年收租穀市斗一石六斗公重其事以屬縣尉張君履勘丈量給形定界另立紋江書院册名歲輸糧銀二兩九錢一分零四毫佃房代納街房門面九間縣署前七間歲收租銀四十六兩二錢書院大門旁二間歲收租銀九兩二錢外有各寺捐銀二百兩交與値年會首生息以濟膏火用垂

永久是役也前署縣尉張君朝職沈君文玉及署儒學訓導王君名佐皆與有勞例得備書云

奎星閣在南街前令楊周冕建

駐防

駐防署在西街南向

卷一終

羅江縣志卷二

城内

邑人李調元雨村稿

城隍廟治東大街明吳瑛有記

明吳瑛羅江縣重修城隍廟碑記京師郡邑之有城隍猶夫天下之有民牧守令也位次之崇卑享祀之隆殺亦各隨其所在以爲貲級其名號則均曰城隍焉夫城者雉堞之目隍者陂池之名凡國於天地間其所恃以保障者籍此焉耳易曰城復於隍勿用師傳曰高城深池徧天下夫險者夷則

師不利夷者險則大勢張故累石爲城而不厭其高穿塹爲隍而不厭其深蓋不如是不足以語城隍云爾假神以是名蓋取其陰佑下民之義也詩曰价人維藩大師爲垣大邦爲屏大宗爲翰懷德維寧宗子維城但凡著屏蔽之功扞禦之績者咸可稱是名號以申伯之賢而謂其亘翰世勣之畧而目其長城況夫神也者扞大災禦大患以陰佑下民爲職者固宜其稱謂若是也以故取義於彼襲號於此春秋則禮祭於壇災異則祈禳於祠巍然以峙其宮煥然以華其宇使人瞻拜之際洋洋乎如在其上如在其左右也故不得以京師卑其禮亦不以郡邑寢其制無非安其神棲止法庭以光其陰佑之職而已羅江城隍廟在縣東三百步許經時既久材多毀折且其基隘狹四週民居艱於開拓故耳正德庚辰冬丁侯澤以舉人來治是邑相其廟將改爲之會百弊頓冗不果歷甲申歲物豐民和樂政治畢舉乃料物材乃市隙地乃徵工匠乃課章程朝督夕搞完舊益新鼎建拜廳一神寢一門房一廟廡二垣築百堵松柏雜植鎧杖儀物黝堊丹漆偕作踰冬成然後神得所棲而一

時之奇觀奪目於是諸老先生有言者曰神不歆非類人不祀非族故神之於人也觀其德政而均布福人之於神也因其職分而享祀行丁侯知羅江齋明正直精潔惠和其德足以昭其馨香其仁足以和其民人苟無祠之修焉其精白以承休德者猶將感格於冥漠茲復祗載益虎祠廟重新則禮夫神者何如也吾聞之惟德爲能感神惟神扶于有德繼今以後寧不有以啓侯之衷相侯之治以顯其陰佑之靈者耶衆皆曰諾請記之以徵厥後也余故首書城隍之説載諸先生之言如此云

大明嘉靖甲申孟夏十五日立敎諭滇南沈森
書丹訓導鶴慶陸雲逵篆額德陽張木正刻字

城隍廟左側有明刻祈雨止雨碑明萬歷十五年巡撫
徐頒行州縣與德元立石
四川等處承宣布政使司爲督撫地方事奉欽差提
督軍務巡撫四方等處地方兵部右侍郎兼都察院
右僉都御史徐　憲票照得本部院巡撫川南地方自
擊天時亢旱雨澤愆期玆妨農務已經案行司道州
牧縣令虔誠祈禱去後今照本部院存有春秋繁露
一册向在京師行之輒驗合行發司刊發爲此票仰
布政司官吏卽將發去前書令人謄寫作速刊書書

册通發各該官司如法虔誠祈禱務要挽回天意使
甘霖早沛以便各處農民播種施行奉此刊刻遍發
須至書册者一春求雨法正月二月三月一先於甲
乙日爲大蒼龍一條長八丈（今営尺六寸二分 今古用尺一尺）居中
央又爲小蒼龍七條各長四丈於東方皆東向其間
相去各八尺以竹織成龍形取吉土填實其中用青
紙糊之其角耳目爪牙俱全用墨畫鱗遮蓋製完待
臨時用之每月於初八十八二十八日於郡邑東門
之外爲四通之壇方八尺稍高於地卽止植蒼繒八
（繒帛也蒼青色以蒼繒爲五方旂樹之）於壇旁開池方八深一尺池中

貯水水中錯置活蝦蟆五枚一於壇中設立共工神
位備生魚八尾元酒八大鐘（淡酒也）清酒八大鐘（美酒也）
膊八盤（膊脯也又脈脩）脯八盤（乾肉也）以祭之於道士端公人
役之中擇精潔（有體氣瘡疥者不用）辯口利詞者以祝祝祀齋
三日臨時穿青衣先再拜乃起而祝曰昊天生五穀
以養人今五穀病旱恐不成敬進清酒膊脯再拜請
雨雨幸大澍所選少童八人（即稚童也）皆令先齋三日齋
者不食葷腥不飲酒不食五辛晝夜宿於壇中穿青
衣而舞之田嗇夫（即里老務農鄉民也）亦令先齋三日（齋如前）穿
青而立之又於壇中聚小腳蛇一（一名蝶螈一名蝘蜓）生山內澤

中祈禱時多聚此蛇置貯水大缸中折柳枝泛其上
晒於日中得雨即送還本山又一法取蜥蜴十數條
置水甕中令童男女折柳枝祝曰蜥蜴蜥蜴興雲吐
霧天下大雨放汝歸去一祈雨之人或端公道士但
能事神者集於壇上依科行禱目色雖熾不許張蓋
一既立壇便將南門閉斷人行走置水缸中於門
外一遵頒曉經

義道士十數人將木郎神咒誦熟繞壇念之一每
過三日不雨具生魚八尾元酒八大鐘清酒八大鐘
膊脯各八盤祀齋三日前人穿青衣先再拜乃跪
而陳設祭品於壇上復再拜乃起祝曰昊天生五
穀以養人今五穀病旱恐不成敢進清酒膊脯再
拜請雨雨幸大澍前選童子八人穿青衣而舞之
嗇夫穿青衣而立之又取三歲雄雞三歲豭猪（即母猪也）
用火燒其尾於四通神宇勿令死又具老母猪
二隻一隻置於北門之外一置於市中令城中各
更鋪置鼓一面聞壇中鼓聲即逐鋪傳入市中直

至北門各用火燒猪尾一凡祈雨傳牌示諭城鎮
鄉村居民一於皇歷中查水日各里立社焚香致
禱社神一各家於大門外設香桌水一缸每日祀
戶一禁諸人勿伐古木勿斬山林一里社之溝渠
疏浚使與里外之溝相通一於社中各鑿五池池
中貯水水中置活蝦蟆每池各一枚一將無主屍
骸併各家停放屍柩盡令掩埋一將山谷積水深
處開浚疏通一將鯉魚或鱉以狗血塗抹投於深
潭之底一道路橋梁有壅塞不行者淘決疏通一
幸而得雨以猪一隻酒黍一卓（不令豐盛也）用白茅為

席不得斬斷所以致潔此得雨之後酬神之禮也夏令四月五月一先於丙丁日爲大赤龍一條長六丈居中央又爲小赤龍六條各長三丈五尺尺如前式於南方皆南向其間相去各七尺以竹織成龍形取潔土塡實其中以紅紙糊之鬚角耳目爪牙俱全用紅畫鱗遮蓋製完待臨時用一每月于初七十七二十七日爲四通之壇於郡邑南門之外方一丈稍高於地卽止植赤繒七各長七尺赤紅色於壇傍開池方七尺深一尺池中貯水水中置活蝦蟇五枚一於壇中設蚩尤神位備赤雄雞七隻

元酒七大鐘清酒七大鐘膊七盤脯七盤解俱同前以祭之於道士端公人役之中擇精潔有體氣瘡疥者不用辯口利辭者以祝祝齋三日臨時穿紅衣先再拜乃跪陳設品於壇上陳訖復再拜乃起祝曰昊天云云四句如前畢所選壯者七人皆令先齋三日臨時穿紅衣而舞之司空官名如無以道官代之嗇夫解見前亦令先齋三日齋如前臨時穿紅衣而立之一旣立壇便將南門閭閉斷人行走置水缸中於門外一選頗曉經義道士十餘人繞壇念木郎神咒一每過三日不雨其雄雞七隻元酒七鐘清酒七鐘膊脯各七盤祀齋三日前穿衣再拜乃跪而陳祭品於壇上陳訖復再拜乃起祝曰昊天云云四句如前前選壯者七人穿紅衣而舞之司空嗇夫穿紅衣而立之又取三歲雄雞母猪皆周火燒其尾令勿死凡祈雨傳牌示諭城鎭鄉村居民一凡過水日城市鄉村人家各祀竈神一將井泉淘浚使深勿留汚濁一將杵臼盡搬本家門外置之街路一將各里渠溝疏浚使與閭外相通一於社各鑿五池池中置水水中置活蝦蟆每池各一枚一禁各家勿得壇動土工違者四鄰舉首季夏求雨法一禱山林

以助之山靈能興雲致雨當禱之以求助一令郡邑徙市於郡邑南門之外五日禁勿得行走入市一於戊巳日爲大黃龍一條長五丈居中央又爲小黃龍四條長一丈五尺以竹織成龍形取潔土塡實其中用黃紙糊之鬚角耳目爪牙俱全用黃畫鱗遮蓋製完待臨時用聚巫卽祈雨道人徙於市之旁爲之蓋以覆之爲四通之壇於中央植黃繒五黃帛爲旂各長五尺樹之中央於壇中設后稷神位備毋音模飽五盤元酒五鐘淡酒也清酒五鐘美酒也膊五盤脯膴也又豚肩脯五盤乾肉也以祭之於道士端公人役之中擇精

潔（有體氣瘡疥者不用）辯口利詞者以祝祝齋三日臨時穿黃衣先再拜乃跪而陳設祭品於壇上陳訖復再拜乃起而祝曰昊天云云（四句如前）畢所選丈夫五人皆令先齋三日（齋者不食葷腥不吃五辛不飲酒）晝夜宿壇中穿黃衣而舞之老者亦令先齋三日（齋如前）穿黃衣而立之一既建壇便將南門闔閉斷人行走置水缺於中門外一選頗曉經義道士十餘人繞壇念木即神咒一每過三日不雨具毋飽五盤元酒五鐘清酒五鐘膊脯各五盤祀前齋三日人穿黃衣先再拜乃跪而陳設祭品於壇土陳訖復再拜起祝

曰昊天云云（五句畢）前選丈夫穿黃衣而舞之老者穿黃衣而立之又取三歲雄雞三歲毋猪用火燒其尾於四通神宇勿令死一凡祈雨示諭城鎮鄉村居民一凡過水口令城市鄉村人家各祀竈神一將井泉淘浚使深勿留污濁一將杵臼盡搬本家門外置之街路一將各該里社溝渠疏浚使與閭外之溝相通一於社中鑿五池池中貯水中置活蝦蟇各一枚一令各家祭中霤（中室土神）勿得壇動士工違者四鄰舉首究治一禁男子勿得行走入市一幸而得雨以猪一隻酒黍一卓（不合豊盛也）以白

茅爲席不得斬斷以致潔此得雨後謝神之禮也秋令七月八月九月一先於庚辛日爲大白龍一條長九丈居中央又爲小白龍八條各長四丈五尺（尺如前式）於西方皆西向其間相去各九尺以竹織成龍形取潔土填實其中周白紙糊之鬚角耳目爪牙俱全周粉畫鱗遮蓋製完待臨時用一每月于初九十九二十九日於郡邑西門之外爲四通方壇方九尺植白繒九以白繪爲旂各長九尺於壇旁開池方尺深一尺池中注水水中置活蝦蟇五枚一於壇中設立太昊神位以桐木刻成木魚

九尾元酒九大鐘清酒九大鐘膊脯各九盤（解俱全前）而祭之於道士端公人役之中擇精潔（有體氣瘡疥者不用）辯口利辭者以祝祝齋三日臨時穿白衣先再拜乃跪而陳設祭品于上陳訖復再拜乃起祝曰昊天云云（五句如前）祝畢前所選鰥者（老而無妻者）九人皆令先齋三日不食葷腥酒併五辛晝夜宿壇中穿白衣而舞之司馬（官舘）如無以巡撫巡檢或營中軍官代之亦令先齋三日穿白衣而立之又祈雨之人或道士端公但能事神者集於壇土依科祈禱曰色雖熾不許張蓋一既立壇便將南門闔閉斷人

行走置水缸於中門外一選頗曉經義道士十餘人將木郎神咒繞壇念之一過三日不雨具桐木魚九尾元酒九鐘清酒九鐘膊脯各九盤前人穿白衣先再拜乃跪而陳設祭品於壇上陳訖復再拜乃起祝曰昊天云云五句畢前選鰥者九人穿白衣而舞之代司馬者白衣而立之又取三歲雄雞三歲母猪皆用火燒其尾於四通神宇令勿死一凡祈雨傳牌示諭城鎮鄉村居民一禁民家不許焚燬山林不許鉄治不許將金銀銅鉄之物鎔化一令各家每日設香案祀門一於社中各鑿五池池中貯水水中置活蝦蟇各一枚幸而得雨以猪一隻酒黍一棹不令豐盛也以白茅爲席不得斬斷以致潔此得雨後謝神之禮也冬令十月十一月十二月一先於壬癸日爲大黑龍一條長六丈居中央又爲小黑龍五條各長三丈尺寸如前於北方皆北向其間相去各六尺以竹織成龍形用黑紙糊之鬚角耳目爪牙俱全用煤畫鱗遮蓋製完待臨時用一每月於初六十六二十六日於郡邑北門之外爲四通之壇方六尺植黑繒爲旂各長六尺樹於壇中開池方八尺深一尺池中注水水中置活

蝦蟇五枚一於壇中設立元冥神位備黑狗子六隻小乳狗也元酒六大鐘清酒六大鐘解見前膊脯各六盤解見前以祭之於道士端公人役之中擇精潔有體氣瘡疥者不用辯口利辭者以祝祝齋三日臨時穿黑衣先再拜乃跪而陳設祭品於壇上陳訖復再拜乃起祝曰昊天云云五句畢祝所選老者六人先齋三日不食酒葷併五辛之物晝夜宿壇中穿黑衣而舞之尉官名即今之州縣佐二首領及巡捕之秀者亦令先齋三日穿黑衣而立之一既設壇便將南門閟閉斷人行走置水缸中於門外一選頗曉經義道士將木郎神咒繞壇念之一於壇中假物爲舞龍一條令不時而舞之欲其不蟄不乖不卧而興雲致雨也一於境內之名山祈禱欲求出雲助之一每過三日不雨具黑狗子六隻元酒六鐘清酒六鐘膊脯各六盤祀齋三日前人穿黑衣先再拜乃跪而陳設祭品於壇上陳訖復再拜乃起曰昊天云云五句畢前選老者六人皆穿黑衣而舞之尉亦穿黑衣而立之又取三歲公雞母猪皆用火燒其尾於四通神宇令勿死凡祈雨示諭城鎮鄉村居民一令各家祀井凡井湮則浚之溝塞則通之止雨法一四時

雨大多郡縣出示令各居民於皇歷中擇土日塞水道蓋井禁婦人不得行走入市一郡邑令人打掃社壇郡邑若知州知縣或同知縣丞吏與嗇夫（卽各鄉民）三人以一人視禱皆令先齋三日不食葷酒五辛之物晝夜宿於壇備羊一隻猪一口酒黍一棹擊鼓三日而視先再拜乃跪而陳陳訖復再拜乃起曰天生五穀以養人今溪雨也（从雨）五穀不和敬進肥牲清酒以請社靈除民所苦毋使陰滅陽陰滅陽不順于天天之意當在于利人人願止雨敢告於鼓鼓而無歌至罷乃止一將里社用紅絲

圍繞十週視禱者穿紅衣頭戴紅巾以請於社神視其罷雨一皆於辛亥之日州縣之社若同知縣丞各主之社令嗇夫吏與里長里人至於社下曰晡而罷（晡申時也）三日而止如未及三日天大時可必矣亦止之

按董子春秋繁露原文原本求雨第七十四原止雨第七十五原在十六卷中有明郎瑛註釋甚詳見七修類稿乃董子原文也蓋當時各省俱有頒行此特變其文以通俗爾

碑陰

白玉蟾註解木郎神咒乾晶瑤輝玉池東盟威聖者命靑童擲大萬里坎震宮雨騎迅發來大濛木郎太乙三山雄霹靂破石泉源逼坤震巽戸皓靈翁猛馬四張歘火衝流精鬱光奔祝融巨神泰華登雲中黑旛皂纛揚虛空掩雲蒸雨屯雲濃閼伯撼動崑崙峯幽靈翻海元冥同馮夷鼓舞長呼風蓬萊弱水輿都功龍鷹捷疾常衞兗朱髮巨翅雙目彤雷電吐毒驅五龍四瀆豐隸羅陰容一聲四海改昏蒙雨陣所至川流洪金光流精斬旱虹洞陽幽靈召豐霳玉雷浩師變蛇峒虛皇太華掃妖

爔羣洯元皇號前銓祠泉惢屭威天公歘火律令翻穹窿鞭擊妖魅驅蛇蟲勾婁吉利炎赫縱登僧澤顧悉聽從織女四歌心公忠扶我救旱助勛隆赤雞紫鵝飛無窮攝虐縛祟遂北酆勅紫虛元君降攝急急如火鈴太師律令皇明萬曆十五年歲次丁亥孟冬吉旦（有德者感召天和固無憂水旱然天時亢陽不能保其必無錄此以爲勤恤民德之一助云春去大暐夏去祝融茲祈雨及不奉祀者以不生火夏則人令井所宜祀不如祀其工神能興雲致雨先賢所傳俱有深意）

春秋繁露中有祈雨法貯水巨甕雜椰枝聚蜥蜴寢其上復以木固其泥封令十歲幼童環日夜鞭雨立

至此宣城徐華陽尙書試于蜀中有驗人謂仲舒深于陰陽五行之說不誣矣 湧幢小品

徐元泰字華陽宣城人嘉靖乙丑進士歷順天府尹時蜀中楊挪塞賊黨擁衆入平裔堡大肆殺掠西川太震令元泰以副都御史廵撫四川泰至破砦三十五斬首二千餘級進璧河西賊乞降明年復遝悉討平之拓地九百餘里以功進兵部侍郎陞南京刑部尙書乞歸卒 江南通志

北街有明石坊一書兄弟繼美四字爲吳璦吳璞立也關帝廟治西南三百步有前代敬一箴碑今毁

酆都廟在大東街後明初所建卽所謂三遷文廟地也廟有明吳可美建學碑文詳見卷一碑尙未移先君石亭公由乾隆辛酉壬戌聯捷進士歸班候選爲張姓等延請課徒廟中從者幾及百人先君攜予附課時予未及十歲頗能屬對一日客至見予手持蜘蛛網竿網蜻蜓客出對曰蜘蛛有網難羅雀卽應聲曰蚯蚓無鱗願學龍客大奇之曰此不凡子也言猶在耳今近七十一事無成頭顱如此不凡何在自歸田十八年毎憶少時兒戲事自悔自慚深負期望濺筆至此不禁淚涔涔也

調元重過酆都廟有感詩此是當年舊書塾童蒙于此課初爻晨興撥草尋蛇窟晌晚攀枝探鵲巢每以收威遭夏楚偏于覓句解推敲如今老矣全無用回憶趨庭淚欲拋

酆都廟前有明御史盧雍羅江八景詩碑

羅江八景詩

泮林古桂

雙玉儒林秀靈根月窟分天香飄太遠多士共清芬

景樂梵鐘

蒼鯨何處吼紺宇翠微抄餘音渡空江下界知昏曉

天臺秀色

城南綉嶺横嵐翠入江清晴旭霞光爛依稀是赤城

龍洞仙踪

眞人上昇去古洞白雲間見說月明裡龍車白往還

馬馳靈井

大旱禱輒雨應知江海通此方常稔歲此井有神

功

大霍奇峯

靈表數峯青聞名郊大霍神僧叭化去石鉢亦不

酒

紋江夜月

波淨羅紋細偏宜夜月明應是江妃織不聞機杼

鳴

潺水秋風

潺山有澄澤湛湛鑑毛髮特有微波動凉風起蘋

末

四川巡按御史吳人盧雍題

正德十三年五月吉立

盧雍字師邵吳縣人正德辛未楊慎榜進士授御史武宗北狩督宣府建行宮甚急雍上疏請罷役已淸戎畿內長寧伯橫歛螫民雍抗章請釋無辜而還其浸地河間旱奏請免賦減科謫盡出藏鏹貸民全活甚衆按四川首劾巡撫不法一方肅然妖人挾幻術惑衆立擒置法鬻治犍爲之轟頤灘溫江之三渡以便行舟擢提學副使未任卒雍性嗜學能詩爲李東陽所賞尤喜表章先賢嘗刻畫子毛公二祠及浣花

三陳東坡遺直四書院所著有方舟聯舫二集奏疏詩文若干卷蘇州府志 羅江縣在綿州西南七十里自縣至省一百九十里至京師四千五百五十里東西距五十里南北距六十五里

卷二終

羅江縣志卷三

邑人李調元雨村稿

四鄉蓋自四城門出東南西北之四鄉而總言也東至雞鳴橋四十里交綿州界西至廣濟橋十八里交德陽界南至瓚子口三十五里交中江界北至象鼻嘴三十五里交安縣界東南二十里至羅漢場交中江界東北二十五里交安縣界西南二十五里交中江界西北一十五里至六女堰交綿竹德陽彰明三縣界縣內分爲六村縣村東村𨿽村上村下村新村

東鄉

羅江即東門河也右水自安縣來即安昌水也左水自綿州來即涪水也合流而經此蹙成羅紋縣因以名亦謂之紋江方輿紀要

按今東水自安縣石堰子經臭水河過神泉之塔水壩來西水自雎水關白溪河兩河口來至北寺合流而南至中江並不與涪水合涪水與龍安水皆歸舊州大江此云涪水誤

芙蓉溪在縣東一里一名蚌溪又名三柴水源出白馬關山下東南曲流十五里至城南入羅江四川通志

東山巔有景樂寺乃唐高宗神龍中所建本名寶明寺宋大中祥符初改今名相傳十三尊者游戲之地也廣琬

斷碑

邑庠生張元和同室唐氏

男張承程祥發

玉京山景樂宮修砌

神臺一座塑像

川主聖像一尊

沐手謹白

成化八年八月十二

按此碑乾隆五十五年九月道士劉靜虛忽于地掘出字半剝落其可辨者僅四十八字存此可以知玉京山之所名

調元玉京山訪琴道官劉虛靜時戴劉二生先在

步屧玉京山景樂閟虛敞山靜寂無人但聞棋聲響戶外有屨二排闥竟入峴不復論主賓脫帽同抵掌地既曲且幽天氣亦清朗秋陽曝人背茶罷汗流額菊花翻東籬淥竹映西廠雨肥蕉葉大林深石芝長香櫞何馥郁乃知此處廣贈我攜袖中芬芳自天上本鮮俗累牽又獲同心賞經旬住綿城得此一日爽回語琴道人明日再來訪

調元遊玉京山景樂宮聽道官劉虛靜彈琴二首

到門琴忽止羽扇出前軒便請閉雙戸凝神爲一彈焚香翔日鶴度曲引青鸞此去蓬萊近微嫌尙作官遶屋蕭蕭竹人間無此幽忽聞過站馬驚退出關牛地好偏隣郭仙居只愛樓知君日無事坐對水悠悠

東山寺巖下有川主石龕

玉京山漢嘉訓導朱光庭石龕川主碑記能禦大災捍大患有功德於民者則祀之非是族也不在祀典名曰淫祀淫祀無福玉京山道士就紋江石岸刻龕肖川主像祀之工竣請記其事余曰道士

知川主爲何人乎曰秦李冰也曰非李冰趙昱也隋青城人趙昱與道士李珏遊屢徵不起後煬帝辟爲嘉州守時州有蛟患昱令民臨江鼓噪與其七人仗劍披髮入水斬蛟奪波而出江水爲赤蛟患遂息開皇間入山踪跡之不復見後運餉者見昱乘白馬引白犬偕一童子腰弓挾彈以遊唐太宗封爲神勇大將軍廟祀灌口明皇幸蜀封赤城王宋張詠治蜀蜀亂屢得神助蜀平事聞封川主清源妙道眞君是川主趙昱也非李冰也有功德于蜀者也道士曰然則刻石龕肖像祀之無乃不可乎曰昔蘇長公爲潮州韓昌黎廟碑文云公之神在天下如水之在地中無所往而不有今刻石肖川主像祀之安知神之在石不猶水之在地乎道士笑而請曰願卽以是爲記玉京山住持道人譚至正

江南貢生周文麟東山寺詩并序羅江宰沈公濳余中表昆也延予隨羅三年會沈公卒于官淸貧未歸因縣尉劉公定並邑人延予授徒留東山寺因感懷偶作城外東山一片青無邊景色在山靈參天老栢爲冠蓋繞舍修篁作障屏老衲聞鐘尋

古寺遊人隔水望潺亭閣看山下紅塵擾馬足車輪總未停　同是山高共水長眼中景物意中傷賢侯白髮悲前路羈客青山望故鄉淡月微雲蕭寺外淒風苦雨古城旁閉門且讀離騷句飮露餐英問彼蒼舊縣志

大井鋪縣東十五里有明萬歷四十五年十月十五日都察院役鋪兵碑

金山鋪縣東十五里卽古金山郡驛站又有崇正十五年七月都察院禁役鋪兵碑

謌元宿金山鋪拜東嶽廟詩二首森森無患木陰

稠東嶽行祠在上頭一夜拜香眠不得看書惜借佛燈油入夜何須秉燭遊天街自有月光留人聲已靜雞聲起誰對疎燈話酒樓

東嶽廟縣東三十里去金山鋪一里有明天啓七年碑調元夜宿東嶽廟恭迎仁和孫補山節相准大員年老優免當差詩四首 黃閣元勳再鎮邊岷峨歡氣遍閭閻韋皋出塞兵三路嚴武回朝帥兩川變理陰陽沾澤溥節和風雨沐恩偏老農家住金山下望見旌旄喜欲顛 和如靄日肅如秋百鍊堅剛遼指柔師誼未忘存趙氏公房師義烏令趙宏信已沒惟孤兒

在華陽加撫恤時君恩深諱伐交州公征交趾已連破其城封爵上公旋困兵敗鐫爵有稱公者皆郄之五銖不待黃牛復蜀中自乾隆四十三年後錢多私鑄以至小錢兼行商民交病公奏閒重鑄制錢銷私錢其弊始絕雙轂爭看白鹿輜如此福星如久借 九重西顧復何憂 文武才原將相兼運籌難得是神恬一車兩僕清如水萬騎千軍靜若箝竹馬兒童望風拜杖藜父老惜霜髯就中獨有支離叟感泣私襟涕盡沾 歸來鴛鷺化鷗梟只把烟霞自樂娛得句每遭人敗興清狂非是自畀污愧非徐孺蒙分榻豈料文翁再剖符從此漁樵亦安堵殘山剩水住妻孥

羅江至雞鳴橋四十里交綿州界

雞鳴橋西山勢蜿蜒古明月坡也舊有碑記坡下有泉涓涓若滴味如玉乳山人魏鳴皐酌而甘之修治成井護以松竹辛丑歲其叔解元傚祖爲題精泉二字於石自是精泉名始顯綿州諸生嚴履豐有精泉賦

嚴履豐精泉賦伊一泓之秋水具萬斛之源泉拂雲根而味美溜石罅而色鮮鳴琴則涓涓而繞韻漱玉則皎皎而同妍豈曰無源非剌山於此日是爲有本問剖竹以同年原夫泉也者或則稱醴或則稱温當暑則氣尤泠冽逢秋則色更澄清嘉名雖由人以肇甘漿寔自天而成維羅邑之勝地寔是蜀國之佳城驛號金山素練流十里之外坡名明月雪花連數武之陰雖非元酒太羹之美堪比瓊漿玉液之精則見靜鑑盈盈流波瀰瀰包天列五行之先盈科爲四海之始飲而覺爽冰心止許伯夷涸亦尤歡矯廉誰稱仲子牽來竹影青可畫眉惹動柳陰綠堪彈指於是時而春也則數點硃砂紅郁郁盞面映桃色也時而夏也則一塘翠蓋綠英英盞背翻荷葉也時而秋也則羊羔美酒可以

山頭望月也時而冬也則獻炭圍爐可以烹茶煮雪也井而非井固衆山之所同而泉又滋泉實此地之所獨又或夕陽西暱月影漸移風停波定之候霞落鶩飛之時泉聲清兮牧笛閒閒相上下泉色澄兮銀河耿耿共高卑蓋其一源引出百尺通流逈異青萍之渚甯同紅蓼之洲惟雁賓鷗戲之弗及故吞月懷珠而自優所以三漢神娥疑瑶池之倒挂七襄織女愛昆明之下浮試問名於軒轅覺後先原自有異將比祥於堯醴豈古今逈不相猶也哉

羅江縣東北三十五里由金山鋪至白土寺五里由白土寺至馬馳寺二十里

馬馳寺有寺在山谷中四時水溢可以灌田近日忽枯涸土人浚之得龍首骨中有珠衆競視之忽然雷大震珠復墜于井中 名勝志

馬馳一作池誤井羅江縣東北三十里禱雨輒應萬曆四川總志

正覺寺在鳳凰山馬馳井後山明初建比邱妙叢重修有碑

明高第羅江縣鳳凰山修正覺寺碑記距羅江二十五里許有鳳凰山者蓋以形似得名一名馬馳則謂其山嶺巨石肖馬跡存焉爾也山脉自安縣迤邐而來四顧有情風氣攸聚前有土主神廟據之靈響甚著不知昉於何代無所於考至我國朝始建爲寺曰正覺則在其後山之阿歷載滋久頹敝日甚其中比邱妙叢則慨然以修理爲事肇工於正德己卯迄工於嘉靖癸丑自神廟以及寺宇前後殿天王殿祖師堂齋堂兩廊僧舍皆易以美材加之斧藻靡不精麗又粧塑諸佛祖天神天王諸像靡不煥然改觀其費皆出其力耕之餘日積月累相時而圖間有鄉居善士助其不及者則亦不辭是故歷三十餘年而後完美其用心亦勤

且久矣夫今之時非如來所謂末劫耶其教法行于中國已非一日而末劫之人雖投身沙門號爲佛氏之徒者亦往往畔教而放恣日營營以爲身謀況諸凡民乎妙叢之重其教不私其財而爲是不朽之圖者可不謂難得矣乎叢且年幾七十貌癯而神清宛然一大阿羅漢也厥工既畢叢又肆設水陸報恩諸大齋以爲幽明之助乃今無復爲有爲法矣余聞叢别爲禪室頗幽僻于是乎從事於無爲以求如來向上事則法中所謂福慧雙修

叢當兼有之矣其庶幾無忝于兩足尊而兹山將不因叢而益重耶余既爲記之又從而勗之夫道豈遠乎哉古德有云卽心是佛是在叢用心何如耳叢俗姓彭氏潼川州和鄉人幼而師事本寺比邱曾天曾天爲默庵入室弟子則常受法于雪峯禪師者也其祥别有紀載故不多及其諸相助善士有不可泯則書諸碑陰旹嘉靖三十二年歲次癸丑秋八月吉旦賜進士弟中憲大夫前雲南提刑按察司副使左綿高第撰郡人鳳岡方妙恩徒永乾協心立石

明釋桂菴洪靜禪師藏身碑記

師諱洪靜字默菴古渝棠人也姓黃氏母曾生師貌古德性寛柔蚤遊釋闈惟慕出家其親遂捨於邑之西禪投禮吾祖雪峯大和尚祝髮爲徒名曰洪靜具戒習禪傳之巾瓶八九載矣于一夜中焚香入室禮而跪曰予欲諸方雲水一回特來請問如何是見性成佛一着大事祖乃見其至誠懇切遂以從上七佛至於列祖以來不列文字遞相直指心源不踐階梯徑登佛地之旨而印其心叮嚀告戒許爾諸方涵養去也不可以少爲足生死一着大事直要討箇分明方可休心歇意予若到此田地徑來與你証盟師聞命矣拜别辭之遂持錫不日而止於梓州張居士志禮志通作成住玉隱山寶峯山掛錫落包隨時飲啜數叩通法院淸瓊禪師究明生死四大無常迅速以得心法守分甘貧罔覺名播六方由是前綉衣公姓盛名杲者除授羅江知縣下車以來徧謁境内山川因到馬驰目其年代暨遠聖像儼然窮其源靈驗莫測聞其景則有仙井浴光龍洞㠌霧古柏樑天鳳凰撲地故號鳳凰山正覺寺其間則殿宇傾頹大廟則久曠焚戲衆皆以師薦于盛侯卽耆老涂鑑陳權持書請以就命給以印信下帖推以住持師弟祖高不幸幼而椿殞惟事曾氏八十有一晨昏定省孝養益堅盛曰出家若子者鮮矣所感率其同僚暨諸掌吏利武畧將軍張侯昕乃父乃子各捐已俸導諸旗老士子張舍旻昺助緣禪師重修大廟以展禪林以致正殿兩廊法堂齋堂三門退居端塑金容圓覺諸天龍神祖師聖僧羅漢莫不恢恢焉晃晃焉雖古之祇陀林不過是也且盛侯遵奉欽差巡撫汪弁諸三司保陞叙州府事去後不輟旹

願猶得張侯父子眷願無怠又弗寧於是禪師後得新令尹汪侯自到任時仍與盛侯撫字騈新德政相耀其奉神衛教之心若同車轍香名并馳眞爲民父母也吁太宰之善非筆舌能盡焉禪師一日造于荒山從容告曰人生霄壤所得緣聚而生緣散而甍然性命須無生滅而虛幻之質奚有堅耶吾茲于退居後豫造藏身之記非塔非塚平實成焉周圍方丈許上以砌石爲臺中竪其碑特於禪宣□□□□愚謂性者天生至神壹靈之謂也命者先天至精壹氣之謂也性之造化係乎心命

之造化係乎身是故身心者精神之舍也精神者性命之本也學者罔知性命兼該知命者不明其性見性者不達其命天命終時莫知所歸惟聖而知者知性知命不生不滅終無所泥若子思于中庸首曰天命率性修道謂教皆是也天以陰陽五行化生萬物我而物我稟之爲靈覺之性照耀古今凝爲一身之主八識五官每聽命焉嗟乎南榮趎問道老子云抱虛守一履道合眞此性命之正也以宏辨禪師言之唐宣宗得以究明性命之端紫袍敕天下修祖塔各令守護以俟司所歷恐遇涅槃亦爲此也昔裴休禮黃蘗爲師亦爲此也今我禪師幸得搢紳君子衛教者衆皆道所感然也豫修藏身之塔已就又以性命爲重而言也可謂上知天命之盛衰能順造化之消長可使百世之後目斯碑者如睹景星慶雲之美無以異也予筆述至此忽有客問如何是性命無生滅處予曰景換年摧天不易海枯石爛月還圓予雖不敏姑述此以塞其請文出桂菴之藏□書文者□□□□之永綱旹大明成化十三年歲舍丁酉正月初一日庚子朔證盟官知縣汪嗣典史羅勝千戶張瑋

百戶李推日上

調元遊馬馳寺記馬馳寺在綿州北三十里中有靈井爲州八境之一去余家僅十里許髫年讀書鶺鴒寺寺去井不十里心久慕之思一遊而未得後服官三十年時時在念人有問者愧無以應也今年九月二十六日黃葉初飛菊花滿地余弟龍山謂予曰曷不作馬馳遊乎余欣然便携門人黃生從一奚童肩輿出門由馮家嘴山口小徑過雙石橋逶迤至寺寺在鳳凰山麓左爲九龍山橫雲擁翠迴環如抱右爲金頂山山頂一松如繖如蓋

登山四望氣象萬千洵一大道場也殿宇五層第一爲樂樓樓下有巨石如馬足印痕寺所由名也二層爲靈官樓三層爲金剛殿再上四層爲關帝殿再上卽佛殿矣所謂土主廟已毁而基猶存兩廊十餘間僧二三人不免古寺牢落之歎禪房前有古桂樹大可數十圍蔭蔽一畝百餘年物也西廊下有紫薇樹根幹奇古如攫如拏皮脫而膚現搔之則動所謂怕癢樹也東簷有樹一株如盌大葉似枇杷而長可尺葉皆叢于顚皮似白楊異之僧曰此水冬瓜樹也六月開花八九月結子成穗

然究不知何木也殿前石臺下有碑爲明嘉靖三十二年左綿高第爲比邱妙叢撰正覺寺修理記又由外垣折而之殿後爲明釋桂菴爲其師默撰藏身碑記四方砌石碑高一丈寛四尺所謂搖亭碑動者今已圮兩碑皆爲荆棘所縛而字尙明顯亟命子弟與門生錄之顧所謂靈井獨不見僧曰井在山下方家垻去此尙一里盍往觀乎遂命僮人肩輿覓路至則井在野田中有兩婦方據井雪薹旁有兩汲瓶曰此必是矣問之果然其井面有甃石板方其外而圓其口縱横八尺有圓石井蓋仰卧于地寛廣亦如之問之老民曰此井向有浴光如佛背光然每風和日朗井中絲氣或上則爛熳爲雲雨旱禱輒應故啓閉必以時不知何年爲浴衣者所穢遂不復光今不靈矣故不復閉然壩中民籍其泉以漑田可灌二百餘畝則仍食井之報也然不敢浴浴則病故皆尊之曰聖井云余聞而益異之視其深不過數尺而泉流混混晝夜不舍遂至澤及百家此而不靈更何爲靈乎佛光之照若有若無何益民生則固不以此而易彼也使天而雨珠飢者不可以爲食又何必詫龍珠出骨

雷震復墜之奇奇怪怪哉老人與余弟皆以爲然故記之

由馬馳寺西至風神廟十里東至楊家菴十里

卷三終

羅江縣志卷四

邑人李調元雨村稿

南鄉

羅江南鄉王南塔五里

天台山在縣南山似吳之天台折脚之水出焉太平寰宇記王嘉會補修天台山記堪輿家動言形勢予嘗屏之而弗信謂其說近於誕不可近誘之以廢人事也然而崧生嶽降自古誌之蓋山川靈淑之氣其間蜿蜒鬱積而不可解者不鍾於物則鍾於人故必有魁梧奇偉之士焉此乃理勢之自然不足

深怪今必從而悉屏之以爲不可信勿乃矯枉過正耶羅邑地雖蕞爾有明三百年間頗稱才藪若高節陳艮翰金深吳瑛輩後先繼美彪炳一時可謂盛哉迨奉　聖朝雅化重熙累洽百年于茲宜乎士之乘時奮興蜚聲藝苑者所在多有而羅邑人士往往以靑衿終老自順治庚子科後八十餘年登賢書者指首一屈又何衰也此豈昔之易而今之難歟抑或廢興有由而所謂形勢之說多缺畧而未講歟庚申仲子膺簡命來蒞茲土爰於課士之餘問厥所由邑人士告予曰城南里許有山名天台北望雲蓋西臨大霍蓋一邑形勢之所在也舊有文筆峯遭兵燹後傾圮者久矣羅之頹頓不振或職此之咎歟予聞是說而信之乃率邑人醵金補其巔三閱月而工竣孤巒出霄巋然屹立向之所謂文筆峯者宛然如繪將自茲以往人文蔚起甲第連鑣宰是邑者與有榮施伐石記事之請予雖不文亦烏能辭然猶有說孔子云譬如爲山未成一簣止吾止也譬如平地雖覆一簣進吾往也茲山崩頹剝落不知經幾歲月而一旦慨然有志修之不數月而告成此平地爲山之明效大

驗也使邑人士以此爲山之志轉而爲學窮經稽古蘄爲國家有用之才夫安知由小成以底大成不有較勝是山者乎予既喜其能修是山而又懼其狃於形勢遂因之以廢人事也故并著其說以爲邑人士勗焉乾隆五年庚申舊縣志

文筆峯南塔乾隆十八年知縣瀋陽孫志祖建

知縣孫知祖重修南塔記嘗讀詩至崧高維嶽峻極于天維嶽降神生甫及申未嘗不掩卷而嘆曰人之傑地之靈也然人因地傑而地之靈尤必籍人工之培修而始顯乙丑冬銓補茲邑聞之竊私

心自喜曰予得覩文光矣羅邑夙稱文藪元宋以來弗深考有明前代人文蔚起甲第聯鑣蓋煌煌乎盛地也迨抵任後調册按詳科第竟寥寥不數覯是豈今人之不古若耶抑兵燹之餘未嫺誦讀遂至微缺若斯耶予竊疑之公餘揖紳士父老詢其故僉曰城南外里許有天台山不知起自何時相傳上有南塔焉爲通邑文風所關國初以來傾塌如平地由是歷八九十年委頓不整辛酉前任王公宰是邦率邑人建之二水環流一峯聳峙是歲化楠李君鄉會聯雋而是科郭大有亦副鹿鳴

自此之後未及一歲圮壞如舊迄今十年諸生落落不偶任與前等夫塔立而興也勃焉塔廢而頹也忽焉邑士之興頹其迫操劵於茲山歟抑成敗興廢天實主之非一塔之微能握造化之權歟但稽之往古東澗西瀍元公不憚相宅之勞而紫陽朱子亦往往艷稱地理則斯言也亦未可厚非也夫學問之道如山然其進其止皆在於吾諸生誠能深九仞之懷切切磋之懼積小高大層累以幾於有成亦若茲塔之高聳出雲崢嶸倚漢而突然塵埃之表縱不克騰驤道路已足增光士林矣矧實至者名自歸耶然則謂斯塔爲邑之文峯也可並爲諸生之師保也亦無不可緣是記其事之始予之惓惓于諸人士者以壽諸石

廣漢諸生張懷敷偕玉京山道官劉虛靜遊南塔詩二首官路高於樹孤城小似拳大江流碧海一塔指青天山密幽禽避雲深古佛眠夕陽霞不散化作滿江烟　繚岫烟霞古丹房草木幽花間迷白鹿松下臥青牛塔勢飛南嶺鐘聲動北樓羽衣無個事音韻自悠悠

按二詩或誤入玉京山其實遊南塔作也應移

于此

南塔文昌宮碑記邑令孫志祖建

又志祖文昌宮碑記云文昌之廟祀於今也凡縣皆然矣而我羅獨缺予抵任有志建之而未暇壬申秋修南塔成偕諸同人並邑紳士父老登高望之見山麓間有遺址巋然而高士人曰此古廟基也俗呼南寺明季毀於冦遂成荒蕪予用是慨然曰此其文昌之宮也哉爰倡捐募化卽其地構廟三楹中塑帝君聖像或者曰茲非七曲山文昌之宮也得毋以帝君文明之主也塔所以塔文峯者

也其事有更相表裏者歟然使予僅以掌桂籍主
祿位而建此也不幾啓後人徼倖之心哉考文昌
先越嶲人因報毋讎徙居梓潼秦代而後屢著靈
異是帝君固一代孝子也又秦惠王遣蜀王美女
遣五丁運之帝君諫弗納怒逐之是帝君又一代
忠臣也邑人士登斯山望斯塔瞻禮斯廟觀感具
起焉不徒沾沾舉子業將求忠于孝移孝作忠後
之過斯地者咸嘖嘖稱羨曰此某忠某孝故里也
不必登科登甲已大增士林光足爲吾黨榮矣況
忠孝上格蒼穹甯有忠孝神而不錄忠孝人者哉

又何必竊竊然以七曲疑也予于是爰筆而記之
乾隆十八年孟夏月吉日
墨香泉八分詩刻

墨香泉

墨香泉詩
泉源混混自天成最
喜長平巘底清宵肴
文人將墨浣詎爽錄
客引觴芬茗香日煖
滿芳逕樾色晉溪腴
古亭憶昔羲之蹟聞
此也須龔筆草黄庭
萬曆壬寅仲冬楚江夏处桂程宗道題
調元墨香泉并序云墨香泉在羅江南塔天台山

下向聞玉京山道人劉虛靜爲余言欲遊未果今
年正月十九至東山邀虛靜同遊乃過芙蓉溪披
荆剪棘沿江而上有石曰釣魚磯亭廢尚餘柱眼
折而東上有巨石鐫上天梯三字爲邑人蕪宇姚
大護書無年月稍偏又有石書山高水長四字失
名姓再上即觀音堂今爲邱氏祠堂翠竹青松與
怪石相間旁石楷書釣鰲亭三字石俱橫臥刻龜
蛇魚鼈之形其有泉滋滋流注廣三尺許纔如牛
蹄涔而木黝黑終年不竭虛靜指曰此即所云泉
也上有隸書三大字曰墨香泉並題詩云泉源混

混自天成最喜長平徹底清時有文人將墨浣詎無詩克引觴井芷香日暖滿芳徑樹色春深腴古亭憶昔羲之若聞此也須醮筆草黃庭萬歷壬寅仲冬楚江夏處桂程宗道題此碑向爲州志所不載余因採入梓里舊聞並紀以詩云我生好遠遊最近返不曉聞道南山下有泉出林表厥名爲墨香未到已傾倒朝來同羽衣訪此小瑤島細逕如羊腸曲磴隨飛鳥伊誰釣魚磯投綸餌陽鱎至今餘桂礎亭廢已難考遂登上天梯便覺衆山小何年觀音堂邱祠已改造翠竹夾青松小棘扶大棗

亂堆石亦奇刻劃工頗巧遙望釣鰲臺颯沓龜蛇擾忽聞琮琤聲俯見琉璃湫上聲下有黑蛟沉上有盤龍繞欲飲愁心黑成文試手撓黟黷陰氣多濁泥阿膠少借問誰著書遺下洗硯沼得非烏玉玦又爲唐生討不然松滋侯曾於此浴澡復疑元香守甘瀞從人禱儻恍不能明誰復探幽渺細觀渺石入爲明程宗道詩固庾信清隸亦李斯好生爲羅江人不識羅江寶急付小胥謄留作縣乘稿

羅江西南有龍池山文獻通考

龍池山在縣東南三里山上有池池上有伏石缺太平寰宇記

又十五里有羅漢寺

有寶峯菴斷碑明崇禎五年立

按寶峯菴郎今余家菴也今毀存此十篆字可以查全碑

明鐘

慧覺寺

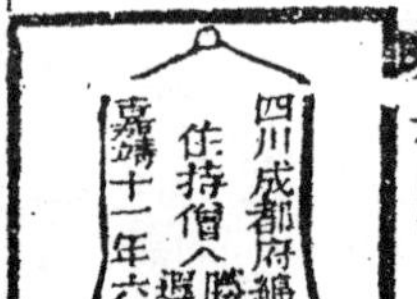

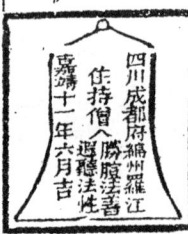

按明鐘可知建慧覺寺之由來

南至瀟子口三十五里交中江縣界

黃水河過羅江東門河八里往南係山五郎溝至金山鋪倒石入境至鄢家缺三倒枴羅綿交界約一里卽濫泥溝鼎元驥元兩翰林父墓在焉有墓誌銘

誥封文林郎李公香如墓誌銘

化樟字香如號潔溪羅江人祖美寶生英華英華
生化楠化梗三郎君也生而沉毅好讀書受知督
學葛克明先生爲上庠屢應鄉試薦不售自知不
投時好乃奮力于古之教子必于擇師之論遠邇
必負笈隨後從旁督見師講不合卽携子去人稱
善教子生平喜行善事家愈困行善益力稍有餘
則以周鄉里之貧乏者常述程子語語人曰一介
之士苟存心於愛物于物必有所濟若必有餘而
後濟人則終身無濟人之日矣以故鄰里緩急來

告無不量力應間有立券者屆期無償以情懇輒
爲焚券然性嚴介寡言笑見人作非禮卽面斥爲
人排難解紛無阿私有搆訟者得府君數語曲直
立判遂罷訟後以日用不支棄農學估共事三人
君專掌出入或有語君曰筆下多　撇便足致富
君曰冥冥中何可欺耶卒無毫釐私歷半載獲利
千餘金歸成都聞故人子楊四知者以負官項繫
獄杖病始死君解囊代償之出之獄故估亦無獲
嘗慨然曰人生功名必由積累吾祖忠厚傳家譬
如山然愈高愈積自問無虧心事旣不得功名于

身將必得之吾子旣而長子鼎元次子驥元相繼
成進士入翰林勅封如其官三子本元亦中鄉試
人皆謂爲行善之報云性孝友事親每食必嘗長
兄卽順天北路同知府石亭公師事尤謹獨次兄
其勝未得一官屬鼎貤封以成全美五十年恭遇
　國壽君年合例奉　旨入千叟宴與宴于　乾
清宮　欽賞　御製千叟宴詩一章壽杖朝珠如
意紬綾洋盤螺爵磁鈞皮盌各一貂皮紗綾各二
有恭紀　聖恩詩蒙　恩刻入千叟宴詩卽宴畢
又恭和　御製元韻詩曰春王正月正春妍法

祖重開玳瑁筵萬壽無彊欣就日　一人有慶遇
斯年瓊膏玉液沾　恩渥海錯山珍荷　賞延
獨有微臣歌旣醉賡揚頻聳作詩肩卽日又恭繪
　御賜諸珍圖各紀以詩合刻成集眞異數也卒
年享壽六十一賜進士及第經筵講官誥授光祿
大夫東閣大學士禮部尚書兼管禮部事務南書
房尚書房行走軍機大臣韓城通家帝王杰頓首
拜撰

卷四終

羅江縣志卷五

邑人李調元雨村稿

西鄉

西寺城西一里有憇亭

王嘉會憇亭記羅雖蕞爾邑而介在隴蜀為往來孔道冠蓋相望歲無虛日以故官斯土者迎送之事最劇郭外半里許西寺下舊有屋三楹不幸為風雨所破壞予乃偕廣文廖君駐防駱君縣尉劉君重葺之凡有迎送輒止其中而題其額曰憇亭嗚呼豈謂予與諸君子馬蹄逐逐至此暫憇云爾

哉凡吾邑之出者入者四方之往者來者以及負戴奔走困頓飢渴思息肩而駐足者皆可憇也是則予名亭之志也夫乾隆壬戌仲夏

獅子橋縣西一里舊縣志

萬安驛在羅江縣西舊經云唐明皇幸蜀至此聞驛名嘆曰一安尚不可况萬安乎移宿眞明寺舊驛碑所載如此方輿勝覽

昔有碑書一安且不可之句云是元宗親筆今亦毀蝕圖經

宋張縯萬安驛詩勁兵重作付胡奴毆雀纔鸇計自踈地入萬安知幾許却憐此地始回車全蜀藝文志　按縯字季長蜀唐安人隆興元年進士官大理少卿

七里橋縣西七里下即芙蓉溪舊縣志

白馬山郡國志云昔漢高帝乘白馬過此遂有祠太平寰宇記

按白馬山今為白馬關考漢魏地理志以下至元和郡縣志以上諸書俱不載白馬之名始見于宋樂史太平寰宇記據引郡國志則漢高乘白馬過此遂有祠是白馬乃漢高遺跡也今俗

傳昭烈與龐士元换白馬中流矢乃出自小說三國演義因高帝白馬而附會其說不可據也

白馬關在縣西南十里與鹿頭關相對太平寰宇記

白馬關山至險峻有小徑僅容車馬三國時營壘也其下為落鳳坡鳳雛先生龐士元侍昭烈于此卒于流矢下其葬在鹿頭關桃花溪東岸葬時人見白馬逸出讀史方輿紀要

漢龐靖侯統士元之墓

漢龐統傳龐統字士元襄陽人也少時樸鈍未有識者潁川司馬徽清雅有知人鑒統弱冠往見徽徽采

桑子樹上坐統在樹下共語自晝至夜徽甚異之稱統當爲南州士之冠冕由是漸顯後郡命爲功曹性好人倫勤于長養每所稱述多過其才時人怪而問之統答曰方今天下大亂雅道陵遲善人少而惡人多方欲興風俗長道業不美其譚卽聲名不足慕企不足慕企而爲善者少矣今拔十失五猶得其半而可以崇邁世教使有志者自勵不亦可乎吳將周瑜助先主取荆州因領南郡太守瑜卒統送喪至吳吳人多聞其名及當西還並會昌門陸績顧劭全琮皆徃統曰陸子可謂駑馬有逸足之力顧子可謂駑牛

能負重致遠也謂全琮曰卿好施慕名有似汝南樊子昭雖智力不多亦一時之儁也績劭謂統曰使天下太平當與卿共料四海之士深與統相結而還先主領荆州牧統以從事守耒陽令在縣不治免官吳將魯肅遺先主書曰龐士元非百里才也使處治中別駕之任始當展其驥足耳諸葛亮亦言之於先主先主見與善譚大器之以爲治中從事親待亞於諸葛亮遂與亮並爲軍師中郎將亮留荆州統隨從入蜀益州牧劉璋與先主會涪統進策曰今因此會便可執之則將軍無用兵之勞而坐定一州也先主曰

初入他國恩信未著此不可也璋既還成都先主當爲璋北征漢中統復說曰陰選精兵晝夜兼道徑襲成都璋既不武又素無預備大軍猝至一舉便定此上計也楊懷高沛璋之名將各仗彊兵據守關頭聞數有牋諫璋使發遣將軍還荆州將軍未至遣與相聞說荆州有急欲還救之並使裝束外作歸形此二子既服將軍英名又喜將軍之去計必乘輕騎來見將軍因此執之進取其兵仍向成都此中計也退還白帝連引荆州徐還圖之此下計也若沉吟不去將致大困不可久矣先主然其中計卽斬懷沛還向成

都所過輒克於涪大會置酒作樂謂統曰今日之會可謂樂矣統曰伐人之國而因以爲歡非仁者之兵也先主醉怒曰武王伐紂前歌後舞非仁者耶卿言不當宜速起出於是統逡巡引退先主尋悔請還統復故位初不顧謝飲食自若先主謂曰向者之論阿誰爲失統對曰君臣俱失先主大笑宴樂如初進圍雒縣統率衆攻城爲流矢所中卒年三十六先主痛惜言則流涕拜統父議郎遷諫議大夫諸葛亮親爲之拜追賜統爵關內侯謚曰靖侯統子宏字巨師剛簡有臧否輕傲尚書令陳祗爲祗所抑卒於涪陵太

守統弟林以荆州治中從事參鎮北將軍黃權征吳值軍敗隨權入魏魏封列侯至鉅鹿太守 三國志

先主與統從容宴語問曰卿爲周公瑾功曹孤到吳聞此人密有白事勸仲謀相留有之乎在君爲君爲其無隱統對曰有之備歎息曰孤時危急當有所求故不得不往殆不免周瑜之手天下智謀之士所見畧同耳時孔明諫孤莫行其意獨篤亦慮此也孤以仲謀所防在北當賴孤爲援故決意不疑此誠出于險塗非萬全之計也 江表傳

統說備曰荆州荒殘人物殫盡東有吳孫北有曹氏

鼎足之計難以得志今益州國富民强戶口百萬四部兵馬所出必具寶貨無求於外今可權借以定大事備曰今指與吾爲水火者曹操也操以急吾以寬操以暴吾以仁操以譎吾以忠每與操反事乃可成耳今以小故而失信義於天下者吾所不取也統曰權變之時固非一道所能定也兼弱攻昧五伯之事逆取順守報之以義事定之後封以大國何負于信今日不取終爲人利耳備遂行 九州春秋

初平中益州牧劉焉自綿竹移雒縣城築闕門云其地不王乃留孫修據之 建安十八年劉先主自涪攻圍且一年軍師龐統中流矢死先主痛惜言則流涕廣漢太守南陽張存曰統雖可惜違大雅之體先主怒曰統殺身成仁非仁者乎卽免存官 華陽國志

建安十八年夏五月劉璋遣將吳懿等拒劉備敗績皆降備進圍雒城十九年夏四月分遣雲從外水定江陽犍爲飛定巴西德陽龐統中流矢卒 通鑑綱目

按綱目質實註雒城卽領縣明一統志云廣漢漢之郡名治雒縣東漢爲益州刺史治所晉爲新都地宋齊梁爲廣漢郡隋併入蜀郡唐置漢州天寶初改德陽郡乾元初復漢州宋仍舊元

以領縣省入本朝因之改屬成都府據此則雒城卽國朝之漢州也舊縣治以羅江爲雒城誤矣乾隆二十八年邑令楊周冕築城于北寺下古阜封之爲張任墓更于瀦水交流處立橋名金雁橋邀作碑記予爲辨明雒城實漢州事遂寢蓋羅江在漢時乃涪縣地劉甲人物志序曰唐以前凡稱涪城卽今綿州也若使雒城爲羅江則朱子綱目於建安十七年冬十二月大書曰劉備進據涪城不應又于十八年夏五月復書曰進圍雒城矣白馬關三國時營壘去雒城

七十里安知非攻雒城時中流矢卒而葬于此乎落鳳坡之名想亦後人因鳳雛死于此而名之未必當時有此坡名也果令有之何以唐元和郡縣志及宋九域志地輿廣記寰宇記方輿勝覽明一統志皆不載其名國初顧氏讀史方輿紀要白馬關一條下始載其名蓋自近時人有立落鳳坡三字石于道旁者顧氏因採之連葬時洞中有白馬逸出之言俱未深信也

鹿頭山有鹿頭關古老云昔有張鹿頭于此造關因以爲名太平寰宇記

鹿頭關唐高崇文擒劉闢于此方輿勝覽

鹿頭關在成都府漢州德陽縣北三十里鹿頭山上南距成都百五十里東西兩川之要道也唐建中四年劍南西山兵馬使張朏作亂入成都鹿頭城將叱干遂討平之元和元年劉闢以西川叛詔高崇文統之闢城鹿頭關連八柵屯兵拒守崇文擊敗之闢又置柵於關東萬勝堆或謂之萬勝山崇文遣將高霞寓攻奪之下瞰關城八戰皆捷大將阿跌光顏引兵深入軍于鹿頭關西斷關糧道于是鹿頭綿江諸將皆降遂趣成都中和元年黃巢亂關中帝自興元幸蜀西川節度使陳敬瑄迎謁于鹿頭關四年楊師立以東川叛高仁厚自西川進討屯德楊師立遣將鄭君雄據鹿頭關拒之仁厚曰攻之則彼利我傷因立十二寨圍之既而悉衆陳于鹿頭關城下君雄出戰敗遂棄關走仁厚進圍梓州光啟三年王建自閬州應田令孜之召詣西川陳敬瑄復拒之建怒破鹿頭關敗西川兵于綿竹拔漢州後唐莊宗同光三年九月遣魏王繼岌郭崇韜伐蜀前鋒至綿州綿江浮梁爲蜀人所斷紹琛謂李嚴曰吾懸軍深入利在速戰但得百騎過鹿頭關彼且迎降不服遂乘馬浮渡襲入鹿頭關進據漢州蜀人迎降蓋自關以西道皆坦平故西川恃此爲巨防也讀史方輿紀要

羅江舊縣南落鳳坡有漢龍鳳二公祠祀武侯龐士元逆獻之亂其部將孫可望燬之夜夢士元爲厲懼而新之莊麗倍往日王屏藩亂蜀祠復燬今惟一石狻猊尚存隴蜀餘聞

孫可望與李定國皆張獻忠義子冒張姓號東府西府後獻忠敗死俱走入滇戰敗乃降封可望義王世襲賜第東長定門外可望死其子徵灝襲封康熙十二年降封慕義公蜀綿州鹿頭關龐士元祠可望重

修有石坊大書僞衡楨國太師兵部尚書凡數百字猶稱張可望云 池北偶談

唐杜甫鹿頭山鹿頭何亭亭是日慰飢渴連山西南斷俯見千里豁遊子出京華劍門不可越及茲險阻盡始喜原野濶殊方昔三分霸氣曾間發天下今一家雲端失雙闕悠然想揚馬繼起名硉兀有文令人傷何處埋爾骨 杜詩

鄭谷蜀中馬頭春向鹿頭關遠樹平蕪一望間雪下文君沽酒市雲藏李白讀書山江樓客恨黃梅後村落人歌紫芋間堤月橋燈好時景漢庭無事

不征蠻 雲臺編

宋趙忭過左綿偶成東西再守二年間從蜀何須問險艱入覲已違龍尾道出麾還過鹿頭關與民共約三春樂顧我都忘兩鬢班歲滿乞骸何處好仙棋一局欄柯山 清獻集

宋陸游鹿頭關過龐士元墓士元死千載凄惻過遺祠海內常難合天心豈易知英雄千古恨父老歲時思蒼蘚無情極秋來滿斷碑 劍南集

張漢白馬關龐士元祠尋訪當年龍鳳姿兩公伯仲合同祠伏龍未起三分定落鳳前占一死奇蜀魄有聲悲杜宇楚魂無地赴湘壘風雲不了英雄事腸斷空山暮雨時

周文麟龐靖侯祠王路馳驅謁靖侯巍峩廟貌屹千秋卧龍早解三分定雛鳳還爭一計優疊疊青山祠外曉森森翠柏墓前幽南州冠冕人何在坡上猶餘浩氣浮 舊縣志

李化楠謁靖侯祠夾道陰森漢代松靖侯祠墓白雲封三分已奪曹瞞氣中計能邀漢主從不改蒼山長鬱鬱徒留碧血恨重重漫言落鳳魂孤寂明月相歡有卧龍

謁元鹿頭關謁龐靖侯墓祠內並祀武詩江鎖雙龍合關雄五馬侯益州如肺腑此地小咽喉事急爭雞口時平失鹿頭至今松柏塚風雨不勝愁

誰言此州小曾有鳳雛來首獻三條計洵非百里才生無憖驥足死合遣龍陪一自星飛後千山澗水哀

棲鳳亭乾隆五年知縣李德瀚建周文麟記

羅江縣南十五里有羅璝山 元和郡縣志

綿州羅江縣羅璝山有羅璝洞昔羅眞人名璝修道上昇之所也其洞凡有水旱疾癘禱之靈無不應太

平興國五年庚辰歲仲秋衫霧輕烟月光如晝香風瑞氣瀰漫山谷四遠村民登層巒而望之唯聞音樂環珮之聲遲明但見車轍之跡去洞十里餘闊一丈以來碾土深三四寸其轍跡隨山勢高下直至洞門迤邐狹小郎不知神仙乘車出洞耶音樂之聲晝夜不絕遂聞諸州縣時殿前承旨兵馬監押知縣事陳覃縣尉鄒崇議尋詣仙洞觀茲轍跡樂聲以事奏聞詔大九井山虎耳先生李洞賓賫香於洞前設醮禮察視之由以祈靈貺虎耳先生大名府有道之士時呼爲李八百云已八百歲如五十許童顏鬢髮行速

言係每駐足士民衆觀者如堵先生郎於懷袖中探取銅錢二三文撒之則稍得入退因是每十步二十步取錢一撒至暮懷袖之巾錢無缺焉翌日與官入洞行十里已來唯聞異香襲人樂聲隱隱人吏各持香燭屏息捫藤足履嵌嵓魂竦汗澀先生步無差跌神氣自若出洞之時衣履之上無泥滓霑汚之跡太客話

明石鼓墩

羅眞觀石鼓高二尺周圍一尺腹徑二尺式如鼓四面鐫夔龍文中刻七字大明正統元年造益僧家坐墩也大霍山蓬萊坊

明丁宇耀蓬萊坊修道記羅江縣艮募蔡公文舉原係湖廣黃岡縣人同本山王庠貴郭朝艮郭鳳因祈雨見道不平發心修補山門蓬萊缺道路七十五丈善果旣隆立碑爲記以爲引道接缺之階邑庠生丁宇耀題天啓四年孟秋月吉日

天霍山有羅眞宮宋何彥眞有記山麓有丈餘磐石耕者每宿其上輒夢云接引佛上可宿耶驚以告寺

僧掘其下果得像若天成不事雕琢名勝志

羅江大霍山下有洞臺司命君之府也中有神靈瓜食之心通至元黃庭經註

羅江縣釋僧羣者居霍山構立茆屋上有石池如盂深可六尺常出清泉劉敬叔異苑

僧羣清貧守節蔬食持經居羅江縣之霍山構立茅屋孤在池海一作中上有石盂水深六尺常有清流古老相傳是羣仙所宅師因絕粒其菴舍與石盂隔一小㵎常以木爲梁由之汲水年至一百三十忽見一折翅鴨當梁頭敧將舉錫撥之恐其轉傷因此回歸

遂絶水數日而終臨謂左右曰我少時嘗折一鴨翅也

太平興國年有人乘車往來山中石上有新轍迹深三尺餘石五色知州仲士衡緣迹至洞口聞雞犬聲 湘山野錄

文釋畫龍洞仙蹤壁刻云太白山道人李洞賔賁內庫孔香二十斤詣靈山相度仙洞焚燒初抵劍門遣老人之告闕次離巴岸逢孤鶴以來迎及届洞中睹雙童之出入已臻巴岸見玉輅之蹤由又領音樂淒淸羅鈸疏越若非吾道神變其孰能與于斯乎勒於洞門以爲他年會語張本 與地碑目

總領六卿湯公紀行斷碑

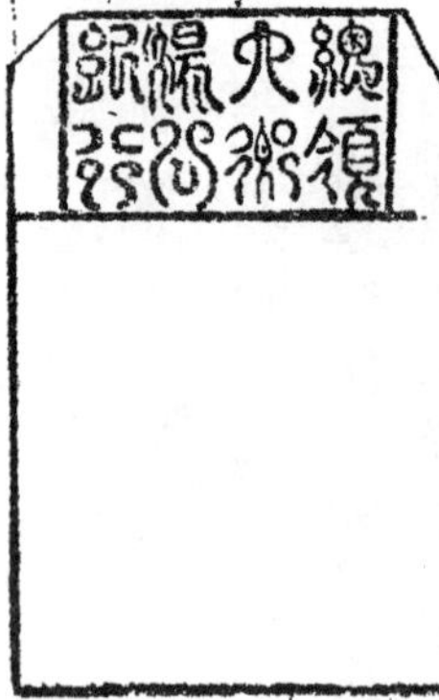

右湯公斷碑祇有上半截在觀音殿後僧覆其背用作砌石余命僕人洗拭得篆文八字碑工但楷文多難解湯公侯搦出砌石再考

明涇陽令吳白崖墓在大霍山頂旁有張素挽詩碑又一碑爲吳仰山墓明翰林院編修劉宇亮題

明張素挽涇陽令吳白崖詩楚望家聲舊蘋叢慶澤延百年敦積善間世特生賢淵角人爭羨周才地所遷撝謙宜左右素履愼周旋輪翮輕千里詞鋒動四筵好修金作礪炯介石維堅雅度觀昭曠懿章逼太元彌衡僉曰睿韓爽獨稱妍鑑賞驚前達源流遡昔傳續經登抑簡强學絶韋編但使安弦巧何妨坐榻穿尾龍方入夢鶚鶚遂沖天合浦

珠光媚豐城劍氣連允諧歸櫂願未了榜花緣德驥鳴吳坂靈蛇兆蜀阡明蟾三五缺美玨始終全能子徵廬墓爲鄖戒飲泉趙張攀逸駕元魯合隨肩姱節凌西華和風滿比埏深仁漸蔀屋薄罰示蒲鞭黔首欣成貸青衿豫采甄逃亡爭復業游惰亦于田竹閤疎簾靜花村吠犬眠雉馴三異見虎甦一誠虔篤信推陳寔豪强畏董宣效忠依日月利用得坤乾淳化歌來暮涇陽喜作先峻階應午步逆豎苦相煎解組鳴飛鶴遺榮等脫蟬相如剛謝病康直遽遊仙賈傅臨單閼牟尼悟寂禪書香

高節在政績口碑傳錦水全文藻眉山晃夜然友
朋悲宿草林麓怨啼鵑列宿沈滄海佳城鎖夕煙
無憂端可喜有後足光前王曾恢三葉君瀛裕四
銓牛刀盤錯試鸞誥寵恩偏茂典榮長世奕雄歷
九淵朱絲恒奕奕戩穀亘綿綿嘉靖春二月吉日
賜進士出身廣西布政司參政安甯碧泉張素謹
題男知州吳士達偕弟士逵士遷立婿生員可懋
書

羅江縣南十八里至廣濟橋交德陽縣界

羅江縣西北三十里由鹿頭關西至換馬溝十里即

換白馬之訛而並訛爲王莽溝也再十里下至畧平
古村鎮也有塲南交德陽綿陽江界

火神廟旁有牛王廟新建樂樓碑記

謁元畧平牛王廟樂樓碑記牛王者何也農耕田
必用牛牛於農有功故神之爲王而共祀之也樂
樓者何也每歲祀牛王必演劇必劇有樓所以悅神
而共樂之也牛王廟不知始于何時惟列異傳載
秦文公立怒特祠應肇於此今諸廟多塑像如觀
音而以牛爲坐騎稱之爲牛王菩薩不知何故考
清異錄陽翟莊今有田老者謂牛爲黃毛菩薩大
抵皆農人以牛爲命故尊之曰王而親之曰菩薩
也王制諸侯無故不殺牛註穀者民之命牛植穀
王法禁殺故本朝
世祖章皇帝首重殺牛之戒而各處　地方有司
並嚴湯鍋之禁蓋爲此也夫戒殺牛非細事也昔
齊宣王不忍一牛孟子以爲是心足王使今人而
盡推此心則君即堯舜也臣即皐夔稷契也不忍
於牛即不忍于人矣故曰足王也今之祀牛王而
並建樂樓者豈非不忍之心所感而並思悅牛神
以求保衆牛哉考大玉匣記牛王神誕本在七月

二十五日今以十月初一爲祭日者葢七月農方
收穫故相沿改期以便民也畧平牛王廟本無樂
樓今之樂樓乃嘉慶三年十月某日衆士民捐資
所創立例刻名於碑陰而總其事者覃泰山也

又十里西至黑泥寺山下有泉灌山田數十畝

卷五終

羅江縣志卷六

邑人李調元雨村稿

北鄉上

翠望亭在城北一里唐元宗入蜀縣令造亭於此祗候士人呼爲接王亭遺址尚存 名勝志

宋陸游羅江驛翠望亭讀宋景文公詩撲馬征塵拂不開高亭欹帽一徘徊蜀山地暖稀逢雪閏歲春遲未見梅陂水近人無鷺下烟林藏寺有鐘來宋公出牧曾題壁錦段雖殘試剪裁 劍南集

按翠望接王志言遺址尚存今俱無考只有朝天寺爲 國朝所建或其故基歟朝天亦接王意也

又二里有企僊亭乃車岩上昇處宋師堯俞作記 名勝志 按萬歷總志二里有三清觀今亦無考或企僊也

北寺縣北四里許卽古潺亭廟也建於明末今梁上有大明崇正十三年歲次庚辰三月初一日甲申吉旦捐貲功德主國學監生邑人余賡鼎建二十五字尚存

縣有潺水出潺山水源有金銀礦洗取火合之以成

金銀潺水歷潺亭而下注涪水 水經注

晉於梓潼水尾萬安故城置萬安縣李雄之亂移就潺亭 太平寰宇記

唐開元二十四年立潺亭碑文字磨滅尚有潺亭二字碑陰有宋邑令太常博士宋嘉彥書 舊圖經

宋嘉彥重修潺亭廟碑記嘉祐三年予始署邑事明年訪古跡而潺亭廟有遺址存焉東南百步有碑仆於民田中其潺亭二字亦不復睹稽其址歷數百年廟與碑俱廢是神之祀於民者不亦闕乎且侯因官之美材而復廟貌之未幾里民請自修之次年廟成秋大旱晨禱而夕雨自是潺之民益靈其神相與輓碣立之祠下時嘉祐五年也 名勝志

本朝王士禎羅江驛雨 故縣也今省入德陽城北有潺水潺亭 前旌已拂鹿頭關風雨勾留不肯閒何處行人最愁絕潺亭亭下水潺潺

去潺亭五里官堰山古名雲蓋山山觜石刻行書雲蓋仙峯四字甚遒勁 舊縣志

唐令白大信縣北五里有芒岡堰引射水溉田入城永徽五年令白大信置 唐書地理志 永徽高宗年號

韋德羅江令縣北十四里有楊村堰堰引折腳水溉

唐貞元二十一年令韋德築仝上
志云今縣境有芒江泉水玉女馬山廻龍乾河堰讀史
方輿紀要
缺五字 冷太汀自西北由安縣河壩場混江鎮
分派由羅江野人山入境離城三十五里由石皮灘
又過石坎至獅子院東流同乾河與濕水河合流作
三堰至北寺前與潺江合流波流瀠洄如羅紋故名
羅江由東門外轉南二里合芙蓉水合流至三輛車
又十五里至斜灘河又十里至瀆子口出口至中江
縣下流

乾河城西北三十五里亦自安縣發源由彰明旱壩
又至安縣觀音壩入羅江境離城三十里過石坎灌
團堆壩甜獅子院與濕水合流同歸羅江至瀆子口
入中江芒江堰即乾河水也
綿陽河縣西北四十里自茂州牛心山發源經天池
大壩至綿竹縣東北綿陽口分數派西一支灌綿竹
十餘堰東一支由河壩場南流入羅江境為乾河又
中分一派經野人山西分一支灌德楊柳梢堰其綿
陽河正流溉彰明穿山堰又灌羅江王女堰出紅岩
山口灌畧坪村田又為紅岩天池二堰又東入羅境

為後壩堰又灌德陽茅包堰又灌羅江麻山堰南由
德陽境下流舊縣志
按綿陽江即蜀都賦所謂浸以綿洛也蜀地名
綿皆因之有誤作沔陽非也沔在漢中
黑水在羅江西北自安縣南流入境下流會於漢州
之綿水五代時董璋破西川兵於黑水遂克漢州是
也讀史方輿紀
按古今地輿諸書惟本朝顧氏讀史方輿紀要
最為荒謬無徵如引黑水在羅江西北自安縣
南流入下流會於漢州之綿水而以五代時董

璋破西川兵事為證不知綿水與雒水並趨而
下合為渝水即巴水也何嘗回到漢州再往下
流又不知漢州何處飛來黑水此非大謬乎夫
禹貢所謂華陽黑水惟梁州所包甚大以在華
山之陽華山屬雍州古者封域合梁於雍是也
黑水出滇臘濬州界今屬夷地是為岷江之始
水自汶山下過猶河水之邁崑崙也又一派入
滇而出金沙江流入馬湖江與汶水合今之敘
瀘界瀘即黑也諸葛亮所云五月渡瀘即此也
所謂四川者即岷瀘雒巴四水也岷水自綿州

而下瀘州自雅州而下雒水自漢州而下巴水自重慶而下是黑水與四水久已各入四支趨入于海矣安得在羅江小邑之間尚徘徊來往穿插哉顧氏又引通溪營城西北有黑水卽古翼水源出梁州生番東亦南由茂至安入羅葢見水黑卽稱黑水皆黑水之小者也水黑約有四一漢志符縣有水出犍爲南廣縣符關山北入江此符縣黑水也又黑水出漢中南鄭縣北山諸葛亮牋云朝發南鄭暮宿黑水此南鄭黑水也三黑水出羌中南通典扶州尙安縣有黑

水此尙安黑水也四崇慶州西北有黑水元一統志云源出常樂山石皆黑此崇慶黑水也皆非梁州黑水行水金鑑韓汝節謂梁州別自有黑水從夷地分流千古卓識而顧氏區區指其一爲梁州黑水誤矣

平池寺縣北十二里雍正年比丘盛果修前有平池今湮乾隆年間如秀重修（如秀族人曾同叔化樓朝浙普陀）

雲龍寺縣北十五里元張無知翔明釋智寧重修有碑明吳士遷重修雲龍寺碑記按羅志北十里許有雲龍寺山峯聳翠雲覆龍盤羅之第一禪林也

先是至元庚午敬菴張公無知自龍山來鍊性於此迺建觀音殿凡三楹其徒德暹復宏厥制世鉢相傳迄明嘉靖則二百有餘歲也歲久殿宇漸次頹敝觀風者多惜焉羅僧智甯者姓劉氏甫八歲性恬靜厭囂塵杖錫遊雲龍者幾六十載勵行精苦眞能絕俗士大夫咸奇之且積錢穀若干藉是養性益力一日謂磐溪子曰異哉古今之不相及也夫寺吾之禪家也敬菴翔之德暹述焉而吾坐待其敝於二師有餘愧也縱師不咎于將不爲山靈愧乎而次吾之所積者將何用也迺捐所積鳩

工取材斲厲甃石今年三教殿成明年祖師殿成又明年天王殿觀音殿禪堂成復建僧舍二三十所迺裝塑天王迺塑伽藍迺塑祖師頹者以振敝者以修圮者以興肇自嘉靖癸未迄今巳亥告成制度宏遠煥然改觀焉而甯則不自以爲功也羅士大夫往榮之因請記於磐溪子磐溪子曰夫寺僧之華也夫財人之心也方今遂財以自侈者環天下孰肯捐所愛以遺人哉自非吾儒之灼見道體者鮮克有此今甯以墨者流而能如是其殆墨名而儒行者耶豈天欲斯寺復見雲龍之盛乃

假甯以重修之耶毋亦敬巷蟬蛻以顯其異而後生甯以濟厥美也況甯安閑厚慤淡寂禪林入定法華趺坐松月朝夕乎六祖之論三觀之理固不但事師以禮事親以孝爾也觀彼之怪誕慢訑以惑世者其賢不肖何如耶謹拓諸石以志重修之意抑以表上人之功當垂於不朽也是爲記嘉靖十八年歲君己亥暮春之吉磐溪山人吳士遷子安撰奉政大夫知湖廣茶陵州事前己卯鄉進士邑人吳士達篆蜀府典膳所典膳邑人吳士達書

雲龍山扁擔灣李石亭公祖塋在焉有李氏宗祠右

有美寶公神道碑左有英華公神道碑

李化楠（俱冉玉嘉塡諱不重出）祠堂記古者立祠堂爲四龕以奉四代神主高祖曾祖祖父也始祖之祭始自程子雖朱子有似禘之疑然世遠而派別不有始祖一祭無以收族是亦禮以義起之一端也況所謂始祖者以遷居此地及初有封爵者爲之非必厥初生民之祖也隨分致祭何僭之有吾家上世不可知論遷居此地及初有封爵之義則當以美寶公爲始祖而厚公不與焉禮曰別子爲祖繼別爲宗繼禰者爲小宗有百世不遷之宗有五世則遷之宗美寶公則吾先世之別子也是爲始祖而美寶公之長子世世以長繼別是爲大宗美寶公之衆子則各以其長繼已是爲小宗始祖百世不祧小宗親盡則祧此古之宗法也故古者子孫繁衍廟制非一有禰之廟自已之兄弟子姓咸屬焉有祖之廟自父之兄弟子姓咸屬焉有曾祖之廟自祖之兄弟子姓咸屬焉有高祖之廟自曾祖以下之兄弟子姓咸屬焉有始祖之廟則一姓之兄弟子姓咸屬焉其爲典也備而其爲制也詳後世人不思古親親道微生者侈輪奐之觀死者無一

厝之覆匆匆送葬三載除服以爲人子之事於是焉畢歲時不告飲食不獻生辰忌日置若罔聞則求其有祠堂不可得又何論乎百世五世之縷別也夫主必有祧者一定之制而追慕不忘者報本之心近世士大夫家建立祠堂自始祖以下木主皆設廟中雖親盡而不祧此其制非古而要爲不忍忘其親之意吾家祠堂即用其法正祠三間長房居中其高出者爲始祖二房居左三房居右各設一龕每一代爲一階層遞而下所謂禰廟祖廟均於是焉在大宗小宗即於是焉分庶幾遠有所

統近有所宗名分得而支派明子子孫孫皆得以展其孝忠矣祠建扁擔灣係徐國玉之業今三房用價買其田地山林而以基址一所竝附近田一畝捐作祠基約同族人起造正祠十一柱三間耳房七柱東西各三間拜廳五柱三間大門五柱三間厨房五柱三間共十八間祠成改扁擔灣爲祠堂灣云李氏族譜

李攀旺字美實羅江縣雲龍壩人也生三歲而孤母王氏再適同邑李雲卿公隨母育於李値流寇張獻忠作亂人多逃亡時李富於財既死其僕何鵓鶵老亡

謂公曰子非李氏嫡而受其財族衆忿甚不去將殺汝公於是歸時年二十三矣至則宗族盡散無一存者公孑身無倚隨鄉里二三人走石泉是時賊衆猖獗所過殺傷焚掠殆盡民食無所出強者殺人而食弱者幸以身免則匿跡深山採樹皮草子爲餅充饑公嘗絶食三日夜於空宅中獲一猫燒食之得不死張養心者宋有聯之妻弟也公與有聯同避兵故識養心一日至其處養心名公同食時無碗以瓦片盛肉而已公稍嘗知其味異然不敢明言乘其不見而棄之歸以語有聯有聯曰若輩素食人肉者奈何食其食乎於是心影成疾腹膨久不愈聞渡夫王五善針灸就而灸之他日又至其家王五夫妻方食魚將盡止餘頭尾見公至則以食公而謂之曰好好有頭有尾子之疾自此除矣由是果愈公在石泉二年値蜀中平定乃歸住河村壩土曠多年田地在荆棘中公開荒刈草獨力經營又歷十餘年粗有積蓄始有妻即吾祖母李氏也時年四十一矣厥後移居毛家壩又十餘年移南村壩子孫今家焉當時兵燹之後鄉人存者百僅一二而公族屬又無一人在者故前後三遷皆就伴居住未得復業公爲人忠信渾樸不

校是非凡事退讓人有犯者輙語謝之嘗謂人曰吾昔在兵刼中踰越險阻衝冒鋒刃野居露處朝不保暮自分必死今幸賴上天之眷祖宗之靈以有其身得延李氏之一綫吾何求哉吾惟有吃得虧三字可以保身可以遺後願世世子孫守而勿失至於機巧變詐是吾所短然亦羞而弗爲也鄉里以此多之至今稱爲長厚治家以勤當徭役繁重時怠惰者多失業而公未嘗缺乏遇戚黨有急貧者多所周濟以明天啟丁卯年生至　國朝康熙庚辰年卒享壽七十四歲以孫化楠貴乾隆十九年貤贈美實公爲文林

郎李氏馳贈孺人子三文彪士達文彩 李氏族譜

李文彩字英華與兄鴻飛公孿生狀貌絶類外人往往莫辨束髮受書通大義值時事艱難棄而力耕喜賓客好施捨計田中每歲入蔬布足自給餘悉以餉客遇人方窘急輙設法周濟或代出名立券後雖倍息償無怨悔有譚世民者僑寓村中聞公好善因以急難告公爲代借數十金以應已而譚挈家逸去公設措代還越數年有自金堂來者云譚在其處公置不問其陰德長厚類如此公天性過人孝友純篤兄弟之間歡然無閒分居析產時公重自損拆山取其瘠者地取其不毛者謂少服於是不須更易祖遺舊宅讓歸長房偕鴻飛公另自營屋而住居鄉黨侃侃直言爲人排難解紛悉悅服又度量豁達不與人校是非遇有非禮相干之事旁人代爲不平公付之一笑耐已晚年喜植花卉尤嗜讀書當天朗氣清時手一編坐北窗下披涼風謂羲皇上人無以過又或寄興江湖則攜斗酒至河干或垂釣且釣且酌放懷自適視人世繁華豔冶如無有也公性仁於愛物而廉於自奉長子化楠遊宦浙江公誡之曰吾家世本布衣今遭逢 聖主得叨一命幸矣惟作好官可以報

國好官必以清爲主我雖年老粗衣淡飯尚自不缺無需祿養爾其勤勞王事毋沾清白以辱爾祖化楠謹遵其教不敢忘乾隆十九年 勅封文林郎元配趙氏 勅封孺人公生於康熈戊辰卒於乾隆丁丑享壽七十歲子三化楠化梗化樟 同上

卷六終

羅江縣志卷七

北鄉中　　　邑人李調元雨村稿

雲龍山北象山有李石亭公別墅名曰醒園額爲丹徒編修王文治書

李化楠山居即事詩四首有序云買地十畝築室三楹避俗離塵風景擅平泉之勝背山臨水烟霞繪輞川之圖手栽竹木漸成林樂哉斯土自是園廬多逸興老矣歸田散步獨遊曲折檻欄花爛熳憑高遠眺迷離村樹屋參差旣適志以安身亦陶

情而悅性年華易逝那有仙藥駐紅顏富貴何時肯對靈山辭絲蟻本來面目醉裏乾坤僻地無鄰嶺上白雲常在戶高峯有主天邊明月不須錢登東皋以舒懷橐筆成韻倚北窗而寄傲薤簟生涼謂我何求只向林園尋活計於心已足不勞蓬島問因緣爰作小詩以質同好　何處堪宜着此身園林幽僻絕囂塵鋤荒結就三間屋便與烟霞作主人　山居非吏亦非仙喜得名花盡日妍酒罷長吟無一事望江亭下水連天　牽衣直上七層臺眼底乾坤大放開林樹蒼茫村舍遠白雲深處有人來　看看兩鬢白如絲角利貪名到幾時願得人皆閒似我常來共對一枰棋石亭詩集

園中有大石缸養金魚十餘尾缸面坐小石山山上栽花木數種蒼翠可愛缸上有石亭公石刻詩山一卷天半落水一勺長不涸上承綠樹陰下見紅鱗躍春色滿園林亭臺隨地着吾心淡無營吾身欣有托何須海外覓三山此間便是蓬萊閣

醒園圖重慶太守漢軍朱孝純子穎所畫也朱初爲珙縣令道出羅江曾遊此園後同年編修海寧祝德麟芷塘復以庚寅偕檢討湖南鄧文泮入蜀典試回

京路過見訪留詩次年予至京補官與朱祝相晤各憶舊遊子穎遂爲繪圖祝首題詠寄回醒園縣石壁間以後題者甚衆

庚寅四川正主考編修祝德麟題醒園圖詩并序云歲庚寅奉使入蜀時主人假臥醒園子穎方守重慶試事畢迂道訪舊流連竟夕沙竹之勝魚鳥之樂得周覽焉主人送至金山驛而別途中用工部韻作十律寄之高下幽曠之趣摹寫略盡越二載主人來京師子穎亦以改守山東待覲闕下別筵作畫遠形近勢如在目前醒園僻在遐陬以主

人之賢凡名流入蜀者莫不至其地至必有詩予頗亦覩見者故寫是獨眞而松風水月僅付臥遊豈所謂寓意於物而不留意者耶余既幸斯圖之得主復不免今昔之感錄前詩歸之宿醒圖用杜工部遊何將軍山林韻十首圖枕山面流到時天已暝待曉登絕頂騁眺遂聯轡過南郫登堂拜母而別故備志蹤跡焉

跡滯三秋後身遊萬里橋黃花明異域青鳥返重霄短李幽居僻長須笑騎招逢迎欣得主造訪肯辭遙

減從聯雙騎天光出郭清溪喧惟祭獺秋老不聞鶯野父除瓜架山妻茹菜羹殷勤語楚客何似武陵行鄧筆山謂所歷徑途絕似楚南郫景

林外波聲活潺江別一支叱牛收水磨呼鴨上陂池徑亂增樵惑巒重獨鳥知只應遊屐過荊棘已教披

漸近醒園路山寒少雜花插天峯似象赳壑水如蛇鱗鬣看松老梧棬想澤睎他年長千尺喬木識君家圖依雲龍山爲址其旁日象山李氏祠墓所在繞舍萬松皆會甫所手植

柴荊無酒掃今日逐江開堂構方來木雨村方謀興築承先志也

寒喧異望梅榻懸徐孺至黍具范卿來爲問門前路容誰損綠苔

握手讀詩集高詞源湧泉思親新涕淚懷友舊纏綿唱和聯諸謝評詩待老錢雨郫向學詩于前香樹爲翁所極賞

凋零雙桂後若箇長西川楊升菴雙桂堂在新都今已廢

歙我郫筒酒春醪麯米香庖烟衝暝黑園菜溢津涼選忘兒能誦杯乾婦久藏乘醺思振策下界鬱蒼蒼

熹微尋石磴曲徑半臨池眞欲謀笭箵偶來倒䍦羅人家團竹邑秋水瘦魚兒早識溪山美應令畫手隨

雪嶺明晴旭花驄撥亂雲碑前重墮淚身後但遺文經其尊甫祠堂

拜母衣冠肅論交輩行分令弟鼎元於是科獲雋故戲之

童時釣遊處指點復紛紛

一飯南村舍臨岐意若何別人甘語少看客比鄰多敢忘對床約難爲行路歌回頭問野老使節幾經過

壬辰重陽後三日調元和

憶昨金山驛銷魂似霸橋獨歸聽夜雨相望隔雲霄仍對烏犍侶難爲白鶴招今宵燈送喜萬里素書遙

開緘鯨掉尾瘦字逼波濤已列班中鷺猶思谷口鶯交寧甘似醴詩卻和於羹此夕渾忘寐持吟徹聽行

痾抱年來久逢迎總强支原非揚子宅誰問習家池鋤草憐蟲訴移花許蝶知自經君染翰景邑競紛披

三秋纔謝菊二月又飛花忽漫逢江雁因嗟赳蟄蛇十詩寧匆得千盞不離睽天意憐孤寂風吹過我家

人到晨星後天教積霧開諸昆非軾轍座主是歐梅一夕成

佳話千秋此偶來但看攜手處三徑未生苔　留
客斟清聖烹茶瀹碧泉更長眠未穩語短意殊綿
香潰雲垂紙燈明夜博錢顛狂聲不細一日遍三
川　高軒來過處草木有清香衣帶巴江暈牀分
楚簟涼詩緣聽雨作書借看雲藏尚喜顏皆舊毋
須歎老蒼　吾家潺水曲柴屋正臨池天使回旋
節主人方擭籬擁門窺野客送榼遺諸兒卻悔分
張日車塵失計隨　並馬送君去清江水疊雲山
川供別賦風雨助論文棧閣程空望綿州路早分
當時腸最斷歸緒淚紛紛　寫罷鸞牋寄茫茫奈

若何劍南鴻字少輦下故人多難忘青燈伴慙賡
白雪歌至今明月夜猶夢使星過
順天府府尹南滙吳省欽君才美如蜀錦段遄歸
奉寢淹三年墓田丙舍計粗就來枕書香爐烟
雲龍山旁象山麓潺江東遶鳴濺濺小園雖小衍
先澤漁父信宿時實緣一樓一閣置帖妥一花一
藥羅芳鮮亦知人情重懷土猶驚鶴怨終由天笑
磬生絹乞能手朱老眞似南鄰然古來行軍著要
約馬廄往往摧平泉卽今松維事撻伐輪輗例藉
租庸錢君爲蜀人朱蜀守時蠟雨屐張長筵想見

雪嶺戍天外千里貼席忘戈鋋予於是園欠親歷
巖居川觀寧非仙掉頭不住入京洛山水之福將
唐捐賴此畫本秘行篋玉蟾蜍淚流微涓醒園獨
醒太無賴豈若買醉長安眠橙林他日大於斗過
訪我亦浮巴船
刑部郎中桐城姚鼐蜀山西自蠻夷之中來千仞
萬仞雪崔巍劍門山南錦江暖桑麻沃野當中開
綿州綰轂劍關口白沙碧水環杉柳吏部平生居
此州萬株種松百瓶酒錄詩空谷感英靈投轄使
驛招賓友天下傳君此醒園君今卻出劍關門我

見君顏長不懌君道思家歸未得況復西山有畔
夷軍興大渡河西北瀨氏山密豺狼驕又傳兵馬
乘繩橋丁男盡力助輸輓園林坐見生蓬蒿前夕
渝州使君至看山徧歷邛隴地籌邊經國意何長
就君傳出西南事爲君水竹貌平分先貌松維雪
嶺雲偃臥信知魚鳥樂明年定罷殿前軍
侍讀學士青陽王懿修卜築新堂綠野如芙蓉溪
畔謫仙居冢聲試溯平泉記手澤猶存種樹書長
愛淸閒對琴鶴未訪磊落注蟲魚名園自是迴翔
地辛苦貽謀慶有餘　仙才未合住岩阿數畝園

如傳舍過宦跡共瞻星使遠文心應貯錦囊多春風海外新桃李素業山中舊藝缺此日堂陰眞濟美胡艮遙接潞河波缺

穎州缺　章信有之使君圖畫翰林詩缺　醒園亦宜花木泉亭千里缺　山亦有烟霞癖猿鶴同君怨別離缺

編修歙縣程晉芳重慶太守能詩復善畫昨來與予翦燈話乘閒乘雪曾上峨嵋最高頂俯矚大千銀世界嶺無平勢澗無聲凍雀吟雲爲一派凌虛

抗手欲招眞不信人間多芥蔕談神說鬼無此瑰且奇使我聆之起衰憊因覽其近詩蕭瑟空濛具得山水力醉後拈毫繪醒園乃是雨村所促逼雖經促逼鑣遠神羅江亦有峨嵋春斜亭曲沼歸方幅瀉入平江月一輪依巖作屏植木如錦丙舍桑柔熟丹葚清泉白石自惺惺鬯好於中圖快飲奚以獨醒爲自命狂特甚霜猿叫更寒噤瘁墮葉鏗鏗警秋枕皇然遽然炊未雖斯境可稱無上之上品太守懷蜀予憶家眼中筆底開烟霞此時蓉溪芙蓉白於玉問君何苦留京華籬門盡被松遮卻穹際描摹難捉摸後人讀畫羨遭逢詩家流爲詩家作

戶部主事會稽吳璜檀林籠竹夾空垣中有臨江舊業存彷彿翠屏過細雨荷鋤閑立聽吟猿　翰林奉使詩曾和太守來遊畫擅長好貫郫筒多酌我當筵一效次狂公

翰林院庶吉士德清陳埔羅江山水清且妍浮空一碧通雲烟雲龍之峯勢突立俯瞰衆壑如隨肩芙蓉溪水環共前清光似練涵長川羣巒倒影落明鏡恍睹玉女高鬟懸雨村卜居蒼翠間登臨縱

目千山連寨帷暮招西嶺月把酒曉挹峩嵋天揭來催程赴日下山靈應笑奔塵緣草堂風色定不改特乞好手圖林泉輕風縈江天漠漠微雲入樹山娟娟林亭石室互虧蔽畫中彷彿花源仙京師八月秋氣鮮高槐雜樹鳴涼蟬明窗晝靜拂絹素對之如泛書畫船我思茲園歷已久前人作室基開先當時經營手澤在詩篇幾處曾題鐫龍門晉謁今幾年古杭風月吳山偏墓田旋見生宿草西望蜀道悲啼鵑安得驅車來古綿相從鄰架披遺編興來更着上山屐高巖一枕松風眠

調元題醒園圖有感六首東家山下老農夫走上長安十二衢昨夜鄉愁眠不得呼燈起看醒園圖自分途窮命裏該君平不必太驚猜虎頭不是封侯相欵段他時歸去來每到花開躑躅頻故山不見與誰春生憎一幅桃園畫付與漁郎去問津再向天涯理客依回頭三十九年衣蓉溪春色花如錦不爲尊罏也合歸煩惱詩人二月天長安買醉日高眠不須怪我朝參懶夢裏醒園只枕邊故山茅屋傍雲龍欲寄新詩再折封寄語兒童牆角外明年添種幾株松

醒園梨樹最多青黃二種約二百株皆先君所植

調元梨園遺興二首笑對青山曲未終倚樓閒看打漁翁歸來只在梨園坐看破繁華總是空生涯酷似李崆峒投老閒居杜㯳中習氣未除身尚健自敲檀板課歌僮石刻

天然牀大如廣厦瓌瓏剔透擅一園之勝即先君石亭公箭亭所坐牀也臨江露置風日無損遊者皆登焉

調元詩序云天然牀古柏根也昔先君應羅江令楊古華聘請修奎星閣取材於東山有柏高二千尺大四十圍霜皮溜雨不知爲何代物中梓人選困伐之以其身爲棟而棄其根爲薪先君惜之謂古華曰此可劉爲牀也遂欣然送之掘及九仞乃得傭百夫擡之溯江舁至醒園除其沙礫剝之剔之稍加修飾杈枒蟠結百竅瓌瓏盡作龍鳳龜蛇之狀截而平其頂登之能容八人可坐可眠有若生成故曰天然牀其廣一間屋不能容故置於箭道以茆亭覆之卒爲風雨所拔然根堅於鐵故雖風日亦不能剝蝕也因於臨江安置作歌以記之云綿州奎閣齊雲霞建者楊侯字古華當時伐木十選一兩川砍盡仍三巴就中先子實首事古柏輪囷半封記忽與楊侯登東山黛色參天互驚覩細者爲桷大者宗乃惜其根乞作牀自從擡至醒園後夜夜玉衡星有光劉成縱橫皆一丈龍鳳龜蛇形各像犬牙相錯虬文蟠畧加修飾非由匠不須簣第不須茵熔洗瑩如楚簟匀涼天若從北窗臥清風定認羲皇人我聞牀以柏爲貴素柏壓柏皆稱異何況人棄我取之資費無多豈非瑞所怪直局脚微分釘爭金鐵前朝聞莫教又夢玉堂去夜中催撰牀婆文嗟余須髮雖未皓歸來宦興跡

如埽安得此牀化黄楊高枕吾廬睡無蚤琉璃瑪瑙猶不題况又莢杷與管蔡惟此先人手澤在堪與靑蓮七寶齊不願跏趺不願坐但願醉來此間臥不妨露頂看靑天一任浮雲太虚過

由醒園左手而下即康家壩也縣北三十里有觀音巖調元觀音巖重修大殿記觀音巖本名白石巖在北縣三十里之康家壩前此未有觀音之名也乾隆辛酉秋驟雨淋漓山崩石裂雷轟電擊忽從霹靂光中而觀音石像出焉是月先君石亭公郎中鄉試三十六名附近居隣皆以爲神遂以名巖

遠近禱者有求輒應以是通都大邑輻輳而來而每逢二月十九日爲觀音誕辰乞靈報賽者畢聚此日爲之酧神演劇其會之大幾與二月初三七曲山梓潼會等埒綿州之第一禪林也顧巖逼巨石硝壁插天建殿不易從前開山和尚祥喜嵌巖建置大殿添設東廊閱既久飛瓦墮落殿頗損壞今年七月天雨連綿山水陡發巖爲崩裂遂將大殿壓倒兩間而東廊亦傾圮其半道姑趙復坤念無以妥神居也爲之惻然思重修之再建玉皇樓於三層之上而力薄不逮不無望於天下之施主爲之請序於余以倡之余思觀音之神起於南海顯於西蜀化七十又二之身無不普照遍三千有奇之國共荷慈悲而獨顯靈於吾土此尤居民之太幸也求福者神無不報之矣而顧使神居不妥可乎乾隆五十二年冬月上浣記

調元遊觀音巖何年霹靂擊鐵壁混沌乾坤忽中裂風雨號呼山爲搖普陀飛賜一靈石從此文運吾家開聯翩三鳳齊飛來大荒畢竟須天破五丁終不如老雷

鶺鴒寺縣北二十五里余舊讀書處

調元試畢復歸鶺鴒寺詩歸山重掃舊書床一路寒山木葉黄游浙有師皆老宿歸川無試不高庠滿窗已見珠懸網翻瓮先看鼠自忙一秀才回詩亦貴吟箋纔寫有人藏補歲考例附三等時亦附高等學臺有三年始見一秀才之詩

金頂山縣北二十八里頂有古松元明間物也

李化楠詠金頂古松詩天上何人下碧霄千年怪叟在山腰雲爲翠蓋全身露風撼蒼枝影不搖老鍊龍鱗經歲月長揮麈尾絕塵囂幾回佇立江干望滿耳秋濤早晚潮

調元雨中望金頂山詩一山孤立衆仙宗盤繞靑螺萬萬重雲裏長疑披綵帽雨中偏似着輕容人言海內無三島我道村中第一峯倚得孤松嗔金頂問他可也受秦封

馮家觜月峯山縣北三十里有文昌宮人稱上梓潼以南村爲中梓潼團堆爲下梓潼相去俱七八里每年二月初三文昌誕日三處並賽士女奔觀焉

李化楠重修月峯梓潼宮碑記馮家觜有山曰月峯在羅江縣北三十里雙巒特出峭壁嶙峋攝衣而上登其巔則河村南村之烟戶歷歷可數焉蓋

一邑文風所薈萃也上有文昌宮爲士子瞻拜之所創造不知何時明末兵亂委於灰燼有志者議修之不果康熙壬午庠生范廷湄刈草爲菴讀書其中慨聖靈之未妥文教之未光乃與明經陳君獻三招募衆財莊嚴聖像兼修樂樓一座迄於今數十年矣風雨漂搖木朽蠹生加以乞兒輩盤踞於中日散夜聚或折毀牆壁或污穢殿庭以致愈加荒涼陳君目擊心惻以爲坐觀其敗罪將有歸爰倡首刻日鳩工重修去其朽腐易以良材又於正殿旁接修偏房二所前修拜亭三楹亭下砌石爲臺中置一門懸於巖畔以時啓閉擇醇良者鑰之遂煥然爲兩村之冠焉是役也始自庚午冬越辛未夏不一年而成其間之募衆捐貲者固多而陳氏之父子祖孫宣力爲尤多帝君之靈從此其永妥矣而今而後將使兩村之人以時瞻拜入門生敬追維孝友之訓益深報本之思當必有魁梧傑出之人以爲文教先是又山林之秀氣所鍾而亦即帝君之仁澤所覆育於無已者也

田醒園右手而下即團堆壩河也有文昌宮人呼爲下梓潼在縣北三十里

調元二月三日至團堆壩文昌宮觀劇見葉贊之天相毛殿颺德純兩秀才攜尊而至歡飲至暮故友攜尊枉駕過一龕同佛聽笙歌君能有酒謀諸婦我喜無餚得刺婆（蜀人謂鱸魚爲刺婆）古寺僧稀松葉少戲場人散蔗皮多（甘蔗冬藏春賣兒婦尤喜啖之戲場爲甚多嚼其汁而棄其皮與渣焉）十年不到團堆壩白髮看看奈老何

又五里有寶豐寺有牛王會

又八里至南村東山有東嶽廟皆明初所建

卷七終

羅江縣志卷八

邑人李調元雨村稿

北鄉下

龍神堂前明時古刹也在縣北三十里南村壩

己卯偕周尤廷士拔遊龍神堂並序尤廷德陽縣令周明府際虞次君也明府豐潤辛酉孝廉與先君同年去歲曾邀余至署爲太夫人書七十壽屏故遣子來謝尤廷尚未弱冠少余一歲詩文敏捷非凡器也留連數日遍遊南村龍神堂諸寺得詩二首奉贈云禪林何處足堪投除卻龍神少可遊

花被客蟠根盡出竹儲人看筍長留不妨對佛同流酘且喜因僧得酒務可惜柏松官取盡荒山未便挽賢騶　君家豐潤我羅江萬里相逢意便降敢謂文人今有二從來國士定無雙翩翩眞是佳公子濯濯來過淺陋邦不是蛩吟無好句龍文已讓鼎先扛士拔後中進士爲滋陽令

斷碑

博　士　邑　人　源溪張　勳隸額

邑　人　竹溪冉　廷恩書丹

邑　人　竹軒丁　校正

博　士　邑　人　柏山何永貞撰文

士得龍神容像殊爲靈感士人迄今日爲龍神堂僧冠徒之諱法興者卽其兄之孫繼興而徒則今官氏子法中餘自萬歷乙酉冬以別業歸自綿竹中清山道經小憩則見

按乾隆五十六年龍神堂住持寂慧掘出斷碑半邊文字剝蝕可識者僅一百二十字存之可以知創建年月孫徒法嗣及龍神堂所由名

龍神堂古名觀音寺

李化楠觀音寺補修碑記烈士殉名貪夫殉財名可殉而財不可殉也近世殉名者寡而殉財者眾此在人情類然而錙流爲特甚余嘗論釋子能參禪悟道吐棄一切者上也其次則不貪利不惜勞苦補修寺院期於有成次也若逐逐於膻腥之場

與庸夫俗子爭多較寡風斯下矣觀音寺僧如永本平池僧教洪法嗣因地屢易住持禪宇廢壞墻垣坍塌左右檀越目極不忍爰商同眾姓延請如永與其徒常文居住永自到寺至今中間不過十年而西廊之朽者重新東廊及前殿之圮者改換山門三間禪房一所買水田三十二畝添供香火築磚墻週圍塑靈官於門樓栽竹柏於隙地今又改造正殿另塑大佛三尊凡此如永師徒自爲捐貲修建並未叩及十方也寺自兵火後妙空禪師剏於康熙初年其後三傳而絕安縣僧如善繼居

之募建西廊不再傳而亦絕非永師徒相繼鼎新則妙空禪師所建造幾何不復化爲灰燼耶吾聞有不世之功者必享非常之報今如永之建竪如此子孫自此其興乎抑亦可以愧儈之貪利而不髮垂死訖無一成者也

龍神堂有文昌宮先君石渟新建人呼中梓潼額有文教光華四字余童子時書

李化楠新建文昌宮碑記文昌之宿在奎璧之次主文柄而帝君之尊配武曲厥祀遍天下於吾蜀尤謹薦靈異之跡明而爲人幽而爲神切近昭著

俱可徵信者莫玆土若也羅江距梓潼不出二百里以實沈主參臺駘主汾之義例之則山川星辰民所瞻仰於是焉在又非止文字之行世若水之行地無往不在宜人人不忘其所宗主而已也羅江縣北之三十里曰河村有山名月峯上起文昌宮而余之家在南村與河村隔一水當二月三日帝君降誕則兩村之人及附近各村並走相與焚香祝獻優伶歌舞以爲樂辛未之春南村人與本村得所爲龍神堂者中有聖像一尊苐渺小乃思斤其楹而新之改故像而大之旁爲天聾爲地啞余需次家居實贊其謀其夏卽上京謁選至壬申三月而落成龍神廟者取其趾而已鳩工伐木棟楹梁檻皆更爲之墻垣門戶極堅好四壁圖畫煥發精采又雕刻神龕一座神像裝設俱如創始所謀者合前後所費共八十餘金皆出衆力所贊襄自是凡遇會遂不必更至河村而自成南村一勝地余惟文昌尊神一方文運所關不厭家祀戶祝又況吾鄉第願鄉之人嫺於帝君孝友訓以事其父兄以教其子弟歲時嗣祀進退雍容都雅無長其囂凌好勝之習以漸進於敦龐而又嚴爲戒飭

求所以有始終者是則可書也已

又文昌宮惜字宮告成賦十五韻代序奇偶起文字書契易結繩薾光浮蠹簡栗尾染溪藤象形並會意聲音點畫增五經昭雲漢六書寶光凝大道於斯在斯文所由興何乃世間人曾不知欽承踐踏及拋棄相習以爲恒不知聖人典曷觀奉佛僧盥手誦經文齋沐常服膺殘編與故紙珍惜凜戰兢誰歟計及此劉子一念興家弟與之偕石宮起七層其光看射斗火色上飛騰是字皆可惜無曰我不能君子求多福多壽亦其徵

同善橋在南村李家灣東

又同善橋碑記善可同也不可獨也蓋獨則私同則公獨則難爲同則易舉凡爲善者皆然也而橋爲尤著吾鄉素號醕謹父老子弟敦朴有古風數年來於路之崎嶇者靡不治橋之傾圮者靡不修獨此地需橋孔亟而闕焉不舉非人心不同亦事必以漸也甲子冬吾鄉人一念經營衆志咸孚諏吉鳩工閱兩月而告竣予惟世之有財者多矣然往往慳囊難破即或間有施捨亦多惑於浮屠又或共爲一事二三其見築室道謀不能度德比義

以祖勉於善孰若吾鄉之除道成梁不吝己貲而衆人一心者乎雖然橋者善之一端也由是而推廣之以幾於風清俗美型仁講讓不獨父其父子其子而後謂之大同吾鄉之人其不以此自足而共勗於道以永守此同善之風也是則吾之所禱也夫

月波橋在南村李家灣西

又月波橋碑記南村有水源出蔣公堰在象鼻山張家堰以達於劉家河蓋里人之所資以灌田也水之支流汊港甚多而居其中可以作堰宜洩者則曰大溝溝澗不可踰而潴水之處又甚深非褰裳可濟舊有二橋久不治里人謀所以新之共解橐鳩工始戊寅冬迄今年夏而二橋成橋之左右凡係小水之處如所謂支流汊港者俱架石焉蓋舉其大不遺其細詩曰履道坦坦不信然歟其一橋在龍神堂前舊名飛龍今仍之其一橋初未有名今題曰月波蓋水勢蜿蜒如龍其環抱之處形如半月故曰月波云

南村前有別業名曰囦園前有小西湖

調元小西湖初成並序云余在通罷官每日思歸

遂見之夢夢中輙見南村屋左有荷花池池中樓臺掩映醒問自川來者皆以爲田然不夢則已夢則如是余心度曰得勿使化田爲湖後半生居於是乎果爾得歸當成吾志自是不夢今名小西湖遂初志也內鑿方塘外鑿堤一朝鑿破夢中迷不栽便有菰蒲長纔種旋看竹樹齊十畝肥饒化魚鼈百年浮沒任鳧鷖更移紅白新槃藕要當西湖在屋西

又囦園雜詠四首囦園初築亦翛然地狹偏能結構堅疊石爲山全種竹穿池引水半栽蓮拈花偶

笑人稱佛戴笠行吟自謂仙曾到名山遊脚倦此生只合老丹鉛　獨坐園林百不思細觀物理識安危鳥巢密樹飛方覺魚在深淵躍始知甕面常留親漉酒案頭時有自圈詩本非畢卓何妨醉莫怪長年獨把巵　老來意氣尚縱橫指點前賢入品評未許陶潛稱酒隱肯教杜甫占詩名好官市上優兼儷佳客門中弟與兄看透世情惟冷眼知予不是不平鳴　一年一度出遊遨多所枝梧少所遭題壁草書驚太怪逢塲作戲詫猶豪不能酒卻常求醉略解棋偏自詡高漢帖唐碑是知己歸

來何惜校讐勞

署州魯潘邦和認齋見訪南村敝盧四首琴鶴貽謀遠雲龍望氣佳凡筵新涕淚遊釣舊生涯草色青迷路苔痕綠上階高臺瞰四極秋意澹人懷巳陟萬松嶺還登萬卷樓泰山兼土壤淵海納川流滴露晨光起然藜夜未休古香如可挹欲去更夷猶　才疎餘短髮祿薄仗長鑱自信心長逸人嫌骨本凡問奇探奧窔學語仰雕鑱勿屏門牆外因風惠一緘　座上客俱醉園中人獨醒鷄羣常混迹魚服欲潛形澇水升卿月京門頌福星　主恩不遺舊名巳貯金瓶

車家山在南村本宅後縣北三十里調元父母墓在焉不葬扁擔灣者遵父命也

先君誥封奉政大夫順天府北路同知石亭李公墓誌銘

羅江在四川成都府之東北境　本朝百餘年來儲英毓秀登甲榜者自今順天府北路同知石亭李公始公未弱冠爲名諸生試輒利辛酉膺選拔登賢書壬戌捷南宮後二十年公長子調元繼之甲第蟬聯爲羅江勝事宊顧嘗綜公平生始爲名

儒後爲循吏有不徒以科名貴者初公考充　咸安宮教習不就歸遠近學者多宗之及辛未之官浙江癸酉補餘姚令姚邑賦重民頑姸究出沒公親督捜捕創立枉生所捐奉給食爲使自新擇執藝人爲之師量所執大小暫借官錢貸之藝旣成乃保釋之使自謀其生人咸悔悟終身不復作賊値歲歉公先期稽審戶口實數以備賑卹上官入境爲口講手畫某里某甲如數指上文無苗髮爽丙子調秀水移署平湖積案三千有奇公自立程限每日分晨午申三時訊之時各數事三月盡理

令祠開門庭任人觀聽有未愜眾心者咨詢得實立時更定先是乍浦多賊公至捐俸設局教之藝如餘姚之法甫兩月復秀水任民間有七年雲烟兩月青天之謠巡撫楊公廷璋諗公循卓以知府薦尋丁父憂庚辰進秩司馬署滄州牧州爲四方盜逃淵藪公嚴保甲法稽覈部內丁男年貌按册搜索鮮脫者改署涿州州方患旱得　旨賑邺公嚴胥吏侵飽捐俸煮粥加賑民賴以安癸未補天津府海防同知抵任復憂歸丙戌署霸冀兩州牧丁亥補宣化府同知駐新保安境亦多盜立查更

法以小紅旗三十二半爲守旗半爲望旗初昏給邏卒守旗夜分更給望旗天明必以望旗驗傳柝中宵不輟由是奸宄屏路戊子調順天府北路同知兼署密雲事值有冤獄公會讞得情將力雪之是時　天子秋獮於木蘭　行在樞府以徵來提勘留不發幾挂吏議旋經寬免　上廻蹕時目公於道左曰爾爲李化楠否可謂强項令矣其有定識定力守正不屈如此公爲人狀貌雄偉氣度豁達勇於赴公爲政寬猛相濟然一以愛民爲主不輕勾攝曰堂上一點硃民間一滴血所在約束吏

役維嚴公事或需車驢應以吏役家所有而厚償其值緝則不藉捕役令鄉保里正報所知者擒送簪花鼓樂以旌之讞獄不事刑求使盡其情慮衷以聽之精算法凡丈量倉儲彈指間盡得其數性介潔絕餽遺如洗每監視鄰境工程粒粟不擾家人亦不受一錢其在浙之餘姚也兩充壬申丙子鄉試同考官立姚江書院延壬申所得士李君祖惠爲山長李故宿學馳聲文坫者五十年得出公門冠榜首人咸服公之精鑑平生孝友任邮力於爲善期積一累萬顏其居曰萬善堂每日白日莫

間過必多作有益之事庶不負此光陰耳喜藏書以川中書少購諸江浙航於家爲樓貯之曰此吾官囊也工吟咏熟韓蘇全集覆按不失一字善騎射設垛百步外每發必中家居亦習射於圃曰此運甓意也公子調元與詰同舉春官嘗述公少時承庭訓極嚴不當意輒使之耕不令入塾耕少惰即投以瓦礫以故公頷有傷痕而公仍私挾策於隴上據高阜而哦乃使卒業又垂髫時與羣兒戲公自爲官兩兒設爲兩造有狡黠不以理訴者變色扑之羣兒卒輸情受杖而去識者知公他日必

爲名儒爲循吏今公之歿也以痰疾陡作倉卒不能救抱長材而未竟所用亶可哀也已公姓李氏名化楠字廷節號石亭有名厚者始卜居羅江縣之南村𡑭爲公曾祖祖名攀旺父名文彩並以公貴贈文林郎浙江秀水縣知縣妣俱儒人文彩生三子次化梗監生化樟諸生公其長也生於康熙五十二年閏六月十四日午時卒於乾隆三十二年十二月三十日卯時享年五十有七原娶羅以子調元貴贈恭人繼娶吳封恭人子三長即調元癸未進士由内閣中書補國子監學錄翰林院庶

吉士吏部文選司主事次譚元國學生次鼎元爲化梗後朝二朝礎朝礤女二人孫女三諸孤於公歿之明年奉喪歸川又閱廿年長君以歷任廣東主考學政直隸通永道歸乃克卜葬於東家山之陽命其弟太史李鼎元以狀來屬誥文其壙石納諸幽而系以銘曰育民以仁如轂斯活植民以義如莠斯拔應卒彌裕任重不折轉石志堅餘泉品潔書澤遺愛銘詞徵實佳城千祀永保貞吉賜進士出身誥授光祿大夫經筵講官戶部尚書協辦大學士總理刑部事軍機大臣年眷姪富陽董誥頓首拜撰

羅恭人墓在桑家菴西去縣北三十里有墓誌銘

羅恭人係誥封中憲大夫順天府北路同知石亭李君元配也父兆鰲世爲羅望族石亭父英華君以羅本髫齡交又衡宇相望稔知恭人賢淑遂委禽焉時李君爲德陽諸生以貧之多館於外後又改設爲羅江縣爲邑令上元王嘉會明府所器延至署教其子而親授以科舉文故數載不歸恭人事舅姑輒以一身兼子婦職凡井臼操作無不備極辛勤至今人稱其孝並無閒言卒時享年二十

八姊妹二人母居長二姨爲國子生冉子建之妻即舉人冉王嘉之祖母也卒時長君調元方六歲止有一妹甫三歲乳名蘭伶仃孤苦毫無知識嗚呼可哀也已後二十歲長君始舉己卯賢書癸未成進士改庶吉士授吏部主事陞員外郎兼翰林院編修提督廣東學政乃得封贈焚黄焉閱二年爲直隸通永道相晤於京乃求銘於余有子如是恭人可謂不死矣恭人生於康熙壬辰年六月初六日辰時卒於乾隆己未年九月二十五日亥時葬於後山之陽乃爲之銘曰煌煌世閥奕奕儒門

懷珠蘊玉篤啓後昆巍巍兆宅矗立南村蒼松翠柏霞護雲屯綿綿科甲世廕代興　賜進士出身誥授光祿大夫經筵講官戶部尚書協辦大學士總理刑部事軍機大臣年眷姪富陽董誥頓首拜撰

象鼻觜五顯廟

調元五顯廟記五顯之名佛典以爲華光菩薩所化然不見於儒書惟明祝允明所著集畧有五顯記引祖殿靈應集言與天地同本始逮唐光啓降於婺源王瑜家言當血食於此於是建宇棲之宋

大觀以後累封王秩宣和始封五顯廸功郎胡升作星源志則疑會要不載而推本於五行五行者象於天爲五緯形於地爲五物麗於人爲五德又名五帝卽所謂太昊炎帝少帝嚳黃帝其神卽勾芒祝融蓐收玄冥后土也小宗伯兆五帝於四郊後人又爲五專祠於世殆此義歟論頗近雅據此則五顯正神其來舊矣南村上流滃江有山迤邐而來直押江滸曰象鼻觜厓上舊有五顯廟未知何代頹廢嘉慶元年二月綿竹民某患瘵病百醫不治有雲遊道人於袖中探一紅丸使吞之曰得此可除依方服之果痊以金帛謝之不受問其姓曰蕭問其居曰象鼻觜後至山下訪之遍問無姓蕭者有父老沉吟久之謂某曰兒時曾聞祖父言山舊有五顯廟曾覽三教源流五顯父爲蕭永福一胎五子俱以顯爲派以聰明正直德爲名而顯德居五尤著靈異能降妖安民故後人祀之其殆是歟某乃登山遍閱見有小土廟以筊卜之其應如響遂捐金立廟而並塑觀音像於中據此則五顯非虛也故記之

象鼻觜在縣北四十里有餘慶橋　界

李化楠餘慶橋碑記善不足以濟則非善顧以一人濟眾人其勢將立窮而以眾人濟眾人其事恒易舉古者杠梁之設督之在官歲一新之以便斯民然而窮鄉僻壤山巔水涯非能一一而杠之梁之也故以民勸民而梁之成也忽焉凡以斬有濟而已象鼻觜者綿安接壤也北走神泉南通紋水往來行人絡繹不絕中有一澗雖非巨流而自夏徂秋河水泛溢招舟子而無從欲褰裳而莫濟隔岸相呼不無咫尺天涯之恨甲子歲吾鄉人俟等一念經營首倡盛舉募眾捐貲架以石橋是役也

費約百金工匝一年自今告成以後履道坦坦乘輿者有按轡徐行之樂徒步者無淺深厲揭之艱濟之衆矣善莫大焉易曰積善之家必有餘慶吾知諸君子之好善必有以獲其祥矣故以餘慶名橋而爲之記石亭文集

象鼻觜地居羅江縣上流凡縣之田皆資灌溉

涥水本郭家溝山溪小水縣民跨水作羅漢場下流入中江名涥江東北由龍安之石泉縣三面山發源名龍安水東流入安縣境由臭水河至塔水橋經彰明縣境至縣北二里許北寺前與濰水合流雲龍堰易家堰全子堰皆涥水也

馬家場有野壩堰縣北四十里上接安縣大河水灌河村壩田五千三百畝

蔣公水有堰引水灌南村壩田三千畝零

毛家水有堰縣北三十里自象鼻觜下流過河南二村灌毛家壩田以上俱舊縣志

南村有寶林寺寺有仙人掌鐵幹森梢開花如芙蓉

卷八終

羅江縣志卷九

邑人李調元雨村稿

人物有傳三人

明羅江舉人一雍原永樂甲午

二陳良翰宏治甲午

三高節正德辛卯

四吳瑛正德丁卯

五鄭泗嘉靖癸卯

明羅江進士一陳良翰宏治十八年乙丑顧鼎臣榜

二高節嘉靖十一年壬辰林大欽榜題名碑載羅江民籍有傳

高節綿州羅江人見題名碑簡弟嘉靖十一年壬辰進士及第第三人授編修署員外郎三十三年甲辰命太子賓客禮部尚書兼翰林院學士張潮左春坊左庶子江汝璧爲考試官以節與修撰茅瓚編修沈坤彭鳳歐陽曒等同充房考時溯入貢院三場畢以病死考試惟江一人而後序則屬同考修撰茅瓚是歲取中瞿景淳等廷試賜秦鳴雷瞿景淳吳情及第而少傅翟鑾二子汝儉汝孝俱與焉少傅以嫌故辭讀卷不許既試以進卷呈上上疑汝儉等在首甲因抑第一卷至第三復抑第三卷置二甲第四折卷果汝孝

也形科給事中汪蛟王堯日論劾少詹事江汝璧修
撰沈坤編修彭鳳毆陽暯署員外郎高節朋私通賄
大壞制科大學士翟鑾以內閣首臣二子汝儉汝孝
旣連中鄉試又連中會試若持募取物然崔奇勳乃
汝儉等師焦清與汝儉結婣叉同受業四人者會試
俱一號汝儉汝孝奇勳皆彭鳳所取詩同考官五人
何俱在鳳一房歐陽暯亦汝儉等師本同經又改看
書經跡若引嫌而陰助鳳尋卷及沈坤之取中陸煒
高節之取中彭謙汪一中皆以納賄故有一鑾當道
雙鳳齊鳴之謡乞明正其辜且欲追順天府試主考

奏鳴夏蒲應麒阿奉翟鑾之罪上下其章吏部都察
院從公參看鑾隨具疏自理且請特降題目命部院
大臣覆試上怒曰鑾被劾有旨參看乃不候處分肆
行擾辨屢屢以眞無假爲辭同夏言禁坐轎止罪一
人全不感懼敢以撰科文贊元修爲欺朕內閣任重
不早赴以朕不早朝並君行事二子縱有軾轍之才
豈可分明並用恣肆放僻如此部院其參閱治罪不
許回護部院覆請下汝璧於理嚴究分別情罪輕重
上以跡弊明顯大壞祖宗取士之制遂勒鑾並汝儉
汝孝奇勳清及鳳暯俱爲民汝璧等俱下鎭撫司逮

問已法司會試謂汝璧鳴夏應奇離各阿取輔臣之
子然實非賄故坤之取煒節之取一中亦然獨彭謙
實以校尉張岳賄五百金而中監察御史王珩沈越
失於糾察罪亦難逃疏上詔杖汝璧鳴夏應麒六十
革職閒住永不敘用珩越降一級調外任節岳充軍
謙爲民坤一中煒存留供職出弇州別集科試考初嚴嵩之入
閣也鑾以資格居其上權遠出嵩下不平而嵩終惡
鑾不能容御史趙大佑劾鑾私同年吏部尚書許讚
亦發鑾請屬私書帝皆不問會鑾子汝儉汝孝連捷
鄉試會場嵩屬汪蛟王堯日劾其有弊鑾遂獲罪見史

翟明鑾傳而節亦牽入嵩所屬劾中遂敗
贊曰明世綿州三高齊名皆以文章著科名亦相埒
而出處各異高第以詩人自命恬退自得嚼然不污
可謂名哲保身矣高簡雖廷杖遭謫旋復起用亦以
晚節自修惟節以鼎甲開吾羅爲明百三年所未有
然竟以科場事充軍賫志以沒衆論惜之然當嚴嵩
撓權之時朝紳無不受其屠毒其事起於嵩傾翟鑾
而牽連被害則其不附嵩可知矣受賄之事莫必其
有無得無亦如黎忠賢誣熊廷弼行賄以陷楊左諸
清流乎小人之害君子何所不至識者察其原委而

諒其心可也童山文集

嘉靖壬辰科是年館選凡兩度以後選者改入平湖人王梅前後皆與焉凡二十一人館元爲呂懷碑作恒建拜給事蓋用前二科袁袠唐順之例末名兩度俱郭希顔反留爲史官時留者七人而主事至九人皆首授永嘉意也首甲狀元林大欽年二十二授官尋以酒色亡第二孔天胤以王親出爲提學僉事終於外僚第三高節授編修而不免遣戍其吉士中受極形者二人一爲胡守中其一即郭希顔 野獲編

本朝舉人 一余昌宗 順治庚子十五會世愷 嘉慶丁卯

二李化楠 乾隆辛酉

三李調元 乾隆己卯

四錢林虎 乾隆庚辰

五柴邦直 乾隆乙酉浙江仁和籍

六劉　清 乾隆戊子

七李鼎元 乾隆庚寅

八李驥元 乾隆丁酉

九李本元 乾隆丙午

十曾昌曙 乾隆己酉

十一李朝塏 乾隆乙卯

十二冉玉嘉 十三楊上珍 俱嘉慶庚申

十四余人鳳 嘉慶辛酉

本朝進士李化楠 乾隆七年壬戌金甡榜有傳

李化楠字廷節號石亭羅江人乾隆辛酉選拔鄉試壬戌進士狀貌魁梧奇偉分發浙江巡撫黃廷璋一見即器之謂司道曰此將來浙中第一循良也以是上官俱瞩目癸酉補浙江餘姚縣令姚邑濱海自上林至關風七鄉通錢塘横亘八九十里時有海潮爲患十五年秋七月颶風挾雨大作吹瓦拔木三晝夜不止公戰慄跪庭中祝曰海地窮民甫離災難若天

不降康堤潰水溢民其爲魚水旱頻仍罪在長吏願身受罰爲此地民暫延殘喘祝畢即分役查看水勢天明廟山巡檢俞璉馳報水幾潰堤賴東南風大作潮竟不至人皆以爲公至誠所感云姚邑賦重民頑爲盜賊出没之藪公鋭意廓清懸賞格追比一時小賊多擒而巨猾依然漏網因思緝權不可專委捕快因密録難獲猾賊四五人名於票夜喚皂隸李兆民壯叟恩至署出票袖中面諭之曰賊某等現藏某所爾若依限獲受上賞否則革役二役唯唯退不三日積賊累三擒至内外無知者又十餘日逸賊張子顯

張文紹陸通儒鄒士元繆允年孫善平等先後就擒審出屢次行竊及賄屬勢豪州同楊某串捕庇縱各實情逋詳分別軍流抵罪重賞兆恩二役合邑驚以爲神乃將小賊創立柾生所捐俸給食廍使自新擇執藝人爲之師量所執大小暫借官錢資之藝既成乃保釋之人咸感悔終身不復作賊丙子調秀水移署平湖前令積案三千有奇公自立程限每日分辰午申三時訊之時各數事二月盡理去之日平湖民送者萬人頂香跪道以灰塗壁寫七年如雲烟兩月見青天二句大街小巷皆然七年謂前任平湖令瞿

天翙也楊公廷璋諗公循卓以知府薦尋丁父憂庚辰服闋進秩司馬署滄州牧州爲四方盜逃淵藪公嚴保甲法稽覈部內丁男年貌按册搜索鮮有脱者署涿州州方患旱公捐俸煮粥加賑民賴以安癸未補天津海防同知抵任復以憂歸丙戌署霸冀兩州牧丁亥補宣化府同知駐新保安境亦多盜立查更法由是奸宄屏跡戊子授順天府北路同知兼署密雲縣事是時京師奸人翦辮髮者蔓延數省無佐證北路有張乙者爲讐人誣告公知其冤而　行在廬囚其急公以獄讞未定拒不發已挂吏議旋經大臣

察其實奏請寛免事始解　上行圍木蘭公莆伏道旁　上笑謂扈駕諸臣曰這個大漢可謂强項矣人謂上有嚮用意郎大府益倚重公密雲令住某以事被劾公讞得實矣有齮齕公者力持之而公素肥領令浙時痰常上逆至是又患怔忡祀竈日以事過都門購參餌自隨越二日入會城命從者瀹茶忽解所佩刃自傷茶至從者驚相呼公躍然起曰吾安得血被手耶創未深然亦竟不治聞者皆詫嘆後任某卒以贓置重法而力持者亦得罪戍邊衛以去人以是服公神明云著有萬善堂稿石亭集醒園錄子二長

調元賜進士出身改庶吉士授吏部文選司主事甲午廣東副主考陞考功員外郎兼翰林院編修提督廣東學政誥封中憲大夫官至直隸通永道二譚元太學生

贊曰公以壬申校浙闈得沈君祖惠爲解首儒林多稱之要其獲上治民不媿古循吏矣疾由心作天若甚之然君之没未幾而忌君者旋以他事敗密雲獄亦卒如公所讞報固若斯不爽也抑亦可以無憾矣

年姪侍郎吳省欽撰

調元字羮堂號雨村十八歲補諸生郎隨先君浙江

秀水任讀書因在籍食俸大司寇錢香樹先生家居金陀坊時至衙署先君呼出拜見以素所作詩文請質先生驚曰公子殆非蜀人乃吾浙人也可受業吾門吾當教之然吾門生多大老汝遙以吾兒少寇汝誠爲師而呼余爲太老師可也自是在金陀坊受業一日見先生命諸公子擬作召試詩題春蠶作繭先生命同作調元得一聯云不梭還自織非彈卻成圓先生聞之大喜曰此名句也當爲諸卷之首又復批於卷曰憶昔十年前侍　上于　乾清宮元宵聯句　上思如湧泉言言珠玉僕得一聯云風團謝家絮

霜點洞庭橙一時王公大臣俱推僕爲五字長城同不敢當今見足下圓字一聯與前事堪應証也他年成進士入翰林聲名雀起予企望之從此以詩學受知於先生春風中盡丁丑一年明年戊寅隨先君以艱回蜀從此不獲侍左右然至今未嘗忘也又受知於提學洗馬史公屢試第一謂諸生曰吾在蜀三年今始見一個秀才也即日送入錦江書院肄業中已卯鄉試第五名辛巳由落卷取中內閣中書補國子監學錄癸未會試中第二名進士殿試第二甲第十一名改庶吉士散館授吏部主事考差第一充廣東副主考回陞考功員外郎丙申以議稿塗押爲同司所回舒爲先入所中塡入浮躁引　見蒙　上詢及軍機傳吏部堂官明白回奏尚書武進相國程文恭公以畫稿塗押對　上曰司官有不安於心者向例原准不畫押如何便塡大計程日是　上問居官何如奏曰辦事勇往遂奉　旨着仍以員外郎用即日到任未幾員外尚未補缺即命　提督廣東學政三年任滿回京即授直隸通永道召見勤政殿　上曰汝乃朕提拔之人也非朕乾剛獨斷倘在明朝汝能免權臣之害乎汝須謹記朕言在部數月　上嘗

從容謂相國程文恭及侍郎袁清恪曰李調元能與舒阿爭稿頗有骨氣但性子不好須令改之乃終不自悛在道任甫二年又因參永平府爲府所傷遂罷職遣發伊犁以母老贖罪不作出山想後　上問弟鼎元李調元是汝何人蓋　聖恩猶在念也然時和方當國遊其門者成羣豫知冰山必敗不肯復謀補官遂毅然而歸豈知家居十八年冰山始敗可以報國而吾亦老矣以邊省之人而受　高廟特達之知如此其重誠爲千古罕有終不能勉力向上每一念及惟有淚涔涔而已聊書於此以示後世子孫世

世以報國爲念無忝我長抱終天之恨也
李鼎元字墨莊由廩生中庚寅鄉試戊戌會試殿試
第三甲第一名進士改庶吉士散館授翰林院檢討
改授內閣中書己未八月十九日　命李鼎元至琉
球國偕正使太湖趙文楷充册封天使賜正一品麟
蟒服庚申過海辛酉春回朝復　命陞宗人府主事
附鼎元琉球異夢記
詩有夢中得句者率多懞恍難解然竟有卒得其
解者余弟墨莊戊午八月十九日奉　命册封琉
球紀恩詩有廿年舊夢肯迷因句自注云甲辰九

月以假遊浙夜夢過海作詩覺而忘之惟記有雲
養淡螺深句頗自得意而未得其解余讀之亦覺
茫然欲查典故而書樓已燒無可校正今年壬戌
六月二十五日冉甥玉嘉自京回墨莊抄寄所作
右旋白螺記云右旋白螺者西藏入貢供器也乾
隆丁未春　上命大學士福康安勦臺匪林爽文
賜此螺時余方在翰林修國史得恭讀　高宗
純皇帝御製右旋白螺贊謂微物而能測天攜以
過海吉祥安穩心竊誌之後數月捷音至言舟行
往來順利此螺遂奉　旨留貯閩督署備渡海用

嘉慶四年己未琉球國王尚溫以其祖尚穆薨來
告請襲封例遣使余時官中書適在選八月十九
日引見得　旨派修撰趙文楷以行庚申二月出
都四月抵閩中丞汪公志伊齎螺至云　皇上命
督臣王德奉許供奉封舟乃望　闕謝訖啓鑰審
視螺長五寸六分參之數得天地之中和圓腹混
沌象太極首尾各長二寸象兩儀旋四折而止象
四象螺皆左旋此獨右者以陰承陽迎天行也盧
嵌寶石八合八卦數色配之襲雲錦五重重一色
取五行相生義所以養之也藏以金匱而無極之

理備焉蓋造物者生是非偶也先是乾隆甲辰余
假歸九月四日泊舟温城下夢航海樓船巨麗旗
幟飛揚風浪拍天擊節爲詩醒記雲養淡螺深句
並舟牌書免朝字舉以問人無知者以夢也置之
及使命下檢同鄉海山先生琉球志畧封舟圖有
免朝字已驚前夢驗豈復料白螺之　命能使十
七年夢中之句字字有著落哉五月七日自閩開
洋十二日抵中山十月二十五日自中山開洋十
一月朔日歸閩去來皆六日竊惟琉球自前明迄
今册使往來三十有餘次往往中流猝遇颶飇檣

傾柁折甚者觸礁破舟此行獨邀順利與福公後
先一轍謂非白螺之神曷克致此五燈會元謂廣
南有鎮海明珠者殆此螺之類歟並寄挼到白螺
恭紀二首即以夢中句爲起句云雲養淡螺深居
然夢可尋光華瞻日月靈異測陽陰定海風擬避
降龍佛法欽波濤知不起止水是臣心雲養淡螺
深光涵八寶沉貯霞襲是錦捧日匱爲金已佐將
軍績重煩　聖主心不才叨異數何以靖微忱夢
之足徵如此前因之說信不誣也誰謂不可解乎
雨村詩話補遺

李驥元 乾隆甲辰殿試茹棻榜有傳

李驥元字其德號鳧塘羅江人生不好弄天性愛書
甫四五歲見羣童入塾即跟隨不回父香如尋歸問
之則曰我亦欲讀父曰汝能識字乎對曰先生教彼
認書我從旁聽之十已記其八矣試之果然父奇之
遂留自課南村有龍神堂在大溝北中有文昌宮每
年二月初三日誕會演劇闔村士女無不聚觀弟獨
絶跡不出父憐其體弱恐勞瘁成疾詎令出觀不得
已隨去隔溝而望仍挾一書且看且讀及父至劇場
回視之則已回塾矣人皆以爲異時戊寅余隨先君
自秀水丁祖妣艱歸先君命余在環翠軒課弟譚元
而香如叔亦令鼎驥兩弟從學舉業惟弟年幼苦讀
未弱冠而文已如成人然是年值羅江蕭童滿擬縣
覆居首未幾榜發則見驥一人回問之哽咽不言淚
如雨下乃知首覆無名因慰之曰觀汝志氣如此必
不久居人下也次年即由縣州院連取三案首入庠
學憲南滙吳沖之愛其文深器之弟初名繼公親筆
改爲驥曰汝千里駒也勉之自是歲科屢試第一丁
酉遂入選拔中鄉試第五名經魁余時亦提學廣東
聞之喜曰此可繼先君及余之故步也次年戊戌又

聞弟鼎元中進士以三甲第一名改庶吉士又喜曰
此可繼余館選之故步也是科弟雖未第而鼎授館
得檢討家聲由是日起人皆榮之余曰未也須得編
修乃慰我心耳必得者其在驥弟乎又三年余由廣
東學政任滿回京補授直隸通永道因接二弟在署
甲辰會試余與鼎住內城看榜見四川進士額止二
名弟與巴縣張錦與焉一時榜下譁然曰皆讀書種
子也我輩不第可無恨矣殿試二甲改庶吉士後三年
散館竟得編修於是三翰林之名噪天下大總裁兵
部尚書獻縣紀曉嵐先生謂諸王公曰吾今科所取

皆讀書人而首推者實雨村之弟驥元也吾昔皆二
甲未得編修今不鈌矣成吾志者子也時香如叔亦
自山東泰安令弟歸兄何人麟署聞信回京相見於
通歡燕竟日余時亦將歸里臘月初五爲余誕辰弟
會作詩二首祝壽餞行送至葫蘆頭各灑淚而別丁
未兩弟丁叔父艱始得回里相見然一自楚北來一
自粵西來雖喪費稍支而萬里千山風塵碌碌已苦
不可勝言矣居半年惟與父老閒話桑麻絕口不談
溫室樹生平不喜應酬在京亦不多赴燕會來川典
試編修溫汝适順德人爲會試同年榜後道過羅江

見訪已行至祠堂葢欲兼觀醒園也弟既不迎迓亦
不餚餐溫悵然而去後吾弟聞之若不知也服闋至
京此後遂與弟不復相見矣次年適值乙卯科各省
鄉試考差得頭等蒙　恩差與太常寺卿施朝幹充
山東副主考回京復　命　召對稱　旨問家世甚
悉　天顏大喜未幾即陞左春坊左中允葢超陞也
人皆以爲　簡在帝心不日將大用王公及掌院等
交相薦舉戊午大考雖照例仍改編修每逢站班常
被　顧問尤爲成親王所器賞是年二月二十三日
奉　特旨派入　上書房行走除夕蒙　上賞賜貂

皮等節物隨詣　公門叩謝己未年五月初三忽得
咯血之疾始猶勉强上　朝因誤服涼藥遂至不起
蓋弟一生讀書之心血至此而盡雖身列清華而骨
體已枯故臨死而猶不自知也弟工於小楷每以趙
子昂爲法作文簡古似韓柳尤工於詩立意學蘇數
年前曾以鳧塘稿托余壻張玉溪寄余求序其詩亟
爲少司寇王蘭泉先生所賞序成寄墨莊爲刋行不
知刋成否弟天性孝友兄弟和睦從不聞家人生產
故至今同居無閒童氏張氏生有二子長子五歲次
二歲俱於弟卒後一年天殤竟無子其存惟張氏所

生一女而已弟生於乾隆乙亥年七月初二日寅時
卒於嘉慶四年己未九月二十二日寅時年四十有
五
贊曰昔王沂公夫婦積德無子每夜禱天願賜一愛
讀書子後夢神人送一子謂曰今以曾參爲汝子後
生兒遂名曾今弟之好讀母亦天所賜歟雖非三元
宰相而馳名翰苑幾二十年登膺　帝眷可謂深矣
乃年止中壽沒竟無子亦又何哉豈天能生之而不
能成之歟抑其稟氣之厚薄有以使之然歟嗚呼天
道無知眞無知矣兄調元撰

本朝副榜　一郭大有乾隆辛酉
二陳　德乾隆己亥　三譚有容嘉慶戊午
本朝拔貢　一趙　亮雍正乙卯
二李化楠乾隆辛酉
三李驥元乾隆丁酉
四計國成乾隆己酉
本朝歲貢　一嚴秉剛
二陳　詮
三范　昂
四陳　策

五石維嶽
六陳格言
七冉　眉
八謝周望
九計萬安
十計天禧
十一鞏建昌　十二李朝杰恩貢
十三陸士彬　十四陳懷瑀
本朝武舉　一李應宿　二張書綸
三謝應元　四李彥青

卷九終

羅江縣志卷十

邑人李調元雨村稿

節孝

宋節孝張氏羅江士人女其母楊氏寡居一日親黨有婚會母女偕往其典庫雍乙者從行既就坐乙先歸會罷楊氏歸則乙死于庫莫知殺者王名提點成都府路刑獄張文饒疑楊有私懼爲人知殺乙以滅口遂命石泉軍吏劾治楊言與女同榻實無他遂逮其女考掠無實吏乃掘地爲坑縛母于其內旁列熾火間以水沃之絕而復蘇者屢辭終不服一日女謂獄吏曰我不勝苦毒將死矣願一見母而絕吏憐而許之既見謂母曰母以清潔聞奈何受此汚辱寧死箠楚不可自誣女今死死將訟寃于天言終而絕於是石泉連三日地大震有聲如雷天雨雪屋瓦皆落邦人震恐勘官李志寧疑其獄夕具衣冠禱于天俄假寢坐廳事恍有猿墜前驚寤呼吏卒索之不見志寧自念夢兆非殺人袁姓乎有門卒忽言張氏饋食之夫日袁氏明日袁至使吏執之曰殺人汝也袁色動遽曰吾憐之久矣願就死問之云適盜庫金會雍歸遽殺之楊乃得免時女死才數日也獄上郡牌其

所居曰孝感坊宋史

道釋

羅江縣道士譙乂俊壯年忽夢太山府君追之賜以黃敕補爲杖直晝歸陽間夜赴冥府此二十餘年常說人間有命未終爲惡者追生魂笞之其人在陽間之病或貧乞是也往見親戚及里人被笞者明旦往視之皆驗然恒願得免忽于冥間遇道士不言姓名謂曰爾何不致名者盡于陽間上告南辰北極必得免乂俊依此虔告忽爾太山府君却追黃敕自是遂免因入道改易年八十餘太平廣記

技術

羅義綿州之南村人父兆鰲即吾外公也生三子長超次玖三即義也超玖皆愨謹獨義不治生産任狹仗義好奇術毋爲人報不平二兄皆惡之幼時有老喇嘛至門求食義怒其腌臢逐之不應以石擊其額流血滿面喇嘛遂卧地號寃作死狀義悔扶至家厚待飲食爲謝前罪喇嘛曰無妨也速以水來義以杯覓水與之喇嘛咒水而自塗其痕頭皮如故義神其術出斗米求之遂密授其訣謂義曰此鐵牛水也以濟人則可不可以自利自利則不得其死也遂去鄉里有患跌折金傷者醫之無不立驗瘍瘡癰腫並能治之吾母吳太夫人患乳巖火赤焮痛飲食不進延義咒水噴乳便不知癬以佩刀割其腐肉遂愈又善金石變化之術以小石置杯中蒙以帕咒之即成小銀錠先君石亭公庚午年授徒觀音寺寺前有陳五店共試其術始見滿杯皆石去帕則皆銀也陳五以爲眞盡納之懷中探之則又成石矣義笑曰此未爲奇也櫃筒有青蚨經我一搖則盡入吾袋陳五不信先出筒綡數復入始搖方聞響而筒空矣陳五甚急義出其袋笑曰錢在此也數之毫釐不爽先君奇之

因延與飲嘆食無魚義曰可得也以紙醮水成二團投碗中則雙鯉碗在水中鱗鬣游漾似新出水者皆曰烹乎義曰不中烹也傾之於地仍成紙團爲之術然一日先君殺雞食義見曰何故殺生也以手逗其頸接之咒畢雞復飛去其神異如此然義自有此術不畏刀棍頗多持刃以爲能非數十人不可近或見斫傷即以水自咒平復如故前後傷人無數兩兄患之義曰我終不以一人累兄也然既嫌我我豈爲周處貽害鄉里乎遂去不知所往癸酉先君宰浙之餘姚令余奉 母買舟由涪開程一日至重慶上岸登酒

樓則義在焉問余曰汝來時曾聞州中有人殺七刀倘活乎余曰不知也後至酆都復見之並給予費別曰君去余亦歸矣後余官京師聞義殺人前案發爲孫法祖所獲以印鉗其足夾之幾斃置鐵牢中者屢年先是縣有甲首黃某者素見信於孫多剝民膏脂以邀官寵鄉人呼爲黃虎義之殺人而遁也經一年事已息矣黃知其歸密爲孫耳又暗爲捕目故獲義以故恨黃刺骨逾年孫去赦出義百計覓黃黃巧避之終不敢出已丑余自京丁父艱歸見義於花街鎮蓋新移來此以舅故登堂拜之見精神如昔而腳稍

躄問其故目光烱烱似大不平者後戊戌余服闋補官提學廣東鄉人有來署所者告余曰義以去年二月殺黃某於圜堆之劇場屠割無全膚其殺黃畢亦自殺余聞之始嘆喇嘛之言至此終驗也

贊曰怨毒之於人甚矣哉黃與義本無夙昔之仇徒以身充甲首橫行鄉里助官虐民遂至身遭慘死可不鑒乎殺一人而除一方之害義亦烈男子也哉

土產

桃花犬　淳化合州貢羅江桃花犬甚小而性慧常馴擾于御榻之前每坐朝犬必掉尾先吠人乃肅然太宗不豫犬不食及上仙犬號呼涕泗以至疲瘠章聖初即位左右引令前導鳴吠徘徊意若不忍章聖令諭以奉陵即搖尾飲食如故造大鐵籠施素裀置鹵簿中行路見者隕涕後因以斃詔以敝蓋埋于熙陵之側

楊大年談苑淳化中合州貢羅江犬常循于御榻前太宗不豫犬不食及上僊號呼涕泗以至疲瘠見者隕涕參政李至作桃花犬歌以寄史館錢若水 方輿勝覽

翰林學士李至 字言幾眞定人舉進士太平興國中爲翰林學士參知政事兼秘書

監判國子監眞宗朝拜工部尚書知河南府卒 作桃花犬歌呈修史郎錢侍郎 右宋史錢若水傳太宗畜犬甚馴常在乘輿左右及崩號鳴不食因送永熙陵李至嘗咏其事欲若水書之以戒浮俗若水不從 詩曰宮中有犬桃花名絳繒圍頸懸金鈴先皇爲愛馴且異指顧之間知上意珠簾未捲扇未開桃花搖尾常先至夜靜不離香砌眠朝飢祗傍御牀餧彩雲路熟不勞牽瑤草風微有時吠無何軒后鑄鼎成忽遺弓劍棄寰瀛迢迢松闕伊川上遠逐龍輴十數程兩眥漣漣似流淚骨見寒毛頓顦顇萬人見者俱傷心微物感恩猶若是韓盧備獵猶足嘉西旅充庭豈爲瑞聞君奉

詔修實錄一字爲褒應不曲白魚赤雁且勿書願
君書此懲浮俗 古今詩話

宋王禹偁園林犬賦嘉彼御犬旣㝠且馴家先朝之乃眷向皇宮而託身有警蹕以皆從無起居而不覲繡組飾以煒煒金鈴奮而振振飼以公庖彭澤之魚兮曾何足道畜之土性西旅之獒兮詎得同倫健隨天步慵眠地茵效珍比夫異獸供命等乎遞臣若乃風暖掖庭花繁禁籞扇侯錦翼之雉籠近雪衣之女入赭袍兮曳尾聞霓裳兮率舞巡繞乎金塘徘徊乎瑤圃睥睨爐烟追隨蠟炬見觀

書于乙夜聽求衣于未曙旣無吠乎投鐵每夙興于曉鼓莫不默識聖心潛知天語備指顧以弗迷奉周旋而見撫苐晨遊而夕嬉又安在乎逐麋而捕鼠彼宋猩之與韓獹又安得同羣而接武者哉嗟乎事變人天時移今古秦皇採藥島中之士未迴軒后鍊丹湖上之龍已去欠舐鼎以登仙對遺弓而戀主臥錦薦兮罔安㗖鮮食兮彌苦豐顱載減負重鋂而不勝病骨其羸求倣蓋于何所赫赫顧命明明嗣皇念犬馬之微誠義存始卒徵父母之所愛深增蠹傷俾守園陵之地且殊槃瓠之鄉

縻索絽以璀璨琢龍檻而熒煌仗陪鹵簿車逐輼輬鑠幽宮兮黯黯號白日兮茫茫松阡夜月柏械曉霜依六尺之輿已成疇昔盜一杯之土亦足隄防表中天之巨痛甘朽骨於龍岡彼兔盡而見烹理殊炎漢駿馬死而陪塋事類皇唐邈予生之介立荷太宗之維縶阴澤宮之一第玷承明而三入恥懷祿以不言維報君之是急胡薄命之多屯顧寸功而莫集嗟白首于郎署慟梓宮而嗚咽生未得圖形烟閣想英衛之難追死不當賜塋長陵豈蕭曹之能揖異臣哉之可歌信龍也之罔及聊作

賦以自傷寄毫端而雪泣 小畜集

慶歷中衛士有變震驚宮掖臺官宋禧上言蜀有羅江狗赤而尾小者其警如神願養此狗於掖庭以警倉卒時人謂之宋羅江 東軒筆錄

馬馳李 李出馬馳寺樹高七八尺葉微小結實生熟皆青灰色核小如米而甘脆一名青脆李

石瓜樹在馬馳寺正殿東廊堦下土人呼爲冬瓜樹樹端挺葉肥大如冬青花似桑色淺黄實長不圓殼解而子見見益部方物畧記又廣羣芳譜烏撒軍民府土産石瓜樹生堅如石善治心痛今羅江縣有之

海紅豆紅豆出晷平小天台山遍地有之枝如木蓮葉碧綠三月開花結莢莢內有豆如紅豆可作飣果春取根下小枝移栽易活

附銅爵二

羅江縣北寺周士泰家中掘出明銅爵二高五寸上濶五寸腹二寸脚二寸半以其亦係羅江縣土中掘出故附記之使後人知有羅江縣故也

明銅爵二

面

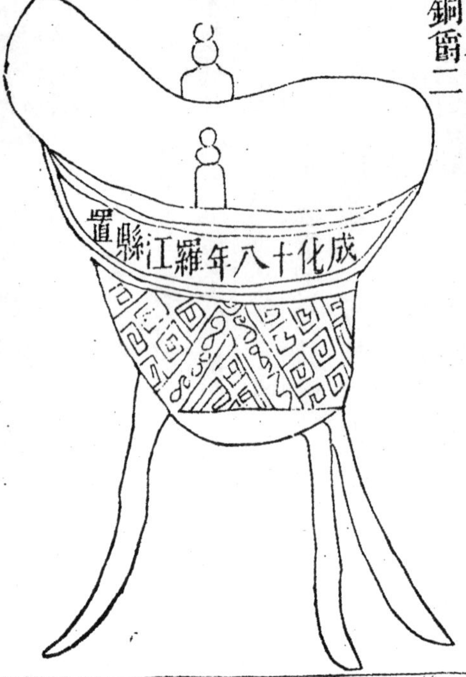

背

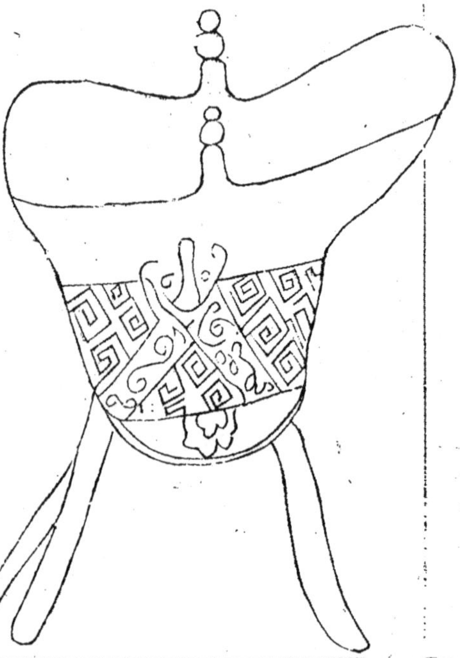

調元銅爵詩并序云瀑亭山下有八十歲老人周士泰掘出明兩銅爵上有成化十八年羅江縣置九字予購得之並紀以詩云人間何處是滄桑生把他邦換此邦丁鶴歸來城郭變兩銅爵上見羅江

附刪誤舊志一條

按舊志西山觀設有羅隱木牌不知始於何人蓋羅隱曾有魏城逢故人詩疑其亦遊于羅故祀之又因查不出搢紳以羅江爲雒城始於何代遂引羅江東集中有雒城作一首其詩云大鹵旌旗出洛濵此中烟月似埃塵更無樓閣尋行處只有山川識舊人早得鑄金誇范蠡旋聞垂釣哭平津舊遊難得時難遇迴首空城百草春觀其詞意蓋客寓洛陽作也古洛雒通用故曰洛濵與羅江蕞爾小縣全不相合且此時五

代分爭十國各霸前後兩蜀爲王孟所據吳越王獨守正朔終身稱王故江東暫依之何曾有鄰跡入蜀中來祀羅人殆如楊公周晃欲修金雁橋而先與漢州爭雒城也善乎劉甲人物志序曰唐以前凡稱涪城卽今綿州也凡稱雒城卽今漢州也如使雒城爲羅江則朱子綱目於建安十七年冬十二月大書曰劉備進據涪城不應又于十八年夏五月復書曰進圍雒城矣羅江去雒城七十里安知非中流矢後歸葬於此乎羅江爲涪分邑之地當時不過村鎮驛站往來之所並未立有主名自改設羅江縣後遂無古名可稱搢紳出于京都琉璃廠書賈多係妄爲全不足據遂强安雒城二字以至仕宦者俱遵用之此誤之又誤者也故不可不刪又大霍山乃羅瓚隱居之所今人多誤爲羅公遠則又走入唐明皇月宮去矣然仙家事本屬荒誕可以不辨至此事則讀書人明而易見者也不得不全刪之以免貽誤後人目認雒城爲羅江之號而並不必引羅江東詩人以爲我羅江光寵也然則羅江古名當何稱乎曰潺亭萬安皆

可稱也何必區區與漢州爭雒城也調元又記

雒城與羅江全不相涉不知何以相沿謬稱至此羅隱木牌想亦起於沈公修志時附會其說今得吾師辨明刪除之閱者可以昭然發矇矣受業冉玉嘉跋

羅江縣志卷十畢